1

erture ci-contre)

Suisse

Collection Le Guide Vert sous la responsabilité d'Anne Teffo

Édition
Hélène Payelle, Mélanie Cornière

Rédaction
Laurent Gontier, Fabienne Gégot, Cécile Gall-Bouche, Damienne Gallion, Vincent Noyoux, Philippe Vouillon

Cartographie
Véronique Aissani, Michèle Cana, Stéphane Anton, Leonard Pandrea, Severin Vlad, Mirela Spita, Dominique Defranchi, DzMap Algérie

Relecture
Zone libre

Remerciements
Didier Broussard, Maria Gaspar (iconographie)

Conception graphique
Christelle Le Déan

Contacts
Michelin Cartes et Guides
Le Guide Vert
46 avenue de Breteuil - 75324 Paris - Cedex 07
✆ 01 45 66 12 34 - Fax 01 45 66 13 75
cartesetguides.michelin.fr

Parution 2011

Note au lecteur

Michelin a apporté le plus grand soin à la rédaction de ce guide et à sa vérification. Toutefois les informations pratiques (formalités administratives, prix, adresses, numéros de téléphone, adresses Internet...) doivent être considérées comme des indications du fait de l'évolution constante de ces données.

Il n'est pas totalement exclu que certaines d'entre elles ne soient plus, à la date de parution du guide, tout à fait exactes ou exhaustives. N'hésitez pas à nous signaler toute omission ou inexactitude que vous pourriez constater ainsi qu'à nous faire part de vos avis et suggestions sur les adresses contenues dans ce guide.

Avant d'entamer toute démarche formalités, administratives ou douanières notamment, vous êtes invité à vous renseigner auprès des organismes officiels. Ces informations ne sauraient, de ce fait, engager notre responsabilité.

Le Guide Vert, mode d'emploi

Le Guide Vert, un guide en 3 parties

- **Organiser son voyage** : les informations pratiques pour préparer et profiter de son séjour sur place
- **Comprendre la destination** : les thématiques pour enrichir son voyage
- **Découvrir** la destination : un découpage en **régions**

(voir carte générale dans le 1er rabat de couverture et sommaire p. 1)

En ouverture de chaque **région,** retrouvez un **sommaire** et une **carte** qui indiquent :

- les villes et sites traités dans le chapitre
- les circuits conseillés

Pour chaque chapitre, consultez « **Nos adresses...** » :

- des informations pratiques
- des établissements classés par catégories de prix
- des lieux où boire un verre
- des activités à faire en journée ou en soirée
- un agenda des grands événements de l'année

En fin de guide

- un **index général** des lieux et thèmes traités
- un **index** des cartes et plans du guide
- la légende des symboles du guide
- la liste de nos publications

Et en complément de notre guide

- Créez votre voyage sur **Voyage.ViaMichelin.fr**

Votre avis nous intéresse

- Rendez-vous sur **votreaviscartesetguides.michelin.fr**

Sommaire

1/ ORGANISER SON VOYAGE

2/ COMPRENDRE LA SUISSE

3/ DÉCOUVRIR LA SUISSE

1 LA SUISSE ROMANDE

2 CANTONS DE BERNE ET DU JURA

3 LE VALAIS

4 LE TESSIN

5 LES GRISONS

6 LA SUISSE CENTRALE

7 LE NORD

1/ ORGANISER SON VOYAGE

M. Barraud/Ojo Images/Photononstop

Aller en Suisse

Par la route

LES GRANDS AXES

Depuis la France, la Suisse est accessible par différents axes énumérés ci-dessous du sud au nord :

- Depuis Paris, accès par l'A 6 puis l'A 40 pour Genève ; et l'A 5, la N 19, l'A 36 et l'A 35 pour Bâle.
- Depuis Besançon, on entre par la N 57 qui mène à Lausanne.
- Plus au nord, la E 27 relie Belfort à Porrentruy.
- Bâle est accessible depuis Mulhouse par l'A 35.

Vignette autoroutière

Elle est obligatoire sur les autoroutes et semi-autoroutes suisses pour les véhicules à moteur jusqu'à 3,5 t. Cette vignette, valable du 1er décembre de l'année précédente au 31 janvier de l'année suivante, doit être collée sur la face intérieure du pare-brise. Elle est en vente (40 CHF) dans tous les postes-frontières et sur **www.automobile-club.org**.

LES CARTES MICHELIN

Cartes **REGIONAL 551** (Suisse nord), **552** (Suisse sud-ouest) et **553** (Suisse sud-est).

Carte **NATIONAL 729**.

En ligne : calcul d'itinéraire sur **www.ViaMichelin.fr**

En train

DEPUIS PARIS

Les **TGV « Lyria »** assurent des liaisons quotidiennes directes entre **Paris** et la Suisse. De Paris Gare de Lyon, on gagne directement Genève (temps de parcours : 3h22), Lausanne (3h39), Montreux (4h30), Neuchâtel (3h53), Berne (4h30) et Zurich (5h50). De Paris Gare de l'Est, on rejoint Bâle (3h27) et Zurich (4h30).

DISTANCES EN KM	Bâle	Berne	Davos	Genève	Locarno	Lucerne	Sion	Zurich
Paris	462	570	800	540	827	667	610	655
Lyon	340	305	572	150	500	413	308	427
Bâle		98	43	251	257	97	250	86
Berne	98		273	158	272	113	156	126
Davos	43	273		426	158	171	424	148
Genève	251	158	426		321	266	160	279
Locarno	257	272	158	321		165	162	202
Lucerne	97	113	171	266	165		264	52
Neuchâtel	123	51	297	124	300	137	165	151
Sion	250	156	424	160	162	264		277
Zurich	86	126	148	279	202	52	277	

DEPUIS LA PROVINCE

Depuis **Dijon**, TGV pour Neuchâtel (2h23) et Berne (3h08). TGV pour Genève depuis **Lyon** (2h), **Montpellier** (4h45 via Lyon), **Marseille** (3h29), **Nice** (6h11). Par ailleurs, des trains internationaux relient la plupart des grandes villes européennes à de grandes villes suisses.

RENSEIGNEMENTS ET VENTE

SNCF (en France) – ✆ 36 35 (0,34 €/mn) - www.voyage-sncf.fr.

Chemins de fer suisses (CFF) – ✆ 0900 300 300 (1,19 CHF/mn) - www.cff.ch. Toutes les informations sur les liaisons entre les localités : horaires, correspondances…

En avion

LIAISONS

Paris est relié aux **aéroports de Bâle/Mulhouse** (24 vols/j toutes compagnies confondues, 1h de trajet), **Genève** (50 vols, 1h10), et **Zurich** (17 vols, 1h15).

De Bruxelles, vols pour Genève, (10 vols/j, 1h15), Bâle/Mulhouse (10 vols/j en semaine, 1h15) et Zurich (entre 10 et 20 vols, 1h15).

La ville de Luxembourg est reliée à Genève et Zurich.

D'autres liaisons directes sont assurées à partir de villes françaises : Bordeaux-Genève, Clermont-Ferrand-Genève, Ajaccio-Genève, Bastia-Genève, Marseille-Genève, Nantes-Genève, Toulouse-Genève, Nice-Genève ; Nice-Zurich, Marseille-Zurich, Lyon-Zurich ; Marseille-Bâle/Mulhouse ; Bordeaux-Bâle ; Lyon-Bâle ; Nantes-Bâle ; Nice-Bâle.

COMPAGNIES AÉRIENNES

Air France – ✆ 36 54 (0,34 €/mn) - www.airfrance.fr.

Swiss International Airlines – ✆ 0 820 040 506 (depuis la France) - www.swiss.com.

Des liaisons sont également assurées par Luxair, Air Littoral et Regional Airline.

EasyJet – ✆ 0 848 888 222 (depuis la Suisse) - www.easyjet.com. Liaisons entre Genève et Paris, Bordeaux, Nantes, Toulouse, Nice et la Corse ; entre Bâle et Nantes, Bordeaux, Nice et la Corse.

SN Brussels Airlines – ✆ 0 892 640 030 (0,33 €/mn, depuis la France), ✆ 0 902 516 00 (0,75 €/mn depuis la Belgique) - www.flysn.com.

Virgin Express – ✆ 0 821 230 202 (depuis la France), ✆ 070 35 36 37 (depuis la Belgique) - www.virgin-express.com.

Baboo Airlines – ✆ 848 445 445 (depuis la Suisse) - www.flybaboo.com. Liaisons entre Genève et Bordeaux, Biarritz, Marseille, Nice, la Corse et même St-Tropez !

LE SERVICE BAGAGES FLY-RAIL

Il permet d'acheminer les bagages depuis n'importe quel aéroport du monde jusqu'en Suisse, et par n'importe quelle compagnie aérienne, via les aéroports de Zurich et de Genève, jusqu'à la gare ferroviaire d'arrivée. Il fonctionne aussi dans l'autre sens, depuis 50 gares suisses jusqu'à l'aéroport de destination.

www.swisstravelsystem.ch, rubrique services.

DE L'AÉROPORT AU CENTRE-VILLE

Les aéroports de Genève et Zurich disposent d'une gare ferroviaire : la liaison vers le centre-ville est régulière et efficace.

Depuis l'aéroport de **Genève** : 6mn de trajet. Depuis l'aéroport de **Zurich** : 10 à 15mn de trajet.

Depuis les aéroports de **Bâle**, **Berne** et **Lugano**, services en bus-navette : 15 à 20mn de trajet.

Avant de partir

Fiche d'identité

Nom officiel : Confédération helvétique
Capitale : Berne
Superficie : 40 000 km^2
Population : 7 783 000
Monnaie : franc suisse (CHF)
Langues officielles : français, allemand, italien, romanche.

Météo

Le pays dans son ensemble bénéficie d'un climat de type semi-continental. Les hivers sont froids, les étés chauds. Mais d'une région à l'autre, et malgré l'exiguïté du territoire, les conditions météorologiques varient beaucoup. Sur le « Plateau » suisse – la zone qui s'étend à l'ouest entre les contreforts alpins et la chaîne du Jura –, le climat, modéré, ressemble à celui de la région parisienne. L'Arc jurassien, lui, est plutôt froid et humide, tandis qu'au Tessin règne un climat quasi-méditerranéen. Il ne tombe en moyenne que 60 cm de pluie par an dans la vallée du Rhône, contre plus de 300 cm dans les Hautes-Alpes. Ces différences s'expliquent par les quatre grands courants européens (océanique, nord-européen, continental et méditerranéen) auxquels la Suisse est soumise, et par l'imposante présence des Alpes (60 % du territoire), véritable barrière climatique qui coupe le pays en deux.

L'**hiver** constitue évidemment la saison reine pour les sports de neige : une grande partie des stations se situant à une haute altitude, l'enneigement est garanti. À cette époque de l'année, les températures s'échelonnent de - 2 à 7 °C. Et si vous n'aimez pas trop le froid, sachez que le Tessin compte de nombreuses pistes de ski alpin, tout près de ses palmiers.

L'**été** est la période idéale si vous aimez les activités de plein air. De la randonnée au parapente, en passant par le golf ou le canyoning, la Suisse offre, dans des décors souvent paradisiaques, de multiples possibilités d'aventures. Les températures varient entre 18 et 28 °C. La belle saison est, en plus, animée par de nombreux festivals de musique, de cinéma et de théâtre.

Le **printemps** et **l'automne** sont tout indiqués pour profiter, au bord des lacs, en basse altitude, de la douceur du climat helvète – il fait entre 8 et 15 °C durant les saisons intermédiaires – ou pour découvrir la richesse historique et culturelle des villes suisses. L'époque des vendanges est par ailleurs le moment rêvé pour parcourir les routes des vignobles valaisans ou vaudois, où de nombreux villages tiennent leurs traditionnelles fêtes des vendanges.

VÊTEMENTS À PRÉVOIR

Si vous allez en montagne, prenez de bonnes chaussures de randonnée, une protection contre le vent, le froid et la pluie, une crème solaire, une casquette et des

Téléphoner

POUR APPELER EN SUISSE

De France, de Belgique et du Luxembourg : 00 41 + indicatif régional sans le 0 + numéro de l'abonné.

POUR APPELER LE LIECHTENSTEIN

Indicatif : 00 423 + numéro de l'abonné.

Voir aussi la rubrique « Téléphone » dans « Sur place de A à Z ».

Se loger

Retrouvez notre sélection d'hébergement dans « Nos adresses à… » située en fin de description des principaux sites de la partie « Découvrir la Suisse ».

NOTRE SÉLECTION

Les établissements sont classés par catégorie de prix *(voir le tableau ci-dessous)*. Les tarifs communiqués, prix minimum et maximum pour une chambre double, sont ceux pratiqués en haute saison. Cependant, la plupart des hôtels pratiquent toute une gamme de prix qui varient selon le confort de la chambre, sa taille, son orientation… Il faut compter en sus la taxe de séjour *(voir ci-contre)*. Pour profiter des meilleurs tarifs, il vaut mieux réserver. À noter qu'en hiver, dans les stations de ski, la demi-pension est souvent pratiquée, voire imposée. La mention « hôtel garni » indique, à l'inverse, que seul le petit-déjeuner est servi.

À consulter aussi : **Le Guide Michelin Suisse/Schweiz/ Svizzera**.

RÉSERVER SON HÉBERGEMENT

Si vous décidez de vous rendre en Suisse en hiver dans une station de ski réputée, il est indispensable de réserver à l'avance votre hébergement. Les mois de février et mars sont particulièrement chargés. De même, il est préférable de se renseigner avant de partir, même hors saison, dans les régions les plus touristiques : Genève, Bâle et Zurich accueillent fréquemment salons et congrès.

TAXE DE SÉJOUR

En logeant à l'hôtel, vous devrez vous acquitter d'une taxe de séjour. Cette taxe est cantonale et varie selon les communes. Par exemple, elle est comprise entre 0,80 et 2,50 CHF par jour dans le Valais, et entre 1,50 et 3 CHF dans le canton de Vaud. Mais cette taxe, jugée obsolète et peu équitable, pourrait être un jour remise en cause.

HÉBERGEMENT À PETITS PRIX

Swiss Budget Hotels
Case postale 153 - 1860 Aigle. Réservation directe hors Suisse - 00 41 (0) 848 805 508 - www.rooms.ch.

NOS CATÉGORIES DE PRIX

	Hébergement	Restauration
Premier prix	moins de 130 CHF	moins de 35 CHF
Budget moyen	de 130 à 230 CHF	de 35 à 60 CHF
Pour se faire plaisir	de 230 à 350 CHF	de 60 à 100 CHF
Une folie	plus de 350 CHF	plus de 100 CHF

Ces établissements simples et accueillants disposent de dortoirs, de chambres avec lavabo, de chambres avec douche ou bain. Le petit-déjeuner est compris dans le prix indiqué.

Suisse en direct

www.SuisseDirecte.ch.
Cet organisme propose une sélection d'hôtels à prix modérés, classés selon les régions.

Locations

Les offices de tourisme locaux disposent de listes de propriétaires ou d'agences immobilières louant chalets ou appartements de vacances.

Auberges de jeunesse

www.youthhostel.ch.
La carte de membre est en vente aux adresses suivantes :
En France : **Fédération unie des auberges de jeunesse (FUAJ)** - 27 r. Pajol - 75018 Paris - ✆ 01 44 89 87 27 - www.fuaj.org.
En Belgique : **Auberges de jeunesse (ASBL)** - R. de la Sablonnière 28 - 1000 Bruxelles - ✆ (0)2 219 56 76 - www.laj.be.

Camping, caravaning

Le camping sauvage n'est pas autorisé en Suisse. De plus, il est interdit de passer la nuit dans un camping-car ou une caravane sur les parkings et les aires de repos. L'Association suisse des campings, la Fédération suisse de camping et de caravaning et le Touring-Club suisse (TCS) éditent des cartes et des guides. On y trouve tous les renseignements utiles sur la classe des campings, les adresses et les tarifs.
Touring-Club de Suisse – www.tcs.ch.
Association suisse des campings – Bahnhofstr. 5 - 3322 Schönbühl - ✆ 031 852 06 26 - www.swisscamps.ch.

Nuitées en refuge

Les randonneurs en montagne peuvent être hébergés dans les refuges du CAS (Club alpin suisse), qu'on appelle en Suisse des « cabanes ». Les membres de clubs alpins sont prioritaires.
Club alpin suisse – 3000 Bern 23 - ✆ 031 370 18 18 - www.sac-cas.ch.

Logement chez l'habitant

Ce mode d'hébergement, plus répandu en Suisse alémanique, est signalé par le panneau « Zimmer frei/Chambres ». Pour obtenir des adresses, se renseigner auprès des offices de tourisme locaux.

Swiss Family Experiment

Dufourstr. 32 - 8702 Zollikon/ Zurich - ✆ 044 262 47 77.
Par le biais de cet organisme, les personnes âgées de 18 à 40 ans peuvent être logées comme hôtes payants dans des familles suisses pour une durée de 1 à 3 semaines.

Bed and breakfast

Ce mode d'hébergement s'est bien développé en Suisse, mais reste cependant moins important qu'en France ou en Angleterre. L'association Bed and Breakfast Switzerland sélectionne des établissements et édite un guide.
Bed and Breakfast Switzerland – Chemin du Verger 24 - 1752 Villars-sur-Glâne - ✆ 061 702 21 51 - www.bnb.ch.

Vacances à la ferme

Plusieurs organismes suisses proposent des prestations de tourisme rural. Brochures gratuites disponibles auprès de Suisse Tourisme.
Vacances Reka – Neuengasse 15 - 3001 Bern - ✆ 031 329 66 33 - www.reka.ch.
« **Aventure sur la paille** » – Susanne Ming - Brünigstr. 49 - 6078 Lungern am See - ✆ 041 678 12 86 - www.aventure-sur-la-paille.ch.

Cette charte de qualité regroupe quelque 250 fermes où, pour une somme modique, on peut dormir sur la paille, dans une grange. Pensez à apporter votre sac de couchage ! L'accueil comprend un petit-déjeuner fermier.

Tourisme rural – 3 av. des Jordils - CP28 - 1000 Lausanne 6 - ✆ 021 619 44 37 - www.tourisme-rural.ch. Cette association regroupe des personnes qui proposent un hébergement, une restauration et des loisirs en milieu rural en Suisse romande.

TERMES D'HÔTELLERIE

Bündnerstube – « Salle grisonne » : dans les hôtels des Grisons, c'est une pièce intime, meublée et décorée suivant les traditions du pays.

Bar à café – Café où l'on sert des boissons sans alcool.

Carnotzet – Dans les hôtels du Pays de Vaud et du Valais, salle (ou caveau) typique où l'on vient déguster fondues et vins du pays.

Garni ou meublé – Hôtel sans restaurant.

Gasthaus – Café (restaurant si cela est précisé).

Grotto – Au Tessin : guinguette champêtre où l'on vient déguster le vin du pays et où l'on peut vaincre une fringale.

Pension – Petit établissement recevant une clientèle familiale.

Restaurant – Dans certaines villes de Suisse alémanique, en particulier à Lucerne, certains « Restaurants » ne servent que des consommations comme un café, à moins d'afficher « Speise-Restaurant ».

Tea Room – Salon de thé où l'on peut aussi prendre une collation. Attention, un thé est une tisane ; si vous voulez un véritable thé, demandez un « thé noir ».

Wirtschaft – Auberge.

Se restaurer

Retrouvez notre sélection d'hébergement dans « Nos adresses à… » située en fin de description des principaux sites de la partie « Découvrir la Suisse ».

Le prix indiqué correspond à celui du menu complet entrée-plat-dessert le moins cher.

À consulter aussi : **Le Guide Michelin Suisse/Schweiz/Svizzera**.

LES USAGES

Avant tout, petite précision sur le vocabulaire utilisé : lorsque les Suisses parlent de « dîner », il s'agit en fait du déjeuner, ce dernier désignant le « petit-déjeuner » et le « souper » le repas du soir. Les repas se prennent généralement un peu plus tôt qu'en France, à savoir vers midi et 19h. N'arrivez donc pas trop tard au restaurant sous peine que le service soit terminé, mais ceci vaut surtout pour les lieux qui ne sont pas très touristiques. Si vous êtes invité chez des Suisses, veillez à arriver à l'heure indiquée : la ponctualité des habitants de la Confédération n'est pas une légende…

Le repas au restaurant

Le midi, même si vous ne commandez qu'un plat (le plat du jour, par exemple, une formule très courante et souvent la plus économique), une petite salade verte vous sera souvent servie en entrée (sans supplément). On vous demandera parfois si vous désirez de la sauce italienne (avec de l'huile) ou de la sauce française (avec de la crème).

Demander une carafe d'eau sans prendre d'autres boissons a de grandes chances d'être mal vu. Si vous commandez du vin au verre, sachez qu'il risque fort d'être peu rempli (du moins, nettement moins qu'en France). Enfin, il est d'usage de laisser au moins 5 % de pourboire.

LES BOISSONS

Le vin

Voir également « Comprendre la Suisse », p. 66.

Les vins « ouverts », c'est-à-dire en carafe, sont servis en décilitres (de 2 à 5). On commande par exemple 2 décis de fendant.

En Suisse alémanique, le **Weinstub** permet, dans un cadre agréable et une atmosphère chaleureuse, de déguster les meilleurs vins au verre.

La bière

Dans les différents cantons, les amateurs apprécieront un grand choix de bières savoureuses, à la pression ou en bouteille (adler, cardinal, egger, eichhof, feldschlösschen…).

En Suisse alémanique, le **Bierstub** est à la bière ce que le Weinstub est au vin.

L'eau minérale

L'eau ordinaire ou « du robinet », comme on dit en France, ne fait pas tellement partie des coutumes. Au restaurant, il est de bon usage de commander une bouteille d'eau minérale gazeuse ou non (les plus courantes sont henniez, san pellegrino et passuger).

Le café

Il est souvent servi avec un petit pot de crème *(Kaffeesahne)*. L'après-midi, on peut faire une pause dans un « bar à café », où sont servies des boissons non alcoolisées, ou dans un *tea room*, salon de thé proposant pâtisseries et collations.

Sur place de A à Z

ACHATS

Ouverture des magasins

En semaine, généralement de 8h à 18h30, le samedi 16h ou 18h ; certains magasins sont fermés le lundi matin.

TVA

La TVA de 7,6 % est comprise dans le prix de vente. Les étrangers qui effectuent des achats d'une valeur égale ou supérieure à 500 CHF dans les magasins affichant la mention Tax Free peuvent obtenir le remboursement de la TVA. Demandez le formulaire à remplir au magasin. Vous recevrez ensuite le remboursement en espèces auprès de plus de 600 bureaux Cash Refund dans le monde entier. www.globalrefund.com.

Pointures et tailles

Les systèmes de mesure utilisés sont identiques à ceux de la France.

ALPINISME ET VARAPPE

Suisse Tourisme propose, dans chaque région, des idées de parcours aux passionnés de varappe – débutants ou expérimentés. www.suisse.com, tapez « escalade » sur le moteur de recherche du site.

Dans l'Oberland bernois, la via ferrata Tälli est le premier **parcours d'escalade** de Suisse : 78 m d'échelles et 550 pitons en acier sont encastrés dans la paroi de l'imposante Gadmerflue, au col du Susten. Ce parcours s'adresse même aux non-alpinistes.

Dans le Liechstenstein, les parois abruptes des Eggstöcke, au-dessus de Braunwald, sont également accessibles à tous les passionnés de montagne.

Pour s'initier aux techniques de l'alpinisme ou « faire un sommet », rien ne vaut l'expérience d'un guide : toutes les grandes stations sont dotées d'**écoles** où des ascensions sont proposées sous la conduite de professionnels.

AMBASSADES ET CONSULATS

À Berne

Ambassade de France – Schosshaldenstr. 46 - 3006 - ✆ 031 359 21 11 - www.ambafrance-ch.org.

Ambassade de Belgique – Jubiläumsstr. 41 - 3005 - ✆ 031 350 01 50 - www.diplomatie.be/bern.

Ambassade du Luxembourg – Kramgasse 45 - 3000 - ✆ 031 311 47 32.

À Bâle

Consulat général de France – Aschengraben 26 - 4051 - ✆ 061 276 56 77.

Consulat honoraire de Belgique – Gerbergasse 1 - 4001 - ✆ 061 264 44 00.

À Genève

Consulat général de France – 2 cours des Bastions - 1205 - ✆ 022 319 00 00 - www.consulfrance-geneve.org.

Consulat général de Belgique – r. de Moillebeau 58 - 1209 - ✆ 022 730 40 00.

À Lugano

Consulat honoraire de Belgique – 4 via della Posta - 6900 - ✆ 091 921 44 09.

À Neuchâtel

Consulat honoraire de Belgique – Faubourg de l'Hôpital 23 - 2000 - ✆ (032) 725 75 32.

À Saint-Gall

Consulat honoraire de Belgique – Pestalozzistr. 2 - 9000 - ✆ 071 228 00 44.

À Zurich

Consulat général de France – Signaustr. 1 - 8008 - ✆ 044 268 85 85 - www.consulatfrance-zurich.org.

Consulat honoraire de Belgique – Basteiplatz 5 - 8022 - ✆ 044 212 11 55.

ARGENT

Banques – Ouvertes de 8h à 16h30, fermées le samedi.

Change – Dans les aéroports et les principales gares, ainsi que certains grands magasins et hôtels. On peut également retirer de l'argent avec certaines cartes de crédit (EC) aux distributeurs des banques. Les banques suisses offrent les meilleurs taux de change pour l'argent liquide et les chèques de voyage, mais n'acceptent que les billets de banque.

Cartes de crédit – Les villes et la plupart des petites localités sont équipées de distributeurs de billets. Les principales cartes de crédit sont acceptées.

CHIENS DE TRAÎNEAUX

Les promenades en traîneau à chiens se pratiquent dans différentes régions de Suisse, dans l'Oberland bernois, à Loèche-les-Bains (Valais) ou encore sur le glacier des Diablerets (région du Léman). Sensations garanties : les attelages peuvent atteindre des pointes de 40 km/h.

Il est également intéressant de découvrir cette activité en assistant aux championnats ou compétitions organisés tout au long de la saison d'hiver, comme à Saignelégier (Jura) ou à Lenk-Simmental (Oberland bernois).

CIRCUITS TOURISTIQUES EN CAR

Palm-Express

Car postal reliant St-Moritz à Lugano. Il traverse la Haute-Engadine, vers le Val Bregaglia, déjà méridional, et le lac de Côme. Durée : 4h - réservation obligatoire - 69 CHF (15 CHF sur présentation du Swiss Pass, du Swiss Youth Pass ou du Swiss Flexi Pass) - pièce d'identité nécessaire pour la frontière italienne - www.carpostal.ch.

Romantic Route Express

Circule de fin juin à début octobre. Il quitte Andermatt par le col de la Furka (2 431 m) et longe le glacier du Rhône jusqu'à Gletsch, que l'on peut aussi rejoindre – en option – par le charmant train à vapeur de la Furka. Étapes suivantes : le col du Grimsel (2 165 m) et la vallée du Hasli, puis Meiringen et Grindelwald, au pied de la face nord de l'Eiger. Un fabuleux décor de pâturages, de fromageries d'alpage et de glaciers… Durée : 7h - mêmes conditions et coordonnées que le Palm Express.

Napoléon Route Express

Relie Domodossola à Saas-Fee en passant par le célèbre col du Simplon et Brigue, de la mi-juin à fin octobre. Panorama sur plusieurs sommets de plus de 4 000 m. Durée : env. 3h30 - 11 CHF sur présentation du Swiss Pass, du Swiss Youth Pass ou du Swiss Flexi Pass - www.carpostal.ch/alpes.

DÉCALAGE HORAIRE

GMT + 1. Il n'y a pas de décalage horaire entre la Suisse, la France, la Belgique et le Luxembourg. Comme ces trois derniers pays, la Confédération applique l'heure d'été et l'heure d'hiver, aux mêmes dates (26 mars et 29 octobre).

DELTAPLANE ET PARAPENTE

Ces deux sports sont très pratiqués et bénéficient d'une masse d'air

assez stable. Le Valais, les Grisons, l'Oberland bernois, la Suisse orientale et le Jura suisse sont tout à fait indiqués.
Fédération Suisse de Vol Libre – Seefeldstr. 224 - 8008 Zurich - ✆ 044 387 46 80 - www.shv-fsvl.ch.

ÉLECTRICITÉ

Dans tout le pays, le courant est du 230 volts AC, 50 Hz. La Suisse utilise deux types de prise électrique : le type C (à 2 trous) et le type J (à trois trous). Un adaptateur peut donc être nécessaire, que vous aurez plus de facilités à trouver dans les grandes villes suisses qu'en France.

FORFAITS TOURISTIQUES

Passeport Musées suisses

Hornbachstr. 50 - Zurich - ✆ 044 389 84 56 - www.passeportmusees.ch.
Il donne accès à 445 musées dans tous les domaines, y compris les expositions temporaires : beaux-arts, sciences et nature, technologie… Il est délivré pour un an. Le passeport adulte coûte 144 CHF, et les passeports famille 177 CHF (1 adulte et 5 enfants) et 255 CHF (2 adultes et 5 enfants). En vente dans les principaux offices de tourisme, les musées affiliés et peuvent être commandés sur Internet. Les forfaits de transports Swiss Pass, Swiss Youth Pass et Swiss Flexi Pass sont valables en tant que Passeport Musées suisses.

Pass Musées du Rhin Supérieur

Viadukstr. 12 - 4002 Basel - ✆ 061 205 00 40 - www.museumspass.com.
Entrée libre et illimitée, pendant un an, dans les musées de Bâle et des environs : au total, plus de 170 musées en France, Suisse et Allemagne (collections permanentes et temporaires). Prix : 118 CHF (1 adulte et 5 enfants), 202 CHF (2 adultes et 5 enfants).
Il existe également un passeport courte durée (48h pour un adulte et un enfant, 48 CHF). En vente dans les musées membres, certains offices de tourisme, sur Internet.

INTERNET

En ville, vous trouverez facilement des cyber-cafés, mais les tarifs sont souvent élevés (env. 5 CHF/h). Rabattez-vous sur les bars qui proposent parfois des accès gratuits moyennant consommation. Les hôtels sont, de toute façon, souvent équipés d'un « Internet Corner ». Et, de plus en plus, surtout dans les établissements haut de gamme, les chambres sont dotées d'une connexion Internet.
Le wifi est disponible dans la plupart des hôtels ainsi que dans certains bars et cafés. Chaque établissement pratique sa politique tarifaire mais il est facile d'en trouver qui proposent l'accès gratuit.

JOURS FÉRIÉS

Le calendrier des jours fériés varie selon les 26 cantons, compte tenu de leur religion officielle et de leur passé historique.
Les **fêtes « générales »** sont en principe les 1er et 2 janvier, Vendredi saint, lundi de Pâques, Ascension, lundi de Pentecôte, 25 et 26 décembre.
Le **1er août**, jour de la fête nationale, est chômé.
Le **Jeûne fédéral** (Fête fédérale d'action de grâce : *Bettag* en allemand) se fête dans tous les cantons, sauf Genève, le 3e dimanche de septembre. Le canton de Genève fête le Jeûne genevois le 2e jeudi de septembre.

LUGE

D'importants aménagements ont été réalisés pour la pratique de la luge. Des chemins de plusieurs kilomètres, damés et balisés, existent dans de nombreuses stations. Grindelwald et Saas-Fee notamment offrent des prestations remarquables, en ayant réservé des massifs entiers pour s'adonner aux joies de ce sport. Ce moyen de locomotion, dont l'apprentissage présente l'avantage d'être très rapide, permet de réaliser des balades au cœur de la montagne, qui peuvent durer plusieurs heures.

MÉDIAS

La presse écrite compte autour de 130 quotidiens et pas moins de 340 hebdomadaires régionaux. À cela s'ajoutent une cinquantaine de magazines grand public. Côté audiovisuel, une quarantaine de chaînes publiques, locales et régionales se partagent l'espace télévisuel. On dénombre de plus 15 stations de radio publiques et 41 émettant localement.
En Suisse romande, le quotidien *Le Temps* et la *Tribune de Genève* sont à la presse écrite ce que la Radio suisse romande est aux ondes : des références. Cette dernière est d'ailleurs associée au réseau RTS (Radio télévision suisse), qui comprend aussi le réseau télévisé TSR (Télévision suisse romande) doté des chaînes TSR1, TSR2 et TSRInfo.

PÊCHE

32 000 km de cours d'eau et 135 000 ha de lacs : ceux qui veulent taquiner le poisson n'ont que l'embarras du choix. Mais obtenir un permis est très compliqué ! Pour ceux qui veulent néanmoins tenter leur chance, s'adresser à l'office de tourisme local, ou à la Fédération suisse de pêche.
Schweizerischer Fischerei-Verband – Seilestr. 27 - Postfach 8218 - 3001 Bern - www.sfv-fsp.ch.

PLAGES

À défaut de criques rocheuses, la Suisse offre ses rives lacustres. Parmi les plus belles plages : celle du Heidsee à Lenzerheide, la plage du petit lac de Cauma, dont les eaux sont réchauffées par des sources souterraines au cœur de la forêt de Flims, ou encore à Estavayer-le-Lac, la plus grande plage de sable naturelle du pays.

POSTE

Comme en France, le jaune est la couleur de la poste en Suisse. La plupart des bureaux sont ouverts du lundi au vendredi de 8h à 18h et le samedi de 9h à 12h.
Pour la France et la zone Europe, comptez 1,40 CHF pour une lettre standard (jusqu'à 20 g) et 1,30 CHF pour une carte postale.

RANDONNÉES À PIED

En Suisse, les chemins de randonnée fourmillent. Le réseau est l'un des plus longs du monde avec 68 000 km de chemins balisés, dont la signalisation est uniformisée dans tout le pays : on y lit la direction générale de tel sentier, les étapes intermédiaires, la durée approximative des excursions.

Balisage des chemins

Panneaux **jaunes** = chemins praticables par tous, y compris les enfants et les randonneurs inexpérimentés.
Panneaux **jaunes à pointe blanche et trait rouge** = sentiers de montagne. Ces derniers sont souvent étroits et raides et parfois exposés aux intempéries. Ils exigent une bonne condition physique et nécessitent de ne pas être sujet au vertige.
Panonceaux bleus à pointe blanche et filet bleu = chemins difficiles, qui requièrent des connaissances en varappe (glacier

ou éboulis, champs de neige…). Les passages délicats sont signalés de façon spécifique et assurés par des garde-fous ou des cordes.
Panneaux **fuchsia** = chemins de randonnée hivernale. Ils sont barrés en cas de danger d'avalanche.

Avec des enfants

Parmi les plus belles randonnées à faire avec des enfants : le circuit du Tomlishorn sur le Pilatus (accessible aux poussettes), le « circuit du fromager » *(Käserstatt)* sur le Halisberg, et le chemin panoramique du glacier d'Aletsch.
Renseignements – Dans les offices de tourisme, les librairies ou les maisons de presse des lieux touristiques, vous trouverez des guides de randonnées. Par ailleurs, une sélection d'itinéraires est proposée sur le site de Suisse Tourisme : www.suisse.com.
Remontées mécaniques suisses – www.seilbahnen.org. Conseils d'excursion et brochure à télécharger, qui contient une foule d'idées et d'informations pratiques pour des randonnées en montagne.

Nordic walking

Cette variante sportive de la randonnée, qui se pratique avec deux bâtons spéciaux, s'est beaucoup développée en Suisse. On peut en faire sur des chemins de randonnée « normaux », mais aussi en suivant des itinéraires spécifiques. Renseignements auprès des offices de tourisme.

Parcours de santé

Née dans les Grisons, l'idée s'est répandue dans toute la Suisse, y compris dans de grandes villes comme Bâle. Quelque 500 parcours fitness sont équipés d'une vingtaine de haltes où l'on peut pratiquer des exercices.

RAQUETTES

Plus sportives, les balades en raquettes permettent de s'enfoncer dans la neige fraîche et de sortir des chemins battus. Il est préférable de se faire accompagner par un professionnel pour éviter les zones d'avalanches et mieux apprendre à connaître la faune et le terroir.

SANTÉ

Les conditions sanitaires sont équivalentes à celles de la France, voire meilleures en raison de l'air pur des montagnes!
Veillez cependant aux écarts de température si vous faites des excursions en altitude. Et hormis les vêtements et chaussures d'usage, n'oubliez pas, quand vous partez en montagne, une trousse de secours contenant notamment anti-venin, désinfectant et compresses.

SKI

Le ski alpin (ou de descente) constitue le sport le plus prisé et se pratique dans quasiment toutes les stations. Comme l'Autriche, la Suisse propose un grand nombre de domaines skiables de dimension petite à moyenne.
Les domaines skiables les plus étendus : **4 Vallées** (avec Verbier comme station principale), qui offre 400 km de pistes à caractère sportif, **Laax-Flims** (220 km de pistes), **Davos** (300 km de pistes plus ou moins bien reliées) et **St-Moritz** (350 km de pistes, mais sur 9 domaines de ski différents).
Certaines **stations frontalières** se sont alliées avec des stations françaises, italiennes ou autrichiennes pour optimiser leurs prestations en proposant par exemple des forfaits famille (contacter les offices de tourisme locaux) : **Les Portes du Soleil**, qui compte 650 km de pistes se déployant davantage du côté français (avec Avoriaz, Morzine et Châtel comme stations phares); **Zermatt**, qui propose 313 km de pistes grâce à sa liaison avec la

station italienne de Breuil-Cervinia/ Valtournenche ; **Samnaun**, qui offre 200 km de pistes avec la station autrichienne d'Ischgl.

Les liaisons entre stations ou massifs sont de façon générale loin d'être optimales, compte tenu des contraintes posées par le terrain. Les accès aux cimes se font souvent par des trains, funiculaires ou téléphériques. Jadis un peu vétustes (lenteur des trajets ferroviaires, files d'attente et manque de confort dans les téléphériques ou funiculaires), ces équipements ont été rénovés dans les stations les plus fréquentées. Ils ont ainsi évolué sur certains sites (Funitel à Crans-Montana et Verbier, multiplication des télésièges débrayables…).

Les atouts de la Suisse comme destination de ski alpin se situent à un autre niveau. Tout d'abord, la Suisse offre une palette de paysages exceptionnels, allant de la moyenne montagne au cadre somptueux de haute altitude, comme c'est le cas à Grindelwald, Zermatt, Saas-Fee, Crans-Montana, St-Moritz ou Pontresina. Ces sites ont le privilège de permettre aux skieurs peu expérimentés de tutoyer le monde des 4 000 m sans fatigue et sans prise de risques. Ils offrent de longues balades en pente modérée, parfaitement damées et balisées. De plus, la haute altitude et la présence de glaciers garantissent un enneigement satisfaisant et une saison d'hiver prolongée. Quelques domaines sont même ouverts en **été** (Petit Cervin à Zermatt, Mittelallalin à Saas-Fee…).

Par ailleurs, nombre de stations tirent beaucoup de charme de leur architecture, inspirée de l'habitat traditionnel. Certaines se sont développées à partir d'un village préexistant (Klosters, Arosa, Saas-Fee, Zermatt, Adelboden). Le style « chalets » parvient même parfois à être respecté dans de grandes stations, à l'image de Verbier (qui propose pourtant près de 30 000 lits). Le développement architectural dans les Alpes suisses n'a cependant pas toujours été heureux. Comme la France, la Suisse n'a pas échappé à la construction de grands ensembles sans grand charme et manquant parfois de cohérence, comme à Davos, St-Moritz-Bad, Thyon voire Crans-Montana. Cela dit, aucune station n'a été créée *ex nihilo*, et l'on trouvera toujours un village aux accents rustiques en son centre.

Quelques sites se sont résolument tournés vers le haut de gamme (St-Moritz-Dorf, Gstaad, Zermatt), multipliant boutiques élégantes, hôtels de standing et restaurants prestigieux. La Suisse se caractérise par une grande tradition hôtelière, certains établissements datant de plus de 100 ans. Les hôtels appartiennent généralement à des particuliers, qui veillent à offrir à leurs hôtes un accueil personnalisé et un service impeccable.

Autre point fort fondamental des sports d'hiver en Suisse : la variété des activités sportives proposées.

Ski de fond

Les plus beaux sites se trouvent notamment dans les Grisons (180 km de pistes dans la vallée de St-Moritz, 75 km à Davos), à Laax-Flims, dans la région de Gstaad (lorsque les conditions d'enneigement sont favorables)…

Ski de randonnée

Les possibilités offertes par les Alpes suisses sont illimitées pour ce sport, avec des itinéraires exceptionnels entre Chamonix et Zermatt ainsi qu'en Engadine, à n'entreprendre qu'avec un guide de haute montagne.

Snowboard

Parmi les stations les mieux équipées dans ce domaine, citons

Les Diablerets, Saas-Fee, Laax (qui organise chaque année une épreuve de coupe du monde)…

Ski parabolique

Certaines pistes sont entretenues et réservées en Suisse pour la pratique du ski parabolique.

Skijöring

St-Moritz organise en février des courses hippiques sur neige.

SOUVENIRS

Couteau suisse

« Plus qu'un couteau, un ami ! » Avec une telle devise, le couteau suisse peut espérer vivre encore longtemps… Présenté comme « la plus petite boîte à outils du monde », cet emblème helvétique se reconnaît à sa couleur rouge et à sa croix blanche, inscrite dans un carré aux côtés légèrement arrondis. Né à la fin du 19e s. pour équiper l'armée suisse et faciliter la survie des soldats en milieux extrêmes, le Schweizer Offiziersmesser (ou Swiss Army Knife) a connu très vite une célébrité mondiale. Son design lui a même valu de figurer dans les collections du Musée d'art moderne, à New York. Il se décline en plus de quatre cents modèles, du plus petit au plus complet, à tous les prix (d'environ 10 CHF à plus de 200 CHF). En plus de toutes ses fonctions habituelles, l'un des derniers-nés de la gamme sert également de clé USB et de lecteur MP3… Si vous en achetez un, méfiez-vous des contrefaçons. Ses deux grands fabricants sont Wenger (en Suisse romande) et Victorinox (en Suisse alémanique). Après avoir frôlé la faillite, Wenger a été racheté par son concurrent en 2005.

Montres et bijoux

La Suisse est la patrie de grands groupes horlogers, comme Swatch, Certina, Ebel, Jaquet Droz ou encore Baume & Mercier, et celle de bijoutiers non moins célèbres (Mont Blanc, Bucherer, etc.). Pour écarter tout risque de contrefaçon, n'achetez une montre de marque que chez un représentant officiel de cette marque. Dans tous les cas, la montre doit porter la mention « Swiss made » ou « Swiss ».

Fromages

Si votre trajet de retour n'est pas trop compliqué ou trop long, pourquoi ne pas rapporter un produit gastronomique ? La Suisse compte plus de 450 spécialités fromagères, parmi lesquelles les fameux emmental, gruyère, appenzell et tête-de-moine.

Chocolat

À côté des grands fabricants de chocolat, il existe encore en Suisse de nombreux chocolatiers artisanaux. Vous découvrirez leurs confiseries au hasard de vos promenades dans les villes.

Vins

Enfin, une bouteille de vin suisse peut constituer un cadeau ou un souvenir original, plus pratique à rapporter. La Confédération dispose de plus de 50 cépages, dont certains sont uniques au monde. Parmi les plus connus :

– les blancs : le fendant, la petite arvine, l'amigne et le johannisberg (Valais) ; le perlan (Genève) ; le chasselas (Neuchâtel, Vaud) ;

– les rouges : le gamay (Genève) ; le pinot noir (Grisons, Neuchâtel) ; le dôle (mélange de pinot noir et de gamay, Valais), l'humagne rouge et le cornalin (Valais) ; le merlot (Tessin) ;

– les rosés : l'œil-de-perdrix (Neuchâtel) ; le merlot rosato (Tessin).

1995, 2007 et 2008 sont les meilleurs **millésimes récents**.

SPORTS DE GLACE

Les sports de glace sont également à l'honneur, avec de nombreuses patinoires naturelles ou artificielles, couvertes ou en plein air. Outre le **patinage**, les Suisses sont friands de **hockey** et de **curling** (sport nécessitant adresse et concentration), mais aussi de **bobsleigh** (descente possible avec un pilote, notamment à St-Moritz).

TABAC

Comme dans de nombreux pays d'Europe, il est désormais interdit de fumer en Suisse dans les lieux publics.

TÉLÉPHONE

Depuis la Suisse et le Liechtenstein

France : 00 33 + numéro de l'abonné sans le 0.

Belgique : 00 32 + indicatif de la zone sans le 0 + numéro de l'abonné.

En Suisse

Pour les appels nationaux, l'indicatif national ne doit pas être composé. En revanche, il faut composer l'indicatif régional à trois chiffres commençant par 0.

Annuaires téléphoniques en ligne pour la Suisse

www.search.ch.
www.pagesblanches.ch.
www.pagesjaunes.ch.
www.directories.ch.

Portables

Le réseau de **Swisscom mobile** couvre la quasi-totalité du territoire habité du pays.

Par abus de langage, le terme « **Natel** » est utilisé en Suisse pour désigner un téléphone portable.

Cabines téléphoniques

La carte de crédit est parfois acceptée.

Une télécarte, la **taxcard**, est en vente dans les postes, les kiosques et les gares : prix variable (5, 10 ou 20 CHF) selon le nombre d'unités.

Le réseau fixe de Swisscom propose des horaires à **tarif réduit** (3 CHF/h) pour appeler à l'étranger : du lundi au vendredi de 19h à 0h, et le week-end 24h/24. Tarif normal d'une communication vers la France en semaine : 0,12 CHF/mn ; le week-end : 0,10 CHF/mn. fr.swisscom.ch.

Quelques numéros utiles

Renseignements téléphoniques pour la Suisse – **1811**.
Enneigement, pistes de ski – **120**.
Informations touristiques (été) – **120**.
Horloge parlante – **161**.
Prévisions météorologiques – **162**.
État des routes, circulation routière – **163**.
Bulletin des avalanches – **187**.

THERMALISME

La Suisse est riche en bains thermaux, alimentés par des sources chaudes naturelles : piscines, bains bouillonnants, sauna… Ce thermalisme se pratique à tout âge, et volontiers en famille. En été, on passe la journée aux bains de Saillon ou de Loèche-les-Bains, dans les montagnes du Valais ou à Yverdon-les-Bains. Les Bains de Vals, conçus par Peter Zumthor, un grand nom contemporain de l'architecture, sont déjà classés monuments historiques !

Espaces thermaux suisses – Via Cantonale 25 - 6992 Vernate - ✆ 031 604 58 78 - www.swissthermalspa.ch.

TRAINS PANORAMIQUES

Les transports ferroviaires suisses proposent toute une série de circuits panoramiques. Pour que ce choix de voyage tout confort ne soit pas totalement ruineux, renseignez-vous sur les forfaits les plus avantageux *(voir « Transports sur place » p. 29)*. Les tarifs indiqués ci-dessous ne tiennent pas compte de ces forfaits. Réservation obligatoire sur certains parcours.

Glacier Express

Ce train panoramique est le plus célèbre de Suisse. Il relie Zermatt et Coire à St-Moritz ou Davos. Les dénivelés du parcours, d'une beauté à couper le souffle, dépassent 1 400 m ! Le train emprunte 91 tunnels et 291 ponts, et franchit le col de l'Oberalp (2 033 m) qu'il atteint à la crémaillère depuis Andermatt. Durée : 8h. Prix d'un billet St-Moritz-Zermatt en 2e classe : 133 CHF. www.glacierexpress.ch.

Bernina Express

Il relie Coire à St-Moritz puis au col de la Bernina (2 253 m) et à Tirano (possibilité de rallier Lugano depuis Tirano par bus et sur le flanc italien). Un parcours impressionnant tout au long de la transversale alpine, à travers les Grisons. Pièce d'identité requise pour le passage de la frontière italienne. Durée : 4h. Prix d'un billet Coire-Lugano en 2e classe : 80 CHF. www.rhb.ch/berninaexpress.

GoldenPass Line

Cette ligne (avec changements de train) vous amène de la Suisse centrale aux vignobles du lac Léman, de Lucerne à Montreux, en passant par Brünig, Interlaken, Zweisimmen et Gstaad. À Interlaken, une escapade s'impose jusqu'au Jungfraujoch (3 454 m) par la ligne ferroviaire la plus haute d'Europe ! Le train GoldenPass Classic, lui, circule tous les jours entre Montreux, Château d'Œx, Gstaad et Zweisimmen. Réservation recommandée. Durée d'un trajet Lucerne-Montreux (hors temps d'arrêt et de changement) : env. 4h. Tarifs variables selon la section de trajet choisie ; Montreux-Zweisimmen en 2e classe : 30 CHF. www.goldenpass.ch.

Mont-Blanc Express

Il relie Martigny en Suisse et Chamonix en France, en empruntant un parcours verdoyant par les vallées du Trient et de Vallorcine. Durée : env. 1h30. Tarif Martigny-Châtelard (frontière) AR : 33,60 CHF. www.tmrsa.ch.

St-Bernard Express

Il mène de Martigny à Orsières (30mn) à travers le val d'Entremont. De juin à fin septembre, un bus conduit ensuite à Champex-Lac, La Fouly ou l'hospice du Grand-St-Bernard. Durée : env. 1h30. Prix d'un billet AR Martigny-Orsières en 2e classe : 20,40 CHF. www.tmrsa.ch.

Voralpen-Express

Ce train, également appelé l'Express des Pré-Alpes, relie le lac de Constance au lac des Quatre-Cantons. Le parcours, qui permet d'admirer les montagnes et les lacs des Préalpes suisses, est jalonné de nombreux buts d'excursion : Saint-Gall, le Säntis, le pays d'Appenzell, etc. Durée : 2h40. www.voralpen-express.ch.

Lignes du Lötschberg et des Centovalli

Elles relient Berne à Locarno. Le parcours est spectaculaire jusqu'au tunnel du Lötschberg, puis redescend fortement vers la vallée du Rhône et Brigue. Par le tunnel du Simplon, on rejoint Domodossola (Italie, se munir d'une pièce d'identité). Durée : 4h. www.centovalli.ch.

TRAINS THÉMATIQUES ET À VAPEUR

Train du Chocolat

Fait l'aller et retour entre Montreux, sur la Riviera suisse et Gruyères, patrie du fameux fromage et du chocolat au lait. Au menu : café et croissants, entrée au château et à la fromagerie de Gruyères, visite-dégustation de la fabrique de chocolat Cailler-Nestlé.
Juin-oct. : lun., merc. et jeu. Réservation obligatoire et en 1re classe exclusivement. 89 CHF AR. www.mob.ch.

Train des Vignes (13 km)

Assure la liaison de Vevey à Chexbres et Puidoux, dans le Lavaux, au bord du lac Léman. Il s'élève en douceur, à travers les vignes et de pittoresques villages, et permet d'admirer les Alpes suisses et savoyardes. Plusieurs escales sont possibles : caveaux de vignerons, musées, chemins pédestres viticoles…

✆ 084 886 84 84 (Montreux-Vevey Tourisme). 11,20 CHF AR (en 2e classe exclusivement).

Trains à vapeur

Il existe à travers tout le pays de nombreux trains à vapeur, remis à neuf par des bénévoles passionnés. Ces trains fonctionnent principalement pendant l'été. On en trouve aussi bien dans la vallée de Joux (ligne Le Pont-Le Brassus) que dans le Valais (Oberwald-Furka) ou encore dans la région du Léman, au départ de Lausanne, Montreux ou Blonay. Renseignements auprès des offices du tourisme.

TRANSPORTS SUR PLACE

Voir également la rubrique « Voiture » p. 32.

Forfaits de transports

La Suisse dispose d'un très bon réseau des transports intérieurs. En général, les horaires des trains, des cars et des bateaux sont harmonisés. Toutefois, ils restent globalement chers. Pour voyager moins cher sur le réseau, vous pouvez, selon vos besoins, vous procurer à prix forfaitaire l'un des titres de transport du **Swiss Travel System** (STS) présentés ci-dessous. Ils sont vendus sur présentation d'une pièce d'identité. Aucune photo n'est nécessaire.

Ces forfaits sont en vente en France dans les gares SNCF et les agences agréées, et en Suisse dans les gares importantes. www.swisstravelsystem.ch.

Swiss Pass – Utilisation illimitée dans les trains, bateaux et cars postaux du réseau (20 000 km), et dans les tramways et autobus de 35 villes. Accès gratuit aux circuits panoramiques et réduction de 50 % sur la plupart des trains de montagne et des téléphériques. Le Swiss Pass permet également d'entrer gratuitement dans la quasi-totalité des musées suisses. Réduction de 15 % sur le prix du forfait à partir de 2 personnes.

En **formule Économie** : le forfait est valable 4, 8, 15, 22 jours ou 1 mois. Tarif : de 260 à 578 CHF selon la durée choisie.

Swiss Flexi Pass – Permet de circuler sur tout le réseau pendant 3, 4, 5, 6 ou 8 jours. Mêmes avantages que le Swiss Pass, mais on peut choisir librement les jours de voyage sur une période d'un mois. Réduction de 15 % sur le prix du forfait à partir de 2 personnes

En **formule Économie** : le forfait est valable un mois. Tarif : de 249 à 397 CHF selon la durée choisie.

Swiss Half Fare Card – Réduction de 50 % pour les trains, bus, bateau et la majorité des trains de montagne. Validité : un mois. Tarif : 99 CHF.

Swiss Transfer Ticket – Comprend le voyage AR entre la frontière suisse ou l'aéroport et votre lieu de séjour. Le voyage d'aller et celui de retour doivent se dérouler chacun sur une seule journée. Validité : un mois. Tarif : 127 CHF.

Swiss Card – Donne droit à un voyage AR d'une gare frontière ou d'un aéroport à votre lieu de séjour. De plus, elle permet de voyager en train, car et bateau et d'utiliser la plupart des chemins de fer de montagne avec 50 % de réduction. Validité : un mois. En vente uniquement dans les aéroports et quelques gares frontières. Tarif : 182 CHF.

Carte « famille » Swiss Travel System – Gratuite, elle permet aux enfants de moins de 16 ans de voyager sans frais avec leurs parents. Les enfants qui voyagent avec d'autres adultes bénéficient d'une réduction de 50 % sur tous les titres de transport.

En train

La plupart des grandes villes suisses sont reliées entre elles à raison de 2 trains/h. Des aéroports de Zurich et de Genève, on peut rejoindre les stations touristiques de l'arc alpin. Informations aux guichets ferroviaires ou sur l'InfoLine de Rail Service - ✆ 0 900 300 300 - www.cff.ch.

Tunnels ferroviaires… en voiture

Pour traverser rapidement et sans stress les tunnels alpins, quoi de plus simple que de charger sa voiture sur un train ? Le ferroutage est très utilisé en Suisse. Les tunnels ferroviaires alpins du pays sont :

- les tunnels du **Lötschberg** et du **Simplon** (Oberland bernois/Valais/Italie) - www.bls.ch.
- les tunnels de la **Furka** et de l'**Oberalp** (Valais/Suisse centrale/Grisons) - www.mgbahn.ch.
- les **tunnels de** l'**Albula** et de **La Vereina** (Grisons) - www.rhb.ch.

En bateau sur les lacs

La Suisse est autant un pays de lacs que de montagnes. Elle compte plusieurs compagnies de navigation qui proposent différents types de croisière. Le **Swiss Boat Pass** permet de voyager à moitié prix. Renseignements auprès des compagnies de navigation (points de vente aux ports).

Cars postaux

Les célèbres autocars, reconnaissables à leur couleur jaune vif ou à un disque frappé du cor postal, font partie du paysage suisse. Ils partent généralement de la gare ferroviaire ou de la poste, et peuvent conduire le voyageur jusqu'au village le plus isolé. **www.carpostal.ch**

Transports urbains

Le réseau des transports en commun est d'une efficacité proverbiale, surtout dans les grandes villes.
Des **distributeurs** automatiques de tickets sont placés à chaque arrêt. Prévoir des pièces pour payer la somme exacte car ces appareils ne rendent pas toujours la monnaie. Dans de nombreuses villes, surtout les grandes agglomérations, il est possible d'acheter des cartes journalières ou pour plusieurs jours. Tout possesseur d'un **Swiss Pass** peut circuler gratuitement.

URGENCES

Police-secours : 117
Pompiers : 118
Médecin d'urgence et ambulance : 144
Secours routier 24h/24 : 140
Perte ou de vol de carte de crédit : tout dépend de votre banque et de votre type de carte. Avant de partir, renseignez-vous auprès de votre banque. En cas d'oubli, deux numéros qui peuvent vous être utiles :
Réseau Visa (Visa classiques) : ✆ 0 800 894 732.
Réseau Mastercard (Mastercard classiques) : ✆ 0 800 897 092.
American Express : ✆ 01 47 77 72 00 (appel en France 24h/24, 7 j/7).

VÉLO

Location et transport

Les Chemins de fer fédéraux suisses (CFF) et la majorité des chemins de fer privés acceptent de charger les vélos dans la plupart des trains, comme **bagages accompagnés** (prix 15 CHF par vélo et par jour, gratuit pour les vélos de location).

Dans 80 gares, il est possible de louer un vélo et de le restituer dans une autre gare. La CFF propose aux cyclistes un fascicule gratuit : horaires, correspondances les mieux adaptées, prix du chargement. La formule **train + vélo** (www.cff.ch/velo) permet d'allier transport et location. Les forfaits **Swiss Travel System** *(voir p. 29)* permettent de bénéficier de tarifs préférentiels pour louer un vélo. www.rent-a-bike.ch.

Grands circuits

La fondation **La Suisse Mobile** recense près de 400 itinéraires nationaux, régionaux et locaux qui relient toutes les régions de Suisse et traversent des paysages superbes (route des lacs, route des Grisons) ainsi que de nombreux parcours régionaux (sur 5 000 km). Ces circuits, à parcourir en vélo de randonnée, en VTT, à pied, en roller ou encore en canoë commencent toujours près d'une gare et sont balisés de manière uniforme : pictogramme symbolisant le moyen de locomotion concerné, distances et destinations, dénivelé, etc.

Chaque route fait l'objet d'un guide très détaillé. L'une des plus sportives, à faire à vélo, est intitulée « Panorama alpin » : l'itinéraire (480 km) emprunte une dizaine de cols et culmine au Klausenpass (alt. 1 948 m).

La Suisse Mobile fournit aussi une liste d'hôtels où le meilleur accueil est réservé aux cyclistes : repas « sportif », emplacement couvert pour les vélos, petit outillage de réparation…

Enfin, vous trouverez dans les librairies et certains kiosques des cartes sur les pistes cyclables nationales et cantonales éditées par Kummerly & Frey.

La Suisse Mobile – Finkenhubelweg 11, Case postale 8275 - 3001 Berne - ✆ 031 307 47 40 - www.suissemobile.ch.

VOITURE

Location

Il est très facile de louer une voiture en Suisse. Dans les grandes villes, les compagnies les plus connues, comme Avis, Europcar et Hertz, ont plusieurs agences dans les centres-villes, les aéroports et près des gares. Cependant, il est fortement conseillé de réserver votre voiture avant de partir.

Code de la route

Port de la ceinture de sécurité – Il est obligatoire à l'avant et à l'arrière du véhicule. Les enfants de moins de 12 ans doivent être assis à l'arrière du véhicule.

Vitesse – Sur autoroute, la vitesse est limitée à 120 km/h et sur route, à 80 km/h. Dans les villages et agglomérations, sauf indication spéciale, la vitesse est limitée à 50 km/h. Le dépassement des vitesses autorisées fait l'objet de lourdes amendes. À certains carrefours, lorsque l'attente au feu rouge est relativement longue, un panneau **« coupez votre moteur »** invite l'automobiliste à lutter contre la pollution.

Taux d'alcoolémie – Le taux maximum toléré est de 0,5 g/l.

Phares – Les feux de croisement (codes) sont obligatoires dans les tunnels et la nuit dans les agglomérations.

Triangle de panne – Obligatoire en plus des feux de détresse.

En montagne – La voiture descendante doit la priorité à celle qui monte ainsi qu'aux poids lourds. Les cars postaux, reconnaissables à leur couleur jaune, ont priorité absolue.

Pneus cloutés – En principe, ils sont autorisés du 24 octobre au 30 avril (vitesse maximale autorisée : 80 km/h). Ils sont **strictement interdits** sur les autoroutes.

Priorités en ville – Attention aux piétons qui traversent sur les passages cloutés, montent ou descendent des tramways car ils sont prioritaires.

Réseau routier

Vignette autoroutière – Elle est obligatoire sur les autoroutes et semi-autoroutes suisses pour les véhicules à moteur jusqu'à 3,5 t. Cette vignette, valable du 1er décembre de l'année précédente au 31 janvier de l'année suivante, doit être collée sur la face intérieure du pare-brise. Elle est en vente (40 CHF) dans tous les postes-frontières et sur **www.automobile-club.org**.

Contrairement à la plupart des pays européens, le fléchage des **autoroutes** est signalé par des panneaux à **fond vert** et non à fond bleu (routes à priorité). Veillez à ne pas confondre ces panneaux verts avec des itinéraires bis comme en France par exemple.

Caravanes et remorques – Le Code de la route suisse limite la largeur des caravanes et remorques à 2,50 m et leur longueur à 12 m, timon compris. Pour les caravanes immatriculées à l'étranger qui dépassent légèrement les dimensions requises, des autorisations peuvent être accordées en s'adressant au bureau des Douanes et en acquittant une taxe de 20 CHF.

Les véhicules 4 x 4 peuvent tracter des caravanes ou remorques d'une largeur de 2,50 m au plus.

Vitesse maximale autorisée sur tout le réseau routier et autoroutier :

- jusqu'à 1 t : 80 km/h
- au-dessus de 1 t : 60 km/h.

Routes interdites aux caravanes : cols du Klausen, du Nufenen, du Schelten et du Weissenstein. Accès : Bürgenstock, Diemtigtal. Dans certaines vallées du canton du Valais, le poids des caravanes est limité à 1,5 t.

Stationnement

Si dans la plupart des villes le stationnement est payant (parcomètres, horodateurs), on trouve aussi des endroits où le stationnement est limité à 1h30 (zones bleues). Aussi est-il recommandé de se procurer un **disque de stationnement** auprès de la police locale ou de l'office de tourisme local.

Dans bon nombre de **parkings**, les places sont numérotées. Afin de vous éviter un aller-retour inutile, veillez à mémoriser votre numéro avant de payer à l'horodateur.

Carburant

Le super et l'essence sont meilleur marché que la moyenne européenne. Le gazole, moins répandu, est plus cher. Le super sans plomb est le plus avantageux : on le trouve dans toutes les stations.

La plupart des **stations-service** sont fermées la nuit, même sur les autoroutes. Cependant, des pompes automatiques fonctionnent avec des billets de 10 et 20 CHF ou avec une carte de crédit.

Assistance automobile

En cas de panne, des bornes téléphoniques SOS sont à la disposition des automobilistes sur les autoroutes, ainsi que sur quelques routes à grande circulation et en montagne. Depuis n'importe quel téléphone, on peut obtenir un secours routier 24h/24 en composant le ☏ 140.

SITES OU ACTIVITÉS À FAIRE EN FAMILLE			
Chapitre du guide	Nature	Musée	Loisirs
Alpes vaudoises			Domaine skiable des Diablerets
Appenzell			Luge d'été (Kronberg)
Baden		Musée de l'Enfant	
Bâle		Musées des Maisons de poupées, du Papier, Tinguely Musée du Jouet (Riehen)	Jardin zoologique
Berne	Gurten	Centre Paul-Klee (Berne) Fromagerie de démonstration de l'Emmental (Affoltern)	Parc aux Ours et Bern Show Jardin zoologique Dählhölzli
Bienne			Croisière sur le lac de Bienne
Brienz		Musée suisse de l'Habitat rural (Ballenberg)	Chemin de vie Schwanden
La Chaux-de-Fonds	Bois du Petit-Château		
Coire		Village de Heidi (Maienfeld)	
Fribourg		Musée Gutenberg Espace Tinguely	
Genève		Musée d'Histoire naturelle	Croisière sur le lac Léman
Glaris			Luge d'été (Filzbach)
Grindelwald			Luge d'été (Pfingstegg)
Gruyères		Maison du Gruyère (Pringy) Fromagerie d'alpage (Moléson) Chocolaterie Cailler (Broc)	
Interlaken	Colline d'Heimwehfluh		Parc d'Harderkulm
Lac Léman		Collection de poupées (Morges)	
Lac des Quatre-Cantons			Promenade en bateau à vapeur
Lausanne		Musée olympique Collection de l'Art brut	Parc de Sauvabelin Zoo de Servion
Lucerne		Musée des Transports Verrerie Glasi (Hergiswill)	Seilpark (sommet du Pilate)
Lugano		Swissminiatur (Meride) Musée du Chocolat (Caslano)	
Martigny		Musée et chiens du St-Bernard	Zoo des Marécottes
Meiringen	Gorges de l'Aare Chutes de Reichenbach		
Montreux	Les Pléiades		Le Marmottes Paradis aux rochers de Naye
Morat		Papiliorama-Nocturama (Kerzers)	Baignade dans le lac
Neuchâtel		Musée d'Histoire naturelle Musée des Grenouilles (Estavayer-le-Lac)	
Nyon	Grottes de Vallorbe	Juraparc	Zoo de la Garenne
Porrentruy		Préhisto-Parc (Reclère)	
Saas-Fee	Pavillon des Glaces (Allalin)		
Schwyz			Parc animalier de Goldau
Sierre	Promenade du Bisse du Tsittoret (Vermala)		
Spiez	Lac Bleu		
Thoune			Croisière sur le lac de Thoune
Vevey		L'Alimentarium Musée suisse du Jeu (La Tour-de-Peilz)	
Winterthour		Technorama	
Zermatt	Palais des glaces (Petit Cervin)		
Zurich		Mühlerama, zoo Zoo des enfants (Rapperswil) Parc d'animaux (Langenberg)	Promenade en bateau Baignade dans la Limmat

Mémo

Agenda

JANVIER

Château-d'Oex – Semaine internationale de ballons à air chaud. www.ballonchateaudoex.ch

FÉVRIER

Bellinzone – Rabadan : festivités pour le carnaval après la remise des clés de la ville au roi Rabadan. Immense cortège dans le centre historique. www.rabadan.ch
St-Moritz – Polo sur neige : courses de chevaux et skijöring sur le lac gelé.

FÉVRIER-MARS

Bâle – Le carnaval met la ville en fête durant trois jours.
Bern – Carnaval (fév., le jeudi suivant le mercredi des Cendres).
Lucerne – Fasnacht : carnaval et *Guggenmusigen*, sortes de fanfares défilant dans les rues de la Vieille Ville (du Jeudi gras au mercredi des Cendres).

MARS

Bâle – Basel world : foire européenne de l'horlogerie et de la bijouterie.
Fribourg – Festival international de Films. www.fiff.ch
Genève – Salon de l'Automobile. www.salon-auto.ch
Zuoz et dans les villages d'Engadine – Chalanda Marz : fête de la fin d'hiver avec le défilé des jeunes garçons en costume portant une lourde sonnaille.

FIN MARS-DÉBUT AVRIL

Bâle – Muba : foire suisse d'échantillons (vêtements, meubles, électroménager, tout sur la vie quotidienne).
Locarno – Fête des Camélias.

SEMAINE SAINTE

Mendrisio – Processions du Jeudi et du Vendredi saint. 600 personnages costumés pour un événement parmi les plus singuliers de Suisse.

AVRIL

Aarberg – Foire à la brocante (derniers vend. et sam.).
Canton d'Appenzell – Landsgemeinde : vote à main levée (dernier dim.).
Genève – Salon international de la haute horlogerie.
Zurich – Sechselaüten : cette fête symbolise la fin de l'hiver. Défilé des corporations. Autodafé du « Böögg » : Bonhomme Hiver (3e dim. et lun. du mois).

FIN AVRIL-DÉBUT MAI

Montreux – « Rose d'Or » : concours international d'émissions de variétés à la télévision.
Morges – Fête de la tulipe.

MAI

Berne – Kursaal : festival international de jazz. www.jazzfestivalbern.ch
Canton de Glaris – Landsgemeinde (1er dim.).
Winterthour – L'Afrique est à l'honneur à l'occasion de l'Afro-Pingsten (concerts, bazars, cuisine, cinéma). www.afro-pfingsten.ch

FIN MAI-DÉBUT JUIN

Lugano – Lugano Festival : concerts de musique classique au palais des Congrès.
Sierre – Festival international de la bande dessinée.

FÊTE DIEU

Appenzell, Fribourg, Saas-Fee – Messe solennelle et procession de la Fête-Dieu.
Lötschental : Kippel, Ferden, Wiler, Blatten – Procession avec défilé des « grenadiers du Bon Dieu » (Fête-Dieu et jeu. précédent).

PENTECÔTE

Winterthour – Festival de musique de chambre à la chartreuse d'Ittingen.

ASCENSION

Beromünster – Chevauchée de l'Ascension. Plus de cent cavaliers portant croix, ostensoirs, oriflammes, se mettent en route au lever du jour, accompagnés de musique et cantiques. Retour l'après-midi pour la bénédiction.

JUIN

Bâle – Art Basel : foire internationale (courtiers et galeristes du monde entier). C'est la plus grande manifestation de ce genre au monde. www.artbasel.com
Bellinzone – La Spada nella Rocca : fête médiévale. www.laspadanellarocca.ch
Genève – Bol d'or Rolex : la plus grande régate européenne de voiliers sur le lac Léman.
Interlaken – Représentation en plein air et en allemand du Guillaume Tell de Schiller (fin juin-début sept.).
Neuchâtel – Festi'Neuch : concerts en plein air. www.festineuch.ch
Sierre – Procession avec défilé des grenadiers du Bon Dieu.
Winterthour – Festival d'Albani Fest (dernier w.-end) : stands, musique, spectacles de rue, etc. www.albanifest.ch

FIN JUIN-DÉBUT JUILLET

Ascona – Jazz Ascona New Orleans : festival international.
Lugano – Cinema al Lago : projections en plein air face au lac, sur la plage.
St-Gall – St. Galler Festspiele : concerts de musique classique et d'opéra en plein air sur la Klosterplatz. www.stgaller-festspiele.ch
St-Gall – Festival pop Open Air St. Gallen, qui attire chaque année près de 30 000 personnes par jour lors d'un w.-end de trois jours. www.openairsg.ch
Zurich – Zürcher Festspiele : festival international de musique classique, danse, opéra, théâtre.
Zurich – Swiss Inline Cup : le plus grand marathon de roller du monde.
Zurich – Zurich Festival : opéra, théâtre, concerts. www.zuercher-festspiele.ch

JUILLET

Avenches – Festival d'opéra.
Berne – Gurten Festival : la crème de la scène pop-rock. www.gurtenfestival.ch
Davos – Swiss Alpine Marathon : la plus grande course de montagne au monde. www.swissalpine.ch.
Fribourg – Festival international de jazz.
Fribourg – Festival de musique sacrée (années paires).
Fribourg – Belluard Bollwerk International : festival d'Art contemporain.
Gstaad – Allianz Suisse Open Gstaad : tournoi de tennis ATP.

Lausanne – « Athletissima » : rencontres internationales d'athlétisme.
Locarno – Moon and Stars : concerts pop-rock Piazza Grande.
Lucerne – Blue Balls Festival : musique blues, funk et world music. www.blueballs.ch
Lugano – Festival de jazz.
Montreux – Festival international de jazz. www.montreuxjazz.com
Nyon – « Paléo Festival » : festival international en plein air de rock et de folk. www.paleo.ch
Lac des Quatre-Cantons – Fête de la lutte et des bergers (au Rigi).

JUILLET-AOÛT

Genève – Festival Musique en été : jazz et musique classique. www.ville-ge.ch/culture/musiques.
Gstaad – Menuhin Festival Gstaad : festival de musique classique fondé par Yehudi Menuhin (fin juil.-début sept.).
Montreux, Vevey, La Tour-de-Peilz – Léman Tradition : rassemblement d'embarcations anciennes, croisières sur le lac, régates.
Verbier – Verbier Festival & Academy : musique.
Vevey – Fête des Vignerons : manifestation internationale unique au monde puisqu'elle n'a lieu que cinq fois par siècle. Rendez-vous aux alentours de 2020 pour la prochaine !

1er AOÛT

Fête nationale – Toute la Suisse célèbre chaque année l'anniversaire de l'alliance perpétuelle jurée le 1er août 1291 par les représentants des trois communautés d'Uri, Schwyz et Unterwald. La soirée du 1er août est consacrée à des manifestations patriotiques : les sites historiques du lac d'Uri, en particulier la plaine du Rütli, l'Axenstrasse, sont embrasés et, dans tout le reste du pays, les villageois allument de grands feux sur les hauteurs. Le spectacle est captivant pour qui peut l'observer du haut d'un sommet du Jura ou des Alpes. Nombreux feux d'artifice partout dans le pays.

AOÛT

Avenches – Festival Rock Oz'Arènes.
La Chaux-de-Fonds – Plage des Six-Pompes : festival de spectacles de rue (1re sem.). www.laplage.ch
Coire – Fête de la Vieille Ville (août).
Emmental – « Chilbi », grande fête rurale depuis 600 ans sur les prairies de Lüderenalp. Lutte traditionnelle suisse, chants de yodeleurs et cors des Alpes (2e dim.).
Fribourg – Rencontres de folklore internationales. Dans le centre-ville de Fribourg. www.rfi.ch
Genève – Fêtes de Genève : plus de 160 animations, spectacles et concerts, feux d'artifice, fête foraine, grande parade aérienne. www.fetes-de-geneve.ch
Locarno – Festival international du film (1re quinz.). www.pardo.ch
Neuchâtel – Buskers Festival : musiciens de rue.
Sion – Spectacle son et lumière : tous les soirs aux châteaux de Valère et Tourbillon (45mn).
Verbier – Grand Raid Cristalp : course VTT et grand concours hippique officiel. www.grand-raid.ch
Vevey – Festival des artistes de rue (dernière semaine). www.artistesderue.ch
Winterthour – Musikfestwochen : le plus vieux festival en plein air de Suisse alémanique (rock, jazz). Fin août. www.musikfestwochen.ch
Zurich – Street Parade.
Zurich – Meeting international d'athlétisme.

AOÛT-SEPTEMBRE

Lucerne – Lucerne Festival : 30 concerts symphoniques. www.lucernefestival.ch
Vevey – Festival de Musique de Montreux-Vevey. www.septmus.ch

SEPTEMBRE

Interlaken – Jungfrau Marathon.
Lausanne – Comptoir Suisse : foire nationale. www.comptoir.ch
Neuchâtel – Fête des Vendanges. www.fete-des-vendanges.ch
Lac des Quatre-Cantons – Klausenrennen Mémorial : 250 voitures de course rejouent une course historique d'avant-guerre sur les pentes du col de Klausen.
Saas-Fee – Pèlerinage à la chapelle de Hohen Stiege le 8 sept.
Thoune – Ausschiesset : grande fête populaire autour du « Fulehung », personnage issu des guerres de Bourgogne.
Vevey – Festival images : photographie, cinéma, multimédia. www.images.ch
Zurich – Knabenschissen (« tir des jeunes ») : grande compétition réservée aux écoliers zurichois, clôturée par l'élection du « roi du tir » et une distribution de prix (2e dim.).

FIN SEPTEMBRE-DÉBUT OCTOBRE

Lugano – Fête des Vendanges. www.lugano-tourism.ch
Martigny – Combat des reines. www.foireduvalais.ch

OCTOBRE

Bâle – Foire d'automne : elle a lieu depuis 1471.
Charmey – Bénichon de la Montagne : repas bénichon et course de charettes à foin. www.charmey.ch
Hallau – Fête des vendanges à Hallau, à 16 km à l'ouest de Schaffhouse. Défilé de chars décorés, dégustation de pinot noir et d'autres vins du Klettgau schaffhousois (2 premiers dim.)
St-Gall – OLMA, foire nationale de l'économie agricole et laitière.

NOVEMBRE

Berne – Zibelemärit : foire aux oignons (4e lun.).
Lausanne – Festival Jazz One + : le jazz le plus classique y rencontre ses déclinaisons les plus surprenantes. www.jazzonzeplus.ch
Lucerne – Lucerne Festival : festival autour du piano. www.lucernefestival.ch

NOVEMBRE-DÉCEMBRE

Montreux – Marché de Noël. www.montreuxnoel.com

DÉCEMBRE

Fribourg – Marché de Noël : le plus grand marché de Noël de Suisse. www.fribourgtourisme.ch
Genève – Fête de l'Escalade. www.compagniede1602.ch
Montreux – Festival du Rire. www.montreuxfestivaldurire.ch
Urnäsch – Les masques de la Saint-Sylvestre.

Bibliographie

OUVRAGES GÉNÉRAUX – TOURISME – GÉOGRAPHIE

Le Voyage en Suisse, par Claude Reichler et Roland Ruffieux (Robert Laffont, coll. Bouquins, 2000). Recueil de textes sur la Suisse qui rassemble 250 écrivains, de Montaigne à Nietzsche.
L'Économie suisse, par Alain Schoenenberger et Milad Zarin-Nejadan (Que sais-je, PUF, 2005). Ce livre tente de percer les secrets du « miracle économique suisse ».
Genève en mouvement, par Pierre-Louis Chantre (Autrement, 2005).

Vingt-cinq acteurs majeurs de la vie culturelle genevoise racontent les mutations de la ville et dessinent les directions dans lesquelles elle s'engage aujourd'hui.
Alpes valaisannes, par Stéphane Maire et Jacques Darbellay (Olizane, Genève, 2001). Les talents d'un photographe et d'un écrivain sont ici conjugués. 150 magnifiques photos de montagnes, des plus célèbres (le Cervin) aux moins connues, accompagnées de légendes.
Dans les montagnes de Suisse romande, par François Labande (Olizane, Genève, 2003). Recueil de 100 itinéraires de circuits pédestres en Suisse romande, du Jura aux Alpes, avec présentation de randonnées transfrontalières.
Jura, montagne en partage, par Gérard Benoit à la Guillaume et Nathalie Fierobe (Olizane, Genève, 2004). Portrait photographique du Jura des terroirs, des savoir-faire ancestraux, des industries de pointe et du tourisme…

HISTOIRE – CIVILISATION – ART

Histoire de la Suisse, par Jean-Jacques Bouquet (Que sais-je ?, 2004). Cet ouvrage retrace l'histoire de la Suisse depuis la description du peuple helvète par Jules César jusqu'aux débats sur l'opportunité d'une adhésion à l'Union européenne.
Une Suisse au-dessus de tout soupçon, par Jean Ziegler (Seuil, 1977). Une analyse sans concessions de la Suisse, de son système bancaire et de sa position de neutralité. Le livre est devenu une référence.
La Suisse dans les tempêtes du XXe siècle, par Jean-Jacques Langendorf (Georg, 2001). Écrit par un historien, ce livre montre comment, malgré les conflits, la Suisse a su maintenir sa souveraineté nationale, et fait l'éloge du rôle tenu par le pays dans le domaine humanitaire.
Au service du pape, Guillaume, garde suisse, par Odile Haumonté (Tequi, 2006). Livre illustré pour la jeunesse racontant les aventures d'un jeune Suisse au 16e s.
L'Art populaire en Suisse, par Nicolas Bouvier (Zoé, 1999). L'auteur, par ailleurs célèbre voyageur, nous fait partager son émerveillement face à la diversité et à la richesse de l'art populaire de son pays.

LA SUISSE À TRAVERS LA LITTÉRATURE

Le Livre de mon père, par Urs Widmer (Gallimard, 2006). La vie de Karl, un petit-fils de paysans d'une haute vallée de Suisse alémanique. Karl, né au début du 19e s., est passionné de langue française. Un portrait qui est aussi le miroir d'une époque.
Promenades avec Robert Walser, par Carl Seelig (Rivages, 1992). Robert Walser, écrivain suisse de la première moitié du 20e s., raconté par l'un de ses amis.
Un pape suisse, par Jacques Neyrinck (Pocket 2006). Trilogie romanesque autour du personnage imaginaire du premier pape suisse de l'histoire, mêlant histoire et science.
La Montagne magique, par Thomas Mann (Le Livre de Poche, 1991). Au début du 20e s., un jeune homme, Hans Castorp, se rend à Davos pour passer trois semaines auprès de son cousin, soigné dans un sanatorium. Comme envoûté par les lieux, il y restera 7 ans… L'un des chefs-d'œuvre de Thomas Mann.
L'Ogre, par Jacques Chessex (Grasset, 2003). La dérive d'un homme, après la mort de son père. Prix Goncourt 1973.
La Grande Peur dans la montagne, par Charles-Ferdinand Ramuz (Grasset, 2005). Le pâturage abandonné de Sasseneire est-il vraiment maudit comme le croient les Anciens ? Pour s'en assurer,

quelques bergers décident d'y conduire le troupeau… Avec *Derborence*, l'un des chefs-d'œuvre de l'écrivain vaudois.
La Visite de la vieille dame, par Friedrich Dürrenmatt (Livre de Poche, 1988). Tragi-comédie en trois actes. Comme bien des romans de l'écrivain, elle illustre l'impuissance de l'individu dans un monde déshumanisé.
Helvétie, Rive-Reine, Romandie, par Maurice Denuzière (J'ai lu). Les trois tomes d'une histoire romancée et passionnante de la Suisse.
La Fraise noire, par S. Corinna Bille (Gallimard, 1976). Recueil de nouvelles : histoires d'hommes et de femmes dans le Valais contemporain.

LA SUISSE À TRAVERS LA BANDE DESSINÉE

Astérix chez les Helvètes, par Goscinny et Uderzo. Un incontournable…

Filmographie

La Salamandre d'Alain Tanner (1971).
L'Invitation de Claude Goretta (1972).
Le Cœur glacé de Xavier Koller (1980).
Dans la ville blanche, d'Alain Tanner (1983).
L'Âme sœur de Fredi Murer (1985).
Nouvelle Vague de Jean-Luc Godard (1990).
Voyage vers l'espoir de Xavier Koller (1991).
UR-Musig de Cyrill Schläpfer (1993). Film sur la musique populaire suisse.
Aime ton père de Jacob Berger (2002).
Requiem d'Alain Tanner (2003).
Bienvenue en Suisse de Léa Fazer (2005).

2/ COMPRENDRE LA SUISSE

Hommes en costume traditionnel jouant du cor.
Mauritius/Photononstop

La Suisse aujourd'hui

Sur les timbres, il est écrit « Helvetia » pour désigner ce « pays-patchwork ». Avec ses quatre langues officielles et ses 23 cantons autonomes, la Suisse n'est jamais en manque de contradictions, marquée par la permanence et l'innovation. Une agriculture paysanne côtoie les réseaux Internet haut-débit dans chaque vallée de montagne. La Confédération refuse l'adhésion à l'Union européenne tout en reflétant le parfait microcosme des réalités qu'affronte le continent. Tentée par le repli, elle fait pourtant son chemin sur la scène internationale, lentement – fédéralisme et démocratie directe obligent –, et toujours fière de ses produits « Swiss made ».

La démocratie en action

Avant 1848, la Suisse n'était pas véritablement un État. Au sein de l'ancienne confédération, les cantons pratiquaient une politique individualiste – chacun possédant sa monnaie propre, ses postes, ses douanes… La Constitution de 1848, révisée totalement en 1874, puis adaptée au fur et à mesure, a créé une fédération moderne. De nos jours, l'armée, les douanes, la politique extérieure et monétaire sont des domaines réservés du pouvoir central. Mais toutes les autres compétences sont partagées entre la Confédération, les cantons et les communes qui forment des entités politiques autonomes. Un esprit français habitué à un État centralisé peut avoir du mal à considérer que la réglementation ne soit pas la même partout. Ne demandez pas à un Suisse quelle est la durée de la scolarité primaire dans son pays, cela dépend du canton ! De même, on sera surpris de lire dans les journaux les offres d'emploi émises par les communes pour recruter l'instituteur du village ; c'est de leur compétence. Cependant, la Confédération prend de plus en plus en charge des domaines qu'il convient de gérer à un échelon supérieur, comme l'environnement, les transports ou les assurances sociales. De plus, la complexité du fédéralisme n'est pas toujours pour faciliter la vie quotidienne des habitants et des entreprises de plus en plus mobiles. C'est pourquoi le territoire suisse a été découpé en sept grandes régions au sein desquelles on encourage une certaine harmonisation de la législation.

LE SYSTÈME FÉDÉRALISTE

Les communes

Un Suisse est d'abord citoyen d'une commune – et donc d'un canton – avant d'être citoyen suisse. On comptait 2 596 communes en 2010, nombre en constante diminution

Le drapeau suisse, symbole de la ferveur des supporters, lors d'un match de foot.
F. Coffrini/AFP Creative/Photononstop

du fait des fusions opérées entre circonscriptions de petite taille. Ce sont de véritables « petites républiques » au regard de leur autonomie. Dans tous les domaines, la commune est habilitée à trancher en première instance, le canton n'intervenant qu'en appel. Particularité révélatrice : c'est auprès de sa commune de résidence qu'un étranger dépose une demande de nationalité suisse.

Les cantons

Au nombre de 23 (26 en comptant les demi-cantons), ils possèdent tous une constitution, un gouvernement (dénommé Conseil d'État dans les cantons francophones), un parlement (Grand Conseil) et des tribunaux. Ces territoires ne résultent pas d'un découpage administratif comme c'est le cas des départements français. Ils reflètent le processus de naissance du pays qui, depuis le 13e s., s'est fait progressivement par des systèmes d'alliance, d'où leur extrême diversité en termes de superficie et de population *(voir « La Suisse en chiffres »)*. L'organisation actuelle n'est pas figée : le canton du Jura est né en 1979 de la scission de celui de Berne ; la fusion de ceux de Genève et de Vaud fut envisagée en 2002.

Les cantons d'Appenzell Rhodes-Intérieures et Glaris conservent une institution unique en son genre : la **Landsgemeinde**. Chaque printemps, en plein air, l'ensemble des citoyens actifs est appelé à voter à main levée pour élire l'exécutif et donner son avis sur des projets de loi. Ces rassemblements s'accompagnent d'un grand déploiement de cérémonies religieuses, de serments et proclamations solennelles.

La Confédération

À cet échelon comme aux précédents, la vie politique suisse n'est pas déterminée par une confrontation entre gouvernement et opposition. Contrairement à la plupart des pays démocratiques, la recherche du consensus entre toutes les forces politiques est constante, même si on constate une certaine polarisation entre gauche et droite populiste.

Le pouvoir législatif est exercé par deux assemblées, le **Conseil national** et le **Conseil des États** ; les deux assemblées législatives réunies forment l'Assemblée fédérale. Le Conseil national représente le peuple : ses membres sont élus à raison d'un député pour un peu plus de 30 000 habitants (200 membres), chaque canton ou demi-canton obtenant au moins un siège. Le Conseil des États, mandataire des cantons, compte 46 députés, soit deux par canton quelle qu'en soit la population. Ce système bicaméral, qui évoque les institutions parlementaires américaines, sauvegarde, dans la mesure du possible, les intérêts des petites communautés.

Le pouvoir exécutif est confié au **Conseil fédéral** : élus pour quatre ans (par l'Assemblée fédérale), ses sept membres administrent chacun un département, c'est-à-dire un ministère. Ils assurent à tour de rôle la fonction de

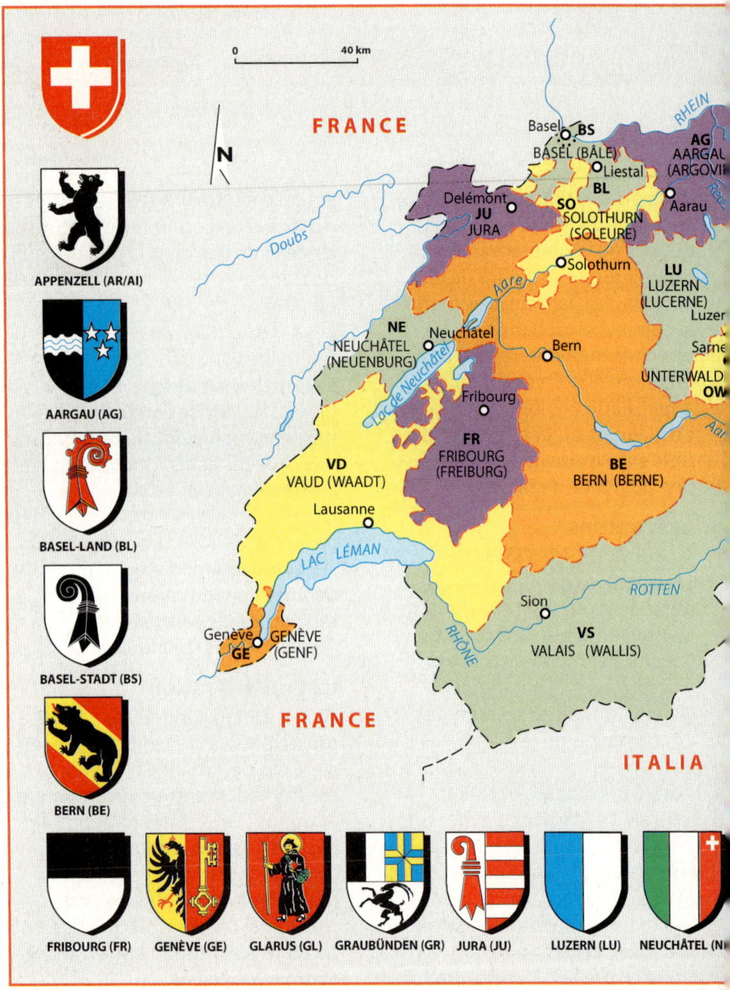

président de la Confédération, titre purement honorifique et représentatif. La composition du gouvernement répond à ce que les Suisses appellent la « **formule magique** », un accord tacite passé entre les quatre principaux partis politiques pour former une coalition gouvernementale. Entre 1959 et 2003, elle n'a jamais changé : Parti radical démocratique (PRD, 2 postes), Parti socialiste (PSS, 2), Parti démocratique chrétien (PDC, 2), Union démocrate du centre (UDC, 1), Depuis 2009, le PDC ne compte plus qu'un poste et le Parti bourgeois démocratique (PBD), qui a fait son apparition en 2008 avec deux postes, n'en détient plus qu'un. La réélection des conseillers par l'Assemblée est quasi automatique.

Le peuple souverain

Trois à quatre fois par an, le citoyen est invité à se rendre à son « local de vote » pour se prononcer sur au moins une vingtaine de sujets, sans compter les consultations locales.

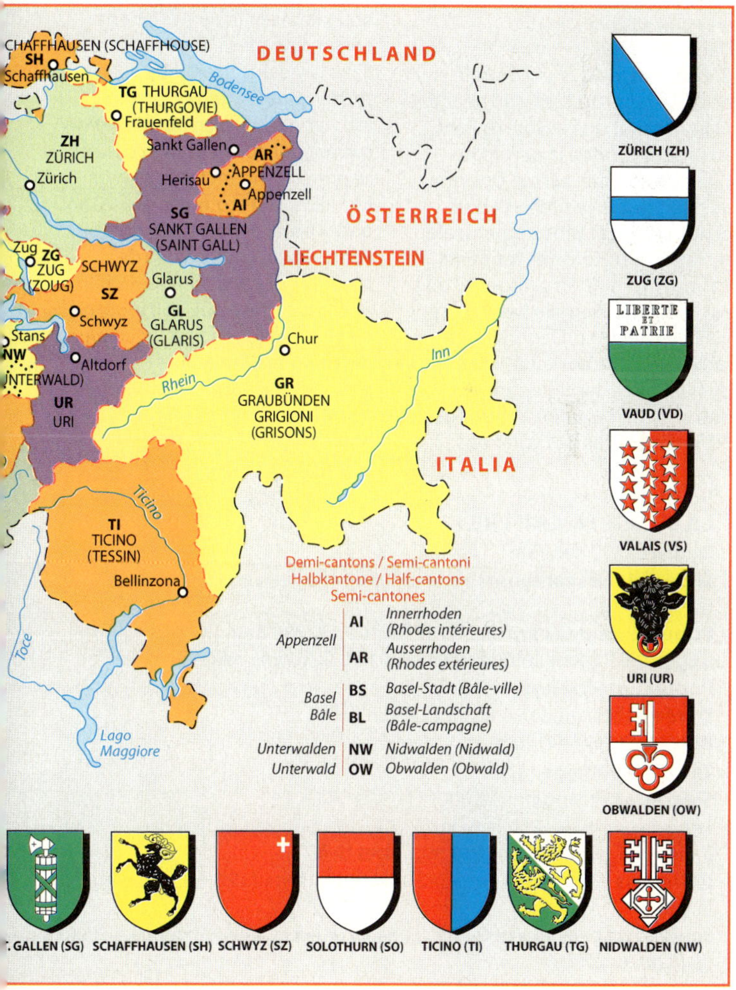

Ces « votations » font de la Suisse le pays où la démocratie directe est la plus élaborée. Chaque Suisse peut proposer une loi ; c'est le **droit d'initiative populaire** (recueil de 100 000 signatures en 18 mois pour être soumis au vote populaire). En novembre 2005, l'initiative « Pour des aliments produits sans manipulations génétiques » a été acceptée par le peuple et les cantons (règle de la double majorité). Les citoyens peuvent aussi s'opposer à une loi votée par le Parlement ; c'est le **droit de référendum** (50 000 signatures à recueillir en 100 jours).

Dans des cantons comme Berne et Zurich, très férus d'un contrôle strict des différents budgets, on peut dire plaisamment que le vote revient aussi souvent que la partie de « jass » (la belote suisse). On votera aussi bien l'aménagement d'un centre-ville (votation communale) ou le droit de vote des résidents étrangers (votation cantonale) que sur le financement de l'assurance-vieillesse (votation fédérale). Le taux moyen de participation est en baisse ces dernières années, entre 50 à 33 %, voire à moins de 30 % dans le cas des votations cantonales. Le système est critiqué pour sa lenteur – cinq années peuvent s'écouler entre l'initiative et la loi – et sa tendance à un certain conservatisme. Cependant, pour les associations et les minorités, il reste souvent un moyen de provoquer un débat dans la société.

L'ARMÉE

Depuis longtemps, on dit de chaque Suisse qu'il naît soldat, référence à la tradition de mercenariat. Aujourd'hui, les obligations militaires tiennent encore une place de premier plan dans la vie du citoyen. L'armée suisse est une armée de milice ; tous les hommes en âge de servir suivent une formation de base et se perfectionnent lors de cours réguliers. Tout commence à 20 ans par « l'école de recrues », durant 4 mois, suivie des « cours de répétition » – trois semaines par an à concurrence de 260 jours de service – qui prennent fin au plus tard à 34 ans. En dehors de ces périodes militaires, l'entraînement au tir à l'arme de guerre reste obligatoire : il faut réunir dans

LA SUISSE EN CHIFFRES

Densité : 190 hab./km²
Superficie des cantons : Grisons 7 105 km² (le plus vaste), Bâle-ville 37 km² (le plus petit)
Population des cantons *(1)* : Zürich 1 332 700 hab. (le plus peuplé) ; Appenzell Rhodes-Intérieures 15 500 hab (le moins peuplé)
Population étrangère *(1)* : 20,5 %
Durée hebdomadaire travail : 41,6 h
PIB *(2)* : 42 507 USD/hab.
Taux de chômage : 4 %
Suisses à l'étranger : 600 000
Langues parlées *(3)* : allemand (63,7 % de la population), français (20,4 %), italien (6,5 %), romanche (0,5 %), autres (9 %)
Religions *(3)* : catholiques (42 %), protestants (35,3 %), musulmans (4,3 %)
Sources : Office fédéral de la statistique, (1) données 2008 ; (2) données 2009 ; (3) données 2000.

l'année un certain nombre de points, inscrits au livret militaire. Même si la réforme de 2004, dite « Armée XXI », a amorcé une restriction considérable des budgets et des effectifs, et compte les réduire encore dans les années à venir, la Suisse a réaffirmé les principes suivants : armée forte et crédible, neutralité armée, système de milice. Forte de 116 000 hommes (dont 2 000 femmes et 3 600 professionnels), plus 100 000 réservistes, elle compte parmi les plus importantes armées d'Europe et se trouve engagée dans des missions de maintien de la paix avec l'ONU.

Le soldat suisse est dépositaire de tout son équipement : uniforme, fusil, munitions, masque de protection nucléaire-biologique-chimique… Régulièrement, à la suite de drames (meurtre ou suicide), certains tentent de remettre en cause la présence des armes à la maison, sans succès. L'armée, en opérant un brassage continu des classes de la société et des différents groupes ethniques suisses, a constitué un agent essentiel d'« helvétisation ». C'est l'un des derniers pays d'Europe à avoir reconnu les objecteurs de conscience qui, depuis 1996, réalisent un service civil de remplacement.

Un pays pluriel

« C'est une accablante entreprise que d'expliquer un peuple, surtout quand il n'existe pas. Nous qui en sommes, nous savons bien que nous ne sommes pas Suisses, mais Neuchâtelois, comme vous, ou Vaudois, comme moi, ou Valaisan, ou Zurichois, c'est-à-dire des ressortissants de petits pays véritables… En Suisse, il n'y a que les boîtes aux lettres et l'uniforme de nos milices qui présentent quelque uniformité. » Dixit Charles-Ferdinand Ramuz, figure majeure de la littérature romande dans une lettre adressée en 1937 à l'écrivain suisse Denis de Rougemont.

L'IDENTITÉ EN DÉBAT

Un demi-siècle plus tard, en 1992, le pavillon suisse de l'Exposition universelle de Séville était frappé d'un slogan provocateur de l'artiste Ben : « La Suisse n'existe pas ». Dans ce pays, la question de l'identité revient régulièrement au centre des débats. En fait, les Suisses se demandent ce qu'ils ont en commun à part leur passeport. Un proverbe dit même qu'ils s'entendent bien parce qu'ils ne se comprennent pas ! Ils parlent allemand, français ou italien, sont catholiques ou protestants. À chaque canton, ses habitudes alimentaires et son histoire propre souvent mal connue des voisins. Et pourtant, le pays n'a toujours pas implosé. La « guerre civile » entre Suisse romande et Suisse alémanique maintes fois annoncée n'a pas eu lieu. Au contraire, la coexistence de plusieurs groupes linguistiques et confessionnels au sein d'une même communauté nationale est une des réussites du régime fédéral helvétique. Pour autant, les relations restent problématiques. Le « Röstigraben », ce « fossé des Rösti » – les fameuses pommes de terre rôties alémaniques – est l'expression très populaire pour évoquer les différends entre Romands et Alémaniques. À chaque élection fédérale, des oppositions se dessinent : volonté d'ouverture à l'internationale, d'un État social et solidaire, et attachement au service public pour les Romands ; rejet de l'Union européenne, politique économique plus libérale chez les Alémaniques. Les questions linguistiques n'échappent pas à la discorde.

QUATRE LANGUES POUR UN PETIT PAYS

À la chute de l'Empire romain, au 5e s., le territoire actuel de la Suisse romande est occupé par les Burgondes, chassés de la Gaule, qui assimilent progressivement les modes de vie de la civilisation latine et adoptent la religion chrétienne (plus exactement l'hérésie arienne). Peu avant, d'autres barbares, venus du Nord, les Alamans ou Alémanes, avaient déjà envahi le Plateau mais avaient été refoulés par les Burgondes jusqu'à la **Sarine** : ce cours d'eau (« Saane » en allemand) marque toujours la frontière linguistique entre francophones et germanophones. Sur la ligne de démarcation, la ville de Bienne est la cité bilingue par excellence.
En 2010, l'allemand (63,7 %), le français (20,4 %) et l'italien (6,5 %) sont les langues officielles de la Confédération. Ainsi, tous les documents des administrations fédérales sont trilingues et au moins deux de ces langues sont enseignées obligatoirement dès l'école primaire. Mais la Suisse alémanique tente d'imposer l'anglais, notamment au détriment du français. Le droit suisse a posé le principe de la territorialité des langues, c'est-à-dire que les individus doivent s'adapter à la langue traditionnellement parlée là où ils vivent. Ainsi les Alémaniques venant en Suisse romande sont tenus d'apprendre le français.
Les Suisses de langue allemande parlent fréquemment dans les conversations courantes le **« Schwyzerdütsch »**, patois suisse-allemand aux nombreuses variétés locales ; l'allemand classique étant réservé aux relations officielles. L'emploi de ce dialecte, de plus en plus présent dans les médias, est reproché par les francophones qui ne le comprennent pas. L'italien et des dialectes sont parlés dans

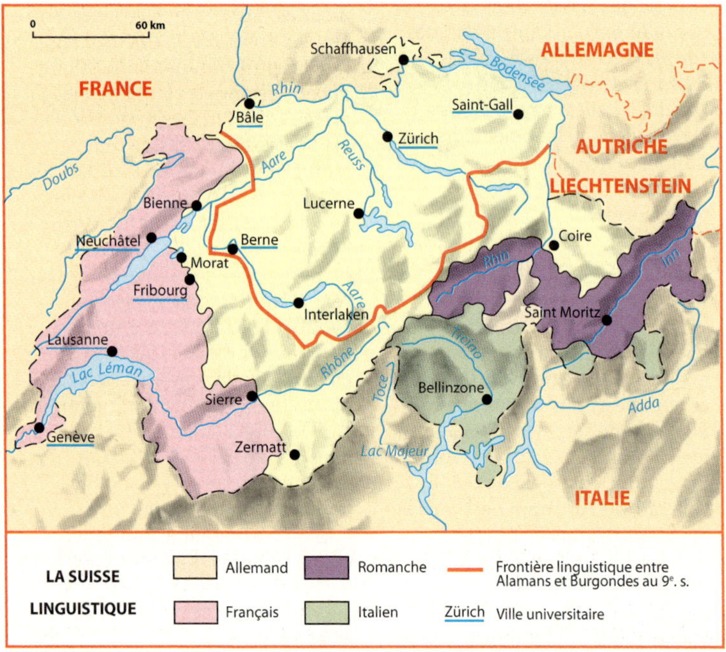

la presque totalité du Tessin et dans une partie des Grisons. Le **romanche**, langue de souche latine, n'est utilisé que par 0,5 % des Suisses, groupés dans le canton des Grisons (en Engadine et dans l'Oberland grison). Il a été reconnu comme quatrième langue nationale en 1938, grâce aux efforts de la Ligue romanche pour développer cette langue par l'enseignement et la presse.
Finalement, le plurilinguisme est une force pour la Suisse dans un monde contemporain marqué par les contacts entre les cultures. Et si la paix des langues règne dans le pays c'est en partie parce que les autres grandes confrontations qui marquent le pays (catholiques/protestants, ville/campagne, progressistes/conservateurs) ne sont pas calquées sur les frontières linguistiques.

LA QUESTION RELIGIEUSE

Jusqu'au milieu du 19e s., la question religieuse s'est posée avec acuité et a paru longtemps être un obstacle à l'unité de la Confédération. La guerre du Sonderbund *(voir le chapitre « Histoire »)* en fut la preuve. Mais depuis 1848 la tolérance la plus complète est de règle.
Actuellement, les protestants représentent 35,3 % de la population, les catholiques romains 42 %, et les Musulmans 4,3 %. La Suisse romande est en majorité protestante, à l'exception des cantons de Fribourg et du Valais. La Suisse centrale est catholique, celle du Nord et de l'Est protestante.
Le tempérament protestant, en Suisse, dans ce qu'il a de foncièrement démocratique et patriotique, doit beaucoup plus à la vigoureuse personnalité de Zwingli *(voir p. 72)* qu'à la rigueur doctrinale de Calvin, celui-ci ayant fait école surtout à Genève. L'organisation des églises protestantes, assez lâche, reproduit la structure fédéraliste du pays et laisse subsister, à côté d'églises d'État subventionnées, des églises vivant des dons des fidèles.
Les catholiques romains dépendent de six diocèses : Bâle (évêché à Soleure), Lausanne-Genève-Fribourg (évêché à Fribourg), Sion, Coire, St-Gall, Lugano. Le clergé régulier se répartit entre un petit nombre de vastes abbayes, telles que St-Maurice, Einsiedeln ou Engelberg.

UNE TERRE D'ACCUEIL

Un habitant sur cinq n'est pas de nationalité suisse (1,6 million pour 7,7 millions de résidents en 2009). C'est l'un des taux les plus élevés d'Europe, avec de fortes disparités selon les régions (9,1 % dans le canton d'Uri, 38,1 % dans celui de Genève en 2008). Il s'explique en partie par le fait que la politique d'acquisition de la nationalité suisse est très restrictive. Moins de 3 % des résidents étrangers ont reçu en 2008 le passeport rouge flanqué de la croix blanche.
5 % des étrangers sont nés en Suisse. Ces habitants de deuxième ou de troisième génération sont parfois appelés « secondos » (« secondas » pour les femmes). Par ordre d'importance en nombre, on trouve les Italiens, les Serbes, les Portugais, les Allemands.
Depuis la signature des accords bilatéraux entre la Suisse et l'Union européenne, puis la levée de la clause de préférence accordée aux travailleurs suisses, le nombre de citoyens de l'Union européenne venant s'établir dans le pays augmente. On compte également 212 600 travailleurs frontaliers, essentiellement dans la région lémanique, le Tessin et l'agglomération bâloise. Ce pays plurilingue, sans passé colonial, est sans doute l'un des mieux placés pour construire une société

multiculturelle, même si les lois sur l'asile et les étrangers de 2006 marquent un certain repli sur soi de la Confédération. Sentiment que confirme le référendum de novembre 2009 au cours duquel 22 cantons contre 4 se sont opposés à la construction des minarets sur le territoire helvétique (57,9 % des votes).

Une économie internationale

La Suisse est un exemple de réussite économique. Tout au moins si l'on en juge par son PIB par habitant (42 507 USD en 2009), qui la place au sixième rang mondial, largement devant la moyenne de l'Union européenne. Ce petit pays, à l'origine pauvre et guerrier, dont les mercenaires et les péages alpins lui apportèrent d'importantes ressources financières, détient aujourd'hui l'un des niveaux de vie les plus élevés du monde.

DANS LES GRANDES LIGNES

Aucune autre économie ne dépend autant de son **commerce extérieur**. La Suisse importe des matières premières et exporte des produits manufacturés de haute qualité. Sa réussite s'appuie sur un secteur tertiaire particulièrement dynamique, une main-d'œuvre qualifiée, un important secteur de recherche-développement, un fort capital financier et une situation politique stable. Si l'image des entreprises suisses à l'étranger est marquée par les multinationales, dont Nestlé (283 000 employés dans le monde en 2008) est la plus célèbre, la colonne vertébrale de l'économie réside dans le réseau des PME. En 2005, 98 % des 297 000 entreprises comptaient moins de 50 salariés. Et la présence d'activités industrielles en milieu rural est une caractéristique forte. La structure économique est d'ailleurs relativement décentralisée, avec non pas une grande métropole mais des centres régionaux (Bâle, Zürich, Genève, Berne).

Après le premier choc pétrolier, la Suisse a échappé pendant longtemps à la crise qui sévissait dans les pays occidentaux. Mais à partir des années 1990, le pays du plein-emploi a vu l'apparition du chômage et subi la morosité de la conjoncture internationale. En 2001, la faillite de Swissair, véritable ambassadrice de la Suisse à l'étranger, fut vécue comme une tragédie nationale. L'orgueil helvétique en prenait un coup et le pays traversait une crise identitaire. Il découvrait qu'il n'était pas le chef-d'œuvre politique, économique et culturel qu'il imaginait être. L'actuelle bonne santé de l'économie ne doit pas masquer une montée de la pauvreté, autre fait venant perturber les certitudes de la société suisse.

LES SECTEURS D'ACTIVITÉ

En 2009, la population active se répartit comme suit : agriculture (3,3 %), industrie (21,8 %), secteur tertiaire (74,9 %).

Agriculture

Contrairement à une idée reçue, il y a proportionnellement moins d'agriculteurs en Suisse que dans la plupart des pays d'Europe de l'Ouest. Mais cette activité – tournée vers la production laitière – marque profondément le paysage et l'agriculteur est ici vraiment considéré comme un agent au service de l'environnement.

C'est l'un des seuls secteurs de l'économie où l'État intervient massivement. Cette politique va de pair avec celle consacrée au maintien de la population rurale et des services publics, dont le car postal jaune desservant le plus reculé des hameaux est un exemple

frappant. L'agriculture biologique, en plein essor, concerne, en 2008, 14 % des terres cultivées et bientôt une ferme sur deux dans le canton des Grisons.

Industrie

Elle se caractérise par une exigence de qualité qui garantit sa renommée mondiale. Les secteurs les plus dynamiques sont ceux des **machines** (machines-outils, agricoles, textiles, et d'imprimerie) et de l'**électromécanique**, qui représentent 42 % des exportations suisses. Les secteurs de la chimie et surtout de la **pharmacie**, concentrée dans la région de Bâle, connaissent aussi des résultats très satisfaisants. Deux grands groupes pharmaceutiques, Novartis et Hoffmann La Roche, sont parmi les premiers mondiaux.

L'industrie horlogère, après avoir traversé deux crises (une dans les années 1970-1980 et une autre en 2008-2009), se porte bien et assure 50 % de la production mondiale. La mythique Swatch, lancée en 1983, a contribué à la relance de ce secteur créatif dans ses méthodes de production et de design.

Services

Dans ce secteur comme dans celui de l'industrie, la Suisse est exportatrice. Les **compagnies d'assurances** réalisent plus de 50 % de leurs revenus à l'étranger et les **banques** sont très actives hors des frontières. Les grands instituts bancaires (UBS, Crédit suisse) et les banques privées sont l'un des piliers de l'économie du pays. Elles gèrent un tiers de l'ensemble des fortunes privées investies hors de leur pays d'origine. Le **tourisme** connaît à nouveau de bons résultats et un retour de la clientèle étrangère notamment grâce une hôtellerie de luxe très compétitive. Enfin, les 25 **organisations internationales** et les 200 ONG ayant leur siège dans le pays participent à la défense des intérêts suisses, tout en assurant des retombées économiques. Il n'est qu'à songer à la communauté internationale, forte de 35 000 personnes à Genève.

LA SUISSE ET L'EUROPE

La Suisse fera-t-elle un jour partie d'une « Europe des 28 » ?
Certes, la Suisse romande est pro-européenne, mais reste minoritaire face à la zone alémanique. Les europhiles auraient un profil plus jeune, plus instruit, plus urbain. Pour ces derniers, la motivation n'est pas seulement économique. Il s'agit aussi de savoir si la Suisse veut vraiment participer à la gestion future du continent. De leur côté, les partisans du statu-quo craignent la perte des principes de démocratie directe et de neutralité. L'Europe viendrait leur imposer des décisions sur lesquelles ils n'auraient pas donné leur avis. Alors pour l'instant, la voie politique suit celle des accords bilatéraux que la Suisse signe avec l'Union pour régler leurs relations dans de nombreux domaines : libre circulation des personnes, accords Schengen, recherche, transports, fiscalité de l'épargne… Car les relations entre les deux parties sont très importantes. En 2008, 65 % des exportations et 80 % des importations suisses se sont faites avec l'Union européenne. Certains Suisses reconnaissent qu'ils profitent pleinement des succès de l'Union, tandis que d'autres contestent la participation financière de leur pays au fonds de cohésion européen destiné à aider les nouveaux pays adhérents. Dans une Europe qui n'est plus scindée en deux blocs, la place géopolitique de la Confédération est bouleversée. La participation du pays à l'ONU marque déjà un changement des mentalités. L'idée d'une adhésion à l'Europe fait son chemin et le débat continue.

Nature et paysages

Malgré une superficie d'à peine plus de 40 000 km², la Suisse offre une variété de paysages tout à fait étonnante. En quelques kilomètres, on peut passer de cols enneigés à des vallées couvertes de vignes et d'abricotiers. Sa population se concentre dans des villes agréables à dimension humaine, et ses paysages bien préservés se composent essentiellement de vallons couverts de forêts et de prairies, parsemés de fermes et de villages typiques, ainsi que de lacs et de majestueuses montagnes qui couvrent plus de 70 % du pays.

Principaux repères

SITUATION GÉOGRAPHIQUE

La Suisse s'étend seulement sur 220 km du nord au sud et, sur 350 km, d'est en ouest. On peut la traverser de part en part en moins d'une demi-journée. Entourée au nord par l'**Allemagne**, à l'est par l'**Autriche** et le petit état du **Liechtenstein**, au sud par l'**Italie** et à l'ouest par la **France**, elle occupe une position centrale en Europe dont elle joue le rôle de château d'eau. En effet parmi les fleuves et rivières qui y prennent leur source, on compte le **Rhin** qui se dirige vers la mer du Nord, le **Rhône** vers la Méditerranée, l'Inn (important affluent du Danube) vers la mer Noire et enfin le Tessin (affluent du Pô) vers l'Adriatique.

Près de 50 % de la superficie de la Suisse se situe au-dessus de 1 200 m et n'est que peu – voire pas du tout – cultivée.

RÉPARTITION DE LA POPULATION

Avec **7,7 millions** d'habitants et 180 habitants au km², la Suisse est très densément peuplée, surtout si l'on observe que près d'un quart du sol est improductif

LES PRINCIPAUX SOMMETS AU-DESSUS DE 4 000 MÈTRES			
Mont Rose (Valais)	4 634 m	Aletschhorn (Valais)	4 195 m
Dom (Mischabel ; Valais)	4 545 m	Breithorn (Valais)	4 164 m
Weisshorn (Valais) Le Cervin (Valais)	4 505 m	Jungfrau (Berne-Valais)	4 158 m
Le Cervin (Valais)	4 478 m	Mönch (Berne-Valais)	4 099 m
Dent Blanche (Valais)	4 357 m	Schreckhorn (Berne)	4 078 m
Grand Combin (Valais)	4 314 m	Piz Bernina (Grisons)	4 049 m
Finsteraarhorn (Valais)	4 274 m	Lauteraarhorn (Berne)	4 042 m

Le Wetterhorn, près de Grindelwald (canton de Berne).
J. Sime/Photononstop

et un autre quart couvert de montagnes et de lacs. Près de 90 % des habitants vivent dans des zones d'altitude inférieure à 700 m. Avec 450 habitants au km^2, le Plateau concentre donc une partie importante de la population alors que les Alpes n'abritent que 11 % des habitants et le Jura 14 %. Pays longtemps rural, la Suisse voit aujourd'hui **73 %** de sa population vivre dans des **zones urbaines**. Malgré cela, les villes suisses sont d'une taille très modeste à l'échelle européenne : Zurich, la plus grande et de loin, accueille 365 000 habitants, tandis que Genève en abrite 183 000, Bâle 165 000, Berne 123 000 et Lausanne 122 000. Environ 1/3 des Suisses vivent dans les agglomérations de ces cinq villes. Mais les deux grandes aires d'influence sont celles des agglomérations zurichoise (un million d'habitants) et bâloise (un demi-million d'habitants), qui abritent l'essentiel des sièges des grandes entreprises. Cette **polarisation zuricho-bâloise** renforce la domination alémanique. Le réseau ferroviaire est très concentré lui aussi et les Suisses sont les usagers les plus assidus des **chemins de fer** dans le monde (plus de 2 000 km par personne par an). Il faut dire que ce sont des experts en construction de voies ferrées (immenses viaducs des Grisons, tunnels quasi circulaires pour gravir de fortes pentes…).

Les grands ensembles naturels

La Suisse se divise en trois principales régions naturelles : le Plateau ou Moyen-Pays, dépression allongée, est enclavé entre les deux autres régions que sont les barrières montagneuses du Jura au nord-est et des Alpes au centre et au sud du pays.

LES ALPES SUISSES

Les Alpes et les Préalpes larges d'environ 200 km et hautes de 1 700 m en moyenne occupent 62,5 % du territoire helvétique, faisant de la Suisse le second des

LE GLACIER DE VALLÉE

D'amont en aval, on relève la succession d'un **névé** (en allemand *Firn*), bassin d'accumulation où la neige se tasse et se transforme en glace, et d'une **langue** glaciaire *(Gletscher)* – zone d'écoulement et de fusion – fissurée d'un réseau serré de **crevasses**. Les ruptures de pente sont marquées par les amoncellements chaotiques et instables des **séracs**. Les **moraines latérales**, accumulations de débris rocheux entraînés par le glacier, forment sur ses bords des remblais caractéristiques, tandis que la moraine frontale, à l'avant du glacier peut parfois le cacher.

États alpins après l'Autriche, où cette proportion est des 2/3. Le massif cristallin du **St-Gothard**, château d'eau de l'Europe, représente la clé de voûte de tout l'édifice suisse-alpin et le point de passage traditionnel entre le monde germanique et le monde méditerranéen. Au pied de ce massif, en pleine montagne, se creuse le très remarquable sillon que drainent, en suivant des directions opposées, le Rhône et le Rhin, formant une grande rocade stratégique et touristique. Chacun de ces fleuves traverse un grand lac frontalier : le lac de **Constance** (541 km^2) pour le Rhin et le **Léman** (582 km^2) pour le Rhône. La Suisse possède 6 % des réserves européennes d'eau douce. Le nombre de **lacs** dans le pays dépasse les 1 500 et les **cascades** sont souvent impressionnantes (Staubbach, 290 m).

En mettant à part la portion des Alpes grisonnes à l'est – qui évoque déjà l'Europe centrale – les Alpes suisses sont à rattacher, comme les Alpes françaises, au groupe des Alpes occidentales, c'est-à-dire au secteur de la chaîne **le plus arqué**, le plus violemment plissé et, par voie de conséquence, le plus disséqué par l'érosion.

Les trois plus puissants ensembles sont le massif de la **Bernina** à l'est, les Alpes de l'**Oberland bernois** au nord et les Alpes **Pennines** au sud. C'est dans ce dernier ensemble que se trouve le massif le plus élevé, le **mont Rose** ; si la pointe Dufour y triomphe avec une altitude de 4 634 m, c'est le **mont Cervin** (4 478 m) qui lui vole la vedette.

Les Alpes suisses possèdent **1 800 glaciers** recouvrant environ 1 300 km^2, soit quatre à cinq fois plus que les Alpes françaises.

Les concentrations humaines se sont surtout faites en bordure des lacs et surtout dans les **fonds de vallées** (Rheintal grison, Valais, Engadine, Tessin). Leur climat sec, réchauffé par le fœhn, fait remonter la limite de la céréaliculture, de la viticulture et des cultures fruitières et maraîchères (abricots, pêches, tomates notamment).

Mais l'industrie ne s'y est guère installée, hormis les **barrages hydroélectriques**. Heureusement pour ces régions montagneuses, le **tourisme** représente un nombre élevé d'emplois (Alpes et Préalpes accueillent 60 % du tourisme). La région « Jungfrau Aletsch Bietschhorn » figure depuis 2001 au **patrimoine mondial** de l'Unesco. Il existe aussi en Suisse deux sites classés **réserves de la Biosphère** : le **Parc national suisse** (seul parc national du pays) à l'extrémité est du pays (classé dès 1979), et l'**Entlebuch** dans les Alpes centrales (classé en 2001). Le pays compte aussi 79 réserves naturelles.

LE JURA SUISSE

Le Jura, dont le nom signifie « forêt » en celte et qui a été utilisé pour désigner une période géologique (jurassique), occupe le **nord-ouest** du territoire et représente 10,4 % de la superficie du pays. Avec une altitude moyenne de 700 m, il se présente comme un faisceau de chaînons calcaires vigoureusement plissés, s'arquant sur une longueur de 200 km entre la Dôle (alt. 1 677 m) et le Lägern (alt. 859 m – au-dessus de Baden). Alors que du côté français le Jura s'abaisse en un gigantesque escalier de plateaux, du côté suisse les dernières rides du massif forment un **rempart** continu, s'élevant d'un seul élan à plus de 1 000 m d'altitude. Si les paysages dévoilent une structure régulièrement plissée, sorte de « houle figée » de « vals » et de « monts », il y a encore place pour de hauts plateaux à peine moutonnés, comme celui des **Franches Montagnes**. Les attaques de l'érosion ont développé dans ce socle rocheux tout un réseau de coupures, de bassins intérieurs, et dégagent, à la grande satisfaction des promeneurs, des escarpements rocheux souvent inattendus.

Le paysage jurassien est dominé par les **pâturages** et les hameaux isolés. Le milieu est peu favorable aux cultures, c'est pourquoi, malgré des gisements minéraux assez médiocres, la métallurgie s'y est développée et avec elle la mécanique et la célèbre **horlogerie**. **Bâle**, malgré sa position excentrée, est la porte rhénane du pays.

LE PLATEAU OU MOYEN-PAYS

Le Plateau suisse, large de 30 à 70 km et haut de 580 m en moyenne, s'allonge entre les Alpes et le Jura, formant un glacis en **pente douce** à la surface duquel s'est accumulée la masse de débris arrachés aux Alpes. La disposition du réseau hydrographique de l'Aare montre que tout le drainage se fait, ici, au profit du Rhin, par une gouttière creusée au pied de la dernière ride du Jura. Avant les glaciations quaternaires, le Rhône filait dans cette dépression que jalonnent aujourd'hui un chapelet de **lacs** (lacs de Bienne et de Neuchâtel) et de zones marécageuses. En fait, le Plateau se présente comme une région de **collines**, accidentée : ravins, vallées à méandres encaissés.

ÉTYMOLOGIE DE CERTAINS NOMS DE MONTAGNES SUISSES

	Allemand	Français	Italien	Romanche
Mont pointu	Horn (Matterhorn)		Corno (Corno Rosso)	Corn (Corn Suvretta)
Sommet	Gipfel (Vorgipfel)	Vanil (Vanil Blanc)		
Arête	Grat (Gornergrat)	Arête de Sorebois	Filo (Cima di Filo) Cima (Cima Bianca)	Fil (Fil Blengias), Spi (Spi da la Muranza)
Cime	Kulm (Harderkulm)		Cima (Cima Bianca)	Tschima (Tschima da Flix), Cuolm (Cuolm d'Mez)
Pic	Spitz (Dreiländerspitz)		Pizzo (Pizzo Bianco)	Piz (Piz Bernina)
Roc		Scex (le « x » ne se prononce pas) (Scex Rouge)	Sasso (Sasso Nero)	Crap (Crap Alv), Sass (Sass dal Poss)
Fourche	Furka, Furgge (Furkapass, Furgg)	Forclaz (col de la Forclaz)	Forca (Forca di Casséo)	Fuorcla (Fuorcla Surlej)
Col	Joch (Jungfraujoch), Pass (Flüelapass)		Passo (Passo del Lucomagno)	
Pente	Eck, Egg, Eggen (Scheidegg, Egghorn)			Motta, muot (Motta Bianca, Muot la Greina)

Son paysage est caractérisé par une succession **très ordonnée** de villes, de routes, de champs où alternent prairies, étendues de céréales ou d'autres récoltes, et petites forêts. C'est ici que le territoire est le plus aménagé : les 3/4 des rivières sont endigués, 90 % des marais sont asséchés. Le Plateau rassemble les centres vitaux de l'activité agricole suisse, dédiée à l'agriculture intensive et à la production laitière. S'il ne représente que 27 % du territoire helvétique, c'est le **cœur économique** du pays, dans lequel

se concentrent la majorité des voies de communication et les plus grandes agglomérations : la capitale du pays (**Berne**), le centre financier (**Zurich**), le centre de l'industrie horlogère et joaillière (**Genève**) et le centre ferroviaire et industriel de **Lausanne**.

Données climatiques

La présence des montagnes et des grands lacs entraîne une telle diversité de climats en Suisse qu'on peut parler parfois de microclimats. Globalement, dans

les Alpes, les précipitations sont plus importantes en été qu'en hiver, en raison de violents orages.

LES VENTS

Pendant la saison chaude, les décalages qui se produisent journellement entre le refroidissement et le réchauffement des paliers d'une vallée montagnarde engendrent des vents locaux, les **brises**. En fin de la matinée, l'air chaud et dilaté des vallées remonte les couloirs naturels qui lui offrent un passage vers les hauteurs et provoque la formation de nuages autour des sommets. Cette augmentation de la nébulosité au cours de l'après-midi est un gage de beau temps stable (elle doit cependant inciter les promeneurs à monter aux belvédères de bon matin). Vers 17h, cette « brise de vallée » cesse de souffler : c'est maintenant au tour de la « brise de montagne », froide et généralement plus violente, de balayer en sens inverse la vallée.
Une autre particularité est le vent du sud chaud et sec, appelé **fœhn**, qui généralement à la fin de l'hiver entraîne une brusque fonte des neiges et favorise les cultures. Le phénomène est déclenché par le passage d'une forte dépression barométrique le long du versant nord des Alpes. S'étant dépouillé de son humidité sur le versant italien de la chaîne, l'air aspiré par cette dépression se précipite par-dessus la ligne de crête et, se réchauffant par compression en perdant de l'altitude, se transforme en un souffle sec et brûlant, tandis que l'atmosphère prend une transparence idéale. En montagne, chacun est sur le qui-vive : les torrents se gonflent, les avalanches grondent, les eaux des grands lacs se soulèvent en tempête, les risques d'incendies se multiplient. Certaines communes peuvent même interdire de fumer. Le fœhn provoque aussi des malaises chez les hommes. Il sévit sous sa forme la plus brutale au nord des Alpes, dans les hautes vallées de l'Aar et de la Reuss.
Enfin, la **bise**, vent froid venant du nord-est, domine en hiver.

LE PAYS DES RECORDS D'ALTITUDE ET DE DÉCLIVITÉ

La Suisse détient de nombreux records en Europe :
- le plus grand nombre de hauts sommets : 48 pics à plus de 4 000 m,
- le glacier le plus long et le plus étendu : Aletsch (Valais), 24 km de long et 169 km^2,
- le plus long tunnel ferroviaire : St-Gothard (en construction), 57 km,
- la plus haute gare ferroviaire : Jungfraujoch (Oberland bernois), 3 454 m,
- le plus haut village habité en permanence : Juf (Grisons), 2 126 m,
- le plus haut vignoble : Visperterminen (Valais), 1 150 m,
- le plus haut musée : col du St-Gothard, 2 100 m,
- le plus haut tramway : Zermatt (Valais), 2 222 m,
- le plus haut parcours de golf : Arosa (Grisons), 1 800 m,
- le funiculaire le plus incliné : Gelmerbahn (au pied du col du Grimsel), 106 %,
- la route postale la plus escarpée : dans le Kiental (Oberland bernois), 28 %,
- le chemin de fer à crémaillère le plus raide du monde : train du Pilatus (qui est aussi le plus ancien d'Europe dans sa catégorie), 48 %.

LES EFFETS DU RELIEF

Les **neiges éternelles** se rencontrent à partir de 2 700 m. La fonte des neiges survient vers avril. À noter qu'en montagne la température décroît de 2 °C tous les 300 m.
Les montagnes empêchant globalement les entrées maritimes, le Plateau se caractérise par un climat **continental** (température moyenne annuelle de 10 °C) et des saisons nettement marquées, avec des températures moyennes de 20 à 25 °C l'été et de 2 à 6 °C l'hiver. Il connaît lui aussi un climat **humide** (910 mm par an) avec des **hivers froids** et souvent brumeux et des **chaleurs estivales** fortes. Enfin, le Tessin, au sud, bénéficie d'un climat **méditerranéen** et on ne peut qu'être surpris d'y trouver, par exemple, la présence de palmiers.

Flore, faune et environnement

FLORE

Du fait de la grande diversité climatique, on rencontre en Suisse une flore très **variée**, allant des palmiers du Tessin à la flore de type nordique dans les Alpes. Si la végétation est toujours étroitement tributaire du climat et des sols, elle l'est aussi, en montagne, de l'exposition des versants et de l'altitude qui détermine l'**étagement** des espèces. Cet étagement connaît des correctifs dus à l'action de l'homme, qui a souvent modifié les paysages originels. Le **versant « endroit »** (exposé au sud), le plus propice aux cultures et à l'habitat, a été très défriché, alors que le **versant « envers »** (exposé au nord), le plus souvent vide d'hommes, bénéficie d'une humidité favorisant le développement de vigoureux peuplements forestiers (les forêts couvrent plus de 25 % du territoire). Cette opposition est particulièrement marquée lorsque la vallée est orientée est-ouest.
18 % du bois abattu l'est dans le Jura, 44 % sur le Plateau, 27 % dans les Préalpes, 11 % dans les Alpes et 1 % au sud des Alpes.
Au-dessus des cultures et des forêts de feuillus (hêtres, chênes) qui s'élèvent jusqu'à 1 300 m, on trouve l'**étage montagnard**, domaine des forêts de **conifères** (épicéas, mélèzes, pins et sapins). À partir de 1 900 m, les arbres laissant la place aux **alpages**, c'est l'étage alpin où poussent les herbes vivaces, les rhododendrons, les myrtilles et la flore alpine. Après 3 000 m, on entre dans le domaine **minéral** : seuls quelques mousses et lichens s'accrochent aux rochers. On réserve le nom de plantes alpines aux végétaux qui poussent au-dessus de la limite supérieure des forêts. La floraison précoce de ces espèces, vivaces et de petite taille, est commandée par la brièveté de la période végétative (juin-août). Si la **gentiane** et surtout l'**edelweiss** sont les fleurs les plus connues, il existe de nombreuses autres espèces alpines (orchidée, ancolie, lis martagon ou orangé, oreille d'ours…) correspondant en général à un emplacement type : un éboulis calcaire, une fente rocheuse, une tourbière, un sol siliceux, une falaise. Le développement disproportionné de la fleur par rapport au reste de la plante (en général quelques feuilles épaisses, grasses, duveteuses ou épineuses) et sa belle coloration s'expliquent en grande partie par l'**hostilité de l'environnement** et le besoin de se protéger des rayons ultraviolets et des herbivores tout en attirant un maximum d'insectes pollinisateurs. La cueillette de certaines fleurs des Alpes menacées

de disparition (cyclamen, aster des Alpes, primevère, edelweiss) est sévèrement réglementée en Suisse.

FAUNE

Les massifs alpins sont naturellement les plus riches en espèces sauvages. Comme la flore, la faune a dû s'adapter à un milieu hostile : protection contre le froid (couleur foncée pour mieux conserver la chaleur, hibernation), contre les prédateurs (couleur blanche pour se fondre avec la couleur de la neige). Parmi ces derniers, l'homme a souvent été bien placé. Le **chamois** (90 000 individus aujourd'hui, dans les Alpes et le Jura) a été énormément chassé et l'espèce n'a survécu que grâce à une réglementation draconienne. Le **bouquetin** n'a pas eu cette chance et l'espèce, réputée pour ses vertus médicinales, a été exterminée au milieu du 19e s. Ils ont été réintroduits à partir de 1920 et leur nombre actuel est de 15 000 individus (dans les Grisons, le Valais et le Bernois). Le **lynx** a spontanément colonisé les Alpes Centrales et le versant sud des Alpes depuis sa réintroduction en Suisse centrale dans les années 1960. Au cours du 20e s., les effectifs du sanglier et du **loup** ont tellement augmenté sans intervention particulière de l'homme qu'ils auront bientôt recolonisé toutes les régions de la Suisse. Le sanglier et le loup avaient pourtant disparu du pays. La **marmotte**, qui hiberne pendant près de six mois, se rencontre surtout dans les Alpes mais aussi dans quelques endroits du Jura. L'**aigle royal** (300 couples), espèce protégée depuis 1953, passe sa vie sur le même territoire, entre 1500 et 3 000 m, dont la superficie s'étend sur 50 à 100 km^2 dans les Alpes et les Préalpes (et probablement bientôt dans le Jura). Le **gypaète barbu**, bien plus grand, a disparu des Alpes vers la fin du 19e s., victime de sa sinistre réputation de « voleur d'agneaux ». Il a été réintroduit simultanément dans plusieurs pays alpins à partir de 1986 et reprend progressivement possession de ses habitats d'origine. Le **Monitoring biodiversité suisse** (MBD), mis sur pied en 2001 par l'Office fédéral de l'environnement, surveille la diversité biologique. Si la diversité est étonnamment bien développée et même en augmentation sur les versants alpins grâce à la variété des paysages, des altitudes et des reliefs, elle tend à se réduire sur le Plateau : de plus en plus d'espèces typiques des paysages cultivés se retrouvent menacées de disparition.

ENVIRONNEMENT

Dès les années 1950-1960, les écologistes suisses s'opposent à des projets de lacs artificiels gigantesques, à la construction de lignes à haute tension, d'usines électriques ou de centrales nucléaires. Une loi fédérale sur la protection du paysage est adoptée en 1966 et la pollution des lacs tessinois commence à se réduire grâce à la construction de stations d'épuration.

Dans les années 1970-1980, plusieurs accidents ont lieu : émanations de fluor provenant des usines d'aluminium du Valais ou de l'Allemagne limitrophe de l'Argovie, incendie dans des dépôts de l'industrie chimique près de Bâle. Ces événements permettent peu à peu à la population de prendre conscience de l'importance des questions d'environnement.

Le principal enjeu aujourd'hui porte sur le réchauffement climatique. Dans les Alpes, la température a augmenté de façon plus marquée que la moyenne mondiale. Les

TUNNELS ET FERROUTAGE
Pour limiter la pollution et les embouteillages liés à l'augmentation constante du trafic de marchandises par voie routière (plus de 5 300 camions par jour ouvrable aujourd'hui), la Suisse a développé le ferroutage, c'est-à-dire le chargement de camions sur des trains. Dans le cadre du projet NLFA (nouvelles lignes ferroviaires à travers les Alpes), le tunnel du Lötschberg a été aménagé pour permettre aux camions d'utiliser cette « route roulante », qui depuis 2001 relie le nord de l'Italie au sud de l'Allemagne. Un autre tunnel ferroviaire est en cours de réalisation (Gothard). Pour dissuader les poids lourds d'emprunter la route, la Suisse a aussi introduit en 2001 une taxe calculée d'après le poids du véhicule et la distance parcourue (RPLP). Grâce à ces mesures, 65 % des marchandises transitent aujourd'hui par le rail. Mais les tunnels, routiers surtout, posent des problèmes de sécurité, comme l'ont montré les incendies du Mont-Blanc en 1999 (39 morts) et du Saint-Gothard en 2001 (11 victimes). La solution du trafic alterné pour les poids lourds et les retards qui en découlent suscitent la colère des routiers, qui militent pour le creusement d'un second tunnel routier à travers le Saint-Gothard.

scientifiques affirment que la fonte actuelle des glaciers risque de provoquer des torrents dévastateurs tandis que le dégel du permafrost, cette masse de terre et de pierre gelée, peut entraîner des coulées de boue, des chutes de roches et même de téléphériques ! Les écosystèmes souffrent eux aussi : un réchauffement d'un degré fait monter de 100 m la limite des arbres, entraînant la disparition de certaines espèces. Enfin, les conséquences de la diminution des chutes de neige sont importantes, en particulier pour les stations de moyenne altitude qui sont obligées de s'équiper en canons à neige malgré les problèmes que cela pose pour l'environnement (consommation en eau et en énergie, rejet de ces eaux mal maîtrisé...). Face à ces problèmes, la Commission internationale pour la protection des Alpes, une ONG, a obtenu des 8 pays alpins et de l'Union européenne la signature de la Convention alpine, qui vise à harmoniser les politiques de développement durable.

Fromage, chocolat et fiers alpages

Fondue, viande des Grisons, chocolat constituent les sommets d'une gastronomie que l'on imagine un peu trop solide, rustique et peut-être sans nuances. C'est sans compter les multiples variantes régionales et sur la dextérité des cuisiniers suisses, capables d'accommoder, chacun à leur façon, les délicieux ingrédients nationaux. Ajoutez à cela de fort bons vins et une tradition festive vivace jusque dans les alpages pour faire mentir qui croirait encore à l'austérité helvète.

Gastronomie

Quatre-vingt-six restaurants étoilés au guide Michelin en 2010 ! Beau résultat pour un petit pays peu connu pour sa gastronomie. Les racines de sa cuisine sont surtout paysanne et montagnarde, tirant parti de peu et devant conserver les aliments produits en été, d'où les nombreuses recettes de macération au sel, les salaisons fumées et bien sûr les fromages. Dans un pays où se rencontrent les traditions culinaires germaniques, italiennes et françaises, la cuisine est riche en spécialités gastronomiques régionales. Parmi les plats « nationaux » : galettes de pommes de terre ou **rösti** en Suisse alémanique ; fondues et raclettes chez les francophones.

FROMAGES ET FONDUES

Les fromages au lait de vache, à pâte cuite et pressée, composent l'essentiel de la production. Les grandes meules de gruyère (seuls les Suisses en détiennent l'AOC) et d'emmental ont franchi les frontières de la Confédération ; leurs noms aussi ! Idem pour la raclette (fromage à pâte douce de Bagnes ou de Conches), née dans le Valais et que l'on a plaisir à voir passer au feu avant d'en étaler une tranche fondante sur ses pommes de terre (contrairement à la tradition savoyarde, on se passe ici de charcuterie). Mais on trouve dans chaque région des spécialités moins connues telles que l'appenzeller, les *Bündnerkäse* (Grisons), le *Sbrinz* (Berne) affiné au moins 18 mois et dont la dureté rappelle le parmesan, la tête-de-moine (Jura) que l'on racle à l'aide de la girolle, le vacherin fribourgeois, à ne pas confondre avec le vacherin Mont-d'Or qui peut lui se manger à la petite cuillère, et enfin l'etivaz, produit uniquement l'été dans les chalets des alpages vaudois.

Chaque canton romand, Vaud, Neuchâtel et Fribourg, revendique le secret des dosages (entre le gruyère, l'emmental ou le vacherin) et des additions qui font la meilleure fondue.

Affinage traditionnel du fromage suisse (Le Fresnay).
Ph. Roy / hemis.fr

SPÉCIALITÉS À LA CARTE

La viande séchée des Grisons, la **Bündnerfleisch**, et celle du Valais sont la spécialité helvétique la plus originale : il s'agit de viande de bœuf crue, fumée et séchée, servie en minces copeaux, qui se déguste avec un pinot noir velouté.
Cette curiosité mise à part, les cartes suisses de tradition voient revenir l'escalope de veau *(Schnitzel)* et la côte de porc. Les Zurichois, réputés fins gourmets, ont popularisé des préparations telles que l'**émincé de veau** (ou de foie de veau) à la crème *(Geschnitzeltes Kalbfleisch)* et les *Leberspiessli* (brochettes de foie de veau entrelardé). N'oublions pas l'assiette bernoise et le **polpettone** (viandes hachées aromatisées) du Tessin.
Les **charcuteries** présentent un extraordinaire échantillonnage de saucisses et saucissons *(Wurst)*. Les Suisses alémaniques font une grande consommation de produits doux : *Gnagi* (jarret de porc, à Berne), *Klöpfer* (cervelas) de Bâle, *Schüblig* (longue saucisse de porc) de St-Gall, *Kalbsbratwurst* (saucisse de veau) de Zurich, *Salsiz* (petit salami) de l'Engadine. Les Suisses romands donnent la préférence aux saucisses fumées, d'un goût plus relevé (boutefas de Payerne, longeole de Genève, etc.). Le **papet vaudois** est servi surtout en hiver : il s'agit d'une saucisse au chou, avec des poireaux et des pommes de terre. Tirant parti de ces ressources, la monumentale **Berner Platte** (« Plat de Berne ») associe le lard, les saucisses, le jambon, le bœuf bouilli parfois, la choucroute et les pommes de terre ou les haricots verts.
Outre les fondues et raclettes, la **croûte au fromage** est la spécialité valaisanne (tranche de pain servie avec du fromage fondu, auquel on peut ajouter œufs et jambon).
Rivières et lacs fournissent une grande variété de poissons comme la **perche** (filets de perche des bords du Léman), la truite, le brochet, la bondelle, la tanche, la carpe, la féra et l'omble chevalier.
Dans les Grisons, les capuns (feuilles

de blette farcies) et les maluns (un genre de crumble salé à la pomme de terre) sont des originalités à goûter.

DESSERTS ET CHOCOLAT

Les Suisses sont toujours les plus gros consommateurs au monde de chocolat : 11,7 kg par an et par habitant en 2009 (sont comptés les achats des touristes et des frontaliers…). Cailler, Kohler, Lindt, Suchard, Tobler… Les noms des pionniers, inventeurs au 19e s. du chocolat moderne, offrent toujours de nouvelles saveurs. Ils sont à déguster en tablettes ou dans la préparation de gâteaux et d'entremets exquis.
La crème fraîche entre dans la composition de nombreux desserts et entremets : meringues, *Schaffhauserzungen* (biscuits fourrés). La double crème de Gruyère, si onctueuse, fait merveille avec des fruits rouges. La tourte au kirsch de Zoug, les *Basler Leckerli* – pain d'épice à base de miel et d'amandes – ont leurs fidèles partisans.

LES VINS

D'une superficie modeste (14 900 ha, dont 6 500 ha de cépages blancs et 8 500 de cépages rouges), le vignoble s'étend dans les trois régions linguistiques : les cantons romands (Valais, Vaud et Genève) qui concentrent les trois quarts de la production, la vallée du Rhin, de Coire à Bâle, et la partie méridionale du Tessin.
Le chasselas, de très loin le premier cépage blanc, donne des vins marqués par les différents terroirs et vinifications. Pinot noir (ou *Blauburgunder*) et gamay dominent dans les rouges.

Royaume du fendant

En **Valais**, le chasselas se nomme « fendant » et il règne en maître sur un vignoble caractérisé par de nombreuses variétés propres à la région – petite arvine, amigne, humagne, cornalin, gamaret – dont il faut goûter la typicité. Pas facile de se retrouver dans les étiquettes, car ici certains noms de cépage changent : johannisberg pour sylvaner, malvoisie pour pinot gris… La dôle, souvent issu d'un assemblage de pinot noir et de gamay, est le cru rouge le plus populaire du pays. Les rosés de Pinot noir sont baptisés œil-de-perdrix.
Les **vins vaudois** sont issus de quatre zones viticoles : les côtes de l'Orbe, Bonvillers et Vully avec des produits friands ; la Côte et ses vins tout en finesse ; Lavaux dont les sublimes terrasses de l'appellation Dézaley donnent des vins structurés ; le Chablais marqué par des vins puissants et des saveurs de pierre à fusil.
Les rives des lacs autour de **Genève** et de **Neuchâtel** complètent l'offre par des vins blancs frais, pour la plupart tirés du chasselas. On y trouve aussi le riesling x sylvaner, dit « müller-thurgau ».

Vins du Rhin et du Tessin

Le vignoble tessinois est en pleine renaissance depuis 25 ans sous l'impulsion de vignerons passionnés venus du nord de la Suisse. On y déguste de fabuleux merlots, le cépage roi (82 % des surfaces) vinifiés en rouge, blanc et rosé.
Les vins rouges, blancs et rosés *(Süssdruck)* de Suisse orientale et de la vallée alpestre du Rhin sont appréciés pour leur finesse et leur légèreté. Contrairement à une idée reçue, les rouges issus du pinot noir y sont majoritaires.

Accords et service des vins

Les blancs vaudois et le fendant valaisan, les crus blancs de Neuchâtel et de Bienne (twanner) accompagnent hors-d'œuvre et poissons. Un cortaillod (pinot noir de Neuchâtel) ou une grande dôle feront apprécier les rôtis et les venaisons. Le gamay rouge, fruité et parfumé, peut se boire frais avec charcuterie, viandes blanches et volailles. Le johannisberg et la malvoisie du Valais ont toutes les qualités de vins de dessert. Kirsch de Zoug, marc du Valais, Williamine et Abricotine terminent agréablement le repas. Certains vins blancs de Neuchâtel se doivent de « faire l'étoile » : mis en bouteilles très tôt, ils gardent en suspension du gaz carbonique et, une fois débouchés et versés de haut, pétillent dans le verre en formant une sorte d'étoile.

Traditions et folklore

Les traditions sont à la source d'une culture populaire étonnamment vivante dans le pays. Il suffit de feuilleter un calendrier des rencontres folkloriques ou des carnavals pour s'en convaincre.

UN ESPRIT FESTIF

À côté de rendez-vous très traditionalistes, avec force costumes et règlements, de nouvelles formes d'expression voient le jour. C'est le cas dans le domaine de la musique où le **yodel** tente par exemple des métissages avec les musiques actuelles. Cette technique de chant que l'on dit aussi tyrolien – à l'origine, une forme de communication à longue distance pour les bergers – alterne rapidement voix de poitrine et de tête. Idem pour le **cor** des Alpes aux sons caverneux qui aurait très bien pu disparaître à la fin du 19e s. et qui est de nouveau joué par 4000 instrumentistes et inspire des compositeurs.

Et il n'est pas là seulement question de « business » folklorique ou de mise en scène touristique. Le folklore reste le fait d'amateurs et de bénévoles ; les publics se mélangent et il arrive que le directeur d'un conservatoire d'art dramatique prenne en charge la mise en scène d'une fête traditionnelle, signe marquant d'une société suisse où les classes sociales et les groupes professionnels sont beaucoup moins séparés qu'ailleurs en Europe.

De nombreuses fêtes et commémorations d'inspiration civique, patriotique ou religieuse se perpétuent aussi, comme la fête de l'Escalade à Genève qui commémore l'échec savoyard de 1602, le *Knabenschiessen* de Zurich et son concours de tir ou les processions de la Fête-Dieu dans les cantons catholiques.

ALPAGES EN ÉTÉ...

La transhumance des troupeaux est l'occasion de joyeuses et pittoresques parades annuelles qui rejouent des scènes d'autrefois. Lors de la montée à l'alpe, appelée aussi « inalpe » ou « poya » (fin mai-début juin), sur tout le versant nord de la chaîne, des vaches aux cornes enrubannées et fleuries

LA LUTTE SUISSE

Deux gaillards d'au moins 110 kg, vêtus de larges bermudas en toile de jute, au milieu d'un rond de sciure… Voilà pour le décor d'un combat de lutte à la culotte, le sport national suisse par excellence. Le but est simple : faire poser au sol les épaules de son adversaire. Mais les prises sont nombreuses (au moins une centaine) et codifiées. Ce sport est si populaire en Suisse que la compétition fédérale qui se tient tous les trois ans peut rassembler jusqu'à 180000 spectateurs en plein air.

défilent dans les villages, toutes cloches sonnantes, escortées des vachers dont certains ressortent alors le costume traditionnel. L'**armailli** (vacher) de la Gruyère porte le « bredzon », courte veste de toile à manches ballon – héritage des modes de l'Empire – brodée de points d'épine et, aux revers, d'edelweiss. La toque de paille bordée de velours est dite « capette ».
Lors de ces rassemblements festifs, les « clichés » suisses sont toujours au programme : joueurs de cors des Alpes, vocalise des yodleurs, lancers de drapeaux et jeux de force, sports traditionnels des bergers que sont que la lutte ou le lancer de la pierre. La pierre d'Unspunnen (Oberland bernois), lourde de 167 livres, est l'une des plus célèbres et donne lieu a des compétitions officielles depuis 1947. Les vaches ne sont pas en reste pour ce qui est de la lutte. Des face-à-face ont lieu naturellement dans un troupeau où s'établit une hiérarchie entre les bêtes. Dans le Valais, des combats très spectaculaires et très suivis, entre animaux de race hérens, sont organisés tout l'été dans les alpages et jusque dans les arènes romaines de Martigny. Depuis 1922, l'activité est codifiée avec des catégories de poids et, plus récemment, des contrôles anti-dopage. Posséder une « reine » – l'animal vainqueur – est certainement ce qui peut rendre le plus fier un éleveur valaisan.
La descente de l'alpage, la « désalpe », point d'orgue de la saison, voit s'organiser des manifestations du même genre. Puis viennent les fêtes des vendanges (Neuchâtel) ou celles qui marquaient la fin des gros travaux agricoles, comme la Bénichon (canton de Fribourg).

CARNAVALS D'HIVER

En période de carnaval, le voyageur novice pourrait ne pas reconnaître une Suisse que l'on dit timide et conservatrice. Il souffle alors un vent libertaire sur le pays et le politiquement incorrect est de rigueur. À Bâle, Lucerne et dans de très nombreuses villes, bals masqués, cortèges satiriques et fanfares *(guggenmusik)* mêlent toutes les classes de la société. Sous l'anonymat d'une figurine grotesque, chacun peut donner libre cours à son humeur railleuse, en visant de préférence ses proches et ses amis, toutes conventions étant alors abolies. Cette tradition qui se maintient avec vitalité garde son rôle de lien social tout en devenant un rendez-vous touristique incontournable.
À la Saint-Nicolas (6 déc.), lors de la période de l'Avent, à Noël, puis au Nouvel An se tiennent également des fêtes originales telles que le défilé des *Silvesterkläuse* superbement masqués (canton d'Appenzell).

Histoire

La position centrale de la Suisse en Europe et la présence sur son territoire alpin de passages stratégiques aussi bien que de montagnes inaccessibles expliquent en partie l'histoire d'un pays qui a dû se protéger très tôt de la convoitise des grandes puissances européennes en unissant des populations venues pourtant d'horizons différents. Il en a résulté un pays très original, à la fois ouvert et cloisonné. Ce modèle qui refuse de s'aligner, à la fois fort de traditions séculaires et à la pointe de la modernité, a accueilli de nombreux étrangers, mais vu partir ceux des siens qui se sentaient étouffer.

Des origines à la Suisse féodale

LES PREMIÈRES IMPLANTATIONS HUMAINES

La présence humaine en Suisse est d'abord liée à l'avancée ou au recul des **glaciers**. Au paléolithique, les hommes vivent surtout dans des abris montagneux le Plateau étant alors recouvert par l'inlandsis. La plus ancienne trace de restes humains remonte à - 40 000 et indique que ce Néandertalien mangeait à la manière des Esquimaux, portant la viande à la bouche de la main gauche et la coupant de la main droite, avec un couteau de silex. Mais avec l'apparition de l'agriculture et de l'élevage, vers - 5000, l'habitat se regroupe sur le Plateau, surtout près des **lacs**. L'apparition du fer au 8e s. av. J.-C. s'accompagne d'une arrivée de nouveaux peuples, surtout des **Celtes**. Le site de **La Tène** a d'ailleurs donné son nom à la période qui s'étend du 5e s. av. J.-C. jusqu'à notre ère.

Le musée du Laténium, à Neuchâtel.

LA SUISSE GALLO-ROMAINE

Au 2e s. av. J.-C., plusieurs peuples vivent sur le territoire de l'actuelle Suisse. Le plus connu est celui des **Helvètes** (qui donneront leur nom latin au pays), mais on sait peu de chose de ces Celtes qui n'ont pas d'écriture propre. L'est du territoire est habité par les **Rhétiques**, peut-être d'origine étrusque. Ce sont principalement les Romains, leurs adversaires, qui nous ont laissé un témoignage sur ces peuples. En effet, au 1er s. av. J.-C., ils vont réussir à contrer la poussée celte vers l'ouest mais aussi à s'emparer de tous leurs territoires jusqu'au Rhin en y établissant de nouvelles cités.

Les ruines romaines d'Augst et d'Avenches, le Musée romain de Nyon.

LA DOMINATION DES GERMAINS PUIS DU SAINT EMPIRE

À partir du 3e s. apr. J.-C., des populations germaniques venant du nord et de l'est de l'Europe commencent à pénétrer en Suisse, dessinant peu à peu les frontières linguistiques actuelles. Les **Alamans** s'installent en grand

nombre dans le nord du pays et imposent leur langue à la future Suisse **alémanique**. La **Rhétie**, que les Alamans ne parviennent pas à conquérir, garde son dialecte latin, le **rhéto-romanche**. Les **Burgondes**, qui s'implantent à l'ouest, assimilent la langue locale gallo-romaine à l'origine des différents patois de la future Suisse **romande**. Enfin les **Lombards**, installés au sud dans le Tessin, s'approprient la langue locale, qui deviendra plus tard l'**italien**.
Il faut attendre le 6e s. pour voir un autre peuple germanique, les **Francs**, s'emparer de tout le territoire de l'actuelle Suisse et le dominer jusqu'au début de l'affaiblissement de l'Empire carolingien au 9e s. C'est sous les Francs que le christianisme s'étend vraiment, notamment grâce à l'action de missionnaires irlandais comme **saint Gall** au début du 7e s.
Après la disparition du dernier Carolingien en 924, le roi germanique Otton est sacré empereur et sa dynastie s'empare des territoires helvétiques, convoités aussi par quatre puissants vassaux du **Saint Empire** : les Habsbourg, les Zähringen, les Savoie et les Kybourg. Le contrôle des cols alpins devient petit à petit essentiel avec l'extension du commerce entre Europe du Sud et Europe du Nord au 12e s. La Suisse, divisée entre les puissants féodaux laïcs et ecclésiastiques et les cités-États, se couvre de **villes fortifiées** aux emplacements stratégiques. Le rôle de l'Empereur est alors surtout de gérer les liens de suzeraineté.
Les monastères de St-Maurice, de St-Gall, de Müstair et de Payerne. Les églises romanes de Giornico, Zillis et Sion, la cathédrale de Bâle. Les tours et remparts de Berne, Morat et Zoug.

Naissance et expansion de la Confédération

LES PREMIÈRES UNIONS DÉFENSIVES (13e-14e S.)

L'ouverture du col du St-Gothard, vers 1220, donne aux cantons de la Suisse centrale une importance géopolitique considérable : ils font alors partie des rares communautés rurales de l'Empire bénéficiant de l'**immédiateté impériale**, c'est-à-dire de la suzeraineté directe de l'empereur, au détriment des Habsbourg qui possèdent les territoires environnants. Aussi lorsque l'Empire passe aux mains de cette dynastie et que les ducs d'Autriche obtiennent l'Helvétie en 1291, les cantons de Schwyz, Uri et Unterwald concluent une

LA LÉGENDE DE GUILLAUME TELL

Selon la légende, l'archer Guillaume Tell aurait été condamné à la fameuse épreuve de la pomme par le bailli Gessler, choisi par les Habsbourg pour supprimer les libertés dont bénéficiaient les populations locales au début du 13e s. Victorieux, il aurait ensuite exécuté Gessler.
Le mythe de l'helvétisme, né des théories de Jean-Jacques Rousseau sur la vertu et l'esprit démocratique des montagnards, a alimenté ces légendes, popularisées ensuite par les œuvres de Schiller (1804) et de Rossini (1829).
Leur authenticité a été sérieusement et souvent mise en doute et les spécialistes les considèrent aujourd'hui comme l'expression d'une tradition collective.

LES MERCENAIRES SUISSES

Dès le début du 15e s. et surtout après 1515, la pauvreté de certains cantons, surtout de Suisse centrale, incite la Confédération à signer avec les puissances européennes des accords (capitulations) prévoyant l'envoi de mercenaires. Ces régiments restent suisses, leur serment s'adressant en premier lieu à leur patrie, et le gouvernement conserve le droit de les rappeler en cas de nécessité (ce qui pousse aussi les princes à laisser la Suisse en dehors de leurs conflits). L'histoire a retenu notamment le massacre des 800 Gardes suisses de Louis XVI par la foule en août 1792 au Palais des Tuileries (voir le monument du Lion à Lucerne). Quant à la garde pontificale, c'est en 1506 que le pape Jules II réserve aux Valaisans de la vallée de Conches le droit de revêtir le chatoyant uniforme multicolore.

alliance en vue de se protéger contre toute atteinte à leurs libertés, prévoyant une très novatrice procédure d'arbitrage en cas de désaccord. Ce pacte marque traditionnellement l'acte de naissance de la **Confédération**. Selon la légende, c'est sur la prairie du **Rütli** ou Grütli, bordant le lac des Quatre-Cantons que Werner Stauffacher, Walter Furst et Arnold de Melchthal auraient prêté serment d'assistance mutuelle.
Le conflit avec les Habsbourg débouche en 1315 sur la bataille de Morgarten au cours de laquelle les troupes autrichiennes sont mises en déroute. Dès lors, comme **Schwyz** avait un rôle très actif dans la lutte contre les Habsbourg, on prend l'habitude de désigner par ce nom (la **Suisse** ou les **Suisses**) l'ensemble de la Confédération.

Dans les quarante ans qui suivent, la Confédération s'élargit progressivement à Lucerne, Zurich, Glaris, Zoug et Berne. Chaque fois que l'un des cantons le demande, les membres de la Confédération envoient à la Diète deux représentants pour débattre de questions d'intérêt commun.

Le musée des Chartes fédérales de Schwyz, Vierwaldstätter See et le Rütli, la cathédrale gothique de Lausanne, les châteaux de Chillon et de Grandson.

LE TEMPS DES CONQUÊTES (15e S.)

À la fin du 14e s. et au 15e s., plusieurs victoires contre l'Autriche assurent à la Confédération de nouveaux territoires (Léventine, Argovie, Thurgovie) et le rang de **puissance régionale**. Les rapports entre les Confédérés et les autres territoires de la Suisse prennent alors différentes formes allant de l'assujettissement à l'indépendance. Mais au fur et à mesure que la menace autrichienne diminue, chaque canton est tenté de défendre en priorité ses propres intérêts. Zurich affronte sans succès la Confédération dans les années 1440. Berne prend de plus en plus de pouvoir et c'est avec réticence que les Confédérés s'engagent à ses côtés dans la bataille contre l'armée bourguignonne de **Charles le Téméraire**, battu en 1476. Les cantons ruraux craignent une rupture dans l'équilibre des forces entre les villes et les campagnes. Il faut de nombreuses négociations pour parvenir en 1481 au Convenant de Stans, qui fait de Soleure et Fribourg des membres à part entière de la Confédération.
Au début du 16e s., les Confédérés défont l'Autriche lors de la **guerre de Souabe**. Le traité de Bâle, signé à la fin de la guerre, reconnaît implicitement l'indépendance de la Confédération (qui s'agrandit des

cantons de Bâle, Schaffhouse puis Appenzell) par rapport à l'Empire. Les Suisses se sentent prêts à s'engager dans les combats que les grandes puissances européennes se livrent pour contrôler les cités prospères d'Italie du Nord. En 1513, à l'**apogée** de leur puissance militaire, les Suisses battent les Français à Novare et assiègent Dijon. Mais la défaite qu'ils subissent à **Marignan** en 1515 met fin pour toujours à leur politique d'expansion et marque le début de la neutralité.

La cathédrale gothique de Berne, le château de Gruyères, l'ensemble castral du bourg de Bellinzone.

De la Réforme à la Suisse aristocratique

GUERRES DE RELIGION ET ÉMANCIPATION POLITIQUE (16e S.-MILIEU DU 17e S.)

La réforme de l'Église en Suisse arrive un peu plus tard que dans l'Allemagne de Luther, mais elle est plus radicale. L'enseignement d'Ulrich **Zwingli**, qui prône la séparation totale entre l'Église et l'État, séduit surtout les populations urbaines de Suisse alémanique. Zwingli veut étendre la Réforme à l'ensemble de la Confédération, mais les autres cantons protestants ne le suivent pas dans sa guerre contre les catholiques. Ces derniers finissent par écraser les troupes de Zurich en 1531 et les cantons s'engagent à respecter les choix religieux des uns et des autres, même au niveau de chaque paroisse.

Les armées de Berne participent aussi à l'extension du protestantisme en Suisse romande, notamment à Lausanne et Genève. Dans cette dernière, le Français Jean **Calvin** instaure une théocratie intransigeante en faisant de la cité lémanique la nouvelle « ville sainte » et la terre d'accueil de nombreux huguenots d'Europe. Par ailleurs, la ville doit faire face aux prétentions du duc de Savoie, notamment en 1602, quand l'« **Escalade** » par les troupes ennemies des murs de la ville échoue. Quant à **Bâle**, elle devient une capitale humaniste en accueillant des hommes comme Paracelse, Holbein ou Érasme. Malgré les tensions entre cantons, la stratégie de l'intérêt commun

LES DÉBUTS DE L'HORLOGERIE

Au 16e s., des protestants français et italiens introduisent l'horlogerie à Genève. Mais l'interdiction de fabriquer crucifix, calices et chapelets dans la ville de Calvin est profitable aux orfèvres jurassiens. La présence de minutieux travailleurs du métal permet donc le développement de l'horlogerie à Neuchâtel. Selon la légende, en 1679, un jeune garçon nommé Daniel Jean-Richard, ayant à réparer une montre de Londres, décide de se lancer dans la fabrication des montres de gousset et forme ensuite de nombreux apprentis qui s'installent un peu partout dans le Jura, faisant de cette région montagneuse le grand centre horloger du pays. Vers 1785, environ 20000 personnes travaillent dans l'horlogerie à Genève et produisent 85000 montres par an contre 50000 dans le Jura. Vers 1770, le Neuchâtelois Jaquet-Droz promène ses automates dans les cours européennes; la fabrication de boîtes à musique et de jouets mécaniques, entraînés par les mêmes rouages que ceux des montres, se développe.

Les musées de l'Horlogerie de La Chaux-de-Fonds, du Locle et de Genève.

Le serment de Rütli, par Jean Renggli, 1891.
D.R.

pour éviter un éclatement de la Confédération se révèle particulièrement efficace durant la **guerre de Trente Ans**, qui ravage l'Europe entre 1618 et 1648. La Suisse parvient alors à imposer une **neutralité** armée. Les traités de Westphalie, qui mettent fin à la guerre, reconnaissent explicitement **l'indépendance** totale des cantons suisses vis-à-vis du Saint Empire.

TENSIONS INTERNES ET PERSISTANCE DES OLIGARCHIES (MILIEU DU 17e-18e S.)

Pendant la seconde moitié du 17e s., les tensions sociales et religieuses dégénèrent en conflits ouverts. Les campagnes subissent de plein fouet l'effondrement des prix agricoles à la fin de la guerre de Trente Ans. Les paysans se révoltent en 1653 contre les villes qui avaient levé de nouveaux impôts ou dévalué leur monnaie. Mais ces jacqueries sont rapidement matées. À l'opposé, les tensions confessionnelles aboutissent aux deux guerres dites de **Villmergen** (du nom du lieu où elles se sont déroulées) où Zurich est d'abord défaite par les catholiques en 1656 avant de les écraser, avec l'aide de Berne, en 1712. Cette victoire met un terme à la domination catholique à la Diète.

Si la structure du pouvoir varie considérablement selon les cantons, ce sont en général les familles riches et influentes qui se partagent les hautes charges, excluant de la vie civique les descendants des immigrés récents et les habitants des campagnes.

Les églises baroques d'Einsiedeln et de Disentis, la cathédrale et la bibliothèque de St-Gall, la Villa Favorite à Lugano.

INDUSTRIALISATION ET LUMIÈRES (18e S.)

Le 18e s. est une période d'essor économique et d'effervescence intellectuelle.

L'agriculture devient une activité commerciale gérée selon des principes économiques rationnels et de nouvelles industries voient le jour : l'**horlogerie** dans la région francophone du Jura

Les grandes dates de l'histoire suisse

- **1er août 1291** – Pacte des 3 cantons (Schwyz, Uri, Unterwald) et naissance de la Confédération.
- **1315** – Défaite de l'Autriche lors de la bataille de Morgarten.
- **1332-1353** – La Suisse passe à 8 cantons (Lucerne, Zurich, Glaris, Zoug, Berne).
- **1386-1388** – Défaites de l'Autriche lors des batailles de Sempach et Näfels.
- **1402-1460** – Conquêtes de la Léventine, de l'Argovie, de la Thurgovie.
- **1436-1450** – Zurich s'oppose à la Confédération.
- **1476** – Défaites de Charles le Téméraire à Grandson et à Morat.
- **1499** – Traité de Bâle : indépendance implicite de la Confédération.
- **1481-1513** – La Suisse passe à 13 cantons (Soleure, Fribourg, Bâle, Schaffhouse, Appenzell).
- **1515** – Défaite des Suisses à Marignan face à François Ier.
- **1525** – Défaite franco-suisse de Pavie face à Charles Quint.
- **1519-1541** – Réforme protestante avec Zwingli et Calvin.
- **1536** – Conquête du Pays de Vaud savoyard par les Bernois.
- **1602** – Échec de l'Escalade des remparts de Genève par les troupes du duc de Savoie.
- **1648** – Traités de Westphalie : indépendance officielle de la Confédération.
- **1656 et 1712** – Guerres religieuses de Villmergen et victoire des protestants.
- **1761** – Fondation de la Société helvétique.
- **1798-1803** – Invasion française et République helvétique.
- **1803** – Acte de Médiation de Bonaparte, Constitution plus souple.
- **1815** – Congrès de Vienne ; la Suisse passe à 22 cantons (Argovie, Grisons, St-Gall, Tessin, Thurgovie, Vaud, Valais, Neuchâtel, Genève).
- **1847** – Défaite de la ligue catholique séparatiste du Sonderbund.
- **1848** – Constitution créant l'État fédéral.
- **1863** – Fondation de la Croix-Rouge par Henry Dunant.
- **1918** – Grève générale brisée par la menace d'une intervention armée.
- **1920** – Entrée dans la Société des Nations.
- **1932** – Violente répression d'une manifestation antifasciste à Genève.
- **1971** – Droit de vote pour les femmes au niveau fédéral.
- **1979** – La Suisse des 23 cantons (Jura).
- **1992** – Refus d'entrer dans l'Espace économique européen.
- **2001** – Nouvelle Constitution fédérale.
- **2002** – Entrée à l'ONU.
- **2005** – Entrée dans l'espace Schengen.

(voir encadré p. 72), le **textile** dans le nord et dans l'est du pays, les banquiers finançant une grande partie de ce commerce, y compris celui unissant l'Europe, l'Afrique et l'Amérique (« commerce triangulaire »).
Des sociétés savantes et patriotiques se créent, comme la **Société helvétique**, promouvant une véritable identité nationale suisse appelée l'**helvétisme**.
Les intellectuels suisses, dont le Genevois Jean-Jacques **Rousseau**, le poète et savant Albert de Haller, les mathématiciens bâlois Jacques et Jean Bernoulli et Leonhard Euler, les naturalistes Charles Bonnet et Nicolas de Saussure ainsi que son fils géologue Horace Benedict sont en contact étroit avec leurs homologues étrangers.
Le pédagogue zurichois **Johann Heinrich Pestalozzi**, inspiré par la vision éducative de Rousseau, ne se contente pas de composer des ouvrages théoriques – *Léonard et Gertrude* (1781-1787), *Comment Gertrude éleva ses enfants* (1801) –, il se dévoue aussi auprès des orphelins et des enfants pauvres. Convaincu qu'une réforme sociale ne peut passer que par une réforme de l'instruction, il fonde un institut à Berthoud, puis un autre à Yverdon. Sa méthode fait alors des émules dans l'Europe entière.
Cette nouvelle élite industrielle et intellectuelle met à mal l'ancien système politique.

De la domination à l'État fédéral

L'HÉGÉMONIE FRANÇAISE (1798-1815)

Soutenues par les révolutionnaires suisses, les troupes françaises envahissent la Confédération en 1798 et suppriment les cantons en créant un État centralisé, la **République helvétique**. Les Suisses sont obligés de fournir des troupes à la France. Mais la lutte armée entre fédéralistes et républicains (favorables à un modèle centralisé) oblige Bonaparte en 1803 à restaurer l'ancien système fédéral tout en créant six nouveaux cantons : Argovie, Grisons, St-Gall, Tessin, Thurgovie et Vaud. Sous l'Empire, la Suisse devient un champ de bataille et la présence de nombreuses troupes étrangères appauvrit considérablement le pays.
Néanmoins, les Suisses restent fidèles à Napoléon et protègent sa fuite après la défaite de Russie en 1812. En 1815, le Congrès de Vienne réaffirme la neutralité perpétuelle du pays ; en échange, un nouveau Pacte fédéral redonne aux cantons une grande partie de leur souveraineté, confirme les nouveaux cantons et prévoit l'adhésion du Valais, de Neuchâtel et de Genève.
Le château de Coppet.

LA POUSSÉE LIBÉRALE (1815-1848)

La **Restauration** de l'Ancien régime, entre 1815 et 1830, n'empêche pas les milieux libéraux et progressistes de déclencher un regain de patriotisme. La Révolution de 1830 en France renforce ce mouvement de **Régénération**, tandis que se mettent peu à peu en place dans les cantons des gouvernements plus représentatifs garantissant les libertés fondamentales. Le canton de Bâle se morcelle en Bâle-Ville et Bâle-Campagne.
Cependant, les discordes religieuses se superposent aux tensions entre radicaux et conservateurs. La ligue du **Sonderbund** que forment sept cantons catholiques en 1846 est dissoute par la Diète et l'armée fédérale dirigée par le général **Dufour** oblige rapidement les séparatistes à capituler.

La vague révolutionnaire qui ébranle l'Europe en 1848 rend les conservateurs incapables de contrer cette poussée libérale.
Le musée du château de Prangins.

Un modèle de paix et de richesse ?

DES TRANSFORMATIONS CONSIDÉRABLES (1848-1939)

L'adoption de la **Constitution** de 1848 instaure un pouvoir plus centralisé et met en place un Parlement bicaméral (l'**Assemblée fédérale**) et un gouvernement de sept membres (le **Conseil fédéral**) avec une présidence tournante siégeant à Berne. Le **drapeau** à croix blanche sur fond rouge (le seul au monde à être carré avec celui du Vatican) est définitivement adopté. La Constitution est même révisée en 1874 et en 1891 pour renforcer la **démocratie directe** : elle introduit le droit de référendum et le droit d'initiative populaire, le peuple et les cantons souhaitant ainsi limiter le pouvoir de l'Assemblée, autoritaire et centralisatrice. Le nouveau régime libéral-radical prend en charge les affaires étrangères, l'armée, les douanes, les postes et la monnaie (le **franc suisse**) et crée donc un **espace économique commun**, que les rivalités entre cantons avaient jusqu'ici rendu impossible. Ces mesures, qui favorisent l'industrialisation et l'essor du commerce et du tourisme (dynamisés aussi par le percement des **tunnels** du Gothard, du Simplon et du Lötschberg), sont pour le pays un moteur essentiel de prospérité, d'autant que les chemins de fer sont nationalisés en 1898 et que la Banque nationale est créée en 1906. De plus, l'utilisation de colorants pour les textiles favorise l'essor de l'industrie chimique et de l'industrie du papier, tandis que le savoir-faire des horlogers est utilisé dans la fabrication des machines-outils. Vers la fin du siècle, l'éducation obligatoire et laïque se généralise. Mais pour beaucoup, les conditions de vie restent très difficiles et la pauvreté, la faim et le sous-emploi entraînent une forte **émigration**, principalement vers l'Amérique. C'est notamment pour répondre à la malnutrition que Henri **Nestlé** et Julius **Maggi** créent leurs entreprises de produits alimentaires, tandis que Philippe **Suchard**, Rodolphe **Lindt** ou Theodor **Tobler** font connaître le chocolat suisse au monde entier. La plupart des revendications socio-économiques et politiques des ouvriers sont cependant rejetées, même durant la **grève générale** de 1918 qui rassemble 250 000 personnes. Le parti socialiste reste marginal tandis que des mouvements **fascistes** se développent dans les années 1930 (l'armée tirant même sur une manifestation contre l'extrême-droite en 1932 à Genève).
Le Palais fédéral à Berne, le musée des Transports de Lucerne.

NEUTRALITÉ ET INDÉPENDANCE

La proclamation par la Suisse de sa neutralité lui permet de développer une politique humanitaire. En 1863, **Henry Dunant** fonde le Comité international de la **Croix-Rouge** (CICR) qui rédige l'année suivante la première **Convention de Genève** sur la protection des soldats blessés lors de conflits armés. Durant la guerre franco-prussienne de 1870-1871, la Suisse inaugure la première grande opération humanitaire en évacuant des civils à Strasbourg et en accueillant des soldats français désarmés.
Durant la **Première Guerre mondiale**, la Suisse parvient à

LA COMMISSION BERGIER

En 1995, des organisations juives reprochent à la Suisse d'avoir prolongé la guerre, reçu de l'or « volé », refoulé des juifs, et spolié d'autres personnes. Des attaques d'une rare violence voient le jour au niveau international.
En 1997, après un rapport assassin du sous-secrétaire d'État américain Stuart Eizenstat, le gouvernement suisse préfère mettre en œuvre une commission indépendante d'historiens pour étudier la question. Parallèlement, il s'accorde avec les établissements bancaires pour créer un fonds de dédommagement de plusieurs centaines de millions de dollars pour les victimes du génocide et d'autres catastrophes.
Le rapport de la commission Bergier, publié en 2002, confirme que 24 000 juifs se sont vu refuser l'entrée en Suisse, ont parfois été livrés aux Allemands, et que de l'or et d'autres biens d'une valeur de plusieurs millions de francs ont été déclarés sans ayants droit. Par ailleurs, il replace le comportement helvétique dans son contexte, face à une puissance, l'Allemagne, reconnue alors par le droit international (contrairement à la notion de non-assistance à nations en danger).

rester neutre. En 1920, la neutralité suisse est honorée par le choix de Genève comme siège de la Société des Nations (SDN).
Mais au moment où se profile la **Seconde Guerre mondiale**, la Suisse revient à la neutralité intégrale et prend acte sans objection de l'annexion de l'Autriche par Hitler. Le pays se prépare pourtant à sauvegarder son indépendance : les dépenses militaires sont augmentées, des ouvrages de défense sont construits et des provisions stockées. L'Allemagne, en dépit de quelques velléités en mai 1940 et en mai 1943, n'ose pas attaquer la Suisse. En tant qu'État neutre, la Confédération commerce et fait des affaires librement avec les deux camps, particulièrement avec ses voisins allemand et italien. Une plaisanterie de l'époque affirme d'ailleurs que « les Suisses travaillent six jours pour l'Allemagne et prient le septième pour la victoire anglaise ».
Renforcée dans ces convictions neutralistes, la Suisse n'intègre pas l'ONU en 1945 mais adhère à des organisations internationales. Paradoxalement, Genève, qui abrite le siège européen de l'ONU, déploie une intense activité diplomatique dans le cadre des relations Est-Ouest puis Nord-Sud, par exemple en 1954 avec les accords mettant fin à la guerre d'Indochine ou encore la première rencontre entre Mikhaïl Gorbatchev et Ronald Reagan en 1985. Mais il faut attendre 1992 pour voir la Suisse adhérer au Fonds monétaire international et à la Banque mondiale.
En 2001, on assiste à une profonde inflexion dans la politique internationale : les soldats suisses peuvent intervenir (dans un cadre limité) lors de missions internationales de maintien de la paix, et surtout le pays décide de rejoindre l'ONU l'année suivante.
Le fort de Vallorbe, le palais des Nations à Genève.

UN ESSOR ÉCONOMIQUE ET DES PROGRÈS SOCIOPOLITIQUES

Après les difficultés économiques des années 1920 et 1930, la Suisse connaît une grande **prospérité** et devient même, dans les années 1950-1960, une terre d'**immigration**, italienne notamment. Encore aujourd'hui, plus d'un million de résidents en

Suisse sont des étrangers.
Le niveau de vie de la population s'élève de façon spectaculaire. Les conditions de travail s'améliorent peu à peu, notamment après la signature de la « **paix du travail** » entre employeurs et ouvriers en 1937 privilégiant la négociation. Mais depuis 1991, la situation stagne (débâcle de Swissair en 2001…).
Le statut des **femmes** s'améliore au cours du siècle, mais il reste en général largement moins favorable que dans les autres pays occidentaux (droit de vote en 1971, égalité dans le mariage en 1985, IVG autorisée pendant les 12 premières semaines en 2002, congés de maternité en 2004). En 1984, la Zurichoise Elisabeth Kopp est la première conseillère fédérale et en 1999 Ruth Dreifuss est la première présidente de la Confédération.
Les tensions internes s'apaisent : en 1979, la majorité catholique francophone du nord du canton de Berne obtient satisfaction après quelque trente années de pressions avec la création du canton du **Jura** ; mais des tensions récurrentes voient le jour avec le Saint-Siège, jugé parfois trop traditionaliste.
Au niveau politique, l'existence des **socialistes** est reconnue sur l'échiquier politique et à partir de 1959, la composition du gouvernement fédéral est dictée par la « formule magique » : 2 sièges pour les socialistes, 2 pour les radicaux, 1 pour les démocrates-chrétiens, 1 pour le nouveau parti de droite PBD (Parti bourgeois démocratique) et 1 pour la droite nationaliste de l'**UDC**.

LA QUESTION EUROPÉENNE

La Confédération est l'un des membres fondateurs de l'Association européenne de libre échange (**AELE**) en 1960. En 1963, elle rejoint le **Conseil de l'Europe** comme membre à part entière. Elle accueille aussi le Centre de Recherche Nucléaire Européen, un des lieux de naissance de l'Internet. Pourtant le pays demeure en dehors des structures qui débouchent sur la création de l'**Union européenne** et en décembre 1992 puis en mars 2001 la Suisse refuse d'entrer dans l'Espace économique européen. La population juge l'Union européenne dangereuse pour sa démocratie directe (le projet de constitution européenne prévoyait d'ailleurs un droit d'initiative populaire inspiré de celui existant en Suisse) et pour certains secteurs clés comme le secret bancaire, de plus en plus pointé du doigt et fortement ébranlé par la crise de 2008-2009. Le pays se contente donc de passer des accords bilatéraux avec les pays de l'UE, y compris les nouveaux membres. Par exemple, en juin 2005, la Suisse signe le traité de Schengen sur la libre circulation des personnes.

Quelques Suisses célèbres

La Suisse a été le lieu de résidence ou d'exil de nombreux étrangers, parfois naturalisés. Parmi eux, on peut citer Pétrarque, Érasme, Voltaire, Calvin, Byron, Shelley, Joyce, Nietzsche, Lénine, Einstein, Chaplin, Borges, Hemingway, Georges Simenon, Charles Aznavour, Frédéric Dard ou encore Alain Delon. À l'inverse de nombreux Suisses ont passé une partie de leur existence à l'étranger. C'est le cas de Rousseau, Necker, Madame de Staël, Benjamin Constant, Marat, Blaise Cendrars, Le Corbusier, Paul Klee, Giacometti, Michel Simon ou encore Ursula Andress, César Ritz, Louis Chevrolet, Zino Davidoff, DJ Bobo.

Portrait d'Henri Nestlé en 1870.
Nestlé Corporate Media Relations

HENRI NESTLÉ (1814-1890)

C'est à l'âge de 29 ans que cet apprenti pharmacien, réfugié politique d'origine allemande (de son nom vient le nid figurant sur les emballages) s'établit à Vevey. Sa tante lui transmet une petite entreprise fabriquant des engrais et de la moutarde. Mais sous l'influence de son beau-père médecin, Nestlé s'intéresse aux produits alimentaires. Passionné de chimie, il met au point en 1867 une farine lactée à l'intention des mères de famille qui ne sont pas en mesure d'allaiter leurs enfants. Le produit est un succès et franchit même l'Atlantique. Mais Nestlé, n'ayant pas d'enfants, préfère céder son entreprise à trois notables locaux, et terminer sa vie comme rentier en se promenant sur les quais de Montreux. En 1905, sa fabrique à Vevey devient par la fusion avec l'Anglo-Swiss Condensed Milk Co., siégeant à Cham, une grande entreprise internationale.
L'Alimentarium de Vevey.

« HEIDI » ET JOHANNA SPYRI (1827-1901)

Rarement un personnage de fiction a été autant associé à un pays. Heidi, jeune orpheline, va vivre chez son grand-père qui a fui la compagnie des hommes pour vivre dans les alpages avec ses chèvres. Contre toute attente, ces deux esseulés vont s'entendre à merveille et la montagne va leur offrir, ainsi qu'à Peter l'ami d'Heidi, une existence heureuse et libre. Mais la tante d'Heidi, jugeant qu'il ne s'agit pas là d'une éducation convenable, place la fillette chez un riche couple de Francfort qui a une fille handicapée, Klara. Heidi y apprend à lire mais souffre terriblement du mal du pays…
L'auteur, bien moins connue que son héroïne, se nomme Johanna Spyri. Son roman est en partie autobiographique. Née dans un village près de Zürich, Johanna développa très tôt une soif d'apprendre et fréquenta la célèbre école d'Yverdon fondée par Pestalozzi. Mais son mariage

avec un avocat zurichois l'obligea à vivre en ville, où elle souffrit de dépression, jusqu'à un séjour dans les Grisons. C'est après cette période qu'elle se mit à écrire entre 1880 et 1881 les deux tomes de *Heidi*. Son personnage est devenu mythique, diffusant de la Suisse une image idyllique.

L'Heidiland autour de Maienfeld et de Bad Ragaz, le musée Johanna-Spyri à Hirzel.

HENRY DUNANT (1828-1910)

Élevé dans l'esprit néo-calviniste de la bonne société genevoise, Henry Dunant sait très tôt concilier des ambitions d'homme d'affaires et un idéal de secours aux pauvres. En 1859, c'est en se rendant auprès de Napoléon III, alors en campagne en Italie, qu'il prend conscience du sort réservé aux personnes blessées ou emprisonnées en temps de la guerre. C'est pour faire passer un convoi de blessés durant la bataille qu'il a l'idée de faire une croix de sang sur des drapeaux blancs pour suggérer la neutralité. Le *Souvenir de Solférino* qu'il écrit en 1862 et envoie aux grandes personnalités européennes connaît un immense écho : il convainc le gouvernement suisse d'organiser une conférence internationale sur les aspects humanitaires pendant la guerre. Quatorze nations signent la première Convention de Genève et établissent en 1864 le **Comité international de la Croix-Rouge** comme une institution permanente et neutre.
Cependant, Henry Dunant ne déploie pas la même énergie dans ses affaires et sa faillite en 1867 le force à démissionner du secrétariat du CICR et dès lors à traverser des années sombres, éclairées toutefois par l'attribution du premier prix Nobel de la paix en 1901.

Le musée de la Croix-Rouge et du Croissant-Rouge à Genève.

CARL GUSTAV JUNG (1875-1961)

Né en Turgovie à Kesswil, le médecin et psychologue Carl Gustav Jung fut l'un des plus proches disciples de Freud, avant de s'éloigner des thèses de son maître pour fonder ses propres théories (*Métamorphoses et symboles de la libido*, 1912 ; *Les Types psychologiques*, 1920 ; *Psychologie et religion*, 1939, *Psychologie et alchimie*, 1944). Désexualisant la libido, il introduit la notion d'inconscient collectif, rassemblant les expériences millénaires de l'humanité, et s'exprimant à travers un certain nombre d'« archétypes ».

JEAN-LUC GODARD (NÉ EN 1930)

Né à Paris et de nationalité franco-suisse, ce cinéaste atypique passe une partie de son adolescence à Nyon. C'est à Paris qu'il découvre le cinéma et se met à hanter les ciné-clubs. Il se lie vite à ceux qui deviendront les cinéastes symboliques de la nouvelle vague et collabore à la *Gazette du cinéma* puis aux *Cahiers du cinéma*. Il commence une carrière de cinéaste dans le milieu des années 1950 et acquiert ses lettres de noblesse en 1960 avec *À bout de souffle*. Suivront *Le Mépris* (1963), *Alphaville* (1965) et *Pierrot le Fou* la même année. Depuis ces classiques symboliques de la nouvelle vague, Godard poursuit une carrière marquée par une audacieuse expérimentation.

MAIS AUSSI...

Politique

Guillaume Tell et Arnold von Winkelried – Héros légendaires de l'indépendance face aux Autrichiens aux 13e et 14e s.
Matthäus Schiner (1465-1522) – Prélat qui fut l'un des grands précurseurs de la formation confédérale et le défenseur des États pontificaux face à la France.

François de Bonivard (1496-1570) – Protestant et ardent défenseur de l'indépendance de Genève, ayant passé quatre ans enchaîné dans le château de Chillon par le duc de Savoie.

Jean-Rodolphe Wettstein (1594-1666) – Habile diplomate ayant su défendre les intérêts suisses après la guerre de Trente Ans.

Abraham Davel (1670-1723) – Héros révolutionnaire ayant payé de sa vie son rêve de renverser l'oligarchie bernoise.

Pierre Ochs (1752-1821) et Frédéric-César de Laharpe (1754-1838) – Révolutionnaires vaudois qui firent appel aux troupes françaises contre le régime de Berne en 1797.

Charles Pictet de Rochemont (1755-1824) – Habile diplomate ayant su défendre les intérêts suisses et genevois après la défaite napoléonienne.

Guillaume-Henri Dufour (1787-1875) – Grand cartographe et premier général de la Suisse qui a ouvert la voie de la réconciliation nationale et donné son nom au plus haut sommet du pays.

Joseph-Samuel Farinet (1845-1880) – Faussaire valaisan très populaire.

Henri Guisan (1874-1960) – Général populaire et rassembleur ayant défendu le pays durant la Seconde Guerre mondiale.

Paul-Ernst Grüninger (1891-1972) – Officier de police ayant désobéi à ses supérieurs pour permettre à des centaines de juifs d'entrer en Suisse, réhabilité en 1995.

Ruth Dreifuss (1940) – Première femme à devenir présidente de la Confédération en 1999.

Arts

Jean Tinguely (1925-1991) – *Voir encadré p. 94.*

Michel Simon (1895-1975) – Né la même année que le cinéma à Genève, François-Joseph Simon devient comédien après la Première Guerre mondiale. De Genève, il gagne Paris et apprend sous la houlette de Sacha Guitry. Il marquera le cinéma avec des films tels que *L'Atalante* de Jean Vigo (1934).

Nicolas Bouvier (1929-1997) – *Voir encadré p. 95.*

Blaise Cendrars (1887-1961) – Frédéric-Louis Sauser est né à La Chaux-de-Fonds. Il base ses écrits d'aventure sur ses propres expériences. Ses dernières œuvres sont autobiographiques. *La Main coupée* (1946) évoque la perte de son bras au cours de la Première Guerre mondiale.

Henry Dès (né en 1940) – Originaire du canton de Vaud, Henri Destraz de son véritable nom est célèbre dans les pays francophones pour son répertoire de chansons destinées aux enfants. On sait moins qu'il commença sa carrière avec des disques destinés aux adultes.

Stephane Eicher (né en 1960) – Né près de Berne, il étudie les beaux-arts à Zürich. À la fin des années 1970, il fait ses premiers pas dans la musique. D'abord influencé par les mouvements électronique et industriel, sa carrière pop-rock culmine au tournant des années 1980-1990 avec notamment les albums *I tell this night* et *Engelberg*.

Art et architecture

La Suisse est au croisement de trois civilisations européennes : française, italienne et allemande. Depuis toujours, elle est le creuset de ces influences très différentes, ouverte aux échanges, s'enrichissant de leurs apports, les adaptant, les transformant, les confrontant suivant ses besoins et ses traditions. Jusqu'à la fin du 19e s., on parle rarement d'art suisse mais plutôt d'un art en Suisse interprétant diverses tendances artistiques européennes. La tendance s'inverse au 20e s. : le pays devient un véritable acteur de l'évolution artistique, s'inscrivant dans l'avant-garde sur la scène artistique mondiale.

L'Antiquité

SOUS LA DOMINATION ROMAINE

Dès l'Antiquité, la Suisse côtoie la civilisation romaine et ses traditions, qui vont influencer et participer à la construction de son patrimoine culturel.
Les vestiges de l'Antiquité en Suisse révèlent un art impérial romain et un art local dans le style impérial ou plus populaire et typique. Certains sites sont très riches en témoignages de cette période. L'un des plus réputés, celui d'Augst près de Bâle, témoigne de la vie quotidienne et de son organisation particulièrement ingénieuse (villas avec des systèmes d'égouts et de chauffage).
Les mosaïques et les peintures murales sont aussi révélatrices des goûts et du raffinement de cette civilisation. La **Villa Rustica** à **Orbe** possède de magnifiques scènes mythologiques en mosaïque et la **Villa Commugny** près de Nyon dévoile de remarquables peintures murales avec des architectures en trompe-l'œil et des scènes narratives.

Le Haut Moyen Âge

LE CHRISTIANISME, SOURCE D'UN NOUVEL ÉLAN ARTISTIQUE

Après l'effondrement de l'Empire romain au 5e s., l'évolution artistique est ralentie. Les œuvres en mosaïque et les peintures murales, fruits de la civilisation gréco-latine, deviennent rares. Un autre langage plastique influencé par le christianisme donne un nouveau souffle à l'art. L'Église devient une institution importante et déterminante dans l'avenir de tous les arts : peinture, sculpture et architecture. Malheureusement, aucun édifice religieux de cette période ne subsiste. Les recherches archéologiques sont donc primordiales pour situer le contexte de ce premier art chrétien.
Le haut Moyen Âge est marqué par l'essor de l'enluminure et de la peinture murale religieuse dont il ne reste qu'un témoignage, le **plafond de Saint-Martin de Zillis**. Les scènes de la vie du Christ avec anges, personnages allégoriques et animaux fantastiques y sont peintes avec une vérité et un réalisme

rares à l'époque, libres de toutes conventions de représentation.
L'évangélisation est forte et soutenue par la fondation de nombreux couvents dès le 7e s. Ces centres religieux deviennent les refuges de l'art et de hauts lieux culturels. Le **couvent de St-Gall** connaît une influence considérable en Europe du 8e au 10e s.
L'effervescence intellectuelle et artistique de cette époque se révèle dans les enluminures d'une qualité exceptionnelle et les manuscrits remontant au 7e s., conservés dans sa bibliothèque.

La Suisse romane

La Suisse connaît de multiples influences comme en témoignent les églises, synthèse de ces tendances artistiques et intellectuelles voisines adaptées au contexte culturel local.
L'influence lombarde est évidente dans la plupart des églises du Tessin. À l'**église St-Nicolas de Giornico**, les colonnes du portail d'entrée reposant sur des fauves accroupis, la crypte avec ses trois nefs à trois travées couvertes de voûtes d'arêtes portées par des colonnes lisses et la sculpture aux motifs à la fois imaginaires et réalistes d'une grande expressivité sont de type lombard. De même, à l'**église de Biasca**, le plan basilical à trois nefs avec une abside unique clôturant le chœur, sans crypte ni absidioles latérales, est un trait architectural typiquement lombard. Enfin, à Zurich, la forme en arc de triomphe du portail nord de la cathédrale est fréquente en Italie.
L'influence bourguignonne est, elle aussi, marquée. Elle se perçoit dans l'un des plus grands et derniers monuments romans, la **cathédrale de Bâle**, édifice de transition entre l'art roman et l'art gothique. L'élévation à trois étages, l'utilisation de l'arc brisé et le chœur polygonal avec déambulatoire sont caractéristiques de l'architecture bourguignonne. De même, sur le tympan sculpté de la célèbre « porte de St-Gall », trésor de la sculpture romane, représentant le Christ entre saint Pierre et saint Paul et la parabole des Vierges sages et des Vierges folles, les personnages dégagent une grâce et un mouvement souple et fluide typiquement bourguignons.
L'influence de la Provence se manifeste surtout dans la sculpture : les quatre statues-colonnes des apôtres de la **cathédrale de Coire** sont proches des sculptures antérieures de St-Trophime d'Arles par les plis serrés des vêtements tombant raides sur leurs jambes et leur style antiquisant. Par contre, les chapiteaux de la **cathédrale de Genève**, sobres et empreints d'une certaine rigidité, se rapprochent des chapiteaux de Lyon et de Vienne en particulier.
Enfin, le roman germanique s'affirme notamment dans l'**église de Tous-Les-Saints à Schaffhouse**, un des édifices les plus complets de l'école de Hursau, caractérisée par une grande rigueur géométrique autour du carré et une grande pureté des formes architecturales avec son chevet plat et son plan basilical à colonnes.

ARCHITECTURE : TRADITION CLUNISIENNE ET CISTERCIENNE

L'abbatiale de Cluny, fondée en 910, eut un rayonnement extraordinaire avec la création en moins de deux siècles de centaines de couvents, dont elle inspira l'architecture plutôt élancée et sobre, adaptée aux besoins de la prière et aux cérémonies religieuses fréquentes. Les abbatiales de **Romainmôtier** et de **Payerne** dans le canton de Vaud sont les premières manifestations de l'art

roman, directement inspirées de l'architecture clunisienne. Romainmôtier est une réplique de l'abbatiale de Cluny dans son deuxième état, avec de grosses colonnes sur des bases carrées qui donnent une impression de stabilité, de puissance, accentuée par le dépouillement ornemental et la répartition parfaite des sources lumineuses. Payerne, plus tardif, est une réussite architecturale et témoigne de la prospérité de la communauté. Avec ses deux étages, ses chapelles munies d'absidioles et son narthex d'entrée, elle appartient à la tradition clunisienne.
Dans le Valais, l'**église de St-Pierre-de-Clages** qui montre une belle unité de style, a appartenu à un prieuré bénédictin.
Au 12e s., l'âge d'or roman triomphe avec la venue d'une nouvelle communauté religieuse, les cisterciens. Simplicité, austérité et perfection des proportions caractérisent leur architecture. L'**abbaye de Bonmont**, près de Nyon, relève de l'architecture cistercienne, avec son plan en croix, sa nef tripartite et son chevet plat.

SCULPTURE

En sculpture, les motifs et figures représentés s'adaptent au cadre architectural et ne cherchent pas à traduire formellement la réalité, mais plutôt à exprimer le surnaturel. Leur iconographie est très riche, avec un dialogue entre l'Ancien et le Nouveau Testament. Certains personnages apparaissent tassés ou archaïques, comme sur les chapiteaux de **Payerne**, ou démesurément allongés. Les chapiteaux de l'**église St-Jean-Baptiste de Grandson** sont parmi les plus travaillés de Suisse. « L'aigle aux ailes déployées » ou « Saint Michel terrassant le dragon » témoignent d'une très grande maîtrise du sculpteur.

L'art gothique

L'art gothique et son arc ogival est introduit en Suisse au 13e s. seulement par les moines cisterciens. Il se caractérise en architecture par l'utilisation systématique des voûtes sur croisées d'ogives, de l'arc brisé et des arcs-boutants soutenant la grand-nef, par l'importance du vitrail permettant l'élévation spirituelle des fidèles, et en sculpture par la création de statues-colonnes (statues taillées dans le même bloc que la colonne).

ARCHITECTURE : LE RÔLE DES ORDRES MENDIANTS

L'architecture gothique, avec la disparition des murs au profit de la lumière et le triomphe de la verticalité, supplante l'esprit roman. Ce souffle nouveau est à l'origine de grands chantiers. La **cathédrale de Genève** marque la transition entre l'art roman et l'art gothique, alors que la **cathédrale de Lausanne** est l'aboutissement du style gothique d'inspiration nettement bourguignonne, avec sa tour lanterne, son triforium continu directement inspiré des cathédrales de Sens, Laon ou Canterbury.
Le 15e s. voit le triomphe du gothique flamboyant, parfaitement traduit par la **cathédrale de Berne**, d'influence germanique, dernier grand édifice gothique.
Aux 13e et 14e s., les ordres mendiants, franciscains et dominicains, développent une architecture d'un style particulier. La nef est souvent vaste, vouée à la prédication, et se prolonge par un chœur étroit et long avec une absence de sculpture ornementale. L'**abbaye de Königsfelden**, fondée en 1308 par les franciscains, est le reflet de l'austérité de cet ordre avec son plafond plat en bois dans la nef sans ornement.

Détail du typan du Jugement dernier sur le portail principal de la cathédrale de Berne.
C.-H. Bazin / MICHELIN

SCULPTURE

La sculpture gothique se libère, la raideur et le hiératisme romans laissent place à la grâce et à l'humanisation des personnages. Les influences bourguignonnes, germaniques et lombardes se renforcent avec la mobilité des artistes travaillant sur plusieurs projets dans différents pays comme le célèbre sculpteur allemand **Peter Parler** qui réalise les **chœurs** des cathédrales de Fribourg et de Bâle vers 1350. À la fin du 14e s., un courant international traverse l'Europe. Les œuvres prennent de petites dimensions pour faciliter les transports et enrichir les échanges artistiques.

Le culte marial et celui des saints se développent et les commandes de **retables** somptueux, comme celui de la **cathédrale de Coire**, affluent.

Les portails sculptés utilisent aussi le répertoire gothique. Le célèbre **portail peint** de la **cathédrale de Lausanne** est de ce point de vue tout à fait exceptionnel. Polychrome, étonnamment bien conservé, il illustre la Dormition de la Vierge, directement inspiré de la cathédrale de Senlis. Les scènes du centre du tympan représentent le Christ en majesté couronnant la Vierge. La polychromie avait une vocation d'enseignement et frappait les fidèles. Le portail du Jugement dernier de la **cathédrale de Berne** est le chef-d'œuvre du gothique flamboyant. Son iconographie est la plus riche d'Europe et aucune partie n'échappe à la sculpture.

Le mobilier sculpté a également joué un rôle primordial dans la sculpture gothique, en particulier les stalles d'église, pleines d'humour, reflet de l'évolution artistique du 13e s. à la Réforme.

PEINTURE

L'amélioration de la situation économique favorise les investissements artistiques dès le 14e s. et des artistes étrangers participent fréquemment aux chantiers. Les programmes et les techniques de représentation sont très variés. L'influence byzantine

apparaît dans certaines peintures, comme sur les fresques du narthex de **Payerne** datant du 13e s. et traitant le thème de l'Apocalypse. Les sujets religieux et profanes se côtoient parfois dans une même peinture comme dans celles de **Romainmôtier** où les scènes de la Genèse se mêlent aux scènes de musiciens. Dans l'art gothique, le vitrail a souvent remplacé la peinture et cette confrontation du profane et du religieux se retrouve dans la rose de la cathédrale de Lausanne, qui donne une vision profane du monde avec un calendrier des saisons et des mois. Par ailleurs, de grands foyers de peinture gothique se développent, notamment autour de **Conrad Witz** (vers 1400-1446), qui travaille à Bâle et à Genève. Son œuvre la plus célèbre, *La Pêche miraculeuse* de 1444, représente, avec un grand souci d'exactitude, le lac Léman à Genève et ses berges. Le contenu religieux est présenté de manière profane, échappant aux conventions de représentation. L'interprétation réaliste d'un paysage fait de Conrad Witz un précurseur, mais la plupart des peintres suisses restent attachés à l'esprit et à la forme gothiques, plus symboliques.
Jusqu'en 1536, la peinture est florissante et très créative.
Mais à la veille de la Réforme, les commanditaires sont rares et les réformateurs rejettent l'image. La peinture est en plein bouleversement.

L'art renaissant

Effervescence artistique et bouleversement politique animent la fin du 15e et le début du 16e s. La Réforme fait disparaître les dernières expressions de l'art médiéval. C'est l'abandon des grands retables au profit des toiles et panneaux peints. La Renaissance apporte son humanisme.
Pourtant, la tradition gothique persiste parfois jusqu'au 15e s. dans certaines régions, et dans l'expression Renaissance, quelques caractères gothiques se perçoivent.

ARCHITECTURE

Les ordres superposés et les arcades, typiquement Renaissance, se rencontrent de plus en plus souvent. L'**hôtel de ville de Palud** à Lausanne est le bâtiment le plus représentatif de cette époque avec sa façade exceptionnelle. Le rythme subtil des fenêtres de plus en plus rapprochées pour souligner l'axe de l'hôtel témoigne d'une vraie recherche architecturale.
En outre, un esprit novateur s'affirme parmi certains architectes bernois (Abraham Düntz, Samuel Jenner), dès 1667, autour d'une architecture dépouillée de toute surcharge décorative baroque. Ainsi l'ovale devient-il source de réflexion. Permettant d'accueillir une assemblée de fidèles, cette forme géométrique d'une grande simplicité souligne en même temps la pureté des volumes, comme l'illustre le **temple de Chêne-Paquer** de 1667 dans le canton de Vaud.
Si la Réforme a donné un nouveau souffle à l'architecture civile, la construction d'édifices religieux s'est ralentie au 16e s., le mouvement réformateur s'appropriant les églises catholiques existantes.
Cependant, le style gothique finissant d'influence germanique persiste à côté de la vogue Renaissance, surtout en Suisse alémanique. La ville de **Schaffhouse** illustre cette harmonie réussie de deux styles avec ses « oliers » richement sculptés. Ces tourelles gothiques, placées à l'origine à l'angle des maisons, s'installent désormais au centre de la façade au-dessus de la porte d'entrée.

En revanche, l'influence italienne l'emporte progressivement dans le canton du Tessin et se traduit par un certain maniérisme qui annonce déjà le baroque, comme l'illustrent les fresques de **Ste-Marie-des-Anges** à Lugano dans le Tessin ou l'ancien hôtel de ville de Lucerne.
Ces deux formes d'art de la Renaissance issues du Nord et du Sud témoignent de traditions culturelles différentes.

PEINTURE ET GRAVURE

Certains artistes, comme le Bernois **Niklaus Manuel Deutsch** (1484-1530), font la transition entre les tendances modernistes de la Renaissance et les persistances gothiques. La liberté de l'imagination se traduit par un côté fantastique.
Puis l'arrivée de nombreux artistes étrangers en Suisse donne un nouvel élan à la peinture. Parmi eux, **Hans Holbein le Jeune**, allemand mais bâlois d'adoption, réalise le portrait d'Érasme, son protecteur, conservé au musée des Beaux-Arts de Bâle. Dans ses œuvres se mêlent l'esprit de la Renaissance italienne pour l'harmonie des compositions et l'art des pays du Nord pour son souci du détail.
La Réforme compromet malheureusement sa carrière et l'évolution de la peinture en général. Alors qu'elle rejette les images religieuses, elle tolère la décoration peinte avec des rinceaux comme dans le **temple de Lutry** (1577). En revanche, l'art catholique s'affirme dans un style baroque extrême.
Cette époque est aussi marquée par l'invention de l'imprimerie et l'utilisation de la gravure pour la diffusion des idées de la Réforme. L'imprimerie est introduite à Bâle en 1468. Dès lors, le livre remplace le manuscrit, trop précieux, et permet une diffusion plus populaire, plus massive et plus large. **Urs Graf** (1485-1527), célèbre graveur, représente des scènes macabres, érotiques et militaires avec un sens dramatique profond.

SCULPTURE

La sculpture n'est pas très novatrice pendant cette période. La rigueur Renaissance va remplacer la richesse du gothique finissant. Face au déclin de la commande ecclésiastique, la construction soudaine de fontaines pour mettre en valeur l'espace urbain est caractéristique de l'époque Renaissance en Suisse. Au centre d'un bassin, une grande colonne sculptée et dorée est souvent surmontée d'une figure allégorique, comme la Justice que l'on peut rencontrer à Lausanne, jeune femme aux yeux bandés tenant une balance et un glaive, victorieuse des puissants dominant le monde.

Le 18e siècle

La société devient plus raffinée, élégante. Les salons littéraires et musicaux fleurissent. Genève et Lausanne brillent dans toute l'Europe et attirent les intellectuels et artistes européens. Un goût pour la grandiloquence et une grande puissance d'invention, de liberté et de fantaisie animent cette période.

L'ARCHITECTURE

Jusqu'en 1770, la Suisse est marquée par le style baroque, qui favorise l'union des arts (architecture, sculpture, peinture et arts appliqués).
Pour servir la Contre-Réforme, le style baroque est exacerbé jusqu'au rococo dans les édifices religieux. L'**église de l'abbaye d'Einsiedeln**, construite par **Gaspard Moosbrugger** (1656-1723) de 1674 à 1745, est le

monument baroque par excellence, tout comme l'**église abbatiale** et la **bibliothèque de St-Gall** conçue par **Pierre Thumb** (1681-1766) et **Jean-Michel Beer**. Les jésuites et les franciscains encouragent également l'édification de quelques églises dans un style baroque, notamment à Lucerne, Fribourg et Soleure. La recherche de la grandeur et la surcharge des ornements, les volutes et les plafonds peints reflètent tout le faste de cette époque éblouissante. L'**église abbatiale de Disentis/ Mustér** (1695-1712) quant à elle s'inspire du baroque autrichien du Voralberg.

L'union de la peinture et de la sculpture avec l'architecture est caractéristique du style baroque. Les motifs en trompe l'œil prolongent l'architecture comme dans les peintures de St-Gall réalisées par **Johann Christian Wentzinger** (1710-1797).

À la fin du siècle, l'architecture française connaît un rayonnement immense qui influence toute l'expression artistique suisse. Certains architectes français comme Saussure exerçant en Suisse influencent fortement les artistes locaux. À Berne, les Suisses adaptent les principes de Mansard aux traditions du pays. Mais les plus belles réussites architecturales directement inspirées du modèle français se rencontrent à Genève avec les **hôtels Buisson** et **de Saussure** et à Soleure avec l'**hôtel de la Couronne**.

PEINTURE : LE RENOUVEAU

Le portrait, en vogue au 18e s., apporte le renouveau de la peinture avec le Genevois **Jean-Étienne Liotard** (1702-1789), célèbre portraitiste du siècle des Lumières. Sa peinture réaliste, réduite en couleurs aux contrastes audacieux, échappe à toutes conventions esthétiques et bien pensantes. À la fin du 18e s., l'exaltation des sentiments est à la mode et le portrait permet à **Anton Graff** (1736-1813) de dévoiler les émotions profondes des personnes représentées.

À partir de 1750, la peinture d'histoire connaît aussi un renouveau avec le style néoclassique. Les événements de l'histoire nationale sont célébrés et une conscience patriotique et morale est développée. Le Genevois **Jean-Pierre Saint-Ours** (1752-1809) s'engage pour la patrie et travaille par exemple sur l'allégorie de la République de Genève en 1794. Ces représentations de l'histoire nationale vont se perpétuer jusqu'au milieu du 20e s.

La fin du 18e s. voit l'apparition de la peinture de paysages qui devient rapidement un genre typiquement suisse. L'exaltation de la nature et de son sublime, la richesse de ses paysages se généralisent dans l'art suisse et se poursuivront au 19e s. Ses précurseurs, **Wolf** (1735-1783) et **Johann Heinrich Wüest** (1741-1821) y puisent leur inspiration.

À cette époque, beaucoup d'artistes suisses poursuivent leur formation à l'étranger (Paris, Rome ou Munich en général) et y font carrière. **Heinrich Füssli** (1741-1825), peintre majeur de la fin du 18e s., fait carrière à Londres. Ses visions angoissantes et fantastiques, à l'opposé des préoccupations rationalistes de son temps, s'inspirent en général d'œuvres littéraires. Son œuvre ne cesse d'inspirer les artistes des générations suivantes et son monde surnaturel et tourmenté reste encore à explorer.

Le 19e siècle

La fin du 18e s. annonce déjà les thèmes du siècle suivant. Nés avec le siècle des Lumières, l'idéal républicain et les valeurs nationales s'épanouissent dans le néoclassicisme des œuvres académiques et d'art officiel. Face à ce retour à l'antique, de nouveaux genres sensibles au monde intérieur, aux sentiments et aux émotions, renouvellent les thèmes artistiques et s'inscrivent dans une évolution artistique européenne.

ARCHITECTURE : NÉOCLASSICISME ET ROMANTISME

L'essoufflement du baroque favorise l'affirmation du néoclassicisme et de son style sobre correspondant à l'idéal républicain. À Lausanne, le bâtiment du Grand Conseil, typiquement néoclassique, conçu par l'architecte **Alexandre Perregaux** de 1803 à 1806, devient le symbole du canton et du peuple vaudois. À Avenches, la construction du « Casino » (cercle privé) est réalisée sur le modèle antique comme un petit temple dans un style très sobre. Mais **La Gordanne à Féchy** reste le chef-d'œuvre de l'architecture palladienne, directement inspiré de l'antique avec sa coupole et son portique à colonnes ioniques. Pourtant, un nouvel élan de fantaisie vient troubler l'ordre de cette architecture sobre et classique. Après 1840, les fausses ruines et les jardins à l'anglaise sont très à la mode. Le château de l'Aile à Vevey, conçu par les architectes **Philippe Framel** et **Jean-Louis Brocher** en 1840-1842, est typique de cette vogue néogothique.

PEINTURE

Au 19e s., de nouveaux genres apparaissent à côté du néoclassicisme académique et donnent un nouvel élan à la peinture. Il s'agit du romantisme, du symbolisme et de l'art de l'affiche et de la satire.
Mélancolie et sentimentalité traduisent l'esprit de ce siècle romantique qui se retrouve dans les œuvres de **Charles Gleyre**, avec ses personnages pleins de grâce et de tendresse, enveloppés de couleurs et d'une lumière douce, qui touchent profondément le public. La **peinture de paysages** prend également un caractère pathétique et la lumière va y jouer un rôle capital. Si **Alexandre Calame** (1810-1864) célèbre les paysages alpestres et dévoile leur mystère et leur sublime, **Arnold Böcklin** (1827-1901) joue aussi sur ce côté sentimental pour toucher l'âme de son public. Il imagine notamment l'*Île des morts* (1880-1886) comme un paysage où le silence pesant nourrit un mystère impénétrable.
À la fin du 19e s., la peinture connaît un nouveau tournant avec le **symbolisme** qui donne une signification spirituelle, voire mystique, à la réalité. Arnold Böcklin et son monde fantastique reflétant l'inquiétude de l'homme y participent. **Ferdinand Hodler** (1853-1918) s'inscrit également dans ce courant : sa nouvelle organisation formelle autour de la symétrie révèle l'unité inhérente aux choses comme l'illustre son œuvre *La Vérité* de 1903. En revanche, les paysages de la fin de sa vie réalisés spontanément sans réflexion formelle sont les précurseurs de l'impressionnisme. Chez **Félix Vallotton**, membre du groupe des Nabis, directement influencé par Gauguin, le caractère symboliste se traduit par l'illustration des mœurs de son temps en respectant les principes théoriques d'un art pur et symbolique.
Enfin, l'**affiche** et la **satire** sont aussi en plein essor au 19e s. avec Félix Vallotton, **Théophile-Alexandre Steinlen** (1859-1923) et **Eugène Grasset** (1845-1917). Elles s'intéressent aux opprimés, dénoncent les injustices, décrivent

la vie quotidienne avec simplicité et s'adressent à un public plus large et populaire.

SCULPTURE

Au 19e s., la sculpture est en plein épanouissement. Grâce aux salons, la sculpture de petite dimension connaît un immense succès dans le domaine privé, surtout parmi les bourgeois. Dans le domaine public, son rayonnement est inattendu avec la décoration de théâtres, casinos, banques, gares, places. Elle participe ainsi au nouvel aménagement urbain et permet l'expression d'un sentiment national et patriotique profond.
La « calme grandeur » néoclassique remplace l'exubérance rococo. **Trippel**, premier sculpteur néoclassique, adopte les idées du siècle des Lumières et sa sculpture reflète un fort sentiment patriotique.
Le début du 19e s. se caractérise aussi par la redécouverte du Moyen Âge, comme en peinture et en architecture. Une nostalgie du passé et des traditions et valeurs féodales révolues se ressent dans les œuvres de cette époque et se traduit par un style dit « néogothique » que l'on retrouve surtout dans les monuments funéraires provenant des commandes ecclésiastiques.
Face au néoclassicisme, **Vincenzo Vela** (1820-1891) propose une sculpture très naturaliste et développe le « vérisme ». Très apprécié en France, il y réalise en 1866 *Les Derniers Jours de Napoléon Ier*, apparaissant vieilli et abattu. En accord avec ses engagements politiques défendant les opprimés, il conçoit le « Monument aux victimes du travail » en 1883.
À la fin du siècle, la sculpture connaît un renouveau et une liberté sans précédent. Elle se tourne vers une clientèle privée de collectionneurs grâce à l'ouverture de la fonderie d'art Mario Pastori à Genève, qui met à la disposition des artistes les nouvelles techniques de fonte. Les idées symbolistes et l'Art nouveau vont être la source d'une liberté qui va croître sans cesse. Le sculpteur **Auguste de Niederhäusern**, dit Rodo, s'inspire du symbolisme de Rodin et fait jaillir ses sculptures de la matière comme *Le Jet d'eau* de 1910-1911.
À travers l'Art nouveau, les arts fusionnent. L'œuvre du sculpteur **Hermann Obrist** tente d'atteindre cette unité entre l'art, l'esprit et la nature dans sa réflexion utopiste autour de la spirale, expression la plus accomplie de l'énergie vitale.

Le 20e siècle

Le 20e s. est déterminant pour la Suisse, impliquée dans l'élan artistique qui traverse l'Europe, en particulier à partir de 1930. Elle n'est plus simplement une terre d'accueil pour toutes les expressions artistiques venues d'ailleurs, elle contribue désormais à l'évolution artistique mondiale.

ARCHITECTURE

Dans les années 1920, l'architecture suisse est très influencée par les théories du Bauhaus de Walter Gropius. La création artistique doit permettre le rassemblement de tous les arts pour aboutir à un nouvel ordre architectural.
Le système d'« ordre » est abandonné et les bâtiments dépouillés de toute décoration.
Robert Maillard (1872-1940) se spécialise dans la construction des ponts atteignant une « pureté poétique » sans équivalent. Charles Édouard Jeanneret (1887-1965), dit **Le Corbusier**, s'engage dans le mouvement fonctionnaliste et devient le « bâtisseur des villes

Maison de Le Corbusier à Zurich.
travelstock44/Look/Photononstop © ADAGP Paris 2011

radieuses ». Il cherche à adapter l'existence de l'homme à celle de la société industrielle. Son activité se développe surtout à l'étranger car sa conception de l'architecture est difficilement acceptée en Suisse. **Karl Moser** s'affirme dans la recherche d'un nouvel art religieux. Il utilise des matériaux modernes comme le béton armé pour concevoir de vastes espaces où l'éclairage joue un rôle essentiel. L'église St-Antoine de Bâle est la plus caractéristique. À Lucerne, il est suivi par ses élèves Fritz Metzger (église St-Charles) et Otto Dreyer (église St-Joseph).

Après la Seconde Guerre mondiale, l'architecture contemporaine se concentre surtout dans le canton du Tessin, à Bâle, à Baden et dans certaines régions de la Suisse romande. Elle doit répondre à des besoins économiques croissants, à des infrastructures en plein essor, à une restructuration permanente et à une société soucieuse de son bien-être et de son environnement. Le développement de la construction dans des zones jusqu'à présent désaffectées est nécessaire face à la croissance économique. Par ailleurs, le réseau routier national, l'un des plus denses au monde, est la plus grande construction de l'après-guerre. Dans cet univers dépourvu d'âme, **Christian Menn** et **Rino Tami** réalisent des constructions exceptionnelles comme le portail sud du tunnel du St-Gothard à Airolo (Tessin) conçu par Tami. Les gares, lieu de correspondances et d'activités très diverses, font aussi l'objet d'une recherche architecturale pour les rendre plus conviviales. Le déclin de l'industrie suppose la transformation et l'aménagement des bâtiments abandonnés en centres culturels par exemple, lesquels utilisent cette esthétique, témoin d'une époque et d'une activité. L'architecture contemporaine remplit de nouvelles fonctions liées au prestige des entreprises dont elle est l'image de marque et qui jouent le rôle de mécènes. Depuis le milieu des années 1970, la protection de l'environnement a donné naissance à une architecture écologique répondant aux besoins touristiques. L'enjeu capital de l'architecture contemporaine est de sauver la ville. Dans les années 1960, **Aldo Rossi** s'oppose à la « ville radieuse » de Le Corbusier et propose une esthétique « universelle » de la ville. Chaque bâtiment est conçu pour un lieu précis mais garde une flexibilité pour répondre aux éventuels besoins à venir. Il est suivi par les architectes **Luigi Snozzi**, **Aurelio Galfetti** et **Mario Botta** avec ses formes géométriques simples et pures. Ce dernier conçoit le **musée Tinguely** à Bâle et l'**église Ste-Marie-des-Anges** au Monte Tamaro. Pour le musée, la légèreté du style contraste avec les machines envahissantes de Tinguely; pour l'église, une parfaite communion se crée entre la montagne et l'architecture.

Un autre courant architectural, le postmodernisme, se réfère à l'histoire de l'architecture dans sa structure, ses matériaux et ses motifs. **Bruno Reichlin** et **Fabio Reinhart** s'inspirent des maîtres de l'architecture des siècles précédents comme Andrea Palladio au 16e s. ou Francesco Borromini au 17e s. **Jacques Herzog** et **Pierre de Meuron** développent une poétique des matériaux en les confrontant de manière inattendue.

L'architecture moderne est de nouveau d'actualité : les édifices des années 1920 et 1930 ont besoin de restauration. Par ailleurs, les œuvres des architectes **Karl Moser**, **Rudolf Gaberel** ou **Maurice Braillard** sont réactualisées grâce à plusieurs études. L'architecture des années 1950 avec ses façades modulaires, liées au progrès, stimule à nouveau la création architecturale.

Le talent des architectes suisses n'est pas ignoré à l'étranger. **Bernard Tschumi** participe au projet du Parc de la Villette à Paris; Mario Botta réalise des projets à Tokyo, San Francisco et en France, notamment la cathédrale d'Évry dans la région parisienne. En 2000, Herzog et de Meuron acquièrent une renommée internationale avec le projet de la Tate Moderne à Londres. Le duo **Annette Gigon et Mike Guyer** et le cabinet **Diener & Diener** sont également très en vue.

La production suisse continue d'être d'une qualité et d'une diversité étonnante, surtout en montagne. À ce titre les créations de **Peter Zumthor** et de **Gion A. Caminada** dans les Grisons sont exemplaires, alliant passé et présent dans le respect des paysages.

PEINTURE ET SCULPTURE AU 20e S.

Les courants modernistes qui traversent l'Europe à la fin de la Première Guerre mondiale ne pénètrent en Suisse qu'à travers des expositions itinérantes. Par ailleurs la peinture suisse tombe dans un profond isolement. Un art national se développe et tout ce qui est étranger apparaît comme une menace. Les thèmes de fuite et de l'isolement sont alors fréquents dans la peinture de **Giacometti** et de **Meret Oppenheim**. Pourtant de 1915 à 1920, Zurich et Genève deviennent le théâtre de manifestations d'un anti-art libre : le dadaïsme. C'est l'abolition de la logique, l'absurde, la vie avec tout son côté irrationnel. Les collages, les photomontages et la poésie sonore dénoncent la barbarie de la civilisation de cette époque de guerre et luttent contre toute convention. Un malaise s'installe dans le pays et des siècles de culture artistique sont remis en question. La sculpture suisse d'avant-garde s'épanouit donc surtout à l'étranger avec **Hans Arp**, **Sophie Taeuber-Arp** et Alberto Giacometti. Pourtant, dans les années 1920, l'expressionnisme des sculptures sur bois d'**Hermann Scherer** est une brève rupture mais sans lendemain.

L'Entre-deux-guerres voit le réveil de la sculpture suisse alors que les débats entre art figuratif et non figuratif deviennent plus vifs. **Alberto Giacometti** (1901-1966) renouvelle la représentation de la figure humaine avec la découverte de l'art tribal et de sa symbolique. Ses sculptures toujours plus minces, filiformes et immenses, à la texture bouleversée par des traces de pouce et de canif, traduisent cette réalité insaisissable. En revanche, **Max Bill** prône un retour à l'ordre et au rationnel dans l'Art concret. Ses sculptures parfaitement lisses et très esthétiques, comme son *Ruban sans fin* de 1935, s'appuient sur des théories mathématiques très pointues, tout comme sa peinture. Cette nouvelle expression artistique, engagée avec d'autres artistes de Suisse alémanique (**Richard Paul Lohse, Verena Loewensberg, Camille Graeser**) aura une influence majeure sur les créateurs à venir, le graphisme et le design en Suisse.

En même temps, un art national en peinture, soutenu par les nombreuses commandes officielles pour des bâtiments publics, se développe. Ce courant de pensée souhaite l'ordre et le calme et organise la propagande d'un « bien-être » artificiel. L'art se détachant de ces représentations heureuses et défendant une conception artistique liant toutes les disciplines est dit « dégénéré » et exclu (Meret Oppenheim, Sophie Taeuber-Arp).

La Seconde Guerre mondiale fait de la Suisse un refuge pour des artistes européens, en particulier **Germaine Richier** qui traduit le traumatisme de l'humanité dans ses sculptures aux surfaces mutilées et à l'aspect étrange, à la fois humaines, végétales et animales, issues de son imagination.

Certains Suisses reviennent, comme le surréaliste **Paul Klee** (1879-1940) qui cherche à saisir le monde intériorisé, voyage entre l'abstraction et la figuration fondé sur un nouvel ordre reposant sur la couleur et la ligne.

Après la Seconde Guerre mondiale, l'utilisation de nouveaux matériaux contribue au renouveau de la sculpture suisse. Le retour à la pierre se manifeste dans les superpositions instables de blocs de marbre ou granit défiant la pesanteur du Zurichois **Hans Äschbacher** (1906-1980). Le béton offre aussi de nouvelles possibilités plastiques, liant la sculpture à l'architecture dans les œuvres de **Walter M. Förderer** (né en 1928), qui conçoit l'église St-Nicolas à Hérémence, comme une sculpture. Enfin, le fer triomphe et permet toutes les audaces. **Walter Bodmer**, précurseur avec ses « tableaux-fil de fer », poursuit sa recherche dans des œuvres monumentales

PAS D'ART SANS MÉCÈNES

La Suisse est un pays de collectionneurs… fortunés ! Les grandes familles bourgeoises industrielles ont depuis toujours joué un rôle majeur dans l'acquisition d'œuvres d'art, constituant des collections fabuleuses comme celles d'Oskar Reinhart à Winterthur ou d'Emanuel Hoffmann à Bâle. Contrairement à la France, les Suisses considéraient même jusque dans les années 1970 que la culture appartenait au domaine privé. Les interventions et subventions publiques existent, mais il est à noter que les quatre plus grandes institutions du pays ouvertes depuis 1992, dont le musée Paul-Klee, sont nées grâce à des financements privés.

au sol, jouant avec la transparence et la légèreté. En revanche, chez **Bernard Luginbühl** (né en 1929) ou chez **Jean Tinguely** (1925-1991), les sculptures en fer sont plus massives, envahissantes et démesurées : nostalgie de l'époque révolue de la révolution industrielle chez Luginbühl, dérision vis-à-vis de l'histoire et du marché de l'art chez Tinguely avec ses machines éphémères autodestructrices. Mais sa sculpture *Eurêka*, présentée à l'Exposition universelle de Brisbane (Australie) en 1988, est parfaitement maîtrisée, avec la précision helvétique si réputée !

Dans les années 1960, **André Thomkins**, **Daniel Spoerri**, **Dieter Roth**, et **Karl Gestner** s'affirment avec les idées du mouvement Fluxus : Thomkins travaille sur le changement d'identité et de fonction des éléments, car, selon Fluxus, tout est en continuelle mutation ; et Daniel Spoerri glorifie l'objet dans ses « tableaux-pièges » ironiques. Assistant de Tinguely et de Spoerri, **Olivier Mosset** participe en 1967 au groupe BMTP avec Buren et se fait connaître par ses monochromes conceptuels. Proche de Fluxus, John M. Armleder fonde en 1969 à Genève le groupe Ecart et la galerie éponyme, considérée comme le lieu alternatif en Europe le plus important des années 1970. À la même époque, l'art concret connaît de nouveaux développements avec le travail de **Gottfried Honegger**.

Depuis les années 1980, **Samuel Buri** et **Markus Raetz** travaillent sur les métamorphoses. Buri perturbe les formes en superposant des trames colorées sur l'image mais il s'attache aussi à la figuration avec beaucoup d'humour et réalise des vaches grandeur nature en polyester de couleurs vives. Markus Raetz travaille sur les métamorphoses du corps et de la tête, sur l'ombre et le mouvement et conçoit aussi des installations en pleine nature. Les années 1980 sont également marquées par une école d'artistes romands appelée « **Néo Géo** », nouvelle peinture géométrique, dont l'un des représentants est **Francis Baudevin**.

En cette fin de 20e s., la Suisse tient en fait une place de pionnier : qu'il s'agisse de l'exposition de la Kunsthalle de Berne en 1969 où sont posées les bases de l'art conceptuel, du développement des « kunsthalle », nouveaux lieux d'expositions temporaires qui investissent des espaces

JEAN TINGUELY ET SES DRÔLES DE MACHINES

Né à Fribourg en 1925, il étudie d'abord la peinture à l'École des beaux-arts de Bâle et s'installe à Paris en 1953. Tout au long de sa vie, sa passion du jeu et du mouvement en feront un personnage original à l'imagination débordante. Déjà ses premières œuvres, des reliefs mobiles constitués de figures géométriques, le singularisent. En 1959, il expose à Paris ses *Metamatics*, machines sonores à dessiner et à peindre, capables de produire un grand nombre d'œuvres à toute vitesse. Il utilise ensuite des objets de récupération (pièces de moteurs, engrenages), les associe à des bois et des tissus, et crée d'inquiétantes machines qui vont s'autodétruire lors de spectacles-happenings (Hommage à New York, en 1960). Puis il rejoint le groupe des Nouveaux Réalistes fondé par Pierre Restany. En 1983, il réalise avec sa femme Niki de Saint Phalle la fontaine Stravinski, installée près du centre Georges-Pompidou à Paris.

Les années suivantes, l'œuvre du sculpteur devient plus sombre, représentant même des scènes macabres. Il s'éteint à Berne le 30 août 1991.

LES ÉCRIVAINS VOYAGEURS

Grands voyageurs devant l'Eternel, les Suisses parcourent le monde, souvent fort loin de leur petit pays qui reste cependant leur port d'attache. Quelques-uns, journalistes et écrivains, en ont fait leur métier : citons tout particulièrement les grands écrivains voyageurs que sont Ella Maillart et Nicolas Bouvier.

Ella Maillart (1903-1996) – Après avoir effectué la traversée de la méditerranée en voilier avec son amie **Hermine de Saussure**, descendante de la célèbre famille de scientifiques et future mère de la comédienne Delphine Seyrig, Ella Maillart parcourt la Chine en 1935 allant dans des régions interdites qu'elle décrit dans son roman « Oasis interdites ». Avec une autre femme écrivain et photographe suisse, **Annemarie Swarzenbach** (1908-1942), elle se rend dans la Ford de cette dernière en Afghanistan et dans d'autres pays d'Asie centrale, voyage qu'elle conte dans « La Voie cruelle ».

Nicolas Bouvier (1929-1997), à qui on doit la formule « On ne fait pas un voyage, mais c'est le voyage qui nous fait », commença à voyager fort jeune et se fit remarquer dès son premier ouvrage *L'Usage du monde* qui raconte son épopée jusqu'en Inde. Il fit ensuite de nombreux voyages au Japon et en Corée.

Citons aussi Monsieur Nagel qui créa sous le nom d'« Encyclopédie de voyage », une collection de guides très réputée dans les années 1970-1980 ; il s'était même permis d'écrire un guide sur la Lune.

industriels et influencent la manière de montrer les œuvres, ou de l'ouverture en 1980 du musée d'art contemporain de Bâle, le premier du genre en Europe.

Vers le 21e siècle

L'école du **graphisme suisse**, né dans les années 1960, continue d'être très influente sur la scène mondiale de même que le **design**. Les meilleurs spécialistes enseignent dans des instituts réputés et Lausanne abrite un des rares musées dédiés au design. Deux festivals, à Bâle et Genève, ont joué un rôle majeur dans le développement de la vidéo en art contemporain, média utilisé par **Ugo Rondinone** qui s'est fait remarquer par son travail autour de la figure d'un clown avant de développer une œuvre polymorphe qui mêle aussi dessins, néons, sculptures et écrits poétiques. **Pipilotti Rist**, pop'star de la scène artistique, utilise également vidéo et informatique et implique souvent son personnage dans ses créations. Elle est, avec **Sylvie Fleury**, l'une des deux femmes artistes les plus en vue en Suisse. Cette dernière développe dans ses oeuvres des jeux subtils autour de la société de consommation, de la mode et du luxe. La pluralité des pratiques, l'utilisation de nouvelles technologies et un regard ironique sur leur pays se retrouvent aussi dans les travaux de **David Weiss**, **Peter Fischli** ou **Roman Signer** qui présentent des objets du quotidien dans des situations insolites. On mentionnera enfin **Thomas Hirschorn**, artiste engagé dont certaines expositions firent scandale, et qui refuse de se produire en Suisse depuis 2004, date de l'arrivée au Conseil fédéral de Christoph Blocher, figure politique de la droite populiste. Aux côtés des artistes, les musées, les galeries de Genève et Zürich et la foire de Bâle, incontournable rendez-vous du marché de l'art, participent à la vitalité de la création suisse contemporaine.

Architecture traditionnelle

LA MAISON PAYSANNE

Entretenue et fleurie avec un soin jaloux, la maison paysanne suisse témoigne – surtout en Suisse alémanique – d'un souci remarquable de confort et de décorum, ainsi que d'un sens pratique très développé.

Maison de l'Oberland bernois

Elle montre un toit aplati, largement débordant de tous côtés, encore pourvu, dans les hautes vallées, de sa couverture de bardeaux lestés de grosses pierres. La décoration est très poussée : poutres taillées à facettes, consoles supportant le toit complètement ouvragées, etc. C'est ce type d'habitation qui a popularisé, dans le monde entier, ce qu'on appelle le chalet suisse.

Maison de la Suisse centrale

Construction d'une grande distinction, caractérisée par un toit en très forte pente et des auvents individuels, abritant, du côté pignon, la rangée de fenêtres de chaque étage. Le rez-de-chaussée, très surélevé, n'est accessible que latéralement, par un escalier extérieur.

Maison appenzelloise

Dans cette région au climat pluvieux, le regroupement des bâtiments agricoles en un même bloc s'impose et les tavillons, disposés en écailles de poisson, forment une cuirasse protectrice jusque sur les façades.
Le pignon du pavillon d'habitation fait toujours face à la vallée. Au niveau du sol s'ouvrent les fenêtres de la cave, où les brodeuses trouvaient l'atmosphère (température et humidité) convenant à leurs délicats travaux. Les volets se rabattent verticalement et peuvent disparaître dans une fente en haut de la fenêtre.

Maison de la campagne bernoise

Elle arbore un immense toit retombant, sur les côtés, jusqu'au premier étage et abritant une grange très vaste.
Les paysans les plus cossus, imitant les gens de la ville, ont rogné souvent le pan de toiture triangulaire du pignon – se présentant, sur le dessin, de face – et dressé, de ce côté, une arche de charpente entièrement lambrissée.

Maison tessinoise

Construction de pierre aux dispositions primitives : les communications entre les différents étages se font uniquement par des escaliers et galeries de bois en plein air.
Les murs sont très épais (jusqu'à 0,90 m) étant donné l'irrégularité des moellons employés. Couverture en dalles de pierre. Le sommet du pignon est ouvert à tous les vents, ou clos par une claire-voie grossière de madriers superposés.

Maison valaisanne

Dans le Valais de langue française, les maisons de bois poussent souvent en hauteur. Les étages habitables (partie en bois) sont reliés par des galeries latérales ouvertes au bloc des cuisines (partie en maçonnerie visible à droite).
Près de la maison valaisanne on peut voir le **raccard**, petite construction en bois servant de grenier ou de remise. Ce type de petit chalet se rencontre également dans le Tessin sous le nom de *torba*.

La maison paysanne

Maison valaisanne
(Évolène)

Maison de la
Suisse centrale
(région de Lucerne)

Maison appenzelloise
(environs de Trogen)

Maison de la
campagne bernoise
(Emmental)

Maison de
l'Oberland bernois
(région de Jungfrau)

Maison engadinoise

Lourde construction cubique grisâtre, la maison engadinoise abrite facilement deux familles sous son vaste pignon dominant une façade dont un décrochement rompt parfois l'alignement. Sur la blancheur de ses murs ressortent des motifs floraux, géométriques ou héraldiques exécutés au pinceau – la sécheresse du climat favorise la conservation des peintures – ou suivant la technique du **sgraffite** : le maçon pose une première couche de crépi gris, puis recouvre celle-ci d'un lait de chaux : par simple grattage – mais avec quel coup de main ! – il fait ensuite réapparaître, en gris, la décoration désirée (rosettes, rinceaux, etc., à la manière de la Renaissance).

Les fenêtres, petites et irrégulièrement distribuées, s'évasent de l'intérieur vers l'extérieur. De luxueuses grilles en fer forgé signalent les pièces d'apparat, tandis que de charmants oriels forment saillie.

Une visite au Musée engadinois de St-Moritz reste cependant indispensable à qui désire se faire une idée d'ensemble des aménagements intérieurs. La pièce la plus typique est certainement le **sulèr**, sorte de cour couverte, commune à la grange et au local d'habitation, qui sert de salle de travail et de lieu de réunion. Un pavage impeccablement entretenu, une voûte surbaissée blanchie à la chaux et sobrement décorée de caissons caractérisent cette salle sombre et fraîche, qui ne reçoit le jour que par un large guichet pratiqué dans la porte cochère.

LE PAYSAGE URBAIN

Certaines grandes villes suisses proposent d'admirables ensembles urbains et disposent de points d'observation bien choisis *(mentionnés dans les textes)*.

De nombreuses cités du Moyen-Pays conservent des fragments de leur décor médiéval : les quartiers historiques, habités « bourgeoisement », n'ont pas connu, ici, la destinée du noyau ancien de tant de villes européennes, souvent détruit par la guerre ou abandonné à une dégradation regrettable.

Fontaines

Sur les places ou au coin des rues, des fontaines dressent une colonne peinte et dorée avec soin, qui supporte souvent un animal, un héros légendaire ou un banneret (homme d'armes portant la bannière aux armes de la cité).

Arcades (en allemand « Lauben »)

D'origine transalpine, ce procédé de construction a été popularisé au nord des Alpes, à partir du 14e s., par les « Messieurs de Berne » : les rues à arcades de nombreuses villes du Moyen-Pays témoignent d'une période d'hégémonie bernoise.

Peintures extérieures

Elles sont en très grande faveur, depuis la Renaissance, non seulement dans les régions au climat sec comme l'Engadine mais encore dans nombre de cités de la Suisse alémanique, où les façades s'enluminent de vastes compositions allégoriques ou historiques, faisant appel à l'Olympe aussi bien qu'à la Bible. Dans toute la Confédération, les monuments historiques et certains bâtiments publics arborent des volets peints de chevrons aux couleurs du canton *(voir les écussons avec la carte des cantons)*.

Ponts couverts

Ce type de construction, très populaire dans toute la Suisse alémanique, répondait surtout à une nécessité technique : la protection d'un toit réduit les dépenses d'entretien d'un ouvrage bâti entièrement en charpente. Le dernier pont couvert construit en Suisse date de 1943 (Hohe Brücke, sur la route de Flüeli à Kerns, *voir Sachseln*). Quelques rares localités établies à flanc de pente (Lausanne, Thoune) montrent des escaliers publics couverts, tout en bois.

Oriels (en allemand « Erker »)

Ces loggias en encorbellement, parfois à double étage, sont dans les villes du Nord-Est (St-Gall, Stein am Rhein, Rorschach) de véritables œuvres d'art décorées de sculptures ou de peintures. Avec des moyens plus modestes, le paysan de l'Engadine a fait saillir des murs gris de sa maison des oriels d'une fantaisie exquise.

Bâtiments officiels

Une impression de confort bourgeois se dégage des monuments publics suisses, tels que ces hôtels de ville dont s'enorgueillissent les moindres cités. Ces constructions constituent de précieux exemples de l'architecture civile aux époques gothique, Renaissance et classique. Leurs aménagements intérieurs – salles ornées de stucs, de boiseries, de vitraux de cabinet, de poêles de faïence – reflètent un art de vivre raffiné.

Rivalisant avec ces édifices, les anciennes maisons de corporations *(Zunfthaus)* proposent souvent, dans leur salle d'honneur embellie d'un plafond à caissons, un panorama complet des arts décoratifs ayant fleuri à leur époque : mobilier, vaisselle, orfèvrerie, etc. Transformées, de nombreuses maisons de corporations sont devenues des restaurants.

Ainsi prend forme, par petites touches, le décor avenant des cités suisses. Il est révélateur que les monuments exceptionnels, comme les grandes cathédrales gothiques, soient, en Suisse, les témoins de styles étrangers. Le génie helvétique trouve son épanouissement moins dans le chef-d'œuvre isolé, la « curiosité », que dans la présentation d'ensemble d'un quartier, d'une rue, d'une simple église de campagne.

10

3/ DÉCOUVRIR LA SUISSE

La cité historique de Stein am Rhein.
imagebroker/hemis.fr

SWITZERLAND
SWITZERLAND

La Suisse romande 1

Carte Michelin Régional nº 552

Cantons de Genève, Vaud, Fribourg et Neuchâtel

Cloches estampillées, Gruyères.

F. Guiziou/hemis.fr

LA SUISSE ROMANDE
GENÈVE ★★★ Vaut le voyage
Lausanne ★★ Mérite un détour
Gsteig ★ Intéressant
Avenches À voir
Circuit conseillé avec ville de départ
LES BELVÉDÈRES DU DOUBS voir la carte détaillée du circuit
0 8 km
N
A
B
1
2
3
BESANÇON
DOLE
LYON
BOURG-EN-BRESSE
ANNECY
ANNECY
ST-GERVAIS-LES-BAINS
Lac des Brenets
Morteau
Doubs
La Brévine
Travers
Môtiers
Pontarlier
LE CHASSERON
1607
Sainte-Croix
Les Rasses
Grandson
Lac de Saint-Point
Mont de Baulmes
1285
Yverdon-les-Bains
FRANCE
Doubs
Orbe
Dent de Vaulion
Vallorbe
Romainmôtier
1482
Lac de Joux
La Sarraz
Échallens
Le Sentier
Vallée de Joux
VAUD
Saint-Laurent-en-Grandvaux
Orbe
Lac des Rousses
Vufflens-le-Château
Lausanne
La Garenne
Les Rousses
Saint-Sulpice
Lutry
Saint-Cergue
Morges
Saint-Claude
LA DÔLE
1677
Rolle
LAC LÉMAN
Corniche de Lavaux
Prangins
Abbaye de Bonmont
Nyon
Évian-les-Bains
Thonon-les-Bains
Crans
Gex
Coppet
Dranse
Abondance
Dranse de Morzine
GENÈVE
GENÈVE
FRANCE
RHÔNE
Carouge
Annemasse
Morzine
Mont Salève
Arve
Bonneville
Cluses
N 57
N 57
D 437
D 437
D 471
N 5
D 419
D 496
D 984c
D 1005
D 1005
A 1
A 1
A 1
D 884
D 1206
A 40
A 40
A 40
A 41
A 410
D 1508
D 902
D 902
D 22
D 1005
10
10
9
5

C
DELÉMONT
D
OLTEN
S BELVÉDÈRES DU DOUBS
UT DU OUBS
Doubs
La Chaux-de-Fonds
Suze
N 16
5
Soleure
Bienne
A 5
Aare
Le Locle
Vue des Alpes
1283
1422
Tête de Ran
La Sagne
Chaumont
1087
Valangin
Laténium
Lac de Bienne
12
Emme
A 1
EUCHÂTEL
de l'Areuse
Neuchâtel
Auvernier
Colombier
Boudry
Mont Vully
653
Kerzers
10
A 1
Berne
VAUD
Lac de Morat
Morat
Saane
10
Neuchâtel
Lac de
Estavayer-le-Lac
Avenches
Aare
LUCERNE
A 12
BERNE
Payerne
A 1
Fribourg
Riggisberg
A 6
Abbaye d' Hauterive
Thoune
Lucens
FRIBOURG
Romont
Lac de la Gruyère
Lac Noir
SPIEZ
INTERLAKEN
11
Charmey
Jogne
Jaun
Simme
Bulle
Broc
Gruyères
Oron-le-Châtel
A 12
Moléson-sur-Gruyères
Sarine
Frutigen
Zweisimmen
Engstligen
Mont Pèlerin
810
2
LES AVANTS-COL DE SONLOUP
Les Pléiades
Château-d'Oex
Saanen
11
Gstaad
Adelboden
Kandersteg
Tour-Peilz
ROCHER DE NAYE
2140
La Videmanette
Gorges du Pissot
Montreux
2045
Lenk
Chillon
Lac de l'Hongrin
Les Diablerets
Réserve naturelle de la Pierreuse
Cascade d'Iffigen
Chutes de la Simme
Grd-Chamossaire
11
Lac Retaud
Gsteig
3
Villeneuve
Leysin
2113
Bretaye
2971
Aigle
21
Ollon
Villars-sur-Ollon
SCEX ROUGE
Crans Montana
BRIG
COL DU SIMPLON
Huémoz
La Barboleuse
Bex
A 9
Gryon
Pont de Nant
Sion
St-Maurice
A 9
Lac de Salanfe
RHÔNE
VALAIS
Evolène
Lac d'Émosson
Martigny
Lac de Moiry
C
CHAMONIX-MONT-BLANC
D

Genève

★★★

183 287 habitants – Canton de Genève

NOS ADRESSES PAGE 124

S'INFORMER

Genève Tourisme – *18 r. du Mont-Blanc - BP 1602 - 1211 Genève 1 - 022 909 70 00 - www.geneve-tourisme.ch - lun. 10h-18h, mar.-sam. 9h-18h, dim. 10h-18h (sf de sept. à mi-juin).* Visite commentée de la vieille ville et du quartier diplomatique par audioguide MP3 *(18 CHF).*

Passeport-musées – Tarif préférentiel pour 7 musées privés de Genève. Prix du passeport : 20 CHF. Vendu à l'office de tourisme ou dans chacun des musées participant à l'opération : fondation Baur, fondation Bodmer, musée Barbier-Mueller, musée des Suisses dans le monde, musée international de la Croix-Rouge et du Croissant-Rouge, musée international de la Réforme et Patek Philippe Museum.

SE REPERER

Carte de région A3 (p. 104-105) et plans de ville (p. 108-109 et p. 117) – *Carte Michelin Regional n° 552 B11.*

Genève est à mi-chemin (env. 155 km) entre Lyon et Berne.

SE GARER

Il est très difficile de se garer à Genève. Quelques stationnements blancs gratuits subsistent encore, essentiellement à Carouge. Sinon, il faudra se rabattre sur les places en zone bleue avec disque et limitées à 1h ou sur les parkings souterrains pour des durées plus longues.

À NE PAS MANQUER

Une promenade matinale sur les rives du lac Léman ; en juin, la visite de la roseraie du parc de la Grange ; la dégustation de vins genevois, idéalement dans le vignoble alentour.

ORGANISER SON TEMPS

Compter 3 jours pour découvrir Genève.

AVEC LES ENFANTS

Le musée d'Histoire naturelle, une croisière sur le lac.

Le luxe, les affaires et la finance ont beau y régner, Genève vaut bien mieux que tous les clichés qu'on lui associe. Bâtie sur un site de collines au bord du lac Léman, entourée de montagnes, la ville arbore, avec ses parcs élégants et ses jardins soignés, une sérénité à toute épreuve. Tranquille, elle n'est pas indolente pour autant. Près de la moitié de sa population est d'origine étrangère, ce qui fait d'elle la ville la plus cosmopolite de Suisse. Devenue au 20e s. une cité symbole de paix mondiale, elle abrite aujourd'hui plus de 200 organisations internationales. Genève compte aussi d'innombrables musées et galeries d'art. Témoin du passé de celle qu'on surnommait la « Rome protestante », sa Vieille Ville regorge de monuments et de belles demeures anciennes. Autant de richesses qui faisaient dire à Jorge Luis Borges : « De toutes les villes du monde, Genève me semble la plus propice au bonheur... »

Dans la rue de Carouge.
J.-B. Rabouan/hemis.fr

Se promener Plan de ville

★★ LA VIEILLE VILLE Plan II

Itinéraire 1 tracé en vert sur le plan de ville (p. 108-109) – compter 3h30 sans la visite des musées.
Partir de la place Neuve.
Les ruelles pavées, les maisons anciennes et les musées de la Vieille Ville sont à découvrir absolument. Avec ses galeries d'art, ses antiquaires, ses cabinets d'architectes et de médecins, ce quartier est également l'un des plus cossus de Genève. Il s'anime surtout le week-end et aux beaux jours.

Place Neuve C2

Cette grande place est entourée de plusieurs édifices majestueux du 19e s. : le **conservatoire de Musique**, œuvre de Jean-François Bartholoni, le **Grand Théâtre** et le **musée Rath**, dont le bâtiment inspiré de l'architecture grecque sert de cadre à des expositions. Au centre se dresse la **statue** équestre en bronze du général Dufour, héros suisse du 19e s. *(voir p. 81)*.

Promenade des Bastions CD2-3

Ce jardin public a été tracé au 18e s. au pied des anciens remparts. En son milieu, sur la gauche, le **monument de la Réformation★**, véritable muraille aux proportions monumentales (plus de 100 m de longueur), est adossé à l'ancien rempart du 16e s. Au centre se détachent, immenses, sous la devise *Post tenebras lux* (« Après les ténèbres, la lumière »), les quatre statues des réformateurs Guillaume Farel, Jean Calvin, Théodore de Bèze et John Knox. Ce monument, érigé en 1917, évoque, à travers ses autres statues et ses bas-reliefs commentés, l'histoire de la religion réformée et ses répercussions en Europe. En avant, sur le dallage, les armes de Genève figurent entre l'ours de Berne et le lion d'Écosse.

C
D
1
2
3
POL.
R. Pradier
R. de Berne
R. des Alpes
Mausolée du Duc de Brunswick
Pl. des 22-Cantons
R. du Mont-Blanc
R. de Chantepoulet
Bd James fazy
R. Rousseau
Pl. de Grenus
Quai du Mont-Blanc
R. du Temple
Q. des Bergues
Q. Turretini
RHÔNE
Île J.J. Rousseau
Pt du Mont-Blanc
Rue du Quai Gén. Rhône
Jardin Anglais
Pl. Bel Aire
Pl. de la Fusterie
R. de la Confédération
R. du Marché
Pl. du Molard
R. de la Croix d'Or
Guisan
Rue
Pl. Longemalle
R. de Rive
R. de Corraterie
Musée Barbier-Mueller
Grand'Rue
R. du Soleil Levant
Musée International de la Réforme
Musée Rath
Maison Tavel
Église St-Germain
Site Archéologique
R. du Gén. Dufour
R. des Granges
Cathédrale St-Pierre
Place Neuve
R. du Puits-St-Pierre
Place du Bourg-de-Four
Bd Georges Favon
R. Bartholoni
R. de la Croix Rouge
Mont' de la Réformation
Hôtel de ville
VIEILLE VILLE
Prom. des Bastions
Musée d'Art et d'Histoire
PLAINE DE PLAINPALAIS
Bibliothèque Universitaire
Rd -Pt de Plainpalais
Av. Henri Dunant
Boulevard des Philosophes
R. St-Léger
R. de Candolle
Bd Helvétique
Petit Palais
LES TRANCHÉES
Pl. Ed. Claparède
Bd de la Tour
Boulevard

SE LOGER

- Armures (Les) 1
- Bel'Espérance 3
- Best Western Strasbourg & Univers 5
- Cigogne (La) 7
- Cornavin 9
- Suisse 13
- Tourelles (Les) 15

SE RESTAURER

- Centre (Café du) 1
- Chez ma cousine 3
- Favola (La) 5
- Halles de l'Île 7
- Opéra Bouffe 9
- Papon (Café) 11
- Rasoi by Vineet 12
- Romantica (La) 13

De l'autre côté, le parc est bordé par l'Université et la **Bibliothèque universitaire**. L'espace Ami-Lullin est réservé à une exposition permanente de manuscrits, livres et documents d'archives sur l'histoire de la Réforme et la vie littéraire genevoise. Au sein de cet espace, le **musée J.-J.-Rousseau** renferme des souvenirs de l'écrivain (manuscrits, estampes, buste par Houdon).
✆ 022 418 28 00 - lun.-vend. 14h-18h, sam. 10h-12h, 14h-17h, horaires réduits en juil. - fermé 1 sem. à Pâques, 25 déc.-1er janv., j. fériés genevois - gratuit.
Quitter la promenade des Bastions, à l'opposé de la place Neuve, par la porte de la rue St-Léger, puis tourner à gauche et passer sous le pont.

Place du Bourg-de-Four D2

Sur cette place pittoresque située au cœur du vieux Genève avaient lieu les foires au Moyen Âge. Elle est bordée de vieilles demeures dont certaines ont conservé leurs enseignes d'auberge. Des boutiques d'antiquaires, des galeries d'art, des cafés entourent sa fontaine fleurie.
Emprunter la rue des Chaudronniers puis la rue Charles-Galland dans la continuité.

★★ Musée d'Art et d'Histoire D3

2 r. Charles-Galland - ✆ 022 418 25 00 - mah.ville-ge.ch - ♿ - tlj sf lun. 10h-18h - expositions temporaires 5 CHF, collection permanente et 1er dim. du mois gratuit.

Archéologie (étages - 1 et - 2) – Les salles sont consacrées successivement à la préhistoire (objets d'origine locale), à l'Égypte, à la Mésopotamie, au Proche-Orient, à la Grèce, aux Étrusques et à Rome (très belles mosaïques).

Le cabinet de numismatique renferme une vaste collection de poids monétaires antiques et de monnaies.

Collections d'arts appliqués (1er étage) – Elles rassemblent des pièces du 12e au 19e s. : mobilier sculpté (15e-18e s.), vitraux du Moyen Âge, armes (pistolets avec crosses en ivoire sculpté, fusils) et armures. Reconstitution de plusieurs salles d'un château avec mobilier du 17e s. et boiseries sculptées. Une salle est consacrée à l'archéologie byzantine et copte. Présentation d'art médiéval occidental (bas Moyen Âge).

Peinture (2e étage) – Le célèbre retable de Konrad Witz (1444), dont l'un des panneaux illustre la pêche miraculeuse, marque la première représentation exacte d'un paysage dans la peinture européenne : on aperçoit Genève et le Salève à l'arrière-plan.

Aux salles affectées aux écoles italienne et hollandaise font suite celles consacrées aux peintres du 17e s. et surtout du 18e s. Largillière et ses portraits aux couleurs brillantes *(Portrait allégorique de Françoise Turettini en Diane chasseresse)* précède deux grands pastellistes du 18e s. Parmi plusieurs chefs-d'œuvre de Quentin de La Tour, on peut voir le *Portrait de l'abbé Huber* et l'*Autoportrait dit à l'œil de bœuf*; le Genevois Liotard, dont l'extravagance était connue de toute la société européenne, est le deuxième grand pastelliste représenté ici : son portrait de *Mme d'Épinay* se révèle d'une fraîcheur étonnante. Remarquez également sa *Nature morte au jeu de loto*.

Du 19e s., on admire les paysages transparents de Corot, les œuvres du Genevois Toepffer et celles de Hodler *(Le Lac Léman et le mont Blanc, La Rade de Genève à l'aube)*, précurseur d'un art moderne violent et robuste. Le mouvement impressionniste est bien illustré par des œuvres de Pissarro *(Le Port de Rouen)*, Monet *(Pivoines)*, Cézanne *(La Maison de Bellevue)*, Renoir *(L'Été)*, Sisley *(L'Écluse de Bourgogne à Moret-sur-Loing)*.
Poursuivre dans la rue Charles-Galland.

LA FÊTE DE L'ESCALADE

Tous les ans en décembre, les Genevois, vêtus de costumes d'époque, défilent à la lueur des torches dans les rues de la Vieille Ville et sur les rives du Rhône. Le cortège s'arrête en divers endroits pour permettre à un héraut de donner lecture, du haut de son cheval, de la proclamation de la victoire sur la Savoie. Le jour de cette fête, les confiseurs confectionnent des marmites en chocolat, symbolisant le geste de « Mère Royaume » qui chassa un ennemi en lui déversant sur la tête le contenu bouillant d'une marmite. Service religieux dans la cathédrale St-Pierre, pétards et réjouissances accompagnent cette commémoration.

Église orthodoxe russe de l'Exaltation de la Ste-Croix E3

✆ 022 346 47 09 - été : 9h30-12h, 13h30-16h30 ; hiver : 9h30-12h - fermé lun.

Elle se trouve à mi-chemin entre la fondation Baur et le musée d'Histoire naturelle – situé aux portes de la Vieille Ville, dans le quartier de Malagnou. Les bulbes d'or de ses dômes se détachent dans ce quartier résidentiel de la fin du 19e s. L'édifice, conçu dans le style moscovite ancien, est en forme de croix grecque. À l'intérieur, les murs, voûtes et piliers sont décorés de peintures inspirées de l'art byzantin. La nef est séparée du sanctuaire par l'iconostase formant un ensemble de cinq arcades en marbre de Carrare, finement sculpté et chargé d'icônes. Au centre se détache la porte sainte, en bois de cyprès ajouré et doré.

Gagner le boulevard des Tranchées et prendre à gauche.

★★ Musée d'Histoire naturelle E3

1 rte de Malagnou - ✆ 022 418 63 00 - www.ville-ge.ch/mhng - ♿ - tlj sf lun. 10h-17h - fermé 1er janv. et 25 déc. - gratuit.

Ce musée d'histoire naturelle, le plus grand de Suisse, dispose de très riches collections, présentées de façon attractive. Il est en général très apprécié par les enfants.

Le rez-de-chaussée abrite des dioramas consacrés à la faune régionale (oiseaux et mammifères dans leurs milieux naturels reconstitués : coin de forêt, bords de cours d'eau…). On remarque également la vitrine des reptiles et des amphibiens.

Le 1er étage est réservé aux mammifères et aux oiseaux du monde entier. On y voit notamment plusieurs espèces de tigres, dont certaines ont aujourd'hui disparu, ainsi que le dodo ou dronte, oiseau qui nichait dans la forêt (île Maurice, île de la Réunion) et qui ne pouvait voler en raison de son poids. Cette espèce fut exterminée aux 17e et 18e s. Le 2e étage montre des reptiles et des amphibiens de différentes régions du monde. Le 3e étage est consacré à l'histoire de la Terre, à la paléontologie, à la géologie et à la minéralogie. Voir le podium des dinosaures. Autre pièce intéressante, le fossile de *xiphactinus audax*, poisson prédateur du crétacé (- 96 à - 75 millions d'années) qui vivait dans les mers chaudes et dont la taille pouvait atteindre plusieurs mètres. La partie réservée aux hominidés est illustrée par la reconstitution de *Lucy*.

Le 4e étage est consacré à l'histoire géologique de la Suisse, avec pour pièce maîtresse un relief animé sur lequel apparaissent distinctement les trois composantes du pays : le Jura, le Plateau et les Alpes.

Revenir sur vos pas, poursuivre sur le boulevard des Tranchées jusqu'à prendre à droite la rue Charles-Galland. Emprunter tout de suite à gauche la rue du Mont-de-Sion.

★ Fondation Baur E3

8 r. Munier-Romilly - ✆ 022 704 32 82 - www.fondationbaur.ch - tlj sf lun. 14h-18h (merc. 20h) - fermé 24, 25, 26 et 31 déc., 1er et 2 janv. - 10 CHF.

Ce musée, installé dans un hôtel particulier du 19e s., est consacré à l'art d'Extrême-Orient. Au rez-de-chaussée et au 1er étage : intéressantes collections de porcelaine, grès, céladons et jades réunissant la pureté des formes, la richesse des couleurs et la finesse des décors. Elles permettent de suivre l'évolution de l'art de la céramique en Chine, de la dynastie des T'ang (618-908) à celle des T'sing (1644-1911).

L'art du Japon est représenté au 2e étage. La plupart des objets réunis (sabres et leurs ornements, porcelaines du 18e s., laques et *netsuke* – boutons de bois sculpté) appartiennent à l'époque Tokugawa (1615-1868) ou Meiji (1868-1912).

Descendre la rue Munier-Romilly, prendre à gauche dans la rue François-le-Fort et à droite dans la rue de St-Victor. On passe devant le Petit Palais, une très belle demeure du Second Empire qui abritait jadis un musée d'Art moderne, actuellement fermé. Regagner la place du Bourg-de-Four par la promenade du Pin puis la rue Étienne-Dumont. Dépasser le café Mortimer, au n° 2 de la place, pour prendre les escaliers conduisant à la cathédrale.

★★Cathédrale St-Pierre D2

✆ 022 310 29 29 - www.saintpierre-geneve.ch - ♿ - juin-sept. : lun.-vend. 9h30-18h30, sam. 9h30-17h, dim. et j. fériés 12h-18h30 ; oct.-mai : lun.-sam. 10h-17h30, dim. et j. fériés 12h-17h30 - fermé 1er janv. - gratuit.

Pour ceux qui voudraient visiter à la fois la cathédrale, la crypte archéologique et le musée international de la Réforme, le **billet Espace Saint-Pierre**, qui coûte 16 CHF, est plus économique.

Dédié au culte protestant depuis 1536, ce vaste édifice élevé aux 12e et 13e s. et en partie reconstruit au 15e s., a été pourvu au 18e s. d'une façade néo-classique inattendue. L'intérieur est imposant et sobre. On y voit le siège de Calvin *(dans le bas-côté gauche, aussitôt avant la croisée du transept)*, des stalles du 15e s. *(dans le bas-côté droit)*, le tombeau du duc de Rohan, chef du parti réformé en France au temps de Henri IV et de Louis XIII *(première chapelle à droite du chœur)*. La chapelle St-Pierre (ou des Macchabées), élégante construction de style gothique flamboyant bâtie par le cardinal de Brogny au début du 15e s. et profondément restaurée au 19e s., s'ouvre dans la première travée du bas-côté droit. La cathédrale présente également l'ensemble de chapiteaux romans et gothiques le plus vaste de Suisse, avec quelque 300 éléments taillés dans la molasse.

Tour Nord – Pour profiter du superbe **panorama**★★ sur Genève, le lac, le Jura, la chaîne des Alpes, il vous faudra grimper pas moins de 157 marches. Dans cette tour, vous verrez également la *Clémence*, la plus imposante des cloches de la cathédrale, qui a été hissée en ce lieu en 1407. *4 CHF, -7 ans gratuit.*

★★ Crypte archéologique D2

✆ 022 311 75 74 - ♿ (partiellement accessible) - tlj sf lun. 10h-17h - 8 CHF.

Devant la façade occidentale de la chapelle St-Pierre ou des Macchabées (au sud-ouest de la cathédrale), un escalier permet de descendre jusqu'au site qui s'étend sous la cathédrale actuelle. Les fouilles, qui ont commencé en 1976, se poursuivent encore. Un montage audiovisuel aide à mieux comprendre la christianisation de la région. En suivant un parcours chronologique, vous remonterez le temps et découvrirez, à l'endroit même des fouilles, les vestiges de 2 000 ans d'histoire.

Genève, porte d'entrée de la Suisse

LA GENÈVE ROMAINE

Genève entre officiellement dans l'histoire en 58 av. J.-C., sous la plume de Jules César. Dans ses *Commentaires de La Guerre des Gaules*, le général raconte son arrivée dans la ville (qui faisait déjà partie de l'Empire romain) et sa décision de brûler le pont sur le Rhône pour contrer toute incursion des Helvètes.

L'aigle et la clé – Au 5e s., Genève devient la capitale du royaume burgonde, lequel tombe aux mains des Francs au siècle suivant. Lorsque l'Empire carolingien se désagrège, la ville est intégrée au second royaume de Bourgogne. À la mort de son dernier roi, elle passe sous la domination du Saint Empire romain germanique (1032). Jusqu'à la Réforme, elle est gouvernée par des princes-évêques, qui ont fort à faire pour la protéger de la convoitise des ducs de Savoie. Ses armoiries – une demi-aigle couronnée et une clé d'or – témoignent du statut de la cité d'alors, à la fois ville impériale et épiscopale.

LA « ROME PROTESTANTE »

À partir de 1532, la Réforme est prêchée avec succès à Genève par des humanistes français. Quelques années plus tard, à l'appel de Guillaume Farel et du Conseil de la Ville, Calvin s'y installe. Il promulgue des lois, élève de nouveaux remparts, accueille Clément Marot, Théodore de Bèze, le prédicateur écossais John Knox, et fonde en 1559 une académie : Genève connaît un immense rayonnement intellectuel et religieux. Mais Calvin agit également en dictateur, envoyant au bûcher le médecin espagnol Michel Servet dont les opinions théologiques lui ont déplu. De leur côté, les ducs de Savoie ne peuvent se résigner à la perte définitive de la capitale naturelle de leurs États sur le versant du Rhône. Dans la nuit du 11 au 12 décembre 1602, Charles-Emmanuel fait attaquer par surprise, en pleine paix, les remparts de Genève. C'est la fameuse tentative de **l'Escalade** *(voir encadré p. 111)*. Elle se solde pour l'assaillant par un échec que les Genevois commémorent chaque année.

GENÈVE, CAPITALE DE LA PENSÉE

Au 18e s., la vie intellectuelle est florissante : J.-J. Rousseau, Mme d'Épinay, le banquier Necker et sa fille Germaine, future Mme de Staël, le médecin Tronchin, le savant et alpiniste de Saussure, le peintre Liotard, Voltaire sont genevois de naissance ou d'adoption.

Les troupes françaises entrent dans Genève en 1798 et la ville devient pour seize ans le chef-lieu du département français du Léman. Après l'effondrement de l'Empire napoléonien, elle entre dans la Confédération helvétique le 19 mai 1815, date de la signature du traité de Réunion.

LE CENTRE D'UN CERTAIN MONDE

Après la Première Guerre mondiale, Genève prend une dimension internationale, sans doute portée par la neutralité de la Suisse. C'est ici que siège la Société des nations (SDN) et que seront signées nombre de conventions sur la guerre, le commerce ou encore le droit maritime. À partir de 1945, l'ONU y remplace la SDN et de nombreuses organisations non gouvernementales s'y implantent. L'Organisation mondiale du commerce y a aussi son siège.

Ce très ancien lieu de culte (350 apr. J.-C.) a subi de constantes transformations pendant près d'un millénaire. Un premier oratoire, un baptistère et une cathédrale furent construits pendant la seconde moitié du 4e s. Dès le début du siècle suivant, Isaac, évêque de Genève, disposait d'un palais, d'une autre cathédrale et d'un nouveau baptistère. Une salle de réception décorée d'un pavement de mosaïques polychromes, ajouté au milieu du même siècle, a pu être remise en valeur. Vers l'an mil, une cathédrale monumentale, flanquée d'un cloître, remplaça les deux qui l'ont précédées sur le site. Les murs de ce sanctuaire ont servi de fondations à l'édifice actuel, commencé vers 1160.

En sortant de la crypte archéologique, prendre immédiatement sur la droite.

★ Musée international de la Réforme D2

4 r. du Cloître - ✆ 022 310 24 31 - www.musee-reforme.ch - ♿ - tlj sf lun. 10h-17h - fermé 24, 25, 31 déc. et 1er janv. - 10 CHF (-16 ans 5 CHF) - audioguide.

Ce musée présente, sous une forme vivante et attractive, l'histoire de la Réforme. Ce mouvement a bouleversé la vie genevoise : au milieu du 16e s., la ville a accueilli des milliers de réfugiés venant de France, d'Italie, des Pays-Bas et d'Écosse. Tableaux, dessins, manuscrits de Calvin, ouvrages rares et autres objets inédits sont répartis dans 12 salles qui illustrent, chacune, un thème différent (Calvin et Genève, les guerres de Religion, la Réforme au 19e s., etc.). Dans le beau salon central, au décor du 18e s., un spectacle audiovisuel très didactique de 15mn est diffusé chaque heure (au quart). Dans une autre salle, un banquet virtuel, plus érudit, a été mis en scène : on peut y entendre Rousseau et Calvin échanger leurs opinions sur le thème de la prédestination.

Traverser la cour St-Pierre et prendre à droite la rue du Soleil-Levant, qui conduit à la rue du Puits-St-Pierre.

★ Maison Tavel D2

✆ 022 418 37 00/25 00 (mat.) - ♿ - www.ville-ge.ch/mah - tlj sf lun. 10h-17h - visite guidée sur demande - exposition temporaire 3 CHF (-18 ans gratuit), exposition permanente et 1er dim. du mois gratuit.

Détruite par un incendie en 1334, cette maison fut reconstruite par les Tavel, une famille de nobles Genevois, puis remaniée au cours des siècles. Son élégante façade de pierre, percée par trois rangées de baies et flanquée d'une tourelle d'angle, est ornée de mascarons à têtes humaines et animales.

La visite de cette demeure permet d'approfondir l'histoire genevoise du 14e au 19e s. (fortifications, vie politique et religieuse, architecture urbaine, vie quotidienne). Au 2e étage, des objets domestiques, des indiennes (toiles de coton peintes ou imprimées) et des papiers peints sont exposés dans le cadre d'un ancien appartement joliment meublé. On y voit également une riche vaisselle d'argent et d'étain, dont Genève fut un grand centre producteur.

Dans les combles, étonnant **plan-relief** en métal (maisons et fortifications en zinc, toits en cuivre) représentant la ville en 1850, dû à un architecte genevois, Auguste Magnin (1842-1903). En face de la maison Tavel, les arcades de l'**ancien arsenal** abritent cinq canons de la République de Genève. Au mur, mosaïques modernes de Cingria rappelant trois pages clés de l'histoire genevoise.

En sortant de la maison Tavel, prendre la rue Calvin, en face de la cathédrale.

★ Musée Barbier-Mueller D2

10 r. Jean-Calvin - ✆ 022 312 02 70 - www.barbier-mueller.ch - ♿ (rdc uniquement) - 11h-17h - 8 CHF (-12 ans gratuit).

Tirant sa richesse d'une collection familiale de plus de 7 000 pièces, ce musée expose, par roulement, des œuvres d'art de l'Antiquité ainsi que des sculptures,

masques, céramiques, bijoux et tissus provenant des civilisations dites « primitives » du monde entier. Un éclairage soigné met particulièrement bien ces œuvres en valeur.
Poursuivre la rue Calvin, prendre à gauche pour aboutir dans la Grand'Rue.

Grand'Rue CD2

Cette rue ancienne, l'une des mieux conservées du Vieux-Genève, offre un vaste choix de boutiques d'antiquaires, de libraires, de galeries d'art. Plusieurs personnes célèbres y sont nées, notamment Jean-Jacques Rousseau (au n° 40) et le comédien Michel Simon (au n° 27).
Continuer tout droit jusqu'à la place du Grand-Mézel, ornée d'une fontaine, prendre à gauche la rue des Granges.

Rue des Granges CD2

Cette rue est bordée d'une série d'hôtels patriciens de style français du 18e s.
Fondation Zoubov – *2 r. des Granges - ✆ 022 31 216 97 - www.geneve.ch/zoubov - visite guidée (50mn) de mi-juin à fin sept. : tlj sf w.-end à 15h45 ; de déb. oct. à mi-juin : jeu. à 18h, sam. à 14h30 et 15h30 - fermé de mi-déc. à déb. janv., j. fériés genevois - 5 CHF.* Situé dans l'hôtel de Sellon, ce musée rassemble, dans les anciens appartements de la comtesse Zoubov, de précieux objets qu'elle a rapportés de ses voyages dans les années 1920. Certains proviennent de Chine (émaux cloisonnés de Pékin, émaux peints de Canton), d'autres de Russie… Les pièces de l'appartement contiennent des meubles estampillés par de grands ébénistes français du 18e s., des portraits signés par des peintres de cour (dont Vigée-Lebrun), de somptueux tapis et des porcelaines de Sèvres.
Église St-Germain – *Visite sur demande préalable au 022 311 41 30.* Cette église a pris son aspect actuel au 15e s., époque où elle a entièrement été reconstruite à l'exception du clocher du 13e s. Une basilique chrétienne en ces lieux est attestée dès le 5e s. comme en témoignent les fragments d'un autel primitif. L'intérieur est éclairé par des vitraux modernes. Au chevet est accolée une fontaine à auvent surmontée d'un cadran solaire.
Au bout de la rue des Granges, on arrive sur la rue Henri-Fazy et l'hôtel de ville.

Hôtel de ville D2

L'édifice date des 16e et 17e s., mais la partie la plus ancienne, la tour Baudet, remonte à 1455. Entrez dans la cour pour voir la curieuse rampe en colimaçon, pavée de galets, qui permettait d'accéder aux étages sans avoir à descendre de cheval ou de chaise à porteurs. Au rez-de-chaussée, on visite la **salle de l'Alabama** où fut signée, le 22 août 1864, la première convention de la Croix-Rouge, appelée la convention de Genève. En été, l'hôtel de ville sert de cadre à des concerts de jazz et de musique classique *(voir p. 37)*.
Au bout de la rue Henri-Fazy, redescendre vers la place Neuve par la promenade et la rampe de la Treille.

LA RIVE GAUCHE

Itinéraire 2 tracé en vert sur les plans de ville (p. 108-109 et p. 117).
Avec ses quais bordés d'espaces verts et la proximité de la Vieille Ville, cette rive, d'où l'on peut admirer la chaîne du Jura, fait partie des promenades préférées des Genevois le week-end.
Partir du carrefour formé par le pont, la rue et le quai du Mont-Blanc.
En traversant le pont du Mont-Blanc, remarquez sur la droite **l'île J.-J.-Rousseau** (Plan II D1), où se dresse une statue du célèbre écrivain.

1

LE SECRET DU JET D'EAU

Symbole de Genève, le Jet d'eau jaillit du lac à environ 200 km/h pour culminer à 140 m de haut. L'origine de cette attraction remonte à 1886 : une société distribuait de l'eau pour les machines des artisans ; le jet ne servait alors que de système de décompression, le soir venu. En 1891, la ville décide de l'installer dans la Rade. Au début des années 1950, le jet n'est plus raccordé au réseau d'eau potable, mais puise l'eau du lac grâce à une station de pompage autonome très puissante. Le secret de sa blancheur et de sa hauteur ? Une tuyère spéciale qui le rend creux et l'emplit de millions de minuscules bulles d'air. Le Jet d'eau fonctionne tous les jours de l'année ; ses horaires varient selon les saisons. Sa mise en service dépend aussi des conditions atmosphériques (en cas de fort vent, il est arrêté).

Jardin anglais Plan II DE2

Au bout du pont, niché entre le lac et le quai Général-Guisan, ce beau jardin est un lieu de passage très fréquenté. Sa principale curiosité se trouve du côté du quai : une **horloge fleurie**, composée de 6 500 espèces différentes et dotée d'une aiguille des minutes de 2,50 m de long, qui symbolise le savoir-faire de l'industrie horlogère genevoise.

La promenade sur les bords du lac longe le quai Gustave-Ador et ses immeubles début 20e s. Le **Jet d'eau**, qui jaillit au bout de la jetée des Eaux-Vives, attire les regards. En empruntant la jetée, on peut s'en approcher de très près.

Poursuivre le long du lac jusqu'à la Baby Plage, un lieu très populaire de Genève, où de vieux pneus font office de balançoires. Traverser le quai.

★ **Parc de la Grange** Plan I B2-3

Cet ensemble paysager de 12 000 m², dominé par une élégante maison du 18e s., comporte la plus belle **roseraie** de Suisse (plus de 200 variétés). Il accueille chaque année, en juin, le concours international de roses nouvelles. Par ailleurs, des fouilles archéologiques ont mis au jour, tout en haut du parc, les vestiges (très restreints) d'une villa romaine.

Du parc de la Grange, on accède directement au parc des Eaux-Vives.

★ **Parc des Eaux-Vives** Plan I B2

Il abrite des azalées, des arbres centenaires et de magnifiques rhododendrons. Au milieu, trône une splendide maison de maître (18e s.), devenue un restaurant gastronomique réputé.

De retour devant le parc de la Grange, emprunter la rue des Eaux-Vives.

La **rue des Eaux-Vives** (Plan I B2-3), bordée de magasins et de restaurants, est l'artère principale du quartier du même nom, lieu d'habitation populaire, de commerce et d'artisanat.

À la place des Eaux-Vives, pour rejoindre le point de départ, prendre à droite la rue F.-Versonnex qui aboutit au quai Gén.-Guisan. Les amateurs d'architecture contemporaine peuvent faire un petit détour : gagner, dans la continuité de la place, le carrefour de Rive puis emprunter la rue Adrien-Lachenal.

À l'angle de la rue Lachenal et de la rue St-Laurent, se dresse l'**immeuble La Clarté**, construit par **Le Corbusier** en 1931-1932. Ce bâtiment, fait d'acier et de verre, était à l'époque une réalisation d'avant-garde. Toute sa structure repose sur des piliers. Les façades (entièrement vitrées) et les murs intérieurs n'ayant pas de fonction portante, les appartements ont pu bénéficier d'une grande liberté d'agencement. Une restauration de cet édifice est à l'étude.

LA RIVE DROITE

Voir le circuit 3 *tracé en vert sur le plan de ville (ci-dessous).*
La rive droite déborde d'animation le week-end et aux beaux jours. Cette promenade offre des **perspectives★★★** sur la chaîne de montagnes (Voirons, Môle, Salève, mont Blanc, par temps clair).
Partir du carrefour formé par le pont, la rue et le quai du Mont-Blanc, et remonter le quai.

Mausolée du duc de Brunswick Plan II D1

Élevé en 1879 sur le modèle des tombeaux des Scaliger à Vérone, ce mausolée rend hommage à Charles II de Brunswick (1804-mort à Genève en 1873), bienfaiteur insigne de la ville.

SE LOGER		SE RESTAURER	
Auteuil (Hôtel) 1	Ibis 10	Bains de Pâquis (Buvette des) 1	Gare des Eaux-Vives (Buffet de la) 7
Carouge (Auberge de) 3	Montbrillant (Le) 13	Bourse (La) 3	Negociants (Café les) 9
City Hostel Geneva 7		Dix Vins (Le) 5	Sagano 12
			Vallon (Le) 15

Remarquez, peu après le mausolée, en bordure du lac, la **statue d'Élisabeth d'Autriche**, la célèbre Sissi. À cet endroit, en 1898, alors qu'elle s'apprête à prendre le bateau, l'impératrice d'Autriche est poignardée par un anarchiste italien. Transportée à l'hôtel Beau-Rivage tout proche (*13 quai du Mont-Blanc*), elle y meurt quelques instants plus tard.

Poursuivre par le quai Wilson.

Au bout du quai, se dresse le majestueux **palais Wilson** *(ne se visite pas)*, qui abrite le Haut Commissariat des Nations unies aux droits de l'homme. Construit dans les années 1870, cet édifice fut d'abord un luxueux palace, avant de devenir le siège de la Société des Nations de 1920 à 1937. Il reçut son nom actuel en 1924, en l'honneur du président américain. Propriété de la Confédération depuis 1937, il a été ravagé par plusieurs incendies.

★★ Parcs Mon Repos, la Perle du Lac et Barton Plan I B1

Ces trois parcs, qui se suivent, forment le plus bel ensemble paysager de Genève. On y voit d'élégantes villas. Le parc Barton se distingue par ses sequoias géants.

Musée d'Histoire des sciences Plan I B1

✆ 022 418 50 60 - www.ville-ge.ch/mhs - tlj sf mar. 10h-17h - fermé 1er janv. et 25 déc. - gratuit.

Dans le parc de la Perle du Lac, la villa Bartholoni, splendide demeure néo-classique construite au début du 19e s. et récemment restaurée, abrite un musée d'instruments scientifiques anciens, seule institution de ce genre en Suisse. Les collections ont été léguées par des familles de savants genevois (de Saussure, entre autres). Les salons sont décorés de remarquables peintures murales de style pompéien.

Revenir sur ses pas. En quittant le parc Mon Repos, traverser l'avenue de France et passer derrière le palais Wilson.

La **rue des Pâquis** (Plan I AB2), qui ramène au centre-ville, est une rue populaire bordée d'immeubles d'habitations et de magasins bon marché. Quand les beaux jours arrivent, les terrasses de restaurants fleurissent sur les trottoirs.

LE QUARTIER INTERNATIONAL Plan I

▶ Les tramways 13 et 15 mènent directement à la place des Nations (15mn à peine depuis la gare Cornavin).

Situé au nord de la ville, il réunit de nombreuses organisations internationales et plusieurs musées. Il est également tout proche du beau Jardin botanique.

La **place des Nations** est bordée par le **parc de l'Ariana** et les buildings d'organismes bancaires et internationaux. Remarquez, entre autres, la tour concave, en verre bleuté, de l'Organisation mondiale de la propriété intellectuelle (OMPI).

★★ Palais des Nations A1

14 av. de la Paix, portail de Pregny - ✆ 022 917 48 96 - www.unog.ch/visit - ♿ (prévenir à l'avance) - visite guidée (1h), souvent en anglais, juil.-août : 10h-17h ; reste de l'année : 10h-12h, 14h-16h (sf w.-end et j. fériés nov.-mars et sept.-oct.) - fermé 2e quinz. de déc. - 10 CHF.

Le palais, construit dans les années 1929-1936 pour la Société des Nations (SDN), est depuis 1946 le second centre de l'Organisation des Nations unies, dont le siège se trouve à New York. Une aile très moderne a été ajoutée en 1973. Le beau parc qui l'entoure, planté de cèdres et de cyprès, ne se visite pas.

Musée international de la Croix-Rouge et du Croissant-Rouge.
L. Stepanenko/Genève Tourisme

Le Palais des Nations est l'un des centres de conférences internationales les plus actifs du monde. La **salle des Pas-Perdus**, habillée de multiples variétés de marbres donnés par les pays de l'ONU, dessert la grande **salle des Assemblées** (2 000 places), utilisée pour les séances plénières. Après avoir longé une galerie sur laquelle s'ouvrent des salles de réunion, on arrive à la **salle du Conseil** où se déroulent les conférences les plus importantes. Cette salle est aussi appelée « salle espagnole » en l'honneur de Francisco de Vitoria, fondateur du droit international. L'artiste espagnol José María Sert a orné cette pièce de vastes fresques évoquant les progrès de l'humanité (progrès technique, social, scientifique). Inaugurée en 2008 pour les 60 ans de la Déclaration universelle des droits de l'homme, la **salle des droits de l'homme et de l'alliance des civilisations**, ou plus simplement salle 20, a été offerte par l'Espagne. Son plafond, décoré par l'artiste Miquel Barcelo avec une peinture projetée par des canons à air comprimé, évoque la voûte d'une grotte hérissée de stalactites multicolores. La visite s'achève par un film sur l'action de l'ONU.

★★ Musée Ariana A1

022 418 54 50 - ♿ - tlj sf lun. 10h-18h - fermé 1er janv. et 25 déc. - expositions temporaires 5 CHF, collection permanente et 1er dim. du mois gratuit.

Fondé par un mécène genevois, Gustave Revilliod (1817-1890), le musée reçut le nom d'Ariana en hommage à Ariane Revilliod-De la Rive, mère du fondateur. Le bâtiment, dont l'architecture s'inspire d'un palais italien, a été construit par Émile Grobety entre 1879 et 1884.

Au rez-de-chaussée, les collections illustrent magnifiquement près de dix siècles d'histoire de la céramique en Europe, au Proche-Orient et en Asie, depuis les origines de la faïence, avec une coupe mésopotamienne du 9e s. (salle 1), jusqu'aux premières porcelaines de Meissen au début du 18e s. mises en vis à vis avec des céramiques orientales pour montrer comment les deux styles – européens et orientaux – se sont mutuellement influencés. Les vitrines

renferment des majoliques de la Renaissance italienne, de la faïence de Delft et des pièces de nombreux ateliers européens. On y suit l'évolution de la porcelaine chinoise et japonaise, importée en Europe du 16e s. à la fin du 18e s. Une zone didactique explique les techniques de la céramique. Une autre section est dédiée à la verrerie européenne du 16e au 19e s.
Au 1er étage, plusieurs salles sont consacrées aux manufactures suisses (faïences de Winterthur, porcelaines de Genève, Nyon et Zürich) ainsi qu'à la céramique européenne des années 1900 à 1940. Une section propose un accrochage rotatif d'œuvres de jeunes céramistes contemporains. La belle galerie aux colonnes torses est agrémentée d'un salon de thé et enrichie de verrerie suisse et européenne.
Au sous-sol, trois salles reçoivent des expositions temporaires consacrées à l'histoire de la céramique et du verre, ainsi qu'aux productions de jeunes créateurs.

★★ Musée international de la Croix-Rouge et du Croissant-Rouge Hors plan I, vers A1

17 av. de la Paix (en face de l'entrée du palais des Nations) - ✆ 022 748 95 25 - www.micr.org - ♿ - Fermé pour travaux jusqu'à fin 2012.

À l'entrée, une sculpture en bronze de Carl Bucher intitulée *Les Pétrifiés* symbolise la violation des droits de l'homme. La bataille de Solférino (24 juin 1859), qui opposa les Français et les Piémontais aux Autrichiens en faisant en une seule journée 40 000 morts et blessés, donna à Henry Dunant l'idée de créer un mouvement d'assistance aux blessés. Cet homme d'affaires genevois, témoin du massacre, fonda la Croix-Rouge en 1863 *(voir p. 80)*. Un diaporama retrace cette page de l'histoire. À la fin de la séance, l'écran s'ouvre sur une salle contenant une sculpture de George Segal montrant Henry Dunant à sa table de travail. On remarque également, derrière une vitrine, l'uniforme porté par Napoléon III lors de la bataille.
Dans une harmonie de béton, de verre et de lumière, plusieurs espaces illustrent ensuite, de façon chronologique, l'action de la Croix-Rouge et du Croissant-Rouge à travers le monde (lors de la guerre russo-ottomane de 1870 à 1875, les Turcs, musulmans, avaient obtenu l'autorisation de remplacer la croix par le croissant). Sur le « Mur du Temps » sont rassemblés les grands événements qui ont mobilisé la Croix-Rouge : aide humanitaire en temps de guerre ou lors de catastrophes naturelles, intervention pour la libération de prisonniers politiques ou d'otages. Un impressionnant fichier composé de quelque 7 millions de fiches, toutes authentiques, contient les noms des prisonniers secourus pendant la Première Guerre mondiale. Enfin, le dernier espace, intitulé « Aujourd'hui », présente toute la diversité des actions humanitaires de la Croix-Rouge sur le terrain.

★ Conservatoire et Jardin botaniques AB1

Pl. Albert-Thomas (plusieurs entrées) - ✆ 022 418 51 00 - jardin : nov.-mars 9h30-17h, avr.-oct. 8h-19h30 ; serres : 9h30-16h30 - gratuit.

S'étendant sur 28 ha, ce jardin rassemble 16 000 espèces cataloguées. Il comprend un **jardin de rocaille**★★ ou jardin alpin dans lequel les plantes ont été réparties en groupes géographiques, un arboretum, des serres avec un jardin d'hiver

abritant une luxuriante végétation tropicale et équatoriale, un parc animalier, etc. On peut visiter sur rendez-vous le **Conservatoire**, qui contient une bibliothèque scientifique et un herbier parmi les plus importants au monde.

LE QUARTIER DE PLAINPALAIS Plan I A3

De la gare Cornavin, prendre le tramway 13 ou 15 jusqu'à l'arrêt Cirque, boulevard Georges-Favon.

Les trois musées ci-dessous sont situés de l'autre côté de la **plaine de Plainpalais**. Ce lieu gigantesque, qui ressemble à première vue à un terrain vague, accueille des marchés plusieurs jours par semaine *(voir Nos adresses à Genève)*. Au nord de la place, un vaste espace est réservé aux amateurs de skate-board et de rollers.

★★ Musée Patek Philippe

7 r. des Vieux-Grenadiers - ✆ 022 807 09 10 - www.patekmuseum.com - ♿ - mar.-vend. 14h-18h, sam. 10h-18h - fermé 23 déc.-15 janv. et j. fériés - 10 CHF (enf. gratuit).

Un ancien bâtiment industriel admirablement restauré sert de cadre à ce musée qui retrace 500 ans d'histoire de la montre, au travers d'impressionnantes collections d'horlogerie et d'émaillerie d'origine suisse et européennes.

Rez-de-chaussée – Reconstitution d'anciens établis d'horlogerie, bijouterie, gravure et émaillerie réunissant plus de 400 outils datant de la première moitié du 18e s. au début du 20e s. *Prendre l'ascenseur pour monter au 3e étage.*

3e étage – Il abrite la partie documentaire du musée, constituée par la bibliothèque (plus de 4 000 ouvrages sur l'horlogerie) et les archives. On y découvre l'histoire de la manufacture de 1839 à nos jours. Vitrine consacrée à Antoine Norbert de Patek, fondateur en 1839 de la manufacture horlogère. Il sera rejoint en 1845 par l'horloger français Adrien Philippe, inventeur de la montre sans clé. Une vitrine est dédiée aux personnalités et clients prestigieux que compta Patek Philippe, parmi lesquels la reine Victoria, l'empereur d'Éthiopie Hailé Sélassié, l'acteur Fernandel… Voir aussi « La Bratine », service à vodka de douze tasses ciselées, en vermeil et émail, offert par le tsar de Russie Nicolas II le 15 avril 1904.

2e étage – La collection ancienne présente des chefs-d'œuvre de l'horlogerie genevoise et européenne du 16e au 19e s. Parmi les montres les plus anciennes, une montre-tambour allemande et une montre en forme de croix de l'ordre du Saint-Esprit signée Abraham Cusin. Les automates, merveilles d'ingéniosité, sont un véritable régal pour les yeux. Le pistolet à oiseau chantant, créé vers 1810 par l'horloger genevois Rochat, est en or gravé, rehaussé de perles et d'émail ; il intègre une montre sur la partie renflée de la crosse. *Moïse*, autre chef-d'œuvre, est dû à un atelier du Locle (1815-1820) ; on voit même l'eau jaillir du rocher. Une autre section présente des portraits en miniature peints sur émail : George Villiers, le duc de Buckingham, Louis XIV, la marquise de Sévigné, Charles-Édouard Stuart…

1er étage – Entièrement consacré à la production Patek Philippe de 1839 à nos jours. Le *Calibre 89*, avec 33 fonctions, 2 cadrans, 24 aiguilles, 8 disques et 1 728 pièces distinctes, est la montre la plus compliquée jamais réalisée.

Musée d'Ethnographie

65 bd Carl-Vogt - ✆ 022 418 45 50 - www.ville-ge.ch/meg. Le musée entreprend d'importants travaux de rénovation et sera fermé jusqu'en 2014.

Doté d'une collection de 100 000 objets ayant trait aux sociétés humaines des cinq continents, ce musée organise des expositions temporaires aux thèmes originaux et très variés.

MAMCO (Musée d'Art moderne et contemporain) Plan I A3
10 r. des Vieux-Grenadiers - ☏ 022 320 61 22 - www.mamco.ch - ♿ - mar.-vend. 12h-18h (1er merc. du mois 21h), w.-end 11h-18h - 8 CHF, gratuit 1er dim. du mois.
Installé dans une usine désaffectée, le MAMCO est essentiellement dédié à l'art postérieur à 1960. Il s'intéresse en particulier aux artistes et mouvements peu connus, à l'écart du marché. Débutez la visite par le 4e étage (réservé aux expositions temporaires) et n'hésitez pas à consulter les fiches placées dans chaque salle, ou mieux, à interroger le personnel.

À voir aussi Plan de ville

DERRIÈRE LA GARE CORNAVIN Plan I A2

Les Schtroumpfs
R. L.-Favre et L.-Eberhardt, quartier des Grottes.
Ces immeubles d'habitation polychromes, semblant sortis d'un conte de fées, font penser aux créations de l'architecte espagnol Gaudí. Bâtis entre 1982 et 1984, ils sont nés de l'imagination de trois architectes : Robert Frei, Christian Hunziker et Georges Berthoud. Fourmillement de décors en mosaïque et en ferronnerie, arabesques aux formes les plus extravagantes... L'ensemble détonne dans le paysage genevois !

★ Institut et musée Voltaire
25 r. des Délices - ☏ 022 418 95 60 - www.ville-ge.ch/imv - ♿ (rdc) - musée : tlj sf w.-end (ouv. sam. pdt expos temporaires) 14h-17h ; bibliothèque : tlj sf w.-end 9h-12h, 14h-17h - fermé 23 déc.-2 janv., vend. et lun. de Pâques, 1er Mai, 7 sept. - gratuit. Travaux possibles en 2011-2012 - se renseigner.
La demeure *Les Délices*, où Voltaire vécut de façon intermittente de 1755 à 1765, est devenue un centre de recherches consacré à l'écrivain et à son époque. Cet institut, qui a publié la première édition de l'énorme correspondance de Voltaire, abrite une riche bibliothèque. Le musée proprement dit présente des imprimés (dont une édition originale de *Candide*) et des manuscrits, principalement des lettres de Voltaire et de ses correspondants (notamment l'une des dernières lettres que lui adressa le roi de Prusse Frédéric II). Le recueil de 199 cachets de correspondance aux armoiries de Voltaire constitue une curiosité étonnante. Parmi les portraits, remarquez celui réalisé par Largillière, représentant l'écrivain à 24 ans (rez-de-chaussée), ainsi qu'un exemplaire en terre cuite exécuté en 1781 pour Beaumarchais, du *Voltaire assis* de Houdon (1er étage, où se tiennent aussi les expositions temporaires).

LES MUSÉES AUX PORTES DE LA VILLE

★★ Fondation Bodmer Hors plan I, vers B2
▶ 19-21 rte du Guignard (depuis Rive, bus A, arrêt Cologny-Temple ou bus 33, arrêt Croisée de Cologny).
☏ 022 707 44 33 - www.fondationbodmer.org - ♿ - tlj sf lun. 14h-18h - 15 CHF.
La fondation Bodmer rassemble les plus belles pièces de l'exceptionnelle collection de documents écrits à laquelle Martin Bodmer (1899-1971) a consacré sa vie. Aux anciennes salles d'exposition a succédé en 2003 un nouveau musée souterrain réalisé par l'architecte suisse Mario Botta (belle terrasse au-dessus, avec vue sur le lac). La fondation contient des richesses inestimables qui vont

des origines de la civilisation jusqu'à nos jours : des tablettes cunéiformes, des papyrus grecs et coptes (parmi lesquels les plus anciens manuscrits de l'évangile de Jean), près de 300 incunables et plusieurs centaines de manuscrits occidentaux et orientaux. Sous des vitrines à l'éclairage intimiste, on découvre l'écriture d'écrivains, de penseurs et de personnages historiques (Dante, Napoléon Ier, Zola, Kierkegaard, Tolstoï, Borges, etc.)

Microcosm Hors plan I, vers B2

CERN, rte de Meyrin. Depuis Genève, direction Aéroport, Lyon ou Meyrin. À Meyrin, prendre direction St-Genis. Le CERN est sur la gauche, peu avant la frontière avec la France.

022 767 84 84 - www.microcosm.web.cern.ch - lun.-vend 9h-17h30, sam. 9h-17h - gratuit.

L'exposition permanente de l'Organisation européenne pour la recherche nucléaire invite à mieux comprendre les mystères de l'univers et le travail des scientifiques. Installations audiovisuelles et multimédia, jeux, expériences et machines réelles ou reconstituées permettent de se familiariser avec des thèmes a priori aussi complexes que la structure de la matière, les forces de la nature ou le fonctionnement d'un accélérateur de particules.

Domaine de Penthes Hors plan I, vers A1

À Pregny-Chambésy, 18 ch. de l'Impératrice. Accès par l'avenue de la Paix au nord, puis la route de Pregny.

Dans un parc de 12 ha, planté de hêtres magnifiques, le **château de Penthes**, édifié dès le 14e s. et plusieurs fois remanié jusqu'au 19e s., accueillit en 1858 la duchesse d'Orléans et ses fils, le comte de Paris et le duc de Chartres.

★ **Musée des Suisses dans le monde** – *022 734 90 21 - www.penthes.ch - fév.-déc. : tlj sf lun. 10h-12h, 13h-17h - visite guidée sur demande - 5 CHF (enf. 1,50 CHF).* Ses collections ont pris place dans le château de Penthes. Comme son nom l'indique, ce musée est consacré aux Suisses qui ont eu une influence à l'étranger, du Moyen Âge à nos jours : des archéologues, des pionniers de l'industrie et de l'aéronautique, des précurseurs de la banque, des diplomates et hommes d'État, des écrivains, des savants et des médecins, etc. Le musée rassemble toutes sortes de documents : tableaux, armes, meubles…

Musée Militaire genevois – *Pavillon Guillaume-Henri-Dufour - 022 734 48 75 - www.museemilitaire-ge.com - tlj sf lun. 14h-17h, dim. et j. fériés 10h-12h, 14h-17h - fermé 20 déc.-10 janv. - gratuit.* L'histoire des troupes genevoises de 1813 à nos jours y est retracée. Armes, équipements, documents et près d'une trentaine de mannequins en uniforme rappellent les moments les plus importants de l'histoire militaire de la ville.

À proximité Carte de région

★ Carouge A3

Au sud.

Créée à la fin du 18e s. par Victor-Amédée III, duc de Savoie et roi de Sardaigne, Carouge a souvent été en conflit avec sa grande voisine. Délaissant la Genève puritaine, nombreux étaient ceux qui venaient se divertir dans ses auberges et cabarets. La cité fut rattachée au canton de Genève en 1816 par le traité de Turin. Le vieux quartier conserve des rues dont le tracé remonte au 17e s. Cafés, restaurants, magasins d'antiquités et artisans invitent à la promenade.

1

Mont Salève A3

À 7 km de Genève - téléphérique près de la frontière de Veyrier (on peut s'y rendre par le bus n° 8, terminus Veyrier ; franchir la douane, puis 500 m à pied jusqu'au téléphérique). Alt. 1 380 m.

De Suisse ✆ (00 33) 450 39 86 86 - mai-sept. : 9h30-19h (w.-end 20h) ; mars et nov. : w.-end 9h30-17h30 ; avr. et oct. : tlj sf lun. 9h30-18h - 16,80 CHF (enf. 8,40 CHF).

Baptisé « la montagne des Genevois », le Salève, qui se trouve en France, est le royaume des randonneurs mais aussi des adeptes du VTT, de la varappe, du parapente ou du deltaplane.

NOS ADRESSES À GENÈVE

INFORMATIONS UTILES

Consulat de France – *2 cours des Bastions - ✆ 022 319 00 00 - www.consulfrance-geneve.org - lun., mar., merc., vend. 8h30-14h30, jeu. 8h30-16h.*

TRANSPORTS

Avion

Aéroport international de Genève – *Au nord-ouest de la ville - ✆ 0900 571 500 ou 022 717 71 11 - www.gva.ch - lun.-vend. 7h45-22h, w.-end et j. fériés 9h-22h.*

À côté des tapis roulants à bagages, vous pourrez vous procurer gratuitement un billet de **transports en commun** valable 90mn.

Train et car

Gare Cornavin – *Pl. Cornavin - ✆ 0900 300 300 - www.cff.ch.*

Gare routière – *Pl. Dorcière - ✆ 0900 320 230 - www.coachstation.com.*

Transports publics

UNIRESO – *✆ 0900 022 021 - www.unireso.com. Principaux points de vente : gare Cornavin, rond-point de Rive et Bachet-de-Pesay.* Un billet simple pour 3 arrêts (sans correspondance ni retour) coûte 2 CHF. Renseignez-vous pour connaître la formule adaptée à vos déplacements Les titres de transport Unireso permettent de voyager en tram, trolleybus, bus, train et bateau (les Mouettes genevoises) dans le canton de Genève et sa région. Formule intéressante, la carte journalière (valable 24h) « Tout Genève ». Prix : 10 CHF.

Le week-end, la carte « Tout Genève » est valable pour 2 pers. ; si vous logez dans un établissement de la ville, elle est gratuite (à demander à la réception).

Mouettes genevoises – *✆ 0900 022 021 - www.mouettesgenevoises.ch - lun.-vend. 7h30-19h30, w.-end et j. fériés 10h-19h35 (oct.-mars 17h55) - ttes les 10mn - 2 CHF (une traversée), 3 CHF pour 60mn.* Ces navettes de couleur jaune permettent de passer aisément d'une rive à l'autre. Elles relient notamment les Pâquis (rive droite) au quai Gustave-Ador et à la place du Molard. Autres points d'embarquement : la Perle du Lac et Genève-Plage (base de loisirs située après le parc des Eaux-Vives).

Croisières sur le Léman

La Compagnie générale de navigation propose toutes sortes de croisière sur le lac Léman, à durée très variable et aux thèmes différents selon les saisons. Très prisée en été, la croisière du Petit Lac, qui dure 3h30, passe par Nyon et par le beau village

médiéval d'Yvoire (Haute-Savoie).
CGN – *Quai du Mont-Blanc - ☎ 0848 811 848 - www.cgn.ch*

Location de voitures

Europcar – *Aéroport de Genève et, en ville : 37 r. de Lausanne - ☎ 022 909 69 90.*
Avis – *44 r. de Lausanne - ☎ 022 731 90 00.*
Hertz – *Aéroport et, en ville : 60 r. de Berne - ☎ 022 716 30 80.*

HÉBERGEMENT

Loger à Genève coûte plutôt cher mais pas plus que dans d'autres grandes villes européennes. En outre, les établissements pratiquent de plus en plus de rabais le week-end, et certains baissent leur prix en été, considéré comme la basse saison. La plupart des hôtels se trouvent sur la rive droite. Rares sont ceux qui ont leur propre parking.

Rive droite

PREMIER PRIX

City Hostel Geneva – Plan I A2 - *2 r. Ferrier - ☎ 022 901 15 00 - www.cityhostel.ch - réservation uniquement sur Internet, avec carte de crédit - 57 ch. - ch. double : 87 CHF ; ch. à 3 ou 4 lits : 32 CHF par pers.* Cette sorte d'auberge de jeunesse est située à 5mn à pied de la gare Cornavin. Adresse intéressante pour petits budgets. Les chambres sont petites, mais très propres. Chacune est équipée d'un lavabo. Douches et toilettes à l'étage. Possibilité d'utiliser la cuisine.

BUDGET MOYEN

Les Tourelles – Plan II C1 - *2 bd James-Fazy - ☎ 022 732 44 23 - www.destourelles.ch - fermé 25 déc.-1er janv. - 23 ch. - 170/190 CHF ☕.* Un très bon rapport qualité-prix compte tenu de la situation de l'hôtel, au bord du Rhône et à 2mn du centre-ville. Chambres claires et rénovées régulièrement. Demandez une chambre avec vue sur le fleuve.

Ibis – Plan I A2 - *10 r. Voltaire - ☎ 022 338 20 20 - www.ibishotels.com - 64 ch. - 152/200 CHF - ☕ 15 CHF.* À mi-chemin de la gare et des quais du Rhône, hôtel typique de la chaîne Ibis, rafraîchi et doté de chambres fonctionnelles, certaines prévues pour 3 pers.

POUR SE FAIRE PLAISIR

Suisse – Plan II C1 - *10 pl. Cornavin - ☎ 022 732 66 30 - www.hotel-suisse.ch - 62 ch. - 265/295 CHF ☕.* En face de la gare. Salles de bains spacieuses. Plutôt fréquenté par des hommes d'affaires.

Best Western Strasbourg & Univers – Plan II C1 - *10 r. Pradier - ☎ 022 906 58 00 - www.hotelstrasbourg.ch - P - 51 ch. - 220/270 CHF.* À deux pas de la gare et du parking Cornavin. Chambres peu spacieuses mais fonctionnelles.

UNE FOLIE

Le Montbrillant – Plan I A2 - *2 r. de Montbrillant - ☎ 022 733 77 84 - www.montbrillant.ch - 82 ch. - 355/385 CHF ☕.* Derrière la gare Cornavin, dans un immeuble du 19e s., un hôtel confortable à la décoration typiquement suisse, disposant de chambres insonorisées, lambrissées sous les combles.

Hôtel Auteuil – Plan I A2 - *33 r. de Lausanne - ☎ 022 544 22 22 - www.manotel.com - 104 ch. - 320/550 CHF le w.-end - ☕ 28 CHF.* L'un des 6 établissements de la chaîne Manotel à Genève, qui ont chacun un style très différent (suisse, feng shui, colonial…). À l'hôtel Auteuil, les chambres sont design et confortables ; beau mobilier en bois sombre.

Cornavin – Plan II C1 - *Gare de Cornavin - ✆ 022 716 12 12 - www.fassbindhotels.com - 164 ch. - 312/460 CHF - ☕ 19 CHF.* Chambres modernes avec fauteuils Le Corbusier. Dans cet hôtel où descendit Tintin *(L'Affaire Tournesol)* se trouve la plus grande horloge du monde (30 m de haut). Petit-déjeuner dans la salle panoramique du 8e étage, vue sur le Jet d'eau.

Rive gauche

BUDGET MOYEN

Bel'Espérance – Plan II D2 - *1 r. de la Vallée - ✆ 022 818 37 37 - www.hotel-bel-esperance.ch - fermé 25-29 déc. - 40 ch. - 154/190 CHF ☕.* Hôtel ouvert depuis 1996 dans un bâtiment entièrement rénové, tout près des rives du lac et de la Vieille Ville. Généreux buffet au petit-déjeuner. Chambres spéciales pour familles.

UNE FOLIE

La Cigogne – Plan II D2 - *17 pl. Longemalle - ✆ 022 818 40 40 - www.cigogne.ch - 46 ch. - 510 CHF ☕.* Hôtel de luxe affilié à la chaîne Relais & Châteaux, au pied de la Vieille Ville ; chambres et suites personnalisées avec beau mobilier ancien.

Les Armures – Plan II D2 - *1 r. du Puits-St-Pierre - ✆ 022 310 91 72 - www.hotel-les-armures.ch - 32 ch. - 655/680 CHF ☕.* Hôtel de charme, au décor 17e s. raffiné, au pied de la cathédrale St-Pierre.

Carouge

BUDGET MOYEN

Auberge communale de Carouge – Hors plan I vers A3 - *39 r. Ancienne - 10mn du centre de Genève, direct avec le tram 13, arrêt Ancienne) - ✆ 022 342 22 88 - www.aubergedecarouge.ch - 14 ch. - 210 CHF ☕.* Idéalement situé au cœur du vieux Carouge et de la place du Marché, cet établissement a le charme des pensions d'autrefois. Cadre douillet, personnel attentif et chambres au beau mobilier.

RESTAURATION

Dans la vieille ville

PREMIER PRIX

Chez ma Cousine – Plan II D2 - *6 pl. du Bourg-de-Four - ✆ 022 310 96 96 - www.chezmacousine.ch - 18 CHF.* Tout près de la cathédrale, restaurant au cadre gai et coloré (murs jaunes, tables vertes). On y mange du poulet, sous toutes ses formes.

La Romantica – Plan II C2 - *3 pl. des Trois-Perdrix - ✆ 022 311 41 10 - fermé dim. midi - 25 CHF.* Pizzeria au pied de la Vieille Ville. Cuisine simple mais très correcte. Accueil sympathique.

Halles de l'Île – Plan II C2 - *1 pl. de l'Île - ✆ 022 311 08 88 - www.brasseriedeshallesdelile.ch - 30 CHF.* Situé sur l'île qui s'étire au milieu du Rhône, ce restaurant réaménagé dans le style loft-design est doté d'une salle à manger panoramique et d'une terrasse très agréables qui s'ouvrent sur le fleuve. On y mange de petits plats et des en-cas à toute heure.

BUDGET MOYEN

Café du Centre – Plan II D2 - *5 pl. du Molard - ✆ 022 311 85 86 - www.cafeducentre.ch - lun.-vend. 6h-1h (lun. 0h), sam. 9h-1h, dim. 9h-0h - 50 CHF (plat du jour à 19 CHF).* Restaurant bien situé, dans le quartier des magasins chic ; salles de café et de restaurant très agréables. Bons plats de poissons.

La Favola – Plan II D2 - *15 r. Jean-Calvin - ✆ 022 311 74 37 - www.lafavola.com - fermé sam. midi et dim. - réservation conseillée - 55 CHF.* Derrière la façade en bois d'une maison du 17e s. se cache un petit restaurant sur deux étages, souvent bondé. Cuisine tessinoise inventive, savoureuse et bien présentée.

Café Papon – Plan II D2 - *1 r. Henri-Fazy - ✆ 022 311 54 28 - www.cafe-papon.com - tlj sf dim., lun.-vend. dès 7h, sam. à 11h30 - 42 CHF.* Ce restaurant, intégré au bâtiment historique de l'hôtel de ville, donne sur une jolie place ombragée. Belle salle rustique en pierre ; beaucoup de cachet. Lieu fréquenté par les hommes politiques locaux.

Rive droite

PREMIER PRIX

Sagano – Plan I A1 - *86 r. de Montbrillant - ✆ 022 733 11 50 - fermé sam. midi et dim. - 23 CHF (midi)/90 CHF.* Poussez la porte du Sagano pour un délicieux voyage dans l'Empire du Soleil-Levant. Cadre zen avec tatamis et tables basses. Beau choix de vins.

Buvette des Bains des Pâquis – Plan I B2 - *30 quai du Mont-Blanc - ✆ 022 738 16 16 - www.bains-des-paquis.ch - 11h30-21h - 20 CHF.* Un site unique et des plats du jour copieux pour 12 et 14 CHF. De septembre à avril, on se presse le soir pour déguster une succulente fondue au crémant (20,70 CHF, réservation impérative) ou une légère soupe de légumes. *Voir aussi Petite Pause.*

POUR SE FAIRE PLAISIR

Rasoi by Vineet – Plan II C1 - *1 quai Turrettini 1 - ✆ 022 909 00 06 - www.mandarinoriental.com/geneva - 65 CHF.* Cuisine indienne délicieusement revisitée, servie dans un cadre tendance avec jardin d'hiver et *tandoor* (four indien) design, où cuisent les *naans.* Service appliqué et ambiance cosmopolite.

Quartier des Eaux-Vives

BUDGET MOYEN

Opéra Bouffe – Plan II E2 - *5 av. de Frontenex - ✆ 022 736 63 00 - www.operabouffe.ch - fermé sam. midi et dim. - 55 CHF.* Dans ce restaurant, on mange sur fond de musique d'opéra. Ambiance romantique le soir, avec petites lampes de table et bougies. La carte change régulièrement.

POUR SE FAIRE PLAISIR

Buffet de la Gare des Eaux-Vives – Plan I B3 - *7 av. de la Gare-des-Eaux-Vives - ✆ 022 840 44 30 - www.parcdeseauxvives.ch - fermé 19 déc.- 4 janv., 24 juil.- 8 août et w.-end - 63/155 CHF.* Un lieu sympathique, un chef qui compte sur la scène gourmande genevoise. Cadre moderne clair, terrasse à quai, cuisine créative d'inspiration méditerranéenne. Bonne cave axée sur la Suisse et le Rhône.

À proximité

BUDGET MOYEN

Le Vallon – Hors plan I vers B3 - *182 rte de Florissant - Conches 5 km au sud-est de Genève - ✆ 022 347 11 04 - www.cafeduvallon.ch - fermé 25 déc.- 3 janv., 9-19 sept., 2-5 avr., sam. midi et dim. - 51 CHF (midi)/87 CHF (à la carte).* Dans un cadre campagnard agréable et reposant, très bonne cuisine et carte variée.

La Bourse – Hors plan I vers A3 - *7 pl. du Marché - Carouge - 15mn depuis le centre de Genève, direct avec le tram 12 ou 13, arrêt Marché - ✆ 022 342 04 66 - www.resto.ch/labourse - fermé dim., lun. et j. fériés. - 48 CHF.* Dans des caves voûtées, pizzas, pâtes, fondues et pierrades. Vins du vignoble genevois.

Le Dix Vins – Hors plan I vers A3 - *29 bis r. Jacques-Dalphin - Carouge - (à deux pas du restaurant*

La Bourse) - ✆ 022 342 40 10 - fermé w.-end - 45 CHF. Plats fins et originaux, savoureux desserts ; bon accueil.

Café Les Négociants – Hors plan I vers A3 - *29 r. de la Filature - Carouge - ✆ 022 300 31 30 - www.negociants.ch - fermé w.-end - 29/84 CHF.* Restaurant très agréable, décoré façon bistrot rétro, bar en zinc, parquet en bois. Cuisine actuelle, riche cave à vins et sommeliers expérimentés.

PETITE PAUSE

Dans le centre

Bar Take Away Globus – *Pl. du Molard - tlj sf dim. 9h-22h.* Ouvert au sein du Globus, le grand magasin le plus connu de Genève, ce lieu, à la fois branché et familial, propose à toute heure de la journée sushis, crêpes, antipasti et cuisine asiatique.

Rive droite

La Vouivre – *21 r. des Pâquis - ✆ 022 731 87 12 - www.tearoomlavouivre.com - tlj sf lun. 7h-18h30.* Salon de thé au délicieux décor rococo, où l'on déguste d'excellentes pâtisseries.

Buvette des Bains des Pâquis – *30 quai du Mont-Blanc - ✆ 022 738 16 16 - www.buvettedesbains.ch - 8h30-21h30.* Un endroit à ne pas manquer : l'un des lieux les plus populaires de Genève, au bout de la jetée des Pâquis. En quelques secondes, on se retrouve au calme, tout au bord de l'eau. Idéal le matin, pour prendre son café. *Voir aussi Restauration.*

ACHATS

Dans les rues mentionnées ci-après, vous trouverez toutes sortes de commerces (bijouteries, maroquineries, chocolateries, marchands de cigares, etc.).

Rive droite – Quai des Bergues, quai du Mont-Blanc, rue du Mont-Blanc.

Grand magasin : **Manor** *(6 r. de Cornavin).*

Rive gauche – Rue du Rhône, rue de la Confédération, rue du Marché, galerie Jean-Malbuisson, rue Neuve-du-Molard, rue de la Croix-d'Or (centre commercial : **Confédération Centre**), rue de Rive, cours de Rive, rue de la Corraterie.

Grand magasin : **Globus** *(48 r. du Rhône ou r. de la Confédération).*

Marchés

Place de la Navigation – *Mar. et vend. 8h-13h* : fruits et légumes.

Place de Grenus – *Sam. 8h-13h30* : fruits et légumes.

Plaine de Plainpalais – Le plus grand des marchés de la ville. *Mar., vend. et dim. 8h-13h* : fruits et légumes. *Merc. et sam. 8h-18h* : marché aux puces.

Boulevard Helvétique – *Merc. et sam. 8h-13h* : fruits et légumes.

Place de la Fusterie – *Merc. et sam. 8h-18h* : fruits et légumes. *Jeu. 8h-18h45* : artisanat. *Vend. (avr.-nov.) 8h-18h45* : bouquinistes.

Place du Molard – Pratiquement tous les jours se tient un marché aux fleurs.

BOIRE UN VERRE

Près de la gare

Les Brasseurs – *20 pl. Cornavin - ✆ 022 731 02 06 - www.les-brasseurs.ch - tlj dès 11h, 16h le dim.* Microbrasserie (salle de brassage, cuves de fermentation). Si vous êtes plusieurs, demandez une colonne de bière (3 ou 5 l).

Vieille ville

Le Mortimer – *2 pl. du Bourg-de-Four - ✆ 022 310 13 98 - tlj sf dim.* Endroit original avec sa collection d'affiches publicitaires, ses gadgets anciens et son très beau bar en zinc.

La Clémence – *20 pl. du Bourg-de-Four - ✆ 022 312 24 98 - www.laclemence.ch - lun.-jeu. et dim. 7h-1h, vend. et sam. 7h-2h.* Terrasse la plus animée de la Vieille Ville en été, l'un des lieux les plus connus de Genève.

Le Demi-Lune – *3 r. Étienne-Dumont - ✆ 022 312 12 90 - www.demilune.ch - lun.-merc. 10h-0h, jeu.-vend. 10h-2h, sam. 16h-2h, dim. 12h-0h - restauration non-stop jusqu'à 23h30.* Décoration à l'ancienne (fauteuils de cuir, plancher en bois). Café très en vogue à en juger par la clientèle internationale qui vient y finir ses soirées.

Centre

Place du Molard et alentour se trouvent plusieurs cinémas et établissements distingués très fréquentés à l'heure de l'apéritif ou en soirée.

Brasserie Lipp – *8 r. de la Confédération (tout en haut des escalators du Confédération Centre) - ✆ 022 311 10 11 - www.brasserie-lipp.com - lun.-sam. 7h-2h, dim. 9h-2h.* Agréable terrasse, antichambre du monde du commerce et de la finance.

EN SOIRÉE

Casino de Genève – *20 rte de Pré-bois, hôtel Mövenpick, près de l'aéroport, à 5mn du centre-ville - ✆ 022 592 00 00 - www.casinodulac.com.* Décor inspiré de la marine de plaisance. Le casino compte 150 machines à sous et 15 tables de jeux traditionnels.

Spectacles

Genève ne compte pas moins d'une cinquantaine de salles de spectacle, dont voici une petite sélection. Pour des renseignements plus complets : www.ville-geneve.ch/geneve-ville-culture.

Grand Théâtre – *3 pl. Neuve - ✆ 022 418 30 00, réservations : ✆ 022 418 31 30.* Opéras, ballets et récitals sont à l'affiche de cette salle prestigieuse.

Bâtiment des Forces Motrices – *2 pl. des Volontaires - ✆ 022 322 12 20 - www.bfm.ch.* Salle de spectacle au bord de l'eau qui accueille des spectacles théâtraux ou lyriques ainsi que des conférences. L'acoustique est excellente.

Victoria Hall – *14 r. du Gén.-Dufour - ✆ 022 418 35 00.* Cette salle magnifique (décor de stuc et de staff néobaroque), dotée d'une acoustique exceptionnelle, a plus d'un siècle d'existence. Principalement dédiée à la musique classique.

Comédie de Genève – *6 bd des Philosophes - ✆ 022 320 50 01 - www.comedie.ch.* Créations originales et engagées, pièces classiques et modernes.

Le Poche – *7 r. du Cheval-Blanc - ✆ 022 310 37 59 - www.lepoche.ch.* Petite salle dans la Vieille Ville offrant un rapport privilégié scène-public. Lieu de découverte, d'essais et d'échanges.

Discothèques

Java Club – *10 quai du Mont-Blanc - Palace Hilton Geneva - ✆ 022 908 90 88 - www.javaclub.ch - mar.-sam. 23h-5h.* Clientèle sélect, musique R&B et house.

B Club- Le Baroque – *12 pl. de La Fusterie - ✆ 022 311 05 55 - www.lebaroque.com - merc.-dim. 23h-5h.* Clientèle et musique variées (soul, funk, hip-hop…).

AGENDA

Voir l'Agenda dans la partie « Organiser son voyage », p. 35.

1

Lac Léman

★★★

Canton de Genève

NOS ADRESSES PAGE 138

S'INFORMER

Montreux-Vevey Tourisme – *1 pl. de l'Eurovision - 1820 Montreux - ✆ 084 886 84 84 - www.montreuxriviera.com - de mi-mai à mi-sept. : lun.-vend. 9h-18h, w.-end 9h30-17h ; reste de l'année : lun.-vend. 9h-12h, 13h-17h30, w.-end 10h-14h ; fermé 1er janv. et 25 déc.*

SE REPERER

Cartes de région AC2-3 (p. 104-105), du lac Léman (p. 132) et de la corniche de Lavaux (p. 136) – *Carte Michelin Regional n° 552 C-D10-11.*

Situé au sud-ouest de la Suisse, le lac s'étend sur 72 km, entre Genève et Villeneuve.

À NE PAS MANQUER

Une baignade à la plage de la Pichette, près de Vevey, ou à Villeneuve ; une visite au château de Chillon.

ORGANISER SON TEMPS

Comptez une bonne semaine si vous voulez prendre le temps de découvrir les villes de la rive suisse du Léman.

AVEC LES ENFANTS

La collection de poupées du musée Alexis-Forel à Morges.

Bleu-gris ou turquoise selon les jours, sillonné en toute saison par des bateaux de croisière, le lac Léman invite à la plus agréable des flâneries. L'été, ses rives jalonnées de villes très touristiques sont toujours animées. Puissant régulateur thermique, le plan d'eau génère un climat très appréciable, surtout en avant et en arrière-saison.

Le château de Chillon, au bord du lac Léman.
Office du tourisme de St-Maurice

Le Léman, un lac exceptionnel

Dans toute la chaîne des Alpes, aucun lac ne peut rivaliser avec les 310 m de profondeur et les 58 000 ha du Léman (13 fois l'étendue du lac du Bourget, le plus vaste de la France intérieure). Sa forme est celle d'un croissant, large au maximum, entre Morges et Amphion, de 13 km. On sépare généralement le **Petit Lac** – entre Genève et Yvoire – du **Grand Lac**, secteur le plus épanoui à l'intérieur duquel on distingue encore un « **Haut Lac** », au large de Vevey-Montreux. Quant à l'appellation « lac de Genève », elle n'est de mise que dans la cité de Calvin. Découvrir le lac en bateau constitue une très agréable alternative à la route, grâce aux multiples croisières proposées par la Compagnie générale de navigation *(voir Nos adresses au lac Léman).* L'automne, sur la Riviera vaudoise, jouit d'un prestige international : il vous faudra parcourir, à la saison des vendanges, les routes décrites ci-dessous.

LA RIVIERA VAUDOISE

Le climat exceptionnel qui règne dans cette région du lac Léman est le plus doux qui soit au nord des Alpes. Il permet à une végétation luxuriante et variée de se développer : la vigne pousse jusqu'à 600 m d'altitude, le noyer jusqu'à 700 m et les arbres fruitiers jusqu'à 1 000 m. Sur les rives du lac, on rencontre des figuiers, amandiers, lauriers, mûriers et même des cyprès, magnolias et palmiers. Au printemps, les prairies dominant la ville sont couvertes de narcisses et donnent aux coteaux un charme tout particulier.

LA BATAILLÈRE

L'absorption, par le lac, des eaux troubles du Rhône valaisan est intéressante à observer : surnommé la Bataillère, ce phénomène est visible des terrasses ou des sommets qui dominent l'agglomération de Vevey-Montreux. Le puissant panache boueux semble se résorber entièrement. En réalité, le mélange ne s'effectue pas sur-le-champ. Une tranche d'eaux fluviales troubles subsiste à environ 20 m de profondeur, jusqu'à l'automne, époque où le refroidissement provoque un brassage général des eaux et rétablit l'homogénéité. Le Rhône en sort ainsi purifié et régularisé. Cependant, la profondeur du lac tend à diminuer en raison de l'accumulation des dépôts du fleuve et de l'approfondissement de son lit qui abaisse en même temps le niveau du lac.

Circuits conseillés Carte du lac Léman

★ LA ROUTE DU VIGNOBLE

Itinéraire de 70 km de Genève à Lausanne – voir le circuit 1 tracé en vert sur la carte du lac Léman (ci-dessous) – compter 2h.
Quitter Genève par la route Littorale de Lausanne (route n° 1), qui ne se dégage véritablement de l'agglomération genevoise qu'après Versoix.
Le tapis de vignes quasi continu qui escalade le versant jurassien, les rives du lac Léman, et la vue sur les montagnes offrent un décor enchanteur.

Coppet

Cette petite ville riveraine du Léman est traversée par une Grand'Rue bordée de maisons à arcades, construites au 16e s. après l'invasion des troupes bernoises.
★ **Château** – *022 776 10 28 - www.swisscastles.ch/Vaud/Coppet - fermé du 1er Nov. au dim. de Pâques - visite guidée (40mn) 14h-18h - 8 CHF (enf. 6 CHF).*
Reconstruit au 18e s. et entouré d'un parc romantique proche du Léman, ce château appartenait à Jacques Necker, banquier d'origine genevoise et ministre des Finances de Louis XVI. Son renvoi par le roi le 11 juillet 1789 contribua au début de la Révolution française. Sa fille Germaine épousa en 1786 l'ambassadeur de Suède à Paris, le baron de Staël-Holstein. Opposée au régime de Bonaparte, elle fut condamnée à l'exil et se réfugia à Coppet jusqu'à la Restauration. La tumultueuse Mme de Staël, auteur de plusieurs ouvrages (*Corinne, Dix Années d'exil, De l'Allemagne…),* hébergea alors les grands esprits du temps : Benjamin Constant, Lord Byron, Schlegel, Chateaubriand, Mme Récamier… Elle fit ainsi de Coppet le « salon de l'Europe ».
Le château est resté depuis lors propriété de la même famille. Les façades visibles par le public et les pièces ouvertes aux visites ont été restaurées. L'**intérieur** est somptueusement meublé. Le mobilier d'époque Louis XVI et Directoire provient, pour l'essentiel, de l'hôtel de Jacques Necker à Paris. Les pièces sont demeurées inchangées depuis la Révolution. On visite la bibliothèque, la chambre de Mme de Staël, l'appartement de Mme Récamier et, au 1er étage (bel escalier en fer forgé), le grand salon (tapisseries d'Aubusson) et le salon des portraits (œuvres de Duplessis, Gérard, Carmontelle).
Dans le parc du château, dans un cimetière privé, reposent Mme de Staël et des membres de sa famille.
Continuer sur la route n° 1. Sur la route côtière, dominée par l'autoroute de Genève à Lausanne, on a des vues rapprochées sur le Petit Lac et la rive française jusqu'à la pointe d'Yvoire.

Crans

Le château *(ne se visite pas)*, de proportions harmonieuses, traduit l'architecture de l'époque Louis XV. Près de l'église se dégage une vue intéressante sur le vignoble, le lac et, au fond, sur la chaîne de montagnes située en territoire français.

★ Nyon *(voir ce nom)*

★★ Château de Prangins

022 994 88 90 - ♿ - www.musee-suisse.ch - tlj sf lun. 11h-17h - 7 CHF (-16 ans gratuit).

Dans un parc à l'anglaise dominant le lac Léman, le château de Prangins, construit dans le style français des années 1730, fut tour à tour seigneurie, demeure princière, école et habitation. Le **Musée national suisse** qu'il abrite complète parfaitement son homologue de Zurich en se consacrant à l'histoire du pays aux 18ᵉ et 19ᵉ s.

Les **caves** sont dédiées à l'économie pré-industrielle de l'Ancien Régime.

Rez-de-chaussée – Il a pour thème *Le Rêve des Lumières*. Les salles d'apparat du château lui servent de cadre. Observez dans le salon un bel automate (boîte à musique) en forme de cage à oiseaux. Plus loin, l'optique en forme de maison bourgeoise (1781) ou « télévision de l'Ancien Régime », avait pour but de divertir.

1er étage – Il traite de *La Suisse en mouvement (1750-1920)*. De la Révolution à l'État fédéral, le pays connut de profonds bouleversements. Remarquez le **chapeau de la Liberté**, qui prend en Suisse, dès le 17ᵉ s., la forme du chapeau de Guillaume Tell ; il symbolise la République helvétique de 1798. À partir du 19ᵉ s., la population suisse devient majoritairement urbaine. La vie bourgeoise (reconstitution d'un salon de 1850) et les moyens de locomotion se développent (collection de vieux cycles et motocycles). Dans le couloir de l'étage, étonnante toile du pasteur Jean-Élie Dautun intitulée *Les Suisses illustres*, une œuvre faisant appel à l'unité et à la tolérance.

Les combles – L'histoire de la Suisse en tant que pays d'émigration et d'immigration y est très bien évoquée, de même que le développement du tourisme. Voir la reconstitution d'un magasin de denrées coloniales situé près de la gare de Seewen (1883).

Le **jardin potager** aménagé à l'emplacement d'un ancien fossé s'inspire de textes d'époque. On y cultive des fruits et des légumes comme au 18ᵉ s. À l'arrière-plan, vue sur le mont Dôle et la chaîne du Jura.

Continuer sur la route nº 1 et à Dully, prendre à gauche, passer au-dessus de l'autoroute. On aperçoit le ravissant **site★** de la petite église de Luins, isolée parmi les vignes.

Tourner à droite vers Bursins. On gagne rapidement Bursins, puis Mont-sur-Rolle. L'horizon s'élargit : outre la rive savoyarde du lac – avec Thonon – et les sommets du haut Chablais, on voit la rive vaudoise, de la baie de Rolle aux rochers de Naye en passant par Lausanne. En deçà d'une frange de villas, les collines qui descendent vers le lac, constituent l'un des grands vignobles suisses.

Rolle

Cette agréable petite ville s'étale sur la rive nord du Léman à mi-distance de Genève et de Lausanne. Tout au bord du lac se dresse le **château** construit à la fin du 13e s. par un prince de Savoie. De plan triangulaire, il est flanqué d'une grosse tour à chacun de ses angles.

Au large, sur un petit îlot artificiel, un obélisque a été érigé à la mémoire du général **Frédéric de Laharpe** (1754-1838), qui fut précepteur du tsar Alexandre Ier et le gagna aux idées nouvelles. Promoteur de l'indépendance vaudoise, Laharpe fut l'un des fondateurs de la République helvétique.

Entre Mont-sur-Rolle et Aubonne, on traverse plusieurs villages typiques blottis dans le vignoble, comme **Féchy**, tandis que les **vues★★** se multiplient en direction du Petit Lac, jusqu'à Genève (jet d'eau), et le Salève.

Sortir d'Aubonne, en direction de Lavigny.

★ Vufflens-le-Château

Le château de Vufflens a été érigé sur un plateau qui domine le cours encaissé de la Morge et d'où l'on peut voir le Jura, le lac Léman et la chaîne des Alpes. Cette forteresse, dont Walt Disney s'est inspiré pour dessiner les châteaux de ses parcs d'attraction, est une propriété privée qui ne se visite pas. Bâti à la fin du Moyen Âge, reconstruit totalement au début du 15e s. en faisant largement appel à la brique suivant le goût piémontais de l'époque – Vufflens appartenait à une famille savoyarde –, l'édifice a encore subi de très importantes restaurations au 19e s.

★ Morges

2 r. du Château - BP 55 - 1110 Morges - ☏ 021 801 32 33 - www.morges.ch - avr.-sept. : lun.-vend. 9h-18h, sam. 9h30-17h ; oct.-mars : lun.-vend. 9h30-12h30, 13h30-17h30.

Son château, construit par Louis de Savoie en 1286, sa Vieille Ville et sa Grand-Rue pavée font de Morges, qui s'étire tout au bord du lac Léman, une jolie petite cité. Elle s'anime surtout les jours de marché (mercredi et samedi matins) et, au printemps, avec la fête de la Tulipe.

★★ **Musée Alexis-Forel** – *54 Grand-Rue - ☏ 021 801 26 47 - ♿ - tlj sf lun. et mar. 14h-18h - fermé de déb. déc. à mi-mars - 8 CHF.* Ce musée d'objets précieux, fondé en 1918, est aménagé dans une maison historique du 16e s., dotée d'une cour « à l'italienne ». Les objets ont été rassemblés à l'origine par le graveur Alexis Forel et sa femme.

Au rez-de-chaussée, les « boîtes à rêves de Marie d'ailleurs » réalisées par l'artiste Madeleine Schlumberger (20e s.) invitent à la découverte de véritables mondes miniatures. Aux 1er et 2e étages, chaque salle du musée fait revivre par la richesse de sa décoration la vie passée : mobilier français et suisse du 15e au 19e s., estampes, bibelots (salons des 17e et 18e s.), porcelaines de Nyon et de la Compagnie des Indes, verrerie du 16e au 19e s., argenterie des 18e et 19e s. Les 3e et 4e étages sont consacrés à une exposition de poupées du 18e au 20e s. avec leurs accessoires.

Château – *☏ 021 316 09 80 - www.chateau-morges.ch - juil.-août : 10h-17h ; reste de l'année : mar.-vend. 10h-12h, 13h30-17h, w.-end 13h30-17h - fermé déc.-janv. - 10 CHF (enf. 3 CHF).* Louis de Savoie a fait construire cette forteresse au

13e s. pour s'opposer à l'évêché de Lausanne. Le château abrite aujourd'hui les collections de quatre musées.
Le **musée suisse de la Figurine** (rez-de-chaussée) présente une succession de dioramas illustrant, avec des soldats de plomb ou d'étain, de grands événements historiques de l'Antiquité au 19e s. (Babylone, révolte aztèque contre les Espagnols…).
Le **Musée militaire vaudois** (rez-de-chaussée et 1er étage) présente une rétrospective complète de l'armement, des uniformes et des coiffures militaires des régiments suisses (incluant la célèbre garde pontificale), de l'époque napoléonienne à nos jours.
Le **musée de la Gendarmerie vaudoise** (1er étage) dévoile l'histoire de ce corps et présente les uniformes et accessoires, ainsi que la reconstitution d'une cellule de détention et une belle collection de motos.
Le **musée de l'Artillerie** (sous-sol) expose une quarantaine de pièces réelles ainsi que des modèles réduits.
Quitter un instant la route n° 1 pour faire un crochet par St-Sulpice.

★ St-Sulpice

L'**église★** de St-Sulpice est la plus ancienne de la contrée de Morges et un pur témoin de l'art roman en pays de Vaud. Ses fondements datent d'avant l'an 1000. De l'ancien édifice roman ne subsistent que les absides en cul-de-four, le chœur, le transept voûté en berceau et la croisée sur laquelle s'élève un clocher rectangulaire. L'intérieur est d'une grande simplicité ; une décoration polychrome en atténue la sévérité. L'édifice est affecté au culte protestant depuis le 16e s. *✆ 078 618 92 83 - été : 6h30-20h ; hiver : 8h-18h - fermé dim. mat. et j. fériés - visite guidée sur demande (sf j. de mariage).*
On retrouve la route n° 1 pour gagner Lausanne.

★★ LA CORNICHE DE LAVAUX

Itinéraire de 39 km de Lausanne à Villeneuve – voir le circuit 2 tracé en vert sur la carte du lac Léman (p. 132) et le zoom (page suivante) – compter 1h30.
La route décrite ci-dessous est celle qui franchit l'autoroute après le carrefour de la Croix et s'intercale jusqu'aux abords de Vevey entre cette autoroute et la route littorale (n° 9). On pourra éventuellement, si la circulation y est trop dense, profiter plus aisément du paysage en empruntant plus haut les 5 km de la petite route qui s'y raccorde, à Chexbres, via Puidoux-gare, et qui longe ou surplombe l'autoroute. Enfin, l'autoroute elle-même procure des vues splendides, mais hachées par ses tunnels.
Partant d'Ouchy, il est possible de rejoindre l'itinéraire à hauteur de Grandvaux par la route littorale (n° 9) : à la sortie de Lutry, s'engager à gauche dans la route de la « Petite Corniche », puis suivre la direction de Riex.
Au-delà, au sortir d'une banlieue résidentielle cossue, puis de ravins boisés, la route débouche sur un versant planté d'arbres fruitiers. Vous pouvez voir le Haut Lac et sa rive savoyarde, jalonnée, de gauche à droite, par les falaises de Meillerie, les ondulations verdoyantes du plateau Gavot (derrière Évian) et le delta de la Dranse (rivière de Haute-Savoie qui se jette dans le lac Léman).
Plus loin, après le carrefour de la Croix, le Grand Lac est à son tour visible dans son intégralité. Sur la rive opposée s'avance la pointe d'Yvoire. Manque cependant au tableau la blancheur des grandes voiles latines : les barques traditionnelles du Léman ont toutes disparu du lac, à l'exception de deux d'entre elles, l'une à Ouchy, l'autre à Genève.
Après une forte descente, on franchit l'autoroute, puis la voie ferrée.

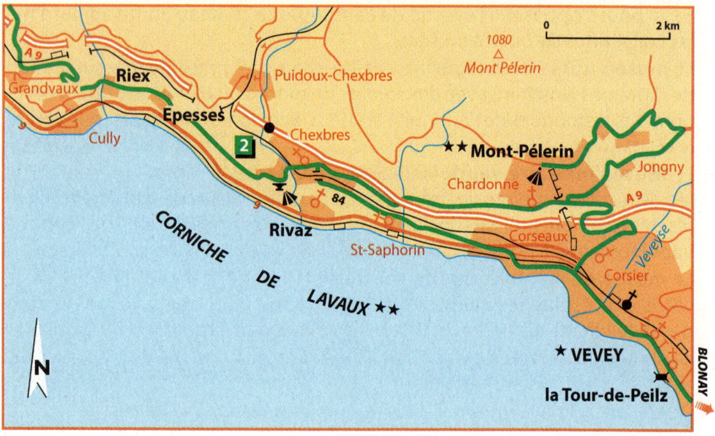

Vignoble de Lavaux

Ce vignoble, classé depuis 2007 au patrimoine de l'UNESCO, s'étend sur près de 14 km le long du lac Léman, sur une surface de plus de 800 ha. Il offre un spectacle unique, avec sa forte inclinaison et ses terrasses soutenues par des murs de pierre avec, en prime, face à lui, le panorama des Alpes. La région, qui produit principalement des chasselas, a huit appellations, parmi lesquelles dézaley, calamin, épesses et st-saphorin, que l'on pourra déguster dans des *pintes*, ces établissements traditionnels où l'on sert aussi une délicieuse cuisine vaudoise dans une ambiance souvent intemporelle.

Train des vignes – *Un train/h, toute l'année, de 6h09 à 18h41, au dép. de Vevey - 11,20 CHF AR.* En 12mn, il conduit de Vevey au village de Chexbres, où se trouvent plusieurs caves à vin. Possibilité de retour en bateau. Passés les villages typiques de Riex et d'Épesses, le versant se raidit : c'est le terroir du Dézaley. À l'endroit où la route contourne une colline escarpée, un **belvédère**★★ permet de contempler la vallée du Rhône valaisan ; dans cette trouée se profile, en arrière-plan, la cime neigeuse du Grand Combin. Quelques centaines de mètres plus loin, l'agglomération de Vevey-Montreux apparaît au pied du piton caractéristique de la dent de Jaman et des falaises des rochers de Naye. De la dernière section de la corniche, entre Chexbres, Chardonne et Vevey, on peut voir les dents du Midi.

Vinorama à Rivaz

2 rte du Lac - ✆ 021 946 31 31 - www.lavaux-vinorama.ch - tlj sf lun. et mar. 10h30-21h30 - gratuit.

Ce show-room présente des vins de Lavaux sélectionnés. Ne manquez pas au sous-sol la projection du film, qui évoque avec sensibilité et précision le travail d'un vigneron sur quatre saisons.

★ **Vevey** *(voir ce nom)*

★★ **Mont Pèlerin** *(voir ce nom)*

★★ **Montreux** *(voir ce nom)*

★★ Château de Chillon

Accès possible à pied depuis Montreux en longeant le lac. Compter 2h de visite - ✆ 021 966 89 10 - www.chillon.ch - avr.-sept. : 9h-18h ; mars et oct. : 9h30-17h ; nov.-fév. : 10h-16h (dernière entrée 1h av. fermeture) - fermé 1er janv. et 25 déc. - possibilité de visite guidée (1h) - 12 CHF - audioguide 6 CHF.

LE « PRISONNIER DE CHILLON »
Le château de Chillon a servi plus d'une fois de prison d'État; de tous les détenus, **François de Bonivard** est le plus célèbre. Prieur de St-Victor de Genève, il voulait introduire la Réforme à Genève. Ses thèses ayant déplu au fervent catholique duc de Savoie, il fut arrêté et jeté dans les souterrains du château de Chillon. Il resta quatre ans enchaîné à l'un des piliers. On voit encore, dit-on, dans le roc, les traces de pas du captif délivré par les Bernois en 1536. Le poète anglais Byron, de passage à Chillon en 1816, a décrit la captivité de Bonivard dans une œuvre débordante de lyrisme qui a contribué à faire du château le monument le plus populaire de Suisse.

Bâti sur un îlot rocheux, il occupe un **site★★** pittoresque.
Au 9e s. une première forteresse fut édifiée en cet endroit pour surveiller la grande route qui, venant d'Avenches, se dirigeait vers l'Italie par le Grand-St-Bernard, après avoir longé le Léman.
Propriété des évêques de Sion qui l'agrandirent, puis des comtes de Savoie (à partir de 1150), le château prit, au milieu du 13e s., son aspect actuel.
On franchit le fossé par un pont du 18e s. ayant remplacé le pont-levis. Les souterrains, qui servirent d'arsenal pour la flotte bernoise aux 17e et 18e s., ont de belles voûtes d'ogives et ont été aménagés à même le roc. Dans la prison de Bonivard *(voir encadré)*, Byron a gravé son nom sur le 3e pilier.
La grande salle du bailli-châtelain, qui porte les armoiries de Savoie, est pourvue d'un magnifique plafond et d'une imposante cheminée du 15e s. Des colonnes en chêne, un beau mobilier et une collection d'étains retiennent également l'attention. L'ancienne salle de réception des châtelains ou *aula nova*, décorée d'un plafond de bois en forme de carène renversée, abrite actuellement un **musée** (armes – mousquet orné de nacre et d'os –, armures, étains, mobilier). La *camera paramenti* servait de chambre d'hôte à l'époque savoyarde. La vaste salle des Chevaliers, ou salle des Armoiries, porte sur ses parois les armoiries des baillis bernois de Vevey (vaisselier contenant des pots en étain, trône en bois). La chambre du duc ou *camera domini* lui fait suite. Après la cour d'honneur se succèdent la chapelle (peintures murales), la salle de Justice ou grande salle du Comte qui était utilisée pour les fêtes et les réceptions (colonnes en marbre noir), la salle des Clercs, le **Musée lapidaire** (vestiges trouvés dans le fossé, maquettes montrant les étapes de la construction du château). Du sommet du donjon (montée par un escalier étroit), très belles **vues★★** sur Montreux, le lac Léman et les Alpes. La visite s'achève par une partie du chemin de ronde et deux tours de défense, transformées en prison au 17e s.

1

Villeneuve

Ce bourg conserve quelques monuments d'un passé très ancien. Sur son agréable « front de lac » aux quais ombragés, une statue témoigne de la « reconnaissance des Alsaciens et Français » qui ont trouvé asile en Suisse lors de la guerre de 1870.
La Grand-Rue a gardé ses étroites maisons anciennes à portail de bois. Près de la place du Temple se dresse l'église St-Paul, du 12e s. (remarquez les vitraux). À proximité de la gare, une inhabituelle Maison de ville (mairie) a été installée dans l'ancienne chapelle de l'hôpital. Plusieurs personnages célèbres, séduits par le charme de la ville, y habitèrent. Parmi eux, les écrivains Lord Byron (un hôtel porte son nom), Victor Hugo, Romain Rolland, ou encore le peintre Oskar Kokoschka (il s'y éteignit en 1980).

NOS ADRESSES AU LAC LÉMAN

HÉBERGEMENT

PREMIER PRIX

Camping le P'tit Bois – *Rte de Genève - Morges - ✆ 021 801 12 70 - www.campingtcs.ch - avr.-oct.* Une situation exceptionnelle au bord du lac Léman.

POUR SE FAIRE PLAISIR

Hôtel du Mont-Blanc au Lac – *Quai du Mont-Blanc - Morges - ✆ 021 804 87 87 - www.hotel-mont-blanc.ch - P - 45 ch. - 250/380 CHF.* Toutes les chambres ont vue sur le lac. Deux restaurants : Les Guérites (1er étage, restaurant gastronomique) et Le Pavois, plus simple *(voir ce nom).*

UNE FOLIE

La Fleur du Lac – *70 r. de Lausanne - Morges - ✆ 021 811 58 11 - www.fleur-du-lac.ch - P - 30 ch. - 358/402 CHF - rest. 32 CHF (midi)/65 CHF.* Chambres avec terrasse ou balcon offrant une superbe vue sur le lac. Jardin soigné et piano-bar. Confortable restaurant au cadre rustique boisé, agrandi d'une terrasse panoramique.

RESTAURATION

PREMIER PRIX

La Gare – *2 pl. de la Gare - Cully - ✆ 021 799 21 24 - www.lagarecully.ch - fermé 23 déc.-11 janv., 31 août-21 sept., dim., lun. midi et sam. midi - 30/129 CHF.* Derrière sa façade rouge braquée vers la gare, l'établissement propose une cuisine classique teintée de modernité. Service dans une arrière-salle ornée de verrières rétro. Bon choix de vins. Terrasse.

Café-restaurant de Riex – *Corniche - Riex - ✆ 021 799 13 06 - fermé lun. et mar. midi - 30 CHF.* Excellentes spécialités locales dans cette *pinte* vaudoise qui sert aussi les vins de sa propriété. Sans doute la pinte vaudoise qui possède le plus de caractère.

BUDGET MOYEN

Le Pavois – *Quai du Mont-Blanc - Morges - ✆ 021 804 87 87 - www.hotel-mont-blanc.ch - 32/80 CHF.* Le restaurant de l'hôtel du Mont-Blanc au Lac *(voir ce nom)* offre deux salles aux ambiances et cuisines complémentaires. L'une dans l'ambiance café, et l'autre, plus confortable, au 1er étage, accessible par un escalier. Choix classique.

La Pinte – *Dans le village de Saint-Saphorin - ✆ 021 925 49 00 - www.aubergedelonde.ch - fermé de fin déc. à mi-janv., 2 sem. en avr., lun. et mar. - 52/69 CHF.* Maison historique de 1730 au centre du bourg vinicole. Cadre sympathique et carte traditionnelle.

ACTIVITÉS

Compagnie générale de navigation – *✆ (0) 848 811 848, Infoline juin-sept. : 7h30-18h, 1er oct.-31 mai : lun.-vend. 8h-12h, 13h30-17h30 - www.cgn.ch - horaires variables selon saisons et destinations.* Ses bateaux desservent les rives suisse et française et offrent de multiples possibilités, dont des croisières à thème. Les excursions peuvent durer de 20mn à une journée entière. À retenir : les circuits d'un apr.-midi intitulés « tour du Petit Lac » au départ de Genève et « tour du Haut Lac » (le plus intéressant) au départ de Lausanne-Ouchy.

AGENDA

Voir l'Agenda dans la partie « Organiser son voyage », p. 35.

Nyon

★

18 269 habitants – Canton de Vaud

NOS ADRESSES PAGE 144

S'INFORMER

Nyon Région Tourisme – *8 av. Viollier - ✆ 022 365 66 00 - www.nyon-tourisme.ch - de mi-mai à mi-sept. : lun.-vend. 8h30-12h, 14h-17h30 (sf merc. apr.-midi) ; reste de l'année : lun.-vend. 8h30-12h30, 13h30-17h30 ; fermé j. fériés.* Possibilité de visites guidées.

Billets combinés – Une entrée dans un musée de Nyon donne l'accès gratuit aux deux autres.

SE REPERER

Carte de région A3 (p. 104-105) et carte des environs (p. 213) – *Carte Michelin Regional n° 552 B10.*

À 27 km au nord de Genève et à 42 km au sud-ouest de Lausanne.

À NE PAS MANQUER

La vue sur le lac Léman et les toits de Nyon depuis la terrasse du château ; en hiver, la dégustation d'un vacherin-mont-d'or, fromage saisonnier de la vallée de Joux.

ORGANISER SON TEMPS

Compter une bonne journée et demie pour Nyon et les alentours.

AVEC LES ENFANTS

Le zoo de la Garenne, Juraparc, les grottes de Vallorbe.

L'ancienne Noviodunum, colonie romaine fondée par Jules César, n'a jamais cessé d'être habitée. Sa partie haute, dominée par le château, a gardé de charmantes petites rues, des maisons à arcades et de belles places anciennes où il fait bon flâner. Tranquille durant l'année, la ville s'électrise en juillet avec le Paleo Festival, qui attire chaque année plus de 200 000 amateurs de musique.

Se promener

★ Promenade des Vieilles Murailles

Aménagée au 19e s. en surplomb du quartier de Rive, à l'abri des vents du Nord, elle longe des murs tapissés de vigne vierge et s'élargit sur l'esplanade des Marronniers, d'où l'on profite d'une belle **vue** sur la ville, le Petit Lac jusqu'à Genève, le Salève et le mont Blanc. L'érection, à cet endroit, de **colonnes romaines** (trouvées à proximité) avec leurs chapiteaux et leur entablement à frise corinthienne, ajoute une note romantique au tableau.

★ Château

✆ 022 363 83 51 - www.chateaudenyon.ch - ♿ - tlj sf lun. (ouv. les lun. fériés), avr.-oct : 10h-17h ; nov.-mars : 14h-17h - 8 CHF (enf. 4 CHF).

Ce château abrite le **musée Historique et des Porcelaines**. Profondément remaniée au 16e s., à l'époque bernoise, cette construction d'origine féodale, propriété de la ville de Nyon depuis 1804, porte cinq tours dissemblables toutes coiffées en poivrière. De la terrasse, jolie **vue** sur le quartier de Rive et le Petit Lac (table d'orientation).

L'entrée du musée se trouve au sous-sol. Le rez-de-chaussée est dédié aux expositions temporaires. Fil rouge à travers tous les étages : des photographies de Nyonnais des siècles passés, dont certaines sont très émouvantes.

1er étage – Il accueille les plus belles pièces des collections du musée : des porcelaines produites de 1781 à 1813 au sein de la célèbre manufacture de Nyon. L'utilisation historique des salles est indiquée ; l'une servait par exemple de « chambre des armoiries ». On y voit également une grande galerie extérieure, ornée de peintures murales qui datent de 1690.

2e étage – Étage d'apparat au 16e s., cet espace a été occupé à partir de 1836 par les tribunaux de la ville et le Conseil communal. Il a été réaménagé avec des papiers peints reproduits d'après d'anciens modèles. Il contient des céramiques du 19e s. et des meubles commandés pour le château lors de son rachat par la ville de Nyon.

3e étage – Les combles du château, qui servaient autrefois de lieu de dépôt et de salle de torture (fin 17e s.), ont été reconstruits en 1832 pour servir de prison. Un appartement pour le geôlier et sa famille y avait été aménagé. Les cellules n'ont été désaffectées qu'en 1979 et ont été conservées en l'état. Les murs portent encore les graffitis des derniers prisonniers.

Musée romain

R. Maupertuis - ✆ 022 361 75 91 - www.mrn.ch - ♿ - tlj sf lun. (ouv. les lun. fériés), avr.-oct : 10h-17h ; nov.-mars : 14h-17h - 8 CHF (enf. 4 CHF).

Ce musée souterrain est annoncé, en surface, par une statue de Jules César et occupe les fondations de l'ancienne basilique du Forum. Construite au 1er s. apr. J.-C., cette basilique servait à la fois d'hôtel de ville, de tribunal et de bureaux officiels. Le musée permet de comprendre la cité dans son contexte antique et présente une maquette du forum, ainsi que des objets provenant des fouilles effectuées sur place et alentour : fragments de mosaïques à décor géométrique simple ou à rinceaux (dont celle dite d'Artémis), vestiges lapidaires (bornes milliaires, chapiteaux), objets de la vie quotidienne, et surtout une abondante série d'**amphores**, d'origines diverses. Intéressantes expositions temporaires.

Quartier de Rive

Un petit port de plaisance bien abrité, un parc et des quais fleuris, d'où l'on a vue sur la rive française en face (à 4 km), font le charme de cette partie de Nyon. Quai des Alpes, au sommet de la tour César (11e s.), on remarque le masque romain du dieu Attis, amant de Cybèle et symbole de la fécondité.

Musée du Léman – *8 quai Louis-Bonnard - ✆ 022 361 09 49 - www.museeduleman.ch - ♿ - tlj sf lun. (ouv. les lun. fériés) avr.-oct : 10h-17h ; reste de l'année : 14h-17h - 8 CHF (enf. 4 CHF).* Situé dans un ancien hôpital du 18e s., près du port de plaisance, il présente l'origine du lac, sa flore et sa faune. On y trouve les plus grands aquariums de

Suisse romande. Modèles réduits, bateaux, cartes et œuvres d'art illustrent le patrimoine naval lémanique.

À proximité Carte de région

Abbaye de Bonmont A3

10 km à l'ouest de Nyon par la route de Divonne puis une petite route à droite.

022 557 52 80 - juil.-août : 13h-17h ; avr.-juin et sept.-oct : w.-end 13h-17h - fermé nov.-mars et certains j. fériés et pour concerts et manifestations - 5 CHF.

Au pied du Jura vaudois subsistent quelques bâtiments de l'ancienne abbaye de Bonmont, devenue cistercienne en 1131 pendant sa construction. Les vicissitudes qu'elle connut à partir du 16e s. (elle servit entre autres de fromagerie et même de garage) l'ont cependant préservée d'altérations trop importantes.

Bâtie sur le modèle de l'abbaye bourguignonne de Clairvaux (plan en croix latine, nef tripartite et chevet plat flanqué de chapelles rectangulaires), l'église, austère mais de proportions harmonieuses, présente un beau porche orné de chapiteaux à décoration florale.

★ St-Cergue A2

15 km au nord-ouest de Nyon.

Pl. Sy-Vieuxville - 022 360 13 14 - www.st-cergue-tourisme.ch - mar.-vend. 8h30-12h, 13h30-16h30, w.-end 9h30-15h30 - fermé w.-end en basse saison (avr., mai, oct.-déc.).

Villégiature jurassienne d'altitude, réputée de longue date tant auprès des Genevois que des Français pour son climat de montagne reconstituant, St-Cergue offre de nombreuses possibilités de randonnées en été et, en hiver, un domaine skiable en liaison avec la France (les Jouvencelles avec 23 pistes allant de la verte à la noire), ainsi que 80 km de pistes de ski de fond. Les amateurs de curiosités botaniques pourront se rendre au pâturage de la Borsattaz, hérissé de sapins géants, les « gogants », espece unique dans le Jura. (*Accès par la route de Lausanne ; à 1,5 km, prendre à gauche le chemin « route de la Prangine et du Plumet » ; 1,5 km plus loin, au « carrefour des Fruitières », prendre à droite*).

★★ **Belvédère du Vieux-Château** – *1h30 à pied AR par un chemin signalé « La Ballade à Béatrix », départ de l'office du tourisme de St-Cergue.* Ce sentier didactique mène à l'esplanade du Vieux-Château de St-Cergue. Il est jalonné de 16 panneaux qui racontent le dernier épisode de la vie de ce château, détruit pendant les guerres de Bourgogne. Très beau point de vue sur le Léman et le mont Blanc.

★★★ La Dôle A2

Deux possibilités d'accès en voiture : de Nyon, aller jusqu'au parking de la Barillette (20 km env.) ; de St-Cergue, se rendre au parking La St-Cergue (21 km). 1h10 depuis la Barillette, 1h35 depuis La St-Cergue ; chaussures de montagne obligatoires. Alt. 1 677 m.

Le sentier, signalé par des points jaunes, conduit au sommet où se trouvent un signal et un radar pour le guidage des avions. La dernière partie de la promenade est assez escarpée. L'immense **panorama**★★★ s'étend des Alpes jusqu'aux cimes du Valais (Cervin) et de l'Oisans (Meije) entre lesquelles trône le mont Blanc, avec le lac Léman au premier plan. Un tour d'horizon complet met en relief le Jura : mont Tendre et Chasseron d'un côté et, de l'autre, la Valserine jusqu'au Reculet.

1

Circuit conseillé Carte des environs de Nyon

★★ VALLÉE DE JOUX

Itinéraire de 90 km de Nyon à Vallorbe – voir le circuit 1 tracé en vert sur la carte des environs de Nyon (p. 213) – compter 2h.
Quitter Nyon en direction de Gland, puis prendre la direction col du Marchairuz. Après Begnins et Burtigny, prendre à gauche, juste avant Marchissy.
Office du tourisme de la vallée de Joux – *Centre sportif - 8 r. de l'Orbe - Le Sentier - 021 845 17 77 - www.myvalleedejoux.ch - 9h-12h, 13h-18h.*
Avec son lac, ses pâturages, ses forêts de sapins et les montagnes qui l'entourent, la vallée de Joux, située à 1 000 m d'altitude, est le fleuron du Jura vaudois.

Zoo de la Garenne

022 366 11 14 - www.lagarenne.ch - avr.-oct. : 9h-18h ; nov.-mars : 9h-17h30 - 10 CHF (enf. 3,50 CHF).
Ce petit zoo présente dans ses enclos, cages, aquariums et vivariums un bon échantillonnage d'espèces surtout européennes (loup, chien viverrin, lynx, aigle…).
Rejoindre Marchissy et continuer jusqu'à St-George.
Après St-George, le **panorama** du « Sapin à Siméon » offre une belle vue sur le massif du Mont-Blanc, la chaîne des Aravis, le plateau et le massif des Glières et le Grand Salève.
Poursuivre jusqu'au Brassus.
La route traverse la **combe des Amburnex**, au cœur du **parc Jurassien Vaudois**, l'un des plus grands parcs naturels de Suisse. Le paysage est marqué par des murets de pierre sèche ; construits entre la fin du 19e s. et le début du 20e s., ils servaient à séparer les pâturages des forêts et à contenir le bétail.
Au Brassus, prendre à droite pour rejoindre le village du Sentier.
Blottie entre les chaînons du mont Risoux et du mont Tendre, la **vallée de Joux**★★ offre, été comme hiver, toute une panoplie d'activités (randonnée, VTT, sports nautiques, ski avec 220 km de pistes balisées).

Lac de Joux

Ce lac, le plus vaste du Jura, fait la joie des patineurs, car il gèle en hiver. Jusqu'aux années qui suivirent la guerre de 1914, sa glace était découpée en blocs réguliers et entreposée dans des glacières souterraines au village du Pont (à l'extrémité est du lac) avant d'être expédiée vers Paris par chemin de fer.

Le Sentier : Espace horloger de la vallée de Joux

021 845 75 45 - www.espacehorloger.ch - mars-oct. : tlj sf lun. et mar. 14h-17h30 ; nov.-fév. : tlj sf lun.-merc.14h-17h30 - fermé 24-26 et 31 déc. - possibilité de visite guidée (1h15) sur demande - 11 CHF (enf. 6 CHF).
Permet de découvrir les grands noms de l'horlogerie régionale comme Audemars Piguet, Blancpain, Braguet, etc., à travers l'exposition de remarquables horloges et montres du 16e au 19e s. et la reconstitution d'un atelier d'horloger.
Emprunter la rive sud du lac de Joux (l'Orient, les Bioux). Après le village de l'Abbaye, prendre direction Lausanne-Cossonnay. Au lieu-dit Pétra Félix, tourner à gauche, direction Vaulion. Quelques kilomètres après, prendre de nouveau à gauche, direction chalet de la Dent de Vaulion.

Le lac de Joux en hiver, tout gelé.
Vallée de Joux Tourisme

1

★★ Dent de Vaulion

15mn à pied AR. Du chalet, se diriger vers le signal qui marque le point culminant (table d'orientation). Alt. 1 482 m.

De la dent de Vaulion, on peut profiter, par beau temps, d'un **panorama★★** immense sur les Alpes (le massif du Mont-Blanc en particulier), sur la vallée de Joux et sur huit lacs (dont le lac Léman et le lac de Neuchâtel).

Redescendre à Pétra Félix pour rejoindre le village du Pont, puis direction Vallorbe.

Juraparc

Le Pont-Vallorbe - ✆ 021 843 17 35 - www.juraparc.ch - ♿ - tlj de 9h à la tombée de la nuit - 6 CHF (-16 ans 4,50 CHF).

Ours, loups et bisons évoluent dans des espaces naturels relativement grands. On peut les observer à partir d'une passerelle située en hauteur.

Vallorbe

11 Grandes-Forges - BP 90 - 1337 Vallorbe - ✆ 021 843 25 83 - www.vallorbe-tourisme. - avr.-nov. : lun. 14h-18h, mar.-dim. 10h-18h ; déc.-mars. : mar.-vend. 9h30-12h, 13h30-18h - fermé 1er janv. et 25 déc.

Située sur le revers sud du chaînon jurassien du mont d'Or, Vallorbe a été surnommée « la cité du Fer » en raison des forges et des hauts-fourneaux qui s'y sont implantés au Moyen Âge. L'époque florissante du fer est révolue, mais le bourg a conservé des activités dans la petite métallurgie (fabrique de limes), tout en se développant dans l'industrie du plastique et l'artisanat.

Musée du Fer et du Chemin de Fer – *Au centre de Vallorbe, dans le quartier des Grandes-Forges - ✆ 021 843 25 83 - www.museedufer.ch - avr.-nov. : lun. 14h-18h, mar.-dim. 10h-18h ; déc.-mars. : mar.-vend. 13h30-18h - visite guidée (1h15) sur demande - 10 CHF (enf. 6 CHF).* Le site classé des Grandes-Forges, bâti en 1495, abrite ce musée. Plusieurs machines, actionnées par quatre grandes roues à aubes utilisent l'énergie de la rivière de l'Orbe. Au cœur du musée, une forge est en activité, et l'on peut voir les forgerons au travail (mais leur présence est irrégulière). Aux étages, document audiovisuel très intéressant (30mn) sur l'histoire de la ligne du Simplon (Vallorbe est à mi-chemin sur l'axe Paris-Milan) et immense maquette de 277 m de voies où l'on peut mettre en marche les modèles réduits des trains qui passent à Vallorbe depuis 1870.

★ **Grottes de Vallorbe** – *021 843 25 83 - www.grottesdevallorbe.ch - visite guidée (1h env.) juin-août : 9h30-17h30 ; de fin mars à déb. oct. : 9h30-16h30 ; nov. et mars : w.-end 13h30-16h30 selon conditions météo - fermé déc. - 15 CHF (-16 ans 7 CHF). Prévoir un pull.* L'Orbe a creusé en amont de Vallorbe des salles souterraines qui figurent parmi les plus spectaculaires de Suisse. Elles ont été explorées quasiment pour la première fois dans les années 1960. Après une première galerie artificielle, on accède à une succession de lacs et de salles parées de concrétions, stalactites et stalagmites les plus diverses. La remontée du cours de l'Orbe souterraine (en fin de visite) est particulièrement impressionnante. Juste avant la sortie, visitez le **trésor des Fées**, qui expose, sous quatre coupoles taillées dans la roche, une collection de 250 minéraux de provenance internationale.

NOS ADRESSES À NYON

HÉBERGEMENT

BUDGET MOYEN

Hostellerie du 16e siècle – *Pl. du Marché - 022 994 88 00 - www.16eme.com - 19 ch. - 186 CHF.* En plein centre de Nyon, tout près du château, cet hôtel installé dans une belle bâtisse d'époque propose des chambres claires et agréables. Également restaurant ; bon rapport qualité-prix.

POUR SE FAIRE PLAISIR

Hôtel Ambassador – *26 r. St-Jean - 022 994 48 48 - www.hotel-ambassador-nyon.ch - 19 ch. - 220/300 CHF (sem.), 200/240 CHF (w.-end).* Chambres confortables et spacieuses, à la décoration « bourgeoise » (moquette sombre, meubles en bois, tentures…). Certaines ont une grande terrasse sur le lac.

RESTAURATION

BUDGET MOYEN

Le Rive – *15 r. de Rive - 022 362 34 46 - www.lerive.ch - restauration non-stop - fermé lun. et mar. en oct.-avr. - 35/66 CHF.* Cuisine simple mais bonne dans cette brasserie située au bord du lac. Elle fait également crêperie. Accueil sympathique. Terrasse.

Café du Marché – *3 r. du Marché - 022 362 35 00 - www.cafedumarche.ch - fermé 22 déc.-4 janv., un mois à Pâques et dim. - 48/125 CHF.* Restaurant « envoyant » de la cuisine italienne généreuse dans une petite salle à manger agréable ou dans la partie café arrangée tout en simplicité. Spécialités du Tessin.

POUR SE FAIRE PLAISIR

Le Maître Jaques – *R. de Rive - 022 361 28 34 - www.maitrejaques.com - fermé 24 déc.-4 janv., dim. et lun. - 60/96 CHF.* Accueillante table bordant une rue piétonne. Salle bistrotière chaleureuse et boisée, pièce plus intime et terrasse près d'une fontaine veillée par une statue de Maître Jaques.

AGENDA

Voir l'Agenda dans la partie « Organiser son voyage », p. 35.

Lausanne

★★

122 284 habitants – Canton de Vaud

NOS ADRESSES PAGE 158

S'INFORMER

Office de tourisme de Lausanne – *021 613 73 73 - www.lausanne-tourisme.ch. Gare : 9h-19h. Pl. de la Navigation : avr.-sept. 9h-20h ; reste de l'année 9h-18h.* Visites guidées de la ville. Les possesseurs d'iPhone ou d'iPodTouch peuvent gratuitement télécharger sur le site un guide de la ville.

SE REPERER

Carte de région B2 (p. 104-105) et plans de ville (p. 147 et p. 148) – *Carte Michelin Regional n° 552 E10.*

À 64 km au nord-est de Genève et à 109 km au sud-ouest de Berne.

SE GARER

Garez votre voiture dans l'un des parkings. Le centre-ville de Lausanne étant piétonnier, elle ne vous sera d'aucune utilité. L'excellente qualité du réseau de transports en commun permet de circuler facilement.

À NE PAS MANQUER

Le soir, aller écouter le guet de la cathédrale.

ORGANISER SON TEMPS

Compter 2 jours pour visiter Lausanne.

AVEC LES ENFANTS

Le Musée olympique, la collection de l'Art brut, le parc de Sauvabelin, le zoo de Servion.

1

Dès le premier coup d'œil, Lausanne a un charme fou. Juchée sur trois collines, la capitale du canton de Vaud dégringole de ses hauteurs médiévales jusqu'aux délicieux rivages d'Ouchy, où règne une indéniable douceur de vivre. Son relief mouvementé oblige à monter et descendre sans cesse, mais tout effort est bien vite récompensé. La jeunesse a fait du cœur de la ville et de ses quais des lieux de vie nocturne. Cité d'art, de spectacles et de musées, Lausanne est renommée pour ses concerts de musique classique et sa troupe de ballet dirigée par Maurice Béjart. Depuis le début du 20e s., elle est le siège du Comité international olympique, ce qui n'a fait qu'accroître sa réputation.

Se promener Plan de ville

LA VIEILLE VILLE Plan II

Itinéraire tracé en vert sur le plan de ville (p. 147) – compter 1h sans la visite de la cathédrale et des musées. Cet itinéraire emprunte de nombreuses rues piétonnes. Partir de la place St-François (la plupart des bus la desservent).

La place, où commence une zone piétonne, est dominée par l'**église St-François** (C2), seul vestige d'un couvent de franciscains bâti au 13e s., et devenue paroisse réformée au 16e s. Elle possède de beaux vitraux modernes, œuvres de Cingria, Haeton et Biéler. Autre particularité, elle sert d'habitat à des martinets alpins. Leurs nichoirs, visibles d'en bas, se trouvent près des clochers verts, dans quatre encoches sous les toits.

Emprunter la rue de Bourg derrière l'église, puis tourner à gauche rue St-François.

Du Moyen Âge au 18e s., ce quartier rassemblait des couches sociales les plus diverses, la rue de Bourg ayant, elle, été habitée jusqu'au début du 19e s. par les familles riches. Avec ses magasins de luxe, c'est aujourd'hui l'une des rues les plus commerçantes de la Vieille Ville.

Traverser la rue Centrale pour prendre en face la rue du Pont.

Place de la Palud C2

En l'abordant par la rue du Pont, on tombe immédiatement sur la charmante **fontaine de la Justice** (16e-18e s.). Sur la droite, au n° 23, une horloge animée se met en mouvement toutes les heures laissant apparaître un défilé de personnages historiques. La place est bordée par des maisons anciennes (18e s. pour la plupart).

L'**hôtel de ville** (sur la gauche) possède une remarquable façade Renaissance ornée de gargouilles en cuivre, en forme de dragon. Son portail est surmonté des armes de la ville.

Prendre les escaliers derrière la fontaine de la Justice.

Ces pittoresques **escaliers du Marché**, couverts en bois, ont été construits au 13e s. et longent des demeures du 16e s.

★★ Cathédrale D1

021 316 71 61 - lun.-vend. 7h-19h, w.-end 8h-19h ; ferme à 17h30 en hiver - fermé les apr.-midi du 1er janv. et 25 déc., et le 2 janv. tte la journée - visites guidées gratuites les j. ouvrables de juil. à mi-sept.

La cathédrale de Lausanne est le plus beau monument gothique de Suisse *(voir p. 84)*. Elle a été édifiée en plusieurs étapes. Commencée sous l'épiscopat d'Amédée (1145-1159), elle est achevée pour l'essentiel au milieu du 13e s. et consacrée en 1275. Lors de la Réforme, en 1536, elle subit d'importants changements, avec l'aménagement d'un nouvel espace liturgique dans la nef. Des restaurations sont entreprises au 18e s., puis à la fin du 19e s. par Viollet-le-Duc.

Le gros œuvre a été bâti en molasse, pierre tendre sensible aux intempéries. Le décor intérieur, polychrome, remonte à la construction d'origine. Caché pendant la Réforme, il a été remis au jour au début du 20e s. Le transept, qui date de la première époque gothique, culmine à plus de 30 m dans la tour-lanterne. Cette dernière, avec le clocher, présente une forte influence anglo-normande. Dans le chœur est érigé le tombeau d'Othon Ier de Grandson, mort en 1328, qui fit une brillante carrière à la cour d'Angleterre et devint l'ami du roi Édouard Ier. Parmi les principales richesses de la cathédrale, une **rosace** du 13e s., dans le croisillon sud du transept, exprime une représentation du monde (*Imago Mundi*) à l'époque médiévale. Autour de la figure du Dieu créateur s'ordonnent les thèmes de la

LE GUET

La cathédrale de Lausanne abrite l'un des derniers, sinon le dernier « guet » du monde, qui a pour tâche de clamer les heures nocturnes aux quatre vents de la ville (de 22h à 2h).

terre et de la mer, de l'air et du feu, des saisons, des signes du Zodiaque et de monstres aux confins de l'univers. Cette rosace était déjà célèbre au 13e s., car Villard de Honnecourt la dessina dans son *Album*, premier recueil consacré à l'architecture et à la décoration gothiques.

Le **portail méridional**, ou portail peint ou porche des Apôtres, est orné d'un bel ensemble de sculptures du 13e s., à l'origine peintes, proches de la facture d'Île-de-France (cinq des grandes statues sont des copies, les originaux se trouvant au musée de la Cathédrale). Les piliers qui soutiennent la voûte du porche portent, à gauche et au premier plan, les prophètes (Isaïe, David et Jérémie) ; près de la porte, les précurseurs (Moïse, Jean-Baptiste, Siméon) ; à droite et au premier plan, les évangélistes (Jean, Matthieu, Luc et Marc) ; au fond, des apôtres (Pierre, Paul, Jean). Le linteau est sculpté de deux bas-reliefs illustrant la mort et la résurrection de la Vierge. Au tympan, le couronnement de Marie présente le Christ en majesté prenant des mains d'un ange la couronne que la Vierge s'apprête à recevoir.

Le **portail Montfalcon**, du nom des évêques Aymon et Sébastien de Montfalcon, remonte à 1517 mais a été entièrement refait au début du 20e s. ; il s'ouvre au milieu de la façade principale et donne accès au narthex flanqué de deux absides latérales arrondies. On remarque deux statues du 13e s. (malheureusement décapitées) représentant la Vierge, Salomon et la reine de Saba. Dans une chapelle, à droite, des peintures murales (1505) évoquent

1

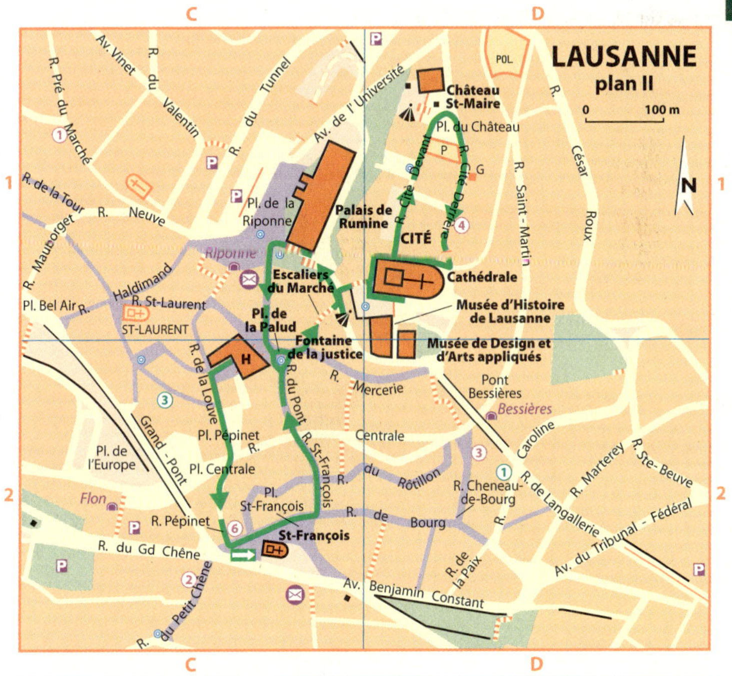

SE LOGER

City ... 1
Voyageurs (Les) ... 3

SE RESTAURER

Aubergine (L') ... 1
Bavaria (Brasserie) ... 2
Grappa (La) ... 3
Pomme de Pin (À la) ... 4
Romand (Café) ... 6

SE LOGER

- Agora 1
- Angleterre & Résidence 3
- Aulac 5
- Lausanne Guesthouse 6
- Mirabeau 7
- Pierrettes (Les) 9

SE RESTAURER

- Lacustre (Le) 2
- Olympique (Restaurant du Musée) 4
- Pêcherie (La) 6
- Port de Pully 8

la vie de la Vierge. Dans la chapelle St-Maurice, au bas du collatéral gauche, se trouvent les **stalles Montfalcon**, sculptées avec verve.

Tour – *021 316 71 61 - avr.-sept. : 7h-19h ; w.-end et j. fériés 8h-19h ; oct.-mars : 7h-17h30, w.-end et j. fériés 8h-17h30.* Du haut de ses 224 marches, on a une belle **vue★** sur la ville et le lac, avec les Alpes en arrière-plan.

Deux musées se trouvent sur la place de la Cathédrale, à droite de l'édifice.

Musée de Design et d'Arts appliqués contemporains D1-2

6 pl. de la Cathédrale - 021 315 25 30 - www.mudac.ch - ♿ - tlj sf lun. (sf juil.-août) 11h-18h - fermé lun., 1er janv. et 25 déc. - 10 CHF, gratuit 1er dim. du mois.

Magnifiquement restaurée, l'ancienne maison Gaudard sert de cadre à ce musée. Le bâtiment porte le nom du propriétaire du 17e s. qui lui a donné son aspect actuel. Des expositions thématiques sont réalisées à partir des collections permanentes d'art ancien d'Égypte et de Chine (collection Jacques-Édouard Berger) et renouvelées régulièrement. Exposition permanente d'art verrier contemporain (pièces de 1960 à nos jours). D'autres expositions temporaires sont également organisées.

Musée d'Histoire de Lausanne D1-2

021 315 41 01 - www.lausanne.ch/mhl - juil.-août : 11h-18h ; reste de l'année : mar.-jeu. 11h-18h, vend.-dim. 11h-17h - fermé lun., 1er janv., 24-25 et 31 déc. - 8 CHF (enf. gratuit).

Installé dans l'ancien évêché, il retrace l'histoire de Lausanne de la préhistoire au 20e s. Une vaste maquette représente la ville en 1638. L'époque bernoise (17e-18e s.) est abondamment illustrée par des documents et objets sur la vie politique, agricole et domestique. L'apparition du chemin de fer, le développement du tourisme et des affaires sont aussi abordés. Dans la dernière salle, reconstitutions de boutiques du 19e s. : imprimerie, bazar vaudois, épicerie, photographe ; remarquez le coffre-fort de la maison Kohler (1828), ingénieuse merveille de serrurerie.

Passer de l'autre côté de la cathédrale (prendre à droite si vous en sortez) pour emprunter la rue Cité-Devant, qui fait une boucle avec la rue Cité-Derrière.

Le nom des deux rues du **quartier de la Cité** vient de leur situation géographique dans le passé. La rue Cité-Devant était ouverte sur la ville ; la rue Cité-Derrière était proche des remparts.

Château St-Maire D1

Dans cet édifice du 15e s. en brique et pierre résidèrent les évêques de Lausanne, puis les baillis bernois. Le gouvernement cantonal y siège aujourd'hui. De la

1

OIN-OIN

Ce sympathique personnage, à l'accent bien prononcé et à la voix nasillarde, a tenu la vedette de 1957 à 1978 sur les ondes de la radio suisse romande, basée à Lausanne. Immortalisé par le comédien Claude Blanc, il racontait des histoires drôles sur la région et ses habitants. Oin-Oin aurait existé… Né à Genève, il était employé comme ouvrier horloger à La Chaux-de-Fonds. Souffrant d'un défaut de prononciation dû à un bec-de-lièvre, il laissait entendre en réponse à une question « ouin-ouin » au lieu de « ouais-ouais » et s'attirait les moqueries de ses camarades. Ses aventures et mésaventures firent le tour des cafés et des campagnes, et passèrent même la frontière française. Nombreux sont les humoristes romands actuels qui se réclament encore de Oin-Oin.

terrasse, la **vue** plonge sur les toits de la ville et plus loin à gauche sur le lac. *Revenir par la rue Cité-Derrière devant la cathédrale, redescendre la première partie des escaliers du Marché et tourner à droite dans la rue Pierre-Viret. Puis, tout de suite à gauche, prendre les escaliers de l'Université qui mènent à la place de la Riponne.*

Palais de Rumine C1

6 pl. de la Riponne. Bâti au début du siècle dans le style de la Renaissance italienne, cet imposant édifice a été construit grâce à un très important legs de Gabriel de Rumine. Il abrite la Bibliothèque et cinq musées.

★ **Musée cantonal des Beaux-Arts** – *✆ 021 316 34 45 - www.beaux-arts.vd.ch - ♿ - mar.-jeu. 11h-18h, vend.-dim. 11h-17h - fermé 1er janv., 25 déc. et entre deux expositions - 8 CHF (-16 ans gratuit), gratuit 1er dim. du mois.* Cet espace de plus de 1 200 m^2 accueille de vastes expositions temporaires d'art moderne et contemporain. Les collections permanentes comptent plus de 8 500 œuvres, dont celles des quatre grands fonds monographiques de Louis Ducros, aquarelliste du 18e s. (*Orage nocturne à Cefalù*), Charles Gleyre, artiste académique qui vit passer dans son atelier parisien les principaux impressionnistes (*Le Coucher de Sapho*), Félix Vallotton, peintre nabi (*La Chambre rouge*), et Louis Soutter, artiste en marge des circuits officiels (*Souplesse*). Ce fonds n'est pas toujours visible : pour éviter les déceptions, mieux vaut se renseigner. L'art français du 19e s. et du début du 20e s. est bien représenté avec des œuvres de Géricault, Courbet, Rodin, Cézanne, Bonnard, Renoir, Monet, Pissarro, Degas, Matisse, Vlaminck, Vuillard, Utrillo… La collection d'art contemporain porte sur l'art suisse et international de 1980 à nos jours.

Les quatre musées ci-dessous ont les mêmes conditions de visite : mar.-jeu. 11h-18h, vend.-dim. 11h-17h - fermé 1er janv. et 25 déc. - gratuit 1er dim. du mois.

Musée cantonal de Géologie – *1er étage, à gauche - ✆ 021 692 44 70 - www.unil.ch/mcg - ♿ - 6 CHF (-16 ans gratuit).* Il renferme des roches et fossiles provenant du Jura, des Alpes, de Lausanne et sa région, ainsi qu'un squelette de mammouth trouvé en 1969 près du Brassus, dans la vallée de Joux.

Musée cantonal de Zoologie – *2e étage - ✆ 021 316 34 60 - www.zoologie.vd.ch - 6 CHF (-16 ans gratuit), gratuit 1er sam. du mois.* Dans la salle centrale est présentée la faune du monde entier. À gauche, intéressante salle d'anatomie comparée où l'homme voisine avec les animaux. À droite, dans la salle de collection régionale, tous les vertébrés de la faune vaudoise sont exposés. Au centre, une galerie est consacrée à la minéralogie.

Musée cantonal d'Archéologie et d'Histoire – *6e étage - ✆ 021 316 34 30 - www.musees-vd.ch - 6 CHF (-16 ans gratuit).* Il abrite de nombreux objets trouvés dans la région des lacs Léman, de Neuchâtel et de Morat : céramiques et outils de l'âge du bronze, tombes celtiques, buste en or de Marc Aurèle, armes et bijoux du haut Moyen Âge, etc. Explications thématiques disponibles sous forme de vidéos ou de diaporamas sur écrans géants.

Musée Monétaire cantonal – *1er étage - ✆ 021 316 39 90 - www.musees-vd.ch - 6 CHF.* Monnaies antiques, médiévales et plus récentes ; médailles, sceaux.

Revenir à la place de la Palud par la rue Madeleine qui conduit juste en face de l'hôtel de ville. S'engager dans la petite ruelle voûtée qui passe en dessous de ce bâtiment.

La place de la Louve à laquelle on aboutit doit son nom à la rivière, aujourd'hui enterrée, qui traverse Lausanne. Il en va exactement de même pour **le Flon**, qui a donné son nom au quartier tout proche *(voir encadré p. 152)*.

Prendre à gauche jusqu'à la place Pépinet, qui donne sur la rue Centrale. Pour rejoindre la place St-François, remonter en face la rue Pépinet.

Vue sur la cathédrale de Lausanne.
I. Pompe/hemis.fr

PROMENADE DE SAUVABELIN Plan I

Compter 1h30. Prendre le bus n° 16 à partir de la place St-François ou de Lausanne-Flon et descendre à l'arrêt « Lac de Sauvabelin ».
Idéale à faire en famille, cette jolie promenade dans la verdure conduit du lac de Sauvabelin, au nord de la ville, au château St-Maire, près de la cathédrale. Elle emprunte par endroits le chemin de St-Jacques-de-Compostelle. Le dimanche, les familles lausannoises viennent se détendre dans la forêt de Sauvabelin, à deux pas de la ville. On peut traverser le lac en barque ou se promener autour. Dans le parc, on trouve une auberge, des aires de jeux et des animaux (moutons, chèvres, cochons laineux).
Prendre le chemin à côté du restaurant la Pinte à Fromage.

Tour de Sauvabelin Hors plan I, vers B1

021 315 42 74 - www.tour-de-sauvabelin-lausanne.ch - été 9h-21h, hiver 9h-17h - gratuit.
Depuis son installation en 2003, cette tour, entièrement en bois et haute de 35 m, est devenue l'attraction majeure du parc. Une fois ses 151 marches gravies, on profite d'un **panorama★** à 360° sur Lausanne, le lac Léman, les Alpes, l'arrière-pays et le Jura.
Au pied de la tour, prendre l'allée en pente douce, puis tourner à gauche. Au croisement, aller tout droit (indications jaunes du Tourisme pédestre) jusqu'à une route bordée d'une grande halle en bois. Au début du 20e s., ce chalet était le bâtiment principal du « Village suisse », une attraction touristique de l'époque. Dépasser le restaurant Le Chalet Suisse.

★★ Vue du Signal Hors plan I, vers B1

Alt. 643 m. Table d'orientation, longue-vue.
De ce belvédère, proche d'une petite chapelle, la vue s'étend sur le Léman, les Alpes savoyardes, vaudoises et fribourgeoises ; la Vieille Ville apparaît au premier plan.

Revenir vers le restaurant et suivre les indications du chemin de St-Jacques-de-Compostelle, qui mène au musée de la Fondation de l'Hermitage.
Au début du chemin, en contrebas, la maison au toit très pentu et coiffé de plusieurs paratonnerres a appartenu au chanteur David Bowie.

Fondation de l'Hermitage B1

2 rte du Signal - ☏ 021 320 50 01 ou 021 312 50 13 pour se renseigner sur les expositions - www.fondation-hermitage.ch - ♿ - mar.-dim. 10h-18h, jeu. 10h-21h - fermé en dehors des expositions - visite guidée (1h) jeu. à 18h30 et dim. à 15h, 5 CHF en plus du billet d'entrée - 18 CHF (enf. gratuit).
L'ancienne demeure de la famille vaudoise Bugnion, construite vers 1841 et entourée d'un beau parc aux essences rares, accueille d'importantes expositions temporaires d'art ou d'histoire. De la pelouse qui borde le musée, belle vue sur le château St-Maire, la cathédrale et le lac.
Pour redescendre vers la ville, suivre les indications jaunes.
Le chemin, qui passe à travers bois, mène à la place de la Barre et à sa jolie fontaine, tout près du château St-Maire.

★★ OUCHY Plan I

Bordés de beaux hôtels et de restaurants, les quais d'**Ouchy** (A3) constituent un lieu de promenade très prisé par les Lausannois, surtout le dimanche apr.-midi. Construits en 1901, ils s'allongent sur plus de 1 km et se prolongent, à l'est, par le sentier des Rives-du-Lac. Tout au long du parcours, ils offrent des **vues★★** ravissantes sur le port, le Léman et les monts du Chablais. Les bateaux, qui proposent plusieurs types de croisières sur le lac, contribuent à l'animation des quais. En effet, Ouchy est la base de navigation la plus animée du Léman, avec son vaste port de plaisance à hauteur de la place de la Navigation.
À Ouchy, débute le **chemin viticole des Terrasses de Lavaux**, qu'on peut parcourir à pied jusqu'au château de Chillon (33 km, 8h30 de marche). Ce chemin, qui traverse vignes et petits villages préservés, propose différents itinéraires, sous forme de boucles *(dépliant et renseignements à l'office de tourisme)*.

★★ Musée olympique B3

1 quai d'Ouchy - ☏ 021 621 65 11 - www.olympic.org - ♿ - avr.-oct. : 9h-18h ; nov.-mars : tlj sf lun. 9h-18h - fermé 1er janv. et 25 déc. - 15 CHF (enf. 10 CHF).
Un site unique en bordure du lac Léman, annoncé par des jets d'eau et des pavillons multicolores, un parc paysager et jardin de sculptures servent de cadre à ce musée qui concrétise le rêve du baron Pierre de Coubertin et donne au mot « olympisme » toute sa dimension. Le **parc** planté de belles essences (cyprès d'Italie, genévriers, magnolias) et de végétaux à feuilles persistantes, s'étage en pente douce et offre plusieurs points de vue sur le lac Léman et les Alpes savoyardes en arrière-plan.
Le long du chemin de 420 m (la longueur d'un stade olympique) qui serpente jusqu'à l'entrée du musée, des sculptures symbolisent le mariage du sport et de la culture.
Afin de protéger l'environnement naturel, une partie du musée a été enterrée. L'ensemble, moderne, inspiré d'un temple grec, est l'œuvre de l'architecte mexicain Pedro Ramírez

QUARTIER DU FLON
Ancienne zone industrielle, ce quartier est, avec Ouchy, le plus animé de la ville, notamment le soir. La place de l'Europe, en dessous du Grand-Pont, permet de se rendre compte des différences de niveaux vertigineuses qui coexistent dans la ville.

À la lumière de Lausanne

LAUSANNE PRIMITIVE

Des fouilles, qui ont mis au jour des squelettes néolithiques, ont montré que le site de Lausanne était occupé dès la fin de la préhistoire. Au sud-ouest, à **Vidy**, un quartier de l'ancienne « Lousonna » romaine a été dégagé, avec, notamment, un tronçon de voie, sur lequel est construite précisément l'arrivée de l'autoroute Genève-Lausanne.

LA CITÉ ÉPISCOPALE

À la fin du 6e s., le premier évêque, le futur saint Maire, vient s'installer dans la cité. Au Moyen Âge, la prépondérance religieuse s'accompagne d'un développement économique et politique ; la ville s'agrandit, avec les quartiers de la place de la Palud, du Bourg, de St-Pierre, St-Laurent et St-François.
Au 13e s., de nombreux ordres religieux s'y établissent ; le prince-évêque Guillaume de Champvent consacre la cathédrale au milieu de fêtes grandioses, tandis que le pape Grégoire X célèbre la dédicace en présence de l'empereur Rodolphe Ier de Habsbourg. Le centre religieux et intellectuel est la cité ou ville haute ; l'activité commerciale se manifeste surtout dans les bourgs adjacents.

DE LA RÉFORME À LA DOMINATION BERNOISE

La Réforme remporte un succès total à Lausanne : elle y est prêchée en 1529 par l'un des plus célèbres humanistes français, le Dauphinois Guillaume Farel, disciple de Lefèvre d'Étaples. En 1536, les Bernois, déjà acquis à la Réforme, occupent militairement la ville ainsi que tout le pays de Vaud.
En 1723, ils répriment durement une tentative des Vaudois pour retrouver leur indépendance : le major Davel, principal instigateur de la sédition, est décapité à Vidy. Le pays de Vaud accédera à l'autonomie politique en 1803.

LE SIÈCLE DES LUMIÈRES ET SON HÉRITAGE

Au 18e s., Lausanne ressent l'influence des encyclopédistes. Voltaire y fait jouer *Zadig*. Les salons littéraires fleurissent. Benjamin Constant, l'auteur d'*Adolphe*, naît à Lausanne en 1767. L'université, installée en partie dans l'Académie du 16e s., en perpétue brillamment les traditions. Des éditeurs très actifs décuplent le rayonnement de la ville et les témoins illustres ne manquent pas : Sainte-Beuve y prononce son discours sur Port-Royal et Gide y adapte *Les Caves du Vatican* au théâtre pour des étudiants. Parmi les gloires locales figurent le docteur Tissot (18e s.), surnommé le « médecin de l'Europe malade », le docteur Jules Gonin (20e s.), spécialiste de l'opération du décollement de la rétine, et Maurice Lugeon (20e s.), grand géologue dont les études sur les Alpes font autorité.

Vázquez (créateur du musée national d'Anthropologie de Mexico) et de l'architecte lausannois Jean-Pierre Cahen. Devant la façade en marbre blanc provenant de l'île de Thássos (Grèce), deux rangées de quatre colonnes portent les noms des villes olympiques et des présidents du CIO. Dans une vasque en granit décorée d'un motif allégorique évoquant le mythe de Prométhée, le feu olympique brûle en permanence.

Niveau 0 – Il est consacré en grande partie à l'histoire du Mouvement olympique. La Grèce antique y tient une place de choix. Des œuvres d'art de toute beauté, exposées par thèmes, rappellent l'origine des Jeux : figures en terre cuite, sculptures en marbre et en bronze, vases décorés de silhouettes d'athlètes, strigiles (sortes de racloirs dont les athlètes se servaient pour ôter l'huile, mêlée de sable et de sueur, dont ils s'enduisaient), couronnes de laurier en or. Sur le même niveau sont rassemblées les torches qui ont porté la flamme depuis 1936 (JO de Berlin). Sont ensuite présentés la vie et l'œuvre de Pierre de Coubertin (meubles et objets personnels), les Comités nationaux olympiques, les présidents du CIO (vidéo sur les événements internationaux qui ont marqué leur époque). Remarquez également deux beaux bronzes : *L'Athlète américain* de Rodin et *L'Archer* de Bourdelle. Vitrines sur les prochaines villes olympiques.

Niveau 1 – Il est consacré d'un côté aux Jeux olympiques d'été, de l'autre à ceux d'hiver. Dans les deux espaces, des installations audiovisuelles permettent de revivre de grands moments et de partager les émotions de sportifs de haut rang. Des écrans géants diffusent les cérémonies d'ouverture et de clôture ; un réseau de bornes vidéo offre des milliers d'informations sur les Jeux, les disciplines, les athlètes, les performances, etc. Le département philatélie et numismatique rassemble une étonnante collection de timbres, pièces et médailles illustrant les Jeux.

Niveau 2 – Restaurant et terrasse *(voir Nos adresses à Lausanne)*. **Vue** sur le parc, le lac et les montagnes. Sculptures de Botero *(Jeune Fille à la balle)*, de Niki de Saint-Phalle *(Footballers)* et d'Eduardo Chillida *(Lotura)*.

Niveau -1 – Bibliothèque et vidéothèque. Dans la salle Osaka, la carte magnétique d'entrée permet de visionner deux films sur les bornes interactives. Dans une salle voisine, projection à des heures précises de films en 3D sur les Jeux.

Musée de l'Élysée B3

18 av. de l'Elysée - ✆ 021 316 99 11 - www.elysee.ch - tlj sf lun. 11h-18h - fermé 25 déc. et hors expositions - 8 CHF (-16 ans gratuit), gratuit 1er sam. du mois.

Ce musée de la photographie a pris place dans une grande villa de la fin du 18e s., à façade concave sculptée, entourée d'un agréable parc ombragé (marronniers, sapins, cèdre) descendant en gradins jusqu'aux quais du lac. D'importantes expositions temporaires y sont organisées.

À voir aussi Plan de ville

★ Collection de l'Art brut A1

11 av. des Bergières - ✆ 021 315 25 70 - www.artbrut.ch - ♿ partiel - tlj sf lun. (sf juil.-août) 11h-18h - fermé 1er janv. et 25 déc. - 10 CHF (-16 ans gratuit), gratuit 1er sam. du mois.

Aménagée dans les dépendances du château de Beaulieu (18e s.), elle présente sur quatre niveaux une sélection d'objets (sur un total de plus de 30 000) rassemblés depuis 1945 par le peintre Jean Dubuffet et reçus en donation par la ville de Lausanne. Ces peintures, dessins, sculptures, modelages, broderies, réalisés à partir des matériaux les plus inattendus, ont été conçus par des hommes et des femmes en marge de la société : détenus, pensionnaires d'hôpitaux psychiatriques, originaux, solitaires, sans aucun contact avec les milieux culturels. Leur production spontanée rappelle souvent celle des « vrais » artistes modernes (naïfs, surréalistes, abstraits…), et leur valeur esthétique est indéniable. Voir notamment les panneaux de bois sculpté de Clément Fraisse, les étoffes peintes de Madge Gill, les dessins d'Adolf Wölfli, Aloïse, Scottie Wilson, les livres enluminés de Reinhold Metz, les peintures d'August Walla ou d'Augustin Lesage… Parallèlement à la collection permanente, des expositions temporaires (au rez-de-chaussée) sont régulièrement organisées.

Parc de Montriond A2

En cet endroit, où fut proclamée en 1037 la première trêve de Dieu dans la région (trêve qui interdisait toute activité guerrière pendant certaines périodes), s'étend une vaste esplanade à laquelle on accède par une rampe et des escaliers. De la table d'orientation, la **vue★★** porte sur Ouchy, les rives du Léman et, au-delà, sur les Alpes. Dans une partie du parc s'étage le **Jardin botanique**. Il inclut un alpinum rassemblant des plantes de montagne, un arboretum ainsi que plusieurs espèces de fleurs, plantes grasses, médicinales, aquatiques et carnivores. *✆ 021 316 99 88 - www.botanique.vd.ch - mai-sept. : 10h-18h30 ; mars-avr. et oct. : 10h-17h30 - gratuit.*

Parc Mon Repos B2

Dans cet agréable jardin paysager s'élève la villa de style Empire qu'habita Voltaire et où se visitait naguère un musée Olympique rappelant le souvenir du baron de Coubertin qui vécut longtemps à Lausanne, où il est enterré. Au nord du parc, le Tribunal fédéral, juridiction suprême de Suisse, occupe un vaste édifice.

Musée romain de Lausanne-Vidy Hors plan, vers A3

24 ch. du Bois-de-Vaux (de Lausanne, prendre dir. Genève) - ✆ 021 315 41 85 - www.lausanne.ch/mrv - ♿ - tlj sf lun. (sf juil.-août) 11h-18h - fermé Pâques, Pentecôte et Jeûne Fédéral - 8 CHF, gratuit 1er sam. du mois.

Ce musée a été bâti en 1993 sur les restes d'une riche demeure gallo-romaine de « Lousonna ». Cette agglomération, qui s'est développée sur les rives du lac du 1er s. av. J.-C. au 4e s. apr. J.-C., aurait compté de 1 500 à 2 000 habitants. De cette maison, un puits et une pièce ornée de fresques ont été conservés et se trouvent dans le musée. Ce dernier présente également le mobilier archéologique découvert sur le site et la vie quotidienne des habitants de Lousonna ainsi que des expositions temporaires.

Pully Hors plan, vers B3

L'ancien village de Pully est devenu un faubourg résidentiel de Lausanne par son extension sur les pentes de sa colline jusqu'au lac. On peut le rejoindre à pied par les rivages d'Ouchy (*30-40 mn*). De la terrasse de l'église St-Germain (d'origine gothique, mais très remaniée), charmante **vue★** sur le port de plaisance en contrebas, la partie est du Léman, la rive française d'Évian à Meillerie en face.

Musée de Pully – *2 ch. Davel - ✆ 021 729 55 81 - www.musees-vd.ch - ♿ - tlj sf lun. 14h-18h - fermé à Pâques et Noël, et en fonction des expositions temporaires - 7 CHF (-16 ans gratuit).* Près de la maison où vécut jusqu'en 1947 **Charles-Ferdinand Ramuz**, ce petit musée abrite des souvenirs du grand écrivain (photos, manuscrits, œuvres originales) ainsi que des peintures

(R. Domenjoz, M. Borgeaud, V. Milliquet) et œuvres d'artistes pulliérans contemporains (J. Lecoultre, P. Besson, F. Simonin, M. Pellegrini), des sculptures en terre cuite de Derain et des objets précieux (écritoire, maquette de barque royale) ayant appartenu au roi de Siam qui habita Pully de 1925 à 1945.

Villa romaine – *Pl. du Prieuré - ✆ 021 728 33 04 - mai-sept. : dim. 14h-18h et sur RV - 3 CHF (-16 ans gratuit).* Ce qui a été dégagé du vaste et riche domaine qui s'élevait là au 2e s. représente un petit bâtiment où l'on séjournait l'été, comportant une abside faite d'un double mur semi-circulaire haut d'environ 3 m. Sa paroi intérieure est revêtue d'une **fresque** polychrome de plus de 20 m^2 figurant des courses de chars.

À proximité Carte de région

Lutry B2

4 km à l'est par l'avenue de l'Élysée, puis par la route n° 9.

Agréablement situé au bord du lac Léman (petit port de plaisance, vue sur les Alpes), ce village aux rues étroites mérite une courte halte. Sur une placette décorée d'une fontaine, sa blanche église s'ouvre par un beau porche roman orné d'arabesques. À l'intérieur, stalles en bois sculpté et voûte peinte de motifs floraux. À la sortie du village, sur les pentes couvertes de vignes se dresse un puissant château (centre médico-social).

Échallens B2

15 km au nord par l'avenue d'Échallens, puis par la route n° 5.

Située dans une région riche en cultures céréalières, cette petite ville possède une intéressante **maison du Blé et du Pain** installée dans une ferme restaurée du 18e s. Diaporama, instruments aratoires (herses, semoirs, charrues), chambres à grain, divers types de moulins et des fours font revivre le travail quotidien des paysans, meuniers et boulangers au cours des âges. En fin de visite, on peut assister à la fabrication de pains, petits pains et croissants. *✆ 021 881 50 71 - www.bonpain.ch - tlj sf lun. 8h30-18h - fermé vac. scol. de Noël - 8 CHF.*

Zoo de Servion C2

18 km au nord-est par la route 1, puis route secondaire à droite avant Montpreveyres.

✆ 021 903 16 71 - www.zoo-servion.ch - ♿ - été 9h-19h, hiver 9h-18h (dernière entrée 1h av. fermeture) - 10 CHF (-16 ans 5 CHF).

Sur un domaine de quelque 65 000 m^2 vivent des animaux de toutes provenances. Passé le bâtiment des singes, on pénètre dans la serre tropicale où des oiseaux exotiques sont en liberté. Près du parc à autruches, grues couronnées, pélicans gris d'Afrique et flamants du Chili ont élu domicile. Cerfs rouges, bisons, loups, ours bruns, tigre de Sibérie et wallaby jalonnent le parcours. Aires de jeux et de pique-nique.

★ Romainmôtier B2

33 km au nord par la route 9.

Il est difficile de ne pas tomber sous le charme de ce village ancien. Son église romane *(voir p. 83)*, sobre et harmonieuse, appartenait à une abbaye (« moutier » signifie monastère en vieux français) fondée au 5e s. par saint Romain et passée aux moines de Cluny au 10e s. L'abbaye commandait à 7 prieurés, 20 églises paroissiales, 30 villages et 50 fiefs.

★ **Église** – C'est ici que Marguerite d'Autriche, fille de l'empereur Maximilien et petite-fille de Charles le Téméraire, épousa en 1501 Philibert le Beau, en souvenir de qui elle fera plus tard élever l'église de Brou. Depuis 1536, l'édifice est affecté au culte protestant. On y accède en passant sous la porte fortifiée de l'ancienne enceinte monacale. Succédant à deux chapelles des 5e et 7e s. (plan dessiné sur le sol de la nef), le sanctuaire a été bâti en calcaire du Jura au 11e s., mais modifié aux siècles suivants. La construction a été inspirée de l'ancienne abbatiale de Cluny, St-Pierre-le-Vieux, qui précéda l'immense édifice bâti au 12e s. : le plan, l'élévation, la décoration, à base de bandes et arcatures lombardes, sont typiquement bourguignons. À l'intérieur, le narthex, voûté d'arêtes et à deux étages, garde des peintures murales du 13e s. Dans la nef, des ogives du 13e s. ont remplacé la voûte primitive, tandis que les bas-côtés ont encore leurs voûtes en plein cintre. Le chœur conserve des tombes de prieurs et un ambon (sorte de chaire) du 7e s. Derrière le chevet se dresse un magnifique tilleul.

Château de la Sarraz B2

27 km au nord par la route 9.

Visite guidée juin-août : tlj sf lun. 13h-17h ; avr.-mai et sept.-oct. : w.-end et j. fériés 13h-17h - 9 CHF (enf. 5 CHF).

Entouré d'un petit parc-jardin, à l'écart du village qu'il domine, ce château du 11e s. mais remanié aux 15e et 16e s., présente un corps de logis à tourelles d'angle rondes, précédé de deux grandes tours carrées à mâchicoulis. La visite permet de découvrir des salles garnies de beaux meubles anciens, d'argenterie, de vaisselle, de pendules du 17e au 19e s., de tableaux et d'objets précieux. Dans une ancienne chapelle à proximité du château, étonnant **cénotaphe** sculpté (14e s.) de François Ier de la Sarra, dont le gisant, couvert de serpents et de crapauds, est veillé par son épouse, sa fille et ses deux fils. Dans les dépendances du château a été installé un **musée du Cheval** : collection de véhicules hippomobiles, remarquable présentation des différents modes d'utilisation et d'harnachement du cheval pour la guerre, le cirque, la chasse à courre…

1

Orbe B2

27 km au nord par l'A 1, sortie Chavornay, puis route en direction d'Orbe.

Orbe (l'*Urba* latine), étagée sur une colline qu'entoure un méandre de la rivière Orbe, est une petite ville attachante, au cachet ancien. De la place du Marché, où s'élève une fontaine à banneret datée de 1753, on accède par une ruelle à l'église réformée, des 15e-16e s. (bas-côtés aux curieuses clefs de voûte), puis à la terrasse de l'ancien château qui révèle des perspectives sur les bas quartiers et la vallée de l'Orbe.

Mosaïques d'Urba – *☎ 024 441 32 66 - www.orbe.ch - de Pâques à oct. : 9h-12h, 13h30-17h, w.-end 13h30-17h30 - visite guidée (1h30) sur demande - 5 CHF (enf. 4 CHF).* Quatre pavillons isolés au bord de la route abritent des mosaïques romaines du début du 3e s. : Calendrier aux divinités, la plus belle, constituée de médaillons polychromes ; Scène champêtre au chariot, la plus évocatrice ; Labyrinthe au lion et aux oiseaux ; mosaïque à décor géométrique noir et blanc.

NOS ADRESSES À LAUSANNE

TRANSPORTS

Train

Gare ferroviaire – *5 pl. de la Gare - ✆ 0900 300 300 - www.cff.ch.*

Transports publics

Transports publics de la région lausannoise – *✆ 021 621 01 11 ou 0900 564 900 - www.t-l.ch.* L'agglomération compte 25 lignes de bus (fréquence en ville aux heures de pointe : 5-7mn). La ligne de métro m2, inaugurée en 2008, relie Ouchy à Epalinges (tout au nord de la ville) via la gare ferroviaire. Elle s'ajoute à la m1 qui dessert l'ouest de Lausanne. Les deux lignes se croisent à la gare du Flon, en centre-ville. 1,90 CHF pour un court parcours.

La **carte journalière** (7,60 CHF) n'est intéressante qu'à partir de 3 déplacements. Noter que tout séjour dans un hôtel de la ville donne droit à une carte de transport **gratuite** valable une journée.

Location de voitures

Avis – *50 av. de la Gare - ✆ 021 340 72 00.*

Europcar – *2 av. Louis-Ruchonnet - ✆ 021 319 90 40.*

Hertz - *17 pl. du Tunnel - ✆ 021 312 53 11.*

HÉBERGEMENT

À Lausanne

PREMIER PRIX

Lausanne Guesthouse – Plan I A2 - *4 ch. des Épinettes - ✆ 021 601 80 00 - www.lausanne-guesthouse.ch - 30 ch. - 105/125 CHF.* À deux pas de la gare, cette auberge de jeunesse haut de gamme propose aussi des chambres doubles avec, pour certaines, un beau parquet à chevrons (éviter celles donnant sur la voie ferrée). Jardin avec tonnelle.

BUDGET MOYEN

Les Voyageurs – Plan II C2 - *19 r. Grand-St-Jean - ✆ 021 319 91 11 - www.voyageurs.ch - 33 ch. - 168/268 CHF.* Bon point de départ pour découvrir la ville à pied, zone semi-piétonne. Chambres fraîches, bien tenues.

City – Plan II D2 - *5 r. Caroline - ✆ 021 320 21 41 - www.fassbindhotels.com - 60 ch. - 160 (w.-end)/170 CHF ☕.* Hôtel confortable. De la salle de petit-déj., vue sur la cathédrale. Chambres insonorisées.

Agora – Plan I A2 - *9 av. du Rond-Point - ✆ 021 555 59 55 - www.fassbindhotels.com - fermé 25 déc.-1er janv. - P - 82 ch. - 220 CHF - ☕ 9 CHF.* Hôtel moderne, proche de la gare. Chambres spacieuses.

POUR SE FAIRE PLAISIR

Mirabeau – Plan I B2 - *31 av. de la Gare - ✆ 021 341 42 43 - www.mirabeau.ch - P - 75 ch. - 280/360 CHF ☕.* Bel hôtel près de la gare et du centre-ville. Cachet Art déco, chambres tout confort. La moitié a un balcon, un tiers une vue sur le lac.

À Ouchy

BUDGET MOYEN

Aulac – Plan I A3 - *4 pl. de la Navigation - ✆ 021 613 15 00 - www.aulac.ch - 84 ch. - 190/260 CHF ☕.* Grand bâtiment d'architecture Belle Époque. La moitié des chambres a vue sur le lac. Du débarcadère tout proche, on peut embarquer pour Évian.

POUR SE FAIRE PLAISIR

Angleterre & Résidence – Plan I A3 - *15 pl. du Port - ✆ 021 613 34 34 - www.angleterre-residence.ch - P - 75 ch. - 345 CHF - ☕ 32 CHF.* Ce splendide hôtel de luxe à deux pas du lac occupe six bâtiments datant du 18e, 19e et… 21e s. Magnifique terrasse.

À Saint-Sulpice (ouest de Lausanne)

BUDGET MOYEN

Les Pierrettes – Hors plan I vers A3 - *19 rte Cantonale - ✆ 021 691 25 25 - www.motel-suisse.com - fermé 2 sem. en déc. - P - 22 ch. - 150 CHF* ☕. Motel pratique d'accès (de Lausanne, suivre la route au bord du lac). Dans cette petite maison rose où règne une ambiance familiale, les chambres ont un balcon au 1er étage et donnent sur un jardin au rez-de-chaussée. Piscine extérieure.

RESTAURATION

À Lausanne

PREMIER PRIX

Café Romand – Plan II C2 - *2 pl. St-François - ✆ 021 312 63 75 - www.caferomand.com - tlj sf dim. et j. fériés 9h-23h - 35 CHF.* Dans ce restaurant typique, tenu par la même famille depuis 1951 et fréquenté par les Lausannois, vous trouverez une carte brasserie classique mais aussi des spécialités suisses.

Brasserie Bavaria – Plan II C2 - *10 r. du Petit-Chêne - ✆ 021 323 39 13 - www.labavaria.ch - fermé dim.et lun. - 35 CHF.* À la limite de la Vieille Ville, décor rétro tout en bois. Pour les amateurs de choucroute, de röstis et de bière.

BUDGET MOYEN

À la Pomme de Pin – Plan II D1 - *11 r. Cité-Derrière - ✆ 021 323 46 56 - fermé 3 sem. en juil.-août, sam. midi et dim. - 36/51 CHF.* Une adresse sympathique dans une petite rue derrière la cathédrale. Parmi les spécialités de la maison : poissons du lac Léman, asperges du Valais.

L'Aubergine – Plan II C1 - *15 Pré-du-Marché - ✆ 021 320 18 18 - www.laubergine.ch - fermé dim. - 20 CHF (menu du jour)/120 CHF.* Déco fashion dans les tons aubergine, salon-fumoir chaleureux et confortable, cuisine méditerranéenne à composante provençale et petites fantaisies moléculaires.

POUR SE FAIRE PLAISIR

La Grappa – Plan II D2 - *3 r. Cheneau-de-Bourg - ✆ 021 323 07 60 - fermé 1er-15 août, dim., lun. midi et sam. midi - 62/93 CHF.* L'Italie s'invite à votre table dans ce restaurant convivial situé en lisière du quartier piétonnier. Spécialités de toutes les régions transalpines et bon choix de vins de là-bas.

À Ouchy

PREMIER PRIX

Restaurant du Musée olympique – Plan I B3 - *1 quai d'Ouchy - ✆ 021 621 67 08 - www.olympic.org - 9h-18h, fermé dim. de nov. à fin avr. - 💳 sf Visa - 20 CHF (midi)/32 CHF.* À ne pas manquer lorsqu'on vient au musée, surtout par beau temps : grande terrasse panoramique avec peut-être l'une des plus belles vues d'Ouchy, sur le lac et le parc du musée. Cuisine traditionnelle, d'un bon rapport qualité-prix.

BUDGET MOYEN

Le Lacustre – Hors plan I vers A3 - *Débarcadère, port d'Ouchy - ✆ 021 617 42 00 - www.lelacustre.ch - fermé oct.-mars - 45 CHF.* Restaurant avec terrasse donnant sur le lac. On y va plus pour la vue que pour la cuisine, néanmoins correcte. Poissons du lac, charbonnades (pierrade suisse), fondues bourguignonne et chinoise.

La Pêcherie - Hôtel Mövenpick) – Plan I A3 - *4 av. de Rhodanie - ✆ 021 612 76 12 - www.movenpick-lausanne.com - fermé sam. midi - 35/73 CHF.* Restaurant méditerranéen, large

1

choix de poissons. Menus plus modiques à la brasserie.

À proximité

BUDGET MOYEN

Port de Pully – Hors plan I vers B3 - *Au port de Pully, en longeant le lac vers l'est* - ✆ 021 728 78 78 - *www.pullyport.ch - fermé dim. soir et lun. - 39/44 CHF.* Cette charmante maison aux volets rouge et blanc abrite un restaurant très fréquenté. Terrasse face au petit port de plaisance. Cuisine traditionnelle (pâtes, poissons, viandes). Personnel accueillant.

PETITE PAUSE

Le Barbare – *27 escaliers du Marché* - ✆ *021 312 21 32 - www.le-barbare.com - fermé dim.* Café avec petite terrasse aux abords des escaliers qui mènent à la cathédrale. Le chocolat chaud (mélange artisanal) y est délicieux.

BOIRE UN VERRE

Au centre-ville, le Flon fait partie, avec Ouchy, des quartiers les plus animés de Lausanne.

Le Bistrot de Louis – *9 pl. de l'Europe* - ✆ *021 213 03 00 - lun.-vend. 10h30-1h, w.-end 10h30-2h.* Un des hauts lieux de rencontre de la jeunesse lausannoise.

Café Luna – *7 pl. de l'Europe* - ✆ *021 329 08 46 - lun.-merc. 7h-0h, jeu.-vend. 7h-1h, sam. 11h2h.* À côté du Bistrot de Louis, un bar cosy, aéré et confortable.

ACHATS

On trouve, dans la Vieille Ville, l'essentiel des rues et places commerçantes.

La Ferme Vaudoise – *5 pl. de la Palud* - ✆ *021 351 35 55 - www.lafermevaudoise.ch - fermé dim.* Un grand choix de spécialités du terroir vaudois. Avec les indispensables vins, charcuteries et fromages.

Durig – *15 av. d'Ouchy* - ✆ *021 601 24 35 - www.durig.ch - fermé dim. et lun.* Le mariage de la tradition du chocolat suisse artisanal avec le souci du bio. Dégustation gratuite.

Marchés

Ouchy – *Allée des Bacounis - marché traditionnel chaque dim. avr.-sept, 8h-20h.*

Place de la Palud – *Produits de l'artisanat, mars-nov. : 1er vend. du mois 6h-19h et trois 1ers vend. de déc.*

EN SOIRÉE

Opéra – *12 av. du Théâtre* - ✆ *021 310 16 00 - www.opera-lausanne.ch.* L'ancien Casino-Théatre inauguré en 1871 est devenu théâtre municipal, puis opéra en 1971. Programmation riche et variée.

Théâtre Arsenic – *57 r. de Genève* - ✆ *021 625 11 36 - www.theatre-arsenic.ch.* Centre d'art scénique contemporain. Au programme : théâtre, danse, performances, musique et installations.

Théâtre de Beaulieu – *10 av. des Bergières* - ✆ *021 643 21 11 - www.beaulieu.org.* Concerts, opéras, ballets, variétés.

AGENDA

Voir l'Agenda dans la partie « Organiser son voyage », p. 35.

Promenade le long des quais à Vevey.
Ph. Roy/hemis.fr

Vevey

★

17 676 habitants – Canton de Vaud

NOS ADRESSES PAGE 165

S'INFORMER
Montreux-Vevey Tourisme – *29 Grande-Place - 1800 Vevey - ✆ 084 886 84 84 - www.montreuxriviera.com - de mi-mai à mi-sept. : lun.-vend. 9h-18h, w.-end 9h-13h ; reste de l'année : lun.-vend. 8h30-12h, 13h-17h30, sam. 9h-12h - fermé 1er janv. et 25 déc.*

SE REPERER
Carte de région C2 (p. 104-105) – *Carte Michelin Regional n° 552 F10.*
À 19 km à l'est de Lausanne.

À NE PAS MANQUER
Les narcisses qui fleurissent en mai-juin sur les flancs des montagnes ; le marché folklorique en juillet et août, le samedi matin.

ORGANISER SON TEMPS
Compter une journée pour Vevey et une autre pour ses environs.

AVEC LES ENFANTS
L'Alimentarium ; le musée suisse du Jeu à La Tour-de-Peilz.

LE SAVIEZ-VOUS ?
Un géant nommé Nestlé – Henri Nestlé *(voir p. 79)*, né à Francfort-sur-le-Main en 1814 s'installe à Vevey en 1843 ; il est à l'origine de la création du géant mondial de l'agroalimentaire.

Moins chic que sa voisine Montreux, Vevey ne manque pas pour autant d'attraits, avec son site face aux Alpes de Savoie et sa jolie place du Marché. Aux dires de ses habitants, elle se montre même plus vivante tout au long de l'année que sa grande sœur touristique. Connue surtout pour être le siège de la puissante multinationale Nestlé, elle est également surnommée « la ville de l'Image » : son école de photographie est réputée et Charlie Chaplin y a vécu.

Se promener

Église St-Martin

Bâti sur une terrasse dominant la ville, l'édifice actuel, qui date de 1530, est surmonté d'une grosse tour carrée flanquée de quatre clochetons d'angle. Une église du 11e s. l'a précédé, dont les murs ont été découverts lors de fouilles.

De la terrasse (table d'orientation), on découvre une **vue★** étendue sur la ville, le lac Léman et les Alpes.

Musée Jenisch

2 av. de la Gare - ✆ 021 921 29 50 - ♿ - www.museejenisch.ch. Fermé pour travaux. Réouverture prévue en 2012.

Installé dans un bâtiment néoclassique du siècle dernier, le musée comprend deux sections. Les collections du fonds permanent sont visibles en alternance avec des expositions temporaires.

Au rez-de-chaussée, le **cabinet cantonal des Estampes** présente des œuvres sur papier de différentes institutions du canton de Vaud. Il contient également des gravures des grands maîtres du passé (Dürer, Rembrandt, Le Lorrain, Belletto, Corot) mais elles ne sont consultables que sur rendez-vous.

Au 1er étage, le **musée des Beaux-Arts** sert de cadre à des expositions temporaires : œuvres d'artistes suisses et étrangers des 19e et 20e s. Il abrite également la fondation Oskar Kokoschka (plus de 800 originaux).

Musée historique de Vevey

2 r. du Château - ✆ 021 921 07 22 - www.museehistoriquevevey.ch - avr.-oct. : tlj sf lun. 11h-17h ; nov.-mars : tlj sf lun. 14h-17h - fermé 1er janv. et 25 déc. - visite guidée sur demande - gratuit.

Aménagé dans le château, ancienne demeure des baillis bernois, il est consacré à l'histoire de la région et renferme un très beau mobilier de l'époque gothique au 17e s., une collection de petite ferronnerie et de coffrets, des costumes et des souvenirs régionaux.

Au 1er étage, le **musée de la confrérie des Vignerons** conserve les maquettes des costumes ayant figuré aux fêtes des Vignerons depuis 1791, des estampes, des documents et des bannières.

★ Musée suisse de l'Appareil photographique

99 Grande-Place - ✆ 021 925 34 80 - www.cameramuseum.ch - ♿ - tlj sf lun. (ouv. les lun. fériés) 11h-17h30 - visite guidée sur demande - 8 CHF.

Dans une belle demeure rénovée du 18e s., ce musée présente sur trois étages l'histoire de la photographie de ses origines à nos jours, ses inventeurs et ses techniques, au moyen d'une étonnante collection d'appareils. Cette exposition est enrichie d'installations interactives, d'animations et de vidéos.

Commencez la visite dès le hall d'entrée en pénétrant à l'intérieur de la *camera obscura* pour découvrir la naissance de la photographie. Au 1er étage, plusieurs

UN HÔTE DE MARQUE

Charlie Chaplin a vécu les vingt-cinq dernières années de sa vie en Suisse. En 1952, alors qu'il se trouve à Londres pour présenter son film *les Feux de la rampe*, la commission dirigée par le sénateur McCarthy supprime son visa de retour pour les États-Unis.
Contraint à l'exil, l'acteur trouve d'abord refuge à Lausanne, puis à Corsier-sur-Vevey, dans le domaine de Ban, où il s'installe avec toute sa famille. Il ne retournera aux États-Unis qu'une seule fois, pour recevoir un oscar. Il s'éteint le 25 décembre 1977 dans sa ville d'adoption. Il est enterré à Corseaux (à 2,5 km de Vevey). Au bord du lac Léman, devant l'Alimentarium, une statue rappelle son souvenir ; dans le quartier nord de Vevey (Gilamont), deux tours d'habitation sont décorées d'une fresque évoquant son œuvre cinématographique. Et un musée Charlie Chaplin devrait bientôt voir le jour sur les hauteurs de Vevey.

lanternes magiques illustrent le domaine de la projection. L'importance de la photo dans l'armée, les appareils espions qui peuvent se dissimuler dans des objets anodins sont également évoqués. Au 2e étage sont exposés l'appareil Reflex, les appareils précurseurs du petit format, les premiers flashes, la production suisse (Alpa, Escopette de Darier), des noms comme Kodak, Leica (1930-1940). Le 3e étage montre l'essor de l'industrie photographique avec notamment la naissance des appareils miniatures, la transmission des images, la projection.
Une passerelle vitrée mène à l'ancien bâtiment du musée dans lequel sont organisées des expositions temporaires.

★★ Alimentarium

Quai Perdonnet - ✆ 021 924 41 11 - www.alimentarium.ch - ♿ - tlj sf lun. 10h-18h - fermé 1er janv., 24, 25 et 31 déc. - visite guidée (1h) sur demande - 12 CHF (enf. gratuit).

Depuis 1985, un bâtiment néoclassique, ancien siège international de Nestlé, abrite le **musée de l'Alimentation**, créé par la grande firme suisse. L'exposition permanente s'articule autour de cinq secteurs, bien pensés, abondamment illustrés (ustensiles, objets, images) et interactifs.
Au rez-de-chaussée, *Cuisiner* (la transformation de la nourriture) montre la diversité d'une telle action en fonction de l'époque, du lieu géographique et de la catégorie sociale ou ethnique. Démonstration en direct : dans cet espace, des cuisiniers préparent le repas de midi pour la cafétéria du musée. En utilisant la table comme élément central de mise en scène, la deuxième section, *Manger*, décrypte la composition d'un aliment, explique comment équilibrer ses repas et passe en revue les différentes façons de manger dans le monde et dans les siècles passés.
Au 1er étage, le secteur *Digérer* est le préféré des enfants, car il est très interactif. On y teste ses sens (avec des goûts à reconnaître), on découvre son profil de mangeur (questions-réponses sur ordinateur), on apprend à mesurer ses dépenses d'énergie, entre autres.
Dans un décor de supermarché, *Acheter* aborde l'histoire de la transformation des aliments des débuts de l'agriculture à nos jours, en abordant plusieurs thèmes dont celui de la sécurité alimentaire. Enfin, dans une troisième salle, l'espace Nestlé raconte l'histoire de l'entreprise et de ses principaux groupes de produits (chocolats, produits laitiers et culinaires, boissons).

À proximité Carte de région

★★ Mont Pèlerin C2

8 km au nord. Alt. 810 m.

On peut se rendre au mont Pèlerin en funiculaire, en voiture ou à pied. Au sommet du mont, la **tour Plein Ciel**, dotée d'un ascenseur panoramique, permet d'avoir une vue imprenable sur les Préalpes, le Jura et les lacs alentour (*avr.-oct. - 9h-18h - 5 CHF*).

À pied – *À partir du port de la Pichette par un sentier balisé (5h AR).*

Funiculaire – *Au départ de Vevey (renseignements à l'office de tourisme) puis encore 45mn à pied - circule toute l'année, de 5h46 à 23h45 - 14 CHF AR.*

En voiture – *Circuit de 25 km – env. 30mn. Voir la carte de la corniche de Lavaux p. 136. Quitter Vevey par la route de Châtel-St-Denis-Fribourg. 2,5 km après avoir laissé à gauche la route de Chardonne, tourner à gauche vers Attalens, puis encore une fois à gauche, à angle aigu, en direction du Pèlerin.* La route serpente à travers les vignes. Des abords de la gare d'arrivée du funiculaire s'offre une large **vue**★★ sur le Léman et les crêtes des Alpes vaudoises. Le retour, par Chardonne et Chexbres, s'effectue le long de routes magnifiques avec vue sur les dents du Midi et les sommets du Haut-Chablais savoyard.

La Tour-de-Peilz C2

2 km par la route n° 9 vers Montreux.

Le **château** construit au 13e s. par les comtes de Savoie a subi plusieurs modifications au 18e s. De son rôle défensif subsistent les remparts, deux tours d'angle et les fossés. Il abrite un musée… très ludique.

Musée suisse du Jeu – *11 r. du Château - 021 977 23 00 - www.museedujeu.com - - tlj sf lun. (ouv. les lun. fériés) 11h-17h30 - 9 CHF (6-16 ans 3 CHF).* Des jeux de toutes les époques et de tous les pays sont présentés selon cinq thèmes : jeux de l'éducation, de stratégie, de simulation, d'adresse et de hasard. Dans chaque salle, le visiteur a la possibilité de tester son habileté.

Oron-le-Châtel C2

18 km au nord par la route n° 12 en direction de Berne, puis à gauche la route secondaire en direction de Moudon.

Ce petit village situé dans la Haute-Broye, sur la rive gauche du Flon, est dominé par la masse imposante de son château fort.

Château – *021 907 90 51 - www.swisscastles.ch - visite guidée (1h) avr.-sept. : w.-end à 14h, 15h, 16h (visite sup. le dim. à 17h) - 9 CHF (enf. 5 CHF).* Solidement assis sur un éperon rocheux, il fut construit au tournant des 12e et 13e s. Pendant plus de 200 ans, il servit de résidence aux baillis bernois. Les appartements du 1er étage reflètent le cadre de vie d'une famille bourgeoise. Dans la salle à manger, on remarque une belle collection de porcelaines de Sèvres et de Limoges, ainsi que des faïences de Wedgwood. La bibliothèque renferme environ 18 000 volumes du 16e au 19e s. Parmi les autres pièces, un salon de musique (avec un piano qui aurait appartenu à Chopin) et un fumoir aux papiers peints décorés de scènes de chasse.

NOS ADRESSES À VEVEY

HÉBERGEMENT

BUDGET MOYEN

Hôtel des Négociants – *27 r. du Conseil - ✆ 021 922 70 11 - www.hotelnegociants.ch - 23 ch. - 145 CHF* ☕. Hôtel en zone piétonne, à la fois près du lac, de la gare et des cinémas. Chambres claires, décorées simplement mais aux couleurs gaies.

POUR SE FAIRE PLAISIR

Hostellerie de Genève – *Pl. du Marché - ✆ 021 921 45 77 - www.hotelgeneve.ch - 23 ch. - 210/350 CHF* ☕. Petit établissement bien situé, sur la place la plus animée de Vevey, surtout lors des marchés folkloriques. Chambres confortables. Grande terrasse ombragée en été.

RESTAURATION

À Vevey

PREMIER PRIX

La Valsainte – *22 r. du Collège - ✆ 021 921 32 60 - fermé dim. - 30 CHF.* Dans ce restaurant d'habitués, « on cuisine comme à la maison ». Parmi les spécialités, les filets de perche. Ambiance familiale.

Les 3 Sifflets – *1 r. du Simplon - ✆ 021 921 14 13 - www.3sifflets.ch - fermé dim. et lun. midi - 35 CHF.* Café-restaurant populaire ; accueil chaleureux. La carte varie selon les saisons, mais elle comporte toujours des spécialités suisses. Terrasse en été.

À proximité

BUDGET MOYEN

Hostellerie chez Chibrac – *Le-Mont-Pèlerin-sur-Chardonne - ✆ 021 922 61 61 - www.chezchibrac.ch - fermé janv., dim. soir et lun. - 50 CHF.* Hôtel-restaurant familial au-dessus de Vevey, dans un cadre de verdure. Le restaurant gastronomique la Rôtisserie et son chef Francis Chibrac sont réputés dans la région. Dans la même maison, un second restaurant, la Pinte, propose des formules moins chères (copieuse assiette du jour à 18 CHF). Chambres dans le style Louis-Philippe *(165/185 CHF).*

POUR SE FAIRE PLAISIR

Le Montagne – *21 r. du Village - Chardonne (6 km au nord-ouest de Vevey par la route n° 12) - ✆ 021 921 29 30 - www.le-montagne.com - fermé 3 sem. fin déc.-déb. janv., 3 sem. en août, lun. et mar. - 58/155 CHF.* Restaurant perché dans un village au-dessus du lac, à l'accueil soigné. Décor de saison, recettes contemporaines pleines de goût et belle vue panoramique par les fenêtres comme en terrasse.

PETITE PAUSE

Confiserie Poyet – *8 r. du Théâtre - ✆ 021 921 37 37 - www.confiseriepoyet.ch - tlj sf lun. 7h30-18h30 (w.-end 17h et dim. 13h en juil.-août).* Derrière le salon de thé de cette boutique familiale aux délicieuses spécialités se cache un laboratoire de fabrication et de dégustation de chocolats, que l'on peut visiter (payant).

AGENDA

Voir l'Agenda dans la partie « Organiser son voyage », p. 35.

1

Montreux

★★

24 520 habitants – Canton de Vaud

NOS ADRESSES PAGE 169

S'INFORMER

Montreux-Vevey Tourisme – *1 pl. de l'Eurovision - 1820 Montreux - 084 886 84 84 - www.montreuxriviera.com - de mi-mai à mi-sept. : lun.-vend. 9h-18h, w.-end 10h-17h ; reste de l'année : lun.-vend. 9h-12h, 13h-17h30, w.-end et j. fériés 10h-14h ; fermé 1er janv. et 25 déc.* Visites guidées.

SE REPERER

Carte de région C3 (p. 104-105) et carte des environs (p. 167) – *Carte Michelin Regional n° 552 F10.*

Montreux est à 31 km de Lausanne et à 58 km de Fribourg.

À NE PAS MANQUER

La vue sur le lac Léman depuis le haut du Vieux Montreux, un petit tour le soir au Casino.

ORGANISER SON TEMPS

Compter une journée pour Montreux et ses environs.

AVEC LES ENFANTS

Le Marmottes Paradis aux rochers de Naye, les Pléiades.

Surnommée la Perle de la Riviera vaudoise, Montreux s'est forgée, depuis le début du 19e s., une réputation internationale qui ne se dément pas. Du printemps à l'automne, ses quais ensoleillés et ses hôtels Belle Époque vibrent au son de manifestations musicales, parmi lesquelles le fameux festival de Jazz. Toute l'année, clientèle huppée et célébrités viennent profiter de la douceur unique de son climat et de la beauté de sa baie.

Visiter

Musée de Montreux

40 r. de la Gare - 021 963 13 53 - www.museemontreux.ch - 10h-12h, 14h-17h - fermé nov.-mars - 6 CHF.

Au cœur de la Vieille Ville, ce musée, logé dans deux belles maisons vigneronnes du 17e s., retrace sur trois étages l'histoire très riche de la région depuis la Préhistoire, à travers des reconstitutions d'intérieurs et d'ateliers, l'évocation du développement du tourisme, l'architecture et l'urbanisme.

À proximité Carte des environs de Montreux ci-contre

★★★ Rochers de Naye

En train à crémaillère : env. 2h AR - 0 900 245 245 - www.goldenpass.ch - départ ttes les h. en été - juil.-sept. 59 CHF, basse saison 32 CHF). Alt. 2 045 m.

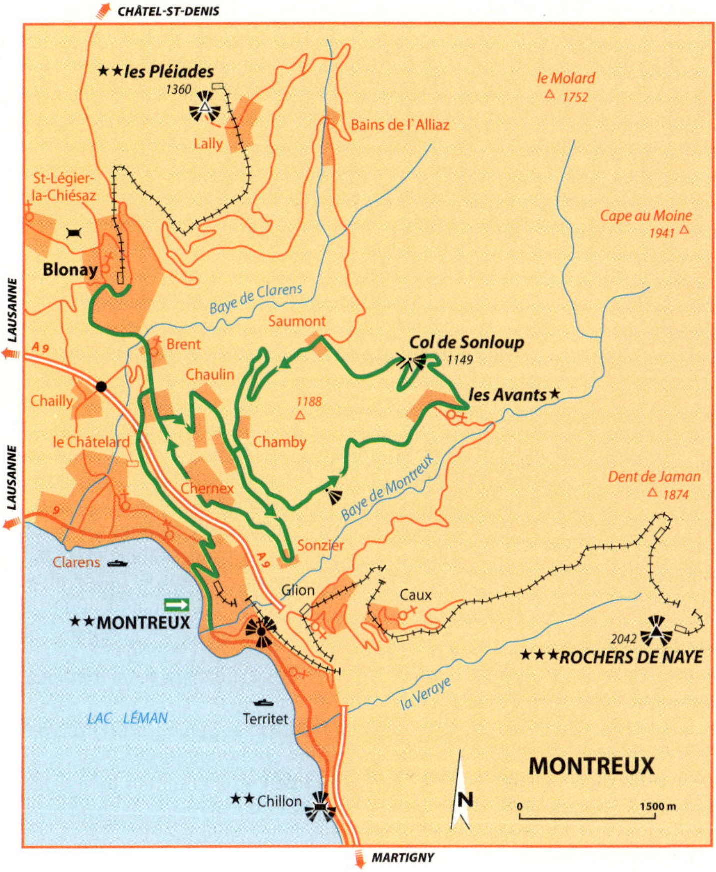

Le trajet permet d'apprécier le site des villages de **Glion** *(alt. 689 m)*, perché à moyenne altitude, et de **Caux** *(alt. 1 050 m)*. Au sommet, belle vue sur le Léman et splendide tour d'horizon sur les Alpes bernoises, valaisannes, savoyardes et le Jura. On y trouve également un restaurant panoramique, un jardin botanique : **La Rambertia** *(de juin à mi-oct. 10h-17h, gratuit)*, ainsi que le **Marmottes Paradis** *(ouv. toute l'année, gratuit)* : dans sept parcs, on peut observer (de préférence le matin ou en fin d'après-midi) des familles de marmottes originaires du monde entier.

Circuit conseillé Carte des environs de Montreux

★★ LES AVANTS-COL DE SONLOUP

Itinéraire de 27 km tracé en vert sur la carte des environs de Montreux (ci-dessous) – compter 1h.
Quitter Montreux par l'itinéraire signalé « Les Avants ».

La route surplombe, à gauche, la ville et le lac Léman, tandis que se détache, au sommet d'une colline couverte de vignes, le château du Châtelard avec sa grosse tour rectangulaire à mâchicoulis du 15e s.
La route, qui monte rapidement, offre de jolies vues sur le lac et les Alpes.
À 4 km de Montreux, tourner à droite vers Chernex-les-Avants; 200 m plus loin, tourner à gauche; passer Chaulin, puis la voie ferrée; enfin tourner à droite pour gagner les Avants.

★ Les Avants

Alt. 968 m. Ce village, qui fut l'une des premières stations de ski en Suisse, est dominé au sud-est par la dent de Jaman et les rochers de Naye.

Col de Sonloup

Alt. 1 149 m. Belle **vue★** sur les rochers de Naye, les dents du Midi et les Alpes de Savoie.
Le retour s'effectue sur l'itinéraire Saumont-Chamby-Chernex, puis bifurque vers Blonay.

Blonay

Chemin de fer-Musée Blonay-Chamby – *021 943 21 21 - www.blonay-chamby.ch - mai-oct. : w.-end et j. fériés 10h-17h - possibilité de visite guidée (1h) - 18 CHF (enf. 9 CHF).* Ce musée fait revivre avec panache une ligne ferroviaire ouverte en 1902 et fermée en 1966. Tramways électriques ou vieux trains à vapeur transportent les voyageurs sur un parcours sinueux en montée de 3 km. À mi-parcours, l'ancien dépôt, aménagé en musée, rassemble de vieilles machines.

★★ Les Pléiades

À partir de Vevey, on peut également prendre le train des Étoiles, qui mène directement aux Pléiades.
1h par le parcours Claude-Nicollier. Alt. 1 360 m. Ce parcours, du nom de l'astronaute suisse, initie à l'astronomie (panneaux didactiques).
Au sommet se découvre un très beau **panorama★★** sur le Léman, le Molard, la dent de Jaman, les rochers de Naye, les Alpes de Savoie et la chaîne du Mont-Blanc.
Possibilité, à partir de Blonay, de louer des trottinettes pour la descente.

NOS ADRESSES À MONTREUX

HÉBERGEMENT

Se loger à Montreux est en général onéreux, surtout pendant la période estivale, où les tarifs s'envolent. Choisir un hôtel dans les environs est alors une bonne solution.

Si vous passez une nuit dans la région de Montreux-Vevey (de Lutry à Villeneuve en passant par le Lavaux), la **Riviera Card** vous sera remise gratuitement à votre arrivée à l'hôtel (ou appartement de vacances). Elle vous permettra d'utiliser gratuitement le réseau de bus local et d'obtenir 50 % de réduction sur des excursions en train et sur l'entrée dans les musées ou parcs d'attractions.

À Montreux

BUDGET MOYEN

Tralala – *2 r. du Temple - 021 963 49 73 - www.tralalahotel.ch - 35 ch. - fermé janv. - 130/420 CHF.* Sur les hauteurs du vieux Montreux, l'ancienne auberge des Planches est devenue un hôtel détendu. Chambres fashion en noir, rouge et blanc. Chacune met à l'honneur une star de la musique passée dans le coin.

Hôtel Splendid – *52 Grand-Rue - 021 966 79 79 - www.hotel-splendid.ch - P - 28 ch. - 190/280 CHF.* Hôtel très agréable au centre-ville, où Lénine a vécu pendant trois mois en 1908. Accueil sympathique ; l'établissement est tenu par la même famille depuis plusieurs générations.

POUR SE FAIRE PLAISIR

Golf-Hôtel René Capt – *35 r. de Bon-Port - 021 966 25 25 - www.golf-hotel-montreux.ch - P - 76 ch. - 310/440 CHF.* Hôtel d'architecture Belle Époque, au bord du lac Léman. La plupart des chambres sont dotées d'un balcon. Jardin.

À proximité

PREMIER PRIX

Hôtel de Sonloup – *Au col de Sonloup, à 8 km au nord - 021 964 34 31 - www.sonloup.com - 19 ch. -120/190 CHF - fermé de déb. déc. à mars.* En pleine montagne, dans un site superbe. Accessible, pour ceux qui n'ont pas de voiture, par le train panoramique le MOB. Chambres accueillantes, dans le style montagnard.

BUDGET MOYEN

Masson – *5 r. Bonivard - Veytaux (2 km au sud de Montreux) - 021 966 00 44 - www.hotelmasson.ch - 31 ch. - 200/270 CHF - Fermé nov.-mars.* Le plus ancien hôtel de la région (1829). Victor Hugo y a séjourné. Beaucoup de charme. Petit jardin reposant.

RESTAURATION

À Montreux

BUDGET MOYEN

Le Museum – *40 r. de la Gare - 021 963 16 62 - www.museum-montreux.ch - mar.-sam. à partir de 18h - 40 CHF.* Dans trois belles salles voûtées appartenant à un ancien couvent du 13e s., on peut déguster fondues, raclettes et cuisine au feu de bois.

Maï Thaï – *40 r. du Lac - 021 964 25 36 - www.maithai.ch - fermé lun. de mi-fév. à mi-mars et lun.-mar. d'oct. à mars - 40/90 CHF.* Restaurant thaïlandais dont les deux salles, au décor de circonstance, sont reliées par une passerelle en bois exotique veillant sur un jardinet. Belle vue sur le lac en terrasse.

1

Caveau des Vignerons « Chez Gloria » – *30 bis r. Industrielle - ☏ 021 963 25 70 - menu raclette 43 CHF.* Restaurant au décor inspiré des métiers du vignoble. Viandes sur ardoise, fondues, raclettes et vins locaux.

À proximité

BUDGET MOYEN

Restaurant du Montagnard – *Villard-sur-Chamby (7 km au nord de Montreux) - ☏ 021 964 36 84 - www.montagnard.ch - fermé janv.-fév., lun. et mar. - 36 CHF.* Restaurant construit sur les vestiges d'une ferme de montagne du 17e s. Cuisine traditionnelle. Le soir, ambiance musicale et folklorique.

Le Pavois – *63 av. de Chillon - Territet (5 km au sud) - ☏ 021 962 60 60 - www.bristol-montreux.ch - 42/87 CHF - 50 ch. 250/400 CHF.* Le restaurant de l'hôtel Bristol propose une cuisine classique servie dans une salle s'ouvrant sur une belle terrasse panoramique.

POUR SE FAIRE PLAISIR

Auberge de la Cergniaulaz – *Aux Avants (8 km au nord par le col de Sonloup et la route d'Orgevaux) - ☏ 021 964 42 76 - fermé janv.-mars, lun. et mar. - 56/96 CHF.* En pleine montagne, ce restaurant installé dans un authentique chalet propose un grand choix de plats rustiques. Une bonne adresse où il est conseillé de retenir sa table.

BOIRE UN VERRE

Sinatra's Bar – *97 Grand-Rue - ☏ 021 962 32 00 - lun.-jeu. jusqu'à 0h, vend. et sam. jusqu'à 2h.* Idéalement situé sur les berges du lac Léman, le bar du Royal Plaza Montreux offre une atmosphère lounge décontractée à l'intérieur et une autre qui ravira les amateurs de soleil sur la superbe terrasse.

EN SOIRÉE

Animation nocturne garantie dans la rue du Théâtre, grâce aux différents établissements qui composent le casino de Montreux (au n° 9).

Harry's New York Bar – *100 Grand-Rue - ☏ 021 962 12 12 - dim.-jeu. 17h-2h, vend.-sam. 17h-3h.* Lieu de rencontre branché entre clientèle internationale et Montreusiens ; cuisine chaude jusque tard dans la nuit ; musique live.

AGENDA

Voir l'Agenda dans la partie « Organiser son voyage », p. 35.

Vue sur les Alpes vaudoises.
Ph. Roy/hemis.fr

1

Les Alpes vaudoises

★★

Canton de Vaud

NOS ADRESSES PAGE 179

SE REPERER

Cartes de région (p. 104-105) et des Alpes vaudoises (p. 174) – *Carte Michelin Regional n° 552 G-H 10-11.*

À l'est du lac Léman. Pour rejoindre Aigle (point de départ de nos itinéraires) depuis Montreux, prendre l'A 9, sortie Aigle (13 km).

À NE PAS MANQUER

Un petit-déjeuner dans une ferme d'alpage.

ORGANISER SON TEMPS

Les vallées desservies par les routes décrites ci-dessous sont tout indiquées comme voies de passage entre la région du Léman et l'Oberland bernois. Compter 1 à 2h de route selon l'itinéraire choisi.

AVEC LES ENFANTS

Le domaine skiable des Diablerets.

Sommets enneigés, glaciers, vallées verdoyantes, falaises calcaires, lacs de haute montagne, prairies et pâturages parsemés de chalets aux façades décorées… Les Alpes vaudoises regorgent de paysages très variés, tous plus beaux les uns que les autres. Été comme hiver, la région attire les visiteurs. Ses stations de ski familiales combleront aussi bien ceux qui recherchent le calme que les plus sportifs.

Circuits conseillés Carte des Alpes vaudoises

★★ LA VALLÉE DES ORMONTS

Itinéraire de 45 km d'Aigle à Saanen – voir le circuit 1 tracé en vert sur la carte des Alpes vaudoises (p. 174) – compter 1h30. Le col du Pillon peut se trouver fermé entre novembre et avril, en période de fort enneigement.

Aigle

5 r. Colomb - BP 100 - 1860 Aigle - ☎ 024 466 30 00 - www.aigle.ch - avr.-oct. : tlj sf dim. 8h30-12h, 13h30-18h (sam. 12h) ; de nov. à fin mars : tlj sf w.end 8h30-12h, 13h30-17h.

Centre viticole et industriel au confluent de la vallée du Rhône et de celle des Ormonts, Aigle est une avenante petite ville de plaine, entourée de montagnes et de vignobles. Au bord du torrent de la Grande-Eau, la promenade ombragée Gustave-Doret invite à la flânerie, tout comme, dans le centre, la rue de Jérusalem, bordée de maisons anciennes reliées par des passerelles. À l'extrémité est de la ville, le château et l'église St-Maurice, à flèche de pierre gothique, valent le détour.

Château – *☎ 024 466 21 30 - www.chateauaigle.ch ou www.museeduvin.ch - mars-oct. : tlj sf lun. 11h-18h - 11 CHF (enf. 5 CHF).* Dans son enceinte cantonnée de tourelles pointues et cernée de vignes, cet ancien petit fief savoyard du 13e s., pris et reconstruit par les Bernois au 15e s., abrite quelques meubles anciens. Le chemin de ronde, couvert, conserve des peintures murales polychromes (fleurs et fruits).

Le **musée de la Vigne, du Vin et de l'Étiquette** occupe plusieurs salles du corps de logis et trois étages de la tour principale ; il rassemble divers objets du 17e s. à nos jours : verrerie, étains, tonnellerie, outils… On remarque particulièrement deux énormes pressoirs (à levier, d'environ 1600 ; à vis, de 1706), une lumineuse tapisserie de Lurçat sur le thème de la vigne et du raisin (1943), ainsi qu'une intéressante collection d'étiquettes provenant de 52 pays.

Après Aigle, on pénètre bientôt, à haute altitude, dans l'étroit sillon boisé des **gorges★** creusées par la Grande-Eau.

De la route d'itinéraire, 4 km par une route à gauche avant d'atteindre le Sépey.

★ Leysin

Pl. Large - ☎ 024 494 22 44 - www.leysin.ch - 8h-21h (w.-end 20h de mi-avr. à mi-juin et de fin août à mi-déc.).

Son **site★★** forme une splendide terrasse dominant la vallée du Rhône, face aux dents du Midi. La station bénéficie d'un climat doux et d'un ensoleillement intense.

Passé Leysin, la route offre une vue magnifique sur le **site★★** du village des Diablerets, surtout dans la descente qui précède l'arrivée à la station.

★ Les Diablerets

R. de la Gare - ☎ 024 492 00 10 - www.diablerets.ch et www.glacier3000.ch - juil.-août et déc.-avr. : 8h30-18h30 ; mai, juin et sept.-nov. : lun.-vend. 8h30-18h, sam. 8h30-12h30,14h-18h, dim. 9h30-13h.

Ce village, qui s'étend au pied du massif éponyme dans un bassin de prairies et de forêts, est l'une des stations de ski les plus prisées de Suisse. Son **site★★** est grandiose. Les murailles des Diablerets sont profondément incurvées en cirque (creux de Champ), entre l'éperon du Scex Rouge et le Culan.

Entre Les Diablerets et le col du Pillon, une boucle serrée dans le ravin du pont Bourquin fait apparaître, entre les arbres, de curieux monolithes blanchâtres, dus à un phénomène de dissolution du gypse. Sur le versant opposé, le torrent du Dard s'échappe, en petites cascades, de deux **cirques★** rocheux emboîtés.

★ Lac Retaud

Cette jolie nappe aux eaux vertes recouvre un creux d'alpages, face au double cirque du Dard dominé à gauche par l'Oldenhorn et à droite par le Scex Rouge.
Un troisième cirque se découvre, entre les contreforts nord-est de l'Oldenhorn, lors de la descente du col du Pillon vers Gsteig ; celle-ci se termine en vue de la pyramide du Spitzhorn.

★★★ Scex Rouge

✆ 024 492 00 10 - www.diablerets.ch - télépherique : ✆ 024 492 09 23 - www.glacier3000.ch - se renseigner au préalable : accès pour rejoindre Scex Rouge par deux téléphériques successifs au départ du col du Pillon ou depuis Reusch par un téléphérique, un télésiège (hiver uniquement) et un autre téléphérique. Alt. 2 971 m.
Au cours de la montée, on pourra guetter marmottes et chamois, mais l'attention est attirée surtout par le bassin des Diablerets et la formidable paroi enneigée précédant l'arrivée à la station supérieure. De cette dernière, un escalier *(praticable seulement en plein été)* mène au sommet du Scex Rouge qui revèle un merveilleux **panorama★★★** : au sud, sur la chaîne des Alpes suisses (Cervin, visible derrière un monolithe) et françaises (mont Blanc) entre les autres sommets tout proches des Diablerets (tremplin neigeux du point culminant d'un côté, Oldenhorn rocheux aux blanches « épaules » de l'autre), et sur l'éblouissant **glacier des Diablerets★★**, prolongement septentrional du glacier de Tsanfleuron ; au nord, sur les sommets plus modestes mais aigus (Tornette, Palette…) se dressant derrière la vallée des Ormonts.

1

★ Gsteig

Ce ravissant village, le plus élevé de la vallée de la Sarine, abrite de nombreux chalets anciens dispersés dans un paysage de carte postale. La belle église St-Usbald (1455) se distingue par sa flèche de charpente aiguë. Au centre du village, l'hôtel-auberge Bären (1756) est aménagé dans une remarquable **construction★** de style oberlandais, dont le pignon est décoré de frises géométriques et d'inscriptions. Le vallon rocheux « suspendu » qui se dessine, plus en amont, entre les escarpements du Spitzhorn et du Mittaghorn et d'où dévale une puissante cascade, conduit au col du Sanetsch, passage autrefois très fréquenté entre l'Oberland et le Valais. Depuis Gsteig, on peut rejoindre les pistes du glacier des Diablerets, qui culmine à 2 979 m.

★★ Gstaad

Gstaad Saanenland Tourismus - 41 Promenade - ✆ 033 748 81 81 - www.gstaad.ch - de déb. juil. à mi-sept. et de mi-déc. à mi-mars. : lun.-vend. 8h30-18h30, w.-end 9h-12h, 13h30-17h ; de mi-mars à fin juin et de mi-sept. à mi-déc. : lun.-vend. 8h30-12h, 13h30-18h, sam. 10h-12h, 13h30-17h.
La jet-set a jeté son dévolu sur ce village-rue niché aux confins des Alpes bernoises et des Alpes vaudoises. Ses vieux chalets soigneusement restaurés, sa concentration de boutiques de luxe et la variété de ses activités sportives (et mondaines) en font la station la plus huppée de Suisse. En hiver, saison la plus recherchée par le vacancier sensible à une ambiance élégante,

Gstaad se prévaut de la présence de têtes couronnées, de vedettes et autres célébrités. En été, les sentiers pédestres abondent, notamment sur l'Eggli *(alt. 1 557 m)*, que l'on peut rejoindre par télécabine. *Voir p. 177 la rubrique « À proximité de Gstaad ».*

Saanen

À l'endroit où la route de Lausanne à Interlaken (par Bulle ou par le col des Mosses) abandonne la vallée de la Sarine (Saane en allemand) pour gagner le seuil de Saanenmöser et, par là, la vallée de la Simme, Saanen bénéficie de conditions très favorables à la mise en vedette de son cachet traditionnel : le contraste est en effet piquant entre ce bourg paisible et pittoresque et sa brillante mais impersonnelle voisine, Gstaad. Il conserve toutefois une certaine autonomie à la saison d'hiver, grâce à un équipement sportif complet (télésiège Kalberhöni-Vorder Eggli).

Les **maisons de bois★** forment une série de pignons brunis, coiffés suivant la mode de l'Oberland bernois de toits immenses dont l'auvent s'orne souvent de plantes grimpantes. Les constructions les plus anciennes remontent au 16e s. (lire les inscriptions).

Un robuste clocher dressé comme un épieu signale l'**église** de loin au voyageur. À l'intérieur, le chœur est décoré d'un ensemble de **peintures murales★** du 15e s. représentant des scènes bibliques, des épisodes de la vie de la Vierge et du martyre de saint Maurice, patron du sanctuaire. *Sous la chaire, commutateur d'éclairage et tablette explicative.*

★★ LE PAYS D'ENHAUT

Itinéraire de 45 km de Saanen à Aigle – voir le circuit 2 tracé sur la carte des Alpes vaudoises (ci-dessous) – compter 1h (visites non comprises).

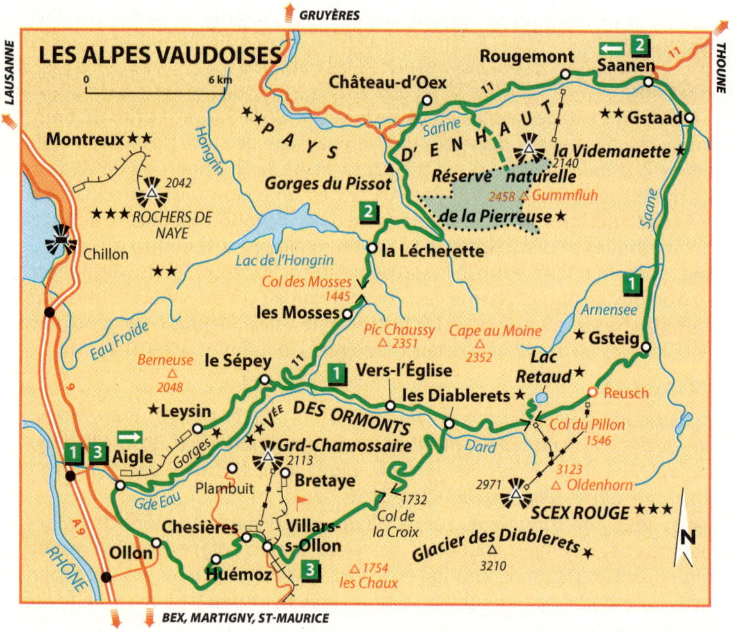

Entre Saanen et Château-d'Oex, le court **défilé des Alamans** marque à la fois la limite entre les cantons de Berne et de Vaud et la frontière linguistique entre le français et l'allemand, comme en témoigne le nom même de ce défilé et du hameau qui le borde. Remarquez le sommet rocheux élancé bien nommé Rubli (« carotte »), qui culmine à 2284 m.

Rougemont

Cette charmante localité aux chalets en bois a été le siège d'un prieuré clunisien entre le 11e s. et la Réforme ; elle a gardé de son passé monastique une église abritée sous un vaste toit retombant. À l'intérieur, le sévère vaisseau à trois nefs supportées par de lourds piliers carrés est caractéristique des constructions romanes primitives en territoire helvétique. Les vitraux du chœur sont ornés du motif de la grue, symbole de la Gruyère.
Le prieuré a fait place au château (16e s.), lui-même entièrement reconstruit et restauré après l'incendie qui l'a ravagé en février 1973.

★ La Videmanette

✆ 026 925 81 61 - télécabine (18mn) au départ de Rougemont - se renseigner pour les horaires et les tarifs. Alt. 2 140 m.
La station supérieure de la télécabine coiffe une crête de la Videmanette qu'encadrent les sommets, voisins et dominants, du Rubli et du Rocher Plat. Sur le toit-terrasse du restaurant, on profite de la **vue★** sur les trois cimes caractéristiques de la Tornette, celles cornues des Diablerets, les lacs Arnensee et de Retaud derrière la Gummfluh, la chaîne de l'Oldenhorn et enfin sur les crêtes du massif de la Jungfrau avec, à l'extrême gauche, l'Eiger.

1

★ Réserve naturelle de la Pierreuse

Visite à pied : compter une demi-journée.
Aux Granges, tourner à gauche (attention : virage très aigu) dans la route en descente de Gérignoz, qui emprunte un tunnel (voie unique) et le pont sur la Sarine. Avant une importante scierie, prendre à droite pour remonter le versant opposé de la vallée. Laisser la voiture avant le pont des Leyssalets.
Au pied des parois rocheuses nord de la Gummfluh, dans un **site★** accidenté couvert de bois ou d'alpages, la réserve de la Pierreuse couvre environ 880 ha. La flore et la faune, aux espèces d'origine ou introduites (épicéas, marmottes, bouquetins), y sont protégées.

Château-d'Oex

La Place - 1660 Château-d'Oex - ✆ 026 924 25 25 - www.chateau-doex.ch - juin-août : lun.-vend. 8h-19h, w.-end 9h-17h ; déc.-mars : lun.-vend. 8h-18h, w.-end 9h-17h ; reste de l'année : lun.-vend. 8h-12h, 14h-18h, sam. 9h30-15h30, dim. 10h-14h.
Chef-lieu du pays d'Enhaut, Château-d'Oex (prononcez : « Châteaudait ») offre une succession de chalets et d'hôtels au pied des derniers contreforts boisés de la Gummfluh et des Vanils. C'est la villégiature familiale type des Alpes vaudoises, réputée pour les sports d'hiver comme pour ses nombreuses activités nautiques.
D'abord partie intégrante du comté de Gruyères, conformément à la logique géographique, cette région passa à la cause bernoise et réformée au 16e s., pour être ensuite rattachée au canton de Vaud.
★ **Musée d'Art populaire du Vieux Pays d'Enhaut** – *✆ 026 924 65 20 - tlj sf lun. 14h-17h - fermé nov., 1er janv., Pâques et 25 déc. - 8 CHF.* Ce bâtiment de trois étages est dédié au passé humain de la région, du 12e au 19e s. Sont notamment exposés des intérieurs d'autrefois (forge, cuisines paysanne et

LE TOUR DU MONDE EN BALLON
Château-d'Oex, 1er mars 1999, 9h05 : le Suisse **Bertrand Piccard** et son coéquipier, le Britannique **Brian Jones**, s'élancent dans le ciel à bord du *Breitling Orbiter 3*, un énorme ballon de 8 100 kg et de 55 m de haut. Ils se posent 19 jours, 21 heures et 55 minutes plus tard, sur le sable du désert égyptien. Les deux hommes viennent de réussir le premier tour du monde en ballon sans escale, soit un périple de 47 000 km. Mais l'aventurier, petit-fils du physicien Auguste Piccard, l'inventeur du ballon stratosphérique et du bathyscaphe, et fils de l'océanographe Jacques Piccard, recordman mondial de plongée en sous-marin, n'entend pas s'arrêter là : lancé en 2003, son projet *Solar Impulse* a déjà réalisé un vol de 1h30 à Payerne le 7 avril 2010 avec un avion fonctionnant à l'énergie solaire et prévoit de faire le tour du monde.

bourgeoise, chambres montagnarde et de tisserand) et une belle collection de papiers découpés du 19e s. Deux petits bâtiments annexes reconstituent, l'un le chalet d'alpage avec sa fromagerie et son chaudron de cuivre géant d'une capacité de 800 l, l'autre le « grenier » occupé par un atelier de menuisier.
Dépendant du musée, mais situé tout en haut du bourg, le chalet de l'Etambeau, à toiture et cheminée de tavillons, présente des expositions d'architecture régionale. On visite également la cave à fromage et la grange, qui abrite une exposition consacrée au transport en montagne.

Gorges du Pissot

Un belvédère aménagé dans un virage permet d'apprécier l'encaissement de cette coupure rocheuse, parcourue par les eaux de la Torneresse.
Après la traversée de ces gorges, la route fait une courbe au creux du vallon pastoral de l'Etivaz et donne, en contrebas, un aperçu sur la petite dent de la Cape-au-Moine ; elle aboutit ensuite dans la très large dépression de prés-bois des Mosses.
À la Lécherette, on atteint la haute vallée de l'Hongrin et son lac de barrage.
Le versant des Ormonts, en aval de la Comballaz, offre une vue dégagée sur les dômes glaciaires des Diablerets.
Entre le Sépey et Aigle, la route se maintient longtemps au-dessus des **gorges★** boisées de la **Grande-Eau**, puis, en quelques lacets, s'abaisse vers le fond de la vallée du Rhône. La cité d'Aigle, annoncée par son château, apparaît alors dans son cadre de vignobles.

Aigle *(voir p. 172)*

★★ LA ROUTE DU COL DE LA CROIX

Itinéraire de 29 km d'Aigle aux Diablerets, par Villars-sur-Ollon – voir le circuit 3 tracé sur la carte des Alpes vaudoises (p. 174) – compter 1h. Le col de la Croix est ouvert l'été seulement.

Aigle *(voir p. 172)*

Au départ d'Aigle, la route file entre les vignes, les arbres fruitiers et les prairies parsemées de ruches, en vue des crêtes enneigées du Grand-Muveran et des Diablerets.

Ollon

Charmant village vigneron étagé autour de son église.

La route grimpe tantôt en corniche, tantôt en sous-bois. Trois kilomètres après Ollon, une **vue★★** superbe se dégage sur les deux massifs du Grand-Muveran et des Diablerets, séparés par la dépression du pas de Cheville derrière laquelle se profile le mont Gond.

Huémoz

Village montagnard typique, vieux chalets.

Chesières, Villars-sur-Ollon, Arveyes

R. Centrale - Villars-sur-Ollon - ✆ 024 495 32 32 - www.villars.ch - juil.-août et mi-déc.-mi-avr. : 8h-18h30 ; reste de l'année : 8h-12h, 13h30-18h.

Villars-sur-Ollon, Chesières et Arveyes ne constituent qu'une seule et même villégiature. C'est l'une des stations d'altitude les plus facilement accessibles de la Suisse romande, face aux lointains horizons des Alpes françaises, des dents du Midi et de la chaîne des Muverans où se situent tour à tour le mont Blanc, le glacier du Trient et les sommets des Diablerets. Blotti dans un paysage reposant de moyenne montagne, Villars bénéficie d'un bon ensoleillement. Chesières et Arveyes sont recommandées à ceux qui recherchent la tranquillité.

1

Bretaye

Accès en chemin de fer à crémaillère au départ de Villars-sur-Ollon (20-25mn) - 9h-18h une fois par heure l'été, toutes les 30mn en hiver. Alt. 1 806 m.

Joli parcours en forêt puis, à partir du col de Soud, belles échappées sur La Croix-des-Chaux et les sommets imposants des Diablerets.

Grand-Chamossaire

Accès aux skieurs depuis Bretaye par télésiège, mi-déc. à mi-avr. En été, prendre la télécabine du roc d'Orsay ou des Chaux. Alt. 2 120 m.

Vaste panorama sur toutes les Alpes vaudoises (Leysin, Gryon, les Diablerets) avec le Valais, le mont Blanc et les dents du Midi en toile de fond.

Après Villars-sur-Ollon, la montée devient sévère (13 %) et le massif des Diablerets emplit l'horizon de ses cimes aux cornes neigeuses. À partir du col de la Croix *(alt. 1 732 m)* se succèdent des vues magnifiques sur le massif, avant la descente finale vers l'immense cuvette où s'étale la station des Diablerets.

★ **Les Diablerets** *(voir p. 172)*

À voir aussi Carte de région

À PROXIMITÉ DE GSTAAD D3

Lenk

29 km à l'est de Gstaad.

Lenk est nichée dans une large cuvette entourée de « montagnes à vaches » et traversée par la Simme, qui s'échappe du massif enneigé du Wildstrubel, quelques kilomètres plus au sud. Elle charme par un centre-ville planté d'arbres, aux chalets aussi fleuris qu'opulents. Cette station thermale de l'Oberland bernois dispense les bienfaits de ses sources sulfureuses soignant les articulations et les voies respiratoires.

Appréciée des sportifs, Lenk est dotée de nombreux équipements : piscine couverte, tennis, centre équestre, patinoire artificielle, mur d'escalade. On y pratique le VTT, le parapente et le rafting. Des sentiers de randonnée (200 km) cheminent autour du lac de la Lenk et jusqu'en haute montagne. En hiver, les remontées mécaniques desservent les pentes du Metschberg, du Betelberg et du Mülkerblatten.

Chutes de la Simme (Simmenfälle)

A 4 km de Lenk, puis 10mn à pied AR. Laisser la voiture au parking situé à gauche du restaurant et suivre la signalisation indiquant « Barbarabrücke ».

Puissantes et bruyantes, les chutes dévalent la paroi rocheuse du Wildstrubel pour s'écraser en fin de course aux pieds du spectateur. On ne voit que leur partie terminale, le reste étant masqué par les sapins (et n'étant visible qu'avec un important recul, à partir du restaurant).

★ Cascade d'Iffigen (Iffigenfall)

À 2,5 km, puis 45mn à pied AR. Quitter Lenk par la route d'Iffigen, au sud : il est conseillé de laisser la voiture au bout de la route bitumée, en vue de la cascade.

Gravir à pied, sur 2 km, le prolongement caillouteux et raide de la route (15 % – circulation automobile autorisée seulement en convois et à heures fixes). Un virage à gauche permet d'admirer au plus près cette impressionnante chute verticale de plus de 100 m. Tombant entre les sapins, elle se scinde à mi-parcours.

À PROXIMITÉ DE VILLARS-SUR-OLLON C3

Gryon

5 km au sud. Ce joli village en balcon sur la vallée de l'Avançon, avec ses vieux chalets, a su conserver son authenticité.

★ Mines de sel de Bex

13 km au sud-ouest. Rte des Mines-de-Sel, à Bex - ✆ 024 463 03 30 - www.mines.ch - ♿ (partiellement) - réservation conseillée, horaires variables selon saison, se renseigner - 19 CHF (6-16 ans 12 CHF).

Cette mine, qui existe depuis trois siècles, est toujours en exploitation. Elle fournit actuellement du sel de table à plus de 30 % de la population suisse (soit une production de 90 à 150 t par jour). Elle se compose de quelque 40 km de galeries, boyaux, puits, escaliers creusés à l'origine à la massette et à la cisette. La visite d'une partie de la mine transformée en musée se fait en petit train et à pied.

La Barboleusaz

3 km au sud. Alt. 1 211 m. Station de sports d'hiver dans un joli site en vue des Diablerets. De là, on peut se rendre au majestueux domaine skiable des **Chaux★** *(5 km par route étroite et sinueuse ; en hiver, accès par télécabine) ou, par une jolie petite route (6 km) remontant le torrent de l'Avançon, au refuge de Solalexa (alt. 1 466 m)* dans un cirque d'alpages aux murailles couronnées de névés ou d'éboulis, au pied des Diablerets.

★ Pont de Nant

12 km au sud. Beau cirque rocheux égayé de sapins et d'épicéas, au pied des glaciers du Grand-Muveran. Un jardin alpin de rocaille présente, outre un bassin à nénuphars, plus de 2 000 espèces de plantes montagnardes ou médicinales.

NOS ADRESSES DANS LES ALPES VAUDOISES

HÉBERGEMENT

BUDGET MOYEN

L'Ours – *Vers-l'Église - hameau à 2 km à l'ouest des Diablerets - ☏ 024 492 44 00 - www. aubergedelours.ch - 6 ch. - fermé nov. et un mois apr. Pâques - 140/160 CHF ☕.* Chambres tout en bois, simples, mais agréables et lumineuses.

Hostellerie Les Sources – *Chemin du Vernex - Les Diablerets - ☏ 024 492 01 00 - www. hotel-les-sources.ch - de fin nov. à mi-avril et de déb. juin à mi-oct. - P - 48 ch. - 140/240 CHF ☕.* Nombreuses chambres familiales, mobilier en pin. Situation très agréable au bord de l'eau. Également restaurant, carte traditionnelle.

POUR SE FAIRE PLAISIR

La Renardière – *Rte des Layeux - Villars-sur-Ollon - ☏ 024 495 25 92 - www.larenardiere.ch - fermé de déb. nov. à mi-déc. et 11 avr.-15 juin - 15 ch. - 260/400 CHF ☕.* Trois grands chalets reliés par une passerelle, à proximité d'une forêt. Jolies chambres et calme garanti. Les prix varient fortement d'un chalet à l'autre, les chambres de l'Annexe sont les moins chères.

Du Golf – *R. Centrale - Villars-sur-Ollon - ☏ 024 496 38 38 - www.hoteldugolf.ch - 69 ch. - 210/435 CHF ☕.* Situé à 100 m du départ des remontées mécaniques. Chambres spacieuses.

Hôtel des Diablerets – *R. des Ormonts - Les Diablerets - ☏ 024 492 09 09 - www.diablerets. com - P - 59 ch. - 279/299 CHF ☕.* Hôtel tout confort au centre du village. Certaines chambres ont vue sur le glacier. Piscine couverte.

RESTAURATION

PREMIER PRIX

Les Lilas – *À 300 m du centre du village -Les Diablerets - ☏ 024 492 31 34 - www.hotellelilas.ch - 35 CHF.* Ce restaurant propose à la fois des spécialités régionales et une carte classique.

BUDGET MOYEN

Caveau du Cloître – *35 av. du Cloître - Aigle - ☏ 024 466 24 61 - fermé mar. soir et merc. - 40 CHF.* Dans une rue villageoise aux abords du château, un caveau au décor de bois et de tonneaux où l'on sert, au frais, fondues, cuisses de grenouilles ou perche du lac. Menu du midi à 18 CHF.

Hôtel de ville – *Pl. de l'Hôtel-de-Ville -Ollon - ☏ 024 499 19 22 - fermé 22 déc.-14 janv., mar. et merc. - 45/89 CHF.* Au centre du bourg, près du clocher, maison de pays où un chef belge mitonne de savoureux repas traditionnels. Jolie terrasse au jardin et accueil gentil de la patronne.

Le Saint Christophe – *Rte de Lavey - Bex - ☏ 024 485 29 77 - www.stchristophesa.com - fermé 6-22 avr. et merc. - 50/96 CHF - 12 ch. 180 CHF ☕.* À portée d'autoroute, donc excentrée, cette auberge qui fut jadis un poste de douane (17e s.) propose une cuisine classique dans un cadre rustique actualisé. Cheminée et vieille pierres en salle. Plat du jour à 25 CHF. Hébergement très convenable, dans un genre motel, où les chambres ont été rafraîchies.

Miroir d'Argentine – *Solalex - 9 km à l'est de Villars-sur-Ollon - ☏ 024 498 14 46 - www.solalex. ch - de déb. mai à fin oct. : tlj sf lun. et mar. - 39 CHF.* Restaurant entouré de montagnes, site magnifique. Accueil très convivial, excellente cuisine traditionnelle. Une très bonne adresse.

Restaurant de Plambuit – *Plambuit - 6 km au nord de Villars-sur-Ollon - ✆ 024 499 33 44 - www.plambuit.com - nov.-avr. : tlj sf dim. soir, lun. et mar. ; reste de l'année : tlj sf dim. soir, lun. et mar. midi - fermé 4 janv.-12 fév. - 54/84 CHF.* Dans sa salle à manger rustique, ce chalet de montagne propose une bonne cuisine concoctée avec des produits du marché. Le nombre de couverts étant limité, il vaut mieux réserver. Terrasse panoramique.

ACHATS

Pendant l'été, une dizaine de fermes d'alpage de la région produisent du fromage chaque matin au feu de bois. Toutes en vendent, mais seules certaines proposent des **petits-déj.** aux produits de la ferme, suivis d'une démonstration de fabrication.

ACTIVITÉS

En été, plus de 300 km de sentiers pédestres et 80 km de pistes VTT s'offrent aux amoureux de la nature. Un **guide pédestre des Alpes vaudoises**, proposant 51 itinéraires, est disponible dans les offices de tourisme. Golf, piscine, patinoire et piste de luge à Villars-sur-Ollon.

Domaine skiable – Les Alpes vaudoises comptent 220 km de pistes et 72 installations modernes, à une altitude allant de 1 300 à 3 000 m. Les stations de Villars-sur-Ollon, Gryon et des Diablerets ne forment qu'un seul domaine skiable, avec 120 km de pistes. Les Diablerets sont célèbres pour les champs de neige qui s'étagent sur trois massifs : Meilleret (1 949 m), Isenau (2 120 m au Floriettaz) et le glacier 3000, qui permet de skier été comme hiver. Les skieurs de niveau intermédiaire apprécient le secteur d'Isenau, les longues pistes en forêt du Meilleret et surtout la piste rouge de Cabane, à Oldenegg. Pour les bons skieurs, la combe d'Audon, depuis le Scex Rouge, est une référence, avec une excellente neige et un cadre somptueux. À Villars-sur-Ollon, les deux sommets principaux (Grand-Chamossaire et Croix-des-Chaux) font le bonheur des skieurs moyens. Enfin, la région des Mosses-La Lécherette est dédiée au ski de fond, avec 42 km de pistes et une piste éclairée de 850 m. Toutes ces stations ont obtenu le label « Familles bienvenues » de la Fédération suisse du tourisme et se sont ainsi engagées à proposer des tarifs adaptés, des garderies, des programmes d'animation, etc.

AGENDA

Voir l'Agenda dans la partie « Organiser son voyage », p. 35.

Gruyères et ses montagnes.
Gruyères Tourisme

Gruyères

★

1 753 habitants – Canton de Fribourg

NOS ADRESSES PAGE 185

S'INFORMER

Office du tourisme de Gruyères – *1 r. du Bourg - 1663 Gruyères - ✆ 084 842 44 24 - www.gruyeres.ch - janv.-fév. : mar.-dim. 13h-16h30 ; mars-avr. : tlj 10h30-12h, 13h-17h ; mai : tlj 10h30-12h, 13h-17h30 ; juin : tlj 9h30-12h, 13h-17h30. ; juil.-août : tlj 9h30-17h30 ; sept.-oct. : tlj 9h30-12h, 13h-17h30 ; nov.-déc. ; tlj 10h30-12h, 13h-16h30.*

SE REPERER

Carte de région C2 (p. 104-105) – *Carte Michelin Regional n° 552 H9.*
À 34 km de Fribourg et à 40 km de Montreux-Vevey.

SE GARER

Parking obligatoire et gratuit à l'extérieur des remparts.

À NE PAS MANQUER

La meringue à la crème double.

ORGANISER SON TEMPS

Avant de visiter une fromagerie, vérifiez les heures de fabrication pour pouvoir y assister.

AVEC LES ENFANTS

La maison du Gruyère à Pringy, la fromagerie d'alpage de Moléson, la chocolaterie Cailler à Broc.

Au pied du Moléson et de la dent de Broc, la capitale des comtes de Gruyères, nichée au cœur de la région qui a donné son nom au célèbre fromage, fait partie des cités-musées de la Suisse. Dans la longue rue pavée qui monte vers son château, on ne croise guère que des touristes. Mais le site verdoyant de cette petite ville vaut le détour, tout comme les villages environnants, qui ont su garder leur authenticité.

Se promener

La rue principale est bordée de belles maisons anciennes. En montant au château, on remarque à droite, creusées dans un massif de pierre, les anciennes mesures à grains de la ville. Juste avant d'atteindre le château, on aperçoit à gauche une maison aux encadrements de fenêtres délicatement sculptés (16e s.); ce fut la demeure du bouffon Chalamala qui s'illustra à la cour des comtes de Gruyères.

★ Château

✆ 026 921 21 02 - www.chateau-gruyeres.ch - avr.-oct. : 9h-18h ; nov.-mars : 10h-16h30 (dernière entrée 30mn av. fermeture) - 9,50 CHF (6-16 ans 3 CHF). Compter 1h de visite.

Remanié et étendu au 15e s., l'ancien château des comtes de Gruyères, aujourd'hui propriété du canton de Fribourg, remonte, dans sa majeure partie, à la fin du 13e s. (façades sur cour du corps de logis principal). Les aménagements intérieurs, très variés, évoquent aussi bien l'époque féodale (cuisine, salle des gardes) que le 18e s. et ses raffinements. Leur décoration, plus ou moins bien venue, est en grande partie l'œuvre des Bovy, dynastie d'artistes qui sauvèrent le château de la destruction au 19e s. et y accueillirent leurs nombreux amis peintres, dont Corot. On peut voir dans le salon qui porte son nom quatre paysages en médaillon réalisés dans les années 1850.

Un peu partout, au-dessus des portes, sur les plaques de cheminée, sur les vitraux, se retrouve la grue figurant sur le blason des comtes de Gruyères. Un spectacle multimédia installé à l'étage du bâtiment d'accueil évoque l'histoire de la dynastie avec force effets spéciaux.

Le trésor des collections regroupées dans la salle de Bourgogne est constitué par les trois **chapes★** de deuil de l'ordre de la Toison d'or. Celles-ci devaient servir aux aumôniers de Charles le Téméraire appelés à célébrer des messes pour les chevaliers défunts au cours de la campagne de 1476. Mais ces ornements somptueux devinrent une part du butin que Louis II de Gruyères et les Suisses récoltèrent lors de la bataille de Morat *(voir encadré p. 200)*. Quatre tapisseries des Flandres du 16e s. illustrant des scènes de l'Ancien Testament se trouvent dans la chambre du comte, pourvue d'un plafond typique de l'époque savoyarde. Le château accueille également des expositions d'art contemporain, qui se fondent harmonieusement dans le site.

La **chapelle St-Jean**, du 15e s., se dresse sur une terrasse. Près d'elle, sur le rempart, belle vue sur les environs, le Moléson et la chaîne du Jura (table d'orientation).

Musée HR Giger

✆ 026 921 22 00 - www.hrgiger.com - avr.-oct. : 10h-18h ; nov.-mars : tlj sf lun. 13h-17h, w.-end et j. fériés 10h-18h30 (dernière entrée 20mn av. fermeture) - 12,50 CHF.

Ce musée, installé dans le château St-Germain, est dédié aux œuvres étranges et inquiétantes (tableaux, sculptures, etc.) du créateur du monstre cinématographique *Alien*, le sculpteur suisse HR Giger.

Reprendre la rue principale et, devant la fontaine du village, tourner à droite.

Musée du Tibet

✆ 026 921 30 10 - www.tibetmuseum.ch - avr.-oct. : 11h-18h ; nov.-mars. : mar.-vend. 13h-17h, w.-end 11h-18h - 12 CHF (enf. 5 CHF).

À côté du musée HR Giger, ce surprenant site présente une collection d'**art bouddhique** de l'Himalaya (sculptures, peintures et objets rituels), parfaitement mise en valeur dans l'espace rénové d'une ancienne chapelle.

Le Belluard

Cet ouvrage de défense restauré, dont le nom est à rapprocher de boulevard dans le sens ancien de terre-plein d'un rempart, gardait jadis l'entrée principale du bourg.

À proximité Carte de région

Maison du Gruyère à Pringy C2

1 km, à l'entrée de Pringy.

✆ 026 921 84 00 - www.lamaisondugruyere.ch - ♿ - juin-sept. : 9h-19h ; oct.-mai : 9h-18h (24 et 31 déc. fermeture à 16h) - fabrication du fromage : 9h-11h et 12h30-14h30 - audioguide pour les enfants - 5 CHF avec petite dégustation.

Possibilité, à partir de Blonay, de louer des trottinettes pour la descente. Cette ancienne fromagerie industrielle entièrement rénovée abrite une fromagerie de démonstration. La fabrication moderne du gruyère, en meules de 35 kg, s'effectue sous les yeux du public.

1

Moléson-sur-Gruyères C2

6 km au sud-ouest.

6 pl de l'Aigle - 1663 Moléson-sur-Gruyères - ✆ 026 921 85 00 - www.moleson.ch - tlj sf dim. 8h-12h, 14h-18h.

Ce village possède une **fromagerie d'alpage** installée dans un chalet du 17e s., au toit recouvert de plus de 90 000 tavillons (tuiles de bois). Accueillis par l'armailli-fromager, les visiteurs goûtent les spécialités gruériennes et assistent à la fabrication artisanale du fromage, dans une grande chaudière alimentée au feu de bois. Exposition sur les ustensiles utilisés autrefois dans les chalets d'alpage, et montage audiovisuel sur les produits régionaux. Un bon complément à la visite de la maison du Gruyère. *✆ 026 921 10 44 - www.fromagerie-alpage.ch - de mi-mai à mi-oct. 9h30-19h, fabrication à 10h - 5 CHF - réservation conseillée (également possible par l'office du tourisme de Moléson).*

Un téléphérique conduit à l'**observatoire du Moléson** *(alt. 2 002 m)*. La vue panoramique s'étend sur le pays de Gruyère et le plateau suisse. Des soirées d'initiation à l'astronomie y sont organisées (télescopes). En hiver, 35 km de pistes balisées offrent de belles descentes à skis. *✆ 026 921 85 00 - téléphérique au départ de Moléson-Village juin-oct. : 9h-18h (23h vend. et sam. juin-sept.) ; de mi-déc. à fin mars : 9h-16h (22h30 vend. et sam. janv.-fév.) - fermé nov. et avr. (et mai suivant l'enneigement) - 27 CHF (enf. 13,50 CHF).*

Bulle C2

6 km au nord.

26 pl. des Alpes - 1630 Bulle - ✆ 084 842 44 24 - www.info-bulle.ch - tlj sf dim. 9h-12h, 14-18h (sam. 12h).

Chef-lieu de la « verte Gruyère », l'une des régions les plus attirantes de Suisse pour ses paysages et son folklore, ce gros bourg-marché se livre au commerce du bois, du bétail bovin (race tachetée blanc et noir de Fribourg) et du fromage.

★ **Musée gruérien** – *25 r. de la Condémine - ✆ 026 912 72 60 - www.musee-gruerien.ch - ♿ - fermé pour travaux jusqu'à fin 2011.* Fondé par l'écrivain Victor Tissot, créateur à Paris de l'« Almanach Hachette », ce musée est logé au sous-sol d'un bâtiment moderne, construit au pied du château. Il comporte une très importante collection d'art populaire. Mille et un objets d'autrefois composent une remarquable évocation du **folklore de la Gruyère**. Les **meubles anciens** abondent. À voir aussi : les costumes et les crèches en cire du 18e s. Les immenses tableaux du 19e s. ou *poyas* (du verbe *poyî*, « monter à l'alpage ») évoquent l'ascension dans les pâturages. Les *armaillis* (gardiens de troupeaux) y apparaissent avec leur *bredzon* (veste courte à manches bouffantes) et leur *loyi* (sacoche de sel) en bandoulière. La **section de peinture** abrite des gravures et tableaux : école italienne (16e et 17e s.), école française avec Corot et Courbet (joli portrait d'une petite Bulloise), école suisse (Vallotton, Alexis Grimou).

Château – *Ne se visite pas.* Flanqué de quatre tours rondes, cet imposant édifice fut construit au 13e s. par l'évêque Boniface de Lausanne, dans le style bourguignon-savoyard comme les châteaux de Rolle et d'Yverdon.

Les villes décrites ci-dessous sont reliées par une très belle route et peuvent donc faire l'objet d'un petit itinéraire.

Broc C2

4,5 km au nord.

Du jardin belvédère aménagé devant l'hôtel de ville, très jolie **vue★** sur le site de Gruyères avec, à l'arrière-plan, les trois sommets familiers du pays : Vanil Blanc, Vudalla, Moléson.

Chocolaterie Cailler – *7 r. Jules-Bellet - ✆ 026 921 51 51 - www.cailler.ch - 10h-18h - fermé 1er janv. et 25 déc. - 10 CHF (-16 ans gratuit).* À travers un parcours audiovisuel et interactif, on découvre l'univers et l'histoire du chocolat de la marque Cailler, et l'on assiste en direct à la transformation des ingrédients de base du chocolat. Le tout suivi d'une dégustation.

Les Entreprises électriques fribourgeoises installées à côté ont ouvert au public **Electrobroc**, qui permet de découvrir le monde de l'énergie et la magie de la fée électricité. *✆ 026 840 40 40 30 - www.groupe-e.ch - visite guidée (1h30) sur demande préalable pour RV (min. 10 pers.) - fermé dim. et j. fériés, de mi-déc. à mi-mars - gratuit.*

Charmey C2

12 km au nord-est.

Ce village de montagne est devenu une station touristique mais continue néanmoins à cultiver les traditions locales : sa désalpe (en septembre) est très renommée dans la région. Dans le bâtiment de l'office de tourisme, le **musée du Pays et Val de Charmey** est consacré à la vie régionale : artisanat de bois lié à l'économie laitière, objets de paille tressée, armes de chasse… *Tlj sf lun. 14h-18h, sam. 14h-16h - 8 CHF.*

Jaun D2

22 km à l'est.

Ce village suisse alémanique, qui se trouve dans la partie la plus élevée de la Gruyère, compte encore quelques beaux chalets anciens. Son cimetière est unique : chaque sépulture est ornée d'une croix originale, en bois sculpté.

le transept et le narthex. Les plus anciennes (narthex) montrent le Christ du Jugement dernier devant lequel sont assis les vingt-quatre vieillards de l'Apocalyse.

Attenante à l'église, la belle **salle capitulaire**, à voûte d'arêtes, mérite un coup d'œil. Une exposition sur l'histoire de l'abbatiale y est présentée.

Musée – On y accède par le bras droit du transept. Les collections permanentes sont consacrées à une enfant du pays. L'artiste peintre Aimée Rapin (1868-1956), née sans bras, peignait avec ses pieds. Elle connut un franc succès lors de l'Exposition universelle de Paris en 1888. Ses natures mortes *(Fruits, La Chasse)*, ses portraits *(Jeune fille au lac, L'Homme à la pipe)*, ses dessins au fusain ou au crayon *(Portrait de M. Pierre Libaud, Femme assise)* montrent la diversité de son talent.

Clin d'Ailes, Musée de l'Aviation militaire – *Base aérienne de Payerne - ✆ 026 662 21 20 - www.clindailes.ch - ♿ - juil.-août : tlj sf lun. et dim. 13h30-17h ; avr.-juin et sept.-oct. : tlj sf lun. 13h30-17h ; nov.-mars : merc. et sam. 13h30-17h - 8 CHF (-16 ans 4 CHF).* Ce musée présente l'histoire de l'aéronautique militaire de la seconde moitié du 20e s. Les visiteurs peuvent voir, entre autres, le poste de commandement d'un aérodrome de guerre reconstitué. Depuis les terrasses du musée, il est possible de suivre et photographier les engagements des F/A-18 Hornet, F-5 Tiger, Super Puma, etc. Dans la halle des avions, six appareils sont exposés.

Rejoindre la route n° 1 et poursuivre en direction du sud-ouest sur 13 km.

1

Lucens C2

Cette petite ville est associée au nom de Sherlock Holmes, car le fils de sir Arthur Conan Doyle, l'auteur des exploits du célèbre détective anglais, fut à une époque propriétaire du château de Lucens. Il fit don à la commune de plusieurs objets ayant appartenu à son père et y créa un musée.

Musée Sherlock-Holmes – *✆ 021 906 73 33 - ♿ - w.-end 14h-17h, les autres jours sur demande préalable - fermé 25 déc. - 5 CHF (enf. 4 CHF).* Ce musée est consacré à l'œuvre de Conan Doyle et à son illustre héros. Le fauteuil, le bureau, des objets personnels, copies de lettres, vêtements, photos de l'écrivain sont exposés, de même qu'une grande table ayant appartenu à la famille autour de laquelle se sont assis des hôtes prestigieux comme Winston Churchill ou Rudyard Kipling. Le salon de Holmes du 221 B Baker Street a été reconstitué d'après les descriptions minutieuses des romans.

Continuer le long de la route n° 1 sur 6 km.

Moudon C2

À la croisée des grands axes européens dès l'époque gallo-romaine, Moudon a connu une période de grande prospérité au temps des comtes de Savoie (14e s.). De cette époque datent la plupart des monuments qui donnent à la cité son cachet médiéval.

Du pont qui franchit la Broye, on découvre au premier plan une jolie vue sur l'église St-Étienne et à l'arrière, sur la Vieille Ville ou ville haute avec ses maisons des 15e, 16e et 17e s. La colline est couronnée par les vieux châteaux de Rochefort et de Carrouge et l'antique tour de Broye.

L'**église St-Étienne** (fin 13e s.-début 14e s.), flanquée d'un imposant clocher fortifié jadis tour d'enceinte, témoigne de l'importance de la ville à l'époque savoyarde. La nef gothique possède des voûtes armoriées, des vitraux modernes, un orgue de 1764, de belles stalles du début du 16e s. (chœur) ; d'autres stalles, du début du 17e s., sont visibles à gauche de l'entrée. Une restauration complète a mis en valeur des fresques originales du 16e s.

La **rue du Château**, au départ de la place de la Grenette, est la voie principale du vieux quartier du Bourg : au bas, amusante fontaine de la Justice (statue polychrome abritant sous sa robe quatre magistrats nains) ; en montant, on remarque à droite la tour de Broye, ruine du 12e s., puis, des deux côtés de la rue, quelques maisons des 15e, 16e et 17e s. Au no 34, la maison dite Bernoise est reconnaissable à son avant-toit formant terrasse. La rue offre à mi-parcours, sur la gauche, une vue dominante sur la rivière qu'enjambe un pont couvert ; en haut, on trouve les musées (à droite) et la fontaine de Moïse, à bassin octogonal et fut sculpté, datée de 1557.

Musée du Vieux-Moudon – *✆ 021 905 27 05 - mars.-nov. : merc. et w.-end 14h-18h - 5 CHF, billet combiné avec le musée Eugène-Burnand 8 CHF.* Située dans la ville haute, la maison de Rochefort (13e s.) sert de cadre à ce musée qui fait revivre la vie locale et régionale d'autrefois.

Musée Eugène-Burnand – *✆ 021 905 33 18 - merc., w.-end et j. fériés 14h-18h - fermé nov.-mars - 5 CHF (enf. gratuit), billet combiné avec le musée du Vieux-Moudon 8 CHF.* Il a pris place dans le bâtiment du Grand-Air et est consacré au peintre E. Burnand, né à Moudon en 1850 et mort à Paris en 1921. Burnand fut l'élève de Gérôme à l'École des beaux-arts de Paris. Parmi ses tableaux monumentaux les plus connus, sur le thème de la vie rurale, citons : *Le Labour dans le Jorat* (1916), *Les Glaneuses* (1880), *Le Paysan* (1894), *La Ferme suisse* (1882).

Revenir sur vos pas puis, juste avant Lucens, prendre à droite en direction de Curtilles puis Prévonloup.

Romont C2

Construite au 13e s. par Pierre II de Savoie, cette petite ville, encore entourée d'une partie de ses remparts, occupe un **site★** pittoresque sur une crête, au-dessus des vallées de la Glâne et du Glâney.

Collégiale N.-D.-de-l'Assomption – *visite guidée avr.-sept. : 8h-20h ; oct.-mars : 8h30-19h - se renseigner auprès de l'office de tourisme.* C'est un des beaux sanctuaires gothiques du pays romand. Édifié au 13e s., détruit aux deux tiers en 1434 et immédiatement reconstruit, il représente deux aspects du style gothique (13e et 15e s.)

Château et Vitromusée – *✆ 026 652 10 95 - www.vitromusee.ch - avr.-oct. : tlj sf lun. 10h-13h, 14h-18h ; nov.-mars : jeu.-dim. 10h-13h, 14h-17h - possibilité de visite guidée (1h) - 10 CHF.* Ce château date du 13e s., comme en témoigne le donjon de Pierre II de Savoie, mais a été remanié à plusieurs reprises. Le portail principal (16e s.) est surmonté de plusieurs écussons de Fribourg et de Romont.

Le château abrite le **Vitromusée**, dont les collections comprennent des vitraux médiévaux, des vitraux « suisses » héraldiques ou figurés, et des œuvres de verriers suisses et étrangers datant du début du 20e s. Une présentation audiovisuelle est consacrée à la création du vitrail et son histoire à travers les siècles. Lors des expositions temporaires sont présentées des œuvres anciennes ou contemporaines provenant de Suisse ou de l'étranger.

Regagner Fribourg par Villaz, Chénens et Cottens (25 km).

NOS ADRESSES À FRIBOURG

INFORMATIONS UTILES

Permanence médicale – *026 300 11 40.*
Hôpital cantonal – *Par l'autoroute, sortie Fribourg Sud, suivre Hôpital cantonal - Urgences 026 426 71 11.*

TRANSPORTS

Gare CFF – *Pl. de la Gare, dans la ville haute - 0900 300 300 - www.cff.ch.*
Transports publics fribourgeois – *Gare CFF - 026 351 02 40 - www.tpf.ch.*

Location de voiture

Avis – *3A rte de Beaumont - 026 422 14 14.*
À Villars-sur-Glâne
4 km à l'ouest de Fribourg.
Europcar – *103 rte de Villars - 026 408 41 12.*
Hertz – *124 rte de la Glâne - 026 401 10 92.*

HÉBERGEMENT Plan de ville

À Fribourg

BUDGET MOYEN

NH Hotel – A1 - *14 Grand-Places - 026 351 91 91 - www.nh-hotels.com - P - 122 ch. - 187 CHF (w.-end ou été)/247 CHF.* À 300 m de la gare, hôtel moderne, chambres tout confort.
Hôtel de la Rose – A1 - *1 r. de Morat - 026 351 01 01 - www.hotelrose.com - 40 ch. - 160/230 CHF.* Situé dans une demeure historique du 17e s., cet hôtel propose des chambres claires et agréables, à deux pas de la cathédrale St-Nicolas et des principaux musées de la ville.

POUR SE FAIRE PLAISIR

Hôtel Au Sauvage – B1 - *12 Planche-Supérieure - 026 347 30 60 - www.hotel-sauvage.ch - P - 16 ch. - 280/380 CHF.* Dans cette maison du 16e s. nichée au cœur de la Vieille Ville, vous trouverez des chambres de charme, décorées avec goût. Chacune a son cachet. Restaurant avec terrasse.

À proximité

BUDGET MOYEN

Auberge Aux 4 Vents – Hors plan vers B1 - *124 rte de Grandfey - 2 km du centre de Fribourg, sortie nord - 026 347 36 00 - www.auberge.aux4vents.ch - 8 ch. - 100/260 CHF.* À lui seul, cet hôtel unique en son genre et réputé dans toute la Suisse vaut le détour. D'un accès facile bien que situé en pleine campagne, il propose des chambres toutes plus irrésistibles les unes que les autres. Dans la Bleue, la plus connue, une baignoire montée sur rails sort directement par la fenêtre et permet de prendre son bain suspendu au-dessus du jardin. De l'ultra-romantisme de la chambre aux Anges au luxe de la chambre Babylone en passant par la poésie de celle où l'on découvre les rêves du visiteur précédent, dépaysement et évasion sont garantis. Les moins fortunés peuvent s'offrir la jolie chambre Dortoir, avec ses quatre lits et son prix relativement modique. Piscine extérieure. Restaurant très agréable, avec menu à 62 CHF.

RESTAURATION Plan de ville

PREMIER PRIX

Café des Arcades – B1 - *1 pl. des Ormeaux - 026 321 48 40 - www.cafedesarcades.ch - tlj sf lun. - 25 CHF.* Restaurant pratique pour déjeuner, situé à côté de la cathédrale. Cuisine simple mais bonne. En cas d'affluence, le service est un peu long.

1

Hôtel de Ville – B1 - *6 Grand-Rue - ✆ 026 321 23 67 - www.restaurant-hotel-de-ville.ch - fermé 22 déc.-2 janv., 6-10 avr., 20 juil.-14 août, dim., lun. et mar. midi. - 20/68 CHF.* Table cordiale cachée au premier étage d'une maison historique jouxtant l'hôtel de ville, et dotée d'une loggia surplombant la basse ville. Cuisine actuelle goûteuse.

BUDGET MOYEN

Auberge du Chasseur – A1 - *10 r. de Lausanne - ✆ 026 322 56 98 - tlj sf dim. et lun. - 40 CHF.* Spécialités de la maison : fondues et raclettes.

L'Aigle Noir – A1 - *10 r. des Alpes - ✆ 026 322 49 88 - fermé 25 déc.-12 janv., dim. et lun. - 50/105 CHF.* Trois ambiances pour festoyer : salle traditionnelle, salons historiques et véranda dont les verrières escamotables offrent une belle vue sur la Vieille Ville et les Préalpes.

L'Épée – B2 - *39 Planche-Supérieure - ✆ 026 322 34 07 - fermé lun., mar. soir, 24 et 25 déc. - 50 CHF.* Des repas soignés pour un bon rapport qualité-prix. Au menu, viandes et poissons.

POUR SE FAIRE PLAISIR

Grand Pont « La Tour Rouge » – B1 - *2 rte de Bourguillon - ✆ 026 481 32 48 - www.legrandpont.ch - fermé 2 sem. en avr., 2 sem. en oct., dim. soir et merc. - 65 CHF.* À l'entrée du pont de Zaehringen, ce restaurant dispose d'une terrasse avec vue sur la Sarine et la Vieille Ville. Carte traditionnelle.

PETITE PAUSE

Salon de thé Nicolas-Bertherin – *61 r. de Lausanne - ✆ 026 322 34 89 - www.bertherin.ch - lun.-vend. 7h30-18h30, sam. 7h30-18h, dim. 8h-18h.* Pour déguster pâtisseries fines et chocolats…

ACHATS

Les principales artères commerçantes sont le boulevard de Pérolles, de la gare jusqu'au jardin des Pérolles ainsi que les rues de Romont, St-Pierre et de Lausanne.

Marchés aux légumes et aux fleurs – Merc. mat. pl. Georges-Python ; sam. mat. pl. de l'Hôtel-de-Ville.

BOIRE UN VERRE

TM Café – *29-31 r. de Romont, 1er étage - ✆ 026 321 53 81 - www.tmcafe.ch - lun.-merc. 7h-23h30, jeu. 7h-0h, vend. 7h-2h, sam. 9h-2h.* Dans ce café du centre-ville, à l'ambiance détendue et plutôt estudiantine, on peut écouter chaque week-end des DJ's venus de tous horizons.

Le Belvédère – *36 Grand-Rue - ✆ 026 323 44 08 - tlj sf dim.-lun. à partir de 19h* - Ce café, qui est également un restaurant asiatique, est réputé pour sa terrasse qui offre une vue magnifique sur la ville.

AGENDA

Voir l'Agenda dans la partie « Organiser son voyage », p. 35.

Morat

Murten

★★

6 024 habitants – Canton de Fribourg

NOS ADRESSES PAGE 201

S'INFORMER

Office du tourisme de Morat – *Französische Kirchgasse 6 - 3280 Murten - 026 670 51 12 - www.murtentourismus.ch - de Pâques à fin sept. : lun.-vend. 9h-12h, 13h-18h, w.-end et j. fériés 11h-16h30 ; reste de l'année : tlj sf w.-end 9h-12h, 14h-17h.*

SE REPERER

Carte de région C1 (p. 104-105) – *Carte Michelin Regional n° 552 H7.*
Située sur le grand axe qui relie Lausanne à Berne, Morat se trouve respectivement à 86 et 33 km de ces deux villes.

À NE PAS MANQUER

Le gâteau à la crème, spécialité de Morat ; l'été, une baignade dans le lac, l'un des plus chauds de Suisse.

ORGANISER SON TEMPS

2h suffisent pour visiter la ville, mais si l'on veut rayonner dans la région, y loger est une bonne solution : pour les mêmes prix qu'à Fribourg, les hôtels ont souvent plus de charme.

AVEC LES ENFANTS

Le Papiliorama-Nocturama à Kerzers et baignade dans le lac.

Restée célèbre dans l'histoire pour la défaite que les Suisses infligèrent à Charles le Téméraire, cette petite ville médiévale, en majorité germanophone, a conservé son château ainsi que la majeure partie de ses remparts et de ses tours. Le lac qui la borde et les vignobles de la région du Vully, toute proche, ajoutent encore à son charme.

Se promener

Hauptgasse (Rue principale)
Tracée au cœur de la ville ancienne, elle présente une belle unité avec ses maisons ornées d'arcades et aux toits en saillie couverts de tuiles brunes, ses fontaines et sa **porte de Berne** (Berntor) surmontée d'un élégant clocheton.
Prendre la Deutschekirchgasse qui s'amorce à droite, aussitôt avant la porte de Berne et contourner l'église protestante allemande derrière laquelle, dans une tour, un escalier en bois donne librement accès aux remparts.

★ **Remparts** (Stadtmauer)
Prendre à droite le chemin de ronde couvert d'une belle charpente, qui offre de jolies vues sur l'enchevêtrement des toits de la ville ancienne, le château et le lac, tandis qu'à l'horizon se dressent le mont Vully et les contreforts du

1

LA BATAILLE DE MORAT
Impatient d'effacer l'échec que les Confédérés suisses à Grandson lui ont infligé le 2 mars 1476, le duc de Bourgogne Charles le Téméraire rassemble en hâte une nouvelle armée. Quittant Lausanne le 27 mai, il arrive le 9 juin devant Morat qu'il assiège. L'arrivée de l'armée des Confédérés, le 22 juin, renverse la situation. Acculées au lac, n'ayant aucune possibilité de retraite en cas de défaite, les troupes du Téméraire ne peuvent échapper au massacre ou à la noyade ; le duc, lui, réussit à s'enfuir. Près de 8 000 Bourguignons y laissent la vie. Comme à Grandson, un riche butin – étoffes, fourrures, armes de prix – tombe aux mains des vainqueurs.

Jura. Au terme du chemin de ronde se trouve la tour des Sorcières ; on peut y monter et, de là, découvrir le château et le lac en arrière-plan.
Revenir sur ses pas et descendre par la tour carrée des Prisons.
Au pied de la tour, dans un renfoncement à droite, se trouve l'ancienne horloge de la lanterne de l'hôtel de ville (1816). Une porte donne accès à une petite place d'où l'on a une jolie vue extérieure sur les remparts.
Repasser la porte, prendre la Kreuzgasse puis à gauche la Schulgasse vers le château.
On passe, à l'extrémité de la Hauptgasse, devant le **Rübenloch**, belle maison ancienne à la façade en pierre.

Château (Schloss)
Cet édifice imposant a été construit au 13e s. par le duc Pierre de Savoie. Depuis le 19e s., il abrite la préfecture. De la cour intérieure, jolie vue sur le lac de Morat et le Jura.

Musée de Morat (Museum Murten)
✆ 026 670 31 00 - www.museummurten.ch - mar.-sam. 14h-17h, dim. 10h-17h - 6 CHF.
Très moderne, le musée occupe, au pied du château, l'ancien moulin à eau de la ville, restauré dans son aspect du 18e s.
On y voit, sur cinq niveaux, de haut en bas : des vestiges préhistoriques (sites lacustres) et gallo-romains, des collections se rapportant à l'histoire locale du Moyen Âge au 18e s., des armes : épées, armures, canons… et un spectacle multimedia sur la bataille de Morat.
Prendre la Rathausgasse.
Cette rue passe devant l'hôtel de ville, belle bâtisse à arcades du 16e s., et conduit à la petite **église française** (une seule nef, chœur voûté d'ogives). Sur le côté de l'église, belle vue sur le lac et au loin sur les contreforts du Jura.
La Französische Kirchgasse ramène à la porte de Berne et à la Hauptgasse.

À proximité Carte de région

Lac de Morat (Murtensee) C1
Poissonneux, asile des oiseaux migrateurs sur sa rive nord et des baigneurs sur la berge opposée *(plage aménagée)*, le lac de Morat (23 km²), de forme rectangulaire, communique avec le lac de Neuchâtel par le canal de la Broye. Le lac de Neuchâtel étant lui-même relié au lac de Bienne, des promenades en bateau permettent de découvrir le « pays des Trois Lacs » *(renseignements à l'office de tourisme)*.

La région du Vully C1

Dominée par le mont Vully, cette jolie région viticole est blottie entre les lacs de Morat et de Neuchâtel. Plusieurs sentiers à thème permettent de la découvrir.

Papiliorama-Nocturama à Kerzers D1

3 km au nord-est de Morat.

031 756 04 61 - www.papiliorama.ch - été : 9h-18h ; hiver : 10h-17h (dernière entrée 45mn av. fermeture) - fermé 1er janv. et 25 déc. - 17 CHF (enf. 8 CHF).

D'un côté, le **Papiliorama** (chaleur tropicale très humide) vous fait pénétrer dans un monde d'espèces tropicales luxuriantes où des papillons et des oiseaux se livrent à un ballet sans fin ; de l'autre, le **Nocturama** (il y fait nettement moins chaud) vous plonge dans une ambiance de clair de lune pour pouvoir observer des animaux originaires d'Amérique du Sud. Vous y verrez, entre autres, la chouette à lunettes, le paca (petit animal se nourrissant de fruits et de racines), le tatou à neuf bandes qui semble revêtu d'une cuirasse, le singe de nuit aux yeux démesurés, le caïman nain ou l'ocelot, redoutable carnivore appelé également chat-tigre.

NOS ADRESSES À MORAT

HÉBERGEMENT

PREMIER PRIX

Weisses Kreuz – *Markplatz 15 - 032 387 07 40 - www.kreuz-lyss.ch - 32 ch. - 110/193 CHF.* Installé dans des maisons anciennes, cet hôtel propose des chambres agréables. Les moins chères n'ont certes ni douche ni WC, mais leur rapport qualité-prix reste des plus avantageux.

RESTAURATION

BUDGET MOYEN

Da Pino Ristorante Frohheim – *Freiburgstr. 14 - 026 670 26 75 - www.dapino-frohheim.ch - fermé 17 oct-1er nov., 20 déc.-5 janv., dim. et lun. - 35/120 CHF.* Agréable restaurant où l'on mange sur la belle terrasse ombragée par les châtaigniers ou sous la pergola. Cuisine italienne et carte de vins sélectionnés, dont quelques trouvailles.

Neuchâtel

★★

32 592 habitants – Canton de Neuchâtel

NOS ADRESSES PAGE 217

S'INFORMER

Tourisme Neuchâtelois – *Hôtel des Postes - BP 3176 - 2001 Neuchâtel - 032 889 68 90 - www.neuchateltourisme.ch - juil.-août : 9h-18h30, sam. 9h-16h, dim. 10h-14h ; reste de l'année : 9h-12h, 13h30-17h30, sam. 9h-12h.* Visite guidée de la ville à pied et en petit train touristique (départ pl. du Port). Visite guidée gratuite de la collégiale, du château et de la tour des Prisons d'avril à septembre : lun.-vend. à 10h, 11h, 12h, 14h, 15h et 16h, sam. à 10h, 11h, 14h, 15h, 16h, dim. et j. fériés à 14h, 15h et 16h.

SE REPERER

Carte de région C1 (p. 104-105), plan de ville (p. 204-205) et carte des environs (p. 213) – *Carte Michelin Regional n° 552 G7.*

Neuchâtel est à 49 km au nord-ouest de Fribourg et à 51 km à l'ouest de Berne.

À NE PAS MANQUER

Les spécialités locales : les truites de rivière des gorges de l'Areuse et le jambon cuit dans l'asphalte du val de Travers.

ORGANISER SON TEMPS

Compter une journée pour Neuchâtel et ses musées, et une autre pour ses environs.

AVEC LES ENFANTS

Le musée d'Histoire naturelle, le musée des Grenouilles à Estavayer-le-Lac.

Neuchâtel est peut-être l'une des villes les plus charmantes du pays. Ses maisons anciennes, bâties en pierre d'Hauterive de couleur ocre pâle, faisaient dire à Alexandre Dumas qu'elle était « taillée dans une motte de beurre ». Le beau lac qui la borde – la plus grande étendue d'eau entièrement suisse – n'est pas le moindre de ses atouts. Mais le dynamisme de Neuchâtel repose aussi sur son solide tissu industriel (horlogerie, pharmacie), son grand centre piétonnier, ses cafés animés et son université. Enfin, la cité garde intacte sa réputation de culture française : c'est ici qu'on parlerait le français le plus pur de Suisse...

Se promener Plan de ville

La ville se visite très facilement à pied. De la gare (ville haute), le funiculaire Funambul permet de rejoindre rapidement les bords du lac.

★ Vieille Ville B2

Entre l'hôtel de ville (1788), édifice classique dû à l'architecte bisontin P.-F. Paris, et le château s'étend un quartier pittoresque (rues du Château, du Trésor, du Seyon, du Pommier, des Moulins) avec des maisons anciennes, des fontaines

Vieille Ville, collégiale et château de Neuchâtel.
Tourisme Neuchâtelois

des 16e et 17e s. (fontaine de la Justice, Grand-Rue ; fontaine du Banneret, angle rues du Château et du Trésor ; fontaine du Lion, angle rues du Temple-Neuf et du Bassin) et des tours d'enceinte.
Sur la **place des Halles** se dressent des maisons du 17e s. ainsi qu'une maison Renaissance dite « des Halles », cantonnée de tourelles et marquée de l'écusson fleurdelisé des Orléans-Longueville. Dès l'arrivée des beaux jours, les terrasses des cafés regorgent de monde jusque tard dans la soirée et la place devient le point de rendez-vous des Neuchâtelois.

UNE VILLE NÉE D'UN CHÂTEAU

De mains en mains – Le nom de Neuchâtel vient de son « château neuf » cité pour la première fois en 1011, à l'époque du second royaume de Bourgogne. En 1504, par mariage, la ville passe aux mains de la famille française des Orléans-Longueville. On rapporte que pour fêter son entrée dans la ville, en 1657, Henri II d'Orléans fit couler dans la fontaine du Griffon, qui existe toujours rue du Château, 6 000 litres de vin rouge du pays…
Par succession, Neuchâtel devient, à partir de 1707, possession personnelle du roi de Prusse. La vie intellectuelle et mondaine y est très active et les idées des encyclopédistes y ont beaucoup de succès ; Sébastien Mercier, Brissot et Mirabeau séjournent à Neuchâtel.
La lutte pour l'indépendance – Après avoir été attribuée de 1806 à 1814, en tant que principauté, au maréchal Berthier, chef d'état-major de Napoléon Ier, Neuchâtel, qui entre en 1815 dans la Confédération helvétique, se retrouve dans une curieuse situation politique. Son territoire devient canton suisse tout en restant, jusqu'en 1848, une principauté qui relève du royaume de Prusse. Dans l'intervalle, un parti républicain se forme, qui tente de prendre le pouvoir en 1831. Il échoue, mais récidive en 1848 et, cette fois, réussit à proclamer la République.

★ Collégiale B2

Ce bel édifice des 12e et 13e s., au toit couvert de tuiles vernissées, a connu d'importantes transformations en 1530 en raison de la Réforme puis au 19e s., où il fut considérablement restauré. Le chevet est roman, comme en témoignent les trois absides coiffées d'arcatures ornées de têtes humaines ou animales. En contournant le chevet par la droite, on parvient au cloître, du 15e s. mais dont subsiste une rangée d'arcades romanes contre le mur de l'église. Face à l'entrée principale de la collégiale se dresse la statue du réformateur Guillaume Farel (1489-1565), dont les prédications incitèrent les Neuchâtelois à adopter le culte réformé.

La nef, voûtée d'ogives, est de style gothique. À la croisée du transept s'élève une tour-lanterne. Dans le chœur (chapiteaux romans historiés), sous une arcade, le **cénotaphe** des comtes de Neuchâtel (14e s.) est une œuvre marquante du Moyen Âge. Ce bel ensemble en pierre, sculpté et peint, se compose de quatorze imposantes statues polychromes représentant des

chevaliers et des dames dans des attitudes de prière. Le portail sud, roman, orné de voussures et de chapiteaux sculptés, est encadré des statues de saint Pierre et saint Paul.

Château B2

Autrefois demeure des seigneurs de Neuchâtel et aujourd'hui siège du gouvernement cantonal, il comporte encore quelques vestiges du 12e s. (galerie romane à sept baies aveugles de la façade sud-ouest) mais est essentiellement des 15e-16e s., avec restaurations postérieures. D'allure fortifiée, le portail d'entrée est flanqué de deux tours couronnées de mâchicoulis et orné d'arcs brisés. Sous le passage, des armes de Philippe de Hochberg, seigneur de Neuchâtel, sont visibles à la croisée d'ogives. Dans l'aile nord, la plus ancienne, on visite la cuisine ; l'antichambre (horloge de Jaquet-Droz, toile de Robert Ferrier *Bénédiction de la charrue en Franche-Comté*) ; la salle du Grand-Conseil en forme d'hémicycle, où siège le parlement cantonal composé de 115 députés élus pour quatre ans ; la grotte ou gloriette, petite pièce voûtée en berceau

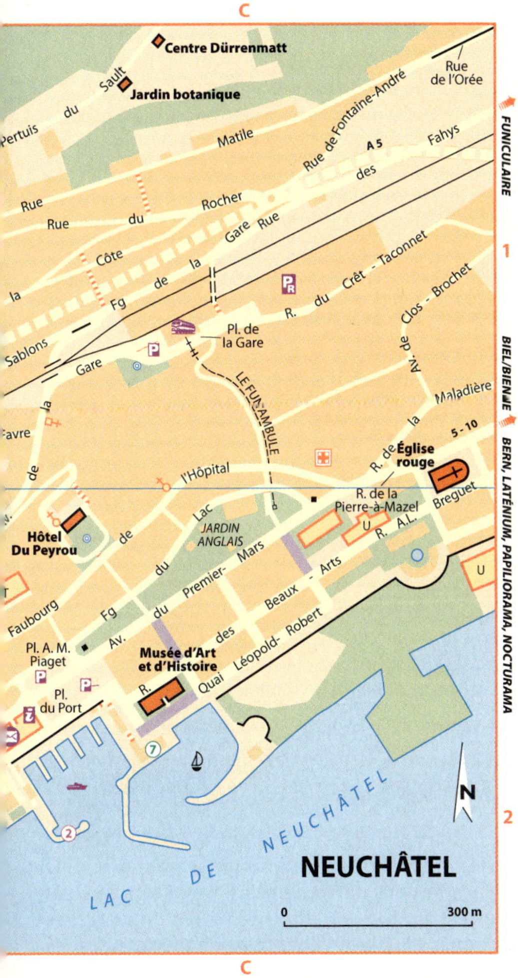

SE LOGER

Beaulac.. 7
Maison du Prussien (La).. 10
Marché (Hôtel du)............ 13

SE RESTAURER

Banneret (Le)........................ 1
Bateau (Au)............................ 2
Cardinal (Brasserie Le)...... 4

où l'on gardait les archives du pays; la salle des Chevaliers, la plus grande du château, utilisée pour les réceptions (beau plafond, armes de chaque côté de la cheminée, portraits des conseillers d'État qui se sont succédé). Parmi les salles de l'aile sud, la salle Marie de Savoie, nièce de Louis XI et épouse du comte Philippe de Hochberg en 1478, la galerie Philippe de Hochberg, dans laquelle se réunissent les conseillers d'État et la salle des États, qui résume sur ses murs toute l'histoire du pays de Neuchâtel (écus armoriés).
En accédant au chemin de ronde, jolies vues sur la ville.

Tour des Prisons B2

✆ 032 717 75 00 - avr.-oct. : 8h-18h - tourniquet : 2 CHF.
Au pied de la colline du château, dans la rue Jehanne-de-Hochberg, se dresse une haute tour crénelée dite tour des Prisons. Édifice le plus ancien de la ville dans sa partie inférieure (probablement du 10e s.), il conserve, à l'intérieur, deux cachots en bois utilisés jusqu'en 1848 ainsi que deux maquettes représentant Neuchâtel à la fin du 15e s. et du 18e s. De la plate-forme, **panorama** sur la collégiale, la ville et le lac.

★★ Musée d'Art et d'Histoire C2

1 esplanade Léopold-Robert - ✆ 032 717 79 25 - www.mahn.ch - ♿ - tlj sf lun. 11h-18h - fermé 1er janv. et 25 déc. - 8 CHF (-16 ans gratuit), gratuit merc.
Ce musée comporte quatre départements : arts, arts appliqués, histoire et numismatique, tous rassemblés pour présenter une exposition semi-permanente intitulée « La nature dans tous ses états » (rez-de-chaussée).
Un parcours, qui conduit de la nature « urbanisée » à la nature originelle et sauvage, est proposé. Cette exposition débouchera sur une présentation permanente des collections, à l'occasion du millénaire de Neuchâtel.
En attendant, on peut voir les trois **automates★★** (la Musicienne, l'Écrivain et le Dessinateur) fabriqués au 18e s. par les Jaquet-Droz (père et fils) et par Jean-Frédéric Leschot. Ces merveilles d'ingéniosité fonctionnent le premier dimanche de chaque mois à 14h, 15h et 16h.
Le musée présente également des enseignes d'auberges neuchâteloises, de la verrerie ancienne, des armes ainsi que des vitraux des 16e et 17e s. aux armes des villes. En outre, la **collection Strübin★** rassemble armes, cuirasses, casques et uniformes français de la Révolution, du Premier Empire, de la Restauration et du Second Empire.

Galeries de l'Histoire C2

7 av. DuPeyrou, à 5mn à pied du musée - merc. et dim. 13h-17h - gratuit ou 4 CHF pour les expos temporaires.
Dans cette antenne du musée d'Art et d'Histoire, on peut voir sept maquettes qui illustrent le développement urbain de Neuchâtel entre l'an 1 000 et l'an 2 000. Sont également exposés des peintures, gravures, dessins, photographies et cartes postales se rapportant à la ville et à sa région.

★ Musée d'Ethnographie A2

4 r. St-Nicolas - ✆ 032 718 19 60 - www.men.ch - tlj sf lun. 10h-17h - fermé 24, 25 et 31 déc. - visite guidée sur demande - 5 CHF, 8 CHF en période d'exposition temporaire, gratuit merc.
Il est installé dans une villa de la fin du 19e s. entourée d'un parc. L'annexe moderne est réservée à des expositions thématiques temporaires. Elle est décorée sur toute sa façade nord par la peinture murale géante *Les Conquêtes de l'homme,* du peintre suisse Hans Erni. Au rez-de-chaussée de la villa, trois salles contiguës illustrent l'Égypte ancienne : rituel de la

momification (appliquée également aux animaux), belles barques et statuettes funéraires (les *oushebtis*), sculptures en bois des 6e et 10e dynasties. Une salle est consacrée à l'Himalaya : statues tibétaines et collection du Bhoutan (petit pays d'Asie voisin de la Chine et de l'Inde). Au 1er étage, on visite le cabinet d'histoire naturelle du général Charles-Daniel de Meuron (1738-1806), grand voyageur et collectionneur d'objets exotiques (éventail de Hawaii, carquois et flèches, porcelaine chinoise…). Des objets traditionnels très divers sont exposés : tente touareg, instruments de musique à languettes métalliques d'Angola, masques de Nouvelle-Calédonie, du Nigeria, d'Angola, tête-reliquaire du Gabon, statue androgyne « Uli » de Nouvelle-Irlande. Le cabinet de curiosités du 21e s. rassemble des produits de consommation industriels.

Quai Osterwald B2

Table d'orientation. Très belle **vue★★** sur le lac et les Alpes.

Musée d'Histoire naturelle B2

14 r. des Terreaux - ✆ 032 717 79 60 - www.museum-neuchatel.ch - ♿ - tlj sf lun. 10h-18h - fermé 1er et 3 janv., 1er mars, 24, 25, 27 et 31 déc. - 8 CHF (-16 ans gratuit), gratuit merc.

Installé dans l'ancienne école de Commerce, imposant bâtiment du 19e s. en pierre jaune, ce musée présente la plupart des espèces (mammifères, oiseaux) vivant à l'état sauvage en Suisse, sous forme de dioramas minutieux qui reconstituent leur milieu naturel. Plusieurs expositions temporaires, très vivantes et destinées particulièrement aux enfants, sont organisées chaque année.

1

Hôtel DuPeyrou C2

Cet élégant édifice de style Louis XVI a été bâti au 18e s. par le financier DuPeyrou, ami de Jean-Jacques Rousseau. Une belle grille d'entrée laisse voir la façade, aux lignes très pures et d'une grande unité de style, et donne accès à un jardin d'agrément « à la française ». Au centre de la pièce d'eau, statue *La Baigneuse* de A. Ramseyer.

★ Église Notre-Dame de Neuchâtel C1

Plus communément appelé l'**église Rouge**, cet édifice catholique néogothique, construit de 1897 à 1906, a été classé monument historique en 1986 et restauré durant quatorze ans, jusqu'à l'an 2000. Il témoigne, à plusieurs titres, d'une remarquable originalité. Les murs et les voûtes ont été bâtis en pierre artificielle, à laquelle a été ajouté du ciment teinté, dont la couleur rouge rappelle le grès d'Alsace. L'emploi de cette pierre a permis de créer un décor sculpté exubérant (motifs du gothique victorien d'Angleterre et manuélien du Portugal). Autre originalité, le pourtour de l'édifice comporte à mi-hauteur une galerie continue. À l'intérieur, le plafond comporte 10 000 étoiles en relief. Le décor des parois, qui date de 1922, a été réalisé à main levée. Au-dessus du maître-autel se dresse une Crucifixion monumentale, œuvre du Suisse Marcel Feuillat (première moitié du 20e s.). Enfin, l'église est dotée d'un splendide cycle de vitraux datant de 1903.

Jardin botanique C1

58 ch. du Pertuis-du-Sault - bus no 9, arrêt « Chapelle de l'Ermitage » - ✆ 032 718 23 50 - www.unine.ch - ♿ - 9h-20h (oct.-mars 17h) - lun. serres parfois fermées - visite guidée sur RV (1h30, payante) - gratuit.

Sur les hauteurs de la ville, une promenade permet de découvrir les serres et leur végétation tropicale (forêt à l'est de Madagascar), un jardin de rocailles, un arboretum, un verger, etc.

Centre Dürrenmatt C1

74 ch. du Pertuis-du-Sault (un peu plus haut que le Jardin botanique) - bus n° 9, arrêt Chapelle de l'Ermitage - ✆ 032 720 20 60 - www.cdn.ch - ♿ - merc.-dim. 11h-17h - fermé 1er janv., 24-25 et 31 déc. - 8 CHF, gratuit Nuit des Musées.

Ce centre, construit par l'architecte tessinois Mario Botta, présente surtout l'œuvre picturale de l'artiste suisse Friedrich Dürrenmatt (1921-1990), qui était à la fois écrivain, peintre et dramaturge. Toutefois, un étage est consacré à son travail théâtral et un film vidéo présente différentes interviews de lui. La grande salle de l'étage inférieur, éclairée par une imposante verrière en arc de cercle, rassemble plusieurs toiles et dessins sur le thème du Minotaure et du labyrinthe. Ne manquez pas, en remontant au niveau de la cafétéria, *la Chapelle Sixtine*, cabinet de toilette orné de peintures de Dürrenmatt.

À proximité Carte de région

★★ Laténium (à Hauterive) C1

4 km à l'est par la route de Berne.

✆ 032 889 69 17 - www.latenium.ch - ♿ - tlj sf lun. 10h-17h - fermé 1er janv. et 25 déc. - 9 CHF (enf. 4 CHF), gratuit 1er dim. mat. du mois.

Le Laténium retrace 50 000 ans d'histoire régionale neuchâteloise à partir des fouilles archéologiques réalisées dans le canton et sur le site même. Ces fouilles terrestres et subaquatiques ont permis de découvrir les vestiges de trois étapes fondamentales de la préhistoire : l'âge de la pierre taillée, le néolithique et l'âge du bronze.

Avant ou après la visite du musée, on peut se promener dans le **parc de la Découverte** situé au bord du lac. Plusieurs lieux et paysages y sont reconstitués, de la toundra à un village lacustre vieux de 6 000 ans, en passant par des foyers de campement d'hommes de Cro-Magnon.

Le **musée d'Archéologie** est particulièrement intéressant et très didactique. L'exposition permanente, intitulée *Hier… entre Méditerranée et mer du Nord*, invite, avec des installations de lumière et de son, à remonter le temps depuis l'époque médiévale jusqu'en 100 000 av. J.-C. Illustrant la navigation *(espace 4)*, le chaland gallo-romain de Bevaix (réplique) en est la pièce maîtresse. Sa construction remonte à 182 apr. J.-C. Parmi les trésors exposés figurent ceux du site proche de **la Tène** *(espace 5)*, qui a donné son nom au 2e âge du fer. L'habitat et la vie quotidienne des Celtes y tiennent une place importante (armes, outils, bijoux). Dans l'espace 6 consacré aux lacustres, belle présentation d'objets de la vie quotidienne et statue-menhir au visage énigmatique de Bevaix-Treytel, découverte en 1997.

★ Chaumont C1

8 km. Prenez la rue des Acacias à droite (nord-ouest du plan). Laissez la voiture à la station supérieure du funiculaire Neuchâtel-Chaumont (alt. 1 087 m). Accès également par le funiculaire panoramique qui part de la Coudre, à 3 km du centre de Neuchâtel - www.tnneuchatel.ch - ttes les h. 7h-19h30 - 6,80 CHF AR. On peut se rendre à la Coudre à partir du centre-ville ou de la gare de Neuchâtel, en prenant le bus n° 7 des Transports publics du Littoral neuchâtelois, direction Hauterive.

À l'arrivée, une **tour-observatoire** *(✆ 032 720 06 00 ou 032 753 24 12 - tlj 24h/24h - 1 CHF)* offre un immense **panorama** sur les Alpes bernoises, le massif du Mont-Blanc et les trois lacs jurassiens (table d'orientation).

Circuits conseillés Carte des environs de Neuchâtel

TOUR DU LAC DE NEUCHÂTEL

Itinéraire de 65 km de Neuchâtel à Estavayer – voir le circuit 2 tracé en vert sur la carte des environs de Neuchâtel (p. 213). Compter 45mn sans les visites. Quitter Neuchâtel vers l'ouest par le quai Max-Petitpierre et poursuivre par le quai Jeanrenaud. Prendre ensuite la route du lac.

Auvernier

Ce charmant village, à la fois viticole et résidentiel, rassemble autour de sa Grand-Rue, des fontaines, une église des 15e-18e s. et un joli château des 16e-17e s.

Continuer sur la route du lac.

Colombier

Réputé pour ses vins blancs, Colombier est dominé par la masse imposante de son château, reconstruit au 15e s. dans le style gothique et agrandi aux 16e-17e s. Longtemps propriété des comtes de Neuchâtel, séjour occasionnel de J.-J. Rousseau (en 1762), l'édifice est aujourd'hui une caserne de l'armée suisse et un musée militaire.

Musée du Château – *✆ 032 889 54 99 - www.chateau-de-colombier-ne.ch - visite guidée (1h15) mars-oct. : merc.-vend. à 15h, sam. sur demande préalable, 1er dim. du mois à 14h et 15h30 - 9 CHF, gratuit Nuit des Musées.* Aux deux premiers étages, on parcourt les vastes salles communes réservées aux officiers, imposantes par leurs plafonds à solives et leurs immenses cheminées. Des centaines d'armes du 14e au 20e s., blanches ou à feu, en panoplies, râteliers ou sous vitrines, des armures, drapeaux et autres souvenirs régimentaires (portraits, uniformes, tambours, décorations…) ornent les autres salles.

Poursuivre vers l'ouest sur la route du Vignoble.

Boudry

Cette petite ville d'aspect médiéval a vu naître **Jean-Paul Marat**, rédacteur de *L'Ami du peuple*, assassiné dans sa baignoire en 1793 par Charlotte Corday. À proximité de sa maison natale, une sculpture intitulée *Marat-L'œil* a été érigée en son hommage. Cette œuvre en acier peint de 14 m de hauteur tourne imperceptiblement, créant des effets de lumière. Au n° 7 de la rue Louis-Favre, Philippe Suchard, chocolatier de renom, vit le jour en 1797. Il passa plusieurs années de son enfance dans la maison située au n° 37 de la même rue, aujourd'hui l'hôtel de ville.

Musée de la Vigne et du Vin – *Château de Boudry - ✆ 032 842 10 98 - www.chateaudeboudry.ch - merc.-dim. 14h-18h - fermé dernière sem. de déc., 2 premières sem. de janv. - possibilité de visite guidée (1h) - 5 CHF.* Les vins de Neuchâtel héritiers d'une longue tradition, sont produits à partir d'un vignoble s'étageant entre le lac et le Jura. La visite, qui débute par « l'histoire de la bouteille », de l'amphore au vino-box, donne un bon aperçu de l'histoire vigneronne de la région depuis le 18e s. L'exposition comprend photographies, outils, tableaux…

Longer le lac sur 23 km par la Route cantonale.

★ Grandson

Située près de l'extrémité sud du paisible lac de Neuchâtel, la petite ville a été le théâtre de la défaite infligée au duc de Bourgogne, Charles le Téméraire.

1

★★ **Château** – ✆ *024 445 29 26 - www.chateau-grandson.ch - 8h30-18h (nov.-mars 17h) - fermé 1er janv. et 25 déc. - 12 CHF.* La première construction fut entreprise au début du 11e s. par les sires de Grandson, mais le château actuel date du 13e s. Il passa au 15e s. à la maison de Chalon-Orange qui le remania en grande partie. Après 1476, la seigneurie de Grandson devint propriété des villes de Berne et de Fribourg : le château, promu résidence des baillis, fut réaménagé. Très imposant avec ses hautes murailles et ses grosses tours rondes que relie un chemin de ronde couvert, il occupe un **site**★★ remarquable au bord du lac de Neuchâtel. Durant la visite, on parcourt le chemin de ronde, la salle des Chevaliers (belles stalles Renaissance), le **musée des Guerres de Bourgogne et de Charles le Téméraire**, le **musée des Châteaux forts** (maquettes de batailles), les prisons souterraines, la chapelle ainsi qu'un **musée de la contrée de Grandson**. Un diaporama de 20mn retrace l'histoire du château depuis le Moyen Âge et celle de la bataille de Grandson. Dans les salles du sous-sol, un **musée de l'Automobile** présente une intéressante collection de modèles anciens, depuis une Delahaye de 1898 jusqu'à une Rolls Phantom blanche de 1927 ayant appartenu à l'actrice Greta Garbo.

Église St-Jean-Baptiste – Cet intéressant édifice, mi-roman, mi-gothique, a fait l'objet d'une restauration complète qui s'est achevée en 2006. L'église présente une nef couverte en plein cintre très sobre, flanquée de bas-côtés voûtés en demi-berceaux ; des chapiteaux du 12e s. surmontent des colonnes monolithes, vraisemblablement des vestiges provenant d'anciens sites romains. Dans les chapelles nord et sud se trouvent des peintures murales du 15e s. Autre objet de curiosité : les 24 pots de résonance insérés dans les parties hautes sont censés améliorer les caractéristiques acoustiques de l'édifice.

À l'extérieur, devant le chevet, fontaine de 1637 à tuyaux de bronze. À droite de l'église, l'ancienne maison du bailli arbore un fronton sculpté d'un soleil à visage humain entre des sauvages en pagne armés de massues.

Reprendre la route de Neuchâtel sur 5 km.

Yverdon-les-Bains

2 av. de la Gare - 1401 Yverdon-les-Bains - ✆ 024 423 61 01 - www.yverdonlesbains-tourisme.ch - été : 9h-18h, w.-end 9h30-15h30 ; hiver : 9h-12h, 13h30-18h, sam. 9h30-15h30 - fermé dim. avr.-oct.

À la pointe sud du lac de Neuchâtel, Yverdon est réputée pour ses eaux thermales qui jaillissent de quelque 500 m de profondeur depuis des milliers d'années. Au bord du lac, une plage très bien aménagée rend la ville encore

LA BATAILLE DE GRANDSON

Charles le Téméraire, duc de Bourgogne et rival du roi de France Louis XI, rêvait de reconstituer l'ancienne Lotharingie qui s'étendait des Alpes à la mer du Nord. Le 19 février 1476, les troupes du Téméraire assiègent Grandson et son château. Le 28 février, la garnison doit se rendre au duc de Bourgogne qui ordonne de pendre les vaincus. Le 2 mars, les Confédérés lèvent une armée de quelque 18 000 hommes et marchent sur Grandson. La bataille est terrible. Les Confédérés se déchaînent contre les Bourguignons qui ne doivent leur salut qu'à la fuite. Charles le Téméraire doit même abandonner à ses vainqueurs tout son camp, des milliers de chevaux, son artillerie ainsi que sa tente et le riche trésor qu'il emportait toujours lors de ses campagnes. Cette bataille est restée très célèbre dans l'histoire suisse.

UN GRAND PÉDAGOGUE
Né à Zurich en 1746, **Johann Heinrich Pestalozzi**, fils d'un chirurgien d'origine italienne, est très vite influencé par les idées sur l'éducation exprimées par Jean-Jacques Rousseau dans l'*Émile*. Il consacre l'essentiel de sa vie à l'éducation des enfants pauvres principalement en milieu rural. Dans sa maison de Neuhof, à Birr, en Argovie, il emploie toute son énergie à mettre en application ses idées. En 1804, il est invité par la ville d'Yverdon en qualité d'éducateur pour les enfants les plus démunis et fonde, dès l'année suivante, dans les murs du château, un institut dont la renommée franchira les frontières européennes. En 1806, il crée à côté de l'hôtel de ville un institut réservé aux filles, où l'enseignement est le même que pour les garçons. Après vingt ans passés à Yverdon, Pestalozzi retrouve sa maison de Neuhof. Il s'éteint à Brugg en 1827.

plus agréable. Un ensemble de plusieurs menhirs, appelé la promenade des Anglais, que l'on voit à la sortie d'Yverdon sur la route d'Estavayer-le-Lac, témoigne d'une présence humaine ancienne. Importante bourgade celtique puis gallo-romaine, la ville conserve de l'époque romaine les vestiges d'un *castrum*, situés à proximité du cimetière. L'hôtel de ville, avec sa façade de style Louis XV, et surtout le château, retiennent l'attention.

Château – Pierre II de Savoie, qui s'était emparé d'Yverdon en 1259, fit construire sur l'emplacement d'une ancienne forteresse cet imposant château fort, flanqué de quatre tours rondes. Après avoir subi plusieurs restaurations, l'édifice est devenu un lieu culturel important.

Musée d'Yverdon-les-Bains et de sa région – *✆ 024 425 93 10 - www.musee-yverdon-region.ch - juin-sept. : tlj sf lun. 11h-17h ; oct.-mai : tlj sf lun. 14h-17h - visite guidée sur demande - 8 CHF (enf. 4 CHF).* Ses collections retracent l'histoire locale depuis la préhistoire. La faune régionale est également représentée. Dans la tour nord-est, une salle est consacrée au célèbre éducateur Pestalozzi *(✆ 024 425 15 39 - www.centrepestalozzi.ch - jeu. 14h-17h).*

Maison d'ailleurs – *✆ 024 425 64 38 - www.ailleurs.ch - tlj sf lun. et mar. 14h-18h, w.-end 11h-18h - fermé 1er janv. et 25 déc. - 9 CHF (enf. 5 CHF).* Le musée de la Science-Fiction, de l'Utopie et des Voyages extraordinaires accueille, sur trois niveaux, des expositions temporaires d'œuvres de sculpteurs, peintres ou dessinateurs de tous horizons.

Quitter Yverdon par la route de Payerne qui longe le lac. Poursuivre sur 22 km.

Estavayer-le-Lac

i Pl. du Midi - 1470 Estavayer-le-Lac - ✆ 026 663 12 37 - www.estavayer-payerne.ch - tlj sf w.-end 9h-12h, 13h30-18h (sept.-avr. 17h).

Sur la rive sud du lac de Neuchâtel, la petite ville d'Estavayer conserve un aspect médiéval : restes de remparts, rues à arcades, tours et maisons anciennes. Son port de plaisance en fait un centre nautique apprécié.

Église St-Laurent – De style gothique tardif, elle est coiffée d'une grosse tour carrée à la croisée du transept. À l'intérieur, le **chœur★**, fermé par une grille de fer forgé très ouvragée, est orné de belles stalles du 16e s. et d'un maître-autel, peint et doré, de style baroque.

Château de Chenaux – Cet édifice imposant, construit du 13e au 15e s., est flanqué de plusieurs tours rondes et possède encore son enceinte fortifiée. L'intérieur ne se visite pas.

Musée des Grenouilles – *✆ 026 663 24 48 - www.estavayer-le-lac.ch - juil.-août : 10h-12h, 14h-17h ; reste de l'année : w.-end et j. fériés 14h-17h -*

5 CHF. L'ancienne maison de la Dîme (1435), élégante demeure de grès jaune, abrite un musée d'histoire locale : collection de grenouilles naturalisées caricaturant des scènes humaines (banquet électoral, partie de cartes, à l'école, etc.), armes et gravures anciennes, reconstitution d'une vieille cuisine avec ses ustensiles, salle consacrée au rail.

★ LE VAL DE TRAVERS

Itinéraire de 54 km de Neuchâtel à Ste-Croix – voir le circuit 3 tracé en vert sur la carte des environs de Neuchâtel (ci-contre) – compter 1h20 sans les visites.
15 Clos-Pury - 2108 Couvet - 032 889 68 96 - lun.-vend. 8h-12h, 13h30-17h30; juil.-août ouv. sam. 8h-21h, dim. 9h-20h.
Quitter Neuchâtel par la rue de l'Écluse ou la rue des Parcs et suivre la route n° 10; après 18 km, prendre la sortie la Chaux-de-Fonds/Pontarlier/Peseux; après la traversée de Brot-Dessous, se rendre à Noiraigue.

Cette vallée épanouie, où coule l'Areuse entre des versants couverts de sapinières, est une des grandes voies de passage reliant la France à la Suisse. Elle offre de nombreuses possibilités de promenades, dont la plus spectaculaire est celle du Creux-du-Van.

★★ Gorges de l'Areuse

Env. 2h AR au départ de la gare de Noiraigue.

Après l'usine du Plan-de-l'Eau, le sentier longe l'Areuse. Le torrent, domestiqué par les ingénieurs hydroélectriciens, coule au fond de gorges en V très boisées, aux sommets crêtés de falaises calcaires. À mi-parcours, un belvédère domine un à-pic impressionnant, à l'endroit le plus resserré des gorges où l'Areuse se précipite en cascade : le **site★**, agrémenté par un vieux pont en dos-d'âne appelé le Saut-de-Brot, est romantique à souhait.

Champ-du-Moulin – *Accès par un chemin en sous-bois.* Ce hameau est disséminé dans le joli site boisé qui se trouve à l'issue des gorges. Juste avant, on découvre, solitaire à 100 m du chemin (à gauche), la **maison de J.-J. Rousseau**, datée de 1722, où séjourna l'écrivain en septembre 1764. Elle est dotée aujourd'hui de fenêtres Renaissance provenant d'une maison de Valangin et sert de lieu de colonie de vacances.

Montez à la gare de Champ-du-Moulin, d'où l'on a une vue agréable sur la sortie des gorges de l'Areuse. Revenez par le train *(passages fréquents)* à Noiraigue. Il est également possible de continuer la promenade jusqu'à Boudry (*5h15 AR à pied depuis Noiraigue*).

En voiture, quitter Noiraigue par la rue de l'Areuse, gagner la ferme Robert, à 3,5 km.

★★ Creux-du-Van

Depuis la ferme Robert, Compter 2h30 AR de marche.

Dominant le val de Travers et les gorges de l'Areuse, le Creux-du-Van est un cirque naturel rocheux haut de 160 m et qui s'étire sur plus d'1 km. Il se trouve au cœur d'une réserve naturelle de 11 km² (flore et faune protégées ; chamois, bouquetins, marmottes, chevreuils…).

La **ferme Robert**, maison montagnarde typique de 1750 transformée en restaurant, est le point de départ de multiples randonnées (notamment vers les gorges de l'Areuse).

Le « sentier des 14 contours » mène au Dos-d'Âne, sur la crête de la falaise. On rejoint la ferme du Soliat, chalet-restaurant d'alpage, et on parcourt les hauteurs du Creux-du-Van jusqu'à son point culminant, le Soliat *(alt. 1 463 m)*. La descente se fait par un autre itinéraire, qui mène au « sentier du Single », très escarpé. Continuer sur ce sentier, agrémenté d'une fontaine à l'eau très fraîche, pour retourner à la ferme Robert.

Revenir à Noiraigue et se rendre à Travers par la route n° 10.

Mines d'asphalte de Travers

☏ 032 864 90 64 - www.gout-region.ch - musée : 8h-17h ; visite guidée des mines (1h30) : juil.-août à 10h30, 12h30, 14h30 et 16h, reste de l'année à 10h30 et 14h30 - 14 CHF (enf. 8,50 CHF). Température env. 8 °C, se munir de vêtements chauds.

De 1712 à 1986, 2 000 000 tonnes d'asphalte ont été extraites de cette mine et de ses 100 km de galeries creusées par l'homme. La visite commence par le musée des Mines et se poursuit à pied dans plusieurs galeries. Toutes les opérations sont commentées au cours de différentes haltes (abattage par tirs d'explosifs, ventilation, soutènement, chargement, acheminement). Dans le

même bâtiment que le musée, au Café des Mines, on peut goûter le jambon cuit dans l'asphalte, plat traditionnellement préparé par les mineurs.
Poursuivre à l'ouest sur la route n° 10.

★ Môtiers

Ce village avenant conserve des maisons des 17e et 18e s., un prieuré fondé au 10e s. par les moines de l'abbaye de Cluny et une église, ancienne abbatiale gothique restaurée en 1679.

Musée J.-J.-Rousseau – *✆ 032 725 84 74 - mai-oct : mar., jeu. et w.-end 14h-17h30.* Documents, bustes, portraits dans la partie préservée de la maison que Rousseau habita de 1762 à 1765.

Musée régional – *✆ 032 861 35 51 - visite accompagnée (1h) avr.-oct. : mar., jeu. et w.-end 14h-17h - 5 CHF.* Il a pris place dans une demeure du 18e s. à linteau sculpté et façade ornée de gros mascarons de pierre, qui lui ont donné son nom de maison des Mascarons. Le musée présente des ateliers reconstitués de pendulier, dentellier, tapissier, fromagerie, distillerie…
Quitter Môtiers vers le sud-ouest par la rue de l'Industrie.

LE RETOUR DE L'ABSINTHE

Jusqu'en 1910, année où elle fut interdite, la distillation de l'absinthe faisait partie des activités traditionnelles du val de Travers. Après un siècle de clandestinité, celle qu'on surnomme la Fée verte est de nouveau autorisée depuis 2005. Une douzaine de distilleries ont rouvert dans la région, notamment à Couvet, Môtiers et Fleurier (pour les visiter, se renseigner à l'office du tourisme de Couvet). À Boveresse (à deux pas de Môtiers), se trouve un **séchoir à absinthe** en bois de 1893 qui a été classé monument historique *(visite pour groupes seulement).*

Sainte-Croix

Vers 1850, comme la plupart des petites cités du Jura, Ste-Croix fabriquait des montres. L'apparition de grandes fabriques d'horlogerie américaines provoqua une crise grave pour le village qui s'orienta alors vers la boîte à musique. Nouvelle déconvenue : le public se tourna vers le phonographe. Ste-Croix dut s'adapter à la fabrication des machines parlantes ; la popularisation de la radio nécessita une nouvelle reconversion des ateliers. De nos jours, la boîte à musique a repris une place importante dans l'industrie locale.

Centre international de la mécanique d'art – *✆ 024 454 44 77 - www.musees.ch - ♿ - visite guidée (1h15) avr.-sept. : lun. à 15h, mar.-dim. à 10h30, 14h, 15h30 et 17h ; oct.-mars : mar.-vend. à 15h, w.-end. à 14h et 15h30 - fermé 25 déc. - 17 CHF (enf. 8 CHF).* Dans une ancienne fabrique de boîtes à musique, on découvre de véritables chefs-d'œuvre artisanaux : boîtes à musique (dont le premier modèle remonte à 1796), automates, phonographes, postes de radio, instruments de salon, de foire, de rue (orgues de Barbarie, serinette pour faire chanter les oiseaux). La salle Guido-Reuge, du nom de l'industriel jurassien, abrite des pièces léguées par sa veuve, dans le décor magique d'une forêt enchantée.

★ Les Rasses

Cette annexe touristique de Ste-Croix se réduit à plusieurs hôtels et à quelques chalets épars bénéficiant d'un magnifique **site★★** en terrasse, avec vue sur les Alpes. Les promeneurs trouveront dans la région plus de 200 km de chemins pédestres.

Les gorges de l'Areuse.
Goût & Région

1

Musée Baud – *À l'Auberson : de Ste-Croix, 4 km à l'ouest (route de Pontarlier) ; tournez à gauche au col des Étroits. ✆ 024 454 24 84 (réservation) - www.museebaud.ch - ♿ - visite guidée (1h15) sur demande préalable : juil.-sept. : 14-17h ; reste de l'année : sam. 14h-17h, dim. et j. fériés 10h-12h, 14h-18h - fermé 25 déc. - 10 CHF (enf. 6 CHF).* Ce petit musée expose et maintient en état de marche une exceptionnelle **collection**★ de dizaines d'instruments de musique anciens.

★★★ Le Chasseron

De Ste-Croix, circuit de 12 km, 4h, ou 1h à partir de l'hôtel du Chasseron. Pour accéder à cet hôtel en voiture, suivre la route de Ste-Croix aux Rasses. Environ 500 m après le Grand-Hôtel des Rasses, tourner à gauche dans le chemin du Chasseron. Au carrefour des Avattes, prendre à droite vers l'hôtel du Chasseron. À la sortie des bois, laisser la voiture au parking de l'hôtel. Alt. 1 607 m.

De l'église protestante de Ste-Croix, un balisage jaune indique la direction du Chasseron. Aux Praises, prendre à droite et continuer en direction du chalet-restaurant des Avattes. Monter derrière ce chalet pour emprunter le sentier des Crêtes qui conduit jusqu'à l'hôtel-restaurant du Chasseron.
Sur le chemin, un bloc baptisé la **Pierre de Paix**, est gravé de symboles de toutes les religions. Il attire l'attention sur le fait que le Chasseron recèle, mesures scientifiques à l'appui, d'importantes forces telluriques.
Un peu plus loin, le signal du Chasseron (point culminant) offre un immense **panorama** sur les Alpes, le Jura et le lac de Neuchâtel. Revenir ensuite sur ses pas jusqu'au sentier des Crêtes, puis suivre le sentier balisé direction La Merlaz, le Sollier. Juste avant le chalet du Sollier, tourner à gauche direction la Casba, revenir par les Praises.

★★ Mont de Baulmes

De Ste-Croix, 4,5 km, env. 30mn par une route de montagne étroite, escarpée dans sa dernière section, mais entièrement goudronnée, plus 15mn à pied AR. Alt. 1 285 m.

Sortir de Ste-Croix par le passage à niveau de la gare et poursuivre par les hameaux de La Sagne et de Culliairy. Laisser la voiture au chalet-restaurant du mont de Baulmes et gagner, par une allée plantée d'arbres, l'esplanade où se dresse la table d'orientation, au bord de l'à-pic. Ce rebord d'escarpement réserve une **vue** aérienne sur le Plateau suisse, ses lacs, en particulier le lac de Neuchâtel, et les Alpes.

★★ ROUTE DE LA VUE DES ALPES

Itinéraire de 20 km de Neuchâtel à La Chaux-de-Fonds – voir le circuit 4 *tracé en vert sur la carte des environs de Neuchâtel (p. 213) – compter 45mn.*
Quitter Neuchâtel en direction du nord par la route n° 20.
La route suit les gorges boisées du Seyon.

Valangin

Ce bourg pittoresque s'étire au pied de son château ; il abrite une belle collégiale gothique cruciforme, du 16e s. (à l'intérieur, tombes et plaques funéraires intéressantes), la porte de ville ornée d'un clocheton à horloge, des maisons des 16e et 17e s.

Château et musée – *✆ 032 857 23 83 - www.chateau-de-valangin.ch - mars-oct. : tlj sf lun. et mar. 11h-17h - visite guidée sur demande (45mn à 1h30) - 7 CHF.*
L'origine du **château** remonte au 12e s., mais il fut considérablement agrandi aux 14e et 15e s. sous l'impulsion des seigneurs de Valangin. Au 17e s., il fut transformé en prison avant de devenir, à la fin du 19e s., propriété de la Société d'Histoire du canton de Neuchâtel.
Le **musée** du château comporte plusieurs salles décorées de mobilier du 16e s., 17e s. et 18e s. (cuisine, salle Louis XVI, salle des Chevaliers…), une salle d'armes avec une belle collection d'épées et de sabres, un cachot et deux pièces consacrées à la dentelle neuchâteloise.
Continuer la route n° 20 sur 10 km.

★ Vue des Alpes

Alt. 1 283 m. La table d'orientation permettra de détailler le **panorama★** : Finsteraarhorn, Jungfrau, Weisshorn, dent Blanche, mont Blanc, etc. Une belle fin d'après-midi est le moment idéal pour contempler ce paysage.
Un peu avant La Chaux-de-Fonds, au cours de la descente de la Vue des Alpes, on profite d'échappées sur les vallées de la Sagne et des Ponts.

★★ Tête de Ran

De la Vue des Alpes, 2,5 km jusqu'à l'hôtel de Tête de Ran, plus 30mn à pied AR pour gagner le sommet en grimpant directement sur la colline qui domine cet hôtel, à droite. Alt. 1 422 m.
Les amateurs de panoramas pourront préférer ce belvédère moins facilement accessible (sentier pierreux abrupt) à celui de la Vue des Alpes : il est mieux placé pour apprécier les premiers plans jurassiens du tour d'horizon (val de Ruz, chaînons du Chasseral et de Chaumont), bien que les sapins masquent la vue au nord-ouest ; la majeure partie du lac de Neuchâtel est visible. La descente, à travers les sapins du versant sud, ménage des vues intéressantes sur la dépression du val de Ruz.
Poursuivre sur la route n° 20 jusqu'à La Chaux-de-Fonds.

NOS ADRESSES À NEUCHÂTEL

HÉBERGEMENT Plan de ville

À Neuchâtel

BUDGET MOYEN

Hôtel du Marché – B2 - *4 pl. des Halles - ✆ 032 723 23 30 - www.hoteldumarche.com - 10 ch. - 140 CHF* ☕. Hôtel sympathique au cœur de la Vieille Ville. Chambres avec douche, toilettes à l'étage. Fait également restaurant, bon rapport qualité-prix.

POUR SE FAIRE PLAISIR

Beaulac – C2 - *2 espl. Léopold-Robert - ✆ 032 723 11 11 - www.beaulac.ch - P - 90 ch. - 280/365 CHF* ☕. De l'extérieur, ce grand bâtiment moderne n'a rien d'enthousiasmant, mais il dispose d'une situation privilégiée au bord du lac et du port de plaisance. Les chambres sont très confortables. Deux restaurants : Le Gourmandin et Le Colvert.

À proximité

BUDGET MOYEN

La Maison du Prussien – Hors plan vers A2 - *Gor du Vauseyon, par la r. de St-Nicolas, au sud-ouest de Neuchâtel - ✆ 032 730 54 54 - www.hotel-prussien.ch - fermé 21 déc.-6 janv., 19 juil.-12 août - P -10 ch. - 175/320 CHF - ☕ 25 CHF*. Si vous aimez le dépaysement, cette ancienne brasserie du 18e s., en pleine nature au bord d'une rivière, vous propose de vastes chambres très confortables, en bois et en vieilles pierres, toutes différentes les unes des autres. Restaurant gastronomique.

L'Aigle – *27 Grand' Rue - Couvet (près de Môtiers) - ✆ 032 864 90 50 - www.gout-region.ch - P - 185 CHF* ☕. Relais du 18e s. entièrement rénové au centre du village. L'ambiance est familiale et les chambres spacieuses. Le patron de l'hôtel connaît très bien la région et vous donnera plein d'idées d'excursions.

RESTAURATION Plan de ville

À Neuchâtel

PREMIER PRIX

Brasserie Le Cardinal – B2 - *9 r. du Seyon - ✆ 032 725 12 86 - www.lecardinal-brasserie.ch - fermé dernière sem. de juil., première sem. d'août et dim. - 18 CHF (midi)*. L'intérieur de cette brasserie, orné de carreaux de faïence colorés, est classé au patrimoine architectural. La cuisine, à la fois sans prétention, délicieuse et peu coûteuse, est à la hauteur du décor. Spécialités de poissons, carte variée. Une adresse à ne pas manquer.

BUDGET MOYEN

Au Bateau – C2 - *Port de Neuchâtel - ✆ 032 724 88 00 - www.aubateau.ch - fermé lun. - 50 CHF*. Restaurant dans un vieux bateau à vapeur amarré à la jetée. Belle et grande salle où domine l'acajou. Spécialités de poissons (lac et mer), assiettes végétariennes.

Le Banneret – B2 - *1 r. Fleury - ✆ 032 725 28 61 - fermé 20 déc.-4 janv., 2-5 avr., 23-27 sept., dim., lun. et j. fériés - 52/66 CHF*. Cuisine italienne à apprécier au premier étage d'une belle maison de 1609 à façade de Renaissance tardive. Terrasse urbaine près d'une fontaine surmontée d'une statue.

À proximité

BUDGET MOYEN

La Gerbe d'Or – *5 r. Camus - Estavayer-le-Lac - ✆ 026 663 11 81 - tlj sf dim. (ouv. les*

3 premiers dim. d'août) et lun. 8h-0h - 55 CHF. Restaurant réputé dans la région, cuisine de saison et du marché ; terrasse.

BOIRE UN VERRE

Café de la Collégiale – *10A r. de la Collégiale - ✆ 032 710 02 15 - www.cafedelacollegiale.com - mai-oct. : lun.-vend. 8h30-17h30 - fermé 2 sem. juil.-août.* Café sympathique situé en haut des escaliers du château de Neuchâtel. Restauration légère.

Wodey Suchard – *5 r. du Seyon - ✆ 032 725 19 92 - www.wodey-suchard.ch - fermé dim. et lun. mat.* Chocolaterie et salon de thé au cœur de la Vieille Ville ; la maison a été fondée en 1825 par Philippe Suchard.

ACHATS

Vous trouverez de nombreux commerces et boutiques dans le quartier délimité par les rues du Coq-d'Inde, de la Place-d'Armes, de l'Hôtel-de-Ville et de l'Écluse.

Walder Chocolatier – *1 Grand'Rue, à l'angle de la r. Seyon et de la r. de l'Hôpital - ✆ 032 725 20 49 - fermé dim. et lun. mat.* Avec Wodey Suchard, la meilleure chocolaterie de la ville.

EN SOIRÉE

Bar de l'hôtel Beau-Rivage – *1 espl. du Mont-Blanc - ✆ 032 723 15 15 - www.beau-rivage-hotel.ch.* Cet hôtel de luxe aux grandes baies vitrées dispose d'une terrasse et d'un bar avec vue splendide sur le lac. L'atmosphère et le cadre y sont très agréables. Piano-bar le soir.

ACTIVITÉS

Randonnées – Le canton compte plus de 1 000 km de sentiers pédestres. Brochure disponible à l'office de tourisme.

Vélo – La ville de Neuchâtel prête des vélos (contre une pièce d'identité et un chèque de caution). Station de prêt au port, fin avr.-fin oct. 7h30-21h30.

Croisières sur le lac – Elles ont lieu toute l'année, mais c'est de mai à octobre que les possibilités sont les plus nombreuses. Certaines relient les trois lacs (de Neuchâtel, Bienne et Morat). S'adresser, sur le port, à la Société de navigation sur les lacs de Neuchâtel et Morat - *✆ 032 729 96 00.*

AGENDA

Voir l'Agenda dans la partie « Organiser son voyage », p. 35.

La Chaux-de-Fonds

37 240 habitants – Canton de Neuchâtel

NOS ADRESSES PAGE 225

S'INFORMER

Office de tourisme de La Chaux-de-Fonds – *1 Espacité - ✆ 032 889 68 95 - www.neuchateltourisme.ch - juil.-août : lun.-vend. 9h-18h30, sam. 10h-16h ; sept.-juin : lun.-vend. 9h-12h, 13h30-17h30.*

SE REPERER

Carte de région C1 (p. 104-105) et carte de randonnées (p. 225) – *Carte Michelin Regional nº 552 F6.*

La Chaux-de-Fonds est à 20 km au nord de Neuchâtel.

À NE PAS MANQUER

Le musée international de l'Horlogerie, les villas Le Corbusier.

ORGANISER SON TEMPS

Privilégier une belle fin d'après-midi pour aller voir le panorama de la Vue des Alpes.

AVEC LES ENFANTS

Le bois du Petit-Château.

À première vue, La Chaux-de-Fonds n'a rien de très engageant. Aucun lac ne vient adoucir son rude climat – elle est perchée à près de 1 000 m d'altitude – et ses rues rectilignes manquent de maisons anciennes. Mais parce qu'elle ne ressemble justement à aucune autre ville suisse, elle gagne à être découverte. Berceau de l'industrie horlogère, elle vit aujourd'hui au rythme des industries de pointe (micro-technique, électronique). Son ensemble urbain du 19e s. fourmille d'éléments décoratifs Art nouveau et respire grâce à ses nombreux jardins privés, présents jusque dans le centre-ville. Enfin, la cité fait preuve d'un grand dynamisme culturel, avec deux théâtres réputés et une salle de Musique utilisée par de grandes marques de disques pour leurs enregistrements.

Se promener

La Chaux-de-Fonds est une ville aux richesses cachées. Pour découvrir ses vitraux, ses cages d'escalier peintes, ses ferronneries Art nouveau, il faut prendre le temps de s'y promener, de regarder les façades et de pousser les portes des immeubles. Demandez à l'office de tourisme la brochure « La Chaux-de-Fonds à pied », vous y trouverez toutes ces adresses secrètes. Sont décrites ci-dessous les principales curiosités de la ville.

★★ Musée international d'Horlogerie

✆ 032 967 68 61 - www.mih.ch - ♿ - tlj sf lun. 10h-17h - fermé 1er janv., 24, 25 et 31 déc. - 15 CHF.

Fondé en 1902, ce musée expose de façon chronologique l'histoire de la mesure du temps (« L'Homme et le Temps ») depuis l'Antiquité. Il contient plus de 3 000 pièces de valeur, suisses et étrangères, et possède en outre un

1

centre de restauration d'horlogerie ancienne et un centre d'études interdisciplinaires du temps.
Par une passerelle surplombant des mécanismes d'horloges de clocher, on accède à la salle principale. Sont exposés les premiers instruments antiques de mesure du temps, des pièces d'époque Renaissance et de marine, un magnifique ensemble de montres émaillées du 17e s., de curieuses horloges astronomiques ou à musique, d'amusants sujets à automates du 19e s., etc. Avant de quitter la salle principale, observez à gauche la salle vitrée où travaillent des réparateurs ou restaurateurs en horlogerie ancienne. On passe ensuite devant le centre d'horlogerie scientifique (pendules astronomiques, horloges atomiques et à quartz), par lequel on peut monter au « beffroi », puis dans une salle surélevée initiant à l'horlogerie moderne.
À l'extérieur se dresse l'ensemble monumental du **Carillon** (1980), structure tubulaire de 15 t en acier et à lamelles colorées conçue par le sculpteur italien Onelio Vignando. Il ponctue chaque quart d'heure de sons musicaux (les ritournelles changent selon les saisons) et, la nuit, de captivants jeux de lumière.

Villas Le Corbusier

Né en 1887 à La Chaux-de-Fonds, Le Corbusier y reste jusqu'en 1917. Entretemps, le jeune homme entre à l'école d'Art de la ville, où l'un de ses maîtres, le peintre et sculpteur Charles L'Eplattenier, l'orientera vers l'architecture. Puis, tout en effectuant de nombreux voyages à l'étranger (notamment en Orient, ce qui influencera son œuvre), il réalise à La Chaux-de-Fonds plusieurs maisons particulières. Un itinéraire complet Le Corbusier est disponible à l'office de tourisme.
Villa turque – *167 r. du Doubs - ✆ 032 912 31 23 - www.neuchateltourisme.ch - visite de 1h (dont 20mn de film) 1er et 3e sam. de chaque mois 11h-16h - gratuit.*
Construite en 1916-1917 pour un fabricant d'horlogerie, Anatole Schwob, cette

DES MONTRES NÉES D'UNE LÉGENDE

L'incendie fondateur – En 1794, un incendie détruit entièrement le village en bois qu'est alors La Chaux-de-Fonds. L'agglomération est reconstruite selon un plan en damier qui privilégie à la fois la sécurité, l'hygiène et l'équité entre les habitants : on laisse de l'espace pour éviter la propagation des incendies, on veille à ce que chacun profite du soleil (et notamment les horlogers, pour leur travail), des jardins sont aménagés…
La légende de Daniel Jean-Richard – En 1679, un marchand de chevaux rentrant au « Pays d'en Haut » (le surnom de la région) rapporte de Londres une montre qui fait l'admiration de tous. Mais un jour, elle s'arrête… Les gens de la Sagne, près de La Chaux-de-Fonds, conseillent au marchand de la faire examiner par le jeune Daniel Jean-Richard, connu pour ses talents de bricoleur. L'apprenti parvient à remettre la montre en état et décide d'en fabriquer une lui-même. Établi au Locle, Daniel Jean-Richard forme de nombreux ouvriers. Mythe ou réalité ? Toujours est-il que l'industrie horlogère se propage dans les montagnes neuchâteloises et, de là, à travers tout le Jura. Mais son véritable essor ne date que du milieu du 18e s.
Les enfants du pays – La Chaux-de-Fonds a vu naître l'architecte Charles-Édouard Jeanneret-Gris, dit Le Corbusier (1887-1965), le constructeur d'automates Pierre Jaquet-Droz (1721-1790), le peintre Léopold Robert (1794-1835), le constructeur automobile Louis Chevrolet (1870-1941) et l'écrivain Blaise Cendrars (1887-1961).

maison est la réalisation la plus connue de Le Corbusier dans la ville. Elle doit son appellation à sa corniche néo-grecque, son toit plat et son revêtement de briques de terre cuite. Ses démêlés avec le propriétaire, dus entre autres à un dépassement de devis, pousseront Le Corbusier à s'installer à Paris. La maison a été rachetée en 1987 par l'entreprise horlogère Ebel, qui y a installé son centre de relations publiques.

Les quatre demeures ci-dessous se trouvent à proximité les unes des autres, au nord de la ville et à l'ouest du bois du Petit-Château. Seule la première se visite, les autres sont visibles seulement de l'extérieur.

Maison Blanche – *12, ch. de Pouillerel - ✆ 032 910 90 30 - www.maisonblanche.ch - vend.-dim. 10h-17h - visite de 30mn à 1h - 10 CHF.* Le Corbusier a conçu cette maison pour ses parents en 1912, au retour de son fameux voyage en Orient. Il s'agit de sa première réalisation individuelle. La demeure est d'inspiration néoclassique : l'architecte prend ses distances avec l'Art nouveau régional.

Villa Fallet – *1 ch. de Pouillerel.* Quand Le Corbusier participe à la construction de cette villa en 1906, grâce à Charles L'Eplattenier, il n'a même pas 20 ans. Décoration Art nouveau (utilisation d'éléments régionaux stylisés, comme le sapin).

Villas Jaquemet et Stotzer – *6 et 8 ch. de Pouillerel.* Ces deux maisons ont été réalisées en 1908 dans la tradition jurassienne (murs latéraux débordants en façade sud, fenêtres de style rural). Elles résultent d'une collaboration entre Le Corbusier et René Chapallaz, son premier professeur d'architecture.

1

★ Musée des Beaux-Arts

✆ 032 967 60 76/77 - cdf-mba.ne.ch - ♿ - tlj sf lun. 10h-17h - fermé 25 et 31 déc. - 8 CHF (-16 ans gratuit).

Restauré et agrandi de trois salles souterraines réservées aux expositions temporaires, ce musée, construit entre 1923 et 1926 dans le style néoclassique, présente des collections permanentes d'art régional, suisse et international.

Au rez-de-chaussée (majestueux hall d'entrée orné de mosaïques et escalier monumental décoré de balustres sculptés), quelques salles rassemblent les œuvres d'artistes de La Chaux-de-Fonds comme Charles L'Eplattenier *(Temps de mars, Le Doubs)*, François Barraud *(Autoportrait)*, Charles Humbert *(Les Amis)* et Le Corbusier *(Femme au peignoir, Les Musiciennes)*.

Au 1er étage sont exposées des œuvres de peintres suisses, entre autres Félix Vallotton *(Nu à l'écharpe verte)*, Ferdinand Hodler *(Guerriers de Marignan)* et Léopold Robert, élève de David qui fut célèbre de son vivant pour ses représentations de paysans et de brigands italiens. La collection René et Madeleine Junod comprend des pièces des maîtres de la tradition moderne, notamment française avec Delacroix *(Saint Sébastien délié par les saintes femmes)*, Renoir *(Les Colettes)*, Derain *(L'Estaque)*, Matisse *(Jeunes Filles au jardin)*, mais aussi de Liotard *(Marie Favart)*, Constable *(Dedham from Langham)* et Van Gogh *(Jeune Fille aux cheveux ébouriffés)*.

Musée d'Histoire naturelle

Au 2e étage (ascenseur) de la Grande Poste - ✆ 032 967 60 71 - www.mhnc.ch - mar.-sam. 14h-17h, dim. et j. fériés 10h-12h, 14h-17h - fermé 1er janv. et 25 déc. - 6 CHF, gratuit lors d'animations.

Intéressantes collections d'animaux naturalisés (mammifères, oiseaux, reptiles), suisses et exotiques.

Musée d'Histoire

✆ 032 967 60 88 -cdf-mh.ne.ch - mar.-vend. 14h-17h, w.-end 10h-17h - fermé 1er janv., 24, 25 et 31 déc. - 6 CHF (-16 ans gratuit).

Une ancienne maison patricienne abrite ce musée qui retrace plusieurs années d'histoire régionale. On y trouve des collections de pièces de monnaie locales et étrangères ainsi que des médailles frappées à l'effigie de personnalités suisses (Calvin, le général Dufour, Le Corbusier) ou étrangères (Abraham Lincoln, Louis XVI, la reine Victoria).

Bois du Petit-Château

Accès par la rue du Docteur-Coullery - ✆ 032 967 60 74 - www.mhnc.ch - parc zoologique : 8h-18h (17h en hiver) ; vivarium : 9h-12h, 14h-18h (17h en hiver) - gratuit.

Ce parc d'acclimatation ombragé accueille de nombreux animaux (loups, daims, cerfs, palmipèdes, etc.). Les amateurs de reptiles et d'insectes ne manqueront pas le **vivarium**.

Musée Paysan et Artisanal

148 r. des Crêtets (au sud-ouest de la ville) - ✆ 032 926 71 89 - cdf-mpa.ne.ch - avr.-oct. : tlj sf lun. 14h-17h ; nov.-mars : merc. et w.-end 14h-17h - fermé 1er janv., 25 et 26 déc. - 6 CHF, gratuit lors des animations du musée.

Il se trouve dans une ancienne ferme jurassienne, l'un des seuls bâtiments de La Chaux-de-Fonds épargnés par l'incendie de 1794. L'intérieur reconstitue le cadre de vie des paysans aisés de la région au 17e s. Le 1er dimanche de chaque mois, des dentellières exécutent leurs travaux sous les yeux du public.

À proximité Carte de région

La Sagne C1

8 km au sud.

Ce village du Jura neuchâtelois a vu naître, au 17e s., l'orfèvre Daniel JeanRichard. L'église, à flanc de coteau, a été construite aux 15e-16e s. et restaurée au 20e s.

Le Locle C1

8 km au sud-ouest.

Cette petite ville du Jura, tapie au fond d'une vallée et reliée à la Franche-Comté toute proche par le col des Roches, doit sa prospérité à l'horlogerie qui apparut au 18e s.

★ **Musée d'Horlogerie** – *✆ 032 931 16 80 - www.mhl-monts.ch - mai-oct. : 10h-17h ; reste de l'année : 14h-17h - fermé lun. (sf lun. de Pâques), 1er janv. et 25 déc. - 8 €.* Sur les hauteurs du Locle, le **château des Monts**, élégante demeure classique du 18e s. entourée d'un beau parc, abrite un musée qui complète parfaitement celui de La Chaux-de-Fonds et expose de très belles pièces de différents pays.

Au rez-de-chaussée, un appartement témoin du style de l'époque sert de cadre à la présentation d'une belle collection d'horloges et de pendules, chefs-d'œuvre d'orfèvrerie. La salle A.-L. Perrelet illustre l'évolution de la montre depuis la première montre à remontage automatique jusqu'à la plus petite montre électronique.

Au 1er étage, la salle M.-Y. Sandoz contient des sujets à automates miniaturisés. Au 2e étage, consacré en partie à la chronologie de la mesure du temps, l'atelier d'un horloger local a été reconstitué. Film et diaporama complètent la visite.

Musée des Beaux-Arts – *✆ 032 931 13 33 - www.mbal.ch - tlj sf lun. 14h-17h - fermé 1er janv. et 25 déc. - 8 CHF (-16 ans gratuit), gratuit Nuit des Musées et J. internationale du musée.* Outre une section consacrée à des peintures et des sculptures d'artistes suisses des 19e et 20e s. (Girardet, Koller, Kaiser, Mathey), le musée possède un intéressant cabinet des estampes réunissant des œuvres d'artistes suisses et étrangers : *Richard Wagner* par Vallotton, *L'Atelier* par Giacometti, *Première Neige* par Lermite, *La Ronde des étoiles* par Dufy ; *Portrait de Claude* par Renoir.

Moulins souterrains du col des Roches – *℘ 032 931 89 89 - www.lesmoulins.ch - visite guidée (1h) mai-oct. à 10h15, 11h30, 13h30, 14h45 et 16h ; reste de l'année : mar.-vend. à 14h15 et 15h30, w.-end. et j. fériés à 14h30 et 16h - expositions : 10h-17h (sf nov.-avr. 14h-17h) - fermé 1er janv., 24, 25 et 31 déc. - 14 CHF (enf. 7 CHF). Température : 7 °C, se munir de vêtements chauds.* Ces moulins furent installés au 16e s. afin d'utiliser la force des eaux de la vallée du Locle. Du milieu du 17e s. à la fin du 19e s., ils connurent une intense activité : battoirs, four à pain, scierie fonctionnèrent à plein régime. Transformés ensuite en abattoirs, puis désaffectés, les moulins furent sauvés de l'oubli et restaurés.

Dans le hall d'entrée, une exposition sur leur rôle et leur fonctionnement constitue une bonne introduction à la visite des installations. La descente dans la grotte permet de découvrir galeries et puits creusés à la force du poignet, ainsi que d'impressionnantes roues superposées, des engrenages, un moulin à farine, des scies.

La Brévine B1

24 km au sud-ouest.

Cette petite région de plateau a reçu le surnom de « Sibérie suisse » en raison des températures extrêmes (pouvant atteindre - 42 °C), les plus basses du pays, qui règnent en hiver. De la route qui y monte, belles vues sur le val de Travers. Au centre du plateau cerné de sapins vert sombre et quadrillé de murets délimitant cultures et pâturages (bovins, chevaux), se trouve le village de La Brévine *(alt. 1 043 m)*, à l'orée d'une immense combe d'alpages.

Randonnées le long du Doubs Carte de randonnées

LE SAUT DU DOUBS

À 16 km au sud-ouest, direction Le Locle puis Les Brenets en voiture – voir le circuit tracé en vert sur la carte de randonnées (p. 225) – compter 2h15 AR à pied par un chemin forestier longeant la rive est, ou 1h avec le retour effectué en bateau. En bateau : 1h AR, plus 20mn à pied AR. Embarcadère à Pré-du-Lac (rive suisse) - ℘ 032 932 14 14 - www.nlb.ch - juin-sept. : départ ttes les 45mn à partir de 10h, se renseigner pour horaires hors saison - 13 CHF AR.

Les Brenets

Cette petite ville frontière est agréablement étagée sur les pentes plongeant dans le lac du même nom, face à la rive française.

★ Lac des Brenets (ou de Chaillexon)

Il s'agit en fait d'un méandre du Doubs que des éboulements ont converti en un réservoir long de 3,5 km et large en moyenne de 200 m – dont le saut du Doubs constitue le déversoir. En un point du lac, un resserrement des rives le divise en deux « bassins » : dans le premier il s'étale entre des pentes d'abord douces et riantes ; dans le second, il s'encaisse entre d'abruptes falaises calcaires couronnées de sapins, d'hêtres ou d'épicéas, et dont les arêtes offrent parfois des profils évocateurs (**Tête de Louis-Philippe, Tête-à-Calvin** – ou **Sphinx** pour les Français…). Le paysage fait songer aux fjords norvégiens.

★★★ Saut du Doubs

Accès depuis le débarcadère marquant la fin du lac, par un chemin forestier.
Cette célèbre chute de 27 m doit être vue de sa partie française pour apprécier son côté spectaculaire. Une passerelle permet de passer d'un côté comme de l'autre. Le site, en entonnoir, est très boisé.

LES BELVÉDÈRES DU DOUBS

14 km en voiture en direction de Biaufond, puis direction les Planchettes, jusqu'au hameau des Recrettes – voir le circuit tracé en vert sur la carte de randonnées (page suivante) – compter 2h à pied AR par un sentier balisé reliant les trois belvédères.

★ Point de vue des Recrettes

Alt. 1 074 m. D'un belvédère aménagé, belle **vue★** sur la boucle du Doubs et l'arrière-pays couvert de sapins ou de pâtures.
Peu avant la ferme modèle (restaurant de montagne), prendre à gauche un chemin de terre privé *(refermer les barrières derrière soi)*, sur environ 700 m, jusqu'à proximité immédiate de la falaise.

Point de vue de l'Escarpineau

Alt. 1 198 m. De cet autre belvédère, parfaitement aménagé, vue belle et ample sur le barrage et la retenue du Chatelot ainsi que sur les crêtes jurassiennes françaises.
Devant la ferme modèle, tourner à gauche. Avant le village des Planchettes, emprunter à gauche un chemin en sous-bois.

Les roches de Moron

Alt. 1 076 m. Gagner à pied le belvédère proche du restaurant. De là, vue plongeante sur le Doubs, limitée par le promontoire du Châtelard et le barrage convexe du Chatelot.

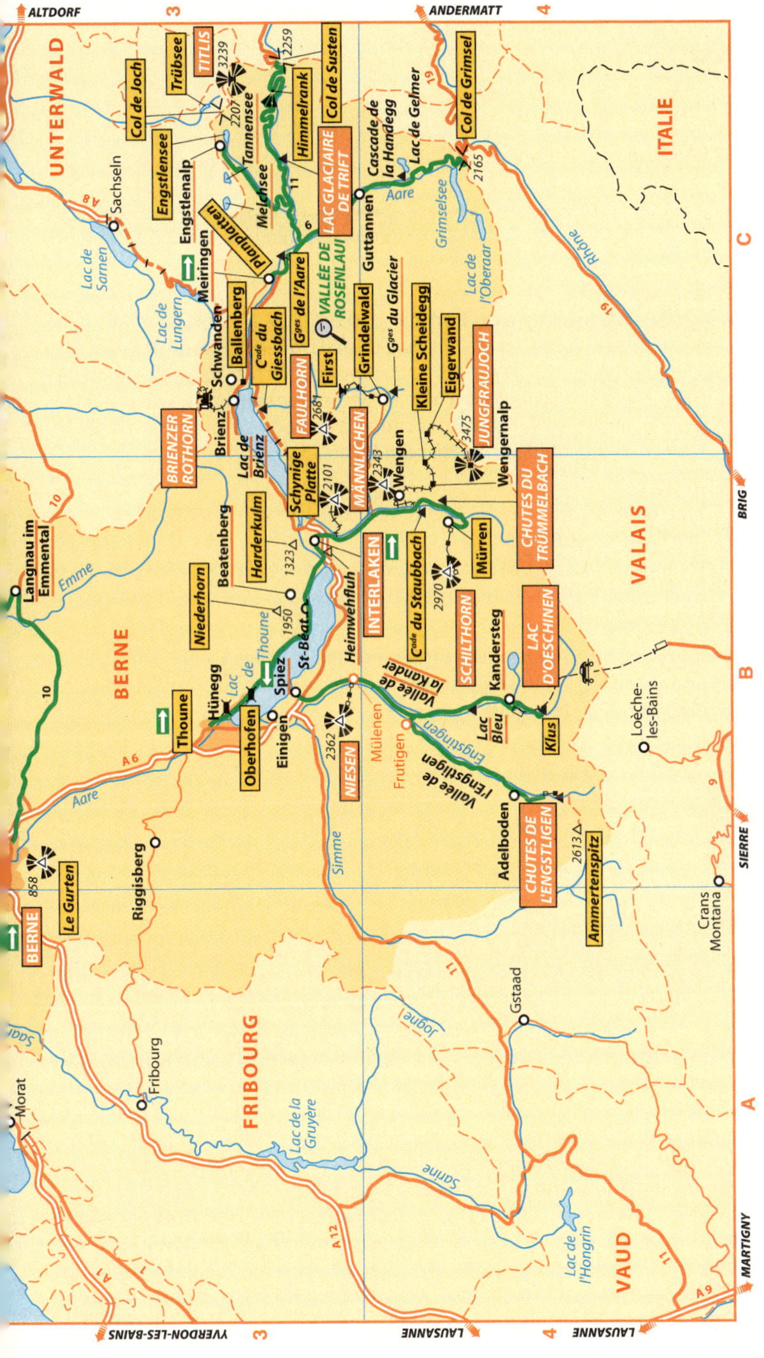
ALTDORF
ANDERMATT
BRIG
SIERRE
MARTIGNY
LAUSANNE
LAUSANNE
YVERDON-LES-BAINS
3
4
A
B
C
UNTERWALD
BERNE
FRIBOURG
VAUD
VALAIS
ITALIE
Col de Joch
Trübsee
TITLIS
3239
2207
2259
Engstlensee
Tannensee
Himmelrank
Col de Susten
Engstlenalp
Melchsee
11
LAC GLACIAIRE DE TRIFT
Cascade de la Handegg
Lac de Gelmer
Col de Grimsel
19
Sachseln
A8
Lac de Sarnen
Planplatten
Meiringen
6
Guttannen
Aare
Grimselsee
2165
Lac de Lungern
Schwanden
Ballenberg
Cade du Giessbach
Gges de l'Aare
VALLÉE DE ROSENLAUI
Grindelwald
Gges du Glacier
Lac de l'Oberaar
Rhône
19
Brienz
Lac de Brienz
FAULHORN
2681
First
Kleine Scheidegg
Eigerwand
JUNGFRAUJOCH
3475
BRIENZER ROTHORN
10
Langnau im Emmental
Emme
Schynige Platte
2101
MÄNNLICHEN
2343
Wengen
Wengernalp
CHUTES DU TRÜMMELBACH
Beatenberg
Harderkulm
1323
INTERLAKEN
Mürren
Niederhorn
1950
Lac de Thoune
Heimwehfluh
St-Beat
Cade du Staubbach
2970
SCHILTHORN
Kandersteg
LAC D'OESCHINEN
10
Hünegg
Thoune
Oberhofen
Spiez
Einigen
Vallée de la Kander
Mülenen
Lac Bleu
Klus
Loèche-les-Bains
2362
NIESEN
Frutigen
Engstligen
Vallée de l'Engstligen
Aare
A6
Adelboden
CHUTES DE L'ENGSTLIGEN
2613
9
Riggisberg
Simme
858
Le Gurten
BERNE
Ammertenspitz
Crans Montana
11
Gstaad
Jogne
Sarine
Fribourg
Morat
Lac de la Gruyère
A12
A1
1
Lac de l'Hongrin
11
A9

Berne

Bern

★★★

122 925 habitants – Canton de Berne

NOS ADRESSES PAGE 244

S'INFORMER

Office de tourisme de Berne – 031 328 12 12 - www.berninfo.com. *Dans la gare : lun.-sam. 9h-19h, dim. et j. fériés 9h-18h. Près du parc aux Ours (Bärenpark) : juin-sept. : 9h-18h ; mars-mai et oct. : 10h-16h ; nov.-fév. : vend.-dim. 11h-16h.* Réservations d'hôtels à Berne et ses environs. Visites guidées à pied, en bus ou en bateau. Location d'audioguide proposant deux circuits de visite guidée (18 CHF pour 6h ou 25 CHF pour 24h).

SE REPERER

Carte de région B2-3 (p. 228-229) et plan de ville (p. 232-233) – *Carte Michelin Regional nº 551 J7.*

36 km au nord-est de Fribourg, 96 km au sud de Bâle, 123 km au sud-ouest de Zurich, 160 km au nord-est de Genève.

SE GARER

Le vieux Berne se parcourt facilement à pied et reste difficile d'accès en voiture. Mieux vaut se garer dans l'un des parkings (coûteux) de la ville, comme celui de la gare.

À NE PAS MANQUER

Le vieux Berne, le musée des Beaux-Arts, le Centre Paul-Klee, la fondation Abegg.

ORGANISER SON TEMPS

Une journée pour visiter le vieux Berne et un musée d'art, 2 à 3 jours pour voir l'ensemble des richesses culturelles de la capitale.

AVEC LES ENFANTS

À Berne : le parc aux Ours et le Bern Show, les ateliers créatifs du Centre Paul-Klee, le jardin zoologique Dählhölzli et le Gurten. Dans l'Emmental : la fromagerie de démonstration de l'Emmental à Affoltern.

Joliment lovée dans un méandre de l'Aare, face aux Alpes, la capitale suisse sort peu à peu de son rôle de belle endormie. La cinquième ville du pays attire tout autant les amateurs de vieilles pierres, grâce à sa vieille ville médiévale, classée au patrimoine de l'Unesco, que les adeptes d'art contemporain, grâce à l'élégant centre Paul-Klee, dont l'architecture mérite à elle seule le détour. L'originalité de Berne tient aussi à ses six kilomètres d'arcades, qui cachent d'innombrables boutiques formant l'un des plus longs « centres commerciaux » d'Europe. En été, l'Aare est prise d'assaut par les Bernois, qui aiment s'y baigner dans une ambiance de station balnéaire. Ajoutons quelques bars branchés et un parc aux ours pour les enfants, et le tableau est complet. Qui a dit que Berne était ennuyeuse ?

Le drapeau de Berne et son emblème, l'ours.
Eurasi Press/Photononstop

Se promener Plan de ville

★★ LE VIEUX BERNE

Compter 2h30.
La ville, rebâtie en grès teinté d'un vert jaune (la mollasse) depuis le terrible incendie de 1405, reste un modèle d'adaptation au site, avec ses rues qui s'enroulent en boucle et ses jardins en terrasses dominant la rivière.
En face de la gare se dresse l'**église du St-Esprit** (Heiligeist-Kirche - A2), la plus grande église baroque protestante de Suisse (1726-1729).
Prendre la très animée Spitalgasse, rue commerçante bordée d'arcades et ornée en son centre de la fontaine du Joueur de cornemuse *(16e et 19e s.).* Disséminées dans toute la ville, les arcades *(Lauben)* abritent, depuis le Moyen Âge, d'innombrables caves voûtées, où les Bernois entreposaient leurs réserves. Ouvertes sur la rue, elles sont reconverties en boutiques, cinémas, théâtres et restaurants.
La Spitalgasse mène à la **Bärenplatz** (A2), où se côtoient des terrasses de cafés et de restaurants, littéralement bondées aux beaux jours. Un marché s'y tient tous les jours en été. La place forme, avec la Waisenhausplatz voisine, une vaste esplanade surnommée « Die Front ».
À l'entrée de la Marktgrasse se dresse la **Tour des Prisons** (Käfigturm - A2). Cette tour, qui marquait la limite ouest de la ville de 1250 à 1350, a été restaurée au 18e s. Sur la gauche, la **Tour hollandaise** (Holländerturm - A1), coiffée d'un étage en charpente, doit son nom aux mercenaires qui venaient y fumer en secret à leur retour de Hollande, cet acte étant proscrit à Berne.

★ Marktgasse A1

Élégante et animée, c'est la rue principale de la ville ancienne, avec ses magasins de luxe et ses nombreux éventaires de fleuristes. De belles maisons des 17e et 18e s. égrènent leurs arcades, donnant à l'ensemble beaucoup d'unité.

BERNE

0 — 200 m

SE LOGER

- Belle Epoque 1
- Bern 4
- Glocke 7
- Kreuz 10
- Landhaus 13
- Pergola (La) 16
- Zum Goldener Schlüssel 22

SE RESTAURER

- Bärengraben (Brasserie) 1
- Harmonie 4
- Klötzlikeller 7
- Kornhauskeller 10
- Punkt 13
- Schwellenmaetteli 16
- Vatter 19
- Verdi 22
- Zum Äusseren Stand 25

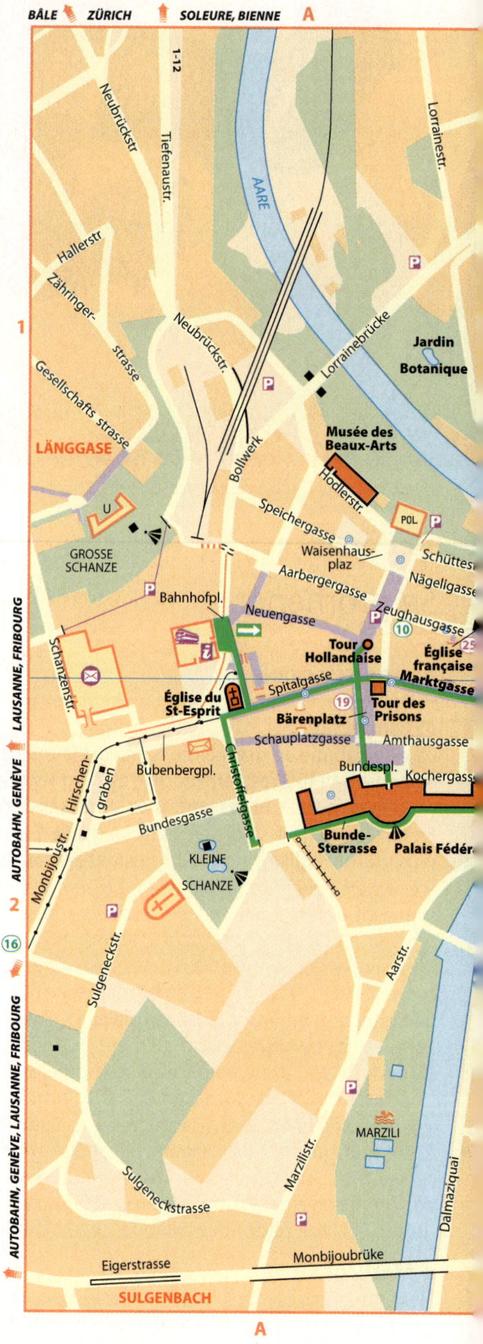

AUTOBAHN, ZÜRICH, BASEL
B
C
AUTOBAHN, ZÜRICH, BÂLE
1
AUTOBAHN, INTERLAKEN
CENTRE P. KLEE, FONDATION ABEGG
ÉGLISE ST-NICOLAS
2
INTERLAKEN, AUTOBAHN
ZÜRICH, BÂLE
JARDIN ZOOLOGIQUE DÄHLHÖLZLI
Breitenrainstr.
Moserstr.
Waldhöheweg
Beundenfeldstr.
Kasernenstrasse
strasse
Greyerzstr.
Viktoriapl.
Viktoriarain
Spitalackerstr.
Viktoria-
strasse
Papiermühle-
KURSAAL SCHÄNZLI
Schänzli-
Str.
Blumenberg-
Schänzlistr.
Laubeggstr.
Aargauer Stalden
Jardin des Roses
Kornhausbrücke
Altenbergstr.
Brunngasse
Untertorbrücke
Brunngasshalde
Hôtel du Gouvernement
Postgasshalde
Postgasse
NYDEGGKIRCHE
Pont de la Nydegg
Kornhauspl.
Brunngasse
Rathausgasse
Rathausplatz
Nydeggasse
Tour de l'Horloge
Kramgasse
Gerechtigkeitsgasse
Junkerngasse
Parc aux Ours
Münster-gasse
Kreuzgasse
Theaterplatz
Mon d'A. Einstein
Cathédrale St-Vincent
Gerberngasse
MATTE
Casinopl.
Münster-platz
Erlacherhof
Muristalden
CASINO
Plattform
Mühlenpl.
Schifflaube
Aarstr.
Kirchenfeld-brücke
AARE
Gr.
Schlosshaldenstrasse
Muristrasse
Musée Alpin Suisse
Helvetiaplatz
Marienstr.
KIRCHENFELD
Thunstr.
Luisenstrasse
str.
Jungfraustr.
strasse
Ensingerstr.
Musée d'Histoire de Berne
Musée de la Communication
Musée d'Histoire Naturelle
Seminar-
Thunstr.
Thunstr.
Helvetia
Dufour-
Kirchenfeldstr.
Kirchenfeldstr.
Elfenstr.
Aegertenstr.
Jubiläumsstrasse
Str.
B
C

La fontaine d'Anna Seiler (16e et 17e s.) est dédiée à une femme qui, en 1354, dota la ville de son premier hôpital. Plus loin, la fontaine de l'Arquebusier (1543) représente un porte-bannière : entre ses jambes, un petit ours revêtu d'une armure tire un coup de fusil.

Kornhausplatz B1

À gauche, la fontaine de l'Ogre (Kindlifresserbrunnen) représente ce personnage qui dévore un petit garçon. Il tient de la main gauche d'autres marmots qui vont subir le même sort. Juste à côté, le **Kornhaus**, ancienne halle aux grains de la ville reconvertie en restaurant *(voir Nos adresses à Berne)*, renferme de belles voûtes décorées. Juste derrière se dresse l'**Église française**, le plus ancien bâtiment religieux de Berne (13e s.). Son beau jubé (peintures du 15e s.) échappa miraculeusement aux destructions de la Réforme de 1528. L'église doit son nom aux Huguenots français qui y trouvèrent refuge entre 1689 et 1851. On y donne aujourd'hui des concerts d'orgues (grand orgue de 1828).
Revenir sur la Kornhausplatz, face à la Kramgasse.

★ Tour de l'Horloge (Zeitglockenturm) B2

Appelée *Zytgloggeturm* dans le dialecte local, elle est l'emblème le plus populaire de Berne. La tour fut édifiée de 1191 à 1250 pour marquer la limite ouest de Berne, mais c'est l'horloge qui retient l'attention. Celle-ci possède en effet l'un des mouvements automatiques de **figurines** les plus remarquables du Moyen Âge. Quatre minutes avant chaque heure, les figurines peintes (15e au 17e s.) entament un curieux ballet : le coq chante en battant des ailes, le cortège d'ours défile au son des clochettes du fou, le dieu Chronos retourne son sablier, et la grande cloche indique l'heure, frappée par Hans von Thann, un chevalier revêtu d'une armure dorée. Au même instant, Chronos compte les coups et agite son sceptre, tandis que le lion tourne la tête. Le spectacle s'achève sur un dernier chant du coq… Remarquer le jaquemart du 15e s. (du côté de la Kramgasse) et les deux couronnes ducales surmontant le cadran doré.
La visite de l'intérieur permet d'admirer le mécanisme de l'**horloge**, qui reproduit le cours des astres dans le ciel *(avr.-nov. : sur demande à l'office de tourisme. 10 CHF).*

★ Kramgasse B2

Prolongeant la Marktgasse, cette rue est plus populaire. Dans la première rue à droite, après la tour de l'Horloge, on voit des maisons à oriels et à tourelles d'angle.
Le long de la Kramgasse, on remarque la fontaine de Zähringen (16e s.) avec un ours revêtu d'une armure, la bannière des Zähringen au poing. Celle de Samson (16e s.) est surmontée d'une statue du colosse ouvrant la gueule d'un lion.
Au nº 49 de la Kramgasse se trouve la **maison d'Albert Einstein** (Einsteinhaus - B2). C'est ici, au 2e étage, que le physicien rédigea en 1905 sa théorie de la relativité restreinte. Seize ans plus tard, il se vit décerner le prix Nobel de physique pour ses travaux sur les photons. Le décor évoque les années qu'il passa à Berne de 1902 à 1909, date à laquelle il fut nommé professeur de physique à l'université de Zurich : son cabinet de travail, sa chambre avec le pupitre où il écrivait debout, son costume à carreaux, des portraits et photos… Vidéo en français sur la vie du physicien. *✆ 031 312 00 91 - www.einstein-bern.ch - mars-sept. : 10h-17h ; de déb. oct. à mi-déc. : tlj sf dim. 10h-17h, sam. 10h-16h - 6 CHF (enf. 4,50 CHF).*
À l'extrémité de la Kramgasse, tourner à gauche dans la Kreuzgasse.
La Rathausplatz est ornée de la fontaine du Banneret (Vennerbrunnen), œuvre de Hans Gieng (1542).

Berne et son ours

LA FONDATION DE BERNE

Une chronique du 15e s. rapporte la fondation de la ville par le duc Berthold V de Zähringen, en 1191. Désireux de créer une cité, le duc demande conseil à ses chasseurs et à son grand veneur. L'un d'entre eux lui répond : « Maître, dans la boucle, là où s'élève votre château de la Nydegg, se trouve un emplacement favorable. » Le gibier étant fort abondant, le duc convient de donner à la nouvelle ville le nom du premier animal qui sera capturé à la chasse. Le sort veut que ce soit un ours (« Bär »). Le duc baptise donc la cité « Berne » et fait de l'ours son emblème. Celui-ci apparaît à la fin du 15e s. sur des gravures de la ville.

LE TEMPS DES ANNEXIONS

Du 14e au 16e s., Berne mène une adroite politique d'expansion et joue un rôle prééminent au sein de la Confédération. La ville assure son hégémonie sur les deux rives de l'Aare. Au 15e s., la conquête de l'Argovie lui permet de s'étendre jusqu'à la limite de la Reuss inférieure. Son attitude résolue au cours des guerres de Bourgogne la place au premier rang des cantons suisses. Avec l'annexion de la Gruyère et du pays de Vaud, Berne domine au 16e s. tout le pays s'étendant de la Reuss inférieure au Léman.

BERNE DANS LA CONFÉDÉRATION

Au lendemain de la défaite du Sonderbund, lorsque est élaborée la Constitution de 1848, Berne est, d'un commun accord, choisie comme siège des autorités fédérales : elle joue un rôle politique de premier plan, renforcé par sa position au centre de la Confédération, au point de jonction des cultures latine et germanique. Pourtant, si la ville est le siège des chambres fédérales, des régies publiques, de la poste et des chemins de fer fédéraux, elle n'est pas pour autant le centre administratif du pays au même titre que Paris ou Washington : le système fédéraliste s'oppose à ce qu'une seule ville détienne la prééminence politique.

FERDINAND HODLER

Né à Berne en 1853, Ferdinand Hodler compte parmi les plus célèbres peintres de Suisse. Ses paysages alpins, ses scènes de la vie quotidienne (*Le Bûcheron* illustra les billets de 50 francs), mais aussi ses tableaux allégoriques ornent les cimaises de nombreux musées dans tout le pays. Précurseur de l'expressionnisme et adepte du parallélisme dès 1885, il donne à ses tableaux une forte expression d'unité, comme « une loi qui dépasse l'art », selon ses propres mots. Dépouillant les compositions de ses paysages, Hodler renonce peu à peu à copier la nature. À la fin de sa vie, le maître se consacre à « des paysages planétaires » où il n'y a plus que lignes et espace, et aucune trace de vie ou de mort. Il s'éteint en 1918, à Genève.

Hôtel du Gouvernement (Rathaus) B1
Cet édifice est à la fois le siège du conseil municipal (assemblée législative de la ville de Berne) et celui du Grand Conseil (assemblée législative cantonale). Construit de 1406 à 1417 et maintes fois restauré, il reste, avec son escalier à double volée et son perron couvert, l'un des plus symboliques monuments bernois.
Reprendre la Kreuzgasse qui rejoint la **Gerechtigkeitsgasse** (BC1-2) où s'élève la fontaine de la Justice (Gerechtigkeitsbrunnen), sculptée par Hans Gieng en 1543 : son fût est couronné d'un chapiteau corinthien.
La **Nydeggasse** (C1) prolonge cette rue : à gauche se dresse l'église de la Nydegg (Nydeggkirche), édifiée au 14e s. sur les fondements d'un château fort. Le **pont de la Nydegg** (C1) offre une très jolie **vue★** sur les quartiers qui se pressent dans la boucle de l'Aare et les versants boisés qui la dominent.
Après le pont, rejoindre à droite le parc aux Ours.

★ **Parc aux Ours** (Bärenpark) C2
031 357 15 15 - www.baerenpark-bern.ch - ♿ - ouverture permanente ; présence des gardiens : 8h-17h - gratuit.
Les ours de Berne ont les faveurs populaires depuis le début du 16e s. Les plantigrades Björk et Finn occupent le vaste parc qui court sur la berge de l'Aare. Une Bernoise a même fondé à leur intention une rente perpétuelle ! À l'office de tourisme, qui jouxte le parc, le **Bern Show** raconte en 20mn l'histoire de la ville au moyen d'une vidéo et d'une maquette animée (*3 CHF*). Juste en sortant, on peut se rafraîchir face à la vieille ville depuis la terrasse du Posthaus, qui sert des bières maison.

Jardin des Roses (Rosengarten) C1
Il révèle un joli **coup d'œil★** sur la vieille ville. Le jardin abrite 200 variétés de roses, autant d'iris et 28 sortes de rhododendrons.
Faire demi-tour. À l'entrée de la Gerechtigkeitsgasse, prendre la Junkerngasse.

★ **Junkerngasse** C2
Elle est bordée de maisons anciennes. Noter la belle façade peinte du n° 22. Au n° 47 se trouve l'**Erlacherhof** (B2), un beau palais baroque qui s'inspire de l'architecture française. C'est aujourd'hui le siège de la mairie de Berne. Abordant la cathédrale par le chevet, on a une vue d'ensemble sur la tour, le vaisseau, les arcs-boutants et les pinacles qui surmontent les contreforts.
Contourner l'édifice par la gauche : de la **Münsterplattform** (B2), belle terrasse plantée d'arbres et ornée de parterres fleuris, la **vue★** plonge sur les écluses de l'Aare et, à droite, sur le Kirchenfeldbrücke qui enjambe de 40 m une courbe de la rivière. Un ascenseur permet de rejoindre plus bas la **Matte**, au bord de l'Aare. Ce quartier ouvrier et artistique, truffé de petites maisons anciennes, est considéré comme le berceau de Berne. La quiétude qui y règne contraste avec l'animation du reste de la ville. Rejoindre la Münsterplattform puis gagner la Münsterplatz (place de la Cathédrale) où l'on découvre le bâtiment du chapitre (1755) et la fontaine de Moïse (1791).

★ **Cathédrale** (Münster) B2
031 312 04 62 - de fin avr. à mi-oct. : lun.-sam. 10h-17h, dim. et j. fériés 11h30-17h ; reste de l'année : lun.-sam. 10h-12h, 14h-16h (sam. 17h), dim. 11h30-15h30 - possibilité de monter dans la tour - gratuit.
La dernière des grandes églises gothiques de Suisse est aussi le plus grand bâtiment religieux de tout le pays. Couramment appelée cathédrale, elle est en réalité une collégiale. Sa construction commença en 1421 et se poursuivit

jusqu'en 1573. Entre-temps, la Réforme (1528) transforma ce lieu de culte catholique en lieu de culte protestant. Son clocher, le plus haut de suisse (100 m), ne fut achevé qu'en 1893.

Le superbe **tympan★★** du portail principal, œuvre d'Erhart Küng, a été épargné par la vague de destructions de la Réforme. Il représente le Jugement dernier (1495) en 234 personnages, dont certains, fait rare, sont encore peints. Les figures des élus et des damnés sont traitées avec beaucoup de réalisme. Aux voussures, statues de prophètes ; dans les ébrasements, Vierges sages à gauche et Vierges folles à droite ; de chaque côté du portail, fresques en grisaille, du début du 16e s.

Entrer par la porte latérale droite de cette façade. À gauche, un escalier à vis (254 marches) permet d'accéder à la plate-forme de la tour : **panorama★★** sur le vieux Berne avec ses toits de tuiles rouge-brun, ses nombreux clochers, les ponts sur l'Aare, la chaîne des Alpes bernoises et le Jura.

La nef, vaste vaisseau à voûtes réticulées, comporte 87 clés de voûte peintes et armoriées. Le chœur, dont les stalles Renaissance (1523) sont richement sculptées de scènes de la vie courante, est orné de grands vitraux du 15e s. : au centre, la *Passion* avec la *Crucifixion*, œuvre de Hans Acker, la *Victoire des 10 000 chevaliers* ; à gauche, les *Rois mages*.

En sortant de la cathédrale, traverser la Münsterplatz et prendre à gauche la Münstergasse (plusieurs passages couverts et étroits rejoignent la Kramgasse) qui mène à la Casinoplatz (place du Casino).

Juste avant le pont (Kirchenfeldbrücke), prendre à droite la **Bundesterrasse★**. Cette promenade domine la vallée de l'Aare.

Palais fédéral (Bundeshaus) A2

✆ 031 322 85 22 - www.parlement.ch - visites guidées (45mn) tlj sf pdt sessions, dim. et j. fériés à 9h, 10h, 11h, 14h, 15h et 16h - gratuit.

Le gouvernement suisse (Conseil fédéral) et le Parlement (Conseil national et Conseil des États) siègent dans ce lourd bâtiment à dôme, inspiré de la Renaissance florentine (1902). La visite permet de s'initier aux rouages de la démocratie helvétique. On parcourt ainsi le hall de la coupole, la salle du Conseil des États, celle du Conseil national et l'immense salle en arc de cercle des Pas perdus, dont les fenêtres dominent la ville.

En été, les enfants aiment se mouiller sous les 26 jets d'eau, symbolisant les 26 cantons suisses, qui surgissent du sol de la Bundesplatz, face au Palais fédéral. De la terrasse, située au sud du palais fédéral, belle **vue** sur l'Aare, le Gurten et, à l'arrière-plan, les Alpes bernoises.

Depuis la Bundesplatz, rejoindre la Bärenplatz ou emprunter le Kirchenfeldbrücke qui mène à l'Helvetiaplatz, où se trouvent différents musées.

À voir aussi Plan de ville

★★ **Musée des Beaux-Arts** (Kunstmuseum) A1

Hodlerstr. 8-12 - 3011 Bern - www.kunstmuseumbern.ch - ✆ 031 328 09 44 - ♿ - tlj sf lun. 10h-17h (mar. 21h) - fermé Ascension, 17 mai, 1er août, 25 déc. - possibilité de visite guidée (1h) - 7 CHF.

Le plus ancien musée d'art de Suisse doté d'une collection permanente rassemble des œuvres remarquables distribuées sur huit siècles, de la période gothique à l'art contemporain. Ici, les maîtres italiens de la Renaissance et les primitifs bernois partagent les cimaises avec les impressionnistes et les fondateurs du cubisme. La *Maestà* (vers 1290) de Duccio di Buoninsegna et la

Vierge à l'Enfant de Fra Angelico restent les pièces maîtresses de la peinture italienne du Trecento et du Quattrocento (13e-15e s). Une place de choix est réservée aux peintres bernois du gothique tardif (Niklaus Manuel Deutsch) jusqu'au réalisme du 19e s. (Albert Anker et ses scènes populaires, Ferdinand Hodler, son *Lac de Thoune* et ses grandes compositions allégoriques). Le musée accueille aussi quelques œuvres de Cuno Amiet, qui utilise une palette aux tons violents et chauds. Les fonds amassés depuis le 19e s. sont d'envergure internationale : on y retrouve l'école française (Delacroix, Monet, Manet, Cézanne, Toulouse-Lautrec, Matisse), les expressionnistes (Chagall, Modigliani), les cubistes (Picasso, Gris, Léger), Beckmann, des œuvres du Cavalier bleu, du Bauhaus et du surréalisme. L'art contemporain est représenté avec les Suisses Meret Oppenheim, Franz Gertsch et Markus Raetz, et les Américains Jackson Pollock et Mark Rothko.

Au total, le musée abrite plus de 3 000 toiles et sculptures, et 48 000 dessins, gravures, photographies, vidéos et films. Le musée, qui détenait la collection Paul Klee jusqu'à son départ pour le nouveau Centre Paul-Klee *(voir page suivante)*, a conservé le célèbre *Ad Parnassum*, chef-d'œuvre pointilliste de l'artiste suisse.

★ **Musée alpin suisse** (Schweizerisches Alpines Museum) B2

Helvetiaplatz 4 - ✆ 031 350 04 40 - www.alpinesmuseum.ch - lun. 14h-17h30, mar.-dim. 10h-17h30 - fermé 1er janv., 1er août, 27 nov., 24, 25 et 31 déc. - possibilité de visite guidée - 12 CHF.

Les amoureux des cimes ne s'ennuieront pas dans ce musée consacré au massif alpin. On peut admirer ici la plus grande collection de maquettes de montagne – les premières furent créées à partir de 1750. Des bornes interactives et des maquettes numériques permettent d'approfondir sa connaissance de la géologie alpine, mais aussi de la faune et de la flore, de l'industrie et du tourisme de montagne. L'art est même représenté, avec des peintures de Ferdinand Hodler et Alexandre Calame. Tous les commentaires sont en allemand, français, italien et anglais.

★★ **Musée d'Histoire de Berne** (Bernisches historisches Museum) B2

Helvetiaplatz 5 - ✆ 031 350 77 11 - www.bhm.ch - tlj sf lun. 10h-17h - fermé 25 déc. - 13 CHF (enf. 8 CHF).

Ce bâtiment de style néogothique (1881) renferme des collections très variées : objets préhistoriques, pièces de l'Antiquité grecque (la remarquable « hydrie de Grächwil », du 6e s.), argenterie bernoise, œuvres profanes et sacrées d'Asie et d'Océanie et **tapisseries**★★ de Bourgogne. Celles-ci furent réalisées entre 1440 et 1515. Certaines, dont l'une aux armes de Philippe le Bon, exécutée en 1466 par un atelier flamand, ont appartenu à Charles le Téméraire. D'autres tapisseries, provenant des ateliers flamands et de Tournai, se caractérisent par la finesse du dessin et la richesse des coloris, comme *La Justice de Trajan et d'Herkenbald* (15e s.), et la tapisserie des *Mille Fleurs* (1466).

On remarque à l'entresol inférieur le salon de Pourtalès (18e s.) et, au 2e étage, la balance géante de 1752 qui, à l'arsenal de Berne, pouvait peser des canons de 2 tonnes. Depuis 2010, le bâtiment abrite également l'unique musée au monde dédié à **Einstein**, dont il replace la vie et l'œuvre dans le contexte du 20e s. Le musée organise, par ailleurs, d'excellentes expositions temporaires.

★ **Musée d'Histoire naturelle** (Naturhistorisches Museum) B2

Bernastr. 5 - ✆ 031 350 71 11 - www.nmbe.ch - lun. 14h-17h, mar.-vend. 9h-17h (merc. 18h), w.-end 10h-17h - fermé 1er janv., Vend. saint, Pâques, Pentecôte, Fête Nationale, 24 et 25 déc. - possibilité de visite guidée - 8 CHF.

Le centre Paul-Klee, par Renzo Piano.
P. Raftery/View/Photononstop © Renzo Piano

C'est l'un des plus importants de Suisse. Le musée possède la plus grande exposition de dioramas d'Europe sur des oiseaux et mammifères indigènes et exotiques (les animaux sont présentés dans leur cadre naturel). Le visiteur s'attardera également sur la belle collection de minéraux des régions alpines. L'exposition « Terre, planète et espace vital » permet d'admirer un platéosaure d'Argovie, mais la vedette du musée reste Barry. Ce saint-bernard, décédé en 1814 et désormais empaillé, a acquis un statut de célébrité nationale pour avoir sauvé plus de quarante vies dans la montagne.

2

★ **Musée de la Communication** (Museum für Kommunikation) B2

Helvetiastr. 16 - ✆ 031 357 55 55 - www.mfk.ch - ♿ - tlj sf lun. 10h-17h - 15 CHF, 9 CHF exposition permanente (-16 ans 6 CHF).

Moderne et accueillant, il relate l'évolution de la communication, des premières diligences postales aux nouveaux médias. Un nouvel espace est dédié à l'histoire de l'ordinateur et du PC depuis les cinquante dernières années. Les nostalgiques de Pac Man peuvent même jouer sur un antique Commodore 64 ! Des expositions temporaires de qualité viennent enrichir le fonds permanent.

★★★ **Centre Paul-Klee** (Zentrum Paul Klee) Hors plan, vers C1

Monument im Fruchtland 3 - accès par le bus 12 (ou tramway 5 jusqu'à Ostring, puis compter 5mn à pied) - ✆ 031 359 01 01 - www.zpk.org - ♿ - tlj sf lun. 10h-17h (jeu. 21h) - 25 CHF (enf. 10 CHF), billet familial (max. 2 adultes) 65 CHF, Kindermuseum Creativa (atelier) 15 CHF.

Ouvert en juin 2005, ce centre abrite la plus grande collection au monde d'œuvres de Paul Klee (1879-1940) : près de 4 000 tableaux, aquarelles et dessins, soit 40 % de toute la production de l'artiste. L'architecture audacieuse du bâtiment, signée de l'Italien Renzo Piano, co-auteur du Centre Pompidou à Paris, mérite à elle seule la visite. Le bâtiment en verre et métal forme trois vagues ou collines, dont les ondulations s'insèrent harmonieusement dans le paysage. Au rez-de-chaussée, les salles lumineuses accueillent par roulement les quelque 200 œuvres de la collection permanente. Au sous-sol, des expositions

LA VILLE DE PAUL KLEE

Paul Klee naît à Münchenbuchsee en 1879, et passe ses jeunes années à Berne où il dessine le quartier de la Matte et s'intéresse à l'étude des paysages suisses : les méandres de l'Aare, les montagnes du Niesen, les carrières d'Ostermundigen. Spectateur ironique des conventions sociales, il produit aussi des caricatures. En 1906, Klee se rend à Munich et noue des relations fertiles avec les membres du Blaue Reiter, le mouvement du Cavalier bleu : Franz Marc, Wassily Kandinsky, Alexej von Jawlensky… Il enseigne au Bauhaus de 1921 à 1923. Considéré comme un « artiste dégénéré » par les nazis, Klee voit son contrat d'enseignement à l'Académie de Dusseldorf annulé, en 1933. Il passe à Berne ses dernières années, jusqu'à sa mort en 1940.

temporaires de grande qualité sont organisées. Faisant écho au génie touche-à-tout du peintre, le centre Paul-Klee abrite, par ailleurs, une salle de concert et de théâtre, des ateliers de créativité pour enfants et adultes (ouvert à tous à partir de 4 ans), une bibliothèque consacrée à l'œuvre du peintre, des bornes interactives et diverses salles plénières. Plus qu'un musée, le centre Paul-Klee s'affirme donc comme un vrai centre culturel interdisciplinaire.
Avant de partir, ne pas manquer de visiter le cimetière Schlosshalden, situé en haut du parking du musée : Paul Klee repose ici (première tombe sur la gauche), sous une simple plaque de pierre fleurie de jacinthes.

★ **Jardin botanique** (Botanischer Garten) A1

Ce vaste jardin, avec ses fontaines et ses pièces d'eau, descend en terrasses jusqu'aux rives de l'Aare. Quelque 6 000 plantes y poussent sur deux hectares. On admire une grande variété de plantes alpines et, dans les sept serres, une collection de plantes subtropicales : fougères, plantes grasses, orchidées…

★ **Jardin zoologique Dählhölzli** (Tierpark Dählhölzli) Hors plan, vers B2

Accès par la Jubiläumstr. - Tierparkweg 1 - ✆ 031 357 15 15 - www.tierpark-bern.ch - ♿ - mars-oct. : 8h-18h30 ; nov.-fév. : 9h-17h - 10 CHF (enf. 6 CHF).

Ce beau parc de 13 ha, dominant l'Aare, est consacré aux espèces européennes et nordiques : loutre, bœuf musqué, lynx, loup, bison, élan, renne, tétras-lyre… Son vivarium abrite des centaines d'oiseaux exotiques, des papillons et des spécimens rares de la faune locale. On y trouve aussi une termitière et une fourmilière. Aire de jeux, possibilité de pique-nique.

À proximité Carte de région

★★ **Le Gurten** B3

2,5 km – environ 30mn, dont 10mn de funiculaire. Quitter Berne au sud par la Seftigenstr., route de Belp-Thoune et, à l'entrée de Wabern, prendre à droite vers la station inférieure du funiculaire.

Funiculaire : ✆ 031 961 23 23 - www.gurtenbahn.ch - 7h30-11h ttes les 30mn ; 11h-14h ttes les 10mn ; 14h10-21h50 ttes les 20mn - fonctionne tte l'année sf pendant les révisions - 10 CHF AR.

Ce magnifique belvédère (**panorama**★★ sur Berne et les Alpes bernoises – alt. 858 m) constitue un lieu de promenade, pourvu de distractions pour les enfants. On peut y pique-niquer au calme ou s'asseoir au restaurant, de préférence le soir, pour admirer les lumières de la ville.

★★ Fondation Abegg à Riggisberg (Abegg-Stiftung) B3

18 km au sud par la route de Belp-Thoune.

031 808 12 01 - www.abegg-stiftung.ch - fermé pour travaux jusqu'en 2011.

Niché au creux d'un vallon verdoyant, l'institut fondé en 1961 par Margaret et Werner Abegg a pour objectif la recherche scientifique concernant les arts appliqués, surtout les tissus, ainsi que leur conservation. Il possède une collection de haut niveau comprenant des œuvres européennes et moyen-orientales, depuis l'Antiquité jusqu'à la Renaissance : poteries néolithiques, céramique byzantine, chapiteaux romans, soieries orientales, peintures et sculptures. Parmi les œuvres des premières civilisations, on s'attardera sur un superbe bracelet à têtes de lion et un gracieux rhyton (vase à boire) en lapis-lazuli et or ayant la forme d'un bouquetin.

La salle des tentures abrite des fragments représentant la déesse Artémis (4e s.), des scènes de la Genèse et de l'Exode (5e s.), Dionysos (Égypte, 4e s.), ainsi qu'un fragment d'une tapisserie, *Atalante et Méléagre* (Égypte, 3e-4e s.). L'une des pièces maîtresses de l'art roman est la chasuble de saint Vital, provenant de l'abbaye St-Pierre de Salzbourg.

Le cabinet de peintures réunit Fra Angelico, Van der Weyden, Botticelli et Lorenzetti. Des œuvres Renaissance de premier ordre, dont de somptueux vases italiens en cristal de roche et or, clôturent la visite. La fondation propose par ailleurs de passionnantes expositions temporaires sur l'art textile.

Depuis 2003, la demeure d'inspiration baroque que le couple Abegg se fit construire à la fin des années 1960, la **Villa Abegg★★**, est ouverte au public (sur visite guidée uniquement). On y admire les salons de réception du rez-de-chaussée, tout en lambris, lustres et meubles anciens : salle Renaissance (beau plafond peint de style gothique tardif), cabinet aux miroirs, salon vénitien (lustre en verre de Murano), salles à manger, salon chinois, etc.

La fondation entretient, par ailleurs, une bibliothèque scientifique riche de quelque 160 000 publications, ouverte au public.

Jegenstorf B2

16 km au nord par la route n° 12.

Ce bourg pimpant et fleuri ordonne ses maisons autour d'une église de style gothique tardif au clocher en bâtière à tavillons. L'intérieur, ceint de boiseries et coiffé d'un plafond de bois décoré d'entrelacs, conserve de nombreux vitraux du 16e au 18e s. Le **« château »** (Schloss Jegenstorf), riche demeure du 18e s. ajoutée à une tour féodale, s'élève dans un petit parc boisé. Il abrite le **musée de l'Habitat bernois**, qui présente des intérieurs richement meublés de la Renaissance jusqu'au 19e s. *General Guisaustr. 5 - 031 761 01 59 - www.schloss-jegenstorf.ch - de déb. mai à mi-oct. : tlj sf lun. 10h-12h, 14h-17h - possibilité de visite guidée (1h) - 7 CHF (enf. 1 CHF).*

Circuit conseillé Carte de région

★ L'EMMENTAL

Itinéraire de 100 km tracé en vert sur la carte de région (p. 228-229) – compter une journée. Quitter Berne au nord-est par la route de Bolligen/Burgdorf.

Riante contrée vallonnée et semée de pittoresques chalets fleuris, l'Emmental évoque le célèbre fromage à trous qui y est fabriqué. Cette large vallée de l'est du canton de Berne, comprise entre l'Aare et le canton de Lucerne, est partagée en son milieu par l'Emme, affluent de l'Aare. Les paysages de forêts et de prairies verdoyantes composent un tableau pastoral charmant.

Berthoud (Burgdorf) B2
À l'entrée de l'Emmental, Berthoud est une petite ville active du canton de Berne. La ville moderne, centre d'une importante industrie textile, est dominée par le vieux bourg que couronne un château.

Château – Cette massive construction en brique, élevée à la fin du 12e s. par les ducs de Zähringen et vendue aux Bernois en 1384, fut restaurée à plusieurs reprises. Elle abrite aujourd'hui trois musées, dont le principal, le **Musée du Château** (Schlossmuseum), permet d'admirer la salle des Chevaliers, au beau mobilier ancien, des costumes de l'Emmental et des souvenirs de J. H. Pestalozzi *(voir ce nom)*, qui œuvra ici de 1799 à 1804. *✆ 034 423 02 14 - avr.-oct. : 14h-17h, dim. 11h-17h ; reste de l'année : dim. seult : 11h-17h - 5 CHF (enf. 2 CHF).*

LE FROMAGE D'EMMENTAL

Il est à la Suisse alémanique ce que le gruyère est à la Suisse romande. Il est en outre le fromage le plus exporté : ses meules énormes, sa pâte dure ajourée de grands trous irréguliers (alors que le gruyère, plus compact, n'est percé que de rares petits trous ronds), son goût de noisette sont connus dans le monde entier.

Du haut de la tour, jolie **vue** sur Berthoud et sur les Alpes bernoises.

Église – Édifiée à la fin du 15e s., elle a été fortement restaurée. Le chœur est voûté en étoile. Un beau jubé, du 16e s., sert de tribune d'orgues.

★ **Musée Franz Gertsch** (Museum Franz Gertsch) – *Platanenstr. 3 - ✆ 034 421 40 20 - www.museum-franzgertsch.ch - merc.-vend. 10h-18h, w.-end 10h-17h - visite guidée sur réservation - 12 CHF, tarif réduit 8 CHF.* Ce musée à l'architecture cubique et au design épuré est consacré à l'œuvre d'un des artistes contemporains les plus importants de Suisse. Né en 1930 à Möringen (canton de Berne), **Franz Gertsch** n'a cessé d'explorer, généralement en très grand format, le réel tel qu'il est perçu par l'œil de l'appareil photo. Dès 1969, il s'oriente vers des peintures hyperréalistes, généralement des portraits en situation d'amis artistes. En 1986, il abandonne la peinture et se tourne vers la gravure sur bois, un genre qu'il va révolutionner grâce à la technique de « piquage ». Le triptyque *Schwarzwasser*, illustre cette tendance. En 1994, l'artiste reprend le pinceau pour des portraits monumentaux (*Silvia I* et son ambiance Renaissance) et des estampes, immenses détails de forêts vierges d'herbes, grossies jusqu'à l'abstraction (la série des *Gräser*). Une vidéo explique la technique de l'artiste, tandis qu'un espace est réservé à des expositions temporaires d'art contemporain.

Quitter Berthoud au nord par la route de Wynigen, puis tourner à droite en direction de Lueg/Affoltern. Se garer sur la gauche, environ 200 m après le restaurant Lueg (au panneau Hirsegg).

★ Belvédère de la Lueg B2

Environ 30mn à pied. Alt. 887 m.

À la sortie de la ville, suivre la direction. Par un sentier en très forte montée au milieu des sapins, on gagne le sommet, où un monument a été élevé à la cavalerie bernoise (1914-1918). **Panorama**★ semi-circulaire : au-delà de prairies et de bois de sapins se détachent le Jura et les Alpes bernoises.

Fromagerie de démonstration de l'Emmental à Affoltern B2

✆ 034 435 16 11 - www.showdairy.ch - 9h-18h30 (nov.-mars 17h) - gratuit.

Un séjour dans l'Emmental ne serait pas complet sans la visite de cette fromagerie moderne, la seule de la région ouverte au public. Équipés de

casques audio, les visiteurs peuvent assister plusieurs fois par jour à la fabrication du célèbre fromage régional derrière des baies vitrées. La fabrication du beurre se déroule chaque mardi et vendredi matin. Descendez au sous-sol pour voir les belles rangées de meules dorées. Démonstration de fabrication à l'ancienne dans le petit chalet de vacher (1741) situé à côté de la fromagerie moderne. Boutique et restaurant (fondue, raclette) closent la visite de façon gastronomique.
Rejoindre la route de Sumiswald à l'est.

Sumiswald B2
Ce coquet village de la campagne bernoise possède de belles maisons de bois d'aspect très caractéristique : grande façade offrant un ou deux étages de fenêtres très rapprochées les unes des autres, toit immense débordant largement et avant-toit souvent peint et décoré de motifs aux couleurs vives. La **Kramerhaus** et l'auberge **« Zum Kreuz »** sont tout à fait remarquables.
Prendre la direction de Langnau, et bifurquer à droite vers Lützelflüh (indiqué).

Lützelflüh B2
Joli village sur l'Emme. L'église, datée de 1494 mais modernisée, détient six petits vitraux anciens et un beau buffet d'orgue de 1785. Tombe de Jeremias Gotthelf, pasteur-écrivain renommé du 19e s.

Hasle (Hasle-Rüegsau) B2
Le village, sur la rive gauche de l'Emme, est relié au bourg de Rüegsauschachen (rive droite) par un remarquable **pont couvert**, en bois (1838), d'une seule portée. L'église protestante, ancienne chapelle reconstruite au 17e s., abrite des petits vitraux d'époque armoriés et des fresques naïves du 15e s., remontées sur le mur gauche de la nef.
Revenir sur vos pas et prendre la direction de Langnau im Emmental.

★ Langnau im Emmental B3
Cette charmante cité, bordée par l'Ilfis, qu'enjambe un pont couvert, vit du commerce du bois et du fromage d'Emmental, dont elle est le principal centre exportateur.
Musée régional – *✆ 034 402 18 19 - www.regionalmuseum-langnau.ch - mars.-oct. : tlj sf lun. 13h30-18h - 6 CHF.* Installé dans un beau et vaste chalet fleuri du 16e s., le « Chüechlihus », il expose des collections d'artisanat traditionnel (céramique, verrerie) et d'objets représentatifs des industries locales, avec leurs ateliers de fabrication (fromagerie de montagne), une chambre à mobilier de bois peint, des ustensiles ménagers, horloges, instruments de musiques…
En face du musée, l'**église réformée** (17e s.) a gardé d'origine une chaire de pierre tarabiscotée et une douzaine de petits vitraux armoriés.
Une balade de crête de 4h (niveau facile) relie Lüderenalp à Mettlenalp en passant par le **Napf★★** (1 408 m). Du sommet, superbe vue panoramique sur les Préalpes, les Alpes et le Jura. On peut aussi se contenter de rejoindre le Napf depuis Mettlen (env. 3h AR).
Rejoindre Berne à l'ouest par la route n° 10.

2

NOS ADRESSES À BERNE

INFORMATIONS UTILES

Ambassade de France – *Schosshaldenstr. 46 - ✆ 031 359 21 11 - www.ambafrance-ch.org.*
Poste – *Bärenplatz 8 - ✆ 0848 888 888 - lun.-merc. et vend. 9h-18h30, jeu. 9h-21h, sam. 9h-16h.*

TRANSPORTS

Aéroport – Bern-Belp - Alpar AG (sud de Berne) - *✆ 031 960 21 11 - www.alpar.ch - lun.-vend. 6h-21h30, sam. 7h-18h, dim. 10h-21h30.*
Navette taxi – Blaser Taxi - *✆079 651 70 70.*
Gare ferroviaire – Bahnhof SBB - *✆ 51 220 23 74.*
Transports en commun – La majeure partie du centre-ville est fermée aux voitures. La visiter à pied est recommandé, à moins d'utiliser les lignes de **tramways** et de **bus**. Une carte forfaitaire (24h, 48h ou 72h) est en vente à l'office de tourisme et dans les hôtels. Certains bus, circulant depuis la gare, sont nocturnes du vendredi au dimanche (jusqu'à 3h15).
Réservée aux clients des hôtels, la **Visitor's card** donne gratuitement accès au tram et aux bus (8 CHF).
Taxis – Bären Taxi - *✆ 0800 554 232.*
Location de vélos – *À la gare, ✆ 05 12 20 23 74 - www.bernrollt. ch.* De mai à octobre, location gratuite contre une pièce d'identité et une caution chez Bern Rollt, place de la gare et sur la Zeughausgasse (à hauteur de la Waisenhausplatz).

HÉBERGEMENT Plan de ville

Une dizaine d'hôtels offrent la troisième nuitée à leurs clients qui ont réservé pour deux nuits, généralement le week-end. Rens. à l'office de tourisme.

PREMIER PRIX

Hotel Glocke – B1 - *Rathausgasse 75 - ✆ 031 311 37 71 - www.bernbackpackers. com - 12 ch. 108/150 CHF (68 CHF pour deux en dortoir).* Les petits budgets pas trop regardants sur le confort trouveront leur bonheur dans cet hôtel situé en plein cœur du vieux Berne. Dortoirs simples et propres, et, au dernier étage, chambres avec vue sur les toits et la cathédrale. Ambiance internationale dans les couloirs.
Landhaus – C1 - *Altenbergstr. 4/6 - ✆ 031 331 41 66 - www.landhausbern. ch - P - 32 lits (dortoir ou ch.) - 120/180 CHF ☕.* À deux pas du parc aux Ours, cette vieille demeure a été brillamment reconvertie en hôtel pour backpackers. Hygiène impeccable et belle vue sur le Gurten dans les chambres du dernier étage. Le passage des hôtes venus de tous les pays confère au lieu une sympathique ambiance digne du film *L'Auberge espagnole*. Restaurant à prix abordables au rez-de-chaussée.

BUDGET MOYEN

Zum Goldener Schlüssel – B1 - *Rathausgasse 72 - ✆ 031 311 02 16 - www.goldener-schluessel. ch - 34 ch. - 178/220 CHF ☕.* Situé dans une rue charmante de la vieille ville, cet hôtel offre des chambres à prix raisonnables. Au rez-de-chaussée, sous les arcades du vieux Berne, un bon restaurant traditionnel où l'on sert notamment des plats végétariens. Accueil sympathique.
Kreuz – A1 - *Zeughausgasse 41 - ✆ 031 329 95 95 - www.kreuzbern. ch - 100 ch. - 190/230 CHF ☕.*

Presque toutes les chambres de cet hôtel trois étoiles ont été rénovées avec goût et sobriété. Son emplacement central, en retrait du Front, en fait une bonne base pour explorer la ville à pied. Évitez néanmoins les chambres sur l'avant, assez bruyantes, surtout le week-end. Belle vue sur la ville et les Alpes bernoises depuis la terrasse panoramique.

La Pergola – Hors plan vers A1 - *Belpstr. 43 - ✆ 031 343 43 43 - www.hotel-lapergola.ch - P - 55 ch. 160/270 CHF* ☕. Légèrement excentré, à 10mn à pied de la gare, cet hôtel récent et bien tenu profite d'un quartier calme. Le jardin apporte une sympathique touche de verdure au lieu. Confort trois étoiles dans les chambres et personnel professionnel. Vélos à disposition : idéal pour visiter le vieux Berne ! Entrée au centre Paul-Klee offerte après deux nuits.

POUR SE FAIRE PLAISIR

Bern – B1 - *Zeughausgasse 9 - ✆ 031 329 22 22 - www.hotelbern.ch - 95 ch. – 220/370 CHF* ☕. Derrière l'imposante façade en béton se cache un hôtel haut de gamme, qui dispose de chambres bien équipées et d'un bon restaurant, avec terrasse lorgnant sur les toits. Les rues commerçantes et leurs arcades sont à deux pas : parfait pour les accros du shopping. Piano-bar au cadre raffiné.

Belle Époque – C1 - *Gerechtigkeitsgasse 18 - ✆ 031 311 43 36 - www.belle-epoque.ch - 17 ch. - 350 CHF - ☕ 21 CHF.* Passé la porte d'entrée, on plonge dans les années 1900. Réception de style Victor Horta, bar « Toulouse-Lautrec », mobilier, vases, décoration, tableaux : un véritable hôtel-musée ! Restaurant avec, l'été, d'agréables tables sous les arcades.

RESTAURATION Plan de ville

PREMIER PRIX

Vatter – A2 - *Bärenplatz 2 - ✆ 031 313 11 21 - fermé dim. - 20/40 CHF.* Au-dessus du magasin de produits biologiques du même nom. Un restaurant biologique pour les petites faims et les budgets serrés. On compose son assiette au buffet (salades, pâtes), puis on paie au poids. Pour une pointe d'exotisme, goûtez les spécialités indiennes et végétariennes. Agréable terrasse en balcon sur la Bärenplatz.

Klötzlikeller – B1 - *Gerechtigkeitsgasse 62 - ✆ 031 311 74 56 - www.kloetzlikeller.ch - fermé dim. (et lun. en été) - 30/60 CHF.* Ce sympathique caveau abrite le plus vieux bar à vin de Berne, tel qu'il en existait plus de 230 dans la ville en 1635 ! Sous les sombres lambris de l'entresol ou sous la grande voûte de la cave, goûtez l'émincé de veau au rösti ou aux plats à base de champignons frais (toute l'année). Ambiance chaleureuse et bon rapport qualité-prix.

Verdi – C1 - *Gerechtigkeitsgasse 5 - ✆ 031 312 63 68 - fermé 24 et 25 déc. - 30/80 CHF.* L'auteur d'*Aïda* n'aurait pas dédaigné les gnocchis aux truffes ou les *spaghetti alla scapara* de cette bonne table italienne du vieux Berne. La cuisine sait se montrer à la hauteur du décor, qui rend hommage au maestro : partitions anciennes, rideaux de velours rouge, bougies le soir. Romantico…

Zum Äusseren Stand – A1 - *Zeughausgasse 17 - ✆ 031 311 32 05 - www.aeussererstand.ch - fermé dim. - 19/49 CHF.* Ce restaurant spacieux, à la cuisine raffinée, est installé dans l'ancien hôtel de ville, là où fut rédigée la première Constitution du canton de Berne, en 1831. Dans ce même bâtiment, en 1874, 22 pays s'unissaient pour fonder l'Union postale universelle. Au premier étage, la grande salle Empire est réservée aux banquets. Possibilité de prendre un verre pour profiter de l'ambiance.

BUDGET MOYEN

Punkt – B1 - *Rathausgasse 73 - ✆ 031 318 18 88 - www.restaurant-punkt.ch - fermé dim. - 35/45 CHF.* Pour changer des saucisses et des röstis, on se laissera tenter par cette excellente petite table asiatique. Les plats thaïlandais, chinois, japonais et indiens rivalisent de saveurs et le décor épuré ajoute au charme du lieu. Avis aux méfiants : une caméra dans la cuisine permet de surveiller les chefs à l'ouvrage !

Kornhauskeller – B1 - *Kornhausplatz 18 - ✆ 031 327 72 72 - www.kornhauskeller.ch - fermé dim. midi - 50/80 CHF, 35 CHF au Kornhauscafé.* Au début du 18e s., un entrepôt à blé et à vin fut creusé sous l'ancien marché couvert. Transformé en salle des fêtes en 1896, c'est aujourd'hui un restaurant. Les superbes peintures de cette époque sont dues au peintre bernois Rudolf Mänger. Dans la grande salle, le fût impressionnant peut contenir 41 055 litres ! Endroit surprenant et élégant, idéal pour goûter les spécialités bernoises. Au rez-de-chaussée, le Kornhauscafe sert, le soir seulement, de bons petits plats italiens dans une ambiance lounge.

Harmonie – B2 - *Hotelgasse 3 - ✆ 031 313 11 41 - www.harmonie.ch - fermé de mi-juil.à déb. août et w.-end - 48/60 CHF.* Ce vieux bistrot, dont le décor n'a pas changé depuis 1915, s'est fait une sérieuse réputation en ville grâce à ses fondues et autres croûtes au fromage. La qualité est au rendez-vous, mais les prix sont un peu exagérés sauf pour la carte des en-cas, par ailleurs délicieux.

Brasserie Bärengraben – C1 - *Muristalden 1 - ✆ 031 331 42 18 - 40/60 CHF.* À l'extrémité du pont de la Nydegg, du côté du parc aux Ours, sympathique petit restaurant traditionnel pour découvrir l'émincé de veau à la crème ou la saucisse de St-Gall. Aux beaux jours, le marronnier prodigue une ombre salvatrice en terrasse.

Schwellenmaetteli – B2 - *Dalmaziquai II - ✆ 031 350 50 01 - www.schwellenmaetteli.ch - fermé lun. - P - 40/70 CHF.* Les Bernois aiment déguster du saumon et croquer des beignets de perche dans ce restaurant-bar idéalement situé au bord de l'Aare, au niveau de l'écluse. La vieille ville qui se déploie, de l'autre côté de la rivière, offre un spectacle inoubliable. On peut aussi se contenter d'une petite restauration et d'un verre en se prélassant sur les matelas installés en terrasse.

ACHATS

Rues commerçantes – Spitalgasse, Marktgasse, Kramgasse, Gerechtigkeitsgasse. Il suffit de descendre vers l'Aare pour trouver des enseignes plus insolites : antiquaires, jouets en bois, artisans…

Marchés – Fruits, légumes, fleurs et marchandises diverses : le mardi et le samedi matin sur Bundesplatz, Bärenplatz, Waisenhausplatz. Marché aux **puces** tous les 3es samedis du mois sur la Mühleplatz dans la Matte (mai-oct.). Le traditionnel **marché aux oignons** *(Zibelemärit)* se tient le 4e lundi de novembre dans toute la ville. Celui de **Noël** a lieu sur la Münsterplatz et la Waisenhausplatz.

EN SOIRÉE

Lorenzini – *Theaterplatz 5 - ✆ 031 311 78 50 - restaurant : tlj sf dim. 11h30-14h30, 18h-0h30 ; bar : lun.-merc. 7h-0h30, jeu.-sam. 7h-2h.* Connu du Tout-Berne, le Lorenzini dispose d'un agréable « quick bar » sur rue, d'un bar cosy et élégant sur l'arrière, d'un superbe restaurant (cuisine toscane) au premier et même d'un bar lounge/discothèque. Bref, un must de la vie nocturne bernoise.

Allegro Grand Casino Kursaal – *Kornhausstr. 3 - ✆ 031 339 55 00 - www.kursaal-bern.ch - 11h30-2h (jeu.-sam. 4h) - 10 CHF.* Le casino de Berne propose un ensemble composé de salles de jeu, de deux bars et de plusieurs restaurants.

Marian's Jazzroom – *Engestr. 54 - ✆ 031 309 61 11 - www.mariansjazzroom.ch - fermé juil.-août.* D'excellents groupes de jazz se succèdent du mardi au samedi dans cet établissement fort prisé des connaisseurs, et situé au sous-sol de l'hôtel Innere Enge.

ACTIVITÉS

Baignade – Aux beaux jours, les Bernois ont coutume de se baigner dans l'Aare, en se laissant doucement dériver le long de la vieille villle. La piscine en plein air du **Marzili**, véritable institution bernoise, permet de se baigner (gratuitement) au bord de la rivière ou de se prélasser sur ses pelouses.

AGENDA

Voir l'Agenda dans la partie « Organiser son voyage », p. 35.

2

Bienne

Biel

★

50 013 habitants – Canton de Berne

NOS ADRESSES PAGE 254

S'INFORMER

Office de tourisme de Bienne – *Pl. de la Gare 12 - 2501 Biel - ✆ 032 329 84 84 - www.biel-seeland.ch - lun.-vend. 8h-12h30, 13h30-18h (jeu. 20h), sam. 9h-15h.* Dépliant proposant diverses promenades littéraires dans les pas du poète biennois Robert Walser, en ville et autour du lac, et des sentiers viticoles autour du lac (téléchargeable sur leur site web). Possibilité de visites guidées.

SE REPERER

Carte de région A2 (p. 228-229) – *Carte Michelin Regional n° 551 I6.*
33 km au nord-est de Neuchâtel, 42 km au nord-ouest de Berne, 26 km à l'ouest de Soleure, 91 km au sud-ouest de Bâle.

SE GARER

Le vieux Bienne se blottit au nord de la Place Centrale (Zentralplatz). Pour s'en approcher, se garer sur la Rosiusplatz, à côté de la Burgplatz. Les musées sont regroupés sur la Seevorstadt.

À NE PAS MANQUER

Le Ring, le PasquArt, le lac de Bienne, le Chasseral, une dégustation de vins.

ORGANISER SON TEMPS

Compter une demi-journée en ville, et une journée pour explorer le Chasseral, les rives du lac de Bienne ou les gorges du Pichoux.

AVEC LES ENFANTS

Une croisière sur le lac de Bienne jusqu'à l'île St-Pierre.

À cheval sur la frontière linguistique franco-allemande, Bienne est considérée comme la plus grande ville bilingue de Suisse : un tiers de ses habitants y parlent le français, et deux tiers l'allemand. C'est aussi, grâce à sa situation au pied des derniers contreforts du Jura et au bord d'un lac, un excellent centre d'excursions dans la région : vers la montagne (Chasseral), le lac (île Saint-Pierre), les vignobles (Douanne) et les jolis villages des environs. On en oublierait presque le vieux Bienne, aussi charmant que photogénique.

Se promener

★★ Vieille Ville (Altstadt)

Très pittoresque, elle offre au touriste une variété de fontaines et de façades décorées de nombreuses et remarquables enseignes de fer forgé.

Place du Bourg (Burgplatz) – Elle se signale par ses deux bâtiments (le théâtre de ville et la police municipale) aux pignons en escalier et aux façades ornées de fenêtres aux meneaux de grès, ainsi que par sa fontaine de la Justice (1744).

Suivre l'Obergässli jusqu'au Ring.

Ring – Cette charmante place fut, durant tout le temps que Bienne vécut sous la crosse des princes-évêques de Bâle (du 11e s. à la Révolution), le centre de la ville ancienne. C'est là qu'était rendue la justice : l'accusé comparaissait devant les membres du Conseil assis en demi-cercle ; cette disposition des sièges a valu son nom à la place.

Au centre du Ring, la curieuse **fontaine du Banneret** (1546) symbolise la milice et la guerre. Les maisons à arcades et à tourelles forment un bel ensemble architectural tandis qu'à côté se dresse la puissante tour de l'église gothique St-Benoît (fresques à gauche en entrant). La maison d'angle à tourelle coiffée d'un bulbe est celle qui excerce le plus d'attrait.

Rue Haute (Obergasse) – Elle conduit à une autre petite place pittoresque, curieusement bordée de maisons qui témoignent des influences bernoise et française. À droite les maisons sont à arcades et accessibles de plain-pied, à gauche les entrées sont surélevées par quelques marches.

Noter également, sur la place, la fontaine de l'Ange (1480) qui représente un ange tenant dans ses bras un agneau et le protège contre les menaces du diable.

Prendre ensuite la pittoresque rue Basse (Untergasse) qui rejoint le faubourg du Lac.

★★ Centre PasquArt

Faubourg du Lac 71-75 - ✆ 032 322 55 86 - www.pasquart.ch - ♿ - merc.-vend. 14h-18h, w.-end et j. fériés 11h-18h - 11 CHF.

À voir autant pour ses œuvres exposées que pour son architecture. Ce centre d'art contemporain qui programme des expositions temporaires innovantes est réparti dans deux bâtiments : un ancien hôpital et, depuis 2000, un vaste espace en forme de cube résolument moderne signé Diener & Diener. Les installations des artistes exposés trouvent dans les larges volumes et la luminosité des salles un espace rêvé pour s'exprimer. Le premier étage abrite le Foto Forum, dédié à la photographie. Les expositions temporaires occupent les 2e et 3e étages.

DES PENDULES BIEN À L'HEURE

Des sources écrites font remonter le bilinguisme biennois au Moyen Âge, mais ce particularisme fut probablement ravivé à la fin du 19e s. par l'arrivée à Bienne en masse d'horlogers jurassiens. Aujourd'hui, les deux langues allemande et française sont officielles et placées sur un plan d'égalité (les noms de rues sont d'ailleurs écrits dans les deux langues). Il n'est pas rare d'entendre deux Biennois converser, sans gêne, chacun dans sa langue. Dans les écoles, on enseigne le français et l'allemand.

Depuis le milieu du 19e s., Bienne s'affirme comme un haut lieu de l'industrie horlogère. La première fabrique Omega y fut fondée en 1879, la ville est le siège de Swatch, la plus grosse société d'horlogerie du monde, et Rolex dispose ici d'un site important. Grâce à cette industrie, la ville a vu sa population décupler en un siècle, et son tissu urbain se développer.

Musée Neuhaus

Promenade de la Suze 26 - ✆ 032 328 70 30/31 - www.mn-biel.ch - ♿ - tlj sf lun. 11h-17h (merc. 19h) - visite guidée occasionnelle le merc. (gratuit) - 7 CHF (enf. gratuit).

Installé dans une des anciennes manufactures d'indiennes (impressions sur étoffes) qui assurèrent la prospérité de la ville, ce musée régional réunit plusieurs espaces d'exposition, consacrés à l'histoire industrielle de Bienne, à la vie bourgeoise au 19e s., aux aquarelles animalières et végétales de la famille Robert, aux frères Walser (Robert, l'écrivain, et Karl, le peintre) et à l'archéologie du cinéma. La visite saute donc du coq à l'âne, ce qui n'est pas sans charme. Belle reconstitution de l'intérieur bourgeois de Mme Dora Neuhaus, descendante de grandes familles industrielles biennoises et donatrice du musée.

Musée Schwab

Faubourg du Lac 50 - ✆ 032 322 76 03 - ♿ - tlj sf lun. 14h-18h, dim. 11h-18h - fermé 24 et 31 déc. - 6 CHF (enf. gratuit).

Constitué par les collections provenant des découvertes faites par le colonel Schwab (1803-1869), « pionnier de la préhistoire en suisse romande », ce musée réunit les échantillons les plus célèbres de l'époque lacustre de la Suisse (poteries, monnaies, armes, parures). La scénographie, élégante et didactique, met en valeur des collections provenant des lacs de Bienne, Neuchâtel et Morat, auxquelles s'ajoutent les trouvailles de la station gallo-romaine de Petinesca et de celle de la Tène. Expositions temporaires de qualité.

Musée Omega

R. Stämpfli 96 - ✆ 032 343 92 11 - www.omegawatches.com - visite guidée uniquement et sur RV téléphonique - gratuit.

La célèbre marque de **montres** biennoise tient depuis 1983 ce musée qui intéressera les passionnés. Parmi les 4 000 montres exposées, certaines retiennent l'attention : montres « passe-temps » permettant de jouer à la roulette ou aux courses hippiques, premières montres-bracelets du monde, montres de poche en or, chronographe-bracelet de Lawrence d'Arabie, montres de cosmonaute, etc.

À proximité Carte de région

★ Macolin A2

▶ 8 km au nord-ouest – environ 30mn. Quitter Bienne par la route de Delémont, 200 m après un passage inférieur entre virages, tourner à gauche dans la petite route d'Évilard.

Poursuivre jusqu'à Macolin, d'où l'on découvre un **panorama★** étendu sur le Plateau suisse, les lacs qui s'allongent au pied du Jura, et les Alpes. Macolin est également connu pour son École fédérale de gymnastique. *Le site est aussi accessible par funiculaire au départ de Bienne (ouest du plan).*

Aarberg A2

▶ 11 km au sud par la route n° 22.

Prospère petite cité qu'un canal relie au lac de Bienne. La ville haute, accessible de la ville basse par un pont couvert en bois (16e s.) franchissant l'Aare, mérite une visite pour sa **grand-place★** (Stadtplatz) et une petite église du 15e s. (très restaurée). Une pittoresque foire à la brocante s'y tient, chaque année, les derniers vendredi et samedi d'avril et d'août.

★★★ Le Chasseral A2

30 km à l'ouest par la route n° 5 jusqu'à la Neuveville, puis en direction de Nods (indiqué). Après le péage, rejoindre l'hôtel Chasseral où l'on se gare. Attention : la route, étroite, est généralement obstruée par la neige de décembre à avril.

Point culminant du Jura du Nord, le Chasseral *(alt. 1 607 m)* offre sur les Alpes suisses un superbe panorama. À côté de l'hôtel du Chasseral – terminus de la route autorisée – situé un peu en contrebas du point culminant, une table d'orientation permet de repérer les silhouettes maîtresses des Alpes bernoises, des Alpes valaisannes et du massif du Mont-Blanc. Cette grandiose toile de fond s'allonge sur 250 km environ.

Un sentier de crête en pente douce rejoint en 20mn le signal du Chasseral, à proximité d'une station-relais des télécommunications postales suisses. On effectue alors un **tour d'horizon**★★★ complet, des Alpes suisses au Jura du Nord, aux Vosges et à la Forêt-Noire.

Les automobilistes peuvent regagner Bienne en passant par **St-Imier**. Cette active cité horlogère, déployée sur le versant sud du mont Soleil, ne conserve de son passé médiéval que sa tour St-Martin (ou de la Reine Berthe), clocher d'une église du 11e s. démolie en 1828, et son **ancienne collégiale** (à présent temple réformé) du 12e s.

Circuits conseillés Carte de région

★ LAC DE BIENNE (Bieler See)

Itinéraire de 48 km tracé sur la carte de région (p. 228-229) – compter 1h15. Quitter Bienne à l'ouest par la route n° 5.

D'origine glaciaire, le lac de Bienne s'allonge sur 15 km au pied de la dernière ride du Jura. Le niveau des eaux fut abaissé de 2,20 m en 1878, ce qui permit de découvrir une vingtaine d'installations lacustres sur la rive sud, et une partie des eaux de l'Aare fut détournée dans le lac.

« Les rives du lac de Bienne sont plus sauvages et romantiques que celles du lac de Genève… mais elles ne sont pas moins riantes », a dit Jean-Jacques Rousseau. La rive nord, avec ses villages blottis au milieu des vignexs, est la plus pittoresque. On y remarque la délicieuse cité ancienne de La Neuveville.

En saison, des promenades en bateau sont organisées sur le lac avec des escales dans de charmantes petites villes.

★ La Neuveville A2

4 r. du Marché - 2520 La Neuveville - 032 751 49 49 - www.jurabernois.ch - mar.-vend. 9h-12h, 13h-17h30, sam. 9h-14h.

Délicieuse petite ville ouverte sur le lac et la montagne, La Neuveville peut être le point de départ à de nombreuses excursions comme l'île St-Pierre, située en face, les trois lacs (Bienne, Neuchâtel, Murat) ou le Chasseral. On pénètre dans la vieille ville par la lourde porte en chêne de la **tour de Rive** (1312-1318). De la place de la Liberté, jeter un coup d'œil à gauche sur les maisons de la rue de l'Hôpital, dont le dernier étage, protégé par une avancée du toit, est équipé d'une poulie qui servait à monter les marchandises au grenier. La **rue du Marché**★, qui fait office de place principale, est pittoresque avec sa rigole médiane d'écoulement, ses jolies fontaines Renaissance (à banneret) et ses maisons fleuries (dont deux datées de 1647 et 1697). L'ancien hôtel de ville abrite le **musée d'Histoire de la Neuveville**, qui renferme des trophées des guerres de Bourgogne, du mobilier ancien, des peintures et accueille des expositions artistiques temporaires. *Avr.-oct. : dim. apr.-midi - entrée libre.*

À la sortie est vers Bienne, à gauche, la « **Blanche Église** », construction d'origine carolingienne remaniée à l'époque gothique, puis restaurée en 1915, est ceinte de dalles funéraires levées des 17e et 18e s. L'intérieur conserve d'autres pierres tombales sculptées, une belle chaire de 1536 en bois peint, et d'intéressants vestiges de fresques du 14e s., à droite du chœur. *✆ 032 751 49 49 - h. d'ouverture de l'office du tourisme.*

★ Île St-Pierre (St. Petersinsel) A2

On y accède, de préférence, en bateau (horaires variables, se renseigner) :
au départ de Bienne : ✆ 032 329 88 11 - www.lacdebienne.ch ou www.bielersee.ch - 41,20 CHF AR.
au départ de La Neuveville : ✆ 032 329 84 84 - ♿ - 25,60 CHF AR.
Compter une demi-journée. En voiture, laisser la voiture à Cerlier (Erlach), d'où un sentier parmi les roseaux rejoint le cœur de l'île en une heure.

À l'extrémité sud-ouest du lac, l'île St-Pierre est en fait une presqu'île depuis l'abaissement du plan d'eau. **J.-J. Rousseau** évoque, dans *Les Confessions* et *Les Rêveries du promeneur solitaire*, le délicieux séjour qu'il y fit en 1765.

On fait facilement le tour de l'île à pied par le nord, d'où l'on bénéficie de jolies échappées, particulièrement en direction du village de Gléresse (Ligerz) ; après avoir vu le petit embarcadère dont usa Rousseau, on parvient à la maison habitée par l'ami de la nature, ancien prieuré clunisien du 12e s. transformé, après la Réforme, en auberge : on y voit la chambre de l'écrivain, émouvante dans sa simplicité. L'île St-Pierre et sa voisine, la petite **île des Lapins** (soudée, elle aussi, à la terre ferme par une langue de terrain marécageuse), sont des réserves naturelles où vivent en paix oiseaux migrateurs, lièvres et chevreuils. Le cachet ancien des localités de la rive nord confère à cette partie romande du lac un charme supplémentaire.

Le Landeron A2

Proche du lac de Bienne, ce bourg médiéval très bien conservé est un lieu où il fait bon flâner, entre magasins d'antiquité, boutiques d'artisanat, galeries d'art et restaurants. Son **hôtel de ville**, qui date du milieu du 15e s., comporte deux parties distinctes : la chapelle des Dix-Mille-Martyrs et la partie civile. Il abrite un **musée d'histoire locale**.

Cressier A2

En retrait du lac, ce vieux village viticole garde quelques édifices anciens dont, rue de St-Martin, une maison à oriel datée de 1576 et, à proximité, le joli château de Vallier (1610) cantonné de tourelles pointues.

Vous pouvez prolonger l'itinéraire en faisant le tour complet du lac par la rive sud avant de rejoindre Bienne.

★ GORGES DU PICHOUX

▶ Itinéraire de 61 km de Bienne à Porrentruy tracé en vert sur la carte de région (p. 228-229) – compter 2h30 (sans les visites).

Quitter Bienne par la Madretschstrasse et la route de Soleure-Zurich, et prendre le sentier qui s'amorce à Boujean (Bözingen), aussitôt avant le pont de la Suze près d'une tréfilerie.

Du lac de Bienne à l'Ajoie (région de Porrentruy), des gorges profondes, des pâturages, des forêts de sapins ou de feuillus jalonnent une route qui, dans

L'île St-Pierre sur le lac de Bienne.
Société de Navigation Lac de Bienne

la vallée de la Sorne, vient se faufiler entre les Franches Montagnes et le pays de Delémont *(voir Porrentruy)*.

2

★ **Gorges du Taubenloch** (Taubenlochschlucht) A2

Environ 1h30 à pied.

Un sentier taillé dans la roche suit ces gorges encaissées à l'aspect sauvage impressionnant. Les flots rageurs semblent gonfler de colère à mesure que l'on s'enfonce dans les gorges, plongées dans la semi-obscurité de la forêt, bien loin du calme apaisé du lac de Bienne.

Prendre la route n° 6 en direction de Tavannes.

La route remonte la vallée industrielle de la Suze, étranglée par de courtes portes rocheuses qui marquent la traversée des plis successifs du Jura.

Le passage de **Pierre-Pertuis** évoque la traversée d'un petit col alpin.

Continuer jusqu'à Tavannes et tourner à gauche après l'église en direction de Delémont.

Abbaye de Bellelay A2

www.abbatialebellelay.ch - de mi-juin à mi-sept. : 10h-12h, 14h-18h ; reste de l'année : 7h-19h, w.-end et j. fériés 8h-18h - 5 CHF.

Les bâtiments du 18e s. de cette ancienne abbaye, occupée par les Prémontrés de 1136 à 1797, ont gardé, extérieurement, leur distinction monastique. L'église abbatiale, bâtie entre 1710 et 1714, présente une architecture intérieure baroque qui se rapproche de celles de St-Urban et de Rheinau *(voir p. 557)*. Malgré la disparition de son mobilier, le **vaisseau★** garde une surprenante solennité.

On attribue aux pères de l'abbaye de Bellelay la recette de fabrication de la tête-de-moine, fromage à pâte demi-dure très parfumé.

Après avoir sinué dans les pâturages boisés, la route se glisse au plus profond des gorges creusées par la Sorne.

★ **Gorges du Pichoux** A1

Ces gorges présentent de très hautes falaises calcaires auxquelles s'agrippent des forêts de sapins. Au fond, bouillonnent les eaux de la Sorne.

La **montée★** de Boécourt au col des Rangiers se déroule tout d'abord au flanc d'un versant découvert, planté de frênes et de beaux chênes tortus. On apprécie alors l'ampleur de la « vallée de Delémont », harmonieusement incurvée et parsemée de bourgs industriels prospères. Le versant du Doubs est atteint au moment où la route rejoint l'itinéraire de la corniche du Jura, mais on ne peut que deviner la trouée de la grande rivière jurassienne.
Gagner Porrentruy.

NOS ADRESSES À BIENNE

HÉBERGEMENT

BUDGET MOYEN

Villa Lindenegg – *Lindenegg 5 - ✆ 032 322 94 66 - www.lindenegg.ch - P - 8 ch. - 170/270 CHF ☕ - rest. 40/50 CHF (seulement le soir, fermé dim. et lun.).* Un parfum de *dolce vita* flotte dans cette élégante demeure du 19ᵉ s., restaurée avec soin et entourée d'un magnifique jardin. De quoi donner envie de jouer les prolongations en prenant un verre en terrasse ou en dînant dans l'excellent « Bistrot », ouvert à la clientèle de passage.

RESTAURATION

PREMIER PRIX

Restaurant Pfauen – *Ring 7, Altstadt - ✆ 032 322 49 13 - fermé merc. - 30/50 CHF.* Vue imprenable sur les belles échauguettes et la fontaine du Ring depuis les tables en terrasse de ce restaurant. Dans l'agréable salle, avec son parquet et ses murs clairs, laissez-vous tenter par les plats de saison, proposés en petite ou grande portion.

BUDGET MOYEN

Elite – *Bahnhofstr. 14 - ✆ 032 328 77 77 - www.hotelelite.ch - fermé de mi-juin à mi-août, sam. midi et dim. - 48/90 CHF - 74 ch. 300 CHF.* Dans une maison Art déco des années 1930, la brasserie de l'hôtel Elite propose une cuisine traditionnelle de qualité.

ACHATS

Vinothek Viniterra – *Moos 4 - Douanne - 9 km au sud-ouest de Bienne - ✆ 032 315 77 47 - www.vinothek-viniterra-bielersee.ch - mar.-vend. 17h-21h, w.-end 14h-20h.* Envie de goûter au chasselas, à l'œil-de-perdrix, au pinot noir et au chardonnay du lac de Bienne ? Cette petite maison jaune entourée de vignes vend la production de 64 vignerons de la région. Dégustation payante au verre, au pichet ou à la bouteille à accompagner de saucisses sèches et de fromages.

ACTIVITÉS

Bielersee Schifffahrt – *✆ 032 329 88 11 - www.lacdebienne.ch.* Croisières sur le lac de Bienne jusqu'à l'île St-Pierre (2h30), excursions d'une journée en bateau sur les trois lacs (Bienne, Morat, Neuchâtel) et balades fluviales sur l'Aare de Bienne à Soleure.

Porrentruy

★

6637 habitants – Canton du Jura

NOS ADRESSES PAGE 258

S'INFORMER

Office du tourisme de Porrentruy – *5 Grand'Rue - 2900 Porrentruy - ✆ 032 420 47 72 - www.juratourisme.ch - lun.-vend. 9h-12h, 14h-17h30, sam. 9h-12h - fermé mar. et sam. mat. en déc.-fév.*

SE REPERER

Carte de région A1 (p. 228-229) – *Carte Michelin Regional n° 551 H4.*

À 73 km au nord-ouest de Bienne et 41 km au sud-est de Belfort en France.

ORGANISER SON TEMPS

Compter 2 jours pour visiter la ville et ses environs.

AVEC LES ENFANTS

Le Préhisto-Parc de Réclère.

2

Porrentruy, petite ville du nord-est du Jura bernois, qui fut au 16e s. la résidence des souverains de l'évêché de Bâle, possède de nombreux attraits touristiques. Sa vieille ville piétonne offre un visage déjà alémanique avec ses façades colorées et ses enseignes en fer forgé. De nombreux musées retracent le passé historique et géologique de cette région, qui fut annexée par la France révolutionnaire en 1793. La ville de Porrentruy devint alors le chef-lieu d'un département français nommé Mont-Terrible.

Se promener

Château

Visite guidée uniquement, s'adresser à l'office de tourisme.

Il domine la vallée de l'Allaine du haut d'un éperon rocheux. De l'époque médiévale, il conserve la tour Réfous (45 m, belle vue du sommet). Dans le couloir du tribunal, on peut voir les portraits des princes-évêques qui se sont succédé de 1575 à 1737, dont celui de Jacques-Christophe Blarer de Wartensee qui laissa une forte empreinte dans la ville. Accolée à la façade est du château, la tour du Coq porte ses armoiries (le coq) ainsi que celles de l'évêché de Bâle (la crosse).

Vieille Ville

La **porte de France**, vestige de l'ancienne enceinte, marque l'entrée de la Vieille Ville. Dans la rue Pierre-Péquignat et la Grand'Rue se dressent trois élégants bâtiments du 18e s. dus à un architecte de Besançon, Pierre-François Paris : l'**hôtel des Halles**, ancien marché de la ville, l'**hôtel de ville** (dans l'entrée, original en pierre de la fontaine de la Samaritaine) et l'**hôtel-Dieu**, ancien hôpital, qui possède une belle grille en fer forgé fermant la cour d'honneur.

Le centre-ville compte de riches maisons bourgeoises à cour intérieure et tourelle (22 Grand'Rue) et trois belles fontaines monumentales du 16e s. dues à Laurent Perroud : celle du Banneret dite du Suisse (r. des Malvoisins), celles de la Samaritaine (Grand'Rue, devant une maison d'angle à oriel) et de la Boule Dorée (r. des Annonciades).

Musée de l'Hôtel-Dieu

5 Grand'Rue - ✆ 032 466 72 72 - www.mhdp.ch - ♿ - de mi-mars à mi-nov. : tlj sf lun. 14h-17h - 5 CHF (-16 ans gratuit).

Consacré à l'histoire locale, il renferme deux pièces maîtresses. La première, la **pharmacie** de l'hôpital est une remarquable réalisation de l'ébéniste Jean-Baptiste Carraz (19e s.) à partir de plusieurs essences qui se marient harmonieusement. La seconde, le **trésor de l'église St-Pierre**, rassemble des objets précieux, notamment de la période gothique : croix de procession (1487), grand ostensoir dit de Morat (1488) et petit ostensoir (1493).

Jardin botanique

✆ 032 466 30 15 - www.mhdp.ch - jardin : 10h-17h ; serres : 14h-17h - gratuit.

Il borde l'ancien évêché dont la cour d'entrée abrite un imposant pendule de Foucault, qui démontre le mouvement de rotation de la Terre. Dans son prolongement, des serres tropicales conservent un bel ensemble de plantes (plantes carnivores, orchidées, etc.).

Musée jurassien des Sciences naturelles

Dans le prolongement du jardin botanique - ✆ 032 467 37 10 - www.mhdp.ch - tlj sf lun. 14h-17h - fermé 1er janv. et 25 déc. - 3 CHF (-16 ans gratuit).

Il retrace l'histoire de l'univers ; deux salles sont consacrées au patrimoine naturel du Jura (faune, fossiles).

À proximité Carte de région

Grottes et Préhisto-Parc de Réclère A1

15 km au sud-ouest par la route de Besançon.

Grottes – *✆ 032 476 61 55 - www.prehisto.ch - visite guidée (50mn) juil.-août à 11h30, 14h30 et 16h ; du dim. des Rameaux à mi-nov. (sf juil.-août) : lun.-sam. à 14h30, dim. à 11h30, 14h30 et 16h - 9 CHF (-15 ans 6 CHF), billet groupé avec le Préhisto-Parc 14 CHF (-15 ans 10 CHF). Prévoir un pull (7 °C).* Un guide vous accompagne jusqu'à 55 m sous terre dans cette grotte découverte en 1886. Bel ensemble de stalactites et de stalagmites, dont la plus grande de Suisse, appelée « le grand dôme » (13 m de hauteur datant de plus de 250 000 ans).

Préhisto-Parc – *✆ 032 476 61 55 - www.prehisto.ch - du dim. des Rameaux à mi-nov : 10h-12h, 13h30-17h (juil.-août 9h30-18h) - 8 CHF (-15 ans 6 CHF), billet groupé avec la grotte 14 CHF (-15 ans 10 CHF).* Dans la forêt jurassienne, sur un parcours de 2 km, sont disséminées 45 reproductions grandeur nature d'animaux préhistoriques, qui retracent l'évolution de l'espèce animale. Une tour de guet placée à la frontière française permet d'admirer la vallée du Doubs.

Delémont A1

30 km à l'est par l'A 16, sortie Delémont.

9 pl. de la Gare - 2800 Delémont - ✆ 032 420 47 71 - www.juratourisme.ch - tlj sf dim. 9h-12h, 14h-17h30 (sam. 12h).

Delémont fut, jusqu'en 1792, la résidence d'été des princes-évêques de Bâle dont la crosse est reproduite dans les armes de la ville. La capitale du plus jeune canton de la Confédération – le canton du Jura, qui a vu le jour en

1978 – doit aujourd'hui son importance à sa gare et à ses fabriques d'horlogerie et de machines de précision.
La **Vieille Ville** ou ville haute, axée sur la rue du 23-Juin, a gardé ses portes monumentales, ses fontaines Renaissance (16ᵉ s.) et de nobles bâtiments du 18ᵉ s. Les éléments les plus représentatifs de ce Delémont ancien sont le **château des évêques**, l'**église St-Marcel** et l'**hôtel de ville**. Ce dernier est une construction remarquable pour son escalier extérieur, sa porte d'entrée baroque et sa décoration intérieure.
Musée jurassien d'Art et d'Histoire – *✆ 032 422 80 77 - www.mjah.ch - fermé pour travaux.* Il rassemble les trouvailles archéologiques (de la préhistoire à l'époque mérovingienne) des alentours, ainsi que des objets religieux anciens, des souvenirs révolutionnaires et napoléoniens – Delémont faisait partie, comme Porrentruy, du département français du Mont-Terrible – des réalisations d'artisanat et de folklore et le trésor paroissial avec la précieuse **crosse** (7ᵉ s.) en or, argent et émaux de saint Germain, premier abbé de Moutier-Grandval.

Chapelle du Vorbourg A1

2 km au nord-est de Delémont.
Ce lieu de pèlerinage s'atteint par une route ombragée, jalonnée d'un chemin de croix, offrant de beaux points de vue sur Delémont. La chapelle, aux autels baroques et aux murs garnis d'ex-voto des 18ᵉ et 19ᵉ s., s'élève dans un site sauvage et boisé, au-dessus d'une vallée profonde.

Circuit conseillé Carte de région

2

★ LES FRANCHES MONTAGNES

Itinéraire de 41 km, de Porrentruy à Saignelégier, tracé en vert sur la carte de région (p. 228-229) – compter 2h (hors visite). Quitter Porrentruy au sud-est par la route nº 6 en direction de Delémont. À Courgenay, juste après l'église en direction de Courtemautruy, emprunter à droite la jolie route du col de la Croix (panorama). Après une forte pente (18 %), rejoindre St-Ursanne.

★ St-Ursanne A1

À l'écart des grandes routes, au fond de la vallée du Doubs, la petite ville ancienne de St-Ursanne, inchangée depuis le début du 19ᵉ s., constitue une charmante étape dans la traversée du Jura suisse. Elle a été fondée au 7ᵉ s. par Ursanne, disciple de Colomban.
On pénètre en ville par une des portes fortifiées, timbrées de l'ours portant la crosse symbolique des princes-évêques de Bâle. La cité a conservé des fontaines et des maisons flanquées de tourelles, coiffées de vastes toits aigus et bruns, ornées d'enseignes en fer forgé.
★ **Vue du pont** – De cet ouvrage pittoresque protégé par un saint Jean Népomucène, patron des ponts, on a une belle vue sur la porte fortifiée, encadrée par les façades aux balcons de bois en encorbellement des maisons riveraines, sur les toits de la ville dominés par la tour de la collégiale et sur les maigres ruines d'un château du 14ᵉ s. (au-dessus de la crête).
★ **Collégiale** – Le chevet et l'abside de ce sobre édifice (restauré) sont romans ; remarquez le magnifique **portail★** en plein cintre orné des statues de la Vierge et de saint Ursanne ; beaux tympan et chapiteaux. À l'intérieur, le chœur roman abrite un autel à baldaquin baroque. La crypte est également romane, mais la nef est de style gothique primitif (13ᵉ s.). L'église est jouxtée, sur son flanc

nord, par un vaste cloître gothique et un musée lapidaire où se trouvent des sarcophages du 7e au 9e s.

De St-Ursanne, rejoindre la route nº 18A au lieu-dit les Malettes, en prenant la direction de Delémont. La route de la **corniche du Jura★**, tracée au sommet de la crête qui sépare la vallée du Doubs de la vallée de Delémont, offre de magnifiques points de vue sur cette dernière.

À partir de St-Brais, commence le plateau des Franches Montagnes *(1 000 m d'altitude moyenne)*. Délimité par la vallée du Doubs et le chaînon du mont Soleil, c'est l'un des pays les plus originaux du Jura suisse, avec ses maisons basses, ses pâturages boisés (principalement de sapins), ses murs de pierre sèche, ses espaces naturels où paissent en liberté des chevaux… Le tourisme hivernal est encouragé par la pratique du ski de fond et des raquettes.

Saignelégier A2

10 chemin des Sports - 2350 Saignelégier - ✆ 032 420 47 70 - www.juratourisme.ch - lun.-vend. 9h-12h, 14h-17h45, w.-end 9h30-13h30 - fermé dim. en nov.

Le chef-lieu des Franches Montagnes est connu dans le pays jurassien pour le marché-concours national de chevaux, qui a lieu le deuxième week-end d'août ; courses campagnardes et cortège folklorique sont au programme.

NOS ADRESSES À PORRENTRUY

HÉBERGEMENT

À Porrentruy

BUDGET MOYEN

Hôtel Bellevue – *46 rte de Belfort - ✆ 032 466 55 44 - www.bellevue-porrentruy.ch - 10 ch. - 170 CHF ☕ - rest. 38/55 CHF (menus), 19 CHF (plat du jour).* Aux portes du bourg, construction basse abritant des chambres contemporaines d'un bon niveau de confort. Brasserie servant des préparations simples.

À proximité

BUDGET MOYEN

Hôtel de la Gare – *2 r. de la Petite-Gilberte - Courgenay - 5,5 km au sud-est de Porrentruy - ✆ 032 471 22 22 - fermé 4-8 janv. - 6 ch. - 160 CHF ☕ - rest. 43/49 CHF (fermé dim. et lun.).* Face à la gare, établissement aux chambres personnalisées, parfois dotées de meubles anciens. Pour plus d'agrément, réservez celle de Gilberte. Cette ancienne chanteuse prête aussi son nom à la brasserie de l'hôtel. Belle terrasse arrière au calme.

RESTAURATION

À Porrentruy

BUDGET MOYEN

Les Grottes – *2912 Réclère - ✆ 032 476 61 55 - 30/70 CHF.* Restaurant situé à proximité des grottes de Réclère et du Préhisto-Parc. Il permet de faire une pause agréable entre les deux visites. Possibilité d'hébergement dans des petits chalets et des yourtes mongoles aménagés pour des familles de 5 pers.

À proximité

BUDGET MOYEN

Les Grottes – *7 r. de l'Église - Courgenay - 5,5 km au sud-est de Porrentruy - ✆ 032 471 11 21 - www.boeuf-courgenay.ch - fermé 3-4 fév., 5-13 oct., mar. et merc. - 46/89 CHF.* « Effet bœuf » garanti pour l'enseigne de cette affaire familiale dont la façade rose se dresse au milieu du village. Préparations au goût du jour ; menus soignés.

Soleure

Solothurn

★

15 623 habitants – Canton de Soleure

NOS ADRESSES PAGE 262

S'INFORMER
Office du tourisme de Soleure – *Hauptgasse 69 - 4500 Solothurn - 032 626 46 46 - www.solothurn-city.ch - lun.-vend. 9h-18h, sam. 9h-12h.*

SE REPERER
Carte de région B2 (p. 228-229) et plan de ville (p. 260) – *Carte Michelin Regional n° 551 J6.*
44 km au nord de Bern et 69 km au sud de Bâle.

À NE PAS MANQUER
La vue sur la ville depuis la tour de la cathédrale et le panorama du Weissenstein par beau temps.

ORGANISER SON TEMPS
Compter une demi-journée pour la visite de Soleure.

2

Située sur les berges de l'Aare, au pied du dernier rempart du Jura, Soleure est reconnue comme la plus belle ville baroque de Suisse. Dans cette petite cité alémanique, édifices religieux, escaliers à l'italienne et palais à la française se marient à merveille. Animée chaque saison par des manifestations culturelles, elle vit l'été au rythme des festivals musicaux (musique classique en juillet, jazz en août).

Se promener Plan de ville

★ VIEILLE VILLE

On y accède par les portes de Bâle (Baseltor) et de Bienne (Bieltor). Les rues sont charmantes, avec leurs maisons aux volets peints de couleurs vives, aux enseignes de fer forgé et aux toits débordants. La Hauptgasse, la St-Urbangasse et la Schmiedengasse sont les plus caractéristiques.

La **place du Marché** (Marktplatz - 1), ornée d'une **fontaine** à personnages peints du 16e s. (St. Ursen-Brunnen), est le centre de la Vieille Ville.

Elle est dominée par la **tour de l'Horloge** (Zeitglockenturm - 1) du 12e s., dont l'horloge astronomique est surmontée de trois personnages (le roi entre la Mort et saint Urs, patron de la ville).

★ Cathédrale St-Urs (St. Ursenkathedrale) 1

Cet imposant édifice de style baroque a été construit au 18e s. dans le goût italien par deux architectes tessinois, pour remplacer la cathédrale primitive. Le sanctuaire est consacré aux saints Urs et Victor, martyrs de la légion Thébaine qui échappèrent au massacre d'Agaune *(voir encadré p. 300) mais* furent décapités à Soleure. La vaste nef est soutenue par des colonnes à l'antique terminées par des pilastres à décoration florale. Cette décoration se retrouve tout le long de la fausse galerie qui court sous les fenêtres hautes. Une coupole surmonte la croisée du transept. Remarquez la chaire sculptée de marbre rose, les peintures du chœur et de la croisée du transept. Du haut de la tour de la cathédrale (249 marches, 60 m), très belle **vue** sur la ville.

Église des Jésuites (Jesuitenkirche) 1

Construite à la fin du 17e s., elle présente une **nef★** de trois travées décorée de fresques et de stucs. Le maître-autel, gigantesque, est orné d'une très vaste peinture figurant l'Assomption, encadrée de deux gros piliers de marbre vert. La double tribune d'orgue est d'un bel effet par l'élégance de ses proportions et la finesse de sa décoration.

Musée de l'Ancien Arsenal (Museum Altes Zeughaus) 1

Zeughausplatz 1 - ✆ 032 627 60 70 - www.museum-alteszeughaus.ch - mai-oct. : mar.-sam. 10h-12h, 14h-17h ; nov.-avr. : mar.-vend. 14h-17h, w.-end 10h-12h, 14h-17h - fermé 1er janv. et la plupart des fêtes saintes - 6 CHF (enf. 4 CHF).

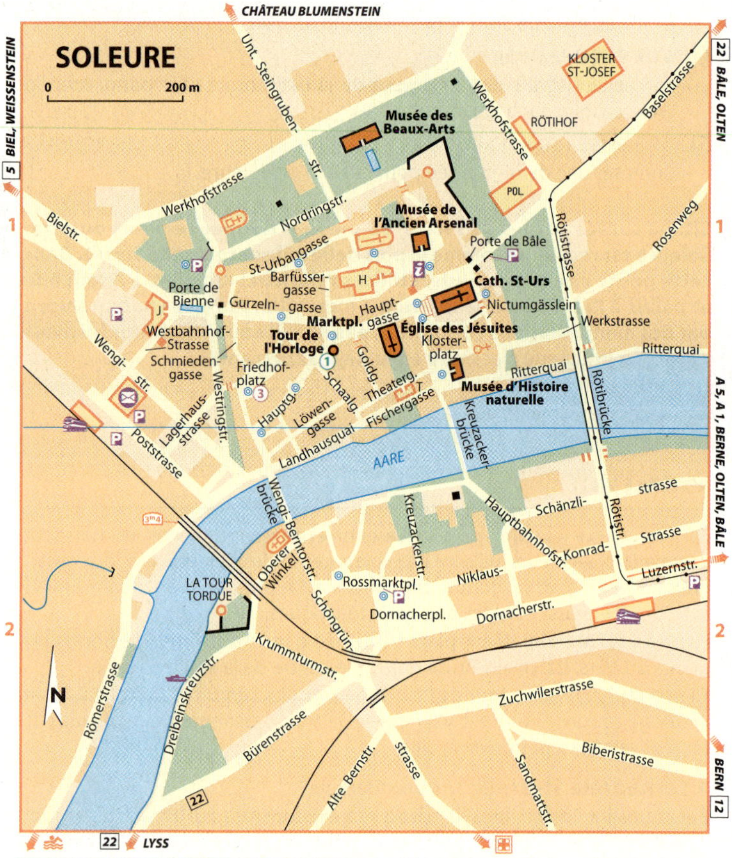

SE LOGER
Roter Turm........................ (1)

SE RESTAURER
Stadtbeiz........................ (3)

QUELQUES MOTS SUR SOLEURE

L'empreinte française – De 1530 à 1792, Soleure, restée catholique, est choisie comme résidence des ambassadeurs du roi de France. La ville multiplie alors les relations intellectuelles et artistiques avec l'Hexagone : les styles à la mode à la cour des Bourbons y fleurissent et les fortifications élevées à partir de 1667 le sont selon les principes de Vauban.

Le chiffre sacré – Le 11 est le chiffre emblématique de Soleure. La ville, capitale du 11e canton de la Confédération, compte 11 églises et chapelles, 11 fontaines historiques, 11 tours. Quant à la cathédrale St-Urs, elle a 11 autels et 11 cloches…

Il renferme une très importante collection d'armes et d'uniformes du Moyen Âge au 20e s. et, au second étage, environ 400 armures et cuirasses.

Musée des Beaux-Arts (Kunstmuseum) 1

Werkhofstr. 30 - ☏ 032 624 40 00 - www.kunstmuseum-so.ch - ♿ - tlj sf lun. 11h-17h, w.-end 10h-17h - fermé 1er janv., Vend. saint, Pâques, Pentecôte et 25 déc. - gratuit.

Ce musée est consacré principalement à l'art suisse à partir de 1850, mais contient aussi des tableaux de maîtres anciens.

C'est au 1er étage que sont exposées les collections les plus intéressantes. À côté des grandes toiles des peintres contemporains Ferdinand Hodler, Félix Vallotton, Cuno Amiet et Daniel Spoerri, on retient deux belles œuvres de maîtres anciens : une **Vierge aux fraises★**, peinture sur bois de l'école rhénane réalisée vers 1425, remarquable par l'éclat des tons bleu, vert, grenat, rouge et or, ainsi que la **Madone de Soleure★**, tableau de Hans Holbein le Jeune (1522), où dominent les ors, les rouges et les bleus. On peut également contempler des œuvres de Klimt, Van Gogh, Renoir, Matisse, Picasso et Braque.

2

Musée d'Histoire naturelle (Naturmuseum) 1

Klosterplatz 2 - ☏ 032 622 70 21 - ♿ - mar.-sam. 14h-17h - fermé 1er janv., Pâques, Vend. saint, Pentecôte et 25 déc. - gratuit.

Il renseigne essentiellement sur l'homme, la faune régionale, actuelle et fossile. Le 2e étage est consacré à la géologie et à la minéralogie de la Suisse : tortues de Soleure fossilisées, étoiles de mer et empreintes de dinosaures. Le sous-sol abrite des expositions temporaires.

À voir aussi Plan de ville

Musée du château Blumenstein

(Museum Schloss Blumenstein) Hors plan

Accès au nord-ouest par la Untere Steingrubenstr., le Herrenweg à droite, puis le Blumensteinweg à gauche. ☏ 032 622 54 70 - www.museumblumenstein.ch - tlj sf lun. 14h-17h, dim. 10h-17h - possibilité de visite guidée (1h) sur demande - fermé 1er janv., Vend. saint, Pâques, Pentecôte, 24 et 25 déc. - gratuit.

Cette grande demeure du 18e s. abrite des collections variées, d'époques diverses : meubles, tapisseries, tableaux, bibelots, sculptures religieuses et objets de culte, instruments de musique, costumes, céramiques… Remarquez, dans la véranda du rez-de-chaussée, de beaux vitraux du 16e s. et une maquette de la ville. Au 1er étage, exposition sur l'histoire de la ville et du canton de Soleure.

À proximité Carte de région

★★★ Le Weissenstein B2

5 km au nord de Soleure à Oberdorf par la Bielstrasse. Puis, compter 1h à pied depuis Oberdorf (5 km, route fermée l'hiver).

Les crêtes du Weissenstein, dressées comme un rempart au-dessus du bas-pays soleurois, réservent l'un des **panoramas★★★** les plus impressionnants du Jura. Vue splendide sur les Alpes, du Säntis au mont Blanc. Par temps clair, on voit Berne, les lacs de Neuchâtel, de Morat et de Bienne. Nombreuses possibilités de randonnées.

Utzenstorf B2

13 km au sud par la route n° 12.

Beau village ombragé et fleuri. Sa petite église garde encore, dans l'abside, huit vitraux du 16e s. aux thèmes symboliques. À la sortie nord du village, le **Schloss Landshut★** s'élève dans un ravissant parc à l'anglaise magnifiquement ombragé et entouré d'eau. Ce riche manoir blanc des 17e et 18e s. à tourelles pointues fut la résidence des baillis de Berne jusqu'en 1798. À l'intérieur des deux corps de logis accolés, les salles ont gardé leur lourd mobilier sculpté d'époque et leurs poêles de faïence monumentaux. Certaines abritent le **musée suisse de la Chasse**, qui présente 600 objets de chasse (cors, appeaux, animaux empaillés), parmi lesquels une remarquable collection d'armes de chasse seigneuriales du 15e au 19e s. *✆ 032 665 40 27 - www.schlosslandshut.ch - de mi-mai à mi-oct. : jeu.-sam. 14h-17h, dim. 10h-17h - fermé 1er août et 17 sept. - possibilité de visite guidée sur demande (1h) - 7 CHF (enf. 1 CHF).*

NOS ADRESSES À SOLEURE

HÉBERGEMENT Plan de ville

BUDGET MOYEN

Roter Turm – 1 - *Hauptgasse 42 - ✆ 032 622 96 21 - www.roterturm.ch - 36 ch. - 200/230 CHF* ☕. Cet hôtel familial se situe dans les quartiers historiques de la ville, à côté de la tour de l'Horloge. Chambres au confort moderne. Vue magnifique depuis le 5e étage de la tour de l'établissement.

RESTAURATION Plan de ville

BUDGET MOYEN

Stadtbeiz – 1 - *Friedhofplatz 10 - ✆ 032 622 11 09 - www.alterstephan.ch - fermé 24 déc.-4 janv., 1er-5 avr., 1er-9 août, 17-31 oct. - 48/79 CHF.* Au rez-de-chaussée du très chic restaurant Zum Alten Stephan, cet établissement n'a rien à lui envier en termes de cuisine, et les prix sont beaucoup plus doux. Excellents plats traditionnels et régionaux.

Château d'Oberhofen, sur le lac de Thoune.
Bildagentur RM/Tips/Photononstop

Thoune

Thun

★★

42 129 habitants – Canton de Berne

NOS ADRESSES PAGE 268

2

S'INFORMER

Office de tourisme de Thoune – *033 225 90 00 - www.thuntourismus.ch - Seestr. 2 : tlj sf dim. 9h-18h30 (sam. 16h) ; Info Center Bahnhof : juil.-août lun.-vend. 8h-19h, sam. 9h-12h, 13h-16h ; reste de l'année lun.-vend. 8h-12h, 13h-18h, sam. 9h-12h.*

SE REPERER

Cartes de région B3 (p. 228-229) et de l'Oberland bernois ouest (p. 266) – *Carte Michelin Regional n° 551 K8.*

32 km au sud de Berne, 30 km à l'ouest d'Interlaken, 68 km à l'est de Fribourg.

SE GARER

L'Aare coupe la ville en deux avant de se jeter dans le lac de Thoune. L'îlot central est relié aux deux rives par deux ponts de bois couverts. Deux grands parkings permettent de se garer en dehors du vieux Thoune.

À NE PAS MANQUER

La Rathausplatz et le château, le parc de Schadau, le château d'Oberhofen.

ORGANISER SON TEMPS
Prévoir une demi-journée à une journée entière d'excursion autour ou sur le lac de Thoune, et autant pour flâner dans la vieille ville.

AVEC LES ENFANTS
Une croisière sur le lac de Thoune.

Postée au bord de son lac, Thoune occupe un site admirable, en vue des neiges des Alpes bernoises. En été, il fait bon flâner dans la vieille ville, blottie au pied du majestueux château médiéval, avant de plonger dans les eaux du lac ou d'explorer la région. Établie à l'origine sur un îlot de l'Aare, à l'endroit où la rivière sort du lac de Thoune, la cité s'est développée peu à peu sur les rives voisines, au pied du Schlossberg, tout en passant des mains des Zähringen (voir Berne) à celles des Kybourg. Cette seconde dynastie s'étant éteinte à son tour, Thoune passa sous le contrôle des « Messieurs de Berne ».

Se promener

LA VIEILLE VILLE

★ Obere Hauptgasse
Très animée, cette rue présente une amusante particularité : les terrasses fleuries des maisons servent de trottoir, de sorte que l'on marche sur les toits des boutiques installées dans les arcades du rez-de-chaussée. De sa partie haute aux larges toits débordants part un curieux escalier couvert (**Kirchtreppe**) qui conduit à l'église et au château de Kybourg.

★ Rathausplatz
Entourée de maisons à arcades fraîchement ravalées et ornée d'une fontaine fleurie, cette place constitue avec le château qui la domine un ensemble pittoresque, bien mis en valeur le soir par des éclairages.

★ Château (Schloss)
Accès par l'escalier couvert (Kirchtreppe) mentionné ci-dessus – ✆ 033 223 20 01 - www.schlossthun.ch - avr.-oct. : 10h-17h ; nov.-janv. : dim. 13h-16h ; fév.-mars : 13h-16h - 7 CHF (enf. 2 CHF).
Très probablement édifié au 12e s. par les ducs de Zäehringen, il arbore, à l'extrémité de l'éperon rocheux qui domine la ville, son puissant donjon roman flanqué de quatre tourelles d'angle, qui abrite aujourd'hui le **musée du Château★** (Schlossmuseum). Sous l'imposante salle des Chevaliers et ses cuirasses rutilantes, il renferme de belles tapisseries, dont l'une fut dérobée à Charles le Téméraire par les Confédérés après la bataille de Grandson en 1476. Au sous-sol, belle collection de céramiques, notamment celle de vieux « Heimberg ». Au-dessus de la salle des armes, les étages présentent des vestiges archéologiques, du matériel de l'armée suisse, des instruments, du mobilier et de l'art populaire rappelant le Thoune du 18e s. Du dernier étage de la tour, on découvre un **panorama★★** sur la ville, l'Aare, le lac de Thoune et, au-delà, sur toutes les Alpes bernoises.

Église (Stadtkirche)
À l'extrémité opposée du Schlossberg se dresse l'église paroissiale, dont la grosse tour octogonale, au clocher couvert de petites tuiles rondes, domine

un porche décoré de fresques. De la terrasse de l'église, on a une très belle **vue★★** sur la ville, le lac et les Alpes.

LES BORDS DU LAC

★★ Jakobshübeli

De cette colline aménagée en belvédère (table d'orientation), on découvre un **panorama★★** semi-circulaire en direction du Stockhorn et de la Jungfrau.

À pied, longer la rive nord de l'Aare jusqu'au bout du quai Brahms, puis compter 20mn d'ascension.

★ Parc de Schadau

Accès par le bus n° 1 depuis la gare. De ce parc agréable, situé au bord du lac et entourant un château, la **vue★★** (table d'orientation) embrasse les sommets des Alpes bernoises, en particulier le Finsteraarhorn *(alt. 4 274 m)*, point culminant de ce massif. Le château, construit au milieu du 19e s. pour le banquier neuchâtelois Rougemont, accueille un restaurant au rez-de-chaussée (cf. Thoune Pratique) et, à l'étage, un intéressant **Musée suisse de la Gastronomie**, qui présente des livres, menus et ustensiles anciens *(www.gastronomiemuseum-thun.ch - mar.-jeu. 14h-17h - 5 CHF)*. La bibliothèque, unique en son genre, réunit plus de 5 000 ouvrages culinaires en plusieurs langues, dont quelques exemplaires rarissimes d'éditions originales, du 16e s. à nos jours Juste à gauche de l'entrée du parc, ne manquez pas l'**église Scherzligen** (tour du 9e s. et nef romane), dont le mobilier au design dernier cri (autel, bancs) côtoie les anciennes fresques peintes de la nef, de l'abside et du porche (13e s.-16e s.).

★ **Panorama de Wocher** – *Kunstmuseum Thun - Thunerhof - ✆ 033 225 84 20 - mai-oct. : tlj sf lun. 10h-17h - 6 CHF.* Installé dans le parc du château, cet étonnant tableau circulaire (7,5 m de haut et 38 m de long), qui représente la ville de Thoune vers 1810, est la plus ancienne œuvre de ce type conservée au monde. On y voit une représentation réaliste et détaillée de la ville et de ses environs sur 360°, signée du peintre suisse Marquard Wocher.

2

À proximité Carte de région

Einigen B3

▷ *11 km au sud par la Frutigenstrasse.*

À mi-chemin entre Thoune et Spiez, le charmant village d'Einigen est situé sur la rive sud du lac de Thoune, face à un joli paysage de montagnes. L'église, petit édifice roman au crépi éclatant, est surmontée d'un clocheton effilé, couvert de tavillons. Elle forme, avec le minuscule cimetière qui l'entoure et descend en gradins jusqu'au lac, un **ensemble★** pittoresque. L'intérieur de l'église est décoré de vitraux des 15e et 16e s.

Circuit conseillé Carte de l'Oberland bernois ouest

★★ LAC DE THOUNE : RIVE NORD

▷ *Itinéraire de 23 km de Thoune à Interlaken – voir le circuit 1 tracé en vert sur la carte de l'Oberland bernois ouest (page suivante) – compter 1h.*

Quitter Thoune au sud par la route d'Oberhofen.

Avec ses 18 km de long, ses 4 km de large et ses 217 m de profondeur, le lac de Thoune (ou Thuner See) est l'une des plus belles grandes nappes d'eau de Suisse et l'une des plus appréciées des touristes. Des services fréquents de vedettes relient les localités de ses rives. Mais son cadre admirable de montagnes vertes et de pics neigeux (parmi lesquels la Jungfrau) demeure son principal attrait.

De Thoune à Oberhofen, la route ne perd pas de vue les cimes des Alpes bernoises (Eiger-Mönch-Jungfrau et, plus à droite, la Blümlisalp). Au premier plan, on voit sur la rive opposée, la pyramide du Niesen et la corne rocheuse du Stockhorn.

Château Hünegg (Schloss Hünegg)

☏ 033 243 19 82 - www.schlosshuenegg.ch - de mi-mai à mi-oct. : lun.-sam. 14h-17h, dim. 11h-17h - 9 CHF.

Invisible de la route, dans son parc boisé s'étageant face au lac de Thoune, cette grande demeure de 1863 est surtout intéressante par ses appartements 1900 constitués en musée d'« Art nouveau » allemand (Jugendstil), style néo-rococo parent du « Modern style » français.

Oberhofen

★★ **Château d'Oberhofen** – *☏ 033 243 12 35 - de déb. mai à déb. oct. : lun. 14h-17h, mar.-dim. 11h-17h - 10 CHF.* Ce château qui s'avance dans les eaux du lac, face aux cimes des Alpes bernoises, constitue un tableau enchanteur, qui en fait l'une des plus célèbres cartes postales du pays. Tour d'habitation à l'origine (12e s.), le château a été agrandi et restauré aux 17e, 18e et 19e s. Il

constitue maintenant une dépendance du musée d'Histoire de Berne, spécialement affectée aux présentations de mobilier de style (Louis XV, Louis XVI, Empire) et aux collections d'art populaire intéressant la vie dans l'Oberland bernois. Le dernier étage du donjon abrite un insolite fumoir turc, « folie » orientalisante commandée par le châtelain, le comte Albert de Pourtalès, nostalgique de son temps passé en poste à Constantinople. Le parc paysager (gratuit) aménagé au bord du lac réserve une superbe **promenade★** au bord du lac, face à l'Oberland bernois.

Musée de l'Horlogerie et d'Instruments de musique mécaniques (Museum für Uhren und mechanische Musikinstrumente) – *✆ 033 243 43 77 - www.uhrenmuseum.ch - 14h-17h (dim. et j. fériés uniquement de mi-oct. à mi-mai) - 10 CHF.* Il se tient dans une bâtisse du 16e s. située dans un grand parc au bord du lac. Vous y découvrirez une collection étonnante de montres et d'instruments de musique qui s'étale sur sept siècles. Un régal pour les yeux et… les oreilles.

Continuer sur la même route.

Entre Oberhofen et Merligen se déroule un superbe **parcours★★** sur la rive la plus ensoleillée et la plus fleurie du lac, face à Spiez et au débouché de la vallée de la Kander. À Merligen, l'itinéraire change de physionomie : la chaussée est taillée en corniche dans les abrupts du promontoire du Nase (Nez). Les rives solitaires et escarpées contrastent alors avec la petite Riviera précédente.

Près d'1 km après Beatenbucht (point de départ du funiculaire de Beatenberg), une large vue s'offre sur la plaine du Bödeli, enserrée par les chaînons boisés du Harder (à gauche) et du Rugen (à droite), et dominée à l'arrière-plan par les chicots rocheux de la Schynige Platte : c'est le site d'Interlaken.

Avant Unterseen, on passe au pied des grottes de St-Béat (St. Beatus Höhlen), cachées dans une impressionnante falaise d'où s'échappe une cascade.

2

Grottes de St-Béat (St. Beatus höhlen)

✆ 033 841 16 43 - www.beatushoehlen.ch - visite guidée (1h) de Pâques à mi-oct. : 10h-18h - 18 CHF (enf. 10 CHF). Prévoir des vêtements chauds.

Ces grottes (14 km de galeries connues dont 900 m ouvertes au public) ne sont pas très spectaculaires mais constituent une agréable promenade, à privilégier par temps de pluie. L'accès se fait par un chemin en montée soutenue (10mn) le long d'une jolie **cascade★**. Les points forts de la visite restent la grotte du Dôme (d'une hauteur de 11 m), la grotte du Miroir (remarquer les reflets des stalactites dans la nappe d'eau), le chaudron des Sorcières et la grotte du Serpent. Un petit **musée** qui aborde la géologie et la spéléologie clôt la visite.

Unterseen

Ce paisible village accolé à Interlaken possède une église, dont le clocher rustique, coiffé d'un toit en bâtière à forte pente, compose, avec le Mönch (à gauche) et la Jungfrau (à droite) en arrière-plan, un **site★** très pittoresque. À deux pas de là, le petit **Musée touristique de la Région de la Jungfrau** (Jungfrau Region Touristikmuseum) retrace avec peu de moyens l'essor touristique de la région depuis le début du 19e s. Différents thèmes sont abordés : l'histoire de la circulation routière dans l'Oberland, le développement des ressources hôtelières et de la circulation ferroviaire, les sports d'hiver, les trains de montagne et l'alpinisme. *Obere Gasse 28 - www.touristikmuseum.ch de déb. mai à mi-oct. : tlj sf lun. 14h-17h - 5 CHF (enf. 2 CHF).*

Interlaken *(voir ce nom)*

NOS ADRESSES À THOUNE

HÉBERGEMENT

BUDGET MOYEN

Krone – *Obere Hauptgasse 2 - ✆ 033 227 88 88 - www.krone-thun.ch* - P - *27 ch. 200/265 CHF* ☕. Très bien situé dans le centre de la vieille ville, cet hôtel chic a été complètement rénové. Les chambres respirent la fraîcheur et profitent de la tranquillité de la place. Jolie terrasse au bord de l'Aare. L'hôtel abrite deux restaurants, l'un traditionnel et l'autre asiatique, le Wong-Kun.

RESTAURATION

BUDGET MOYEN

Waisenhaus – *Bälliz 61 - ✆ 033 223 31 33 - www.bindella.ch - 35/60 CHF.* Cette ancienne soierie sise au bord de l'Aare, transformée en orphelinat au 19e s., s'est brillamment reconvertie en *ristorante* semi-gastronomique. Saveurs italiennes dans les assiettes, salles feutrées et vue splendide sur le vieux Thoune. En été, tables en terrasse et bon prix à midi.

POUR SE FAIRE PLAISIR

Arts Schloss Schadau – *Seestr. 45 - ✆ 033 222 25 00 - www.schloss-schadau.ch - fermé fév. et lun. (et mar. de nov. à avr.)* - P - *67/92 CHF.* Le cadre est magnifique : un château du 19e s. dans un parc en bordure du lac. Restaurant et bistrot selon ses goûts et ses moyens.

ACTIVITÉS

Croisière sur le lac de Thoune – Excursions tlj sur le lac avec la compagnie BLS, entre avril et la mi-octobre. Idéal pour contempler les sommets enneigés de l'Oberland bernois. Compter 2h pour rallier Thoune à Interlaken (32,50 CHF, retour en train possible, 65 CHF AR). Arrêts recommandés à Spiez et Oberhofen. *www.bls.ch.*

AGENDA

Voir l'Agenda dans la partie « Organiser son voyage », p. 35.

Spiez

★

12 453 habitants – Canton de Berne

NOS ADRESSES PAGE 273

S'INFORMER
Office du tourisme de Spiez – *Info-center dans la gare - 3700 Spiez - ✆ 033 655 90 00 - www.spiez.ch - juil.-août : lun.-vend. 8h-18h30, sam. 9h-12h, 14h-16h ; mai-juin et sept. : 8h-12h, 14h-18h, sam. 9h-12h ; oct.-avr. : 8h-12h, 14h-18h.*

SE REPERER
Cartes de région B3 (p. 228-229) et de l'Oberland bernois ouest (p. 266) – *Carte Michelin Regional n° 551 K9.*
13 km au sud de Thoune, 17 km à l'ouest d'Interlaken.

À NE PAS MANQUER
Le château, le Niesen.

ORGANISER SON TEMPS
Consacrez une demi-journée à la visite du château et à la ville. Prévoyez plus de temps si vous voulez faire les randonnées.

AVEC LES ENFANTS
Une excursion au lac Bleu.

2

À l'instar de Thoune, Spiez offre un décor de carte postale. Cette charmante petite ville occupe un site harmonieux au bord du lac de Thoune et au pied du Niesen, majestueux sommet pyramidal d'une pureté de lignes quasi géométrique. Les vignes qui enserrent la ville achèvent d'en faire un endroit de contemplation. Spiez est également une agréable station d'été et un bon centre d'excursions vers la vallée de la Kander.

Se promener

★ Château (Schloss)

Sur un contrefort du Spiezberg, dominant le lac et la baie, se dresse le château médiéval que couronnent de puissantes tours. Construit aux 12e et 13e s., il a été agrandi et restauré à plusieurs reprises.

Du jardin public aménagé sur l'esplanade précédant l'entrée du château, on domine la rade qui abrite de nombreux voiliers et bateaux de plaisance.

★ **Musée du château** – *✆ 033 654 15 06 - www.schloss-spiez.ch - de mi-avr. à mi-oct. : lun. 14h-17h, mar.-dim. 10h-17h (juil.-août 18h) - 10 CHF.* La décoration des pièces témoigne de la transformation progressive de ce château fort médiéval en demeure baroque du 17e s. et 18e s. Les diverses salles contiennent de nombreux souvenirs des anciens propriétaires du château, les von Erlach et les Bubenberg, et de très beaux meubles en marqueterie gothique, Renaissance ou baroque ; elles sont ornées de riches boiseries et de vitraux.

Du sommet de la grosse tour, on découvre une très belle **vue panoramique★★** sur le site de Spiez, le lac de Thoune, le Niesen au sud et la terrasse de Beatenberg à l'est.

Vieille église (Alte Kirche)
En face du château, dominant les eaux bleues du lac, c'est une église romane (fin du 10e s. – actuellement désaffectée) de plan basilical, à trois nefs et trois absides semi-circulaires, ornée de belles fresques.
À gauche du chœur se trouvent les tombeaux de Jeanne de Bubenberg et de Sigismond d'Erlach.

Circuits conseillés Carte de l'Oberland bernois ouest

★ VALLÉE DE LA KANDER

Itinéraire de 26 km de Spiez à Kandersteg – voir le circuit 2 tracé en vert sur la carte de l'Oberland bernois ouest (p. 266) – compter 4h. Cet itinéraire se termine en cul-de-sac à Kandersteg ; mais le chemin de fer est équipé pour transporter les voitures par le tunnel du Lötschberg.
Du lac de Thoune au lac d'Oeschinen, cette vallée se divise en deux parties : d'abord le Frutigtal, vers Frutigen ; puis le Kandertal, vers Kandersteg.
Quitter Spiez au sud-ouest par la route de Kandersteg et faire un arrêt à Mülenen.

★★★ Montée au Niesen
De la gare de Mülenen, 2h AR environ dont 1h de funiculaire. Funiculaire au départ de Mülenen. ✆ 033 676 77 11 - www.niesen.ch - de déb. mai à mi-nov. : 8h-17h (se renseigner au préalable) - dép. ttes les 30mn (ou 15mn selon l'affluence) - 51 CHF AR. Alt. 2 362 m.
Le funiculaire s'élève au-dessus du Frutigtal jusqu'à la station intermédiaire de Schwandegg *(alt. 1 669 m)*.
On peut aussi effectuer la montée à pied *(une demi-journée)* pour rejoindre le terminus du Niesen Kulm, équipé d'un hôtel-restaurant : admirable **panorama★★★**, tant sur les Alpes bernoises et le lac de Thoune que sur le Plateau et le Jura. En avant, par la trouée du Kiental, émergent les trois sommets de la Blümlisalp, que l'on admire surtout des abords de Reichenbach. Précédant Frutigen, en avant et à gauche, au fond d'un nouvel alignement de la vallée de la Kander, brillent les glaces du Balmhorn et de l'Altels.
Continuer tout droit en laissant Frutigen à droite.

★ Lac Bleu (Blausee)
45mn de marche et de promenade en bateau. ✆ 033 672 33 33 - www.blausee.ch - 9h-17h - 5 CHF (-6 ans 2 CHF) promenade en bateau incluse.
Le nom de ce parc ne ment pas : le site s'articule autour d'un étonnant petit lac aux eaux bleues cristallines, en pleine forêt, en vue de la cime neigeuse du Doldenhorn. On y voit aussi un « chaos » rocheux et boisé, un élevage de truites et un restaurant. Le site est prisé des familles qui viennent y pique-niquer et se promener aux beaux jours.

★ Kandersteg
Tapie au pied d'impressionnants escarpements déchiquetés encadrant, à l'est, les sommets neigeux de la Blümlisalp, Kandersteg est connue aujourd'hui pour sa position à la tête nord du **tunnel du Lötschberg**. Ce tunnel ferroviaire de

14612 m (Kandersteg-Goppenstein) permet, depuis 1913, une liaison directe entre Berne et la vallée du Rhône. *Pour le transport des automobiles, se renseigner dans les bureaux de tourisme ou dans les gares.* Kandersteg est aussi le point de départ d'une belle excursion vers le lac d'Oeschinen *(voir p. 272 la rubrique « Randonnées »).*
Suivre la rue principale de Kandersteg en direction du fond de la vallée et laisser la voiture à la gare inférieure du téléphérique de Stock.

★★ Klus

1h à pied AR.
Continuer alors à remonter, à pied, la petite route qui bientôt s'accroche à la paroi rocheuse et débouche, par un tunnel, au-dessus de la Klus, gorge sauvage où la Kander, descendue du Gasterntal, bondit impétueusement de chute en chute. Progresser jusqu'au pont jeté sur la Kander, après un second tunnel. À la descente, les touristes encore bien en jambes emprunteront, de préférence, le sentier escarpé, parfois aspergé d'écume, qui se détache de la route entre les deux tunnels.

VALLÉE DE L'ENGSTLIGEN

Itinéraire de 30 km de Spiez à Adelboden – voir le circuit 3 *tracé en vert sur la carte de l'Oberland bernois ouest (p. 266) – compter 2h.*
Cet itinéraire emprunte la même route de départ que la vallée de la Kander puis s'en sépare à hauteur de Frutigen pour bifurquer à droite jusqu'à Adelboden.

Adelboden

Dans l'ample **bassin★** ensoleillé qui marque l'origine de la vallée de l'Engstligen, Adelboden compte parmi les villégiatures élégantes de l'Oberland bernois les plus élevées et les plus réputées, été comme hiver, pour la bienfaisance de leur climat.
Le village s'allonge face à un majestueux horizon de montagnes calcaires. Reconnaissable à son sommet plat et neigeux, le Wildstrubel *(alt. 3 253 m)*, qui ferme l'immense cirque d'alpages de l'Engstligenalp d'où s'échappent les chutes de l'Engstligen (Engstligenfälle), constitue l'élément le plus frappant de cet ensemble. Le domaine de ski alpin, relié à celui de Lenk, comprend 160 km de pistes et une cinquantaine de remontées mécaniques. Culminant au Luegli à 2 138 m d'altitude, il satisfait surtout les skieurs de niveau intermédiaire, qui trouvent de belles balades en forêt.

★★★ Chutes de l'Engstligen (Engstligenfälle)

Prévoir des vêtements imperméables et de bonnes chaussures. 4 km de route d'Adelboden, puis accès par téléphérique (5mn de montée).
À l'arrivée *(alt. 1 964 m)*, **vue★** d'ensemble sur Adelboden dominé par le Gsür *(2 708 m)* à gauche et le massif du Gross Lohner à droite. On surplombe la partie supérieure des chutes de l'Engstligen. Au sud s'étendent les alpages de l'Engstligenalp, tapissés de gentianes, au pied du Wildstrubel.
Plusieurs **randonnées** sont possibles, notamment le col Ammertenpass *(alt. 2 443 m à 2h de montée)* et la **pointe Ammertenspitz★★** *(alt. 2 613 m à 2h30)*, d'où se révèle un vaste panorama sur le Steghorn, le Tierhorn, les Diablerets et les Walliser Alpen. Mais l'excursion la plus spectaculaire est de loin la descente le long des chutes de l'Engstligen, d'une dénivelée de 476 m *(1h30 de marche sans compter les pauses)*. De l'Engstligenalp, prendre la direction « Unter dem Berg ». Cent mètres après, continuer tout droit direction « Wasserfall ». Au bout de 30mn de marche, on découvre une **vue★★★**

époustouflante à l'approche du pont qui traverse les chutes, d'une hauteur et d'une violence impressionnantes.
La randonnée se poursuit dans une belle forêt de mélèzes, au pied de parois abruptes, d'où dévalent de fines cascades. En vue du départ du téléphérique, suivre les indications « Engstligenfall » (bifurcation à gauche). Un sentier étroit, en descente assez raide, s'enfonce dans une végétation luxuriante. On parvient enfin au **belvédère★★** sur les chutes inférieures, également spectaculaire. On retourne au parking en 10mn en suivant le chemin en direction de « Unter dem Berg ».

Randonnées au départ de Kandersteg

★★★ Lac d'Oeschinen (Oeschinensee)

Télésiège au dép. de Kandersteg : ✆ 033 675 11 18 - de mi-mai à fin oct. et de fin déc. à fin mars - 21 CHF AR (enf. 10,50 CHF).
Environ 1h30 AR dont 8mn de télésiège et 20mn de marche jusqu'au lac.
La route menant à la station inférieure du télésiège se détache de la rue principale de Kandersteg aussitôt après le pont sur l'Oeschinenbach, à gauche. De la station supérieure, un chemin descend au bord du lac baignant un vaste amphithéâtre de falaises, couronnées par les neiges de la Blümlisalp. Arrivés au lac, les marcheurs ont le choix entre plusieurs sentiers de randonnée. Les plus aguerris redescendront à pied sur Kandersteg. En été, une piste de luge d'été (Rodelbahn) attend les passionnés de la glisse. On peut aussi se contenter de pique-niquer au bord de l'eau ou déjeuner au restaurant du lac. En hiver, le site est pris d'assaut par les skieurs.

★★★ Oberbergli

Randonnée au départ du lac d'Oeschinen à n'entreprendre que par temps sec. Chaussures de montagne recommandées. Compter au minimum 3h15, voire une grande journée si l'on entreprend la montée en direction du refuge de Blümlisalp.
Un bon chemin permet de longer le lac d'Oeschinen et de découvrir des **vues★★★** superbes sur les sommets environnants, très abrupts, notamment le Doldenhorn, le Fründenhorn, l'Oeschinenhorn et le Blümlisalphorn. De ce cirque impressionnant dévalent 4 glaciers. À l'extrémité du lac, un sentier, plus raide, conduit à Oberbergli. Pour bénéficier d'une vue glaciaire encore plus étendue, poursuivre en direction du refuge de Blümlisalp jusqu'à proximité d'un petit lac *(1h, montée éprouvante)*.
Revenir sur ses pas jusqu'à Oberbergli, puis bifurquer à droite direction Heuberg. Le sentier, à flanc de montagne, réserve des **vues★★★** magnifiques sur le lac d'Oeschinen et les falaises d'une hauteur formidable. Une certaine prudence s'impose, surtout avec des enfants, le sentier, étroit, évoluant en bordure de précipice.

NOS ADRESSES À SPIEZ

HÉBERGEMENT

À proximité

BUDGET MOYEN

Seerose – *Interlakenstr. 87 - Faulensee am Thunersee - 2 km au sud-est - ✆ 033 654 10 25 - www.seerose-faulensee.ch -* P *- fermé janv.-fév. - 13 ch. 130/250 CHF* ☕ *- rest. 40/84 CHF (fermé lun.-mar. en mars-avr. et oct.-déc.).* Dans le village de Faulensee am Thunersee, cette charmante maison semble émerger des eaux claires du lac de Thoune. Belles chambres vastes dont certaines hautes de plafond. Notez que la terrasse du restaurant domine le lac.

RESTAURATION

POUR SE FAIRE PLAISIR

Restaurant Im Schloss – *Schlossstr. 16 - ✆ 033 654 94 74 - www.im-schloss.ch - mai-oct. : jeu., vend. et sam. le soir et sur réservation -* P *- 80/120 CHF.* Une étape gastronomique pour profiter de l'ambiance du château de Spiez. Le chef Bruno Wüthrich concocte comme personne la cuisine du terroir relevée d'un zest d'originalité.

ACTIVITÉ

BLS – *✆ 033 327 48 11 - www.bls.ch.* De juin à mi-septembre, croisière sur le lac de Thoune à bord du Blümlisalp, bateau à vapeur à aubes : dépaysement garanti. Des soirées thématiques sont aussi organisées.

2

Interlaken

★★★

5 319 habitants – Canton de Berne

NOS ADRESSES PAGE 281

S'INFORMER
Office de tourisme – *Höheweg 37 - BP 369 - 3800 Interlaken - ✆ 033 826 53 00 - www.interlaken.ch - juil.-août : lun.-vend. 8h-19h, sam. 8h-17h, dim. 10h-12h, 17h-19h ; mai-juin : lun.-vend. 8h-18h, sam. 8h-16h ; sept. : lun.-vend. 8h-18h, sam. 9h-13h ; oct.-avr. : lun.-vend. 8h-12h, 13h30-18h, sam. 9h-12h.*

SE REPERER
Carte de région B3 (p. 228-229) et carte des environs (p. 277) – *Carte Michelin Regional n° 551 L9.*

29 km au sud-est de Thoune, 56 km au sud-est de Berne, 69 km au sud-ouest de Lucerne.

SE GARER
L'agglomération s'étend en ordre lâche à l'est du lac de Thoune. Interlaken compte deux gares : Interlaken-Ost, d'où part le circuit ferroviaire de la Jungfrau, et Interlaken-West, dans le centre-ville.

À NE PAS MANQUER
Le circuit ferroviaire de la Jungfrau (inoubliable par beau temps), les chutes du Trümmelbach, le Schilthorn.

ORGANISER SON TEMPS
Compter une journée pour le circuit ferroviaire de la Jungfrau. Ajouter 3 à 5 jours pour des excursions dans l'Oberland bernois et sur les lacs de Thoune ou de Brienz.

AVEC LES ENFANTS
Le parc d'Harderkulm, la colline d'Heimwehfluh.

Vue sur le massif de la Jungfrau.
imagebroker/hemis.fr

Porte touristique de l'Oberland bernois, Interlaken attire les foules du monde entier grâce à sa situation unique, au pied du massif de la Jungfrau, que dessert la plus haute gare d'Europe. La vue éblouissante sur la Jungfrau, depuis la promenade du Höheweg, constitue, traditionnellement, l'image-souvenir d'Interlaken. Bordée de grands hôtels et de boutiques de souvenirs, la station présente en soi peu d'intérêt. Les tarifs y sont plus élevés qu'ailleurs et la forte affluence touristique rompt avec la beauté silencieuse des cimes enneigées et des lacs de Thoune et de Brienz entre lesquels la ville s'est développée.

Se promener

★★ Höheweg

Cette promenade fameuse est bordée d'un côté par les gazons et les massifs de fleurs de la Höhematte, de l'autre par une rangée de palaces, en retrait desquels se dresse le casino (Kursaal). Elle relie le noyau urbain d'Interlaken-Ouest à l'agglomération beaucoup plus dispersée d'Interlaken-est, offrant des **vues★★★** éblouissantes sur la Jungfrau qui s'encadre dans l'échancrure de la basse vallée de la Lütschine. Il fait bon flâner sous les ombrages, en jetant un coup d'œil sur le pavillon des appareils météorologiques ou sur l'horloge florale des jardins du casino.
Sur la rive opposée de l'Aare, les installations de la piscine et du golf miniature forment un second centre d'attraction.

Zinnfiguren Ausstellung (Tin Figure Exhibition)
Propstei, Schloss Interlaken - ✆ 033 823 13 32 - www.zinnworld.ch - de mi-avr. à mi-oct. : mar.-vend. 14h-17h - 10 CHF (-16 ans gratuit).
À l'intérieur du château d'Interlaken sont rassemblées quelque 30 000 figurines en étain. Les différents tableaux représentent les civilisations du monde et des scènes de bataille. De quoi ravir les amateurs de petits soldats de plomb.

À proximité Carte des environs d'Interlaken

★★ Harderkulm

▷ *12mn de funiculaire depuis Interlaken-est. Alt. 1 323 m.*
Près de la station inférieure du funiculaire, un parc abrite des animaux alpins pour le plus grand plaisir des enfants. Au sommet équipé d'un restaurant

panoramique, on découvre une vue bien dégagée sur les deux lacs d'Interlaken et sur le massif de la Jungfrau.

★ Heimwehfluh

Suivre le panneau Wilderswil/Unspunnen puis Heimwehfluh. Env. 30mn AR, dont 5mn de funiculaire - www.heimwehfluh.ch - de Pâques à fin oct. : 10h-17h - dép. ttes les 15mn - 25 CHF AR (enf. 14 CHF). Alt. 670 m.

Cette colline aux frais ombrages forme un belvédère sur les lacs de Thoune et de Brienz. Le restaurant panoramique réserve la plus belle vue. Le funiculaire centenaire a conservé le même visage qu'en 1906. En haut, aire de jeux et spectacle de train miniature amuseront les enfants. On peut aussi s'amuser à descendre la colline en luge d'été.

De nombreux sentiers de promenade ombragés sont ouverts aux amateurs de marche, en particulier sur les flancs du Rugen et du Harder.

★ Beatenberg

10 km à l'ouest ; également accessible par funiculaire à partir de la route de Thoune (voir ce nom).

Beatenberg, « station-terrasse » tout en longueur (plus de 7 km) faite d'hôtels et de chalets de villégiature noyés dans les arbres, offre des vues sur le lac de Thoune et plus loin, à droite, sur le Niesen et à gauche, sur la Jungfrau et le Mönch. Mais il faut monter au Niederhorn pour compléter le panorama.

★★ Niederhorn

Accès par télécabine depuis Beatenberg (36 CHF AR) ou, au bord du lac, depuis Beatenbucht (48 CHF AR) - www.niederhorn.ch. Alt. 1 950 m.

Du sommet (tables d'orientation, restaurant) de cette « montagne à vaches », très beau **panorama★★** : au sud, par-delà le lac de Thoune, sur les glaciers du massif de la Jungfrau ; au sud-ouest, sur le Niesen et au loin le mont Blanc, visible de justesse ; à l'ouest, sur la pointe du Stockhorn ; au nord-ouest, jusqu'aux lacs de Neuchâtel et de Morat ; au nord, sur les montagnes précédant l'Emmental ; à l'est, par-delà le lac de Brienz, sur les falaises du Brienzer Rothorn.

Circuits conseillés Carte des environs d'Interlaken

★★★ VALLÉE DE LAUTERBRUNNEN

Itinéraire de 23 km d'Interlaken à Stechelberg – voir le circuit tracé en vert sur la carte des environs d'Interlaken (ci-contre) – compter 3h, dont 2h45 de téléphérique et de visite.

Quitter Interlaken au sud, par la route de Lauterbrunnen et s'arrêter à Wilderswil.

★★ Schynige Platte

Environ 4h AR dont 2h de chemin de fer à crémaillère depuis la gare de Wilderswil. 081 828 73 51 - www.jungfrau.ch - de déb. juin à mi-oct. : tlj sf j. fériés 7h30-16h50 - dép. ttes les 40mn - 65 CHF AR. Alt. 2 101 m.

Le Schynige Platte constitue un but de randonnée très prisé des vacanciers. Son ascension est notamment conseillée à ceux qui n'auraient pas le loisir de pénétrer plus avant dans le massif de la Jungfrau. Près de la station supérieure ont été aménagés un jardin alpin et une section botanique sur plus de 8 000 m², permettant de découvrir quelque 500 plantes, fleurs (edelweiss, gentianes…) et fougères. De la terrasse panoramique de l'hôtel, il est facile de grimper jusqu'au sommet le plus proche *(alt. 2 076 m)* : **belvédère**★★ sur la Jungfrau, Interlaken et ses lacs.

Continuer sur la même route.

La route s'enfonce dans le défilé boisé de la Lütschine. Après Zweilütschinen, la vallée se rouvre, encadrée en amont par les immenses murailles qui font du fossé de Lauterbrunnen un exemple classique d'« auge » glaciaire. De part et d'autre des sombres escarpements du Schwarzmönch se détachent les sommets neigeux de la Jungfrau (à gauche) et du groupe Mittaghorn-Grosshorn (dans l'axe de la vallée).

Lauterbrunnen

Ce village connaît une intense activité de transit : les automobilistes désirant accéder à Wengen doivent en effet y laisser leur voiture *(parking).*

À 1 km, la **cascade du Staubbach**★★, que Byron comparait à « la queue du cheval pâle que monte la Mort dans l'Apocalypse », s'abat ici, à 300 m de haut, de la terrasse de Mürren et se vaporise presque entièrement en fines gouttelettes.

Wengen

Accessible uniquement en train depuis Lauterbrunnen, Wengen est la station d'altitude la mieux équipée de l'Oberland bernois et l'une des plus mondaines. Le **site**★★★ de cet épaulement d'alpages et de forêts est un enchantement : le regard, ébloui par la Jungfrau, capte en enfilade la perspective unique du

fossé de Lauterbrunnen. Les promenades le long de sentiers parfaitement aménagés – leur déneigement est même assuré en hiver – permettent de profiter pleinement de ce panorama unique. La saison du ski se déroule au rythme des navettes du chemin de fer desservant la Petite Scheidegg (la station d'Eigergletscher au printemps) et des bennes du téléphérique du Männlichen. La compétition de classe internationale la plus connue est alors la **course du Lauberhorn**, organisée tous les ans début janvier.
À la sortie de Lauterbrunnen, prendre la direction de Stechelberg.

★★★ Chutes du Trümmelbach (Trümmelbachfälle)

45mn à pied AR. ✆ 033 855 32 32 - www.truemmelbachfaelle.ch - juil.-août : 8h30-18h ; avr.-juin et sept.-nov. : 9h-17h - 11 CHF (enf. 4 CHF) - prévoir des vêtements de pluie. Laisser la voiture dans le parc des chutes du Trümmelbach.

Ces dix chutes d'eau spectaculaires, alimentées par les eaux des parois glaciaires de l'Eiger, du Mönch et de la Jungfrau, ont la particularité de se trouver à l'intérieur de la montagne. Un ascenseur installé dans le roc donne accès à l'entrée des galeries. Celles-ci, très bien aménagées au-dessus de la fissure tortueuse, sont si étroites parfois que l'éclairage électrique doit y être maintenu en permanence ; le Trümmelbach bondit et tourbillonne, se frayant un passage à travers une succession de gigantesques marmites d'érosion. Le débit de l'eau peut atteindre 20 000 litres à la seconde !
Le parcours se termine au fond du puits où la cascade supérieure écrase sa gerbe blafarde. Revenu à l'entrée inférieure du funiculaire, ne pas manquer d'aller voir de près, par le chemin montant à gauche, le formidable jet de l'avant-dernière chute du Trümmelbach.
Reprendre la voiture et remonter la vallée jusqu'à Stechelberg, gare du téléphérique de Mürren-Schilthorn d'où l'on aperçoit, au sud *(1 km)*, la belle et puissante chute quasi verticale de la **cascade de Sefinen★** (Sefinenfall).

★★ Mürren

Téléphérique au départ de Stechelberg (durée 10mn) - ✆ 033 826 00 07 - www.schilthorn.ch - se renseigner pour les horaires - 20,40 CHF AR. Il est également possible d'aller jusqu'à Lauterbrunnen, de laisser son véhicule au parking.

Perché en balcon au-dessus de la formidable coupure de la vallée de Lauterbrunnen, Mürren est placé face à plusieurs géants de roche et de glace, de gauche à droite : l'Eiger, le Mönch, la Jungfrau, le Breithorn, puis le groupe du Gspaltenhorn (à l'extrême droite).
Le **site** de ce village de chalets, à l'abri de toute circulation automobile, et les caractéristiques sportives de ses parcours skiables expliquent le succès de la station. Le tourisme est né ici grâce aux Britanniques qui, au début du siècle, venaient s'adonner aux joies de la neige et recréaient là leur ambiance familière.
C'est à Mürren que fut fondé, en 1924, le KandaharSki-Club, organisateur de la fameuse épreuve de l'« Arlberg-Kandahar », considérée de nos jours comme un championnat du monde officieux des pays alpins.

★★★ Schilthorn

Téléphérique au départ de Stechelberg (durée 27mn) - ✆ 033 826 00 07 - www.schilthorn.ch - mai-oct. : 7h25-18h (oct. 17h) - dép. ttes les 30mn - 91,80 CHF AR (-16 ans 45,90 CHF). Alt. 2 970 m.

Du sommet, dans un site sauvage de ravines et d'éboulis, **vue panoramique★★★** sur le massif de la Jungfrau, le Jura et le mont Blanc. Le lac de Thoune est visible en partie. Le restaurant panoramique Piz Gloria est doté d'un plateau tournant qui exerce une rotation complète en 50mn. Cet

établissement futuriste, tout en aluminium, fut le décor du film de James Bond, *Au service de sa majesté* : plusieurs scènes y furent tournées au cours de l'hiver 1967-1968.
Tous les ans, en janvier, a lieu la folle descente de l'Inferno. Quelque 1 800 skieurs s'élancent depuis le sommet du Schilthorn pour un parcours d'environ 16 km et 2 134 m de dénivelée jusqu'à Lauterbrunnen. Le tout pour les meilleurs en moins de 20mn.

★★★ CIRCUIT FERROVIAIRE DE LA JUNGFRAU

Voir le circuit tracé en vert sur la carte des environs d'Interlaken (p. 277). Ce circuit panoramique est superbe mais particulièrement onéreux. Pour bénéficier d'une réduction, on peut prendre le premier train du matin : demander le Good Morning Ticket (réduction de -25 %). Compter une journée entière et veiller à bien choisir le jour de l'excursion afin de profiter des meilleures conditions météorologiques : un voile de nuages sur les sommets suffit à gâcher la vue. Les hôtels et l'office de tourisme indiquent en permanence les conditions météo au sommet, vidéo à l'appui. Se munir de vêtements chauds et, si l'on veut sortir en plein air au Jungfraujoch, de lunettes de soleil et de solides chaussures.
Départs toutes les heures dès 6h30 (depuis Interlaken Ost). Billet circulaire Interlaken-Jungfraujoch-Interlaken : 180 CHF ; en utilisant l'un des deux premiers trains du matin (mai-sept.) : 140 CHF. Billet depuis Lauterbrunnen : 161,40 CHF ; en utilisant les deux premiers trains : 130 CHF. Billet depuis Grindelwald Grund : 157 CHF ; en utilisant le premier train (mai-sept.) : 130 CHF. Billet circulaire Interlaken-Petite Scheidegg-Interlaken (sans monter au Jungfraujoch) : 72,40 CHF.
Depuis la gare d'Interlaken-Ost, un premier train conduit à Lauterbrunnen (autre départ possible du circuit), où l'on doit changer de train, direction Kleine Scheidegg. Le périple débute véritablement à **Wengwald** (1 182 m). Entre cet arrêt et la station de Wengen, le parcours offre une **perspective**★★★ splendide sur la fosse de Lauterbrunnen, tandis que, en avant, se dévoile la **Jungfrau**, flanquée à droite du Silberhorn, sommet conique, neigeux, d'une blancheur aveuglante.

Wengernalp

Les visiteurs peu pressés d'arriver au sommet peuvent descendre à **Wengen** *(voir plus haut)* pour randonner dans un site spectaculaire. Le train grimpe jusqu'à Wengernalp *(alt. 1 873 m)*, site sauvage, au pied des gigantesques gradins rocheux et glaciaires de la Jungfrau. Le gouffre où coule le Trümmelbach, au premier plan, contribue à rendre plus impressionnante encore l'élévation de cette barrière. À gauche de la Jungfrau, on reconnaît la dépression neigeuse du Jungfraujoch, puis le Mönch, l'Eigergletscher (glacier de l'Eiger) et l'Eiger.

★★ Kleine Scheidegg

Arrivé à la station de Kleine Scheidegg, changement de train pour le Jungfraujoch. Perchée à 2 061 m d'altitude, Kleine Scheidegg est très prisée des skieurs qui y trouvent, fort tard dans la saison, une neige encore abondante. Elle reçoit en été les amateurs de calme. Les voyageurs qui ne montent pas au Jungfraujoch pourront admirer le cadre du bassin de Grindelwald et détailler le groupe Eiger-Mönch-Jungfrau dans d'excellentes conditions en montant au **belvédère**★★ aménagé sur les pentes nord du col *(30mn à pied AR)*.

L'Eiger

Le train pénètre ensuite dans la paroi de l'Eiger en s'arrêtant à plusieurs reprises : d'abord à **l'Eigergletscher** *(alt. 2 320 m)*, où l'on voit le glacier de l'Eiger

LA PLUS HAUTE GARE FERROVIAIRE D'EUROPE

C'est en 1893 qu'Adolf Guyer-Zeller, membre du Club alpin et industriel, eut l'idée de ce « métro d'altitude » : prolongeant le chemin de fer de la Wengernalp, un tunnel pénétrerait dans l'Eiger puis grimperait à travers le Mönch jusqu'au cœur de la Jungfrau. De là, un ascenseur mènerait les touristes sur la cime...

Le chantier dura seize ans tant les conditions étaient difficiles, le vent et la neige, les avalanches et le brouillard compliquant l'assaut mené contre le rocher par des équipes de « taupes » travaillant en trois-huit, à coups de foreuses. L'été, les alpages situés entre le col de la Kleine Scheidegg et le glacier de l'Eiger étaient investis par des centaines d'ouvriers, avec carrioles et mulets. Les provisions y étaient acheminées et stockées pour l'hiver... Adolf Guyer-Zeller avait tout imaginé, jusqu'aux baies panoramiques creusées dans le roc pour la vision des touristes. La ligne fut inaugurée le 1er août 1912, jour de la fête nationale... dans un brouillard compact.

tout craquelé et souillé de dépôts morainiques ; ensuite à **Eigerwand★★** *(alt. 2865 m)*, station percée de baies d'aération creusées dans le roc offrant une vue plongeante sur le bassin de Grindelwald et la région d'Interlaken. La paroi impressionnante donne une idée des dramatiques prouesses auxquelles ont dû se livrer les alpinistes pour la vaincre : la première réussite ne date que de 1938. Dernière pause dans l'ascension du Jungfraujoch à **Eismeer★★★** *(alt. 3160 m)*, qui réserve une **vue** sur d'impressionnants séracs et le Schreckhorn. Après 7 km de tunnel, on atteint le Jungfraujoch, « Top of Europe », à 3454 m d'altitude.

★★★ Jungfraujoch

Située sur le flanc de la Jungfrau, cette gare est la plus haute d'Europe à être desservie par un train à crémaillère. Un panorama unique se dévoile sur la haute montagne et ses glaciers. Le site, qui englobe les célèbres cimes de Mönch, de l'Eiger et de la Jungfrau ainsi que le glacier d'Aletsch, est classé depuis 2001 par l'Unesco. C'est la première région naturelle de Suisse – 539 km^2 à cheval entre les cantons de Berne et du Valais – inscrite au Patrimoine mondial. La station compte plusieurs centres d'intérêt :

★★★ **Terrasse panoramique du Sphinx** – *Accès par l'ascenseur le plus rapide de Suisse (108 m de dénivelée en 25 secondes avec une vitesse maximale de 6,3 m par seconde à mi-parcours). Alt. 3571 m.* Le **panorama** comprend l'immense glacier d'Aletsch, qui coule sur 22 km à la façon d'un fleuve large et puissant dans son écrin de pics et d'aiguilles. Il est notamment encadré par le Mönch (4099 m), le Fiescherhorn (4049 m), l'Aletschhorn (4193 m) et la Jungfrau (4158 m). Au nord, le glacier Guggigletscher, très pentu, dévale vers le col de Kleine Scheidegg (2061 m) qui relie les vallées de Lauterbrunnen et de Grindelwald. Remarquer le Schilthorn, le Niesen, Interlaken et le Faulhorn. Dans le lointain s'estompent les crêtes du Jura, des Vosges et de la Forêt-Noire.

Au sommet du Jungfraujoch, plusieurs **restaurants** (indien, self-service, table « gastronomique ») permettent de prendre une collation. Le Sphinx abrite un laboratoire de recherche et une coupole astronomique : en effet, la propreté de l'air et la facilité d'accès par le train offrent un contexte exceptionnel pour réaliser des analyses scientifiques.

★★★ **Glacier d'Aletsch** (Aletschgletscher) – *Redescendre en ascenseur et suivre la direction « Aletschgletscher ».* On parvient sur le glacier même, où se pratique le ski d'été : un **téléski** d'une centaine de mètres dessert une piste facile. Il est

possible de faire un tour en avion pour survoler le massif de la Jungfrau.
★ **Eispalast** (Palais des Glaces) – *10mn de marche, puis 15mn de visite*. Cette grotte aux teintes azurées est taillée dans le glacier d'Aletsch, jusqu'à 8 m de profondeur. Des artistes y ont sculpté plusieurs œuvres, qui représentent notamment des animaux.
★★★ **Randonnée au refuge du Mönch** (Mönchsjochhütte) – *Alt. 3 629 m*. Cette randonnée glaciaire, bien balisée, est à la portée de tout marcheur doté de chaussures de montagne (ne pas s'écarter des traces – crampons non nécessaires). Une heure de montée assez soutenue, dans un **cadre**★★★ époustouflant, mène au petit refuge situé au pied du Mönch. Du col (Oberer Mönchsjoch), **vue**★★ sur le Schreckhorn.
D'autres activités d'extérieur (payantes) sont proposées de juin à mi-septembre : golf, tyrolienne, ski, snow disc, snowboard, balade en traîneau à chiens.
Afin de varier les plaisirs, il est conseillé de redescendre sur Interlaken en passant par Grindelwald (changement de train à Kleine Scheidegg). À partir d'**Alpiglen** *(alt. 1 616 m)*, la ligne, qui avait longé jusque-là le pied de l'Eiger, plonge vers l'ample et verdoyant bassin de Grindelwald, dont les prairies toutes parsemées d'habitations viennent buter contre les épaulements rocheux du Wetterhorn. En avant s'infléchit le seuil pastoral de la Grande Scheidegg. Dernier changement de train à **Grindelwald** *(voir ce nom)*, en direction d'Interlaken-Ost.

NOS ADRESSES À INTERLAKEN

HÉBERGEMENT

PREMIER PRIX

Hotel Rugenpark – *Rugenparkstr. 19 - ✆ 033 822 36 61 - www.rugenpark.ch - P - fermé de déb. nov. à mi-déc. - 22 ch. 105/130 CHF ☕ (avec sdb).* Un jeune couple helvético-américain a transformé cette vieille maison, proche de la gare d'Interlaken-West, en B&B pour petits budgets. Le confort est sommaire mais il faut saluer les efforts en décoration, très pop, les belles vues sur la Jungfrau, la fraîcheur du jardin et l'accueil pétillant.

BUDGET MOYEN

Bellevue – *Marktgasse 59 - ✆ 033 822 44 31 - www.bellevue-interlaken.ch - fermé janv.-mars - P - 37 ch. 153/285 CHF ☕.* L'Aare coule joliment sous les fenêtres de cet hôtel au cachet Art Nouveau. Quelques éléments contemporains ajoutent une touche d'originalité au lieu. Certaines chambres réservent une belle vue sur le Harder et parfois la Jungfrau. Une étape calme et déstressante.

Goldey – *Obere Goldey 85 à Unterseen - ✆ 033 826 44 45 - www.goldey.ch - fermé déc.-mars. - P - 42 ch. 160/300 CHF ☕.* De bons moments vous attendent dans cet hôtel cosy situé au bord de l'Aare, à 5mn à pied d'Interlaken. Parmi les chambres claires et accueillantes, demandez si possible celles avec balcon et vue sur la Jungfrau. Point de départ de plusieurs excursions, l'hôtel possède également un restaurant en terrasse.

UNE FOLIE

Victoria-Jungfrau Grand Hôtel – *Höheweg 41 – ✆ 033 828 28 28 - www.victoria-jungfrau.ch - 202 ch. 700/800 CHF - ☕ 45 CHF.* Idéalement situé face aux cimes enneigées du massif de la Jungfrau, ce palace historique à l'imposante façade offre à ses

2

hôtes internationaux tout le luxe d'un 5-étoiles. Restaurants *(voir ci-après)*, spa, sauna, centre de fitness, piano-bar et service irréprochable.

RESTAURATION

À Interlaken

PREMIER PRIX

Goldener Anker – *Marktgasse 57 - ✆ 033 822 16 72 - www.anker.ch - dès 16h - ⊭ - 30/50 CHF.* Une cuisine simple mais variée (cury, tortillas, entrecôte, gigot) attend les clients de ce bar-restaurant légèrement excentré. Ses prix, plus raisonnables qu'en ville, attirent les budgets moyens. Atmosphère jeune et détendue, concerts le soir en haute saison.

BUDGET MOYEN

Spice India – *Postgasse 6 - ✆ 033 821 00 91 - tlj sf lun. (mai-août : seulement lun. midi) - fermé pendant les vacances de nov. à mi-déc. - 39/60 CHF.* Tandooris, currys et birimis défilent à la table de cet élégant restaurant indien. Les nombreuses familles indiennes en villégiature aiment s'y retrouver autour de plats copieux préparés comme à la maison. On peut les imiter, mais attention aux plats épicés !

Da Mario – *Jungfraustr. 27 - ✆ 033 822 34 25 - fermé 2 sem. en oct. et dim. de nov. à juin - 60 CHF.* Cette pizzeria sans prétention du centre-ville peut compter sur un personnel souriant, prévenant et bilingue. Qualités rares à Interlaken ! À la carte : pizzas, risottos, pâtes à prix abordables.

POUR SE FAIRE PLAISIR

Jungfrau Brasserie – *Höheweg 41 - ✆ 033 828 26 20 - www.victoria-jungfrau.ch - tlj sf merc. et jeu. - 64/111 CHF.* Une ambiance chaleureuse vous attend dans le restaurant de l'hôtel du même nom *(voir Hébergement)*, dont la salle Art Nouveau est ornée de boiseries et de plafonds peints.

Kinner's Restaurant Im Gade – *Höheweg 70 - ✆ 033 821 60 81 - fermé 15 nov.-15 déc. et lun. - 69/105 CHF.* Une bonne cuisine traditionnelle servie dans ce restaurant lumineux et un rien rustique à l'atmosphère charmante. Agréable terrasse. Spécialités de poissons.

À proximité

BUDGET MOYEN

Dorfstube – *Oberdorfstr. 3 - Wilderswil - 3 km au sud - ✆ 033 828 35 50 - fermé lun. (lun. et mar. de sept. à juin) - 46/84 CHF - 37 ch. 156 CHF ☕.* Le restaurant de l'hôtel Alpenblick propose dans une ambiance adaptée une cuisine régionale de bonne facture.

ACTIVITÉS

Excursions en bateau – Les nombreux services de navigation organisés pendant la saison, sur le lac de Thoune (embarcadère dans la gare d'Interlaken-West) et sur le lac de Brienz (embarcadère derrière la gare d'Interlaken-Ost ou à Bönigen) permettent à chacun d'organiser des périples jalonnés d'escales attrayantes, comme celle des cascades du **Giessbach★★**, ou de participer *(en juil.-août)* à des croisières nocturnes. *www.bls.ch.*

AGENDA

Voir l'Agenda dans la partie « Organiser son voyage », p. 35.

Grindelwald

★★

3 826 habitants – Canton de Berne

NOS ADRESSES PAGE 287

S'INFORMER

Office du tourisme de Grindelwald – *Verkehrsbüro - ✆ 033 854 12 12 - www.grindelwald.ch - de mi-mai à mi-oct. : lun.-vend. 8h-12h, 13h30-18h, sam. 8h-12h, 13h30-17h, dim. 9h-12h, 13h30-17h ; reste de l'année : fermé sam. apr.-midi et dim.*

SE REPERER

Carte de région C4 (p. 228-229) – *Carte Michelin Regional n° 551 M9.*
Grindelwald est situé à 20 km au sud-est d'Interlaken, 48 km au sud-est de Thoune.

SE GARER

Chaque mercredi soir en juillet-août, la rue principale, dans la partie haute de la station, est fermée à la circulation afin d'accueillir des concerts, des stands, des spectacles folkloriques, etc.

À NE PAS MANQUER

Le Bachalpsee, le Faulhorn, Schynige Platte, le Männlichen.

ORGANISER SON TEMPS

Les amateurs de randonnées n'auront pas trop d'une semaine pour exploiter toutes les possibilités de la région. Une journée ou deux peuvent suffire pour grimper sur l'un des sommets qui encadrent Grindelwald.

AVEC LES ENFANTS

La piste de luge d'été de Pfingstegg.

Dans un site inoubliable, face à l'Eiger, Grindelwald, le « village des glaciers », est la seule grande station d'altitude de la région de la Jungfrau accessible en voiture. À ce titre, elle attire des vacanciers, mais aussi une foule d'excursionnistes venus, pour la journée, de la région d'Interlaken. L'animation bigarrée qui règne dans la longue rue principale du bourg plonge l'arrivant dans une ambiance de capitale alpine.

Se promener

Domaine skiable

Le domaine de ski alpin, relié à celui de **Wengen** et de **Mürren**, comprend environ 200 km de pistes au total, desservies par 49 remontées mécaniques. Il comble surtout les skieurs de détente, avec de longues balades en pente modérée, ainsi que les contemplatifs, le cadre de montagne étant grandiose. Les fondeurs disposent de 35 km de boucles entre Grindelwald et Burglauenen, et les piétons ont un choix assez large d'itinéraires (80 km de chemins tracés), sans oublier presque 20 km de pistes de luge.

★★★ Site

Grindelwald associe le charme des prairies plantées d'arbres et semées de coquettes habitations à une grandiose barrière rocheuse allongée entre l'épaule du Wetterhorn et la pyramide de l'Eiger. Devant un tel spectacle, il est facile de comprendre la fortune de la station : alpinisme et ski alpin en haute montagne, ski de fond dans les bois et alpages se déployant entre les seuils de la Grande et de la Petite Scheidegg. En été, la randonnée devient le sport roi.

Randonnées Carte de région

Grindelwald constitue un admirable **centre de randonnées et d'alpinisme**, avec des possibilités d'excursions adaptées à tous les niveaux (300 km de sentiers au total, de 1 000 à 3 600 m d'altitude). Nous indiquons ci-dessous quelques itinéraires particulièrement remarquables. À noter également 160 km de chemins balisés pour la pratique du VTT.

★★ First C3

Accès en télécabine. Compter 1h30 AR dont 1h de télécabine. Excursion à combiner avec une randonnée (voir ci-dessous).

À l'arrivée du 3e tronçon *(alt. 2 168 m)*, gagner la terrasse panoramique du restaurant (table d'orientation). Magnifique **vue**★★ d'ensemble sur le bassin de Grindelwald dans son écrin de forêts et sur les cimes du Wetterhorn, du Schreckhorn, encerclé par les glaciers inférieur et supérieur de Grindelwald, du Grosser Fiescherhorn, de l'Eiger, de la Jungfrau et du Morgenhorn. Au nord-ouest s'étendent de paisibles alpages, très verts, au pied du Faulhorn (remarquer l'hôtel à son sommet).

★★★ Du First au Faulhorn C3

Accès au First par télécabine (voir ci-dessus). 2h20 de montée (500 m de dénivelée environ). Les promeneurs insuffisamment entraînés peuvent s'arrêter au Bachalpsee (50mn de marche facile).

Le **Bachalpsee**★★ constitue l'un des plus beaux lacs de Suisse. La **vue**★★ est resplendissante grâce aux reflets du cirque de montagnes. Des rives verdoyantes du lac se découvre la cime tranchante du Finsteraarhorn, encadrée par le Schreckhorn et le Fiescherhorn.

L'ascension du Faulhorn se fait sur un bon chemin, néanmoins assez raide. Au sommet *(alt. 2 681 m)*, on parvient à l'un des hôtels de montagne les plus élevés d'Europe et en tout cas le plus ancien (ouverture en 1832). **Panorama**★★★ sur tout l'Oberland bernois. Au sud, on découvre, en supplément de la vue du First, le Mönch et le Breithorn. Au nord, on surplombe les lacs de Brienz et de Thoune, au pied respectivement du Brienzerrothorn et du Niederhorn. Dans le lointain, un peu plus à l'est, remarquer le Pilate et le Rigi.

★★★ Du Faulhorn au Schynige Platte BC3

3h15 de marche, soit 600 m de dénivelée en descente. Excursion à entreprendre à la suite de la randonnée au Faulhorn, et réservée aux marcheurs entraînés. Temps sec et solides chaussures indispensables. Le retour à Grindelwald se fait en train (se renseigner au préalable sur les horaires).

Magnifique **sentier de crête** à l'intérêt panoramique toujours soutenu. Après une bonne heure de marche, à l'approche du restaurant Mädlenen, l'itinéraire, très rocailleux, devient fatigant et délicat. Il offre des **vues**★

Aux environs de Grindelwald.
I. Pompe/hemis.fr

rapprochées sur le lac de Sägistal et la formidable paroi du Faulhorn. Il traverse ensuite de paisibles **alpages** avant de révéler une **perspective**★★★ fabuleuse sur le massif de la Jungfrau, du Schreckhorn au Morgenhorn. En arrivant au Schynige Platte, les randonneurs ayant encore quelques forces découvriront le jardin alpin. 2

Descendre en chemin de fer à crémaillère à Wilderswil, puis prendre le train pour rentrer sur Grindelwald.

★★ Stieregg et Bäregg C3

Téléphérique au départ de Grindelwald vers Pfingstegg (durée 4mn). De Pfingstegg, compter 1h de montée pour atteindre le restaurant de Stieregg (260 m de dénivelée) et 1h supplémentaire pour le Bäregg (160 m de dénivelée).

Téléphérique : 033 853 26 26 - www.pfingstegg.ch - de déb. mai à mi-juin et de mi-sept. à fin oct. : 9h-17h30 ; de mi-juin à mi-sept. : 8h-19h - dép. ttes les 15mn - 18 CHF AR (-16 ans 9 CHF).

De Pfingstegg, **vue**★ d'ensemble sur Grindelwald et le secteur de **First**. Les amateurs de glisse peuvent s'adonner à la luge d'été.

Bon sentier évoluant à flanc de montagne. Après une demi-heure de marche, on découvre une **vue**★★ somptueuse sur le glacier inférieur de Grindelwald, et surtout le glacier « Fieschergletscher ». Remarquer les cascades dévalant des parois de l'Eiger.

L'itinéraire, plus pentu, est ensuite agrémenté par la flore (rhododendrons, myosotis, orchidées…) et la présence de moutons. Du restaurant Stieregg *(alt. 1 750 m)*, **vue**★★ encore plus impressionnante sur le cirque glaciaire dominé par le Grossfiescherhorn *(alt. 4 048 m)*.

Les bons marcheurs, chaussés correctement et non sujets au vertige, poursuivront en direction de Schreckhornhütte. Le cadre, toujours sauvage, présente une végétation et une flore de plus en plus abondantes. Après une succession de courts passages en montée et descente, le sentier grimpe franchement pour atteindre Bänisegg *(alt. 1 807 m)*. Dans un lacet à gauche, on découvre la longue langue glaciaire « Ischmeer ». **Site★★** grandiose de haute montagne dominé par le Finsteraarhorn *(alt. 4 274 m).*

Revenir sur ses pas (1h30 de descente).

De Pfingstegg, il est possible de poursuivre à pied, par un sentier en faible descente à flanc de montagne, jusqu'au **chalet de Milchbach** *(compter 1h).* L'itinéraire traverse le « paradis minéral de la Breitlouwina » (Gesteinparadies Breitlouwina), qui se caractérise par une diversité exceptionnelle de sédiments transformés il y a des millions d'années. Vue sur le glacier supérieur de Grindelwald, dans lequel une **grotte de glace** est aménagée. Les visiteurs garderont une forte impression des parois de glace bleues de cette grotte, dont la profondeur atteint presque 30 m. Compter encore 20mn pour descendre sur l'hôtel Wetterhorn, d'où un bus permet de rejoindre Grindelwald.

★★ Eigerwand C4

Accès à la station Eigergletscher (alt. 2 320 m) en train. Compter 2h de descente (700 m de dénivelée) jusqu'à Alpiglen. Se munir de bonnes chaussures. Ne pas quitter le chemin, qui traverse une zone de protection de la faune.

Descendre 100 m le long des rails, les traverser et prendre à droite l'itinéraire « Eiger-Trail ». Remonter quelques instants jusqu'au pied de l'Eiger. Le sentier longe, à travers des pâturages escarpés et des éboulis, de belles et immenses parois rocheuses et réserve des vues sur Grindelwald et le Wetterhorn. Il débouche, en pente raide, sur les alpages d'Alpiglen *(alt. 1 615 m).* Rentrer sur la station à pied ou en train.

★ Gorges du Glacier (Gletscherschlucht) C4

2,5 km par un chemin s'amorçant à l'extrémité du village après l'église, à droite, plus 30mn de visite.

033 854 12 12 - de déb. juil. à mi-août : 9h-18h (mar. et jeu. 21h) ; de mi-mai à déb. juil. et de mi-août à fin oct. : 10h-17h - fermé de nov. à avr. selon enneigement - 7 CHF (enf. 3,50 CHF).

Fissure rocheuse au fond de laquelle apparaît, réduit à une mince lame de glace, le mur terminal du glacier inférieur de Grindelwald.

★★★ Jungfraujoch B4

Compter une bonne journée pour cette excursion exceptionnelle en privilégiant le circuit ferroviaire complet de la Jungfrau (voir Interlaken).

★★★ Männlichen B4

Accès au départ de Grindelwald par la plus longue télécabine d'Europe (trajet de 6,2 km), située à 15mn à pied en contrebas du centre de la station. Compter 2h AR dont 1h de télécabine.

Télécabine : 033 854 80 80 - www.maennlichen.ch - juil.-août : 8h-17h30 ; oct. : 8h30-17h ; mai, juin et sept. : 8h15-17h30 ; de déb. déc. à fin janv. : 8h-16h ; de fin janv. à déb. avr. : 8h30-16h30 - fermé avr. et nov. - 53 CHF AR (-16 ans 26,50 CHF).

L'intérêt de ce sommet vaut surtout par les possibilités de promenades et randonnées offertes *(voir ci-dessous).*

De la plate-forme terminale *(alt. 2 227 m)*, gagner en quelques instants le belvédère dominant la vallée de Lauterbrunnen. **Panorama★★★** sur le triptyque mythique Eiger-Mönch-Jungfrau, l'étincelant Silberhorn, le Breithorn et, en contrebas, le village de Wengen, tandis qu'au nord repose le lac de Thoune.

Pour bénéficier d'un panorama parfait à 360°, monter en 20mn au sommet du Männlichen *(alt. 2 343 m).* La vue est notamment plus dégagée au nord.

★★ Du Männlichen à Kleine Scheidegg B4

Prendre la télécabine du Männlichen. 1h15 de marche très facile et agréable. 170 m de dénivelée en descente.

Vues★★ constamment superbes sur l'Eiger, le Mönch, la Jungfrau et le bassin de Grindelwald. *De Kleine Scheidegg, poursuivre avec la randonnée de l'Eigerwand ou rentrer à Grindelwald en train.*

★★ Eiger Trail Alpiglen-Eigergletscher

Prendre le train jusqu'à Alpiglen. 3h de marche. Pour marcheurs entraînés et bien équipés.

Ce magnifique sentier d'altitude longe le pied de la paroi nord de l'Eiger jusqu'au glacier (Eigergletscher), d'où l'on peut prendre le train pour redescendre sur Grindelwald.

NOS ADRESSES À GRINDELWALD

HÉBERGEMENT

PREMIER PRIX

Lehmann's Herberge – *Grindelwald - 033 853 31 41 - www.lehmanns-herberge.ch - P - 12 ch. - 90 CHF.* Un jeune et sympathique couple tient ce B&B qui fera le bonheur des petits budgets. Des chambres aux dortoirs, le confort est limité (sanitaires sur le palier au premier étage) mais la vue sur l'Eiger et le Männlichen est splendide depuis les chambres 5 et 10. En plein centre de Grindelwald.

BUDGET MOYEN

Alpenhof – *Grindelwald - 033 853 52 70 - www.alpenhof.ch - fermé nov. et plusieurs semaines après Pâques - P - 12 ch. - 208/258 CHF.* Vous apprécierez la vue sur les Alpes et le calme du lieu, au pied des pentes de ski. Un confort simple et moderne, des chambres sobrement arrangées et des produits gastronomiques issus de leur propre exploitation agricole.

POUR SE FAIRE PLAISIR

Gletschergarten – *Grindelwald - 033 853 17 21 - www.hotel-gletschergarten.ch - fermé avr.-mai et de déb. oct. à Noël - P - 26 ch. - 220/300 CHF.* Si vous recherchez une atmosphère plutôt intimiste, voire romantique, si vous rêvez de vous réchauffer au coin du feu au retour des randonnées ou des journées de ski, vous serez séduit par ce ravissant chalet fleuri tellement chaleureux, tout en bois, qui vous mettra à votre aise et vous dépaysera.

RESTAURATION

BUDGET MOYEN

Hilty Stübli *Kirchbühlstr. 23 - 033 854 40 80 - www.kirchbuehl.ch - fermé de déb. avr. à mi-mai et de fin oct. à déb. déc. - 42/75 CHF - 42 ch. 290/390 CHF.* Le restaurant de l'hôtel Kirchbühl propose une bonne cuisine rustique.

Chalet Hotel Alte Post – *Dorfstr. - 033 853 42 42 - www.altepost-grindelwald.ch - fermé nov.-déc. et merc. - 45/92 CHF.* Dans un chalet dont l'entrée est gardée par une antique diligence, ce restaurant sert une délicieuse cuisine de montagne. Savoureux fromage produit par la maison.

AGENDA

Voir l'Agenda dans la partie « Organiser son voyage », p. 35.

2

Brienz

★

2 996 habitants – Canton de Berne

NOS ADRESSES PAGE 290

S'INFORMER

Office de tourisme – *Hauptstr. 143 - 3855 Brienz - ✆ 033 952 80 80 - www.brienz-tourismus.ch - de mi-juin à mi-oct. : 8h-18h ; reste de l'année : lun.-sam. 8h-12h, 14h-17h - fermé 1er janv. et 25 déc.*

SE REPERER

Cartes de région C3 (p. 228-229) et de l'Oberland bernois est (p. 294) – *Carte Michelin Regional nº 551 M 8-9.*

22 km au nord-est d'Interlaken, 14 km à l'ouest de Meiringen, 52 km au sud de Lucerne.

À NE PAS MANQUER

La rive nord du lac de Brienz, le Brienzer Rothorn, le musée suisse de l'Habitat rural, les cascades du Giessbach.

ORGANISER SON TEMPS

Si Brienz ne mérite pas un long séjour, les curiosités dispersées dans les alentours méritent qu'on y consacre une journée.

AVEC LES ENFANTS

Le chemin de vie Schwanden et le musée suisse de l'Habitat rural (Ballenberg).

Posée au bord du lac de ce nom, face aux chutes du Giessbach, Brienz est l'une des stations estivales de l'Oberland bernois qui a le mieux conservé son cachet rural traditionnel. Capitale suisse de la sculpture sur bois depuis le début du 19e s., le bourg possède une école professionnelle (Schule für Holzbildhauerei), la seule du pays, qui assure la continuité de cette tradition, ainsi qu'une école de lutherie (Geigenschule). Plusieurs ateliers ouvrent leurs portes au public, qui peut ainsi voir les artisans au travail. Les plantigrades de toutes tailles, aux postures variées, vendus comme souvenirs à Berne, Interlaken ou Lucerne sortent, en majeure partie, des ateliers de Brienz.

Visiter

★ Jobin Living Museum

Hauptstr. 111 - ✆ 033 952 13 00 - www.jobin.ch - ♿ - juin-août : 8h-18h30, w.-end 9h-18h30 ; avr.-mai et sept.-oct. : 8h30-12h, 13h30-18h30, w.-end 9h-17h ; nov.-déc. : mar., jeu., vend. et sam. 13h30-17h - fermé janv.-mars et à Noël - 5 CHF - possibilité de visite guidée en français sur réservation (15 CHF).

Fondé en 1835, l'atelier Jobin perpétue la tradition locale de sculpture sur bois. Le visiteur peut assister librement au travail des artisans, qui œuvrent à la main ou sur machine, dans un espace lumineux et moderne. À l'étage, un petit musée expose les boîtes à musique, animaux en bois sculpté, chalets miniatures et ustensiles de cuisine qui ont fait la réputation de l'atelier et de la ville. La boutique du magasin vend une partie de la production maison, y compris des antiquités.

À proximité Carte de l'Oberland bernois est

★ Lac de Brienz

Moins grandiose et légèrement plus petit que son jumeau le lac de Thoune auquel il est relié par l'Aare, le lac de Brienz présente un aspect plus sauvage : ses versants boisés et assez escarpés sont ponctués de quelques villages typiques tandis que son eau passe pour être la plus propre des eaux de lacs de Suisse. D'Interlaken à Meiringen (30 km, environ 45mn), la route qui longe la rive nord mène à Ringgenberg, dont l'église baroque du 17e s. se dresse au bord du ressaut escarpé où s'est fixé le village (pour y accéder, tourner dans le chemin du débarcadère). De ses abords, jolies échappées sur le lac et sur les montagnes qui dominent immédiatement Interlaken. Le parcours, de Ringgenberg à Brienz, est encadré par le chaînon du Brienzer Rothorn et par les contreforts du Faulhorn.

★★★ Brienzer Rothorn

Accès par un des derniers trains à vapeur à crémaillère (face à la gare ferroviaire de Brienz). Ouvert juin-oct. Trajet de 7,6 km (1h de montée), puis quelques minutes de marche depuis la gare jusqu'au sommet. 72 CHF AR (enf. 36 CHF). Alt. 2 350 m.

Le magnifique tour d'horizon dont on profite, au sommet, englobe les Alpes bernoises, le lac de Brienz et le Hasli. Plusieurs randonnées possibles depuis le sommet.

2

Chemin de vie Schwanden

Départ près de l'administration communale de Schwanden (1 km à l'est). 1h30 à pied.

Quatorze sculptures sur bois pouvant atteindre 3,50 m de haut jalonnent ce circuit pédestre d'environ 4 km, situé sur la commune de Schwanden. Les sculptures ont été exécutées à partir de troncs de mélèzes par les élèves de l'École de sculpture sur bois de Brienz. Le chemin est balisé par des panneaux indicateurs en bois placés le long du parcours et reste ouvert toute l'année. Même démarche sur le sentier de randonnée **d'Axalp au lac d'Hinterburg** : chaque été, dans l'alpe du petit lac d'Hinterburg, au sud du lac de Brienz, des sculpteurs sur bois transforment les souches d'arbres abattus par les avalanches et l'ouragan Lothar en objets d'art, touchant au monde animal, de la chasse et de la nature.

★★ Musée suisse de l'Habitat rural à Ballenberg

2,5 km à l'est. Préférer l'entrée ouest à l'entrée est (route de Brünig) : quitter Brienz à l'est par la route de Hofstetten se détachant, à gauche, de la rue principale (suivre la direction Freilichtmuseum). Laisser la voiture au très vaste parc de stationnement.

033 952 10 30 - www.ballenberg.ch - ♿ - de mi-avr. à fin oct. : parc 9h-18h ; musée 10h-17h - 20 CHF.

Un car postal assure la **navette** entre les entrées ouest et est, et relie le parc à Brienz (départ de la gare).

Dans un immense et splendide site boisé réservé aux piétons, ce musée de plein air inauguré en 1978 dissémine sur environ 80 ha une centaine de bâtiments du 16e s. au 19e s. qui étaient condamnés à disparaître : maison paysanne du Jura suisse ou d'Argovie, maison à colombages de Richterswil, chapelle du Valais, chalet d'alpage, maison d'habitation du Tessin… L'originalité de ce musée privé est de présenter des architectures authentiques, provenant de presque tous les cantons du pays. À l'intérieur, le mobilier original a été préservé. Dans les ateliers, des artisans font la démonstration de métiers à la manière d'autrefois : sculpture sur bois, vannerie, fromagerie d'alpage, boulangerie, forge, passementerie, récolte de résine, etc. Les visiteurs qui le souhaitent peuvent même mettre la main à la pâte ! Les enfants, quant à eux, se distrairont au contact des 250 animaux de ferme réunis dans un enclos. La visite constitue une promenade instructive, et très agréable par beau temps. Des aires de jeux et de pique-nique sont prévues. Le site comprend trois auberges où sont servis des plats traditionnels ainsi que des magasins vendant de l'artisanat généralement fabriqué sur place.

★★ Cascades du Giessbach (Giessbachfälle)

Accès par le funiculaire de Giessbach (à 8 km au sud de Brienz).
Au départ de Brienz (embarcadère de Brienz-Bahnhof) : environ 2h AR, dont 45mn de bateau et de funiculaire.
Au départ d'Interlaken (embarcadères d'Interlaken-Brienzersee ou de Bönigen) : environ 4h AR, dont 2h de bateau et de funiculaire.
Impressionnant ensemble de chutes dans un cadre très boisé.

NOS ADRESSES À BRIENZ

HÉBERGEMENT

BUDGET MOYEN

Lindenhof – *Lindenhofweg 15 - 033 952 20 30 - www.hotel-lindenhof.ch - fermé de déb. janv. à mi-mars - 71 ch. 180/310 CHF . rest. 40/69 CHF (fermé lun.-mar. en mars-avr. et nov.-déc.).* Bel hôtel calme, composé de six bâtiments dominant le village. Les chambres, décorées chacune sur un thème différent, donnent en partie sur le lac. Le restaurant dispose d'un restaurant alpin, véranda et terrasse, également avec vue sur le lac.

RESTAURATION

POUR SE FAIRE PLAISIR

Le Tapis Rouge – *Dans le Grandhotel Giessbach - 033 952 25 25 - www.giessbach.ch - fermé de mi-oct. à mi-avr. - 82/122 CHF.* Cuisine dans une atmosphère classique et élégante. Sur la terrasse, vous prendrez vos repas avec une vue magnifique sur le lac et les cascades.

Meiringen

★

4 489 habitants - Canton de Berne

NOS ADRESSES PAGE 297

S'INFORMER

Office du tourisme de Meiringen – *Bahnhofstr. 22 - 3860 Meiringen - ✆ 033 972 50 50 - www.alpenregion.ch - lun.-vend. 9h-12h, 14h-18h, sam. (de mi-mai à fin oct.) 8h-12h, 15h-17h30, dim. (juil.-août) 15h-17h.*

SE REPERER

Cartes de région C3 (p. 228-229) et de l'Oberland bernois est (p. 294) – *Carte Michelin Regional n° 551 N9.*

30 km à l'est d'Interlaken, 14 km à l'est de Brienz, 52 km au sud de Lucerne.

À NE PAS MANQUER

Planplatten, les routes du Susten et du Grimsel, les gorges de l'Aare, les gorges glaciaires de Rosenlaui.

ORGANISER SON TEMPS

Compter une journée pour visiter Meiringen et ses proches environs, et autant pour faire le circuit des Trois Cols.

AVEC LES ENFANTS

Les gorges de l'Aare, les chutes de Reichenbach.

Un parfum de vieille Angleterre flotte dans ce bourg, fréquenté par les touristes dès l'avènement de l'automobile. Sir Arthur Conan Doyle (1859-1930), le père de Sherlock Holmes, fut le plus éminent d'entre eux. Le flegmatique détective a désormais sa statue en bronze, œuvre du sculpteur anglais John Doubleday, dans le square qui porte son nom. Station de ski en hiver, Meiringen est, en été, un point de départ pour des excursions vers les gorges de l'Aare, les chutes de Reichenbach, mais aussi les routes du Grimsel et du Susten.

Se promener

Musée Sherlock-Holmes (Sherlock Holmes Museum)

Bahnhofstr. 26 - Conan Doyle Place - ✆ 033 971 42 21 - www.sherlockholmes.ch - mai-sept. : tlj sf lun. 13h30-18h ; oct.-avr. : merc.-dim. 16h30-18h - fermé 1er janv., 24 et 25 déc. - 4 CHF, billet combiné avec les chutes de Reichenbach 10 CHF (enf. 7 CHF).

Cette reconstitution de la salle de séjour londonienne du 221 B Baker Street rassemble des souvenirs du fin limier et de son fidèle compagnon, le docteur Watson. Holmes disparut en 1891 dans les chutes de Reichenbach, poussé par le professeur Moriarty. Heureusement pour les lecteurs et sous leur pression, Conan Doyle fit ressusciter son héros quelques années plus tard.

2

Église (Kirche)
L'église se dresse dans la partie haute du village, où quelques maisons de bois rappellent le souvenir du vieux Meiringen, ravagé par des incendies en 1879 et 1891.
Succédant à différentes constructions dévastées et remblayées par les débordements catastrophiques de l'Alpbach – torrent dont on remarque, en arrière, la cascade – l'église actuelle (1684) est le cinquième sanctuaire édifié à cet endroit. Son clocher roman isolé, d'allure imposante, compte ainsi aujourd'hui 7 m en sous-œuvre.
Au cours de travaux de restauration ont été dégagés les vestiges du sanctuaire primitif du 11e s. (crypte actuelle) et, dans l'église haute, une série de fresques romanes (scènes de l'Ancien Testament).

À proximité Carte de région

★★ Planplatten C3
Accès en 1h par téléphérique depuis Meiringen, puis par télécabine (3 tronçons). 033 972 51 10 - www.meiringen-hasliberg.ch - de fin mai à mi-oct. : 8h30-17h ; de mi-déc. à mi-avr. : 8h-17h - fermé de mi-oct. à mi-déc. et de mi-avr. à fin mai - 54 CHF AR. Alt. 2 245 m.
Beau **parcours★★**, avec le survol d'agréables alpages et de forêts. À l'arrivée, sortir à droite pour gagner la table d'orientation. Magnifique **panorama★★**, très varié, à l'est sur les sommets de Rhonestock, Sustenhorn, et des Wendenstöcke, au sud sur les Alpes bernoises étincelantes et toujours enneigées (Wetterhorn, Schreckhorn, Finsteraarhorn), à l'ouest sur le lac de Brienz et au nord sur le Glogghüs, dominant le domaine de Meiringen.
Planplatten est une base de lancement privilégiée pour la pratique des sports aériens (parapente, deltaplane). C'est surtout un point de départ exceptionnel pour faire des randonnées de tous niveaux. Les marcheurs moyennement entraînés se contenteront de la découverte des lacs Tannensee et Melchsee *(compter 5h de marche aisée)*. Les plus endurants feront la boucle ci-après, admirable, mais nécessitant une bonne condition physique.
★★★ Randonnée des lacs et à Hochstollen – *Partir bien équipé de bon matin de Planplatten pour ne pas rater la dernière cabine à la descente. Compter 5 à 6h de marche selon l'option choisie, sans les pauses.* Gagner en 1h le Balmeregg (2 255 m) par un sentier à flanc de montagne. **Vue★★** sur les 3 lacs (Engstlen, Tannen et Melch), le Titlis et les Wendenstöcke. Joli **sentier de crête★★** vers **Tannensee★**, puis chemin plat jusqu'au **Melchsee★** *(compter 1h30 ; pour gagner une petite heure, on peut descendre directement de Balmeregg sur Melchsee).*
Longer en 30mn le Melchsee par la gauche ; à l'extrémité, paysage de carte postale avec de magnifiques **reflets★★** du Titlis. Monter à gauche au petit lac de **Blausee★**. L'itinéraire devient nettement plus pentu et atteint en une petite heure le **col d'Abgschütz** (2 263 m), d'où se révèle une **vue★★** déjà resplendissante. Mais il faut monter en 45mn au **Hochstollen** (2 481 m, marqués par une croix), au prix d'une ascension très raide et assez impressionnante, pour bénéficier d'un **tour d'horizon★★★** grandiose. Perspective exceptionnelle sur les lacs et vues sur l'Oberland bernois, de l'Eiger au Finsteraarhorn. Descente panoramique en direction de Käserstatt jusqu'au sommet d'un télésiège (atteint en 30mn). Bifurquer alors bien à gauche : un sentier court à flanc de montagne, puis rejoint un chemin descendant sur Mägisalp (1 689 m ; compter 45mn). *Prendre la télécabine puis le téléphérique pour regagner le parking.*

Circuits conseillés Carte de l'Oberland bernois est

★★★ ROUTE DU SUSTEN

Itinéraire de 50 km de Meiringen au col du Susten – voir le circuit 1 tracé en vert sur la carte de l'Oberland bernois est (p. 294) – compter 1h30.

Construite de 1938 à 1945 entre Wassen et Innertkirchen, la route du Susten (du français « souste » : entrepôt de marchandises), la première des grandes chaussées alpestres de Suisse qui ait été étudiée pour la circulation automobile, est un chef-d'œuvre de génie civil, qu'il faut apprécier par beau temps.

Depuis Meiringen, suivre la route du Grimsel jusqu'à Innetkirchen, puis prendre la direction Sustenpass. La vallée de Gadmen commence 4 km après Innetkirchen.

Quelques kilomètres avant Nessental, au niveau d'un pont, bifurquer à gauche pour prendre une petite route à péage *(détour qui se justifie surtout pour les amateurs de randonnées ; Engstlenalp occupe une position en cul-de-sac au fond de la vallée de Gental)*, qui monte dans la forêt et traverse de beaux alpages, où paissent des vaches. On découvre peu à peu, derrière soi, des **perspectives★★** remarquables sur l'Oberland bernois (Finsteraarhorn, Wetterhorn).

★ Engstlenalp

Au parking terminal, plusieurs randonnées de premier ordre sont à recommander. Gagner en 10mn de télésiège le très beau lac **Engstlensee★★**, puis accéder au **col de Joch★★** *(alt. 2 207 m)*, secteur équipé d'une piste de VTT.

On peut également se rendre en télésiège au **Trübsee★★** *(voir Engelberg)* et au **Titlis★★★** *(voir ce nom ; prévoir alors une grande journée)*, ou bien opter pour les lacs **Tannensee★**, **Melchsee★** et **Blausee★** *(2h de marche facile à l'aller, 1h45 au retour).*

Rejoindre la vallée de Gadmen pour poursuivre l'itinéraire.

★★★ Lac glaciaire de Trift

Au lieu-dit Schwendi, 3 km avant Gadmen (entre Vessental et Furen), accès en téléphérique depuis Talstation (10mn). ✆ 033 982 26 26 - www.grimselwelt.ch - de mi-juin à mi-oct. : 9h-16h (juil.-août 8h-17h) - 22 CHF AR (enf. 12 CHF).

Une randonnée à ne manquer sous aucun prétexte ! Compter dix minutes de téléphérique jusqu'à la station sommitale de Bergstation, puis 1h30 de marche jusqu'au lac.

Le point d'orgue de la randonnée reste le passage du **pont suspendu★★★**, d'inspiration himalayenne, qui domine une impressionnante gorge de 70 m de profondeur et permet d'admirer le lac et le glacier du Trift (1 870 m). Sujets au vertige s'abstenir ! Bonnes chaussures indispensables. Du pont, on peut rebrousser chemin et regagner le téléphérique ou, pour les bons marcheurs, rejoindre Guttanen en 6h30.

★ Lacet de Gletscher

Aménagé en terrain très escarpé, le lacet de Gletscher forme un **belvédère★** au-dessus du Bas-Gadmental et des escarpements ruiniformes grandioses de la Gadmerflue et des Wendenstöcke.

★ Steingletscher

1 km avant Himmelrank.

L'énorme coulée du Steingletscher vient mourir sous une masse de dépôts morainiques rougeâtres ; la tranche du glacier réapparaît cependant sur les rives d'un petit lac, où flottent souvent quelques icebergs miniatures.

Depuis l'hôtel Steingletscher, le sentier-découverte de Steinalp rejoint le glacier en 2h de marche AR. Les automobilistes peuvent aussi y accéder par une petite route payante (15mn à pied depuis le parking d'arrivée).

★★ Himmelrank

Les constructeurs de la route ont baptisé « virage du Paradis » ce lacet qui offre un beau **point de vue**★★ sur la combe verdoyante de Gadmen, en aval, et sur les sommets glacés des Sustenhörner (Sustenhorn, Gwächtenhorn), en amont. Les 4 km qui séparent Himmelrank de l'entrée ouest du tunnel de faîte sont un émerveillement continuel et doivent être parcourus à l'allure la plus réduite possible.

★★ Col du Susten (Sustenpass)

Grand parking à l'entrée ouest du tunnel (versant bernois). Col ouvert mai-oct., selon l'enneigement.

La route atteint son point culminant (2 224 m) dans le tunnel de faîte, long de 325 m, percé sous le col géographique *(alt. 2 259 m).*

La montée se fait facilement à pied, conduisant aux plus beaux **sites**★★★ qui s'offrent désormais, sur ce versant bernois.

★ ROUTE DU GRIMSEL

Itinéraire de 33 km de Meiringen au col du Grimsel – voir le circuit 2 tracé en vert sur la carte de l'Oberland bernois est (ci-dessous) – compter 1h30.

La route du Grimsel, qui remonte de la haute vallée de l'Aare (Haslital), s'ouvre dans un décor de roches moutonnées, polies par les anciens glaciers. Mais, à chaque palier de la vallée, barrages et centrales électriques rappellent la civilisation.

À la sortie de Meiringen, la vallée est obstruée par la bosse rocheuse du Kirchet, que tranchent les gorges de l'Aare, invisibles de la route. Le bassin parfaitement nivelé d'Innertkirchen est dominé par les grands escarpements du Burg et la pyramide du Bänzlauistock.

★★ **Gorges de l'Aare** (Aareschlucht)
À la sortie de Meiringen, en direction d'Innertkirchen par la route n° 6 ; à gauche après le pont sur l'Aare. 3 km à pied AR et 1h de visite.
www.aareschlucht.ch - de Pâques à fin oct. : 9h-17h (juil.-août 8h-18h avec des visites nocturnes merc. et jeu.) - 7,50 CHF (enf. 4 CHF), billet combiné avec les chutes de Reichenbach (13 CHF, enf. 9 CHF) ou avec un retour en train à Meiringen.
Les gorges sciées par l'Aare dans le « verrou » du Kirchet, entre Meiringen et Innertkirchen, sont l'une des curiosités naturelles les plus populaires de l'Oberland bernois.
Les galeries de circulation donnent immédiatement accès à la partie la plus étranglée des gorges, dont les parois, tantôt rigoureusement verticales, tantôt curieusement excavées et polies par le travail de l'érosion (on peut observer des roches moutonnées et de nombreux vestiges de « marmites d'érosion »), produisent une forte impression. Beaucoup plus étrange cependant est la lumière diffuse qui baigne le fond de cette fissure où file, d'un seul élan, presque silencieuse, la puissante coulée vert jade de l'Aare.
Au bout d'environ 1,5 km, en vue d'une cascade affluente, on atteint la sortie amont des gorges. Revenir par le même chemin ou le sentier forestier (au niveau du dernier lacet avant Innertkirchen).

Guttannen
C'est la seule agglomération de l'Oberhasli digne du nom de village. Son **musée des Cristaux** (Kristallmuseum) présente une collection remarquable de quartz fumés et de cristaux de roche, et une grande variété de minéraux.
☎ 033 973 12 47 - ♿ - juin-sept. : tlj sf w.-end 8h-17h ; reste de l'année : w.-end sur réservation - 3 CHF.
La montée se poursuit, par paliers, dans un **cadre★★** de roches moutonnées verdâtres et de névés féconds en cascades : en certains endroits, la route, taillée dans d'énormes bancs de granit clair, paraît avoir été ouverte la veille par un gigantesque burin.

Cascade de la Handegg (Handeggfall)
Depuis le parking du funiculaire de Gelmerbahn, un chemin et un pont mènent à la cascade.
L'Arlenbach et l'Aare confondent leurs eaux dans une chute disposée en Y, qui s'écrase au fond d'une étroite gorge. À la nappe turquoise du **lac-réservoir de Räterichsboden** succède le grand lac artificiel du Grimsel, dont deux barrages ancrés sur le rognon rocheux intermédiaire du Nollen retiennent les eaux troubles. La **vue★** peut atteindre, dans l'axe de la vallée noyée, au dernier plan, les crêtes du Finsteraarhorn (alt. 4 274 m – point culminant des Alpes bernoises).

★★ **Funiculaire de Gelmer** (Gelmerbahn)
Au départ de Handegg. De déb. juin à mi-oct. : 9h-16h (juil.-août 8h-17h si la météo le permet) - 25 CHF AR (enf. 15 CHF AR, 2e enf. gratuit).
Inauguré en 1926 mais ouvert au public depuis 2001 seulement, le funiculaire le plus pentu du monde grimpe en dix minutes dans un parcours vertigineux, jusqu'au **lac de Gelmer** (Gelmersee), enchâssé dans la montagne. Arrivé en haut, le promeneur a le choix entre faire le tour du lac (1h45) et rejoindre le refuge de Gelmer (Gelmerhütte, 2h).

★★ **Col du Grimsel** (Grimselpass)
Col ouvert mai-oct., selon l'enneigement. Alt. 2 165 m.

Un « lac des Morts » rappelle les combats qui opposèrent ici Autrichiens et Français en 1799. De la butte qui s'élève derrière l'hôtel Grimselblick, la **vue★★** embrasse la région désertique des sources du Rhône – l'hôtel Belvédère, près du glacier du Rhône, est le seul établissement humain visible – avec, de gauche à droite, le casque neigeux du Galenstock, le front du glacier du Rhône, la trouée de la Furka et les longues crêtes émoussées et monotones qui s'allongent entre le Haut-Valais et la vallée piémontaise du Toce. Vers le nord-ouest, on remarque, au dernier plan, la paroi du Lauteraarhorn *(alt. 4 042 m)*.

★★ VALLÉE DE ROSENLAUI (Rosenlauital)

Itinéraire de 14 km – voir le circuit 3 tracé en vert sur la carte de l'Oberland bernois est (p. 294) – compter 1h par un chemin de montagne étroit.
Quitter Meiringen par la route du Grimsel. Après le pont sur l'Aare, dans un croisement, tourner à droite et laisser la voiture à la station inférieure du funiculaire de Reichenbach.

★ Chutes de Reichenbach (Reichenbachfälle)

30mn à pied AR dont 10mn de funiculaire.
Funiculaire : 033 972 90 10 - www.reichenbachfall.ch - de mi-mai à déb. oct. : 9h-11h45, 13h15-17h45 (juil.-août : 9h-18h) - dép. ttes les 15mn - 8 CHF, billet combiné avec les gorges de l'Aare 13 CHF (enf. 9 CHF) ou avec le Sherlock Holmes Museum 10 CHF (enf. 7 CHF).
Après avoir franchi les chutes inférieures du torrent par un viaduc, le funiculaire aboutit bientôt à une terrasse-belvédère d'où l'on peut admirer la grande cascade de Reichenbach dont un ressaut rocheux pulvérise, à mi-hauteur, le jet puissant, formant un panache vaporeux. Les chutes impressionnèrent fortement Conan Doyle, qui choisit d'y faire mourir son héros Sherlock Holmes, poussé dans l'abîme par son ennemi juré, le professeur Moriarty.
À Willigen, tourner à droite dans la route de Rosenlaui qui, durement sinueuse, pénètre dans la vallée solitaire du Reichenbach. Bientôt apparaissent, en avant, de gauche à droite, le glacier de Rosenlaui, le Wellhorn et le Wetterhorn.
Un pont sur le lit corrigé du Reichenbach précède l'arrivée dans les prairies de Gschwandtenmad, d'où la **vue★★★** est saisissante : au-delà d'un premier plan de sapins et à droite du glacier de Rosenlaui s'élève l'épaule rocheuse du Wellhorn, flanquant le cône glacé du Wetterhorn dressé au-dessus de la dépression de la Grande Scheidegg, large seuil qui permet aux piétons de passer de Rosenlaui à Grindelwald.
La station d'alpinisme de **Rosenlaui**, qui se réduit à un établissement hôtelier isolé, a donné son nom à une célèbre école d'escalade au sein de laquelle ont été formés plusieurs guides, en vue de la conquête de l'Himalaya.

★★ Gorges du Glacier (Gletscherschlucht)

Accès possible en car postal. 45mn de visite. 033 971 24 88 - www.rosenlauischlucht.ch - juin-sept. : 9h-18h ; mai et oct. 10h-17h - 7 CHF (enf. 3,50 CHF).
La Weissenbach, torrent de fonte du glacier de Rosenlaui, a creusé ici d'impressionnantes gorges glaciaires, qui atteignent jusqu'à 70 m de profondeur. L'érosion a sculpté la roche jusqu'à lui faire prendre des formes surprenantes : on reconnaît une tête d'éléphant, un dôme de cathédrale et même le

profil du général de Gaulle. Le sentier, réaménagé récemment, surplombe les parois vertigineuses d'où l'on voit, en contrebas, l'eau rugissante écumer à gros bouillons. Prévoir un vêtement de pluie.

En arrivant à **Schwarzwaldalp**, terminus de la route carrossable, c'est une surprise de découvrir, à une altitude où la seule rencontre plausible est celle des conifères, un versant entièrement planté d'érables.

NOS ADRESSES À MEIRINGEN

HÉBERGEMENT ET RESTAURATION

BUDGET MOYEN

Victoria – *Bahnhofplatz 9 - ✆ 033 972 10 40 - www.victoria-meiringen.ch - fermé avr. - 18 ch. - 170/250 CHF ☕ - rest. 49/69 CHF.* Petit hôtel familial situé près de la gare. Chambres propres au confort moderne. Service parfait et décor de sculptures et de tableaux. Au restaurant, choix entre menu dégustation, carte internationale et cuisine type bistrot.

Alpbach – *Kirchgasse 17 - ✆ 033 971 18 31 - www.alpbach.ch - fermé de déb. nov. à mi-déc. - 33 ch. - 190/270 CHF ☕ - rest. 53/95 CHF.*Cet établissement familial situé dans le centre propose des chambres fonctionnelles, voire très confortables pour certaines. Restaurant rustique bien accueillant.

Le Valais 3

Carte Michelin Regional n° 552 – Canton du Valais

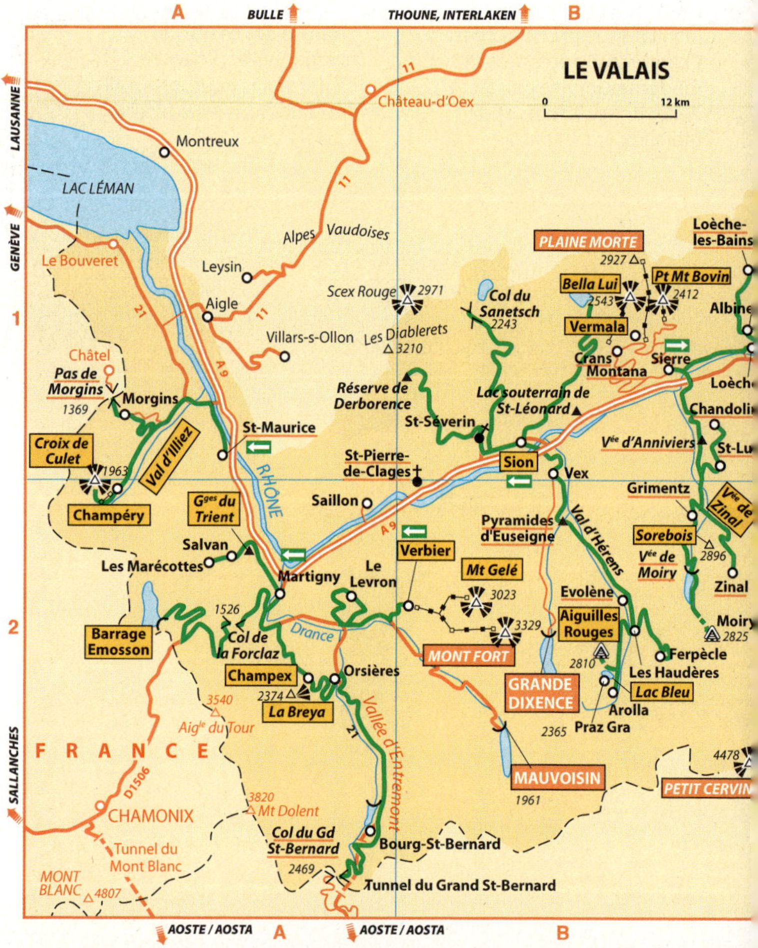

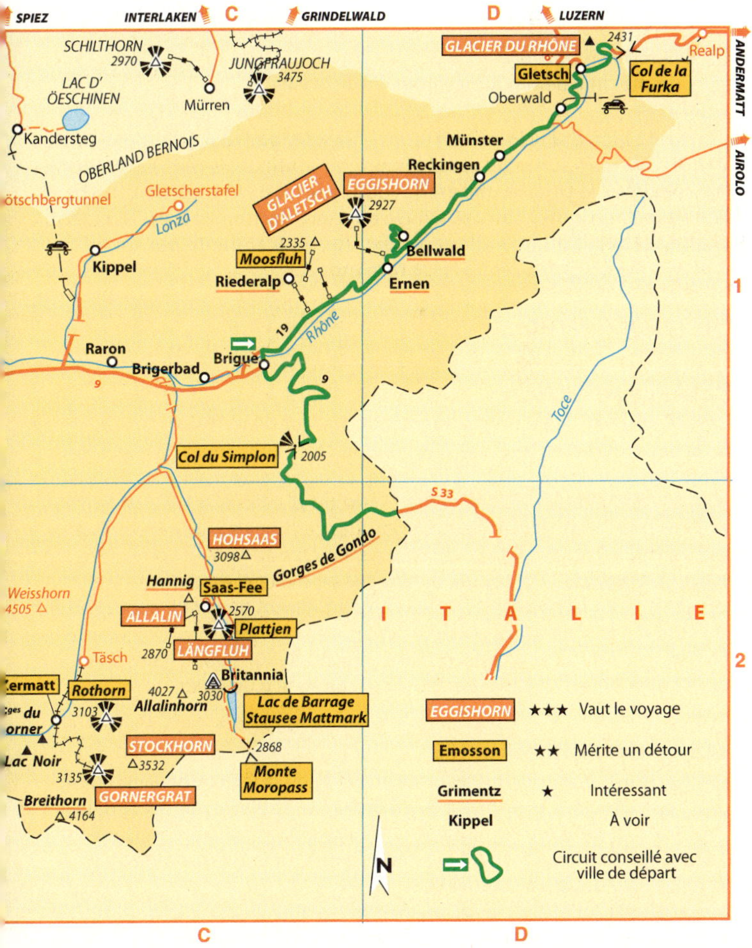

SPIEZ
INTERLAKEN
GRINDELWALD
LUZERN
ANDERMATT
AIROLO
C
D
1
2
SCHILTHORN
2970
LAC D'
ÖESCHINEN
JUNGFRAUJOCH
3475
Mürren
Kandersteg
OBERLAND BERNOIS
ötschbergtunnel
Gletscherstafel
Lonza
Kippel
GLACIER D'ALETSCH
EGGISHORN
2927
2335
Moosfluh
Riederalp
Bellwald
Ernen
Rhône
19
Raron
Brigerbad
Brigue
9
Col du Simplon
2005
S 33
Toce
HOHSAAS
3098
Gorges de Gondo
Hannig
Saas-Fee
2570
Weisshorn
4505
ALLALIN
Plattjen
2870
LÄNGFLUH
Täsch
Britannia
3030
Zermatt
Rothorn
3103
4027
Allalinhorn
Lac de Barrage
Stausee Mattmark
STOCKHORN
3532
2868
Monte
Moropass
Lac Noir
3135
Breithorn
4164
GORNERGRAT
GLACIER DU RHÔNE
2431
Realp
Gletsch
Col de la Furka
Oberwald
Münster
Reckingen
ITALIE
EGGISHORN ★★★ Vaut le voyage
Emosson ★★ Mérite un détour
Grimentz ★ Intéressant
Kippel À voir
Circuit conseillé avec ville de départ
N

Saint-Maurice

★

4013 habitants – Canton du Valais

NOS ADRESSES PAGE 304

S'INFORMER

Saint-Maurice Tourisme – *1 av. de Terreaux - BP 110 - 1890 St-Maurice - ✆ 024 485 40 40 - www.st-maurice.ch - lun.-vend. 9h-12h, 15h-18h (sf lun. mat.), sam. 9h-12h (slt juin-oct.).*

SE REPERER

Carte de région A1 (p. 298-299) – *Carte Michelin Regional n° 552 G11.*
41 km à l'ouest de Sion et 57 km au sud-est de Lausanne.

À NE PAS MANQUER

Le trésor de l'abbaye.

ORGANISER SON TEMPS

Compter une demi-journée pour visiter la ville.

Blottie au pied d'une immense falaise, Saint-Maurice n'est qu'une toute petite ville, mais son riche passé historique continue de faire sa célébrité. Habitée dès l'Antiquité, elle est devenue à la fin du 3e s. apr. J.-C. un haut lieu de la chrétienté. Son abbaye, le plus ancien monastère d'Occident, abrite aujourd'hui un collège-lycée réputé, fréquenté par un millier d'élèves venus de toute la Suisse romande.

Se promener

Basilique de l'abbaye

✆ 024 486 04 04 - www.abbaye-stmaurice.ch - mar.-sam. 7h-12h, 13h30-21h.
Si le beau **clocher★** à flèche de pierre est du 11e s. (13e s. pour la flèche), l'église actuelle date du début du 17e s. Elle a été restaurée entre 1946 et 1949 puis en 2005 (avant-chœur). La nef, très sobre, est voûtée d'arêtes et éclairée de fenêtres hautes. Dans l'avant-chœur aménagé lors des derniers travaux a été replacé un ambon (chaire) carolingien. Le chœur lui-même, assez vaste, est orné de belles **stalles baroques** (1706) sculptées dans du noyer. L'autel est orné d'une mosaïque de Maurice Denis représentant le couronnement de saint Maurice (1920). Du côté est se succèdent plusieurs chapelles latérales, ornées, comme le chœur, de splendides vitraux d'Edmond Bille (1950). L'édifice possède des catacombes, que l'on peut visiter sous la conduite d'un guide.

LE MARTYRE DE MAURICE

À la fin du 3e s., une légion recrutée en Afrique – la légion thébaine – que commande Maurice, est massacrée à proximité de la ville pour avoir refusé d'adorer les dieux de Rome. Cet événement a dans toute la chrétienté un immense retentissement. Dès le siècle suivant, une communauté assume la garde du tombeau des martyrs.

La châsse de Saint-Maurice.
Abbaye de Saint-Maurice

★★ Trésor de l'abbaye

024 486 04 04 - www.stmaurice.ch - visite guidée uniquement - juil.-août : à 10h30 (sf dim.), 14h et 15h15 ; le reste de l'année : à 14h45 sur réservation) - fermé lun. sf Pâques et Pentecôte - 6 CHF (-16 ans 3 CHF), billet combiné avec les fouilles archéologiques du Martolet et le tombeau de saint Maurice.

Le trésor est l'un des plus importants trésors ecclésiastiques de la chrétienté. Une excellente présentation met en valeur les pièces d'orfèvrerie exceptionnelles, qui datent des époques mérovingienne, carolingienne, romane, gothique, baroque et moderne.

Parmi les objets les plus anciens, signalons tout particulièrement un vase de Sardonyx décoré de plusieurs scènes empruntées à la mythologie grecque, le coffret mérovingien de Teudéric, fait d'or, de perles et d'intailles, l'aiguière d'or du 9e s., dite de Charlemagne, dont les émaux semblent relever de la plus pure technique orientale, la **châsse de saint Maurice**, dont divers éléments de décoration – Christ en majesté, Vierge, anges et apôtres – appartenaient sans doute à un retable du 12e s. en argent repoussé et doré (les médaillons du toit de la châsse évoquent en six scènes l'histoire du péché originel).

Deux autres châsses, des 12e et 13e s., le buste-reliquaire de saint Candide, au noble regard (sur le socle, son martyre par décapitation), et le reliquaire-ostensoir donné par Saint Louis, complètent cet ensemble d'une valeur inestimable.

Fouilles du Martolet

Voir les conditions de visite du Trésor de l'abbaye ci-dessus.

Près du clocher, au pied même du rocher qui domine l'abbaye, des fouilles ont permis de dégager les soubassements des édifices qui, dès le 4e s., ont précédé l'église actuelle et dont le plan apparaît très nettement. On observe également les vestiges d'un baptistère et un gracieux cloître moderne de style roman (quelques chapiteaux anciens réemployés).

UNE ABBAYE POUR SAINT MAURICE
La fondation de l'abbaye par le roi de Bourgogne, Sigismond, en 515, répond au désir de perpétuer le souvenir de Maurice et de ses compagnons. Richement dotée dès son origine, l'abbaye attire de nombreux fidèles durant tout le Moyen Âge. Désormais le destin de la ville est lié à celui de son monastère.
Au 9e s., elle prend le nom de son illustre patron. En 1125, elle accueille des chanoines réguliers de l'ordre de St-Augustin et célèbre chaque année avec ferveur l'anniversaire de la mort des martyrs de la légion thébaine (le 22 septembre).
Au cours des siècles, l'abbaye se transforme et s'agrandit; un riche trésor, constitué par les dons des pèlerins et des princes chrétiens, est peu à peu rassemblé.

Il est possible de visiter les « catacombes », étroites galeries souterraines conduisant aux cryptes et au tombeau de saint Maurice.

Château

✆ 024 485 24 58 - www.expochateau.ch - mai-nov. : tlj sf lun. 13h-18h - 8 CHF (-16 ans 3 CHF).
Bâti à partir du 16e s. sur un rocher dominant le Rhône et contre la falaise boisée du versant est des dents du Midi, ce compact petit château, à « donjon » carré et ceinture de bastions, est devenu au 19e s. partie intégrante des fortifications Dufour (du nom du général suisse). Élevées en 1831, ces fortifications visaient à défendre la Confédération, car on craignait à l'époque une guerre en Europe. Le château abrite une galerie où, de mai à octobre, sont présentées des expositions temporaires sur l'histoire culturelle de la région.

Grotte aux Fées

Accès par le sentier en forte montée se détachant à hauteur du château et du pont sur le Rhône, à l'entrée nord de la ville - ✆ 024 485 10 45 - www.grotteauxfees.ch - juil.-août. : 10h-18h; de déb. sept. à mi-nov. et de mi-mars à fin juin : 10h-17h - possibilité de visite guidée (1h) et de chasse au trésor pour les enf. - 8 CHF (enf. 5 CHF).
Cette grotte est constituée par une galerie naturelle d'environ 900 m qui conduit à une cascade et à un lac souterrain. De la terrasse du restaurant tout proche, on découvre une belle **vue★** sur le site de St-Maurice et sur la dent de Morcles.

Circuit conseillé Carte de région

★ VAL DE MORGINS

Itinéraire de 42 km de St-Maurice au Pas de Morgins en passant par Monthey et Champéry – voir l'itinéraire tracé en vert sur la carte de région (p. 298-299) – compter 2h30. Contrôle douanier suisse aux abords du Pas; contrôle douanier français à Vonne.
Quitter St-Maurice au nord pour rejoindre Monthey. Prendre ensuite au sud la route de Champéry.
Seule voie internationale de transit du massif préalpin du Chablais, la route du Pas de Morgins, reliant les vallées pastorales d'Abondance et de Morgins,

toutes parsemées de grands chalets, se présente sur le versant du Valais comme une route moderne dont le tracé offre des vues multiples sur les crêtes des dents du Midi.
Au départ de Monthey, la route s'élève rapidement, en lacet, au-dessus de la vallée du Rhône que dominent, d'aval en amont, les sommets des Diablerets, du Grand Muveran et de la dent de Morcles.
Après la localité de Troistorrents, on s'engage sur la route du val d'Illiez, qui mène à Champéry. Dans cet axe apparaissent, neigeuses, les dents Blanches et les dents du Midi.
Au fur et à mesure de la montée, les prairies plantées de noyers succèdent aux vignobles.

★★ Champéry A2

Dans la partie supérieure du **val d'Illiez★★**, Champéry s'étire, à mi-pente, à l'ombre de la barrière des dents du Midi. Cette villégiature, restée familiale en dépit de son ambiance internationale, a surtout la faveur des amateurs de courses en montagne calcaire. Le clocher de l'église, coiffé d'une curieuse couronne de pierre ajourée, attire le regard.
En hiver, la cuvette de Planachaux, desservie par diverses remontées mécaniques, offre aux skieurs de belles pentes ensoleillées.
Champéry constitue la station suisse la plus importante au sein des Portes du Soleil. Ce **domaine skiable**, franco-suisse, est l'un des plus vastes au monde avec 650 km de pistes entre 900 et 2 300 m d'altitude. Il comble particulièrement les skieurs de niveau intermédiaire, entre fin décembre et mi-mars, l'altitude plutôt modeste constituant une entrave à une saison plus longue. Le domaine propre à Champéry, de taille réduite, comprend quelques belles descentes : le fameux mur de bosses du Pas de Chavanette, l'un des plus difficiles en Europe, et la longue et superbe piste rouge, desservie par les téléskis Ripaille, descendant sur le Grand Paradis. Les autres stations du domaine sont accessibles rapidement, notamment Les Crosets et Avoriaz.

★★ Croix de Culet A2

De Champéry, 2h30 AR env. dont 7mn de téléphérique (au départ de Champéry).
Téléphérique : ✆ 024 479 02 00 - www.telechampery.com - juil.-août : dép. ttes les 30mn 8h-17h30 (ttes les 20mn entre mi-juil. et mi-août) - de mi-juin à fin juin et de déb. sept. à mi-oct. : dép. ttes les 30mn (4 trajets en cas de mauvais temps) 8h-17h - fermé de mi-oct. à mi-juin - 8 CHF AR (-16 ans 4 CHF).
De la station supérieure du téléphérique de Planachaux, continuer à pied, le long de la crête, jusqu'à la croix *(alt. 1 963 m)*. On profite alors d'une vue très étendue sur les différentes cimes des dents du Midi, le mont Ruan, les dents Blanches et les Alpes vaudoises. Le chemin continue à décrire des lacets, offrant des **vues★** de plus en plus larges sur la vallée du Rhône et, vers le sud, sur le val d'Illiez, les falaises des dents du Midi et, à droite de celles-ci, le mont Ruan.
Par un passage en corniche au-dessus du ravin boisé de la Vièze, le parcours atteint ensuite le fond de la combe alpestre doucement modelée du val de Morgins. Les chalets s'abritent sous leur toit débordant en éperon et couvert de tavillons; leurs balcons à double étage présentent à l'aplomb du faîte un double décrochement formant tribune.
Revenir à Champéry puis jusqu'à Troistorrents pour reprendre la route qui mène à Châtel. Elle s'élève en lacet jusqu'à Morgins.

Morgins A1

Le cadre apaisant de cette station d'altitude faiblement encaissée est très propice à la détente estivale et hivernale.

★ Pas de Morgins A1

Alt. 1 369 m. La route, en pente insensible, se glisse dans cette encoche forestière parée d'un petit lac dans lequel se mirent les sapins. En direction du sud-est, au second plan, le couronnement des dents du Midi est visible.

La descente, plus raide, dans la vallée savoyarde de la Dranse d'Abondance fait découvrir le **site★** majestueux de Châtel qui se trouve en France.

En avant, les escarpements du mont Chauffé (à gauche) et des Cornettes de Bises (à droite) barrent maintenant l'horizon.

NOS ADRESSES À SAINT-MAURICE

HÉBERGEMENT

À Saint-Maurice

PREMIER PRIX

La Dent-du-Midi – *1 av. du Simplon - ✆ 024 485 12 09 - www.torrente.ch - 17 ch. - 120/150 CHF* ☕. Bien placé, à quelques minutes de la gare et en lisière d'un parc verdoyant, cet hôtel propose des chambres petites, mais fonctionnelles et fort bien tenues.

À proximité

PREMIER PRIX

Motel Inter-Alp – *Bois Noir - 2,5 km au sud de St-Maurice sur la route cantonale direction Martigny - ✆ 024 485 37 47 - www.interalp.ch - 18 ch. - 95 CHF - ☕ 12 CHF.* Sans grand charme, l'endroit est situé dans le calme relatif d'une zone boisée. Il est aussi d'un excellent rapport qualité-prix.

RESTAURATION

À Saint-Maurice

POUR SE FAIRE PLAISIR

Lafarge – *Pl. de la Gare - ✆ 024 485 13 60 - www.lafarge.ch - fermé 20 déc.-12 janv., 28 mars-6 avr., dim. et lun. - 60/115 CHF.* Cette table, tenue depuis plus de 20 ans par un chef-patron d'origine lyonnaise, met à profit l'ex-hôtel de la gare. Choix traditionnel de saison. Plat du jour au bistrot *(21 CHF).*

À proximité

PREMIER PRIX

La **Cantine sur Coux** *(83 rte de Sur Coux - ✆ 024 479 10 44 - www.cantinesurcoux.net - juin-sept. et certains w.-ends de mai)* et le restaurant de la **Croix-de-Culet** *(sommet du Planachaux- ✆ 024 479 23 34 - de mi-juin à mi-oct. : 9h30-17h ; déc.-avr. : 8h30-17h ; fermé le reste de l'année)* constituent deux pauses agréables au cours d'une randonnée sur les hauteurs de **Champéry**. Le premier offre un bon choix d'en-cas à base de viandes séchées et de röstis. Filet de bœuf, coquelet et trio de fondue égayent la carte du second, plus copieux et plus facile d'accès (à 7mn de Champéry par le téléphérique).

Le Valais

Au sud-ouest de la Suisse, le Valais s'étend en longueur sur 150 km et occupe une superficie de 5 226 km^2 (soit l'équivalent de la moitié du territoire de l'Île-de-France). Il rassemble les sommets les plus élevés de Suisse, les glaciers les plus grands du pays, le vignoble le plus haut d'Europe, et des stations de ski prestigieuses (Zermatt, Saas-Fee, Verbier). L'impressionnant développement industriel du canton (industrie chimique, aluminium, production d'électricité...) n'a pas empêché la survivance de fortes traditions dans ses vallées latérales. Enfin, le tourisme a pris une part de plus en plus importante dans l'économie locale, été comme hiver.

Valais Tourisme – *6 r. Pré-Fleuri - 1951 Sion - ✆ 027 327 35 70 - www.valais.ch - lun.-vend. 8h-12h, 13h30-17h30 - fermé w.-end et j. fériés.*

LE RHÔNE VALAISAN

Une vallée en forme de couloir

Dans la mosaïque des cantons helvétiques, le Valais est l'un des compartiments les plus fermés des Alpes : celui de la vallée du Rhône supérieur, de la Furka au Léman. Au nord comme au sud, il est bordé par de hautes chaînes de montagnes. Ce large sillon, presque complètement isolé des foyers économiques de Suisse alémanique, est animé en contrepartie, depuis deux millénaires, par un intense trafic international (avec les passages du Grand-St-Bernard et du Simplon) que la percée de plusieurs tunnels est venue heureusement faciliter.

Issu de la fameuse cataracte terminale du glacier du Rhône, le grand fleuve naît à 2 200 m d'altitude, traverse le bassin du Gletschboden, puis pénètre dans la vallée de Conches (Goms). Son débit doublé à Brigue par les eaux de la Massaki, descendue du glacier d'Aletsch, le Rhône cesse de jouer au torrent de montagne et file au fond de la plaine alluviale encadrée de rudes versants rocailleux.

Le double obstacle que constituent le cône de déjection de l'Illgraben, recouvert par la forêt de Finges (Pfynwald), et l'éboulement de Sierre a fixé la limite traditionnelle entre le Haut-Valais de langue allemande et le Valais « romand ».

Un premier essai de Provence

Abrité des vents océaniques par des barrières montagneuses géantes, le Valais central, compris entre Sierre et Martigny, constitue la région la plus sèche de Suisse. Sierre connaît des étés brûlants et ne reçoit pas plus d'eau, en moyenne, que Marseille. Favorisé par ces conditions climatiques méditerranéennes, le vignoble local maintient son emprise sur les coteaux rugueux, tout grillés de soleil, face aux pentes forestières et pastorales des **mayens** – ces pâturages où les troupeaux font étape au mois de mai en attendant que les « Alpes » supérieures soient libérées des neiges.

DES EFFORTS POUR L'AGRICULTURE

Les bisses

La mise en valeur des replats dominant la vallée du Rhône a posé, dans le Valais central (de Martigny à Brigue), de redoutables problèmes d'irrigation. La rareté des précipitations, l'encaissement des torrents au fond de gorges inaccessibles ont conduit à l'aménagement de bisses. Ces étroits canaux allaient

chercher presque à leur source les eaux de fonte glaciaire des affluents du Rhône, puis, malgré une pente insensible, cheminaient à flanc de montagne. Lorsqu'une paroi rocheuse leur barrait le passage, on les a transformés en chéneaux de bois vertigineusement suspendus, dont l'entretien nécessitait de dangereuses acrobaties. Les progrès techniques réalisés dans le domaine des adductions d'eau ont fait abandonner bon nombre de ces aqueducs rustiques, dont certaines sections – celles établies sous bois par exemple – continuent cependant à offrir de beaux itinéraires de promenade qui traversent des sites très variés (villages, montagnes, gorges).
On trouve dans le Valais (par exemple au-dessus de Verbier) une méthode originale de transport du lait par conduites : ces « lactoducs », reliant les alpages aux laiteries, totalisent 220 km environ.

Des vergers productifs

La basse plaine alluviale du Rhône est couverte de vergers (abricotiers, pêchers), de plantations d'asperges, de carrés de maïs. Les fraisiers, autre spécialité valaisanne, sont même cultivés en grand dans certaines vallées latérales (vallées de Bagnes et d'Entremont).

LES HOMMES DU VALAIS

Valaisans et Walser

Tout au long de la vallée du Rhône, devant les manifestations d'unité religieuse que lui offre le pays, le voyageur de langue française peut se croire en présence d'une civilisation purement latine. Mais, aux approches de Brigue, les sonorités gutturales d'un dialecte germanique se font entendre, tandis que le nom de Valais fait place à celui de « Wallis ». En effet, le Haut-Valais a été envahi, à partir du 6e s., par des peuplades alémaniques qui, descendues probablement du Grimsel, ont poussé leur établissement jusqu'à Sierre. Ces « Walser » essaimèrent souvent par la suite dans d'autres vallées méridionales des Alpes, constituant d'irréductibles foyers de germanisation en terre romane, à Davos par exemple.
Au cours de l'évolution politique du pays, ces rudes montagnards – en particulier les habitants du val de Conches, ont représenté l'élément le plus farouchement démocratique. Grands démolisseurs de châteaux (Raron, Saillon), rognant sans trêve sur les droits temporels des princes-évêques de Sion et sur les prétentions des féodaux locaux, au besoin par la violence, ils ne trouvaient pas inconciliables leur idéal d'indépendance et la mise en tutelle des populations romandes du Bas-Valais.

Le « cardinal de Sion »

La personnalité du Valaisan **Matthäus Schiner** (1456-1522) appartient à la Suisse tout entière. Ses grands desseins – coiffer la tiare et former autour du St-Gothard un puissant État englobant, outre les cantons primitifs, la Souabe, la Bourgogne, le Milanais – aboutirent à placer les Suisses dans le camp des vaincus de Marignan ; mais ce prélat fut l'un des grands précurseurs de la formation confédérale actuelle. De cette époque de relations très cordiales avec le Saint-Siège date le privilège de recrutement toujours en vigueur, par lequel Jules II réserva aux seuls Suisses, et spécialement aux Valaisans de la vallée de Conches, le droit de revêtir le chatoyant uniforme de la garde pontificale (1506). La réunion du Valais à la Confédération ne date que de 1815. Auparavant, le pays traitait, en allié, avec les « XIII cantons », puis, avec le règne de Bonaparte, connut les statuts éphémères de république protégée et de département français, sous le nom de Simplon.

Martigny

15 635 habitants – Canton du Valais

NOS ADRESSES PAGE 317

S'INFORMER

Office de tourisme – *6 av. de la Gare - 1920 Martigny - 027 720 49 49 - www.martignytourism.ch - juil.-août : lun.-sam. 9h-18h (sam. 17h), dim. 10h-12h30, 15h-17h ; mai-juin et sept.-oct. : lun.-sam. 9h-12h30, 13h30-18h (sam. 17h), j. fériés 10h-12h30 ; nov.-avr. : lun.-vend. 9h-12h30, 13h30-17h30, sam. 9h-12h30 ; Vend. saint et lundi de Pâques : 10h-12h30, 13h30-17h.*

SE REPERER

Carte de région A2 (p. 298-299) – *Carte Michelin Regional n° 552 G12.*
Martigny est à 30 km au sud-ouest de Sion et à 71 km au sud-est de Lausanne.

À NE PAS MANQUER

Une pause au soleil dans les jardins de la Fondation Gianadda, une randonnée autour du barrage d'Emosson.

ORGANISER SON TEMPS

Compter une journée pour Martigny et ses musées, et une journée au barrage d'Emosson si vous voulez faire les randonnées.

AVEC LES ENFANTS

Le musée et chiens du St-Bernard, le zoo des Marécottes.

3

« Le Midi commence à Martigny », proclame un adage local. À juste titre : l'ensoleillement dont bénéficie la région y fait pousser tomates, vignes, abricotiers et autres arbres fruitiers. La ville elle-même cultive un cachet méridional, que les vestiges et monuments romains disséminés dans ses rues viennent encore renforcer. Servie par une situation géographique favorable – elle se trouve au carrefour des itinéraires du Simplon et du Grand-St-Bernard, et près de plusieurs stations de sport d'hiver – la ville s'est également forgée une identité culturelle forte, portée par la Fondation Gianadda.

Se promener

AUTOUR DE LA FONDATION GIANADDA

Compter 3h avec la visite des musées. Partir de la Fondation, au sud de la ville.

★★ Fondation Pierre Gianadda

59 r. du Forum - 027 722 39 78 - www.gianadda.ch - - 9h-19h (nov.-juin 18h) - 20 CHF.

Pour honorer la mémoire de son frère décédé en 1976 des suites d'un accident d'avion, Léonard Gianadda a érigé un centre culturel autour des vestiges d'un temple gallo-romain, centre devenu le pôle d'attraction principal de Martigny. La Fondation abrite un parc de sculptures, un musée de l'automobile, un musée gallo-romain, et la collection Louis et Evelyn Frank. À côté de ce fonds permanent sont présentées des expositions temporaires de qualité sur des artistes prestigieux (Picasso, Kandinsky, Van Gogh, etc.) ou bien des expositions thématiques. Chaque année, la Fondation organise également une saison musicale, avec des artistes de renommée mondiale comme Cecilia Bartoli, Daniel Barenboïm ou Ruggero Raimondi.

Installé sur le « balcon » qui surplombe la salle d'expositions temporaires, le **Musée gallo-romain** expose des statuettes, monnaies, bijoux, ustensiles ménagers et fragments lapidaires du 1er au 4e s., et surtout les « bronzes d'Octodure », dont une tête de taureau tricorne, une jambe et le bras d'un dieu ou héros de taille gigantesque. Le **musée de l'Automobile** présente une très belle collection de véhicules anciens, en état de marche, datant de 1897 à 1939, dont certains sont des modèles uniques (le plus ancien, une Benz de 1897, pouvait atteindre… 25 km/h) : Rolls-Royce, Bugatti, de Dion-Bouton, Delaunay-Belleville (torpédo de 1914-1917 commandée pour la chasse par le tsar Nicolas II, la révolution de 1917 empêcha sa livraison). On y trouve également des automobiles de fabrication suisse : Pic-Pic (double phaéton de 1906), Sigma (1910-1911), Martini (torpédo de 1912), Fischer (torpédo 6 places de 1913) ou Stella (1911).

La **collection Louis et Evelyn Franck** réunit des œuvres de Cézanne, Van Gogh, Ensor, Toulouse-Lautrec, Van Dongen et Picasso.

Les jardins de la Fondation contiennent à la fois des vestiges gallo-romains et des **sculptures** du 20e s. Parmi les œuvres permanentes figurent des compositions de Joan Miró *(Tête)*, Alicia Penalba *(Le Grand Double)*, Jean Arp *(Colonne à éléments interchangeables)*, Henry Moore *(Reclining Figure)*, Dubuffet *(Élément d'architecture contorsionniste V)*, Brancusi *(Le Grand Coq)*, Segal *(Woman with Sunglasses on Park Bench)*, Rodin *(La Méditation avec bras)*, etc. Depuis 2003, le parc s'est enrichi d'œuvres importantes, parmi lesquelles la Cour Chagall, une mosaïque monumentale réalisée par l'artiste biélorusse en 1964.

Chaque année, d'avril à octobre, dans le vieil arsenal de la fondation, se tient une exposition consacrée à Léonard de Vinci. Fac-similés, maquettes illustrent les multiples facettes de cet inventeur de génie.

Tourner à gauche dans le chemin de Surfrête, puis à gauche dans la route du Levant.

Amphithéâtre romain

Des années de fouilles, de consolidation et de restauration ont permis de mettre en valeur cet amphithéâtre (dimensions intérieures : 74 m sur 61,70 m), l'un des plus petits du monde romain, pouvant contenir environ 6 000 personnes (Nîmes : 133 m sur 101 m, 24 000 spectateurs). Un mur d'enceinte d'une hauteur de 1 à 2 m précédait le mur du podium qui bordait l'arène. Le podium lui-même était surmonté d'un parapet, afin de protéger les spectateurs des premiers rangs des bêtes sauvages. Six rampes d'accès menaient à la *cavea*, espace destiné au public qui prenait place sur des gradins en bois. Plusieurs *carceres*, sortes de petites pièces servant de cages à fauves ou à entreposer du matériel, s'ouvraient sur l'arène. Au-dessus de l'une d'elles se tenait la tribune des autorités ou *pulvinar*, accessible par un couloir voûté.

Musée et chiens du St-Bernard

34 rte du Levant - ✆ 027 720 49 20 - www.musee-saint-bernard.ch - ♿ - 10h-18h - 10 CHF (enf. 7 CHF).

À 200 m de la Fondation Gianadda, ce musée offre une tout autre atmosphère. Le rez-de-chaussée accueille des saint-bernard : les chiens, que

l'on voit évoluer à travers des vitres, disposent de boxes, d'un enclos extérieur et d'une zone de soins. Le 1er étage relate, de façon attractive et ludique, le passé de l'hospice et du col du Grand-St-Bernard, à l'aide de tableaux, documents et gravures. Un film est également proposé. Le 2e étage est réservé à des expositions temporaires.
Faire demi-tour : la route du Levant mène à la place du Bourg.

Place et rue du Bourg

Agréable placette, avec un bâtiment à tourelle de 1609 (qui abrite un restaurant, *voir Nos adresses à Martigny*), et une rue pittoresque où l'on remarque, à gauche, l'ancienne Maison de commune du quartier du Bourg (1645), aux arcades soutenues par sept colonnes de marbre.

EN VILLE

Itinéraire de 1h. Partir de la Place centrale.
Bordée de platanes qui datent des années 1860, la **place centrale** de Martigny est très agréable. On y trouve de nombreux cafés et restaurants. Tout près de cette place, l'Hôtel de ville (19e s.) est décoré, à l'intérieur, d'une éclatante **verrière★** de 55 m^2 (*le Rhône contemplant la Dranse*) et d'autres vitraux (Saisons, Zodiaque, Travaux des mois) dus au peintre valaisan Edmond Bille (1949).
Gagner l'église paroissiale qui se dresse derrière l'hôtel de ville, place du Midi.

Église Notre-Dame-de-la-Visitation (ou Notre-Dame-des-Champs)

Reconstruite au 17e s. dans le style toscan à l'emplacement de plusieurs lieux de culte successifs et flanquée au 18e s. d'un clocher néogothique haut de 50 m, elle a noble allure avec son portail monumental aux vantaux de bois finement ouvragés. On admire à l'intérieur un beau **mobilier** sculpté, de facture locale, des 17e (fonts baptismaux, chaire) et 18e s. (retable du maître-autel, statues d'apôtres, stalles du chœur), ainsi qu'un grand crucifix de 1495.
Tout près de l'église, au début de la rue des Alpes, la **maison Supersaxo** (sur la gauche) est un intéressant exemple de construction (restaurée) du 15e s.
Regagner la place centrale et prendre la rue Marc-Morand en direction du château de la Bâtiaz.
Au n° 7 (à gauche) la **Grand'Maison** (16e s.), reconnaissable à sa belle toiture à flèche et tavillons, fut une hôtellerie où logèrent nombre de célébrités européennes des 18e et 19e s. (Rousseau, Goethe, Stendhal, Chateaubriand, etc.).
Traverser le pont couvert au bout de la rue Marc-Morand et continuer dans la rue de la Bâtiaz. Prendre sur la gauche le chemin pour grimper au château.

Tour de la Bâtiaz

✆ 027 721 22 70 - www.batiaz.ch - juil.-août : lun.-jeu. à partir de 14h, vend.-sam. à partir de 11h, dim. 11h-18h ; mai-juin et sept.-oct : vend.-sam. à partir de 11h, dim. 11h-18h - gratuit, accès au donjon (film en 3 D) 2 CHF.
Sur un promontoire rocheux s'élevait la forteresse de la Bâtiaz, construite au 13e s. sous les ordres de l'évêque de Sion et incendiée aux 15e et 16e s. Reste aujourd'hui le donjon, d'où l'on a une jolie **vue★** sur la cuvette de Martigny, les montagnes et le vignoble environnants. À l'intérieur, projection d'un film en 3 D sur Martigny au Moyen Âge et les machines de siège. Six machines sont par ailleurs présentes sur le site, ainsi que des engins de torture.
En redescendant du château, prendre à droite avant le pont la rue de la Chapelle.

Chapelle Notre-Dame-de-Compassion

Ce sanctuaire du 17e s., à toit de lauzes, renferme un beau maître-autel baroque et une surprenante collection d'ex-voto sous forme de petits tableaux.

Revenir à la place centrale par la rue Marc-Morand ou par sa parallèle, la rue de la Dranse (qu'on rejoint en traversant la passerelle toute proche).

À proximité Carte de région

Saillon A2

19 km au nord-est par la route secondaire de Fully que l'on rejoint en passant au-dessus de l'A 9.

Campé sur les berges du Rhône, Saillon est un petit pays de vignes et de tonnelles. Les premiers ceps ont été plantés par les Romains et le vignoble occupe à présent 200 ha, au voisinage de cultures maraîchères : fraises, poires, asperges et abricots profitent de l'ensoleillement de cette large vallée.

Vieux bourg dont les toits gris se pressent au pied d'anciens remparts, Saillon fut une position stratégique de première importance, avant que le Rhône ne change de cours. Les vestiges du château, sur un piton rocheux, et l'église au clocher roman forment un ensemble attachant.

Tombe du Robin des Bois suisse – Né en 1845 près du Grand-St-Bernard, **Joseph-Samuel Farinet** mena une vie mouvementée. Aventurier et faussaire de son état, ce Robin des Bois suisse distribuait aux plus démunis l'argent qu'il fabriquait. Narguant le pouvoir établi, jouant à cache-cache avec les gendarmes, ce marginal généreux acquit l'admiration du petit peuple épris de justice, qui en fit un héros. Traqué par la police, il mourut à l'âge de 35 ans dans les gorges de la Salentze, touché par une balle. Il est enterré à Saillon, au pied du clocher. Chanté par l'écrivain vaudois Charles-Ferdinand Ramuz, interprété à l'écran par Jean-Louis Barrault dans le film *Farinet et la fausse monnaie*, ce hors-la-loi au grand cœur reste le symbole des libertés montagnardes.

★ **Point de vue** – Du village, une route en forte montée conduit au pied de l'ancien donjon du château. De là, on contemple les vignes s'étageant sur les coteaux, la plaine alluviale où s'étendent les cultures. Belle vue sur la gigantesque muraille des Alpes pennines.

Sentier à Farinet – *45mn.* Partant du bas de la colline de Saillon, il est ponctué de 21 vitraux illustrant la destinée humaine : l'enfance, l'amour, la souffrance, la mort… À travers le vignoble, on rejoint la plus petite vigne cadastrée de la planète *(voir l'encadré ci-dessous)*.

LA PLUS PETITE VIGNE DU MONDE

Trois ceps sur une surface de 1,618 m… Cette vigne minuscule, plantée pour le centenaire de la mort de Farinet, se trouve sur la colline Ardente, entourée de pierres en provenance du monde entier. Depuis 1999, le dalaï-lama en est le propriétaire, succédant ainsi à l'abbé Pierre et au comédien Jean-Louis Barrault. De nombreuses personnalités sont venues symboliquement la travailler, de Zinédine Zidane (en 2001) à Roger Moore, en passant par Caroline de Monaco ou Michael Schumacher… Chaque année, la récolte des trois ceps est mariée au meilleur vin du Valais. Mille bouteilles sont ainsi constituées, pourvues d'un étiquetage spécial et numérotées. Elles sont ensuite vendues aux enchères. L'argent recueilli est versé à des œuvres humanitaires.

L'entrée du musée du St-Bernard.
Musée et Chiens du St-Bernard, Fondation Bernard et Caroline de Watteville

La **passerelle à Farinet** a été inaugurée en septembre 2001.
Bains thermaux – Héritiers d'une tradition romaine, les habitants de Saillon et des alentours viennent profiter des sources chaudes de la Salentze, dans ce complexe inauguré en 1983 : quatre piscines thermales de 28° à 34°, trois bains de vapeur, deux saunas, des bassins de détente et des pédiluves.

3

Circuits conseillés Carte de région

★★ ROUTE DE LA FORCLAZ A2

Itinéraire de 36 km de Martigny au barrage d'Emosson tracé en vert sur la carte de région (p. 298-299) – compter 45mn, visite du barrage d'Emosson et randonnées non comprises.
La route du col de la Forclaz, en permettant une liaison directe entre le carrefour valaisan de Martigny et Chamonix, tient une place de choix parmi les grands itinéraires internationaux des Alpes.
Quitter Martigny en suivant la direction Grand-St-Bernard. Au rond-point Martigny-Croix (reconnaissable à sa sculpture colorée en rouge, bleu, vert et jaune), prendre la route de la Forclaz.
Avant d'arriver au col, la route monte à travers les vignes.

Col de la Forclaz

Alt. 1 527 m. Au sud, la vue est barrée par les crêtes détachées de l'aiguille du Tour (visible à l'extrême gauche, au-dessus du glacier des Grands).
Au nord, les sommets des Alpes bernoises sont rarement dégagés de la brume qui, par les belles journées d'été, monte du grand fossé du Valais. Le piton rocheux de Pierre-Avoi – entre la vallée du Rhône et la vallée de la Drance – est plus facile à repérer.

Du col de la Forclaz, de nombreuses **randonnées pédestres** au cœur des montagnes valaisannes s'offrent aux touristes amoureux d'une nature sauvage.

★ Glacier du Trient

Environ 2h AR (inaccessible en hiver du fait de la neige). Emprunter le sentier balisé qui part du col (alt. 1 526 m) et suivre l'indication : « Glacier du Trient et Fenêtre d'Arpette ».

Cette randonnée s'effectue le long d'un bisse (canalisation naturelle qui amène l'eau des glaciers vers la vallée) creusé à flanc de montagne. En 1h de marche facile, sous les mélèzes, on rejoint la **buvette** d'où l'on observe ce glacier aux reflets bleutés, long de 5 km et large de 500 à 900 m.

On peut continuer vers la langue terminale du glacier : le chemin, moins aisé, suit la rive droite du torrent (*compter 1h de marche supplémentaire*). Au-delà, débute une **randonnée glaciaire** sur les pentes douces du Trient, puis sur les lames plus raides dominant le torrent. Attention, l'expérience du terrain glaciaire est indispensable. Les débutants s'adresseront à un guide de montagne. Crampons et piolet nécessaires.

Après le village du Trient et juste avant Le Châtelard, frontière entre la Suisse et la France, une route sinueuse (8 km, fermée en hiver), sur la droite, mène jusqu'au barrage d'Emosson. On peut également choisir d'aller jusqu'au Châtelard pour prendre un funiculaire.

★★ Barrage d'Emosson

Réalisation franco-helvétique, ce barrage, construit de 1967 à 1972, s'intègre parfaitement au décor rocheux qui l'entoure.

★ **Accès en funiculaire** – *027 769 11 11 - www.chatelard.net - durée 45-50mn - de mi-mai à mi-oct. : 9h20-12h50, 13h50-16h50, dép. selon affluence (attente maximale de 30mn) - 52,80 CHF AR (-6 ans 13,20 CHF, 6-11 ans 26,40 CHF, 12-15 ans 39,60 CHF).* Pour l'effet de surprise, rien ne vaut l'arrivée par ce funiculaire de 1920, le plus raide du monde, dont la déclivité atteint jusqu'à 87 %. Au départ du **Châtelard**, un premier tronçon mène de la centrale électrique des CFF jusqu'au château d'eau. Un petit train panoramique conduit ensuite au pied du barrage et découvre de belles vues sur le mont Blanc. De là, un second funiculaire (le **Minifunic**) mène jusqu'au col de la Gueulaz *(alt. 1 970 m)*. Inauguré en 1991 pour le 700e anniversaire de la Confédération, ce petit chef-d'œuvre de technicité parcourt 260 m de dénivellation en 2mn !

★★ **Panorama** – Il s'étend sur tout le massif du Mont-Blanc : de droite à gauche, les aiguilles Rouges, le mont Blanc, le mont Maudit, le mont Blanc du Tacul, l'aiguille du Midi, l'aiguille du Dru, l'aiguille Verte, les aiguilles du Chardonnet et d'Argentière, l'aiguille et le glacier du Tour, le glacier des Grands.

★ **Barrage** – *027 768 12 78 - www.emosson.ch - visites guidées (1h) juil.-août : merc.-dim. à 11h30 et 15h - dép. à côté du restaurant - gratuit. Alt. 1 850 m.* Situé juste en contrebas du col de la Gueulaz, ce barrage-voûte (180 m de haut) retient une nappe d'eau de 225 millions de m^3 sur une surface de 327 ha. Paradoxe de la géologie, les eaux du lac proviennent en majorité du massif du Mont-Blanc, de l'autre côté de la vallée : Argentière, Le Tour… En effet, ces eaux sous-glaciaires sont captées à une altitude supérieure à celles du lac. Conduites ici par des galeries souterraines, elles remontent par un phénomène de siphon. La centrale hydroélectrique du palier supérieur, au Châtelard-Vallorcine, est située en France. La centrale de la Bâtiaz marquant le palier inférieur se trouve en Suisse, au fond de la vallée du Rhône. La production annuelle d'énergie est partagée entre EDF côté français et ATEL côté suisse.

★ **Lacs d'Emosson** – *3h de marche au départ du barrage.* Une route traverse le barrage, suffisamment large pour ne pas impressionner les personnes sujettes au vertige. Le chemin se poursuit sur la rive gauche du lac d'Emosson, offrant une vue quasi scandinave sur ce miroir paisible, cerné d'une riche végétation, et que surplombe le dos du cirque du Fer à Cheval – situé du côté français. À l'extrémité ouest débute le **lac du Vieux Emosson**. Le chemin monte jusqu'au barrage du Vieux Emosson, où se trouve une petite buvette : vue sur le cirque du Cheval Blanc *(alt. 2831 m)* et la pointe de Finive (2625 m).

★★ **Sur les traces des dinosaures** – *2h de marche au départ du lac du Vieux-Emosson. Il est strictement interdit de prélever des échantillons de roche.*

De fin juillet à mi-août, un **géologue** dispense gratuitement des explications sur le site (11h-16h).

Emprunter la rive gauche du lac d'Emosson (voir ci-dessus).

À son extrémité, un sentier balisé (indication : col de la Terrasse) grimpe vers le site protégé *(alt. 2400 m)*, découvert le 23 août 1976 par le géologue français Georges Bronner : plus de 800 empreintes fossilisées marquent le passage de dinosaures, voici quelque 250 millions d'années, alors que les Alpes n'existaient pas encore. La taille de ces herbivores, variait de 3 à 4 m pour un poids de plusieurs tonnes. Ils ont laissé des traces de 3 à 5 doigts, longues de 10 à 20 cm et profondes de 5 cm. Leur espacement signale que les foulées de ces animaux pouvaient atteindre 2 m.

Les bons marcheurs pourront contourner le site par la gauche, pour gagner la crête de **la Veulade** *(alt. 2491 m – 2h de marche supplémentaires)*. Un sentier redescend vers les gorges de la Veulade – prudence, des névés y persistent parfois en été. Surplombé par la Grande Perche, il chemine vers le col du Passet et rejoint l'entrée du barrage d'Emosson.

Pour gagner le col, la route se love ensuite dans la haute combe pastorale de Trient, évidée au pied des glaciers du Trient et des Grands, que sépare l'aiguille du Tour.

3

★ VALLÉE DU TRIENT A2

Itinéraire de 11 km de Martigny aux Marécottes tracé en vert sur la carte de région (p. 298-299). Quitter Martigny par le nord (tour de la Bâtiaz) pour prendre la route vers Salvan (8 km).

On peut aussi rejoindre la vallée par le Mont-Blanc Express, petit train qui grimpe depuis Martigny jusqu'au Châtelard. Il continue son chemin jusqu'à Chamonix.

Parfois taillée dans le rocher, au-dessus du bassin du Rhône, cette route tortueuse aborde cette belle vallée, encore sauvage, endroit rêvé pour les randonnées. En hiver, les amateurs de ski de fond et de ski alpin y trouvent des pistes pour tous niveaux.

★★ Gorges du Trient

À Vernayaz. Ce torrent naît dans le glacier du Trient et dévale dans une fissure rocheuse, haute de 200 m, au fond de laquelle chemine un **sentier aménagé**. Un nouveau pont franchit les gorges depuis 1994. À côté, l'ancien **pont du Gueuroz**★★ est désormais classé. Bâti en 1934, il était de conception hardie pour l'époque, tout en béton armé, sur une grêle ossature. La traversée de l'ouvrage à pied réserve une vue impressionnante sur la gorge où coule le torrent, plus évasée.

La route vers Salvan, très sinueuse, offre quelques échappées sur cet ensemble.

LES COMBATS DE REINES

Ces manifestations, héritières d'une longue tradition, connaissent un grand succès dans le canton du Valais, au printemps et en automne. Elles rassemblent plus d'une centaine de vaches de la race d'Hérens, réparties en plusieurs catégories selon leur âge et leur poids. Ces animaux trapus, au corps large et musclé, à la forte encornure, vifs et belliqueux, bons producteurs de lait et de viande, s'affrontent lors de la mise à l'herbe, de la montée à l'alpage ou lors de la réunion de deux troupeaux. À l'issue de plusieurs combats par catégorie, dans lesquels la perdante s'enfuit, refusant l'affrontement, la vache qui a vaincu les autres est élue « reine » par le jury. Des prix sont accordés aux six premières. Les reines vont ensuite se rencontrer pour l'élection de la « reine des reines » qui recevra le titre de « reine cantonale ».

Salvan

Cette jolie station d'altitude s'ordonne autour d'une placette centrale.

Vallon de Van

La petite route, tracée en balcon à plus de 800 m au-dessus de la vallée du Rhône, dessine un impressionnant parcours jusqu'à Van d'en Haut, dans un site particulièrement sauvage. Le retour sur Salvan offre des vues saisissantes sur la vallée.

Revenir à Salvan, et remonter la vallée du Trient jusqu'aux Marécottes.

Les Marécottes

Pittoresque village d'altitude aux chalets en bois. Par télécabine, on peut monter jusqu'à **La Creusaz** *(alt. 1 777 m)* pour bénéficier d'un panorama sur le mont Blanc et les Alpes valaisannes.

Zoo des Marécottes – *✆ 027 761 15 62 - www.zoo-alpin.ch - juin-sept. : 9h-18h30 (juil.-août 19h30) ; reste de l'année : 9h-17h - entrée par automate à monnaie - 10 CHF (enf. 6 CHF) - piscine : de déb. juin à mi-sept. : 9h-18h30 - 7 CHF (enf. 5 CHF) - billet combiné zoo-piscine : 15 CHF (enf. 9 CHF).* Il regroupe plusieurs enclos dans un environnement naturel. On y découvre différents spécimens de la faune alpine : chamois, castors, chevreuils, mouflons, bouquetins, chèvres du Valais..., et d'autres espèces comme les ours du Canada et les lamas. À côté du zoo, une **piscine alpestre** (70 m de long) a été taillée dans le rocher.

★ ROUTE DU GRAND-ST-BERNARD A2

Reliant le Valais au Val d'Aoste en Italie, le col du Grand-St-Bernard est la voie transalpine la plus chargée d'histoire. Fréquentée par les Celtes, les Romains et les pèlerins au Moyen Âge, elle a livré passage à de célèbres expéditions militaires, comme celle de Bonaparte en 1800. Les paysages sauvages et grandioses de ces montagnes et la grande tradition hospitalière qui s'y perpétue depuis le 11e s. continuent d'attirer des foules de touristes en été.

Itinéraire de 65 km de Martigny au col du Grand-St-Bernard en empruntant la petite route des Valettes à Champex – voir itinéraire tracé en vert sur la carte de région (p. 298-299) – compter 1h30. Les contrôles douaniers suisse et italien ont lieu au col même, en été. Pour les utilisateurs du tunnel, ils ont lieu en toute saison en Suisse, à la gare nord du tunnel et en Italie, à la gare sud.

Quitter Martigny en direction du col du Grand-St-Bernard (indiqué) par la route n° 21.
Peu après Martigny, la route vient épouser le contour de la vallée de la Dranse, fortement encaissée, jusqu'aux Valettes.
Prendre la petite route qui conduit à Champex.
Cette petite **route★★** est plutôt difficile – elle compte 22 lacets rapprochés – mais peu après les Valettes, elle permet de visiter des gorges impressionnantes.

Les gorges du Durnand

✆ 027 722 20 77 - www.gorgesdudurnand.ch - visite guidée (1h) mai-oct. 9h-18h - 8 CHF (enf. 5 CHF).
Les installations (passerelles, escaliers) qui permettent la découverte de ces gorges ont été construites en 1877 et réaménagées récemment. Longue d'environ 1 km, la promenade surplombe, dans une nature restée sauvage, la rivière impétueuse du Durnand et ses 14 cascades.

★★ Champex

Alt. 1 465 m. Cette jolie station touristique de montagne bordée par un lac et surnommée « le petit Canada » est le point de départ de nombreuses randonnées. Vous pouvez découvrir son **jardin botanique alpin**. *www.flore-alpe.ch - de déb. mai à mi-oct. : 10h-18h (vend. 20h en juil.-août) - 5 CHF.*

★★ La Breya

Télésiège depuis Champex : ✆ 027 783 13 44 - www.telechampex.ch - de mi-juin à fin sept. : 8h30-12h30, 13h45-17h ; hiver : 9h15-16h30 - 30 CHF AR (enf. 22 CHF). Alt. 2 374 m.
Agréable montée en télésiège au-dessus du lac de Champex ; vaste panorama sur les Alpes valaisannes.
De Champex, continuer jusqu'à Orsières.
La route en lacet traverse de vastes cultures maraîchères de fraises, spectacle plutôt étonnant dans ce décor de montagnes.

3

Orsières

Ce bourg est situé au fond du bassin où le val Ferret, après avoir longé toute la façade valaisanne du massif du Mont-Blanc, rejoint le val d'Entremont. L'église a gardé son clocher de style roman lombard.
On distingue, parmi les contreforts valaisans du mont Blanc qui dominent le val Ferret, à l'arrière-plan, le sommet taché de neige du Portalet et, de l'autre côté, l'énorme pyramide du Catogne. En amont, on voit le mont Vélan, précédé de la face triangulaire du Petit Vélan.
Après la chapelle N.-D.-de-Lorette, la route longe sur la droite le village de Bourg-St-Pierre, aux toits couleur de rouille, massé au débouché du vallon de Valsorey.
Après avoir enjambé le Valsorey et ses gorges, la route surplombe le barrage des Toules, au niveau duquel on découvre une vue magnifique.

Bourg-St-Bernard

L'installation de remontées mécaniques (télécabine du col de Menouve) au départ de cette station frontière, créée à l'entrée du tunnel, a facilité le lancement du centre de sports d'hiver de Super-St-Bernard.
Les derniers kilomètres *(nombreux lacets)* se déroulent dans la sinistre combe des Morts, ravagée par les avalanches. À gauche du Vélan se détache le beau sommet glaciaire du Grand Combin.

Tunnel du Grand-St-Bernard

Entrée à Bourg-St-Bernard. Côté suisse : ✆ 027 788 44 00 - www.letunnel.com ; côté italien : ✆ (00 39) 0165 78 09 02 - se renseigner pour les tarifs.

En raison de l'accroissement du trafic routier entre la vallée du Rhône et le Val d'Aoste et pour éviter l'interruption de la circulation à cause de la neige pendant plus de six mois chaque année, la Suisse et l'Italie ont réalisé en commun, de 1959 à 1964, un tunnel routier (long de près de 6 km), accessible en toutes saisons, qui met Bâle à 450 km de Turin.

Sur le versant italien, certaines sections de route restent à ciel ouvert. Tout le long du parcours, on admire la structure audacieuse de cette voie artificielle et de ses viaducs franchissant d'un seul jet les gorges de l'Artanavaz.

Une fois la combe des Morts dépassée, l'arrivée au col du Grand-St-Bernard est très rapide.

★ Col du Grand-St-Bernard

Dans une échancrure rocheuse balayée presque continuellement par une bise glaciale, au bord d'un lac gelé en moyenne 265 jours par an et où l'hiver règne pendant pratiquement huit mois, se dressent les sévères bâtiments de l'hospice du Grand-St-Bernard. Depuis neuf siècles, les religieux, de l'ordre des chanoines réguliers de St-Augustin, installés ici par saint Bernard de Menthon – une statue honorant ce « héros des Alpes » a été élevée au col, en territoire italien – entretiennent une tradition d'assistance et d'hospitalité. En toute saison, les chanoines accueillent les voyageurs désireux de passer quelque temps dans ce havre de paix.

Hospice – Dans le hall se trouve le tombeau en marbre élevé par Napoléon au général Desaix, tué à Marengo. Englobée dans l'hospice, l'**église** a été construite au 17e s. dans le style baroque sur une église primitive du 13e s., aujourd'hui la crypte. De chaque côté du maître-autel s'élèvent les statues de saint Bernard et de saint Augustin. Les stalles en noyer sculpté et les peintures de la voûte du chœur à décoration surchargée et aux vives couleurs illustrent parfaitement la période baroque. Autour d'une représentation de la Trinité, on reconnaît plusieurs scènes du Nouveau Testament : Adoration des Mages, Annonciation, Nativité. À gauche avant le chœur, sur l'autel de saint Bernard, un coffret en noyer doré contient les reliques du saint.

Le **trésor** présente une belle collection d'objets religieux parmi lesquels on remarque : un buste-reliquaire de saint Bernard du 13e s. en bois polychrome recouvert d'argent repoussé et de pierres précieuses, une croix processionnelle en argent doré ornée de pierres précieuses (13e-14e s.), une Vierge à l'Enfant du 15e s., un bréviaire enluminé du 15e s.

Musée – *✆ 027 787 12 36 - www.gsbernard.net - de déb. juin à mi-oct. : 10h-18h - reste de l'année : col accessible uniquement à skis ou à raquettes selon cond. d'enneigement - 10 CHF (enf. 6 CHF).* La visite commence par le **chenil** dans lequel on peut voir les célèbres chiens saint-bernard. Mais pour des raisons pratiques, le chenil n'est plus géré par les chanoines. Il a été vendu en 2005 à la Fondation Barry, qui a créé un musée autour de ces animaux à Martigny *(voir p. 308)*. La fondation s'est toutefois engagée à garantir la présence des chiens au col, de début juin à début octobre.

Le **musée**, installé dans les combles de l'hôtel en face de l'hospice, fait découvrir, dans un premier temps, la faune et la flore de cette région aux conditions climatiques particulièrement difficiles. Il retrace ensuite l'histoire du col, qui a vu passer au cours des siècles des milliers de gens de toutes sortes : marchands, soldats, pèlerins, migrants, contrebandiers. Des fouilles ont permis de mettre au jour de nombreux objets témoins du passage des Celtes et des

Romains. Ces derniers avaient édifié un temple et deux *mansiones* pour loger les voyageurs. De cette époque, on remarque également une belle statue en bronze de Jupiter, des tablettes votives, des monnaies, ainsi que des objets de la vie courante : poteries, bijoux et même des instruments chirurgicaux. Le musée raconte enfin l'histoire de l'hospice, fondé en 1050 pour servir de refuge aux victimes de la montagne et des brigands. Tout l'approvisionnement se faisait alors à dos d'homme et de mulet. Cuisine, réfectoire, chambre et bibliothèque ont été reconstitués. La dernière partie du musée précise le rôle actuel de l'hospice : skieurs, randonneurs et autres alpinistes y trouvent gîte, couvert et convivialité.

Les lacs de Fenêtre

3-4h AR à pied.

Passer le col en voiture et redescendre du côté italien, jusqu'à la première cabane d'alpage sur la droite. Laisser son véhicule. Pour l'ascension, suivre le balisage rouge et blanc. On atteint le col de Fenêtre en 1h30 environ, et on redescend en environ 20mn du côté suisse pour profiter d'une très belle vue sur les trois lacs de Fenêtre.

NOS ADRESSES À MARTIGNY

HÉBERGEMENT

À Martigny

Pas d'hôtels de charme à Martigny, mais certains établissements très corrects.

BUDGET MOYEN

Motel des Sports - *15 r. du Forum - 027 722 20 78 - www.moteldessports.ch* - P - *38 ch. - 160 CHF*. Hôtel sans charme, mais correctement tenu et bien situé, près de la fondation Gianadda et d'une grande piscine en plein air.

Hôtel Forum – *72 av. du Grand-St-Bernard - 027 722 18 41 - www.hotel-forum.ch* - P - *29 ch. - 148 CHF*. Hôtel proche de l'agréable vieux quartier de Martigny, chambres douillettes. Deux tables, Le Gourmet (gastronomique), et L'Olivier, très bonne brasserie.

À proximité

PREMIER PRIX

Hôtel Terminus – *Pl. de la Gare - Orsières - 027 783 20 40 - www.grosminus.ch - fermé 8-23 avr. et 27 oct.-8 nov. - 26 ch.- 100/120 CHF - rest. 34/65 CHF (fermé mar.).* Hôtel familial face à la gare d'Orsières, terminus de la ligne du St-Bernard Express. Les chambres de l'annexe sont spacieuses et calmes. Restaurant convenable.

BUDGET MOYEN

Alpina – *Rte du Signal - Champex - 027 783 18 92 - www.alpinachampex.ch - fermé 1er-9 déc. - 6 ch.- 150/180 CHF - rest. 60 CHF (fermé à midi et merc.).* Cet ancien chalet typé est tenu en famille et entretient une ambiance montagnarde. Chambres panoramiques meublées en bois clair. Restaurant servant de la cuisine actuelle dans un décor alpin. Belle vue sur la vallée et les cimes par les baies vitrées.

Aux Mille Étoiles – *Les Marécottes - 027 761 16 66 - www.hotel-mille-etoiles.ch - 24 ch. - 176/286 CHF*. Chalet accueillant, tout près des pistes l'hiver. Calme assuré et belle vue. Chambres lambrissées. Piscine couverte creusée dans la roche.

3

RESTAURATION

À Martigny

PREMIER PRIX

Les Trois Couronnes – *8 pl. du Bourg - ✆ 027 723 21 14 - fermé 2 sem. début fév., 1 sem. en août, dim. et lun. - 21/62 CHF.* Sur une agréable petite place, dans un bâtiment du début du 17e s. Très bonne cuisine traditionnelle, pour un excellent rapport qualité-prix. Grande terrasse ombragée.

BUDGET MOYEN

Les Touristes – *2 r. de l'Hôpital - ✆ 027 722 95 98 - fermé 24 déc.-12 janv., 27 juin-20 juil., dim. et lun. - 58/76 CHF.* Table tenue entre frères, en centre-ville. Lounge bar, salle à manger rénovée et cuisine aux influences méditerranéennes, tout en saveurs et fraîcheur. Terrasse ensoleillée.

À proximité

PREMIER PRIX

Restaurant du barrage d'Emosson – *Barrage d'Emosson - ✆ 027 768 12 74 - www.emossonresto.com - ouv. tlj de mi-mai à mi-nov. - 27/55 CHF.* Cuisine simple et nourrissante avant ou après une randonnée (potages, gratins, viandes).

BUDGET MOYEN

Le Belvédère – *Chemin - 5 km au sud-est de Martigny - ✆ 027 723 14 00 - fermé 20 déc.-6 janv., 2 sem. en juil., 1 sem. en août, dim. soir, lun. et mar. - 57/83 CHF.* Au-dessus de Martigny, joli chalet-belvédère rose dont la lumineuse véranda en bois clair permet d'admirer la vallée du Rhône. Soigneuse cuisine jouant sur le bon rapport qualité-prix. Café sympa.

POUR SE FAIRE PLAISIR

Brasserie des Alpes – *Orsières - ✆ 027 783 11 01 - fermé 13-27 déc., 15-30 mai, mar. et merc. - 65/98 CHF.* Brasserie de tradition tenue depuis plus de 30 ans par la famille Joris. Carte mettant le terroir valaisan à l'honneur. Spécialité de risottos.

AGENDA

Voir l'Agenda dans la partie « Organiser son voyage », p. 35.

Verbier

★★

2 163 habitants – Canton du Valais

NOS ADRESSES PAGE 322

S'INFORMER

Office du tourisme de Verbier – *Pl. Centrale - 1936 Verbier - ✆ 027 775 38 88 - www.verbier.ch - 8h-12h, 13h30-18h.*

Remontées mécaniques – *www.televerbier.ch* - Carte journalière pour l'ensemble des remontées : 44 CHF (enf. 35 CHF), 39 CHF pour une demi-journée dès 13h (enf. 31 CHF).

SE REPERER

Carte de région B2 (p. 298-299) – *Carte Michelin Regional n° 552 H12.*

Verbier est à 28 km à l'est de Martigny et à 64 km au nord-est de Chamonix.

À NE PAS MANQUER

La montée au sommet du mont Fort un matin d'été ; une raclette : le val de Bagnes est le berceau de cette spécialité.

ORGANISER SON TEMPS

Si vous voulez faire une longue randonnée, prenez une journée ou deux, et tentez l'expérience d'une nuit dans une cabane de montagne.

Disséminée sur le versant ensoleillé du val de Bagnes, la jeune station de Verbier offre une vue imprenable sur les massifs du Grand-Combin et du Mont-Blanc. Avec ses chalets traditionnels qui côtoient ses grands hôtels, elle tente de garder son âme de village de montagne, mais son succès ne lui facilite pas la tâche. Chaque hiver, le grand domaine skiable de Verbier attire une importante clientèle sportive, plutôt huppée, et en majorité suisse. L'été, les randonneurs de haute et moyenne montagne s'y donnent rendez-vous. Durant cette saison, l'un des plus célèbres festivals de musique en montagne anime le village.

Se promener

★★★ Mont Fort

Accès par la station de télécabine Médran (au bout de la rue de Médran) - www.televerbier.ch - environ 45mn : télécabine de Verbier aux Ruinettes (juil.-août : 8h-17h), puis téléphérique Jumbo jusqu'aux Gentianes (8h45-15h45), puis autre téléphérique jusqu'au sommet (9h-15h30) - carte journalière 44 CHF.

Juil.-août : tous les jeu., lever du soleil en haut du sommet, au son des cors des Alpes, puis petit-déjeuner au col des Gentianes - 49 CHF (carte journalière comprise) - inscription à l'office de tourisme. Alt. 3 329 m.

Le mont Fort offre, par temps clair, un très vaste **tour d'horizon★★★** (tables d'orientation) embrassant les Alpes bernoises (Eiger), italiennes (Cervin), valaisannes (mont Fort, Grand-Combin) et françaises (mont Blanc).

★★ Mont Gelé

Accès par la station de télécabine Médran (au bout de la rue de Médran) - www.televerbier.ch - environ 45mn : télécabine de Verbier aux Ruinettes, puis Funispace jusqu'aux Attelas, puis téléphérique jusqu'au mont Gelé (027 775 25 11 - www.televerbier.ch - fermé l'été). Alt. 3 023 m.

De la croix marquant le sommet rocailleux du mont Gelé, vaste **tour d'horizon★★** embrassant au sud le massif du Grand-Combin et ses glaciers, à l'est le mont Fort et ses glaciers, au nord les cimes des Diablerets, à l'ouest le mont de Pierre Avoi (surmonté d'un chicot rocheux), Verbier et la vallée d'Entremont.

Domaine skiable

Dotées de 400 km de pistes et de 89 remontées mécaniques, les 4 Vallées, dont Verbier est la pièce maîtresse, constituent de loin le **domaine de ski alpin** le plus intéressant et le plus varié de Suisse, et en tout cas le seul à rivaliser avec les grandes stations françaises de Courchevel, Val-Thorens ou Val-d'Isère. Les liaisons se font skis aux pieds, ce qui est un cas suffisamment rare dans les grands domaines suisses pour être souligné. Depuis le milieu des années 1990, Verbier a entrepris de moderniser l'ensemble de ses installations et a consenti d'importants investissements (Jumbo des Neiges, Funitel, télécabine Tortin-Chassoure, et La Chaux Express, une remontée mécanique qui dessert les deux versants d'une même montagne).

Si les pistes environnant Verbier s'avèrent assez faciles, tout le secteur composé par le mont Fort (3 329 m, point culminant du domaine), le col des Gentianes et le mont Gelé ainsi que le massif du Plan-du-Fou sur Nendaz comblent avant tout les skieurs chevronnés. Ils y trouvent des pentes raides et des champs de bosses à l'infini. Certains itinéraires de haute montagne sont particulièrement impressionnants (vallon d'Arbi depuis le col des Mines, descentes du mont Gelé et du mont Fort sur Tortin).

Les autres stations reliées (La Tzoumaz, Nendaz, Siviez, Veysonnaz, Thyon et Les Collons) offrent dans l'ensemble des pistes faciles. Mais les skieurs peu expérimentés verront leurs possibilités de circuits réduites par la difficulté de certains massifs, situés en position centrale du domaine. Les skieurs de niveau intermédiaire regretteront également le manque de longues pistes ni trop difficiles ni trop faciles. Ils essayeront notamment les pistes rouges du col des Gentianes à La Chaux, de Savoleyres à la Tzoumaz et de Greppon Blanc à Siviez. Enfin, les spécialistes du hors-piste trouveront un terrain qui leur est réservé.

Randonnées

En été, Verbier et le val de Bagnes offrent 400 km de randonnées pédestres. Les principales remontées mécaniques fonctionnent et permettent de gagner les sommets *(carte journalière pour l'ensemble des remontées : voir p. 319).*

★★ Le sentier des Chamois

6h à pied (dénivelés importants), au départ de La Chaux, que l'on atteint par télécabine depuis Verbier (gare de Médran - juil.-août : 8h-17h).

Cette randonnée, l'une des plus célèbres de la région, fait découvrir la réserve naturelle du Haut Val de Bagnes. Il n'est pas rare d'y voir chamois, bouquetins et marmottes. Rejoindre le col Termin, puis le village de Fionnay. On peut ensuite revenir à Verbier en car postal.

Verbier, prisée pour son domaine skiable.
Ph. Renault/hemis.fr

★★ Cabane de Chanrion

6h à pied à partir du barrage de Mauvoisin (voir ci-dessous) permettant de faire un intéressant tour du lac, mais nécessitant une bonne endurance et de l'entraînement. Possibilité de coucher au refuge pour répartir l'effort sur 2 jours.
Prendre à droite du lac un long passage en tunnel (30mn). On continue ensuite à longer le lac par un chemin facile pendant une bonne heure. Au bout du lac, on découvre les Becs de Chardoney et d'Épicoune. Monter vers la cabane en 1h30 en suivant le balisage « piétons » écrit sur les rochers puis les marques « blanc/rouge ». À l'arrivée *(alt. 2 462 m)*, **vue★★** sur le glacier d'Épicoune, et à l'ouest sur le mont Avril, la tour de Boussine, le Combin de Tsessette (4 141 m) et le Tournelon Blanc, qui forment une puissante muraille rocheuse. Le site est agrémenté par le lac Chanrion.

Un agréable sentier de crêtes monte au col de Tsofeiret. La première partie de l'ascension, relativement facile, offre une **vue★** fugitive sur le glacier de Brenay, la partie terminale se révèle très raide, voire vertigineuse. Du col *(alt. 2 635 m)*, **vue★** sur le lac de Tsofeiret. Pour finir, deux bonnes heures de descente progressive, réservant des **vues★★** plongeantes sur le lac de Mauvoisin.

À proximité Carte de région

★★★ Barrage de Mauvoisin B2

30 km au sud-est par la route de Mauvoisin (vallée de Bagnes). Alt. 1 961 m (crête du barrage).

Obturant un défilé sauvage de la haute vallée de Bagnes, ce barrage est l'un des ouvrages du type « voûte » le plus élevé du monde (237 m). Le gigantesque mur a créé une retenue de 180 millions de m^3 dont les eaux sont « turbinées » par les centrales de Fionnay et de Riddes. À Mauvoisin, garer la voiture dans le parc réservé aux visiteurs, à mi-chemin entre l'hôtel et le barrage, et suivre la route à pied jusqu'au couronnement du barrage.

Circuit conseillé Carte de région

★ Circuit des cols AB2

▷ *Itinéraire de 45 km tracé en vert sur la carte de région (p. 298-299) – compter 3h. Quitter Verbier en direction du sud-est vers Bagnes.*

Ce petit itinéraire, très agréable par beau temps, fait passer par Vollèges (élégant clocher), **le Levron** (village montagnard en balcon), les **cols** – ou « pas » – du **Lein** (cuvette semée de rocs et de mélèzes), du **Tronc** et des **Planches** *(restaurant)*, et par le hameau de Vens *(d'où l'on regagne la route de Sembrancher)*. Il emprunte des routes forestières *(non goudronnées sur 5 km entre le Levron et le col des Planches)* tantôt en corniche, tantôt sous bois (sapins et mélèzes), offrant des **vues★** magnifiques sur les vallées alentour, le mont Pierre Avoi au nord-est, les sommets neigeux des Alpes françaises (mont Blanc) au sud-ouest et des Alpes pennines (Grand-Combin) au sud-est.

NOS ADRESSES À VERBIER

HÉBERGEMENT

Grand choix d'hôtels dans cette station, aussi bien l'hiver que l'été, mais les tarifs sont élevés.

POUR SE FAIRE PLAISIR

La Rotonde – *Chemin de la Barmète - ✆ 027 771 65 25 - www.hotelrotonde.com - fermé juin et sept.-nov. - 26 ch. - 250/340 CHF ☕.* Au cœur du village, engageant chalet renfermant des chambres de taille et d'aménagement divers, où domine souvent le bois. Feu de bois au salon quand le froid sévit.

RESTAURATION

À Verbier

22 restaurants d'altitude sur l'ensemble du domaine skiable.

PREMIER PRIX

La Grange – *R. de Verbier - ✆ 027 771 64 31 - www.lagrange.ch - fermé juin et merc. soir hors sais. - 26/62 CHF.* Établissement au cadre rustique montagnard recyclant d'anciens matériaux chinés. Carte traditionnelle et bon choix de vins du Valais au restaurant. Grillades au feu de bois et cuisine fromagère à la brasserie.

À proximité

PREMIER PRIX

Café de la Promenade – *533 rte de Mauvoisin - Bonatchesse - 23 km au sud-est de Verbier - ✆ 027 778 12 40 - www.bonatchiesse.ch - fermé de fin oct. à mi-mai - 23/43 CHF.* En chemin pour le barrage de Mauvoisin, arrêtez-vous manger dans ce chalet accueillant. Spécialités fromagères (croûtes et fondues), salades, viandes (gibier en période de chasse et sur réservation). Juste à côté, village de six tipis pour dormir comme les Sioux (26 CHF/pers. ☕).

SPORTS ET LOISIRS

Activités d'été et après-ski – 200 km de chemins aménagés pour le VTT, sites de vol en parapente et golf 18 trous. Le centre sportif, ouvert toute l'année, propose deux belles piscines (couverte et plein air) et une grande patinoire couverte.

AGENDA

Voir l'Agenda dans la partie « Organiser son voyage », p. 35.

Sion

★★

29 304 habitants – Canton du Valais

NOS ADRESSES PAGE 331

S'INFORMER
Sion Tourisme – *Pl. de la Planta - 1950 Sion - ✆ 027 327 77 27 - www.siontourisme.ch - juil.-août : lun.-vend. 8h-18h, sam. 9h30-16h ; reste de l'année : lun.-vend. 9h-12h, 13h30-17h30, sam. 9h-12h30.* Visite commentée de la Vieille Ville en petit train et dégustation de vins.

SE REPERER
Carte de région B1 (p. 298-299), plan de ville (p. 324) et carte des environs (p. 328) – *Carte Michelin Regional n° 552 I12.*
Sion est à 30 km au nord-est de Martigny et à 54 km à l'ouest de Brigue.

À NE PAS MANQUER
Pour ne pas manquer la vue sur les deux collines quand on arrive de Martigny, prendre la route cantonale, et non l'autoroute.

ORGANISER SON TEMPS
Les châteaux de Valère et Tourbillon sont accessibles seulement à pied. Pour s'y rendre, compter 30mn aller à partir du centre-ville.

Semblant surgir du passé, ses deux pitons rocheux coiffés chacun d'un château plantent tout de suite le décor. Sion est une ville d'histoire, et l'une des plus anciennes de Suisse. Capitale politique et administrative du Valais, elle est devenue également le centre des affaires du canton. Le développement de ses quartiers périphériques n'est pas des plus heureux, mais sa Vieille Ville les fait aisément oublier.

3

Se promener Plan de ville

Compter 1h30 sans les visites. Partir de la place de la Planta. Prendre la rue de Conthey (dans la direction des deux collines), puis tourner à gauche dans la rue Saint-Théodule.

Église Saint-Théodule A2
Portant le nom du premier évêque du Valais, elle a été construite sous l'épiscopat de Matthäus Schiner *(voir p. 306)*, au début du 16e s. Les voûtes du chœur ont été décorées par le peintre Hans Rinischer.

Cathédrale Notre-Dame-du-Glarier A2
Le **clocher★** roman, des 11e et 13e s., est décoré d'arcatures lombardes et se termine par une élégante flèche octogonale.
À l'intérieur, la nef, voûtée d'ogives, a été achevée au début du 16e s. Le chœur, orné de stalles du 17e s., est décoré, derrière le maître-autel, par un **triptyque★** en bois doré (Arbre de Jessé).
En sortant de la cathédrale, emprunter la rue de l'Église qui conduit tout droit à l'Hôtel de ville.

Hôtel de ville A2

027 327 77 27 - www.siontourism.ch - visite des salles comprise dans la visite guidée de la ville - se renseigner à l'office de tourisme.

Édifice du 17e s. avec, dès l'entrée, une **porte★** de bois sculpté, très ouvragée. Dans le vestibule, inscriptions romaines dont une, chrétienne, de 377. La **salle du Conseil bourgeoisial★**, au 1er étage, est enrichie de travaux de boiserie splendides et d'un mobilier fastueux.

Prendre la rue des Châteaux, qui part de l'Hôtel de ville.

Musée d'Arts A1-2

15 pl. de la Majorie - 027 606 46 90 - www.musees-valais.ch - tlj sf lun. 11h-17h - fermé 1er janv. et 25 déc. - 5 CHF.

La Majorie et le Vidomat, anciennes résidences des officiers épiscopaux, abritent le musée des Beaux-Arts du Valais : estampes anciennes, toiles d'artistes valaisans anciens ou actuels autour d'une belle mise en valeur des collections et des édifices.

Des différents étages de la Majorie (du 3e surtout), on a une très belle **vue★** d'ensemble sur l'église-forteresse de Valère et les ruines du château de Tourbillon.

Espace d'archéologie de la Grange-à-l'Evêque A1-2

12 r. des Châteaux - 027 606 47 00 - tlj sf lun. 13h-18h (oct.-mai 17h) - 4 CHF (enf. 2 CHF).

De présentation très moderne, ce petit musée expose plusieurs stèles préhistoriques gravées, les copies des bronzes d'Octodure conservés à Martigny

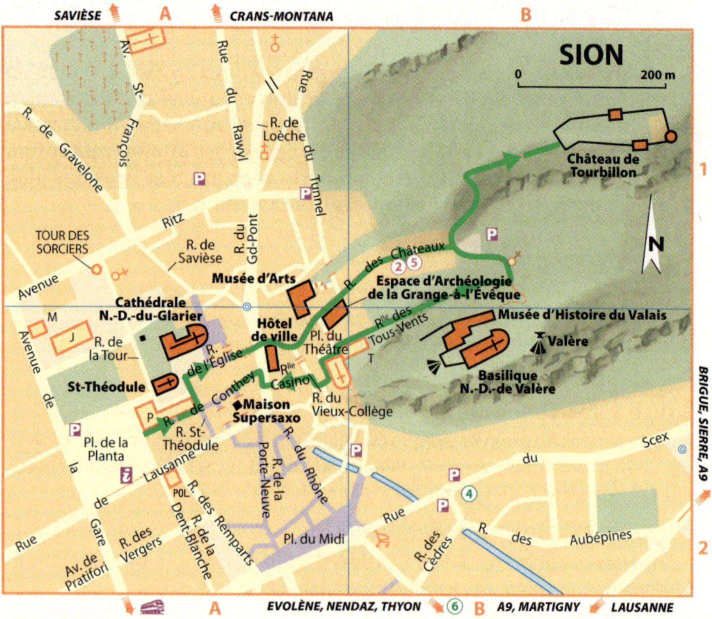

SE LOGER		SE RESTAURER	
Best Western Hôtel du Rhône	4	Cave de Tous Vents	2
Ibis	6	Enclos de Valère (L')	5

L'ÉVÊCHÉ DE SION

Fondé au 4e s., l'évêché de Sion a joué un rôle politique et religieux considérable au Moyen Âge. La donation du comté du Valais à l'évêché de Sion, à l'aube du 11e s., par le dernier roi de Bourgogne transjurane Rodolphe III, fait de l'évêque un seigneur temporel et un véritable prince souverain, jouissant de tous les droits régaliens : droit de justice, perception de nombreuses amendes, frappe de la monnaie, présidence des diètes ou assemblées générales. Lors de l'émancipation des communes, ces privilèges disparaîtront les uns après les autres. Le choix des évêques, qui dépendait d'une part des chanoines de la cathédrale, d'autre part des députés de la Diète valaisanne jusqu'en 1848, puis des députés du Grand Conseil jusqu'en 1918, devient à cette date le privilège exclusif du Saint-Siège.

(voir p. 308), des verreries romaines et islamiques anciennes. En sous-sol, des amphores et statuettes gallo-romaines, des céramiques grecques et étrusques, des vestiges néolithiques : armes, bijoux, fibules, poteries.
Reprendre la rue des Châteaux, qui continue de grimper vers les deux collines.

Tourbillon B1

De mi-mars à mi-nov. : tlj sf lun. 10h-18h - gratuit.
Du haut de la rue des Châteaux, un sentier s'élève, sur la gauche, jusqu'aux ruines imposantes d'une ancienne forteresse aux murailles crénelées. Lors de la montée (assez pénible), la **vue★** offerte sur Valère et son église-forteresse, ainsi que sur les coteaux environnants couverts de vignes est superbe.
L'édifice et la chapelle furent construits à la fin du 13e s. par l'évêque Boniface de Challant. À l'origine ouvrage défensif, le château servit en temps de paix de résidence d'été aux évêques. Maintes fois assiégé, reconstruit au 15e s., il fut ravagé par un incendie en 1788.
Après avoir franchi une première porte percée dans une ceinture de remparts, on pénètre dans l'enceinte du château dominée par son donjon. Dans la **chapelle** voûtée d'ogives reposant sur des colonnes aux chapiteaux sculptés, on remarque quelques fragments de peintures murales. *S'adresser au gardien pour la visiter.*
Redescendre pour monter, en face, vers la basilique de Valère.

3

★ Musée d'Histoire du Valais B2

✆ 027 606 47 15 - www.musees-valais.ch - juin-sept. : 11h-18h ; oct.-mai : tlj sf lun. 11h-17h - fermé 1er janv. et 25 déc. - 8 CHF (enf. 4 CHF).
Les différentes bâtisses jouxtant l'église fortifiée abritent une exposition permanente sur l'histoire du Valais. L'art sacré, l'art populaire religieux (sculptures, orfèvrerie, imagerie) alternent avec la vie quotidienne (mobilier) ou militaire (armes, armures). Les salles, de petite taille, permettent d'être proche des objets et créent une atmosphère d'intimité.

★ Basilique Notre-Dame de Valère B2

✆ 027 606 47 11 - visite guidée (30mn) tlj sf lun. 11h-18h (oct.-mai 17h) - 3 CHF (enf. 2 CHF).
Bâtie au sommet de la colline qui domine la vallée de 120 m, cette église-forteresse est l'ancienne résidence du chapitre de Sion. Elle présente toutes les caractéristiques d'un bâtiment fortifié, avec son enceinte, les créneaux de sa tour et de son collatéral nord, sa passerelle de garde à l'intérieur.

Commencée au début du 12e s., sa construction s'est poursuivie jusqu'au milieu du 13e s.
La nef, voûtée d'ogives, est séparée du chœur par un jubé qui rompt l'harmonie du vaisseau. Elle suit, par paliers successifs, la déclivité du sol, surélevé en deux fois jusqu'au chœur. De magnifiques **stalles★★** du 17e s., dont les panneaux représentent diverses scènes de la Passion, ornent le chœur qui possède encore des chapiteaux historiés d'époque romane et des fresques du 16e s. Le buffet avec le jeu original des orgues date du début du 15e s.
En redescendant de la Basilique, au niveau de la chapelle de Tous-les-Saints (qui ne se visite pas), prendre le sentier en terre battue qui part sur la gauche et se poursuit par la ruelle de Tous-Vents. Continuer tout droit jusqu'à la place du Théâtre.
Sur cette place se trouvent le théâtre de Valère et l'impressionnante façade de l'**église des Jésuites** (1815). Aujourd'hui désaffectée, elle est devenue un lieu de concert. De son préau, on a une belle vue sur les toits de la ville.
De l'autre côté de la place, emprunter la rue du Vieux-Collège. Dans le tournant, se diriger vers la gauche pour prendre la ruelle Casino qui redescend vers la ville.
La rue du Grand-Pont, à laquelle on aboutit, est l'un des axes les plus commerçants de Sion.
Traverser pour rejoindre la rue de Conthey.

Maison Supersaxo A2

✆ 027 327 77 27 - www.siontourism.ch - tlj sf w.-end et j. fériés suisses 8h-12h, 14h-18h (vend. 17h) - gratuit.
Édifiée en 1505 par Georges Supersaxo, qui voulait éblouir son rival, le cardinal Matthäus Schiner, cette somptueuse demeure a conservé au 2e étage une **salle★** très haute et très vaste, ornée d'un splendide plafond sculpté et peint. Sa rosace représente la Nativité du Christ, les Rois mages et les prophètes.
La rue de Conthey ramène directement à la place de la Planta.

À proximité Carte de région

★★★ Barrage de la Grande Dixence B2

▶ 24 km au sud par le val d'Hérémence.
✆ 027 328 43 11 - www.grande-dixence.ch - visite guidée (1h) de mi-juin à fin sept. à 11h30, 13h30, 15h et 16h30 - 10 CHF.
Le nom de Grande Dixence évoque le plus gigantesque ouvrage de génie civil que le peuple suisse ait jamais entrepris.
Implanté à l'altitude de 2 365 m (crête du barrage), le barrage-poids de la Grande Dixence, a été porté, par étapes successives, à la hauteur de 284 m, actuel record du monde : il formerait encore écran devant les touristes circulant sur la troisième plate-forme de la tour Eiffel. Sa construction a nécessité 5 900 000 m³ de béton. La mise en eau complète a eu lieu en septembre 1966.
Ces travaux n'ont pourtant constitué que l'un des chapitres d'un énorme aménagement d'ensemble. Pour aller chercher les eaux de fonte glaciaire jusqu'au pied du Cervin, il a fallu percer une centaine de kilomètres de galeries d'adduction. Les eaux ont été ensuite « basculées » non seulement sur la nouvelle centrale de Fionnay, mais aussi sur celles de Riddes-Nendaz et Chandoline, dans la vallée du Rhône.
Grâce à ce barrage, la production hydroélectrique suisse peut bénéficier d'un appoint annuel estimé à 1 600 millions de kWh.
La Grande Dixence est également le point de départ de randonnées.

Lac souterrain de St-Léonard B1

6 km à l'est par la route n° 9 (route de Brigue), puis à gauche. Du parking, 10mn à pied AR.

027 203 22 66 - www.st-leonard.ch - visite guidée en barque (30mn) juin-sept. : 9h-17h30 ; oct. et mars-mai : 9h-17h - 10 CHF (-16 ans 5 CHF).

Le lac et sa caverne ont été explorés pour la première fois en 1943 et sont accessibles au public depuis 1949. La nappe d'eau, maintenue par pompage à des dimensions d'environ 300 m de long, 20 m de large et 15 m de profondeur, est le plus grand lac souterrain d'Europe. Quelques dizaines de truites, qui ont été introduites dans le lac, constituent la seule trace de vie décelable.

★ Saint-Pierre-de-Clages B1-2

11 km à l'ouest sur la route de Martigny.

Ce village possède une intéressante **église★** romane ayant appartenu à un prieuré bénédictin. L'édifice (11e-12e s.), de petites dimensions, présente une belle unité de style. Il faut se placer derrière le chevet pour voir le monument sous son meilleur angle, avec ses absidioles décorées d'une bande lombarde et sa tour octogonale à deux étages surmontant la croisée du transept. La nef, très sombre, est voûtée d'arêtes et soutenue par des piliers massifs ; le transept, non saillant, est seulement marqué par un élargissement de la travée qui précède le chœur.

Circuits conseillés

★ ROUTE DE DERBORENCE Carte des environs de Sion

Itinéraire de 24 km de Sion à Derborence – voir le circuit 4 tracé en vert sur la carte des environs de Sion (p. 328).

Quitter Sion à l'ouest en direction de Martigny et Lausanne, et suivre la route n° 9 jusqu'à Pont-de-la-Morge.

La route monte dans le vignoble et à travers les villages de Conthey, Sensine puis **St-Séverin** (belle église à clocher de pierre), où l'on prend à gauche. Après Erde, la vigne fait place aux arbustes et, dans le virage précédant les chalets d'Aven, se révèle une belle vue sur la vallée du Rhône. Ensuite, au sortir d'un 1er tunnel, vue sur les cimes neigeuses des Diablerets barrant la combe au nord, le paysage gagne en pittoresque : coulées de rocs coiffées de névés, pins, torrent (de la Lizerne, que la route coupe à trois reprises) entouré de blocs erratiques, cascades… pour s'épanouir enfin en un grandiose **amphithéâtre★★** de chaos rocheux semé de pins et de mélèzes.

Prendre à gauche le chemin caillouteux aboutissant à la **Réserve de Derborence**, dans un **cirque★** rocheux (causé au 18e s. par un éboulement des Diablerets) qui abrite un limpide petit lac vert et quelques chalets.

★ ROUTE DU SANETSCH Carte des environs de Sion

Itinéraire de 33 km de Sion au col du Sanetsch – voir le circuit 5 tracé en vert sur la carte des environs de Sion (p. 328).

Quitter Sion à l'ouest en direction de Martigny et Lausanne, et suivre la route n° 9 jusqu'à Pont-de-la-Morge, puis direction Chandolin. La route mène directement au col.

Vers la fin du parcours, on aboutit au pied des sombres parois rocheuses du Scex Noir, face à la barrière neigeuse des Diablerets. Après un dernier et long tunnel, la route se maintient en montée presque rectiligne jusqu'au **col du Sanetsch** (2 243 m ; belle **vue★★** sur les Diablerets précédés du glacier de Tsanfleuron), puis descend et se termine au lac de barrage du même nom, dans un impressionnant décor de haute montagne.

★ ROUTE DE TSEUZIER Carte des environs de Sion

Itinéraire de 23 km de Sion au lac de Tseuzier – voir le circuit 6 tracé en vert sur la carte des environs de Sion (ci-dessous).
Quitter Sion au nord-est par la route de Crans-Montana.
3 km après Grimisuat, prendre à gauche la route d'Ayent et, à St-Romain, la route fléchée « Barrage de Tseuzier », étroite mais facile, qui s'élève parmi les sapins au-dessus de la vallée de la Liène. Quelques belles échappées sur la vallée et les stations étagées de Crans et Montana (ample **vue★**, notamment, aux abords du premier tunnel). Au terme de la route, on découvre le petit lac de barrage de Tseuzier dans sa cuvette rocheuse semi-boisée.

★★ VAL D'HÉRENS Carte de région

Itinéraire de 30 km de Sion aux Haudères tracé en vert sur la carte de région (p. 298-299). Quitter Sion au sud par la route de Vex.
Cette vallée latérale est l'une des plus aisément accessibles du Valais de langue française. Dans un très beau décor de haute montagne où surgit la dent Blanche *(alt. 4 357 m)*, la région d'Évolène conserve de solides traditions : la fenaison s'y fait encore souvent en famille. En hiver, la vallée offre 100 km de pistes alpines, deux pistes de ski de fond (33 km) et deux patinoires naturelles.

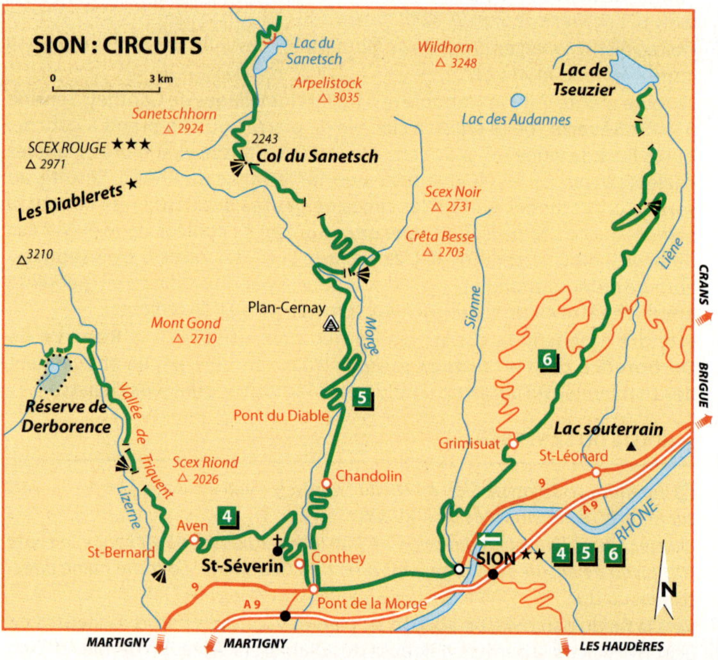

Dès le départ de Sion, la route, qui traverse le Rhône, s'élève en lacet. À l'entrée de **Vex**, premier village du val d'Hérens, se dessine à l'extrémité de la vallée, la superbe pyramide rocheuse de la dent Blanche émergeant du cirque glaciaire de Ferpècle.

★ Pyramides d'Euseigne

La route passe en tunnel sous ces « colonnes coiffées » dégagées par l'érosion dans des masses de conglomérats morainiques. Ces conglomérats, peu résistants, sont préservés de la destruction par leur chapiteau rocheux en équilibre instable.

L'arrivée dans le bassin d'Évolène est marquée par la réapparition de la dent Blanche. Au premier plan, à droite de celle-ci, se haussent les pyramides jumelles, aux arêtes vives, des dents de Veisivi.

★ Évolène

Alt. 1 400 m. Cette charmante villégiature est très fréquentée par les touristes de langue française. Ses **maisons de bois★★**, bâties sur plusieurs étages et ornées de fleurs éclatantes comptent parmi les plus belles du Valais. Certaines remontent au 16e s. Évolène est un centre d'alpinisme (massifs du mont Collon et de la dent Blanche), doté d'une école d'escalade.

Revenir sur ses pas jusqu'à la fourche et prendre la route du val d'Hérens qui mène aux Haudères.

Les Haudères

De ce village, deux routes mènent respectivement à **Ferpècle** *(alt. 1 770 m)*, à 9 km au pied de la dent Blanche, et à **Arolla**, à 12 km au pied du mont Collon. Belles randonnées possibles *(voir ci-dessous)*.

Randonnées Carte de région

3

AU DÉPART DE FERPÈCLE B2

★★ Alpe Bricola

Se garer à Salay/Ferpècle. 2h15 à pied pour la montée et 1h30 à pied pour la descente. Randonnée pas trop difficile. Alt. 2 415 m.

De très belles **vues★★** s'offrent sur les glaciers de Ferpècle et Mont-Mine et sur la dent Blanche. On peut continuer un peu l'ascension en direction du refuge dent Blanche Hütte pour bénéficier d'un paysage encore plus vaste.

AU DÉPART D'AROLLA B2

Arolla

Alt. 1 998 m. Cette petite station d'altitude, dotée d'un modeste domaine skiable, est une étape sur la « haute route » entre Chamonix et Zermatt.

★★ La cabane des aiguilles Rouges

Se garer au parking du téleski de Guitza. 3h à pied pour la montée et 2h à pied pour la descente. Il est conseillé de se renseigner à l'avance sur les horaires du bus pour rentrer le soir sur Arolla depuis le hameau de la Gouille. Cette magnifique randonnée est très variée, mais nécessite de l'endurance. Alt. 2 810 m.

Du téléski, le sentier très raide s'élève en forêt et offre de temps à autre des **vues★★** superbes sur la pointe de Tsa, le mont Collon et la Pigne d'Arolla. Puis belle traversée dans une pelouse alpine (gardez le sentier, plus direct

que le chemin). En une bonne heure, on parvient au superbe hameau de **Remointse de Pra Gra** (2 479 m), tout en pierre et en lauze, perché dans un **site★★** somptueux. Commence alors l'ascension vers le refuge, au pied des aiguilles Rouges d'Arolla, dans un cadre beaucoup plus minéral (pour les traversées de chaos de rochers, suivez le balisage rouge). Du refuge, très beau **tour d'horizon★★** sur toute la vallée, l'aiguille de la Tsa, la pointe des Genevois, la dent de Perroc et la grande dent de Veisivi.
Une descente raide et panoramique mène jusqu'au **lac Bleu★★** (2 090 m), véritable petit joyau d'une merveilleuse limpidité, niché dans une forêt de mélèzes. Il faut faire le **tour du lac★★** pour en apprécier les reflets. Descendez jusqu'au hameau de la Gouille et prenez le bus (évitez le sentier du lac Bleu à Arolla, fatigant et vertigineux).

★★ Pas de Chèvre B2

Se garer à l'extrémité d'Arolla, juste avant le chalet le plus élevé. 2h de montée à pied, 1h30 de descente, 850 m de dénivelée. Alt. 2 855 m.

On suit un chemin sur 50 m, puis un sentier raide (à droite), face à la pente jusqu'à des pierriers (40mn). Il faut ensuite poursuivre en face le sentier, qui évolue dans un **paysage★★** déjà ample : on longe le glacier mouvementé de Tsijiore Nouve et la Pigne d'Arolla (3 796 m). Une petite demi-heure après, on croise un chemin, le sentier devient à nouveau plus raide. À la bifurcation suivante, prenez à gauche. Arrivé au col, **vue★★** sur le mont Collon et l'aiguille de la Tsa, pièces maîtresses de la vallée d'Arolla. S'avancer pour découvrir le Mont Blanc de Cheilon et son glacier, le lac et la cabane de Dix, perchée sur un promontoire rocheux. Redescendre, en empruntant le chemin à droite dans la partie intermédiaire (à l'approche du téléski).

NOS ADRESSES À SION

HÉBERGEMENT

Malgré le développement touristique de Sion ces dernières années, l'offre hôtelière de la ville reste limitée.

À Sion Plan de ville

PREMIER PRIX

Ibis – Hors plan vers B2 - *21 av. Grand-Champsec - au sud-est par la r. de la Dixence - ✆ 027 205 71 00 - www.ibishotel.com - P - 71 ch. - 99/109 CHF - ☕ 15 CHF - rest. 36/61 CHF (fermé sam. midi et dim. midi).* Ensemble hôtelier implanté aux portes de Sion. Toutes identiques, dotées de larges tables, les chambres offrent le confort fonctionnel habituel de la chaîne. Salle à manger de type bistrot actuel. Prestation culinaire traditionnelle.

BUDGET MOYEN

Best Western Hôtel du Rhône – B2 - *10 r. du Scex - ✆ 027 322 82 91 - www.bestwestern.ch/durhonesion - P - 46 ch. - 180/195 CHF ☕.* Hôtel au centre de Sion, chambres modernes. Un établissement confortable à défaut d'être un hôtel de charme.

À proximité

POUR SE FAIRE PLAISIR

Hôtel des Vignes – *9 r. du Pont - Uvrier (5 km à l'est de Sion) - ✆ 027 203 16 71 - www.hoteldesvignes.ch - P - 39 ch. - 220/280 CHF ☕.* Un vrai hôtel de charme à deux pas de Sion, dans un parc, avec les vignes toutes proches. Grandes chambres lumineuses. Restaurant de produits régionaux « Au Cep de Vigne » *(fermé dim. soir et lun.).*

RESTAURATION

À Sion Plan de ville

BUDGET MOYEN

Cave de Tous Vents – B1 - *16 r. des Châteaux - ✆ 027 322 46 84 - www.cave-tous-vents.ch - fermé juil.-août - 40 CHF.* Dans cette belle cave voûtée du 13e s., on déguste des plats valaisans accompagnés des meilleurs crus de la région.

L'Enclos de Valère – B1 - *18 r. des Châteaux - ✆ 027 323 32 30 - www.enclosdevalere.ch - mai-sept. : fermé dim. soir et lun. ; oct.-avr. : fermé dim. et lun. - 47/93 CHF.* Bon restaurant français doté d'une des plus belles terrasses de Sion. En été, sa tranquillité, à l'ombre des arbres, y est très appréciable.

À proximité

POUR SE FAIRE PLAISIR

Relais du Mont d'Orge – *La Muraz (nord-ouest par rte de Savièse) - ✆ 027 395 33 46 - www.ricou.ch - fermé 1er-16 août, dim. soir et lun. - 63/130 CHF.* Le chef, Bernard Ricou, a fait ses premières armes avec Paul Bocuse. Cuisine actuelle et bon choix de vins du Valais. Restaurant-véranda dominant la vallée.

AGENDA

Voir l'Agenda dans la partie « Organiser son voyage », p. 35.

3

Michelin, implanté près de ses clients

72 sites de production dans 19 pays

- Algérie
- Allemagne
- Brésil
- Canada
- Chine
- Colombie
- Espagne
- Etats-Unis
- France
- Hongrie
- Italie
- Japon
- Mexique
- Pologne
- Roumanie
- Royaume-Uni
- Russie
- Serbie
- Thaïlande

Un centre de technologies réparti sur 3 continents

- Amérique du Nord
- Asie
- Europe

Production de caoutchouc naturel

- Brésil

Notre mission

Contribuer, de manière durable, au progrès de la mobilité des personnes et des biens en facilitant la liberté, la sécurité, l'efficacité et aussi le plaisir de se déplacer.

Michelin s'engage pour l'environnement

Michelin, 1er producteur mondial de pneus à basse résistance au roulement, contribue à la diminution de la consommation de carburant et des émissions de gaz par les véhicules.

Michelin développe, pour ses produits, les technologies les plus avancées afin de :

- diminuer la consommation de carburant, tout en améliorant les autres performances du pneumatique ;
- allonger la durée de vie pour réduire le nombre de pneus à traiter en fin de vie ;
- privilégier les matières premières à faible impact sur l'environnement.

Par ailleurs, à fin 2008, 99,5 % de la production de pneumatiques en tonnage est réalisé dans des usines certifiées ISO 14001*.

Michelin est engagé dans la mise en œuvre de filières de valorisation des pneus en fin de vie.

*certification environnementale

N°1 mondial des pneumatiques
avec 16,3 % du marché

Une présence commerciale dans plus de 170 pays

Une implantation industrielle
au cœur des marchés

72 sites industriels dans **19** pays ont produit en 2009 :

- **150** millions de pneus
- **10** millions de cartes et guides

Des équipes très internationales

Plus de **109 200** employés* de toutes cultures sur tous les continents dont **6 000** personnes employées dans les centres de R&D en Europe, aux États-Unis, en Asie.

*102 692 en équivalents temps plein

Le groupe Michelin
en un coup d'œil

Michelin présent
en compétition

À fin 2009

- **24h du Mans**
  12 années de victoires consécutives
- **Endurance 2009**
  • 6 victoires sur 6 épreuves en Le Mans Series
  • 12 victoires sur 12 épreuves en American Le Mans Series
- **Paris-Dakar**
  Depuis le début de l'épreuve, le groupe Michelin remporte toutes les catégories (auto, moto, camion)
- **Endurance moto**
  Champion du monde 2009
- **Trial**
  Tous les titres de champion du monde depuis 1981 (sauf 1992)

MICHELIN
joue l'équilibre des performances

- **Longévité des pneumatiques**
- **Économies de carburant**
- **Sécurité sur la route**

... les pneus MICHELIN vous offrent les meilleures performances, sans en sacrifier aucune.

Le pneu MICHELIN
un concentré de technologie

1 Bande de roulement
Une épaisse couche de gomme assure le contact avec le sol. Elle doit évacuer l'eau et durer très longtemps.

2 Armature de sommet
Cette double ou triple ceinture armée est à la fois souple verticalement et très rigide transversalement. Elle procure la puissance de guidage.

3 Flancs
Ils recouvrent et protègent la carcasse textile dont le rôle est de relier la bande de roulement du pneu à la jante.

4 Talons d'accrochage à la jante
Grâce aux tringles internes, ils serrent solidement le pneu à la jante pour les rendre solidaires.

5 Gomme intérieure d'étanchéité
Elle procure au pneu l'étanchéité qui maintient le gonflage à la bonne pression.

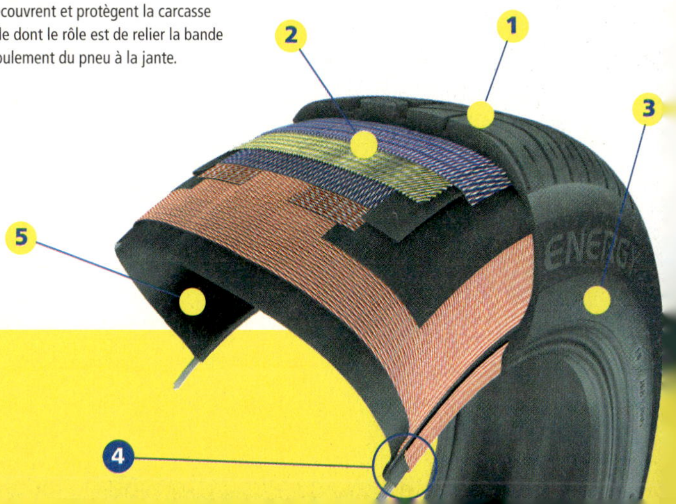

Deux roues

Distribution

Partenaire des constructeurs, à l'écoute des utilisateurs, présent en compétition et dans tous les circuits de distribution, Michelin ne cesse d'innover pour servir la mobilité d'aujourd'hui et inventer celle de demain.

Cartes et Guides

ViaMichelin

des services d'aide au voyage

Michelin Lifestyle

des accessoires pour vos déplacements

Sierre

15 574 habitants – Canton du Valais

NOS ADRESSES PAGE 339

S'INFORMER
Office de tourisme – *10 pl. de la Gare - 3960 Sierre - ✆ 027 455 85 35 - www.sierre-salgesch.ch - lun.-vend. 8h30-18h, sam. 9h-17, dim. 9h-13h.*

SE REPERER
Carte de région B1 (p. 298-299) – *Carte Michelin Regional n° 552 J11.*
Sierre est à 17 km à l'est de Sion.

À NE PAS MANQUER
Les villages du Lötschental.

ORGANISER SON TEMPS
Compter 2h pour la visite de la ville, mais on peut consacrer une journée ou deux à ses environs.

AVEC LES ENFANTS
La promenade du Bisse du Tsittoret à Vermala.

Blottie dans la vallée du Rhône, au pied des vignobles de la « Noble Contrée », Sierre est l'une des cités les plus ensoleillées de Suisse. Malheureusement, après s'être montrée très dynamique pendant des années, la ville semble en perte de vitesse. Le soir venu, sa principale avenue est souvent déserte. Toutefois, son festival de bande dessinée, jadis menacé, renaît de ses cendres. Et Sierre peut toujours compter sur son statut de ville-étape, au centre des sites touristiques du Valais, ainsi que sur la beauté de ses alentours.

Se promener

Hôtel de ville

Ancien manoir, puis hôtel, des 17e et 19e s. L'**intérieur★** surprend par le caractère à la fois riche et intime que lui confèrent ses beaux plafonds peints, fresques murales, tableaux et vitraux de couleur.
Il renferme dans une cave un **musée d'Étains** exposant environ 180 pièces de collection (vaisselle, ustensiles) du 17e au 19e s. *✆ 027 452 01 11 - www.sierre.ch - se renseigner à l'hôtel de ville - fermé j. fériés suisses - gratuit.*

Rue du Bourg

Cette petite rue pittoresque est bordée de vieilles demeures. On remarque au n° 24, la curieuse bâtisse à échauguettes, dite « **château de Vidômes** », qui semble surgie d'un dessin animé. Il s'agit de la plus ancienne maison de Sierre (15e s.).
Un peu plus loin, l'**église catholique Ste-Catherine**, construite au 17e s., possède un maître-autel inspiré de celui de Saint-Pierre de Rome.
Au n° 30, la maison Pancrace de Courten (18e s.) abrite, au rez-de-chaussée, la **fondation Rainer Maria Rilke**, consacrée à l'écrivain autrichien. *✆ 027 456 26 46 - avr.-oct. : tlj sf lun. 14h-18h - 6 CHF (-16 ans gratuit).*

Sierre en été.
Sierre-Anniviers

Château Mercier
Ce manoir privé du 19e s. est entouré par le frais **parc de Pradec** qui domine la ville. Le bâtiment ne se visite pas, mais les jardins sont ouverts au public.

Château de Villa
Les dépendances du château accueillent le **musée valaisan de la Vigne et du Vin**. Un film vidéo présente le pressurage du raisin à l'ancienne, des salles sont consacrées aux pressoirs, au travail du caviste, aux bouteilles et autres contenants. Ce musée est relié par un sentier viticole à la maison Zumofen, consacrée également au monde du vin *(voir p. 335). ✆ 027 456 35 25 - www.museevalaisanduvin.ch - mars-nov. : tlj sf lun. 14h-17h - fermé du 25 déc. à fév. - 6 CHF.*

3

À proximité

★ Crans-Montana
14 km au nord-ouest de Sierre.

3963 Crans-Montana - ✆ 027 485 04 04 - www.crans-montana.ch - haute sais. : lun.-sam. 8h30-18h30, dim. 10h-12h30, 15h-18h ; basse sais. : lun.-vend. 9h-12h, 14h-17h, sam. 10h-12h30, 15h-18h ; mi-sais. : lun.-vend. 8h30-12h, 14h-18h, sam. 8h30-12h30, 14h-18h, dim. 10h-12h30, 15h-18h. Plan des promenades balisées (280 km au total) disponible.

Cette station touristique, formée par les agglomérations voisines de Crans et Montana, s'étend sur 2 km le long d'un plateau boisé, parsemé de petits lacs, face au décor majestueux des Alpes valaisannes. Celles-ci donnent l'illusion d'être assez proches, alors que la vallée du Rhône s'interpose largement, au pied du Haut-Plateau.

Exposée en plein midi, entre 1 500 et 1 700 m d'altitude, la station a vu pousser, dès l'Entre-deux-guerres, les hôtels de luxe et les sanatoriums. C'est ici qu'en 1921 Katherine Mansfield écrivit quelques-unes de ses nouvelles *(La Garden-Party, Maison de poupée)*. Aussi réputée que Verbier ou St-Moritz pour son domaine skiable, Crans-Montana attire une clientèle huppée. Qu'on ne s'attende pas ici au charme d'une station traditionnelle de montagne : en été, les immeubles modernes, les rues impeccablement goudronnées incitent à retrouver, grâce aux nombreux sentiers de randonnée alentour, une atmosphère plus alpine.

Le **domaine skiable** est l'un des plus importants de Suisse, avec 140 km de pistes de **ski alpin** desservies par 28 remontées mécaniques. Il s'adresse tout particulièrement aux skieurs de niveau intermédiaire et aux débutants. Les plus belles pistes se situent sur le glacier de Plaine Morte, où l'on peut skier en hiver comme en été et qui offre une dénivelée intéressante (1 500 m jusqu'à la station). Les pistes de **ski de fond** s'étirent sur 70 km : elles se répartissent sur le superbe plateau boisé de Crans à Aminona, ainsi que sur le glacier de Plaine Morte (boucle de 12 km).

★★ **Bella Lui** – *Étape à Croix (ou Cry) d'Er (alt. 2 263 m) - panneaux d'orientation du TCS. Alt. 2 543 m.*Magnifique montée avec un immense panorama sur les Alpes valaisannes. Depuis la fermeture du téléphérique, cette excursion s'effectue désormais à pied et emprunte le sentier menant de Vermala jusqu'à Cry d'Er *(2h45)* par les abords du mont Lachaux. Continuez ensuite jusqu'à Bella Lui *(45mn)*.

Aminona – *alt. 1 515 m.* Cette petite station moderne, à l'est de Montana, est le point de départ de la **promenade du 100e**, aménagée en 1993 pour le centenaire de la station : ce parcours facile (4h30 AR) chemine entre jardins et forêt, et traverse Crans-Montana par La Comba (1 428 m) et Les Mélèzes (1 450 m). Trois tables panoramiques situent les sommets valaisans de Brigue et Martigny. *Possibilité de retour en bus.*

★★ **Petit Bonvin** – *Accès par télécabine depuis Aminona, mais en hiver seulement. Alt. 2 400 m.* **Vue**★★ sur Crans-Montana dans son écrin d'épicéas, Bella Lui, le Grand Combin et la dent Blanche.

★★ **Vermala** – *1,5 km. Prendre la rue qui monte au-dessus de Montana et laisser la voiture en contrebas du café-restaurant du Cervin, pour gagner le belvédère aménagé, à droite, au bord d'un petit escarpement. Alt. 1 670 m.* Vue plongeante sur la vallée du Rhône ; panorama très dégagé sur les hauts sommets qui ferment le val d'Anniviers (en particulier le Weisshorn, le Zinalrothorn et, de justesse, le Cervin). Dans un ancien chalet d'alpage, le petit **musée de Colombire** évoque la vie montagnarde dans les années 1930 : fabrication du fromage, combat des reines… *Petite restauration sur place, possibilité de promenade accompagnée au lever du soleil, comprenant un petit-déjeuner d'alpage.*

Ce chalet est le point de départ du **bisse du Tsittoret**, une promenade facile à travers bois et prairies, qui peut être effectuée avec des enfants *(3h50 AR)* : empruntez le sentier vers les Marolires, Courtavey, les caves de Colombire et la Tièche *(alt. 1 969 m)*.

★★★ **Plaine Morte** – *Accès par la télécabine Violettes Express à 2 267 m d'altitude (station des Barzettes). Prendre ensuite le Funitel (de fin juin à fin août : 9h-17h - ttes les 30mn). 9mn de trajet - tarif journalier pour l'utilisation des télécabines 25 CHF.* Par une courte mais raide montée, on accède à pied en 5mn au sommet proprement dit *(alt. 3 000 m)* : **panorama**★★★ exceptionnel sur les Alpes valaisannes. Au sud-ouest trônent le Grand Combin et le mont Blanc. Dans le lointain, on devine la Meije (limite des Alpes du Sud françaises). Au nord se déploie le glacier de Plaine Morte, en pente douce, dominé par le Wildstrubel *(alt. 3 243 m)*.

★★ **Plans-Mayens** – *1,5 km. Alt. 1 622 m.* Ample panorama sur les Alpes valaisannes, s'étendant jusqu'au massif du Mont-Blanc, dans le lointain. Dans ce secteur débute un circuit pittoresque (2h) sur l'ancien **bisse du Ro** : plutôt escarpé, il est déconseillé avec des enfants, ou à ceux qui sont sujets au vertige. Prendre le sentier à la hauteur de l'hôtel de la Dent-Blanche. La balade emprunte passerelles et surplombs jusqu'à Er de Chermignon (1 733 m). On rejoint Crans-Montana par Pra du Taillour et le Pas de l'Ours.

Salquenen (Salgesch)

4,50 km au nord-est par la route n° 9; accessible à pied par le sentier viticole.

Un **sentier viticole** de 6 km reliant Sierre à Salquenen permet de découvrir une partie du vignoble. Des panneaux explicatifs jalonnent le parcours, décrivant les cépages (chasselas, pinot, sylvaner, malvoisie), la qualité du sol, les différentes tailles, le traditionnel vignolage (journée de corvée printanière, pendant laquelle le travail de la vigne se fait au son des fifres et des tambours).

Maison Zumofen – *✆ 027 456 35 25 - www.museevalaisanduvin.ch - mars-nov. : tlj sf lun. 14h-17h - 6 CHF.* Cette maison du 16e s. reconnaissable à son double pignon en bois, constitue le complément du musée valaisan de la Vigne et du Vin de Sierre. Plusieurs salles sont consacrées à la viticulture : la terre, les cépages, le travail de la vigne, les outils employés, les vendanges, sous la protection de saint Théodule, patron des vignerons.

★ Kippel

31 km au nord-est par la route n° 9, puis à gauche en direction de Gampel.

Le berceau alpestre du **Lötschental★**, parcouru par la Lonza, puissant affluent de la rive droite du Rhône, est resté à peu près complètement isolé du reste du monde jusqu'à l'ouverture, en 1913, du tunnel du Lötschberg entre Kandersteg et Goppenstein. Auparavant, les relations avec l'extérieur ne pouvaient guère se pratiquer que par des cols dépassant 2 500 m d'altitude.

Kippel est le village le plus typique de la vallée. Les rues du quartier de l'église présentent d'admirables ensembles de **maisons de bois★★** noircies, finement décorées de frises en dents d'engrenage et de rosettes.

En février, le célèbre **carnaval des « Tschäggätä »** anime le village : les « Tschäggätä » sont des personnages plutôt effrayants; ils portent d'énormes et grotesques masques en bois et sont recouverts de peaux de chèvre et de mouton…

Circuits conseillés Carte de région

★ VALS D'ANNIVIERS, DE MOIRY ET DE ZINAL

Itinéraire de 67 km de Sierre à Zinal tracé en vert sur la carte de région (p. 298-299) – compter 2h. Quitter Sierre au sud en direction de Vissoie.

★ Val d'Anniviers B1

Le val d'Anniviers est bien connu des spécialistes de géographie humaine, et pour cause : entre les vignobles de la vallée du Rhône, les principaux villages, les mayens (pâturages d'altitude moyenne) et les Alpes, sa population est en perpétuel mouvement. Aujourd'hui, le val doit surtout sa réputation à ses stations de ski (Vercorin, Zinal, etc.) et reste le fief de quelques « purs » de l'alpinisme.

Après avoir quitté Sierre, la route se détache de celle de Brigue à l'orée de la forêt de Finges et s'élève rapidement au-dessus du bassin de Sierre, où se dressent les grosses usines d'aluminium de Chippis. Niouc et sa chapelle marquent l'arrivée dans le val d'Anniviers. En contrebas, la Navisence reste très encaissée.

À Vissoie, prendre à gauche la route de Chandolin.

Dans la montée en lacet qui mène à St-Luc, l'horizon montagneux s'élargit : la tête du Cervin surgit en arrière-plan.

★ Saint-Luc B1

Ce bourg, situé sur un balcon ensoleillé, est aménagé en station de sports d'hiver. De la table d'orientation située à l'entrée du village, **vue★★** impressionnante sur la vallée et sur la chaîne de montagnes, d'où se détachent à gauche le mont Marais (2 412 m) et à droite le mont Boivin (2 995 m).

La route de St-Luc à Chandolin, tracée à flanc de montagne, pénètre bientôt sous bois, offrant, au cours du trajet, de superbes échappées sur le sillon du val d'Anniviers, Sierre, les massifs du Wildhorn et du Wildstrubel.

★ Chandolin B1

Alt. 1 936 m. L'arrivée se fait par le nouveau village, station de sports d'hiver composée de chalets modernes et de petits immeubles construits dans le style du pays. *Poursuivre à pied.* Le vieux village, typique avec ses chalets en bois, est l'un des plus hauts d'Europe habités en permanence. Il s'agrippe à la pente, en vue d'un **panorama★★** splendide sur les Alpes valaisannes (de gauche à droite : Zinalrothorn, Besso, Ober Gabelhorn, pointe de Zinal, dent Blanche). Belvédère en arrière de l'église.

Revenir à Vissoie et prendre au sud la route de Grimentz.

★ Grimentz B2

Cette ravissante station-village (450 habitants, mais une capacité d'accueil de 4 000 lits !) est un des lieux les plus emblématiques du Valais romand. Ses ruelles conservent de nombreux mazots ou raccards anciens, dont certains remontent au 15e s. Ces petites constructions dressées sur pilotis servaient de grenier ou de resserre. Grimentz compte également une belle **maison bourgeoise** (1550). En été, les combats de reines et les fêtes d'alpage au son des fifres et tambours contribuent, avec le concours des balcons fleuris, à l'atmosphère du village.

À la mi-août, Grimentz est le but du fameux Grand Raid Cristalp depuis Verbier, la plus longue **course à VTT** au monde. Le vélo tout-terrain est d'ailleurs un atout de la station, qui offre quatre circuits balisés (de 12 à 24 km) dont celui de **Bendolla**, point de départ que l'on peut atteindre en télécabine : plus de 400 m de dénivellation.

★ Val de Moiry B2

Prolongement du val d'Anniviers, son parcours fait découvrir, au bout de 2 km, une belle cascade (à gauche), le site de Grimentz (à droite), puis la dent Blanche dans l'axe de la route. Au 4e km, à gauche, ample **vue★** sur Grimentz et le val d'Anniviers. 1 km plus loin on discerne, devant la dent Blanche, la concavité du **barrage de Moiry** qui, bientôt, semble barrer la route. Celle-ci le contourne et, après un tunnel, débouche sur sa gauche. Du milieu du barrage (alt. 2 249 m ; capacité : 77 millions de m^3), **vue★** sur le lac, les sommets des Alpes Pennines et leurs glaciers.

En suivant la route (*médiocre*) qui domine le lac, où dévalent d'innombrables cascatelles, on découvre, à l'extrémité de la retenue, une **vue★** saisissante sur le glacier de Moiry et celui de Zinal à sa gauche. La route s'achève au bassin de compensation du barrage, entre deux versants rocheux, face au glacier de Moiry.

★★★ Randonnée à la cabane de Moiry

Du terminus de la route (parking - alt. 2409 m), compter 2h45 de marche AR. Alt. 2825 m.

L'itinéraire longe le glacier de Moiry sur la gauche. Il suit une moraine (passage pittoresque) puis aboutit au refuge, après une forte montée. De la cabane de Moiry, **vue**★★★ magnifique sur le Pigne de la Lé *(3396 m)*, les Bouquetins *(3662 m)*, le Grand Cornier *(3962 m)*, la dent des Rosses *(3613 m)*, la pointe de Moiry *(3303 m)*... La partie supérieure du glacier de Moiry étincelle sous son épaisse couche de neige.
Les bons marcheurs poursuivront la marche *(2h15 AR supplémentaires – suivre les cairns et le balisage jaune)*. Le sentier s'arrête au bord du glacier, en vue du col de Pigne. Par temps sec et si les conditions sont favorables *(demander conseil au préalable au refuge)*, les montagnards expérimentés peuvent continuer jusqu'au col. La partie terminale se parcourt sur des névés *(prévoir de préférence un piolet ou un bâton)*. Du col *(3140 m)*, situé en contrebas de la Pigne de la Lé, **panorama**★★★ élargi sur la vallée de Zinal (Weisshorn, Besso, Zinalrothorn).
Revenir à Grimentz et prendre à droite la route de Zinal.

★★ Vallée de Zinal B2

Le parcours offre une superbe **vue**★★, à la fois en avant sur la vallée de Zinal, et en arrière, sur tout le val d'Anniviers. La vallée se rétrécit ensuite, de plus en plus « écrasée » par la silhouette acérée du Weisshorn.
Après avoir traversé Zinal, la route se termine 2 km plus loin au lieu-dit La Tsoudanaz, dans un petit cirque glaciaire, animé de cascatelles, au pied du glacier de Zinal.

★ Zinal B2

Alt. 1670 m. Bénéficiant d'un site magnifique de haute montagne, Zinal est une agréable petite station de sports d'hiver et d'été, dont l'offre touristique est complétée par 6 villages de proximité (Ayer, Mission, Mottec, Curianey, La Combaz et Les Morands). Entourée par la « Couronne impériale » (composée des célèbres sommets du Weisshorn, du Zinalrothorn, du Besso, de l'Obergabelhorn, du Cervin et de la dent Blanche), elle constitue aussi une superbe base de randonnées, avec 200 km de sentiers balisés. À 1h de marche, la **mine de cuivre de la Lée** (Kupfermine) se visite : réservation à l'office de tourisme.
Le domaine skiable – En hiver, Zinal est équipée d'un téléphérique et de 9 téleskis, desservant des pistes de tous niveaux entre 1670 m et 2895 m d'altitude. L'orientation nord-est du domaine garantit, en général, un enneigement satisfaisant. Avec le même forfait de ski, il est possible d'accéder à l'ensemble des installations de la vallée (Chandolin, St-Luc, Grimentz, Vercorin), soit 46 remontées mécaniques et près de 200 km de pistes. Néanmoins, les liaisons ne se font pas skis aux pieds. Quant aux fondeurs, 12 km de boucles leur sont réservés aux abords de Zinal.

★★ Sorebois B2

Accès par téléphérique au départ de Zinal - ✆ 027 475 13 62 - www.rma.ch - de mi-juin à fin oct. : 8h-16h dép. ttes les h. (ttes les 30mn du 10 juil. à fin août) - 18 CHF AR. Alt. 2441 m.

Très belle vue sur le mont Durand, l'Obergabelhorn, la pyramide rocheuse du Besso, le majestueux Zinalrothorn et, encore plus à gauche, le Weisshorn.

★★★ **Randonnée au Petit Mountet** – *4h30 de marche depuis Sorebois à n'entreprendre que par temps sec (se méfier des débuts d'été, quand le terrain est glissant). 800 m de dénivelée en descente.* En sortant du téléphérique, prendre à gauche. Le sentier évolue à flanc de montagne et offre constamment des vues remarquables. Après 2h de marche environ, à l'approche du refuge, **tour d'horizon★★★** magnifique sur la dent Blanche, la pointe de Zinal et le Cervin. Ensuite, descente soutenue sur le refuge du Petit Mountet *(alt. 2 142 m)*. Une fois ce dernier dépassé, l'itinéraire est agrémenté par des cascades et une végétation de plus en plus dense.

VALLÉE DE LA DALA B1

Itinéraire de 28 km tracé en vert sur la carte de région (p. 298-299) – compter 1h. Quitter Sierre à l'est par la route n° 9.

Loèche (Leuk)

Loèche s'étage au-dessus de la vallée du Rhône, à la sortie des gorges de la Dala.

Le **château des Vidommes** est la première maison forte rencontrée en pénétrant dans la ville. Elle tient son nom des vidames de la France de l'Ancien Régime, titre qui était attribué à un officier représentant l'évêque ou l'abbé pour la défense de leurs intérêts et le commandement des troupes. Devenue hôtel de ville, cette construction du 16e s., tout en hauteur, aux pignons à redans flanqués d'échauguettes, rappelle, en beaucoup plus élégant et original, le château de Sierre connu sous le même nom.

Situé un peu plus loin, le **château des Majors** (15e s., assez délabré) se reconnaît à sa tour carrée crénelée.

En contrebas de la ville (vue sur la vallée depuis l'esplanade des châteaux), la **forêt de Finges**, l'une des plus vastes pinèdes protégées d'Europe, marque la frontière naturelle entre le Valais romand et le Haut-Valais alémanique.

Continuer par la route de Loèche-les-Bains et tourner à gauche dans une petite route.

Albinen

C'est un pittoresque village, où les maisons de bois accrochées aux pentes semblent défier les lois de l'équilibre.

Continuer vers le nord.

★ Loèche-les-Bains (Leukerbad)

Cette station thermale du Valais est nichée dans un **site★** grandiose, sous le col de la Gemmi.

Le **domaine skiable** (ski de piste et de fond) s'étale sur les versants de la Gemmi et du Torrent, entre 1 400 et 2 800 m d'altitude. Mais Loèche-les-Bains est surtout réputée pour son complexe de bains thermaux – les plus importants d'Europe – où l'on bénéficie de sources sulfatées, gypseuses et calcaires. Conseillées pour le traitement des rhumatismes, des troubles de la circulation et des maladies de peau, elles font aussi, été comme hiver, le bonheur des vacanciers : l'eau jaillit des sources à 51° et s'écoule entre 28° et 44° dans les bassins.

Bains de la Bourgeoisie (Burgerbad) – *✆ 027 472 20 20 - www.burgerbad.ch - 8h-20h - 21 CHF.* À l'intérieur, ce complexe abrite une piscine thermale et un bassin pour les enfants, une salle de musculation et un bar-restaurant.

À l'extérieur se trouvent une piscine de natation et deux piscines thermales, un toboggan de 70 m de long, des bains bouillonnants, un pédiluve et un sauna dans une grotte.

Thermes alpins (Lindner Alpentherme) – *✆ 027 472 10 10 - www.alpentherme.ch - 8h-20h - forfaits journaliers 116/157 CHF.* Inauguré en 1993, ce centre de remise en forme comporte deux piscines thermales (l'une couverte, l'autre en plein air) et un bassin de natation, ainsi que des bains romano-irlandais où alternent douches, bains d'air chaud, massages avec brosse, bains de vapeur, jacuzzis, et bains d'eau froide.

Col de la Gemmi (Gemmipass) – *Alt. 2 314 m.* Relié à la station par un téléphérique, ce col prend son origine en Oberland bernois, à Kandersteg, et s'achève par un chemin vertigineux taillé en pleine paroi rocheuse sur ce versant du Valais. **Vue★** superbe sur les Alpes valaisannes et bernoises.

NOS ADRESSES À SIERRE

HÉBERGEMENT

À Sierre

BUDGET MOYEN

Hôtel Le Terminus – *1 r. du Bourg - ✆ 027 455 13 51 - www.hotel-terminus.ch - fermé 3 sem. fin juin et pendant les vac. de Noël - 19 ch. - 215/240 CHF* ☕. Tout simplement le seul hôtel réellement agréable de la ville. Chambres élégantes, agencées avec goût. Mais le lieu est surtout connu pour son restaurant gastronomique et son chef Didier de Courten. La brasserie de l'hôtel, L'Atelier Gourmand, est excellente *(voir ci-contre).*

À proximité

BUDGET MOYEN

Hôtel Arkanum – *1 Unterdorfstr. - Salgesch - ✆ 027 451 21 00 - www.hotelarkanum.ch - 28 ch. - 180/240 CHF* ☕. Parmi les chambres de cet hôtel, sept sont décorées autour du thème du vin : les lits sont (très confortablement) installés dans un tonneau, un pressoir ou une cuve. Et les chambres standard sont très convenables… tout cela à des tarifs imbattables.

RESTAURATION

BUDGET MOYEN

Château de Villa – *4 r. Ste-Catherine - ✆ 027 455 18 96 - www.chateaudevilla.ch - fermé 24, 25 et 31 déc., et 1er janv. - 55 CHF.* Mets valaisans, carte de saison, raclette à volonté, dans un cadre très agréable (château du 16e s. entouré d'un jardin).

L'Atelier Gourmand – *1 r. du Bourg - ✆ 027 455 13 51 - www.hotel-terminus.ch - fermé 3 sem. de fin déc. à déb. janv., 3 sem. de fin juin à déb. juil., dim. et lun. - 52/82 CHF.* Brasserie fashionable où vous succomberez au péché gourmand dans une ambiance cordiale et un cadre moderne épuré, ou sur la terrasse en saison. Appétissante carte inventive.

AGENDA

Voir l'Agenda dans la partie « Organiser son voyage », p. 35.

3

Zermatt

★★

5 775 habitants – Canton du Valais

NOS ADRESSES PAGE 345

S'INFORMER

Zermatt Tourisme – *Bahnhofplatz - 3920 Zermatt - ✆ 027 966 81 00 - www.zermatt.ch - de mi-juin à fin août : 8h30-18h ; de déb. sept. à mi-déc. : 8h30-12h, 13h30-18h (dim. 16h-18h) ; de mi-déc. à mi-avr. : 8h30-12h, 13h30-18h, sam. 8h30-18h, dim. 9h30-12h, 16h-18h ; de mi-avr. à mi-juin : 8h30-12h, 13h30-18h, dim. 9h30-12h, 16h-18h.*

SE REPÉRER

Carte de région C2 (p. 298-299) – *Carte Michelin Regional n° 552 K13.*
Zermatt est à 76 km au sud-est de Sion. On peut y accéder en train, à partir de Brigue, via Viège (Visp) : départ toutes les heures. Sinon, en voiture, on ne peut aller au-delà de Täsch (5 km de Zermatt) : *voir « Se garer » ci-dessous.*

SE GARER

Zermatt est interdit de circulation aux voitures. Un vaste parking payant est aménagé à Täsch (Matterhorn Terminal - 14,50 CHF/j.) ; navette (train) de Täsch à Zermatt (toutes les 20mn ; 15 CHF AR).
Dans Zermatt, on circule à pied, en bus électrique (2,50 CHF) ou encore en taxi électrique.

À NE PAS MANQUER

Pour les randonneurs, le Breithorn, sommet le plus accessible des « 4000 » (avec guide de montagne) ; pour les contemplatifs : le Cervin, sommet emblématique de la Suisse.

ORGANISER SON TEMPS

Prévoir 2 jours au moins si l'on veut faire une randonnée.

AVEC LES ENFANTS

Le palais des Glaces au sommet du petit Cervin.

Au pied du célèbre Cervin, Zermatt attire, tout autant que les alpinistes, un flot continu de touristes, de toutes nationalités. La longue rue principale de ce village sans voitures – seules voiturettes électriques et calèches y circulent – est dévolue aux boutiques de luxe, aux hôtels et aux magasins de souvenirs. Même si elle peut sembler parfois « instrumentalisée » pour être mise au service de ce tourisme de masse, la nature environnante reste époustouflante.

Se promener

Zermatt commande une douzaine de « 4000 ». Parmi eux, le Cervin (Matterhorn à 4 478 m) continue à tenir la vedette. Sa pyramide crochue a scellé le destin de ce village, « découvert » il y a un siècle par les Anglais. À partir de 1855, la dynastie hôtelière des Seiler a transformé Zermatt en station.

Bahnhofstrasse

La station fut lancée en 1855, avec l'ouverture de l'hôtel du Monte Rosa qui fit le bonheur de la haute société anglaise : sur sa façade a été scellé un médaillon dédié à Whymper. Depuis la gare jusqu'à l'église paroissiale, la rue principale est bordée par les hôtels et les magasins qui vendent les souvenirs kitsch de la Suisse éternelle (petites cloches, chalets à musique, etc.). Au-delà, plus au calme, découvrez le **vieux Zermatt**, ses chalets valaisans et ses mazots couleur de pain brûlé.

Musée Zermatlantis

Kirchplatz - ✆ 027 967 41 00 - www.matterhornmuseum.ch - juil.-sept. : 11h-18h ; de Pâques à fin juin et oct. : 14h-18h ; de mi-déc. à Pâques : 15h-19h - fermé de déb. nov. à mi-déc. - 10 CHF (enf. 10-16 ans 5 CHF).

Ce musée raconte à la fois l'histoire du Cervin et celle de Zermatt. L'exposition, conçue de manière originale, prend la forme d'un site archéologique, celui d'un village enfoui et mis au jour par des scientifiques : Zermatt au 19e s., rebaptisé Zermatlantis. À travers 14 maisons, on découvre ce qu'était la vie de l'ancien village paysan ainsi que la fabuleuse épopée de l'ascension du Cervin. La visite est complétée par le « Matterhornshow », reproduction en 3D du Cervin, sur laquelle un projecteur numérique simule différentes conditions atmosphériques.

Domaine skiable

Zermatt est l'un des plus beaux et des plus vastes domaines skiables de Suisse. Si la station n'offre pas la variété de pistes que l'on trouve à Courchevel, Val-Thorens ou Val-d'Isère, et ne comporte que 32 remontées mécaniques en hiver, elle n'a guère d'équivalent pour les panoramas. Le domaine s'articule autour de 3 hauts sommets, offrant une dénivelée spectaculaire (jusqu'à 2 300 m du côté italien et 2 200 m du côté suisse) et 313 km de pistes balisées (Zermatt et Cervin).

Le sommet le plus élevé est celui du **Petit Cervin** (3 820 m) où l'on pratique le ski en hiver comme en été, sur le vaste glacier Theodulgletscher pourvu de pistes faciles. Les pistes de **Rothorn** (3 103 m) et du massif du **Gornergrat** sont recommandées pour les vues superbes qu'elles réservent sur le Cervin. Le Rothorn est idéal pour les skieurs de niveau intermédiaire.

3

Excursions aux sommets Carte de région

★★★ Petit Cervin (Klein Matterhorn) B2

Accès depuis la station de télécabine du Matterhorn Glacier Paradise (au bout du village - accès possible en bus électrique) : par télécabine jusqu'à Furi, puis 2 téléphériques respectivement jusqu'au Schwarzsee, puis jusqu'au sommet (trajet total 45mn). Compter une demi-journée pour la découverte des panoramas, et une grosse journée si l'on entreprend une randonnée en complément. En hiver, compter au moins 2h pour accéder au sommet, à cause des files d'attente.

Téléphériques : ✆ 027 966 01 01 - dép. de Zermatt 8h30-17h - 90 CHF AR (enf. 45 CHF).

De déb. juin à mi-oct. : coucher du soleil en haut du Petit Cervin (transport et dîner compris) le jeu. - 124 CHF (9-16 ans 79 CHF) - inscription la veille avant 12h auprès des remontées mécaniques.

Le 1er tronçon se parcourt au-dessus de la forêt et d'un raide couloir d'éboulis dont on découvre une vue d'enfilade jusqu'à Zermatt, depuis la 1re station intermédiaire de **Furi** *(alt. 1 865 m)*. Le site comporte des auberges, ouvertes été comme hiver.

UNE AMÈRE VICTOIRE

Le 13 juillet 1865, l'anglais Whymper s'attaque à l'ascension du Cervin, sommet jusqu'ici invaincu. Il est accompagné de trois compatriotes – Douglas, Hudson, Hadow – de Croz, un guide chamoniard, et des Taugwalder père et fils, guides de Zermatt. Après avoir gravi la montagne par son arête nord-est (celle qui regarde le village), ils posent le pied sur la cime le 14 juillet et savourent leur victoire en contemplant le spectacle alentour des 33 sommets de plus de 4 000 m. Mais sur le chemin du retour, le jeune Hadow - le moins entraîné du groupe - dévisse et entraîne Croz dans sa chute. Le guide renverse à son tour Hudson et Douglas. La corde d'assurance se rompt net. Whymper et les Taugwalder assistent impuissants à la chute de leurs quatre compagnons, 1 200 m plus bas.

Prendre le téléphérique pour monter au Schwartzsee.

★ **Lac Noir** (Schwarzsee) – *Alt. 2 582 m.* Le Cervin se reflète dans ce beau petit lac. Sur une rive se dresse une petite chapelle à toit de schistes. Le lac Noir est le point de départ de superbes randonnées vers Zermatt *via* Stafel et Zmut *(voir ci-après la rubrique « Randonnées »).*

Prendre le téléphérique pour monter au Matterhorn Glacier Paradise.

Cette 3e section dévoile le **glacier de Théodule★★**. Arrivé au sommet, un ascenseur taillé dans la roche, puis un ultime escalier amènent au sommet proprement dit *(alt. 3 886 m)* : le **panorama★★★** à 360° est extraordinaire. Il porte sur 38 sommets, avec à l'ouest le mont Blanc, le Grand Combin, la dent d'Hérens et le Cervin. Dans le lointain, on reconnaît la Jungfrau, le Mönch et l'Aletschhorn. À l'est s'étend l'immense langue glaciaire du Gorner, les sommets de Breithorn, Castor (4 226 m) et Pollux (4 092 m). Au sud, les Alpes italiennes.

Palais des glaces – *Juil.-août : 8h15-16h50 ; reste de l'année : 9h30-16h - compris dans le prix du transport. Vêtements chauds recommandés.* La découverte du glacier s'effectue à 15 m sous sa surface (sculptures de glace, informations sur la formation du glacier, etc.).

★★★ Gornergrat C2

1h40 de chemin de fer à crémaillère AR. Compter une demi-journée, et la journée entière si vous combinez la randonnée au Stockhorn. Départ du funiculaire à Zermatt près de la gare ferroviaire, en plein centre-ville.

Funiculaire : 027 921 47 11 - www.gornergrat.ch - avr.-nov. : 7h10-18h - dép. ttes les 25mn en saison - 76 CHF AR (6-16 ans 38 CHF).

De mi-juin à mi-sept. : lever de soleil sur le Gornergrat (transport et petit-déjeuner compris) le jeu. - 79 CHF (6-16 ans 49 CHF) - inscription la veille avant 16h à la gare du Gornergrat).

La voie ferrée du Gornergrat est la plus haute d'Europe à ciel ouvert. Après la halte du Riffelberg, elle réserve l'inoubliable vision du **mont Rose** qui culmine avec la pointe Dufour *(alt. 4 634 m)*, et de son immense cirque glaciaire. De la plate-forme terminale, monter en 5mn au sommet *(alt. 3 135 m)*. **Panorama★★★** grandiose sur les glaciers et sur le Valais.

On peut prolonger cette excursion par la montée à pied au Hohtälli (3 273 m) par un **sentier de crête★★★** aérien aux vues incomparables. De là, on peut pousser jusqu'au **Stockhorn★★★** *(alt. 3 405 m)* : vue rapprochée sur le mont Rose, le Lyskam, Castor et Pollux.

La montée au Gornergrat permet d'admirer un autre sommet célèbre : le Cervin.
A. Demotes/Photononstop

★★ Rothorn C2

Depuis Zermatt, par funiculaire (long couloir d'accès) jusqu'à Sunnegga, puis par télésiège jusqu'à Blauherd, enfin par téléphérique. ✆ 027 966 01 01 - durée totale du trajet aller : environ 20mn, dont 5mn de funiculaire - 8h30-17h30 (16h30 en hiver) - 64 CHF AR.
De mi-juin à déb. sept : lever du soleil sur le Rothorn (transport et petit-déjeuner compris) le mar. - 79 CHF AR (9-16 ans 53,50 CHF) - inscription la veille avant 15h auprès des remontées mécaniques.

3

À **Sunnegga** *(alt. 2 285 m)*, première vue sur le Cervin, au sud-ouest, et poste d'observation de marmottes. De la 2e station intermédiaire, **Blauherd** *(alt. 2 577 m)*, le téléphérique parvient au sommet du Rothorn, rocheux et arasé *(alt. 3 103 m)*. Le **panorama★★** est d'une beauté spectaculaire : barré à l'est par l'Oberrothorn, il s'étend jusqu'au Cervin que l'on découvre de profil au sud-ouest, sur le glacier de Findel au sud, sur Zermatt à l'ouest, et sur la vallée du Nikolaital au nord. Depuis le Rothorn, on peut emprunter les plus hauts sentiers des Alpes jusqu'à l'**Oberrothorn** *(alt. 3 415 m)*.

Randonnées

Même pour les simples promeneurs, les possibilités de randonnées sont exceptionnelles : 400 km de sentiers traversent forêts et alpages et longent glaciers et lacs.
Voir également les randonnées proposées au départ des sommets décrits ci-avant.

★ Breithorn

2h30 à pied (aller uniquement). Alt. 4 164 m.

À partir du Matterhorn Glacier Paradise *(voir p. 342)*, on peut atteindre ce sommet, le plus facile des « 4000 ». S'il n'est pas nécessaire d'avoir déjà fait de l'alpinisme, il est en revanche indispensable d'avoir un guide *(voir le*

Alpin Center Zermatt dans Nos adresses à Zermatt) et d'être, bien sûr, chaussé de crampons. Autres conditions requises : être en bonne forme, porter des vêtements chauds et une protection solaire.

★★ Du lac Noir (Schwarzsee) à Zermatt

900 m de dénivelée en descente jusqu'à Zermatt ou 700 m jusqu'à Furi. Prévoir de bonnes chaussures. Compter une demi-journée au minimum. Accès au lac Noir en téléphérique et 5mn de marche.

En quelques instants, on gagne en contrebas un deuxième lac, de taille plus modeste. **Cadre★★** superbe, avec les reflets de la dent Blanche au nord, du Petit Cervin et du Breithorn au sud.

Poursuivre le chemin, en descente régulière : il réserve des **vues★★** remarquables sur le Cervin, les glaciers de Zmutt et d'Arben ainsi que le Dom et le mont Rose. Après une demi-heure de marche, rester sur le chemin de gauche puis bifurquer peu après sur le sentier de droite. L'itinéraire, plus raide, aboutit au Stafelalp (auberge à 2 200 m d'altitude).

Pour le retour, descendre sur le hameau pittoresque de Zmutt ou revenir sur Furi, puis par les gorges de Gorner *(voir ci-dessous)*.

★★ Du lac Vert (Grünsee) au lac Grindjisee et au lac Leisee

Accéder à Riffelalp (alt. 2 200 m) avec le train à crémaillère du Gornergrat. Randonnée assez facile : une demi-journée à une journée selon les variantes. Retour avec le funiculaire du Sunnegga.

De Riffelalp, un bon chemin (45mn environ) conduit en lisière de forêt au **lac Vert★★** où se déploient des **vues★★** magnifiques sur le Cervin, la dent Blanche, l'Obergabelhorn, le Zinalrothorn et le Weisshorn. Le tour du lac permet d'apprécier les reflets du cirque de montagnes dans les eaux paisibles.

Gagner en 45mn le **Grindjisee★** *(alt. 2 334 m). Les marcheurs entraînés peuvent compléter le circuit des lacs en faisant un détour par le* **Stellisee★**, *au terme de 200 m de dénivelée en montée (alt. 2 537 m).*

Terminer par la découverte du hameau traditionnel d'**Eggen**, puis la montée (courte mais raide) au très beau lac de **Leisee★** (2 200 m).

Du lac, monter en 10mn au **Sunnegga** pour rentrer en funiculaire. On peut aussi redescendre directement à pied sur Zermatt (bel itinéraire en forêt, 1h15).

Gorges du Gorner (Gornerschlucht)

2h à pied AR. À la sortie sud de Zermatt, tourner à gauche (pont), puis suivre la signalisation.

Le sentier, tracé dans les parois abruptes, surplombe de superbes gorges. On traverse la forêt de pins arolles et de mélèzes jusqu'au joli hameau de Blatten. Du charmant restaurant avec terrasse, vue imprenable sur le Cervin. *Prendre, après Zumsee, le chemin regagnant Zermatt.*

★★ De Riffelberg à Zermatt

2h de descente sur 950 m de dénivelée. Accéder à cette station par le train à crémaillère du Gornergrat.

L'itinéraire vers Riffelalp s'effectue dans un superbe **cadre★★** alpestre. Suivre ensuite la direction de Zermatt à travers une belle forêt de mélèzes et de pins.

NOS ADRESSES À ZERMATT

HÉBERGEMENT

La plupart des hôtels à Zermatt sont chers, mais ils pratiquent des prix moins élevés au printemps et en été, parfois inférieurs aux tarifs affichés. Attention, la demi-pension est souvent pratiquée… voire imposée. Si on trouve toujours des chambres en été, réserver est en revanche nécessaire pendant les vacances d'hiver.

Près de l'office de tourisme, un plan numéroté vous permettra de trouver votre hôtel et même de l'appeler (téléphone gratuit) pour qu'on vienne chercher vos bagages.

BUDGET MOYEN

Hôtel Dufour – *Riedstr. 35 - 027 966 24 00 - www.reconline.ch/dufour - fermé 18 oct.-2 déc. et 2 mai-24 juin - 20 ch. - 180/210 CHF*. Chalet valaisan typique, accueil sympathique.

Casa Vanessa I et II - *027 966 35 10 - www.casavanessa.ch - 20 appart. - 205/230 CHF pour un appart. de 2 pers.* Ces deux « apparthôtels » sont très bien tenus et situés à 4mn du centre de Zermatt, sur les hauteurs du village.

POUR SE FAIRE PLAISIR

Romantik Hotel Julen *- Riedstr. 2 - 027 966 76 00 - www.julen.com - 32 ch. - 267/403 CHF*. Dans cet hôtel au décor raffiné, les chambres sont très confortables, tout en bois, et égayées de couleurs vives. Centre-fitness, piscine.

RESTAURATION

Il y a pléthore de restaurants tout le long de la Bahnhofstrasse. Tous proposent plus ou moins de la cuisine valaisanne : fondues, croûtes au fromage, assiette valaisanne (viandes séchées et fromage), porc et émincé de volaille en sauce. Compter 30/40 CHF pour un plat.

Lors de vos excursions, vous trouverez des restaurants en altitude, notamment aux sommets du Petit Cervin et du Rothorn, ainsi qu'au lac Noir, mais également à Furi, à quelques minutes de Zermatt.

ACTIVITÉS

Alpin Center Zermatt – *Au centre du village - 027 966 24 60 - www.alpincenter-zermatt.ch - 9h-12h, 15h-19h.* Guides pour les randonnées pédestres, entre autres l'ascension du Cervin (5h - difficile) ou celle du Breithorn (4h - facile).

Peak Pass – Ce ticket unique est destiné à ceux qui veulent randonner autour de Zermatt, durant trois jours ou plus. Il permet d'utiliser sans restriction toutes les remontées mécaniques entre la station et les sommets les plus élevés. Compter de 183 CHF/3 j à 608 CHF/mois (tarifs réduits en moyenne saison). Points de vente : stations des remontées mécaniques.

3

Saas-Fee

★★

1 675 habitants – Canton du Valais

NOS ADRESSES PAGE 350

S'INFORMER

Saas-Fee Tourisme – *À l'entrée du village - 3906 Saas Fee - ✆ 027 958 18 58 - www.saas-fee.ch - lun.-sam. 8h30-12h, 14h-18h, dim. 10h-12h, 16h-18h.*

SE REPERER

Carte de région C2 (p. 298-299) – *Carte Michelin Regional n° 552 L12.*

Saas-Fee est à 39 km de Zermatt et de Brigue. Attention, on ne peut pas entrer dans Saas-Fee en voiture : *voir « Se garer » ci-dessous.*

SE GARER

Saas-Fee est interdit de circulation aux voitures. De vastes parkings payants sont aménagés à l'entrée du village (12,50 CHF/j). Service de navettes prévu par les hôtels en appelant depuis la borne téléphonique (gratuite) de l'office de tourisme, à 5mn à pied des parkings.

À NE PAS MANQUER

Une excursion au coucher du soleil au Hohsaas (rens. à l'office de tourisme), l'ascension de l'Allalin.

ORGANISER SON TEMPS

Il est possible de passer une nuit en altitude, à la cabane de Langflüh.

AVEC LES ENFANTS

Le pavillon des Glaces (au sommet de l'Allalin).

Perchée à 1 800 m d'altitude, entourée de 13 sommets de plus de 4 000 m, de glaciers et de roches, celle qu'on surnomme la « perle des Alpes » se blottit au pied de la chaîne des Mischabel. Comme Zermatt, Saas-Fee est fréquentée par une clientèle internationale et aisée. Mais à la différence de sa « grande sœur », elle a su garder davantage son aspect de village de montagne. Il faut dire que la route qui y conduit n'a été ouverte que dans les années 1950…

Se promener

Village

Plus que Zermatt, Saas-Fee a su préserver l'aspect de son village d'origine. On rencontre de nombreux « raccards » (plusieurs sont visibles à côté de l'office de tourisme), greniers construits en bois sur pilotis et dont les poteaux sont surmontés de grosses pierres plates soutenant le reste de la bâtisse. On y entreposait les provisions, à l'abri des rongeurs. On sera également surpris de voir les potagers bien entretenus à proximité des chalets bordant les rues.

Musée de Saas (Saaser Museum)

✆ 027 957 14 75 - de mi-juin à mi-oct. : tlj sf jeu. et dim. 10h-11h30, 13h30-17h30 (juil.-août tlj) ; de mi-déc. à mi-avr. : tlj sf w.-end 14h-17h. - 5 CHF (enf. 2 CHF).

L'ancienne cure (1732) abrite un musée consacré à la vallée de Saas (intérieurs reconstitués, outils agricoles, coiffes et costumes, etc.) et au développement de la station : pionniers du tourisme, sports d'hiver et évolution du matériel, escalade, hébergement. Une salle est consacrée à l'écrivain Carl Zuckmayer (1896-1977) qui habitait à Saas-Fee.

★ Chemin Zuckmayer

2h30 AR au départ de Saas-Fee (balises).
L'écrivain **Carl Zuckmayer** parcourait presque quotidiennement ce chemin forestier, qui porte aujourd'hui son nom. Sur cinq pierres bordant le sentier, des citations sont tirées de son discours donné à l'occasion de sa naturalisation suisse. De la maison Vogelweid, où il résidait, on grimpe en direction de la Bärenfalle puis à Melchboden et au café Alpenblick *(alt. 2 020 m)*. Au retour, devant le Hohnegg, vue superbe sur Saas-Fee.

Domaine skiable

La vallée de Saas comprend plus de 140 km de pistes de ski alpin, situées dans un cadre grandiose. D'excellentes pistes pour les débutants s'étendent en bordure de la station, sur le glacier de Fee – où l'on trouve la meilleure neige – et sur des pentes très douces jusqu'au Längfluh. Pour les bons skieurs, les possibilités sont plus limitées, hormis 5 à 6 belles pistes dont la pente est un peu plus marquée. Ne pas manquer d'accéder à l'Egginerjoch. Le ski d'hiver bénéficie des télécabines et téléphériques du Plattjen et du Längfluh ; celui d'été (20 km de pistes), du téléphérique du Felskinn et depuis 1984, du « métro alpin » : ce funiculaire est creusé dans la montagne et aboutit à Mittelallalin (3 500 m). Le ski de fond est assez réduit avec 6 km de boucles (26 km dans la vallée du Saastal).

Excursions aux sommets Carte de région

★★★ Allalin C2

Compter une demi-journée. Au départ de Saas-Fee, téléphérique de l'Alpin-Express - 8h-16h - 69 CHF AR (enf. 34,50 CHF). Prévoir un bon équipement.
Prendre le téléphérique Alpin Express, qui mène à Felskinn (survol d'un impressionnant cadre de roc et de glace). Poursuivre l'ascension avec le métro alpin *(alt. 3 500 m)*. Monter sur la plate-forme supérieure du **restaurant tournant** – le plus haut du monde – d'où se révèle un **panorama** grandiose. Au sud et à l'ouest, le regard embrasse l'Allalinhorn (4 027 m), le domaine de ski d'été, le Feekopf, l'Alphubel et le Dom (4 545 m). Au nord, on découvre en contrebas Saas-Fee et Saas Grund au pied du Fletschhorn et du Lagginhorn, et en arrière-plan l'Oberland bernois. À l'est, les longs glaciers de Hohlaub et d'Allalin dévalent vers le lac de barrage de Mattmark.
★ **Pavillon des Glaces** – *Au sommet de l'Allalin - 5 CHF (enf. 3 CHF). Vêtements chauds recommandés.* Cette grotte (5 000 m³), creusée dans le glacier de Fee, est la plus haute d'Europe. On descend sous une profondeur de 15 m de glace. Le parcours se déroule dans un univers glaciaire varié : nombreuses galeries et salles ornées de sculptures, cascades de glace, textes pédagogiques, aires de jeux pour les enfants (toboggans).
★★★ **Egginerjoch et Britanniahütte** – *Compter 1h20. De Felskinn (2 998 m), station intermédiaire vers l'Allalin, promenade dans la neige et sur glacier (chaussures de montagne et bâton indispensables).* Deux possibilités : on peut suivre le chemin panoramique qui mène directement au refuge Britanniahütte ou passer par le col **Egginerjoch**★★ (2 989 m). En 20mn, on parvient à ce col, au pied

de la pyramide rouge de l'Egginer. Vue sur le mont Rose, le refuge Britannia et le Dom. L'itinéraire, dans un univers de roc et de glace, présente ensuite des passages délicats en l'absence de neige (notamment fin août-septembre : se renseigner à l'avance à l'office de tourisme). On atteint en 40mn le refuge **Britanniahütte** (3 029 m), d'où se révèle une **vue★★** remarquable sur le lac de Mattmark, entouré à droite par les belles langues glaciaires de Hohlaub, Allalin et Schwarzberg, et à gauche par le Stellihorn. Il est fortement recommandé de monter sur la gauche jusqu'à un promontoire pour bénéficier d'un **panorama★★★** à 360°.

★★★ **De Britanniahütte à Plattjen** – *2h15 de marche à la suite de la randonnée précédente, à réserver aux personnes en bonne condition physique.* Descendre à vue sur le glacier en s'orientant vers les balises (piquets) à proximité d'un petit lac face à soi. Suivre ensuite les balisages jaune puis blanc/rouge. Au bout d'une heure, à un croisement, prendre à gauche pour joindre Plattjen. 50 m après, on longe une paroi rocheuse, équipée d'une main courante facile. Le sentier évolue à flanc d'une impressionnante falaise rouge ferrallitique, fréquentée par les chèvres et les bouquetins, et réserve des **vues★★★** imposantes sur la vallée. Après la traversée d'une mer de rochers (gneiss), dont on suivra scrupuleusement le balisage, on parvient à **Plattjen★★** *(voir ci-dessous)*. On a alors le choix entre descendre à pied ou prendre le télécabine jusqu'à Saas-Fee.

★★ Plattjen C2

Accès depuis Saas-Fee en télécabine (à quelques minutes à pied à droite de l'Alpin-Express) - 8h45-16h30 - 27 CHF AR (enf. 13,50 CHF). Alt. 2 570 m.

À 5mn à pied de la station, **vue★★** sur les glaciers de Saas et le barrage artificiel du Mattmark. Des sentiers mènent à ce barrage ainsi qu'au refuge Brittanniahütte *(voir ci-dessus)* et à Saas Almagell.

★★ **De Plattjen à Saas-Fee** – *1h45 de descente.* Cet itinéraire facile se déroule dans un très beau cadre vers le Berghaus Plattjen. Il se continue par une magnifique descente en forêt (mélèzes, pins à crochet, épicéas…) et dans les rhododendrons.

★★★ Längfluh C2

Accès depuis Saas-Fee par les téléphériques « Gondelbahn Spielboden » puis « Luftseilbahn Längfluh », tout au bout du village - 8h45-16h30 - 36 CHF AR (enf. 18 CHF). Alt. 2 870 m.

Au cœur d'un cirque de montagnes, le site (équipé d'un restaurant) offre une **vue** impressionnante sur les séracs et crevasses du glacier de Fee, qui dévale sur le village de Saas-Fee, ainsi que sur le Täschhorn. En été, à Spielboden (station intermédiaire), les randonneurs découvrent des marmottes apprivoisées. De Spielboden, on peut rejoindre Längfluh à pied.

★ Hannig C2

Accès depuis Saas-Fee par télécabine (près de l'entrée du village) - 8h45-16h30 - 27 CHF AR (enf. 13,50 CHF). Alt. 2 350 m.

Belle **vue★** sur Saas-Fee, Saas Grund et Saas Almagell, le glacier de Fee au sud et le Fletchhorn au nord-est. Ce sommet vaut surtout pour ses larges possibilités de balades. En hiver, il est possible de redescendre à la station à pied ou par une très belle **piste de luge**. En été, le Hannig constitue le point de départ de superbes randonnées, notamment vers le **Mellig★★** et le **Gebidem★★** *(alt. 2 763 m, 1h15 de montée)*. **Vues** sur le glacier de Hohbalm, dominé par le Nadelhorn *(alt. 4 327 m)*. Puis 3h30 de descente sur Saas-Fee en passant par les Bärenfalle.

★★★ **Hohsaas** C2

Se garer à Saas Grund (alt. 1 560 m), petite station de montagne en contrebas de Saas-Fee. Accès par télécabine avec changement à Kreuzboden. Compter 1h15 AR. 8h-16h45 - 29 CH AR jusqu'à Kreuzboden, 34 CHF AR jusqu'au Hohsaas (enf. 14,50 et 19 CHF). Alt. 3 098 m.

Durant le trajet, belles **vues**★★ sur le domaine skiable de Saas Grund. À l'arrivée, au cœur d'un paysage de haute montagne, **vue**★★ superbe sur le Lagginhorn, le glacier de Hohlaub et le Weissmies (4 023 m), glacier étincelant doté d'une épaisse calotte. Ce sommet est un but classique de course glaciaire (remarquer les cordées le matin). Monter pendant 15mn en direction de Geissrück pour mieux apprécier les impressionnants séracs. Magnifique **tour d'horizon**★★★ du mont Rose au Dürrenhorn en passant par le Dom, avec 18 sommets au-dessus de 4 000 m.

Continuer en télécabine ou à pied.

★★ **De Kreuzboden à Saas Grund** – *3h de marche, 850 m de dénivelée en descente.* De Kreuzboden *(alt. 2 397 m)*, premier tronçon de la télécabine de Hohsaas, prendre le « Höhenweg » en direction d'Almagelleralp. Cet agréable sentier, à flanc de montagne, est bordé d'un petit **jardin alpin** (edelweiss, genévriers, gentianes rameuses, astragales des Alpes…). En une petite heure, on accède à de très belles **vues**★★ sur le cirque de Saas-Fee et le lac de Mattmark. Peu après, on débouche sur un chemin, que l'on prend dans le sens de la descente vers Saas Grund. On le quitte au bout de 15mn au profit d'un sentier à gauche, balisé « Alpenblumen-Promenade ». L'itinéraire est parsemé de nombreux edelweiss et se termine dans une forêt de mélèzes.

Randonnées Carte de région

Voir également les randonnées au départ des sommets décrits ci-avant.

★★ Lac de barrage Stausee Mattmark C2

Descendre en voiture ou bus à Saas Grund. 2h de marche. Alt. 2 200 m.

On emprunte une petite route de 12 km, tracée dans un cadre paisible, champêtre (alpages) et boisé, qui réserve de belles **vues**★★ sur les glaciers de Saas-Fee. Du parking, au terminus de la route, gagner en 5mn l'extrémité gauche du barrage, long de 780 m.

Vue★★ sur le lac entouré par quatre glaciers (Hohlaub, Allalin, Schwarzberg et Seewjinen) d'où dévalent de nombreuses cascades. Remarquer également l'Almagellhorn. Le lac couvre une superficie de 1,76 km^2, a une capacité de 100 millions de m^3 et une profondeur maximale de 117 m. Un sentier fait le **tour du lac** *(2h30)*.

★★ Monte Moropass (col du Monte Moro) C2

3h30 de montée et 3h de descente pour bons marcheurs. Alt. 2 868 m.

Longer le lac de Mattmark *(voir ci-dessus)* jusqu'à son extrémité, en un peu plus d'une heure. Prendre ensuite l'étroit sentier en montée régulière vers le col de Monte Moro. Après 45mn de marche, on parvient sur un replat en vue de l'objectif et on poursuit à droite. L'itinéraire, désormais très raide, évolue à travers les rochers. Bien suivre le balisage blanc et rouge.

Du col, où a été érigée une statue de la Vierge, **vue**★★ superbe sur le mont Rose et ses nombreux glaciers. Du côté italien a été aménagé un refuge, proche d'un petit lac. Son accès est néanmoins difficile, compte tenu de la pente. Belle perspective côté suisse sur le lac de Mattmark dominé par le Strahlhorn et l'Allalin. *Revenir sur ses pas jusqu'au lac et longer ce dernier par l'autre rive.*

NOS ADRESSES À SAAS-FEE

HÉBERGEMENT

Comme à Zermatt, les hôtels pratiquent différents prix selon les périodes de l'année. Les tarifs les plus intéressants se pratiquent en été.

Tout séjour à l'hôtel d'un mimimum de 2 nuits permet d'obtenir une carte offrant des réductions sur les activités à Saas-Fee et pour les parkings.

BUDGET MOYEN

Hôtel Burgener – *027 958 92 80 - www.hotel-burgener.ch - 17 ch. - par pers. et en demi-pension : 120 CHF*. Petites chambres, mais hôtel bien tenu. Clientèle familiale.

POUR SE FAIRE PLAISIR

Alpenblick – *027 957 16 45 - 7 ch. - 260/338 CHF*. Cet établissement propose de grands appartements, corrects mais un peu sombres. Bonne solution pour une famille nombreuse qui souhaiterait rester plusieurs jours.

Hôtel Mistral – *027 958 92 10 - www.hotel-mistral.ch - 13 ch. - par pers. et en demi-pension : 155/178 CHF*. Hôtel classique et confortable près des téléphériques et des installations sportives.

RESTAURATION

Bon choix de restaurants au centre du village, proposant tous des plats valaisans ou une cuisine d'influence italienne ou française. Compter 30/40 CHF le plat.

ACTIVITÉS

Saas-Fee Guides – *Au centre du village - 027 957 66 64 - fermé oct.-mai.* Guides de montagne pour les randonnées pédestres, notamment pour l'ascension de l'Allalin, une des plus faciles (500 m d'ascension depuis le Mittelallalin que l'on rejoint par télésiège).

AGENDA

Voir l'Agenda dans la partie « Organiser son voyage », p. 35.

Brigue

Brig

12 162 habitants – Canton du Valais

NOS ADRESSES PAGE 357

S'INFORMER
Office du tourisme de Brigue – *Gare - Bahnhofplatz 1 - BP 688 - 3900 Brig - ☎ 027 921 60 30 - www.brig-belalp.ch - lun.-vend. 8h30-12h, 13h30-18h.*

SE REPERER
Carte de région C1 (p. 298-299) – *Carte Michelin Regional n° 552 M11.*
Brigue est à 56 km à l'est de Sion.

À NE PAS MANQUER
Une randonnée dans le val de Conches; le panorama sur le glacier d'Aletsch, vu de l'Eggishorn.

ORGANISER SON TEMPS
Quelques heures suffisent pour la visite de la ville, à coordonner avec les horaires de la visite guidée du château.

Au cœur du Valais alémanique, à la jonction des routes du Simplon et de la Furka, Brigue est un nœud ferroviaire important. Cette petite ville-relais animée dispose d'un agréable centre piéton, aux larges rues pavées. Mais c'est bien le château de Stockalper aux bulbes dorés qui fait une grande partie de son charme.

3

Visiter

Château de Stockalper

(Stockalperschloss)
☎ 027 921 60 30 - www.brig.ch - visite guidée (45mn) mai-oct. : tlj sf lun. 9h30-16h30 (mai et oct. pas de visite à 16h30) - 8 CHF (enf. 3 CHF).
Cet édifice qui fut, en son temps, la plus vaste résidence privée de Suisse, se voit de loin, avec ses trois tours coiffées de bulbes rutilants.
Le premier corps de bâtiment rencontré en venant du centre de Brigue est la maison familiale des Stockalper (début du 16ᵉ s.) flanquée d'une jolie échauguette. Relié à celle-ci par une pittoresque galerie de passage à deux étages d'arcades, l'énorme bloc de l'habitation principale ne compte pas moins de huit étages, caves comprises.
Pénétrer dans la grande cour par le portail qui s'ouvre dans l'aile en retour d'angle. Cette **cour★** bordée de deux ou trois étages de galeries entièrement à jour a gardé très grande allure, cantonnée de tours qui tranchent, par la rudesse de leur appareil, sur cette élégante composition, étroitement inspirée de la Renaissance toscane.

À proximité Carte de région

Bains thermaux à Brigerbad (Thermalschwimmbäder) C1

5 km à l'ouest, entre Viège et Gamsen.

027 946 46 88 - www.brigerbad.ch - de mi-mai à mi-sept. : 9h30-18h (19h en haute sais.) ; 1re quinz. de mai et de mi-sept à oct. : 13h30-20h - 9/17 CHF selon l'heure et la saison.

Au pied du Lötschberg, ce sont les plus grandes piscines thermales de Suisse (2 000 m^2 en plein air), dont l'eau (27 à 37°), aime-t-on à préciser ici, est changée tous les jours. Piscine-grotte, piscine olympique, et très long toboggan (182 m).

Raron C1

17 km à l'ouest par la route n° 9, puis à droite par une petite route qui traverse le Rhône.

Le village de Raron ou Rarogne – du nom de la maison de Rarogne, puissante famille féodale valaisanne –, rassemble ses habitations au pied d'un éperon rocheux.

Au centre du village, on remarque d'anciennes maisons en pierre et en bois datant des 16e et 17e s. Un chemin en forte montée conduit au sommet de la colline. Non loin de la vieille tour, seul vestige de l'ancien château, l'**église** (Burgkirche), dont l'origine remonte au 16e s. domine la vallée. À l'intérieur, une fresque de facture naïve montre le Jugement dernier. Remarquer les démons représentés dans un accoutrement rappelant les mercenaires suisses.

Dans le **cimetière** repose le poète Rainer Maria Rilke.

Au pied de la colline, une petite église moderne a été creusée dans la roche.

Circuits conseillés Carte de région

★★ VAL DE CONCHES (Goms)

Itinéraire de 80 km de Brigue au Furkapass – voir le circuit tracé en vert sur la carte de région (p. 298-299) – compter 3h. Depuis Brigue, suivre la direction de la Furka. La route peut être fermée pour de courtes durées en cas de fort enneigement, entre Brigue et Oberwald.

Remontant la haute vallée du Rhône – appelée à cet endroit **val de Conches** (ou **Goms** en alémanique) à partir de Fiesch –, la route dessert au passage les accès des nombreuses stations et remontées mécaniques accrochées au flanc du massif de l'Aletschhorn.

LE ROI DU SIMPLON

L'histoire de Brigue est intimement liée à celle du très ambitieux **Kaspar Jodok von Stockalper** (1609-1691). Commis à la garde du passage du Simplon, ce génial brasseur d'affaires réaménage le col du Simplon et organise le trafic transalpin à sa manière… Il obtient ainsi d'importants monopoles commerciaux (sur le sel en particulier) et devient l'homme le plus riche du pays. Il est aussi un mécène, qui contribue à la floraison de l'art religieux en Haut-Valais. Mais sa puissance aiguise la jalousie de ses compatriotes. Stockalper doit s'exiler en Italie et ne reviendra à Brigue qu'à la fin de sa vie pour y mourir dans son château.

Le château de Stockalper.
Brig-Belalp Tourismus

De Brigue à la bifurcation de Grengiols, on suit de près le Rhône écumant. Les stations de Riederalp, Greicheralp (départ de Mörel) et de Bettmeralp (départ de la gare de Betten) permettent d'accéder, en téléphérique, à un haut plateau d'alpages (2 000 m d'altitude), merveilleusement situé en vue des Alpes valaisannes et à proximité immédiate du glacier d'Aletsch, le plus vaste des Alpes (169 km² avec ses affluents).

3

★ Riederalp C1

Bahnhofstr. 7 - 3987 Riederalp - ✆ 027 928 60 50 - www.riederalp.ch - de mi-déc. à mi-avr. : lun.-sam. 8h30-12h, 13h-17h45 ; de mi-juin à fin oct. : lun.-sam. 8h30-12h, 13h30-17h ; reste de l'année : lun.-vend. 8h30-12h, 13h30-17h.

Accès par téléphérique ou télécabine au départ de Mörel - ✆ 027 928 66 11 - www.riederalpbahnen.ch - dép. ttes les 30mn - 18 CHF AR.

Disposée dans un **site★** en balcon, sur un beau replat du versant nord de la vallée du Rhône, la station étage ses chalets et hôtels à partir de 1 930 m d'altitude, face aux crêtes séparant la Suisse de l'Italie.

En contre-haut de son extrémité ouest se trouve la **Villa Cassel**, un ancien manoir de style victorien (1902) qui abrite le **centre Pro Natura**. Des expositions sont consacrées à la Réserve naturelle d'Aletschwald, à sa forêt de mélèzes et d'arolles qui compte parmi les plus hautes d'Europe et à l'histoire du glacier d'Aletsch. Ce centre ouvre son ravissant jardin alpin aux visiteurs et organise des excursions sur le glacier.

★★ **Moosfluh** – *Télésiège depuis Riederalp (à quelques mn à pied de la gare d'arrivée du téléphérique de Riederalp) - ✆ 027 928 66 11 - www.riederalpbahnen.ch - 9h-16h - 33 CHF AR.* La montée en télésiège passe par la station intermédiaire de Blausee, située entre deux petits lacs. Elle aboutit à la station supérieure de **Moosfluh** *(alt. 2 335 m)*, dans un chaos de rochers verdâtres dominant la splendide coulée incurvée du **glacier d'Aletsch★★★**.

Le second palier (Lax-Fiesch) est marqué par l'apparition des pins arolles et des « raccards » (granges) sur pilotis : c'est l'entrée de la vallée de Conches proprement dite.

Revenir dans la vallée sur la route 19. Après Lax, prendre la petite route à droite qui mène à Ernen.

★ Ernen D1

Avec ses chalets brunis par le soleil, Ernen est l'un des villages les plus typiques de la vallée de Conches, et l'un des plus charmants. Il compte de nombreuses maisons datant du 16e au 18e s.

L'**église St-Georges** mérite vraiment une visite. Reconstruite au 16e s. sur les fondations d'une basilique romane, elle rassemble de nombreuses œuvres, parmi lesquelles un maître-autel baroque, une Pieta du 14e s., une statue de saint Georges, des fresques du 16e s. et enfin de belles stalles Renaissance.

Rejoindre ensuite Fiesch d'où l'on peut prendre le téléphérique menant à Eggishorn.

★★★ Eggishorn C1

Accès par téléphérique au départ de Fiesch, par la station intermédiaire de Kühboden. ✆ 027 971 27 00 - www.eggishorn.ch - ttes les 30mn (ttes les 20mn en hiver) - fermé mai et oct. - 42,80 CHF AR.

De la station supérieure *(alt. 2 869 m)* se dégage un merveilleux **panorama★★★**, au premier plan sur tout le glacier d'Aletsch en contrebas, à sa droite sur celui, parallèle, de Fiesch. Pour mieux détailler le panorama, on peut escalader l'un des trois cônes d'éboulis proches de la station – dont celui du sommet de l'Eggishorn, surmonté d'une croix. Second ressaut au-dessus de Fiesch : la vue peut porter désormais, très loin en aval, jusqu'aux neiges du Weisshorn *(alt. 4 505 m)*.

★ Bellwald D1

Accès par route sinueuse de 8 km ou par téléphérique, à partir de Fürgangen.

Petite station-village d'hiver et d'été. Bellwald dispose à 1 600 m d'altitude ses vieux chalets en bois de mélèze et ses hôtels. **Vue★** de grande ampleur sur le val de Conches de Fiesch à Brigue (Brig), sur l'Eggishorn, au-dessus à droite sur le massif du Wannenhorn et ses glaciers, à gauche sur les Alpes de la frontière italienne.

Télésiège du Richenen – *✆ 027 971 44 21 - www.bellwald.ch - de mi-juin à mi-oct. : 9h-12h, 13h15-17h ; de mi-déc. à déb. avr. : 9h15-16h15 - 11 CHF.* Ce télésiège offre un trajet agréable au-dessus des herbages, avec une vue rapprochée sur les glaciers du Wannenhorn et au sud une vue éloignée sur le Cervin.

Reprendre la route 19 et s'avancer jusqu'à Reckingen.

Reckingen D1

Son **église baroque** est l'une des plus belles du val de Conches. Elle fut bâtie, au 18e s., sur les plans du curé du lieu, **Jean-Georges Ritz**, représentant d'une dynastie d'artisans qui a fourni en autels sculptés maints sanctuaires de la région. Le nom de cette famille est devenu mondialement connu grâce à l'un de ses membres, **César Ritz** (né à Niederwald en 1850, mort en 1918), devenu hôtelier…

Les **Seiler**, qui firent la fortune de Zermatt et construisirent les deux hôtels proches du glacier du Rhône (à Gletsch et au « Belvédère »), étaient, eux aussi, originaires de la vallée de Conches.

Münster D1

L'**église** de ce grand village, au clocher coiffé d'une flèche en éteignoir, mérite d'être visitée pour son **retable★** flamboyant, dédié à la Vierge, œuvre d'un artiste lucernois (1509).

Au-dessus d'**Oberwald**, le dernier village du val de Conches, la route se glisse dans un défilé de plus en plus déboisé où le Rhône, déchaîné, bondit de chute en chute.
On débouche sur le bassin de Gletsch, en vue du glacier du Rhône, source du grand fleuve.
Poursuivre jusqu'à Gletsch.

★★ Gletsch D1

Alt. 1 759 m. Cette station estivale est située au carrefour des routes de la Furka, du Grimsel et de la vallée de Conches, au fond du bassin désolé que venait recouvrir autrefois la langue terminale du glacier du Rhône.
Après Gletsch, la route du col de la Furka monte en lacets et passe devant l'hôtel Belvédère. Le **glacier du Rhône**★★★ (Rhonegletscher) se trouve au même niveau, de l'autre côté de la route (parking). Il est l'un des glaciers européens les plus facilement accessibles (à 200 m de la route), mais pour s'y promener, il faut être accompagné de guides professionnels.

★ Grotte de Glace (Eisgrotte) D1

L'accès au glacier et à la grotte se fait par le magasin de souvenirs de l'hôtel Belvédère. ✆ 027 924 38 24 - juin-oct. 8h-19h (juil.-août 19h30) - 7 CHF. Vêtements chauds recommandés.
Le tunnel creusé sous la glace est retaillé chaque année depuis plus de 120 ans. Il permet de se promener dans un univers bleuté et d'observer les différentes strates de glace.
Reprendre la route.
L'ascension du col révèle des vues très lointaines sur les Alpes bernoises et valaisannes. Pour contempler le **panorama**★★★ dans toute son ampleur, faire halte près de la bifurcation d'une petite route militaire (interdite), 1 500 m avant le col géographique, et s'avancer de quelques pas dans les prés. Dans l'alignement de la vallée de Conches (Haut-Valais) brillent les neiges du Weisshorn et des Mischabel ; plus proches, en direction du col du Grimsel, se dressent les parois farouches des grands « 4 000 » de l'Oberland bernois (Lauteraarhorn, Finsteraarhorn, Schreckhorn).

★★ Furkapass D1

Alt. 2 431 m. Faire halte à l'hôtel Furkablick pour admirer le majestueux Galenstock. Le col de la Furka, seuil le plus élevé du grand sillon longitudinal qui coupe les Alpes suisses de Martigny à Coire, est un passage essentiel pour les communications touristiques entre la Suisse romande, le carrefour d'Andermatt et les Grisons. Depuis 1982, un tunnel ferroviaire passe sous le col, reliant Oberwald à Realp. Le train à vapeur reliant Realp à Gletsch a repris du service grâce à la passion de bénévoles. Le trajet dure 1h35 pour 13,3 km, en attendant le dernier raccord jusqu'à Oberwald. La locomotive, conçue pour la ligne de la Furka en 1913, a été rachetée aux Vietnamiens et restaurée avec grand soin pour entamer une nouvelle vie.
Au-delà du Furkapass, la route part vers Andermatt (voir ce nom).

★★ ROUTE DU SIMPLON (Simplonstrasse)

Itinéraire de 44 km de Brigue aux gorges de Gondo – voir le circuit tracé en vert sur la carte de région (p. 298-299) – compter 40mn.
La route du Simplon, qui mène tout droit en Italie, n'est pas la plus audacieuse des Alpes – les passages du Splügen ou même du St-Gothard sont des réalisations plus « héroïques » –, elle en reste cependant la plus majestueuse. Le

tracé de cette route à flanc de montagne, qui a réussi à éviter tout empilement de lacets serrés, reste un modèle d'adaptation à la topographie.
De Brigue, suivre la direction Simplon. Malgré les galeries de protection destinées à le rendre praticable toute l'année, le col peut exceptionnellement être obstrué par la neige à la suite de tempêtes entre décembre et mai.
À la sortie de Brigue, la route monte rapidement, passe sur l'impressionnant pont du Ganter et traverse le vallon boisé du Gantertal. Après le village de Berisal, on aperçoit, à travers les « trouées » des tunnels, le massif enneigé du Fletschhorn.

★★ Col du Simplon (Simplonpass) C2

Alt. 2005 m. Le **belvédère★★** du col se trouve au point culminant. Près de l'hôtel Simplon-Kulm, il est possible de repérer les sommets des Alpes bernoises, visibles entre le Schinhorn et le Finsteraarhorn (point culminant des Alpes bernoises – alt. 4274 m), ainsi qu'une mince portion du glacier géant d'Aletsch. Un peu plus loin sur la droite, un aigle en maçonnerie commémore la « garde aux frontières » pendant la Seconde Guerre mondiale. En poursuivant la route, remarquer sur la gauche un grand bâtiment rose. Il s'agit de l'hospice actuel du Simplon, contemporain de la construction de la route, et œuvre de Napoléon Ier ; resté inachevé, il a été repris plus tard par les religieux du Grand-St-Bernard. Après avoir dépassé cet édifice, se garer sur la droite, à côté d'un restaurant en rotonde. Ce point de vue permet d'admirer toute la masse du Fletschhorn… quand il ne se trouve pas dans les nuages.
Quelques centaines de mètres plus loin, en contrebas de la route, s'élève l'Alter Spittel, ancien hospice fondé par Stockalper. Cet édifice tout en hauteur est flanqué d'une tourelle à clocheton du 17e s. Il ne se visite pas.
Après Eggen, la route passe à proximité du joli village de Simplon, aux maisons blanches. Elle descend ensuite dans les gorges de Gondo.

★ Gorges de Gondo (Gondoschlucht) C2

Tout au long de la route, des chemins de randonnées permettent de découvrir les gorges sauvages de Gondo. Après Simplon, l'aspect mouvementé du terrain témoigne encore des effets d'une formidable avalanche déclenchée, en 1901, par l'écroulement de tout un pan du Rossbodengletscher, dont on aperçoit la cataracte de séracs. Dominant ce glacier, le Fletschhorn reste la silhouette montagneuse la plus captivante du décor.
Les contrôles douaniers suisse et italien ont lieu respectivement à Gondo et à Paglino. La première « grande » ville italienne, Domodosola, est à 26 km de Gondo.

L'HISTOIRE DU SIMPLON

Voie romaine dès les premiers siècles de l'Empire, le col du Simplon s'impose aux 13e et 14e s. comme un axe de circulation indispensable entre la France, l'Italie et les pays du nord de l'Europe. Mais les guerres du 15e s. réduisent nettement son activité. Au 17e s., Stockalper l'adapte au trafic commercial. En septembre 1800, trois mois après Marengo, Napoléon décide que « le chemin depuis Brigue jusqu'à Domodossola sera rendu praticable pour les canons ». Le Premier Consul comprend en effet qu'une expédition comme celle du Grand-St-Bernard est appelée à rester une prouesse isolée. La faible altitude du col, son enneigement relativement réduit motivent son choix. La direction des travaux est confiée à l'ingénieur champenois Nicolas Céard, qui établit les plans d'une route large de 7 à 8 m, en rampe maximum de 10 %. Celle-ci est ouverte en 1805 ; mais Napoléon n'aura jamais l'occasion de la parcourir. Le tunnel a été creusé un siècle plus tard.

NOS ADRESSES À BRIGUE

HÉBERGEMENT

À Brigue

BUDGET MOYEN

Schlosshotel Art Furrer – *Schlosspark (aux abords du château) - ✆ 027 922 95 95 - www.schlosshotel.ch - P - 27 ch. - 140/220 CHF.* Chambres classiques, de tailles très différentes, beaucoup ont un balcon. Demander la vue sur le château.

À proximité

PREMIER PRIX

Hôtel Belvédère – *À deux pas du glacier du Rhône - ✆ 027 973 11 96 - www.gletscher.ch - fermé de mi-oct. à fin mai. - 115/190 CHF.* Si vous devez passer une nuit dans les environs, ne résistez pas au charme, un peu vieillot mais délicieux, de cet hôtel construit avant 1900, juché en haut de la route. Les chambres les moins chères sont au 3e étage, avec douche commune. Vue imprenable sur Gletsch et les montagnes.

RESTAURATION

BUDGET MOYEN

Schlosskeller – *Alte Simplonstr. 34 - ✆ 027 923 33 52 - www.schlosskeller-brig.ch - fermé dim. et lun. - 50 CHF.* Dans la rue qui conduit au château, restaurant pour gourmets proposant, entre autres, des spécialités méditerranéennes. Agréable cour intérieure. Prix du menu en semaine très intéressant.

Commerce – *Sebastianplatz 2 - ✆ 027 924 52 41 - www.commerce-brig.ch - fermé lun. - 45 CHF.* Bien situé, sur la place centrale. Pizzas et plats de poissons qui constituent une heureuse alternative aux restaurants de spécialités valaisannes.

LE TESSIN
0
10 km
A
B
WASSEN, LUCERNE
COIRE
INTERLAKEN
BRIG
COIRE
SION
COL DU SIMPLON
BELLAGIO, SAINT-MORITZ
GALLARATE
MILAN
MILAN
1
2
3
URI
GRISONS
TESSIN
ITALIE
N
Disentis/
Mustér
Vorderrhein
19
Col du St-Gothard
2108
Val Tremola
Airolo
Lago Ritom
Val Piora
Lai da Sontga Maria
1916
Col du Lukmanier
Acquacalda
Col du Nufenen
2478
L. di Naret
Lago Sambuco
Fusio
Mogno
Rodi-Fiesso
Le Haut-Tessin
Lottigna
San Carlo du Negrentino
Leventina
San Carlo
Peccia
Prato
Giornico
Malvaglia
Foroglio
Ritorto
Val Bavona
Cavergno
Sonogno
Pollegio
Biasca
Bosco/Gurin
Cevio
Tessin
Brione
Val Verzasca
Valle Maggia
Maggia
A 2
A 13
Corippo
Monte Comino
Intragna
Ponte Brolla
Contra
Monte Carasso
Verdasio
Centovalli
Locarno
Tenero
BELLINZONE
Palagnedra
Ascona
Monte Verita
Rasa
Melezza
Îles de Brissago
Monte Tamaro
1961
S 34
Monte Lema
1624
Monte Brè
Miglieglia
925
Gandria
Lugano
Lac de Lugano
Caslano
912
MONTE SAN SALVATORE
Carona
Swissminiatur
Lago Maggiore
S 394
S 394
R 229
A 26
Morcote
MONTE GENEROSO
1701
Riva San Vitale
Meride
Mendrisio
S 340
Ligornetto
Lago di Como
S 233
Varèse
Côme
P 1
P 342
A 8
A 9
BELLINZONE
★★★ Vaut le voyage
Lugano
★★ Mérite un détour
Centovalli
★ Intéressant
Biasca
À voir
Circuit conseillé avec ville de départ

Le Tessin 4

Carte Michelin Regional n° 553 – Canton du Tessin

Lugano

★★

54 437 habitants – Canton du Tessin

NOS ADRESSES PAGE 370

S'INFORMER

Office du tourisme de Lugano – *Palazzo Civico - Riva Albertoli 5 - 6900 Lugano - ✆ 091 913 32 32 - www.lugano-tourism.ch - mai-sept. : lun.-sam. 9h-19h (sam. 18h), dim. et j. fériés 10h-18h ; avr. et oct. : lun.-sam. 9h-19h (sam. 17h), dim. et j. fériés 10h-17h ; nov.-mars : lun.-vend. 9h-12h, 13h30-17h30, sam. 10h-12h30, 13h30-17h.* Visite guidée de la ville.

SE REPERER

Carte de région B3 (p. 358), plans de ville (p. 362 et p. 363) et carte des environs (p. 366) – *Carte Michelin Regional n° 553 R13.* À 80 km au nord de Milan, à 45 km au sud de Locarno et à 170 km au sud de Lucerne.

À NE PAS MANQUER

L'arrivée à Morcote ou à Gandria par bateau, un verre le soir au bar du lido, les fresques de l'église Ste-Marie-des-Anges, la vue sur la baie de Lugano d'en haut de la pointe du Parc municipal.

ORGANISER SON TEMPS

Une journée suffira pour le centre de Lugano et une petite croisière sur le lac. Mais il serait dommage de ne pas goûter à la région du Mendrisiotto et à ses vins, ou à des randonnées dans le Malcantone.

AVEC LES ENFANTS

Swissminiatur à Meride, et le musée du Chocolat à Caslano.

Voilà la Suisse des oliviers et du risotto… Le Tessin. Lugano en est la fille la plus méridionale, installée dans cette pointe de territoire qui descend vers l'Italie, à Côme. Lugano a donné son nom au lac qui la borde et que l'on appelle aussi Ceresio. Depuis la seconde moitié du 19e s., la ville a fait de son paysage sa principale richesse. Une baie encadrée par deux sommets, Monte Brè et Monte San Salvatore, sentinelles boisées qui plongent sans retenue dans des eaux sombres et calmes. Qui vient du nord sera surpris d'entendre la langue de Dante ; qui connaît la Lombardie aura le sentiment d'être chez lui en parcourant rues piétonnes, ruelles en pente, escaliers et placettes : shopping et boutiques de luxe dans le centre, calmes promenades dans les villages de l'arrière-pays…

Se promener Plan de ville

★ LA VIEILLE VILLE

Compter 2h. Partir de la Piazza della Riforma (derrière l'office de tourisme).

Lugano, Piazza della Riforma.
I. Pompe/hemis.fr

Piazza della Riforma Plan II C-D 1-2
Cette vaste place est animée par ses terrasses de café et, en juillet, par les concerts d'**Estival Jazz**. L'**hôtel de ville** (Municipio) y présente sa façade majestueuse (1844).
Par les rues Petrarca et Soave, on rejoint l'étroite **Via Pessina** et ses commerces d'alimentation aux étalages alléchants, festival de couleurs et d'odeurs.

Piazza Cioccaro Plan II C1
Sur cette place (funiculaire montant à la gare), le **Palazzo Riva★**, demeure baroque (1671) aux balcons en fer forgé, cache une cour intérieure inattendue dotée d'un surprenant mur en trompe l'œil *(Via Soave 9)*.
Prendre la Via Cattedrale, ruelle en forte pente, jusqu'à la cathédrale.

Cathédrale San Lorenzo Plan II C1
D'origine romane, la cathédrale San Lorenzo possède une élégante façade avec trois portails aux fins motifs Renaissance. Remarquer dans le bas-côté droit la chapelle N.-D.-des-Grâces, bel exemple de décoration baroque. Au fond, tabernacle en marbre des frères Rodari, de Maroggia (début 16e s.). De l'esplanade se dégage une belle vue sur Lugano et le lac.
Redescendre vers Piazza Cioccaro et prendre à droite la Via Pessina, puis la via Nassa.

Via Nassa Plan II C2
Avec ses arcades bordées de boutiques, c'est l'axe principal de la Vieille Ville. Son nom vient du panier utilisé par les pêcheurs dont les barques et les filets trouvaient abri sous les arcades. On remarque sur la Piazzetta San Carlo une **sculpture de Salvador Dalí** intitulée *Nobiltà del Tempo (Noblesse du temps)*. Au n° 66 de la Via Nassa, le **Palazzo Vanoni** fut le siège de l'évêché, comme en témoignent les armes du pape sur la façade.

★★ **Église Ste-Marie-des-Anges** (Santa Maria degli Angioli) Plan II C2
☏ 091 922 01 12 - 7h-18h30 (sf pdt la messe sam. 17h-18h30, dim. 10h15-11h30, 16h30-18h).

LUGANO
plan II

SE LOGER

International au Lac (Hôtel)............ ①

Pestalozzi (Hôtel)........ ②

Cette ancienne église conventuelle, commencée en 1499, conserve trois des plus belles **fresques★★** de Bernardino Luini (v. 1480-1532). La plus impressionnante, ornant la cloison séparant le chœur de la nef, expose une Passion où l'on remarque surtout une Crucifixion d'une ampleur et d'une expression extraordinaires ; au-dessous figurent saint Sébastien et saint Roch. Dans la 1re chapelle de droite, sur le mur gauche, la fresque représente une Vierge à l'Enfant et saint Jean « d'une beauté digne de Léonard ». Dans la nef est représentée la Cène.

À 5mn, vers le sud, se trouve la Villa Malpensata, siège du musée d'Art moderne.

Musée d'Art moderne (Museo d'Arte moderna) Plan I A2

Riva Caccia 5 (Villa Malpensata) - ✆ 058 866 72 14 - www.mdam.ch - tlj sf lun. 10h-18h - 12 CHF.

Installé dans la Villa Malpensata, le **musée d'Art moderne** présente des expositions temporaires de qualité. Des artistes comme Bacon, Munch, Chagall, Rouault, Christo y ont fait l'objet de rétrospectives.

Revenir vers le centre par les quais, belle promenade ombragée en bordure du lac. Après la Piazza Manzoni, prendre à gauche Via Albrizzi pour rejoindre la Via Canova.

Musée cantonal d'Art (Museo Cantonale d'Arte) Plan II D1

Via Canova 10 - ✆ 091 910 47 80 - www.museo-cantonale-arte.ch - tlj sf lun. 10h-17h (mar. 14h) - 7 CHF.

Situé dans un ancien palais, le musée cantonal d'Art présente des expositions temporaires de qualité ayant trait généralement à un artiste tessinois ou suisse.

Sur la **Via Canova** (plan II D1), on passe ensuite devant l'**église San Rocco** du 16e s. et le casino avant d'aboutir à la **Piazza Indipendenza** qui commémore l'indépendance de Lugano (1798) vis-à-vis des cantons du Nord, avant l'entrée du Tessin dans la Confédération en 1803.

★ **Parc municipal** (Parco civico) Plan I B2

Ce délicieux jardin public s'étire au bord du lac et ses grands arbres dispensent une fraîcheur agréable l'été, au moment où l'on y donne parfois des concerts en plein air. La **Villa Ciani**, ancienne propriété des frères Ciani qui furent à l'origine du développement touristique de Lugano dans la seconde moitié du 19e s., abrite le **musée des Beaux-Arts**. Au bout de la promenade, beau point de **vue** sur la ville.

Musée municipal des Beaux-Arts (Museo Civico di Belli Arti) Plan II D1

Villa Ciani (parc municipal) - ✆ 091 800 72 14 - tlj sf lun. 10h-12h, 14h-18h - 12 CHF.

Centrée autour de l'art du Tessin du 15e s. à nos jours, cette collection vaut surtout pour les œuvres des 19e et 20e s., qu'il s'agisse d'artistes locaux ou de renommée internationale : Boccioni, Matisse, Rousseau, Monet…

Une passerelle qui franchit le Fiume Cassarate mène vers le port et la plage.

SE LOGER

Colibri ... 3

Delfino ... 5

SE RESTAURER

Antica Osteria del Porto ... 2

Grotto della Salute ... 4

Locanda del Boschetto ... 6

Osteria Calprino ... 8

Osteria Ticinese Da Raffaele ... 10

À voir aussi Plan de ville

Villa Helenum - Musée des Cultures extra-européennes

(Museo delle Culture Extraeuropee) Plan I B2

Via Cortivo 24-28 - Castagnola - de la Piazza Manzoni, bus n° 1. Descendre à San Domenico, puis 5mn à pied le long de la Via Cortivo - ✆ 058 866 69 60 - tlj sf lun. 14h-18h, 24 déc. 10h-14h, 27-31 déc. 10h-18h, 1er janv. 14h-18h - fermé 25 et 26 déc. - 12 CHF (enf. 8 CHF).

Au bord du lac, la Villa Helenum, de style néoclassique, abrite des collections d'objets, pour la plupart des sculptures en bois, provenant d'Océanie, d'Afrique et d'Asie.

À proximité Carte des environs de Lugano

★★★ Monte San Salvatore

▷ *45mn AR env. dont 12mn de funiculaire. Funiculaire : ✆ 091 985 28 28 - www.montesansalvatore.ch - de mi-mars à déb. oct. : 9h-17h (de fin mars à mi-oct. 18h, de mi-juin. à mi-sept. 23h) - dép. ttes les 30mn de Paradisio à Monte San Salvatore - 24/28 CHF AR (enf. 12/14 CHF). Alt. 912 m.*

On découvre une vue admirable sur Lugano, le lac, les Alpes bernoises et valaisannes. Du sommet, il est possible de redescendre à pied sur Lugano (1h15) ou poursuivre vers Carona (40mn) et Morcote (3h).

★★ Monte Brè

▷ *1h AR env. dont 30mn de funiculaire, partant de Cassarate. Funiculaire : ✆ 091 971 31 71 - www.montebre.ch - juin-oct. : 9h10-18h45 ; nov.-mai : 9h20-17h45 - fermé janv.-fév. - dép. ttes les 30mn ou ttes les h. de Cassarate à Monte Brè - 20 CHF (enf. 10 CHF). Possibilité de monter en voiture par Castagnola, jusqu'à Brè, puis vers le restaurant Vetta par une étroite route de terre. Alt. 933 m.*

Une très belle vue sur le golfe de Lugano et les Alpes. En 20mn, on rejoint le village de Brè et son intéressant parcours artistique en plein air (retour par la station Brè village). Parcours VTT et nombreux sentiers de randonnée au départ du sommet (Gandria, 1h15).

★★ Promenades en bateau sur le lac de Lugano

▷ *Les bateaux de la Société de navigation sur le lac de Lugano desservent régulièrement Gandria, Cantine di Gandria, Morcote, Porlezza, Ponte Tresa, Campione, etc. Un tour du lac dit « Grande Giro del Lago » est organisé au départ de Lugano. Bien se renseigner sur les horaires des bateaux si l'on veut par exemple combiner la visite de Gandria avec celle du musée des Douanes suisses ou réciproquement.*

Les services de navigation sur le lac de Lugano, qui permettent d'effectuer aussi bien de courtes promenades improvisées d'une heure qu'un périple complet d'une demi-journée, constituent l'un des agréments de la station. Et compte tenu des difficultés de stationnement dans certains villages sur les rives du lac (Gandria, Morcote), la visite par voie d'eau est conseillée.

Croisières en bateau – *Société de navigation du lac de Lugano - ✆ 091 971 52 23 - www.lakelugano.ch - débarcadères en ville à Paradiso, Piazza Manzoni et Giardino (entre Cassarate et Castagnola). En plus des liaisons régulières vers les sites touristiques environnants, diverses croisières sont proposées au départ de Lugano de fin mars à fin oct. : tour du golfe (10/j de 9h30 à 18h50 - 1h - 22,60 CHF - possibilité de descendre aux arrêts et de poursuivre plus tard) ; croisière du matin*

LE LAC DE LUGANO

De forme irrégulière, il atteint 35 km dans sa plus grande longueur et une profondeur maximale de 279 m. Sa plus grande partie est en territoire suisse. Les Italiens, qui le nomment Ceresio, n'en possèdent que la branche nord-est (Porlezza), une partie de la rive sud-ouest (Porto Ceresio) et une enclave de la rive est (Campione d'Italia). D'un aspect plus sauvage que les lacs Majeur et de Côme, il est enchâssé au milieu des pentes abruptes mais harmonieuses des Préalpes, sur lesquelles ressortent, en taches claires, les feuillages argentés des oliviers. Une chaussée, livrant passage à la route et à la voie ferrée du Gothard, le sépare, assez malheureusement, en deux bassins, entre lesquels le passage des bateaux est cependant assuré.

(à 9h25 - 3h - 39 CHF) ; croisière de midi avec repas (à 11h45 - 2h - 33 CHF) ; grand tour du lac (à 14h40 - 3h - 39 CHF - comprend la traversée du détroit de Lavena, à Ponte Tresa et des explications en français).

★ Gandria

7 km à l'est par la route de Menaggio.

Village dont les terrasses fleuries de géraniums, les treilles, les berceaux de feuillage, le labyrinthe des ruelles en escalier, les maisons à arcades, la petite église baroque composent un ensemble charmant qu'il est agréable d'aborder par voie d'eau. Un beau sentier, dit « des oliviers », longe le lac et permet de revenir à pied à Lugano (1h). L'oliveraie de Nusera a repris place depuis 2001 sur d'anciennes terrasses soutenues par des murs de pierres sèches. L'arrivée se situe à Castagnola, près du musée des Cultures extra-européennes.

Musée des Douanes suisses – *À Cantine di Gandria, sur la rive sud du lac - accessible seulement par bateau, 1h45 visite comprise - 091 910 48 11 - avr.-oct. : 13h30-17h30 - gratuit.* Aménagé dans un ancien poste de gardes-frontière (cuisine, chambre et bureau reconstitués façon fin 19e s.) sur le bord même du lac, il renseigne sur le rôle passé et présent des douanes suisses. La muséographie, hélas peu attrayante, montre les diverses astuces imaginées par les contrebandiers, passeurs de drogue ou faussaires, ainsi que les moyens de détection utilisés par les douaniers pour confondre les contrevenants. La pièce la plus curieuse est un « Zodiac » submersible, saisi en 1946, et dont les boudins en tôle contenaient… du salami.

4

★ Swissminiatur

7 km au sud, à Melide.

091 640 10 60 - www.swissminiatur.ch - - de déb. mars à fin oct. : 9h-18h (merc. et vend. mai-sept. 22h30) ; de fin oct. à mi-nov. : 9h-17h - 17 CHF (enf. 12 CHF).

Pour l'enchantement des enfants, une reconstitution à l'échelle 1/25 des principales curiosités suisses : monuments, ponts, sites. Les trains (3 km de réseau), bateaux et téléphériques fonctionnent comme des vrais.

Caslano

5 km au sud-ouest. Quitter Lugano en direction de Ponte Tresa.

Piazza Lago - 091 606 29 86 - www.malcantone.ch - tlj sf dim. 9h-12h, 14h-17h30 (juil. 13h30-18h).

La société **Alprose** ouvre les portes de son **musée du Chocolat** (museo del Cioccolato) et de ses ateliers. De la plantation de cacao dans les montagnes de l'Amazonie à la dégustation, le visiteur est transporté dans le monde du chocolat dont il peut suivre les différentes étapes de fabrication. *Via Rompada 36 - ✆ 091 611 88 56 - www.alprose.ch - lun.-vend. 9h-17h30, w.-end 9h-16h30 (musée uniquement) - 3 CHF (dégustation gratuite).*

Circuits conseillés Carte des environs de Lugano

★ LA RÉGION DU MALCANTONE ET LE MONTE LEMA

▶ *Itinéraire de 16 km de Lugano à Miglieglia – voir le circuit tracé en vert sur la carte des environs de Lugano (ci-dessous).*

Les vallées du Malcantone s'étendent à l'ouest de Lugano, entre un bras du lac, autour du golfe d'Agno, la rivière Tresa et les sommets qui marquent la frontière avec l'Italie. La région, bien dotée en activités de plein air, est dominée par le mont Lema.

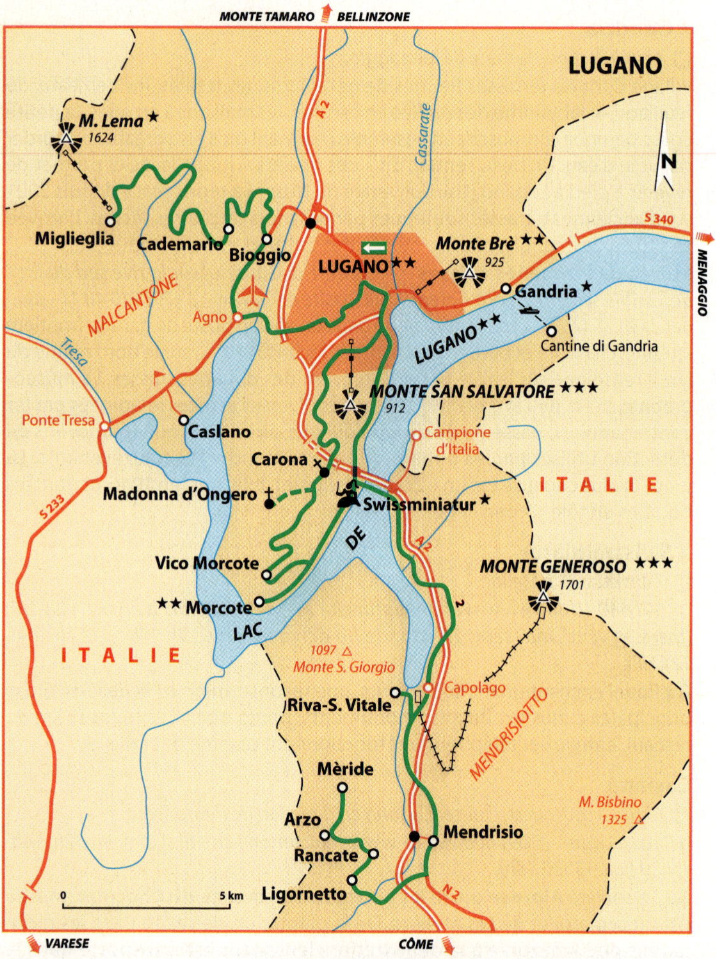

LE TERROIR À TABLE

Les *grotti* (*grotto* au singulier) sont l'une des plus belles inventions tessinoises ! À l'origine, il s'agissait d'endroits frais, cavités naturelles aménagées, qui servaient de caves et de lieu de séjour pour l'été. Le nom désigne aujourd'hui souvent un restaurant rustique, à l'écart de la ville, qui sert une cuisine traditionnelle. Une ambiance entre ginguette et auberge de montagne ! La charcuterie est à l'honneur, tout comme la polenta, qui accompagne le bœuf braisé, le risotto, les champignons. Côté dessert : gâteau au pain et pêches au vin. Le vin (merlot, nostrano ou barbera bu avec de la limonade) servi en pichet se boit parfois dans des petits bols.

Pour rejoindre le mont Lema, quitter Lugano en direction d'Agno. De Bioggio, la route, en montée sinueuse en sous-bois, mène d'abord à Cademario, village en balcon, puis à Miglieglia. De Miglieglia, on peut redescendre par Bedigliora, l'un des villages les plus typiques de la région.

Miglieglia

Au pied de la masse boisée du Monte Lema, le village de Miglieglia est dominé par l'**église San Stefano** (15e s.), à toit de lauzes, dont l'intérieur s'éclaire de fresques colorées des 16e et 17e s.

★ Monte Lema

Téléphérique au départ de Miglieglia : ✆ 091 609 11 68 - www.montelema.ch - de déb. avr. à mi-nov. 8h30-17h30 - dép. ttes les 30mn (durée 10mn) - 24 CHF AR (-16 ans 13 CHF).

La montée offre une vue aérienne sur Miglieglia et son église. Du restaurant de la station supérieure, gagner le sommet *(alt. 1 624 m ; 20mn AR, par sentier abrupt)* pour observer le **panorama★** s'étendant à l'ouest sur le lac Majeur et le mont Rose, à l'est sur le lac de Lugano et le Monte Generoso. Les cimes de la Jungfrau et de l'Eiger sont visibles au nord-ouest.

★ LA ROUTE DE MORCOTE

4

Itinéraire de 26 km au départ de Lugano – voir le circuit tracé en vert sur la carte des environs de Lugano (ci-contre) – compter 2h30.

Quitter Lugano par Paradiso et prendre la direction de Morcote.

Cette petite route par les hauteurs (*via* Pazzallo et Carona) offre de magnifiques **vues plongeantes★★** sur le lac et des échappées lointaines pouvant atteindre le massif du Mont-Rose.

Carona

À l'entrée du village (la route passe sous un porche), l'**église San Giorgio** (16e s.), couverte d'une coupole octogonale, renferme des **fresques★** intéressantes du 16e s. Attenant à l'église, un portique à colonnes toscanes est décoré de blasons et de peintures en trompe l'œil. À la sortie de la localité, on peut faire un détour par la **Madonna d'Ongero**, un sanctuaire isolé dans les bois (10mn à pied du parking). Une grande allée bordée des stations du chemin de croix conduit à l'église précédée d'un portique et coiffée d'un dôme octogonal.

On reprend la route de Morcote jusqu'au **parc botanique San Grato** (entrée libre et gratuite). Sur 6 ha, ce site boisé renferme une fabuleuse collection d'azalées et de rhododendrons dont la floraison en avril-mai est à ne pas manquer. Plusieurs sentiers botaniques et panoramiques sont proposés.

Vico Morcote

Charmant village que l'on découvre en empruntant ses ruelles, escaliers et passages couverts. À la sortie du village, l'église paroissiale à une seule nef abrite une belle Crucifixion.

On atteint Morcote par une route en lacets. La traversée du village en voiture peut être très encombrée. Se garer dès que possible.

★★ Morcote

Les maisons à arcades lombardes de ce village appelé « la perle du Ceresio » se mirent dans les eaux calmes du lac de Lugano, au pied des dernières pentes, couvertes de végétation méditerranéenne, du Monte Arbostora.

Par un escalier et des ruelles offrant des perspectives multiples, on arrive au sanctuaire **Santa Maria del Sasso** qui renferme de splendides **fresques★** du 16e s. ainsi qu'un beau buffet d'orgue en bois (remarquer les têtes sculptées). Traverser l'église pour accéder au baptistère (Batisteri Da Sant Antoni) de décoration baroque (plafond peint, autel décoré d'angelots). Le lac, l'église, le baptistère, les cyprès et le cimetière dessinent un **tableau★★** remarquable. L'escalier monumental (18e s.) qui joint l'église et les quais est l'un des joyaux architecturaux de la cité.

★★ Parc Sherrer

À la sortie de Morcote, direction Figino - ✆ 091 996 21 25 - de mi-mars à fin oct. : 10h-17h (juil.-août 18h) - 7 CHF.

Arturo Sherrer (1881-1956), négociant en textiles et passionné de voyages a bâti ici un jardin unique où une végétation exubérante cache des constructions exotiques : Casa Araba, temple de Nefertiti, pavillon de thé siamois... Parmi les pins du Mexique ou les bambous, dans les senteurs d'eucalyptus, le visiteur est invité à un voyage imaginaire.

Retour à Lugano par le bord du lac, via *Melide.*

RÉGION DU MENDRISIOTTO

Itinéraire de 25 km de Lugano à Mèride – voir le circuit tracé en vert sur la carte des environs de Lugano (p. 366).

La région forme l'extrême pointe de la Suisse italienne, industrielle et très urbanisée le long de l'axe autouroutier, mais dont les vallées latérales, comme Muggio, ou les proches collines couvertes de vignes autour de Meride sont un vrai enchantement.

Quitter Lugano par Paradiso puis suivre au sud la route n° 2 vers Côme, jusqu'à Capolago.

★★★ Monte Generoso

Compter une grande demi-journée. Accès par le chemin de fer à crémaillère au départ de Capolago (2h AR) - ✆ 091 630 51 11 - www.montegeneroso.ch - de mi-mars à fin oct. : dép. ttes les h. entre 10h et 23h ; de déb. nov. à déb. janv. : 3 dép. dans la journée - 39 CHF AR (-16 ans 19 CHF). Alt. 1 701 m.

L'arrivée au sommet révèle la splendeur du **panorama★★★** sur les Alpes, Lugano, les lacs, la plaine lombarde s'étendant jusqu'aux Apennins par temps clair.

Riva San Vitale

Ce village, à 1 km de Capolago, est à voir pour son **baptistère** (battistero) du 5e s. qui se trouve dans une salle octogonale située près de l'église paroissiale. Au centre repose une grande cuve baptismale monolithe utilisée pour

TESSIN, TERRE D'ARCHITECTES
Mario Botta, né le 1er avril 1943 à Mendrisio, est l'un des architectes les plus connus de sa génération. Aux côtés de **Snozzi**, **Vacchini** ou **Galfetti,** il représente cette école tessinoise, à la pointe de la création mondiale depuis la fin des années 1960. La place laissée à l'expérimentation leur a permis de réaliser de nombreux projets dans le Tessin, maisons individuelles ou édifices publics. L'œuvre de Botta qui puise ses racines dans le style roman accorde une place importante aux formes rondes et compactes, notamment le cylindre tronqué, et à la brique comme matériau.
L'académie d'architecture de Mendrisio est l'une des plus réputées en Europe. Et un musée consacré à cet art est en projet dans la ville.

le baptême par immersion. Des vestiges de fresques du 11e s. ornent une partie des parois.
À l'autre extrémité du village, l'**église Santa Croce** (16e s.) est reconnaissable à sa coupole octogonale. L'intérieur, de plan carré, montre de belles peintures murales. Remarquer notamment celles du chœur représentant la Sainte Croix.

Mendrisio

Via Lavizzari 2 - ✆ 091 641 30 50 - www.mendrisiottotourism.ch - tlj sf dim. 9h-12h, 14h-18h (sam. 12h).
Une fois franchie la banlieue commerciale, on découvre une vieille ville populaire et pleine de charme, dominée par l'imposante église néoclassique SS. Cosma e Damiano (19e s.), coiffée d'un dôme. On accède à l'église par un escalier monumental au pied duquel une tour carrée constitue un des vestiges de l'enceinte médiévale. Prendre la pittoresque Via San Damiano qui se poursuit par la Via Stella et conduit à l'oratoire della Madonna delle Grazie (13e s.) dont l'intérieur révèle une décoration de facture naïve.
Derrière l'oratoire sur la Piazza dei Serviti, l'ancien couvent des serviteurs de Marie abrite un musée d'art consacré à des expositions temporaires. En poursuivant par la Via Carla Pasta, on atteint, à droite, la Viale alle Cantine où une succession de maisons, anciennes caves à vins et à fromage, sont bâties au pied de la falaise. Des familles s'y retrouvent en soirée, au frais, et des restaurants *(grotto)* proposent une cuisine régionale.

4

Ligornetto

Dans le village natal du sculpteur tessinois Vicenzo Vela (1820-1891), l'élégante villa-atelier de l'artiste, remaniée par Mario Botta, est devenue l'original **musée Vela★**. La gypsothèque réunit les plâtres originaux – certains monumentaux – de presque toutes les œuvres du représentant incontesté du réalisme sculptural. La grande salle octogonale et son panthéon d'hommes illustres en plâtre est époustouflante. *✆ 091 640 70 44 - www.museo-vela.ch - juin-sept. : 10h-18h ; mars-mai et de déb. oct. à déb. déc. : 10h-17h - fermé lun. - 10 CHF.*

Rancate

Ce village mérite une halte pour le **musée Giovanni-Züst** (Pinacoteca cantonale). Il présente un choix de peintures d'artistes tessinois et lombards du 17e au 20e s. Une place importante est accordée à Antonio Rinaldi (1816-1875), né dans le Mendrisiotto, dont les portraits dégagent grâce et romantisme. *✆ 091 646 45 65 - tlj sf lun. 14h-18h - 8 CHF.*

Arzo

À l'entrée du bourg se trouve une carrière de marbre à flanc de colline. Il est étonnant de voir comment le marbre est extrait et débité en tranches par de puissantes scies électriques. Le clocher de l'église baroque est recouvert de plaques de ce marbre.

Meride

Entouré de vignes, ce village est intéressant pour ses maisons à galeries et cours intérieures. Au hasard d'une promenade dans ses ruelles, on découvrira les décorations laissées par les staffeurs qui émigrèrent en France, en Allemagne et en Russie aux 16e et 17e s. *Voir également Swissminiatur p. 365.*

NOS ADRESSES À LUGANO

TRANSPORTS

Gare ferroviaire – À 10mn à pied du centre ou en funiculaire. Liaisons avec Milan (1h), Zurich (2h40), Genève (6h20).

Lugano Regional Pass – Pour voyager librement durant 3 j. (92 CHF) ou 7 j. (108 CHF) à bord des bateaux, trains, bus et funiculaires.

HÉBERGEMENT

À Lugano Plans de ville

BUDGET MOYEN

Hôtel Pestalozzi – Plan II D1 - *Piazza Independenza 9 - ✆ 091 921 46 46 - www.pestalozzi-lugano.ch - 50 ch. 172/192 CHF* ☕. Très central et d'un excellent rapport qualité-prix. Chambres à 112 CHF avec WC et douche à l'étage. Places de parking limitées.

Delfino – Plan I A2 - *Via Casserinetta 6 - ✆ 091 985 99 99 - www.delfinolugano.ch - P - 50 ch. 190/290 CHF* ☕. Dans le quartier du Paradiso, un peu éloigné du lac, le Delfino bénéficie d'un bon rapport qualité-prix. Terrasse avec solarium et piscine bien agréables en été.

Hotel International au Lac – Plan II C2 - *Via Nassa 68 - ✆ 091 922 75 41 - www.hotel-international.ch - avr.-oct. - 79 ch. 195/380 CHF* ☕. Cet hôtel jouit d'un emplacement tout à fait unique : le lac s'étend à ses pieds, la Vieille Ville de Lugano commence au coin de la rue. Chambres climatisées au décor élégant et piscine dans un jardin verdoyant.

Colibri – Plan I B1 - *Via Aldesago 91 - Aldesago - à l'est du centre-ville - ✆ 091 971 42 42 - www.hotelcolibri.ch - fermé janv. et fév. - P - 30 ch. - 150/250 CHF* ☕. Un site merveilleux sur le Monte Brè, d'où une vue magnifique sur le lac, la ville et la chaîne des Alpes, notamment depuis la terrasse où se trouve la piscine.

À proximité

BUDGET MOYEN

Moosmann – *Gandria - ✆ 091 971 72 61 - www.hotel-moosmann-gandria.ch - mai-nov. - 29 ch. - 164/224 CHF* ☕. Un établissement sympathique et tranquille avec terrasse et jardin au bord du lac. Préférer une chambre sur le lac avec balcon.

Carina Carlton – *Via Cantonale - Morcote - ✆ 091 996 11 31 - www.carina-morcote.ch - 5 mars-30 oct. - P - 23 ch. 180/300 CHF* ☕. Une situation exceptionnelle au bord du lac. Piscine découverte chauffée. Restaurant sur pilotis, « les pieds dans l'eau ».

RESTAURATION

À Lugano Plans de ville

PREMIER PRIX

Locanda del Boschetto – Plan I A2 - *Via al Boschetto 8 (Cassarina) - ✆ 091 994 24 93 - fermé 2 sem. en août et lun. - 35 CHF.* Un décor rustique et une terrasse fleurie. Une bonne adresse pour les amateurs de poisson.

BUDGET MOYEN

Antica Osteria del Porto – Plan I B2 - *Via Foce 9 - ✆ 091 971 42 00 - www.osteriadelporto.ch - fermé mar. - 40 CHF.* À côté du port, dans un style décontracté, beaux filets de poisson et de savoureux risottos.

Osteria Ticinese Da Raffaele – Plan I B1 - *Via Pazzalino 19 - ✆ 091 971 66 14 - fermé sam. midi et dim. - 43 CHF.* Une *osteria* typique où règne une bonne ambiance.

Osteria Calprino – Hors plan I vers A2 - *Via Carona (Paradiso) - ✆ 091 994 14 80 - www.osteriacalprino.ch - fermé 25 juil.-15 août et dim. - 42 CHF.* Trois petites salles accueillantes dont l'une pourvue d'une cheminée où l'on prépare la polenta en hiver. Pensez à réserver.

À proximité

PREMIER PRIX

Circolo sociale di Montagnola – *Via Canvetti - Montagnolo - 4 km au sud-ouest - ✆ 091 994 69 19 - fermé merc. - 30 CHF.* Pas facile à trouver (suivre Collina d'Oro, près de l'église San Abbondio), mais vraie ambiance de guinguette en forêt. À goûter, le *salameto*, saucisson de cheval.

BUDGET MOYEN

Grotto della Salute – Plan I A1 - *Via del Sindicatori 4 - Massagno - 2 km au nord-ouest - ✆ 091 966 04 76 - fermé 19 déc.-17 janv., 4-21 août et w.-end - 43/72 CHF.* Vous y dégusterez des produits du terroir différents selon les saisons à des prix modérés.

PETITE PAUSE

Vanini – *Piazza della Riforma - ✆ 091 923 82 83 - tlj jusqu'à 23h.* Spécialiste des *amaretti* (petits macarons aux amandes), des *panetones* « maison » et d'excellentes glaces.

Pour déguster les vins du Tessin, aller dans les bars à vin : **Bottegone del Vino** *(Via Magatti 3)* ou **Trani** *(Via Cattedrale 12).*

ACHATS

Le centre-ville avec ses petites rues à majorité piétonnes rassemble quantité de magasins aux vitrines attirantes.

EN SOIRÉE

Al Lido – *Lido Lugano - ✆ 091 971 55 00 - www.allidobar.com - jeu.-sam. et veille de fête, 18h30-1h.* Une place de rêve au bord du lac dans une ambiance « beach lounge ».

Etnic – *Piazza Magheti - ✆ 091 923 38 25 - tlj sf dim. jusqu'à 1h.* Dans le quartier Maghetti, qui concentre les noctambules de la ville, un bar à cocktails avec musique jazz-électro et déco exotique.

ACTIVITÉS

Plusieurs plages (lidos) aménagées avec des piscines ou des bains publics flottants donnent accès au lac. Le lido de Lugano ; San Domenico, près de la Villa Helenum ; Riva Caccia, en face du musée d'Art moderne.

AGENDA

Voir l'Agenda dans la partie « Organiser son voyage », p. 35.

Locarno

★

15 123 habitants – Canton du Tessin

NOS ADRESSES PAGE 380

S'INFORMER

Ente Turistico Laggo Maggiore Locarno – *Largo Zorzi 1 - ✆ 091 791 00 91 - www.ascona-locarno.com - de mi-mars à fin oct. : lun.-vend. 9h-18h, sam. et j. fériés 10h-18h, dim. 10h-13h30, 14h30-17h.*

SE REPERER

Carte de région B2 (p. 358), plan de ville (p. 374) et carte des environs (p. 378) – *Carte Michelin Regional n° 553 Q12.*

À 25 km à l'ouest de Bellinzone, à 50 km à l'est de Domodossola (Italie) et à 122 km au nord de Milan.

SE GARER

Parkings payants en centre-ville, gratuit près du Lido (bus 32).

À NE PAS MANQUER

Madonna del Sasso, la vallée de la Maggia ou ses voisines, le train des Centovalli, une croisière sur le lac Majeur.

ORGANISER SON TEMPS

Si le centre ancien de Locarno, modeste, se visite en une demi-journée, les vallées de l'arrière-pays sont immenses. Pour qui aime la montagne et les vacances « au vert », 2 jours ne seront pas de trop. Compte tenu des accès routiers, mieux vaut d'ailleurs prendre son temps.

La plus belle salle de cinéma au monde se trouve à… Locarno, quand l'écran géant du Festival international du film se dresse sur la sublime Piazza Grande. Tout le reste de l'année – jeudi, jour de marché compris – le pouls de la ville bat sur cette place lombarde chauffée au soleil. Installée au bord du lac Majeur, là où la rivière Maggia forme un delta en forme d'éventail, la ville jouit d'un climat très privilégié. En été, chacun cherche la fraîcheur sous les arcades, dans les rues étroites de la Vieille Ville ou dans les vallées de l'arrière-pays. Les eaux cristallines des torrents et des cascades bondissant près de villages de granit dressent un des plus beaux décors de film de montagne méditerranéenne qui soit.

Se promener Plan de ville

★ Piazza Grande A2

Cette longue place pavée, cœur de la Vieille Ville, attire beaucoup de monde avec ses arcades de style lombard bordées de boutiques, de cafés et de restaurants dont les terrasses ne désemplissent pas en saison. Ses maisons anciennes à balcons aux tons pastel apportent une note supplémentaire à son charme. Tous les ans au mois d'août, le **Festival international du film** transforme la place en une immense salle de cinéma en plein air. Elle se

Le sanctuaire de la Madonna del Sasso.
G. Simeone/Sime/Photononstop

prolonge à l'est par le **Largo Zorzi**, jusqu'à l'embarcadère des promenades en bateau sur le lac.
Pour découvrir la Vieille Ville, emprunter les Via Citadella et San Antonio.

Église St-François (Chiesa San Francesco) A2
Consacrée en 1230, l'église de l'ancien couvent des franciscains subit d'importantes transformations au 16e s. L'intérieur, très sobre, révèle une nef et deux bas-côtés séparés par cinq colonnes jumelées en granit provenant de la région d'Ascona. Remarquez la voûte en bois de la nef et les bas-côtés avec leurs voûtes d'arêtes romanes. Une grande fresque représentant l'Annonciation de la Vierge décore la paroi supérieure du chœur.

4

★ **Maison Rusca - Pinacothèque municipale** (Casa Rusca) A2
Piazza Sant'Antonio - ✆ 0910 756 31 85 - mars-déc. : tlj sf lun. 10h-12h, 14h-17h - 7 CHF.
Cette maison est un bel exemple de demeure patricienne du 18e s. Autour d'une cour intérieure s'organisent trois étages à arcades en anse de panier. Les expositions temporaires ont trait à l'art moderne et contemporain. Enrico Baj, Claude Baccalà (peintre tessinois), Jean Arp ou Giovanni Bianconi, attachés à Locarno, ont fait don d'œuvres au musée.

Château Visconti (Castello Visconteo) A2
Via al Castello - ✆ 091 756 31 80 - mars-nov. : tlj sf lun. 10h-12h, 14h-17h - 7 CHF.
Son nom est celui de la célèbre famille italienne qui régna sur Milan du 13e au 15e s. Fortifié dès le 14e s., période de trouble, il fut aménagé un siècle plus tard en palais résidentiel dont il reste de beaux plafonds à caissons sculptés. Mais l'ensemble du bâti est mal entretenu et le **Musée municipal et archéologique** (museo civico e archeologico) qu'il abrite est peu passionnant, hormis une belle collection de verrerie romaine. Une salle est dédiée au pacte de Locarno, accord de paix conclu en 1925 entre les puissances européennes (en italien).

À voir aussi Plan de ville

★★ Madonna del Sasso A1

À Orselina. Accès conseillé en funiculaire, départ Via della Stazione - 7h-20h (0h l'été, certains jours) - en voiture par les lacets de la Via ai Monti della Trinità.

Ce sanctuaire, très fréquenté par les touristes et les pèlerins, est perché au sommet (355 m) d'un éperon boisé. Le 15 août 1480, la Vierge apparut au frère Bartolomeo d'Ivrea, moine du couvent San Francesco de Locarno, venu vivre en ermite sur le Sasso della Rocca. À la suite de cette vision, une chapelle fut édifiée, marquant l'origine du sanctuaire.

À l'intérieur du couvent, plusieurs chapelles renferment des sculptures en bois du 17e s. figurant des scènes religieuses. L'**église de l'Annonciation**

SE LOGER

Dell'Angello 1
Du Lac 3
Millennium (Hotel) 4
Piccolo Hotel 5

SE RESTAURER

Camelia 1
Campagna 3
Cittadella (La) 5
Da Valentino 7
Locanda Locarnese 9

est dotée d'une entrée majestueuse, avec une galerie à arcades ornée de peintures murales. L'intérieur est surtout intéressant pour ses fresques et ses œuvres d'art comme une **Fuite en Égypte** (autel dans le bas-côté droit), retable peint par Bramantino en 1522 et une *Déposition de croix* (bas-côté gauche) d'Antonio Ciseri, peintre tessinois du 19e s. né à Ronco. De la loggia voisine qui borde l'église se révèle un beau **point de vue**★ sur Locarno et le lac Majeur.
On peut redescendre à pied en suivant l'indication « Locarno via Crucis », le chemin de croix, parcours assez raide mais offrant des vues intéressantes sur le lac.

★★ Cardada - Cimetta Hors plan, vers A1

Au départ de Madonna del Sasso - ✆ 091 735 30 30 - www.cardada.ch - téléphérique : dép. ttes les h. ou 30mn d'Orselina à Cardada (durée 5mn) - juin-août : 8h-20h ; mars-mai et nov. : 9h-18h (vend.- dim. et j. fériés 19h) ; sept-oct. : 9h-19h - télésiège Cardada Cimetta : juin-oct. : 9h-17h20 ; mars-mai et nov. : 9h15-16h50 - 34 CHF AR (6-15 ans 22 CHF). Parkings en ville (Largo Zorzi, Muralto, gare) demi-tarif.
Un téléphérique monte en 10mn à l'alpe de **Cardada** (1 350 m) : **vue**★★ très étendue. Puis, un télésiège permet de gagner le sommet de la Cimetta (1 672 m), d'où l'on embrasse un beau **panorama**★★ qui s'étend du lac Majeur à la chaîne des Alpes.

Parc des Camélias

À 2 km au sud, près de la piscine publique.
À l'ombre de peupliers et de chênes, une collection unique de 520 variétés de camélias profite des bienfaits du lac : humidité et températures clémentes. La floraison est éblouissante en mars et avril, mais des variétés très rares s'épanouissent aussi en fin d'automne.

Circuits conseillés Carte des environs de Locarno

★★ VALLÉE DE LA MAGGIA

Itinéraire de 150 km – voir le circuit tracé en vert sur la carte des environs de Locarno (p. 378). Quitter Locarno au nord-ouest en direction de Bignasco.
Cette vaste vallée et ses affluents occupent un cinquième de la superficie du canton du Tessin. Des bords du lac Majeur où se jette la rivière, elle remonte sur plus de 50 km pour tutoyer des sommets à 3 000 m. Après les terrasses de vignes et les bois de châtaigniers vient l'ambiance alpine des forêts de sapin et de mélèze. L'harmonie des lieux réside dans les paysages créés par l'homme, par une société paysanne qui a su tirer parti de toutes les ressources de la montagne. D'abord, la pierre, ce gneiss omniprésent. Chaque village est une merveille d'architecture rurale, parfaitement conservée – toute nouvelle construction est même interdite dans le Val Bavona –, avec ses maisons patriciennes et de drôles de petits greniers sur pilotis (torbas) pareils à ceux du Valais.
La vallée s'ouvre par les **gorges de Ponte Brolla** où la baignade est dangereuse et strictement interdite. Les meilleurs sites au bord de la rivière sont à venir : plages de sable d'Avegno, pont d'Aurigeno et le secteur entre Lodano et Someo. La première partie du val Lavizzara, jusqu'à Broglio, ainsi que le val Bavona cachent de petits paradis aquatiques. La plus grande prudence est de mise en cas d'orage.

Maggia

L'église **Santa Maria delle Grazie** se tient solitaire au bord de la route, avant le bourg de Maggia. Elle est à voir pour ses **fresques★** du 16e s. qui garnissent l'abside (Couronnement de la Vierge entourée d'anges musiciens; Crucifixion) et les murs de la nef (scènes de la vie de la Vierge). Belle collection d'ex-voto peints de Giovanni Antonio Vanoni (1810-1886). Cet artiste, né dans le petit village voisin d'Aurigeno, décora bon nombre d'églises tessinoises.

★ Cevio

Chef-lieu de la Valle Maggia, centre économique et administratif, Cevio est connu pour la **maison des Baillis** (16e s.), un peu en retrait de la place principale. Sa façade est décorée des blasons des différents baillis qui se sont succédé. À 1 km de la place, Boschetto offre l'exemple typique d'un petit hameau aux maisons de pierres sèches.

★★ Musée du Valmaggia – *✆ 091 754 13 40 - www.museovalmaggia.ch - avr.-oct. : tlj sf lun. et dim. mat. 10h-12h, 14h-18h - ♿ - 6 CHF (textes en français).* Ce remarquable musée ethnographique est installé au milieu du vieux village de Cevio, dans une demeure bourgeoise du 17e s. C'est une étape indispensable pour apprécier le patrimoine de la vallée, comme par exemple le granit et la pierre ollaire utilisée pour façonner des objets de la vie quotidienne. La cave, le « grotto » et le sentier thématique extérieur (60 cavités parmi les blocs d'un énorme éboulis) sont à ne pas manquer pour comprendre ce qu'étaient ces abris sous roches typiques de la région. La deuxième partie du musée, située à quelques pas dans la Casa Respini-Moretti, a trait à la nécropole romaine de Mogheno découverte le 18 mars 1994 lors de la construction d'une maison.

Dans le hameau de Rovana (route de Bosco/Gurin), près du pont qui enjambe la rivière, l'**église Beata Vergine del Ponte**, au porche à trois arcades, est un bel exemple d'architecture baroque.

À l'ouest de Cevio, s'ouvre le val Rovana et la vallée de Bosco/Gurin.

La route grimpe rapidement en lacet dans un paysage alpestre jusqu'à Linescio, puis Cerentino avant de traverser un paysage chaotique et de déboucher dans le vaste cirque de pâturages de Bosco/Gurin. Ce « bout du monde » est souvent une étape pour les coureurs cyclistes du tour de Suisse.

★ Bosco/Gurin

Le plus haut village du Tessin (1 507 m) est unique dans le pays. En effet, il s'agit du seul village « walser » où l'on parle encore le *Gurinerdeutsch* ou *Walser Deutsch*, parler dialectal allemand mélangé à des mots italiens. Les Walser se sont sans doute établis ici au 13e s. venant du Haut-Valais pour exploiter et protéger les terres des seigneurs italiens d'alors. Ces rudes montagnards, serfs de leur état, bénéficiaient en contrepartie de privilèges particuliers comme le libre prêt héréditaire des terres.

De la terrasse de l'église, belle vue plongeante sur la partie basse du village avec ses maisons en bois construites sur un soubassement en pierre. Une belle demeure ancienne, la **Walserhaus** abrite un musée ethnographique consacré aux migrations walser et à la vie d'autrefois. *✆ 091 754 18 19 - www.walserhaus.ch - de Pâques. à fin oct. : tlj sf lun. et dim. mat. 10h-11h30, 13h30-17h - 5 CHF.*

De retour dans la vallée de Maggia, prendre la direction de Bignasco, vers le nord, où les deux rivières, la Maggia (appelée aussi Lavizzara) et la Bavona, se rejoignent. Deux itinéraires se présentent alors : le val Lavizzara et le val Bavona.

Val Lavizzara

Prato montre à l'entrée du bourg une riche maison (17e-18e s.) aux façades peintes et à Sornico, à côté de l'église, une typique torba (grenier) se tient en équilibre sur ses pilotis.

Vient ensuite le village de **Peccia** réputé pour son marbre et son école de sculpture. De nombreuses œuvres sont exposées en plein air, autour de l'église. La carrière se trouve près du hameau de Piano di Peccia.

La route franchit un nouveau palier par une rude série de lacets avant d'arriver à **Mogno**. Se garer juste après le pont, pour accéder à pied à la **chapelle St-Jean-Baptiste★★**, œuvre de l'architecte Mario Botta. Construit en marbre de Peccia et granit du Valmaggia, strates alternées blanches et noires, l'édifice en forme de tronc de cône remplace l'église qui fut détruite par une avalanche en 1986.

Le dernier village de la vallée (1 280 m), **Fusio,** est blotti au pied d'un promontoire rocheux.

En saison, on peut continuer au-delà du lac de barrage (lago Sambuco). La route s'élève et devient de plus en plus sinueuse et étroite *(prudence, car souvent absence de parapet et passage d'un seul véhicule)*, la végétation se fait rare, le paysage devient chaotique, aride, désertique. Les vues sont à couper le souffle jusqu'aux petits lacs de montagne que l'on atteint enfin. Le calme est absolu.

Revenir à Bignasco.

Val Bavona

Cette région sauvage se caractérise par de hautes parois rocheuses et d'énormes blocs de rochers, notamment aux alentours de **Cavergno**. La vallée n'est pas habitée toute l'année, mais seulement d'avril à fin octobre et l'électricité, à l'exception de San Carlo, n'y est pas distribuée. On a donc recours aux panneaux solaires, gaz, pétrole ou petites turbines hydroélectriques. Tout au long du parcours se succèdent de charmants villages caractéristiques de l'architecture du 16e s., tels que **Ritorto**, dont les maisons serrées composent un tableau cubiste.

À **Foroglio**, départ de sublimes randonnées dans le val Calnègia vers des lacs d'altitude, une puissante cascade de 80 mètres de haut constitue l'attraction. Laisser la voiture près du pont, traverser la rivière et près du restaurant suivre le panneau « Punto panoramico » pour aller au pied de la cascade.

Plus haut, construit au milieu d'un éboulement qui barrait la vallée, **Sonlerto** mérite qu'on y fasse quelques pas. L'église et son campanile, la fontaine, les maisons et la « torba » sont particulièrement pittoresques.

De **San Carlo**, dernier village du val Bavona, un téléphérique conduit, en 15mn, à Robiei (1 894 m). *Téléphérique Robiei : ✆ 091 756 66 77 - www.robiei.ch - de mi-juin à mi-oct. : 8h-17h - env. ttes les h. - 20 CHF AR - bien se renseigner sur l'ouverture de la liaison en début de saison.* Un hôtel, bâti au bord d'un lac, et un refuge regardent le massif de Basodino surmonté d'un glacier. De San Carlo, les marcheurs entraînés pourront rejoindre Robiei en 2h30 et poursuivre jusqu'à d'autres lacs de montagne : Zött, Bianco, Cavagnoli.

★ CENTOVALLI

Itinéraire de 19 km – voir le circuit tracé en vert sur la carte des environs de Locarno (p. 378).

La région des « cent vallées » est prisée des randonneurs et des amoureux de la nature. Le train qui relie Locarno à Domodossola (Italie) s'arrête de nombreuses fois et permet de découvrir la région d'une manière originale.

Quitter Locarno en direction d'Intragna. À Ponte Brolla, prendre à gauche.

Intragna

Ce village aux ruelles étroites est dominé par son campanile. L'église baroque présente dans le chœur de belles peintures murales. À droite de l'église, une ruelle mène au **musée régional des Centovalli et Pedemonte**, illustrant la vie régionale. *✆ 091 796 25 77 - www.museocentovalli.ch - de Pâques à fin oct. : tlj sf lun. 14h-18h - 5 CHF.*

À **Verdasio**, deux téléphériques permettent de gagner les hauteurs de la vallée : l'un, à gauche de la route, vers Rasa *(10mn AR)* ; le second, à droite, vers Monte Comino (*15mn AR*).

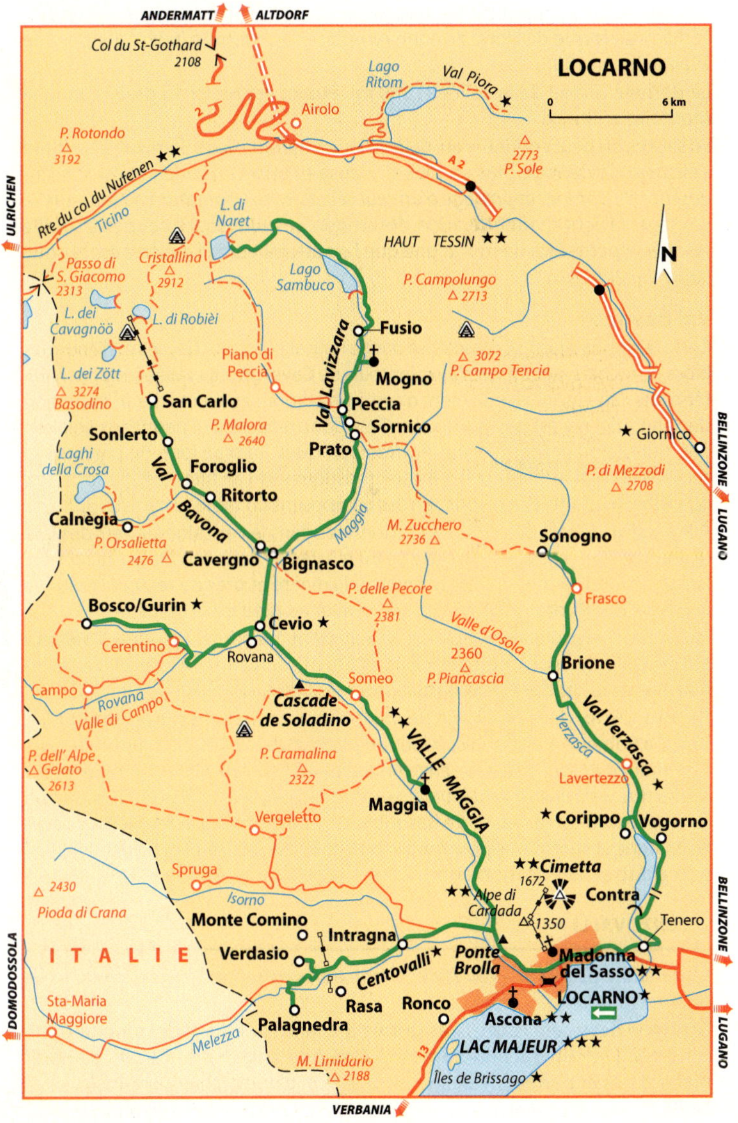

Rasa
À 900 m d'altitude, ce bourg perché sans accès routier rassemble de vieilles maisons en pierre. Il offre l'image d'un village tessinois d'autrefois et une **vue** intéressante sur les villages alentour. De Rasa partent plusieurs sentiers de randonnée comme celui du Pizzo Leone *(3h)* d'où l'on découvre le lac Majeur.

Monte Comino
De la station supérieure (1 200 m), un chemin descend vers un embranchement d'où partent deux sentiers. Celui pris à droite mène à la Madonna della Segna, petite église précédée d'un porche à trois arcades, dont l'origine remonte à 1647. Celui pris à gauche mène à une auberge ou *grotto* qui peut éventuellement accueillir des randonneurs pour la nuit. De la terrasse, la vue embrasse la vallée.

Palagnedra
Localité très différente des autres, disséminant ses maisons à un ou deux étages dans un herbage. Non loin de l'église (plafond en bois à caissons, cuve baptismale en pierre coiffée d'un couvercle en bois, fresque représentant le Baptême du Christ), on remarque une maison inhabituelle pour la région, dont la façade est décorée de blasons, de colonnes peintes et de balustrades.

La route franchit le seuil rocheux de Borgnone, avant d'arriver à Camedo, dernier village suisse séparé de l'Italie par un pont, le Ponte Ribellasca.

★ VAL VERZASCA

Itinéraire de 25 km – voir le circuit tracé en vert sur la carte des environs de Locarno (ci-contre).

Quitter Locarno au nord-est.

Verzasca, dont l'appellation dérive de *verde aqua* (« eau verte »), n'a pas usurpé son nom ! La rivière est toujours couleur émeraude et c'est charmant. Après **Tenero**, petit village entouré de vignobles, la route s'élève avant d'arriver en vue de la gigantesque masse de béton du barrage de Contra qui semble interdire le passage.

Barrage de Contra
On peut laisser la voiture au bord de la route et s'avancer vers le barrage qui surplombe la vallée d'une hauteur de plus de 200 m, retenant un lac de 5 km. La digue est un site de saut à l'élastique dénommé « 007 Bungy Jumping », en souvenir de la scène du saut de James Bond dans le film *Golden Eye* tournée ici. C'est bref : 220 m en 7,5 s !

La route contourne le barrage, prend de la hauteur et traverse plusieurs tunnels pour atteindre les terrasses et les maisons de Vogogro accrochées à flanc de montagne. 2 km plus loin, prendre une route à gauche qui monte à Corippo, sur le versant opposé.

★ Corippo
Ce village perché, l'un des plus visités de la région, est situé dans un site magnifique. La vue sur le fond de la vallée et sur le lac de retenue est impressionnante. Près de l'église se tient la minuscule *sala comunale*. Des ruelles étroites, des maisons en pierre, certaines à balcons en bois, en font un lieu privilégié pour les peintres d'un jour.

On redescend vers la route principale qui traverse la rivière sur un pont à deux arches. Le paysage devient chaotique, la rivière se faufile entre d'énormes blocs rocheux.

Brione

Situé sur un plateau au confluent du torrent Osola et de la rivière Verzasca, ce village, célèbre pour ses carrières de granit, est le point de départ de nombreuses randonnées pédestres. L'église paroissiale renferme de très belles **fresques★** du 14e s. dues à un élève de Giotto de l'école de Rimini ; parmi les thèmes religieux représentés : la Cène, la Présentation au temple. Le petit château à tours d'angle (anciennement Trattoria del Castello) fut autrefois la résidence des barons Marcacci de Locarno.

Sonogno

Parking payant à l'entrée du village. Le dernier village du val Verzasca étale ses maisons en pierre au pied d'une barrière rocheuse. Un petit musée ethnographique, le **musée du Val Verzasca**, illustre la vie régionale (artisanat, agriculture, costumes, art sacré populaire). *Casa Genardini - ✆ 091 746 17 77 - 13h30-17h30 - 4 CHF.*

En s'avançant dans la rue principale, on peut voir près de l'église le vieux four communal qui est toujours utilisé. Le chœur de l'église renferme des fresques peintes par Cherubino Pata, né à Sonogno et élève de Courbet. Dans une niche derrière l'autel est exposée la Madonna di Loreto, Vierge noire à l'Enfant au long manteau d'argent.

NOS ADRESSES À LOCARNO

INFORMATIONS UTILES

Consulat de France – *Via Maggio 1 - ✆ 091 973 13 85.*

TRANSPORTS

Gare ferroviaire et routière – *Piazza Stazione.* Liaisons vers Bellinzone pour les correspondances avec la ligne du Gothard. Pour le Valais et le Léman, transiter par Domodossola (Italie) *via* la ligne des Centovalli *(52 km, 1h40 - www.centovalli.ch).* Cars postaux vers toutes les vallées de l'arrière-pays.

Vélos – *20 CHF par j.* Location de vélos électriques (office de tourisme, hôtels…). La piste cyclable le long du lac et de la Maggia vers Ascona est bien adaptée.

HÉBERGEMENT

À Locarno Plan de ville

PREMIER PRIX

Dell'Angelo – A2 - *Piazza Grande - ✆ 091 751 81 75 - www.hotel-dell-angelo.ch - 55 ch. 110/240 CHF ☕.* Très bien situé pour partir à pied à la découverte de la vieille ville ou faire du lèche-vitrine sous les arcades de la Piazza Grande. Au dernier étage, terrasse avec vue sur la ville et le lac.

BUDGET MOYEN

Hotel Millennium – B2 - *Via Dogana Nuova 2 - ✆ 091 759 67 67 - www.millennium-hotel.ch - 21 mars-10 nov.- 32 ch. 136/182 CHF ☕.* À proximité du port et de la Vieille Ville, ce petit hôtel domine le lac Majeur. Chambres confortables à la décoration variée.

Piccolo Hotel – Hors plan vers B2 - *Via Buetti 11 - ✆ 091 743 02 12 - www.piccolo-hotel.ch - de mi-mars à fin nov. - 21 ch. 185/200 CHF ☕.* Un bon rapport qualité-prix pour cet hôtel sans restaurant près de la gare.

Du Lac – B2 - *Via Ramogna 3 - ✆ 091 751 29 21 - www.du-lac-locarno.ch - 30 ch. 190/230 CHF ☕.* Un hôtel sans restaurant dans la zone piétonne à proximité

de la Piazza Grande : funiculaire pour la Madonna del Sasso et débarcadère à 5mn à pied. Les chambres avec vue sur le lac sont plus chères.

À proximité

BUDGET MOYEN

Alba – *Via Simen 58 - Minusio - 2 km à l'est - ✆ 091 735 88 88 - www.albahotel.ch - fermé 15 nov.-15 mars - 36 ch. 180/240 CHF* ☕. L'hôtel (sans restaurant) est moderne, les chambres ont un balcon avec vue sur le lac. Piscine et jardin pour se détendre.

Dellavalle – *Brione - 4,5 km à l'est - ✆ 091 735 30 00 - www.dellavalle.ch - fermé 2 janv.-25 mars - 50 ch. 187/290 CHF* ☕. Si vous aimez le calme, le confort, le sport, cet établissement vous conviendra : piscine, salle de musculation, sauna à disposition. Très belle vue sur le lac et les montagnes.

RESTAURATION

À Locarno Plan de ville

PREMIER PRIX

Camelia – Hors plan vers B1 - *Via Nessi 9 - ✆ 091 743 00 21 - www.camelia.ch - fermé nov.-avr. - 35 CHF.* Délicieuse cuisine traditionnelle servie dans l'agréable salle ou mieux encore sur la superbe terrasse fleurie.

BUDGET MOYEN

Da Valentino – A2 - *Via Torretta 7 - ✆ 091 752 01 10 - www.ristorantedavalentino.ch - mai-août : tlj sf dim. et lun. ; sept.-avr. : tlj sf dim., lun. midi et sam. midi - fermé 18-27 avr. et 2e quinz. de juil. - 42 CHF.* Petit restaurant au style rustique et élégant, jalousement préservé au cœur de la Vieille Ville, à deux pas de la place principale. Cuisine méditerranéenne, légère et savoureuse.

Campagna – Hors plan vers A2 - *Via Castelrotto 16 - ✆ 091 751 99 47 - 45 CHF.* Une ambiance italienne avec jardin, pergola et jeux pour enfants. Gambas grillés, friture, spaghetti aux coques…

POUR SE FAIRE PLAISIR

La Cittadella – A2 - *Via Cittadella 18 - ✆ 091 751 58 85 - www.cittadella.ch - 68 CHF - 10 ch. 130/170 CHF.* Une *trattoria* au rez-de-chaussée, une salle gastronomique à l'étage. Dans les deux cas, un service et une cuisine impeccables. Chambres sous les toits pleines de charme.

Locanda Locarnese – A2 - *Via Bossi 1/Piazza Grande - ✆ 091 756 87 56 - www.locandalocarnese.ch - fermé dim. - 75 CHF.* Un jeune chef plein de talent et une cuisine méditerranéenne inventive.

À proximité

PREMIER PRIX

La Froda – *Foroglio - 35 km, val Bavona - ✆ 091 754 11 81 - avr.-oct. : 10h-23h, seult soir en déb. saison - 30 CHF.* Une des meilleures tables de terroir de la région face à la cascade de Foroglio. Charcuteries traditionnelles dont les *cicit*, saucisses de chèvre grillées (en saison).

PETITE PAUSE

Glacier Nostrana – *Largo Zorzi 20.* Une *gelateria* sous les arcades de Piazza Grande. 50 parfums !

Café dell'Arte – *Via Citadella 9 - ✆ 091 751 93 33 - www.caffedellarte.ch - fermé dim. et lun. - plat à partir de 15 CHF.* Un bar-resto doublé d'une galerie d'art et d'une terrasse intérieure cachée.

EN SOIRÉE

En fin de semaine, live-music à la **Cantina Canetti** *(20 Piazza Grande)*, bar à vins très connu qui a conservé son cachet ancien.

Le **Casino** *(Largo Zorzi)* attire les couche-tard pour ses machines à sous, mais aussi pour son bar ouvert jusqu'à 3h du matin. Dans le quartier du Muralto, le long du lac, le bar **Al Pozz** *(21 Viale Verbano)* propose des soirées musicales où dominent l'accordéon, la mandoline et la guitare. Un peu plus loin, **la Bussola** s'adresse plus particulièrement aux amateurs de jazz.

Théâtre Dimitri – *Verscio (6 km, vers Centovalli) - ✆ 091 796 15 44 - www.teatrodimitri.ch.* Une scène de renommée internationale fondée par un clown mime. Musée du clown et restaurant ouverts les soirs de spectacles *(16h, 18h, 20h30).*

ACHATS

Boutique d'artisans – *Cevio (vallée de Maggia) - ✆ 091 754 18 16 - de Pâques à fin oct. : tlj sf dim. 10h-12h, 14h-18h (sam. 17h).* Une très belle sélection d'objets mariant tradition et design contemporain : pierre sculptée, vannerie, bois tourné, tissage de lin, jouets, patchwork, chaussons de feutre et *zoccolette* (sandale de bois).

Pro Verzasca – *Sonogno (val Verzasca) - ✆ 091 746 12 13 - www.verzasca.ch/pro/index.html - avr.-oct : 10h-18h (w.-end 17h).* Artisanat tessinois et production locale de laine (brute et tricotée).

Vins Delea – *Via Zandone 11 (zone industrielle) - Losone - 5 km à l'est dir. Intragna - ✆ 091 791 08 17 - www.delea.ch - lun.-vend. 8h-12h, 14h-18h (sam. 8h-16h).* Grand choix de vins du Tessin et petit musée de la vinification.

ACTIVITÉS

Compagnie Gestione Navigazione Laghi – *✆ 800 551 801 - www.navigazionelaghi.it.* Des services de bateaux proposent de belles promenades sur le lac Majeur, de la traversée menant aux pontons de la rive opposée du lac (Magadino) ou à Ascona et Brissago, au périple offrant, du printemps à l'automne, la possibilité de visiter Stresa et les îles Borromées, en Italie. Le circuit « Lago Maggiore Express » combine le bateau et le train pour boucler Locarno-Stresa-Domodossola-Locarno *(1 dép. tlj sf merc.).* Pour l'Italie, penser à prendre une pièce d'identité.

AGENDA

Voir l'Agenda dans la partie « Organiser son voyage », p. 35.

Ascona

★★

5 533 habitants – Canton du Tessin

NOS ADRESSES PAGE 385

S'INFORMER

Ente Turistico Laggo Maggiore Ascona – *Viale Papio 5 - 6612 Ascona - ✆ 091 791 00 91 - www.ascona-locarno.com - de mi-mars à fin oct. : lun.-vend. 9h-18h, sam. et j. fériés 10h-18h, dim. 10h-14h.*

SE REPERER

Carte de région A2 (p. 358) – *Carte Michelin Regional n° 553 Q12.*

À 4 km de Lugano, à 26 km à l'ouest de Bellinzone (Italie) et à 124 km au nord de Milan.

À NE PAS MANQUER.

La promenade face à la baie, le Lido pour la baignade, les fresques de l'église Santa Maria della Misericordia, la quiétude du Monte Verità.

Ascona a des airs de Saint-Tropez au bord du lac Majeur. L'ancien village de pêcheurs, devenu une destination chic à partir des années 1950, se tient dans le delta de la Maggia, tout proche de Locarno. Dès les premiers beaux jours, Ascona parle allemand, envahie par les touristes germanophones. Ce sont eux qui ont découvert et façonné le destin du site. Les hôtels de luxe tiennent les meilleures places dans la baie et la promenade en « front de lac », dite Piazza Motta, prise d'assaut par les terrasses des restaurants et des bars, reste animée tard dans la nuit. L'ambiance est à la flânerie insouciante, au lèche-vitrine dans les ruelles, aux soirées musicales. En journée, la foule se retrouve sur la plage ou embarque en bateau pour les îles Brissago.

4

Se promener

★ Église Santa Maria della Misericordia

Via delle Cappelle.

Formant un côté du cloître de l'établissement religieux (Collegio Papio) qui s'est bâti auprès d'elle, l'église N.-D.-de-la-Miséricorde a été fondée en 1399 et transformée au 15e s. – à l'exception du chœur, resté gothique.

Elle est connue pour ses fresques polychromes des 15e-16e s. décorant les murs de la nef (saint Christophe, Père éternel, Vierge au chêne, saint Roch, saint Sébastien…), les murs et les voûtes du chœur (Ancien Testament, Vierge au manteau, Nouveau Testament…), ainsi que pour son très beau **retable** de la vie de la Vierge (dû à Giovanni Antonio della Gaïa – 1519) surmontant le maître-autel.

Le cloître de style lombard, sur deux étages et orné d'armoiries, entoure une cour qui invite au recueillement.

Église St-Pierre-et-St-Paul

Piazza San Pietro.

Au cœur du dédale des ruelles, l'église paroissiale St-Pierre-et-St-Paul renferme un beau retable et de belles toiles de Giovanni Serodine, né à Ascona et élève du Caravage (Couronnement de la Vierge sur l'autel majeur).
Sur cette même place, la **Casa Serodine** montre sa magnifique façade de style baroque (1620), ornée de décorations en stuc réalisées par le frère du peintre et propriété de la famille. Elle est l'un des exemples de l'émigration de familles asconaises d'artistes, maîtres maçons et décorateurs vers Rome et la Toscane où certaines firent fortune.

Monte Verità

Cette colline boisée qui domine Ascona pourrait s'appeler aussi « la colline des utopies ». Son nom actuel lui fut donné par la communauté qui s'établit là au début du 20e s., à la recherche d'un nouveau mode de vie : société sans classe et sans argent, végétariens et naturistes… Ascona devint un foyer culturel où séjournèrent artistes, psychanalystes et anarchistes. Monte Verità sera acheté en 1926 par le baron Edouard Von der Heydt, banquier de l'ex-empereur Guillaume II. De cette époque date le sanatorium de style Bauhaus, transformé en hôtel. Le parc et la terrasse du restaurant sont des havres de paix, très agréables en été. *www.monteverita.org.*
Casa Anata – *Monte Verità - avr.-oct. : tlj sf lun. 14h30-18h - ✆ 091 785 40 40. Fermé pour travaux.* La maison (1904), construite du temps de la communauté, abrite un musée, difficile d'abord (textes en italien et allemand), qui donne une idée de ce que fut cette aventure. Sans doute les restaurations en cours le rendront-elles plus accessible.

À proximité Carte de région

★ Îles de Brissago (Isole di Brissago) A2

Accès par bateau de Locarno, Ascona, Brissago et Porto Ronco (embarcadère peu visible, près du restaurant San Martino) - ✆ 091 751 61 40 - www.navigazionelaghi.it - avr.-oct : 8h10-17h25.
Visite de l'île : ✆ 091 791 43 61 - www.isolebrissago.ch - mars-oct : 9h-18h - 8 CHF (enf. 2,50 CHF). Panneaux explicatifs en italien, français, allemand.
Ces deux îles minuscules (San Pancrazio et Sant'Appollinare), qui bénéficient d'un climat privilégié, furent acquises en 1885 par la baronne Antoinette de Saint-Léger, une passionnée de botanique. Elle transforma San Pancrazio en jardin exotique, devenu depuis le Parc botanique du canton du Tessin. Des espèces adaptées aux régions tempérées comme le bananier japonais des îles Ryukyu ou le palmier bleu, des agaves et des cyprès chauves évoquent les tropiques. De majestueux eucalyptus centenaires, les plus âgés du Tessin, dominent cet îlot plein de charme où des paons se promènent en liberté.

NOS ADRESSES À ASCONA

HÉBERGEMENT

À Ascona

BUDGET MOYEN

Al Faro – *Piazza G. Motta 27 - ✆ 091 791 85 15 - www.hotel-al-faro - de mi-fév. à fin oct - 9 ch. - 180/250 CHF ☕.* En y mettant le prix, une chambre avec vue sur le lac rendra le séjour bien sûr plus attrayant.

POUR SE FAIRE PLAISIR

Al Porto – *Piazza G. Motta - ✆ 091 785 85 85 - www.alporto-hotel.ch - 36 ch. - 212/330 CHF ☕.* Cet hôtel dispose d'une annexe sur l'arrière. Chambres simples au mobilier rustique. Il est très agréable de prendre un verre ou de se restaurer sur la terrasse qui donne sur le lac.

Tamaro – *Piazza G. Motta 35 - ✆ 091 785 48 48 - www.hotel-tamaro.ch - fermé de mi-nov. à fév. - 51 ch. - 220/280 CHF ☕.* Le bâtiment principal est bien situé sur la promenade le long du lac (annexe avec 6 chambres quelque peu éloignée). Agréable jardin intérieur où l'on peut prendre ses repas.

Castello SeeSchloss – *Piazza G. Motta - ✆ 091 791 01 61 - www.castello-seeschloss.ch - de déb. mars à mi-nov. - 45 ch. 248/648 CHF ☕.* Cet ancien château médiéval a conservé tout son charme romantique. Les chambres sont accueillantes, décorées pour la plupart de mobilier de style. Chambres dans la tour et face au lac plus chères. Piscine.

À proximité

BUDGET MOYEN

Elena Garni – *Via Gaggioli 25 - Losone - 2 km au nord-ouest - ✆ 091 791 63 26 - www.garni-elena.ch -16 mars-31 oct. - 20 ch. - 170/240 CHF ☕.* Un hôtel sans restaurant, d'un bon rapport qualité-prix. Deux atouts : son calme et sa piscine.

RESTAURATION

À Ascona

BUDGET MOYEN

Della Carrà – *Carrà dei Nasi 11 - ✆ 091 791 44 52 - www.ristorantedellacarra.ch - fermé 10 janv.-10 fév., dim. (et lun. de nov. à mars) - 35 CHF.* Cuisine régionale. Poissons grillés et carpaccio de la mer.

Monte Verità – *Via Collina 78 - ✆ 091 785 40 40 - www.monteverita.org - 39 CHF - 4 ch. 210 CHF.* Cuisine créative qui fait la part belle aux produits locaux et aux herbes du jardin. Certaines chambres de la Villa Semiramis ont vue sur le lac.

À proximité

BUDGET MOYEN

Casa Berno – *Via Gottardo Madonna 15 - 3 km à l'ouest, sur la route panoramique de Ronco - ✆ 091 791 32 32 - www.casaberno.ch - 35 CHF.* Ce restaurant panoramique offre une cuisine traditionnelle riche et savoureuse.

Osteria Grotto Borei – *Piodina - 3 km au sud-ouest de Brissago - ✆ 091 793 01 95 - www.osteriaborei.ch - de mi-mars à fin oct. : tlj sf jeu. ; de déb. nov. à mi-déc. : ouvert uniquement le w.-end - fermé de mi-déc. à mi-mars - 39 CHF.* Établissement familial offrant une cuisine typiquement tessinoise. Bien placé dans la montagne avec de beaux points de vue sur le lac.

POUR SE FAIRE PLAISIR

Osteria Dell'Enoteca – *Contrada Maggiore 24 - Losone - 2 km au nord-ouest - ✆ 091 791 78 17 -*

www.osteriaenoteca.ch - fermé 1er janv.-7 mars, lun. et mar. - 56 CHF (midi)/128 CHF. Une *osteria* sympathique où l'on peut manger une très bonne cuisine méditerranéenne dans un jardin accueillant.

Da Enzo – *Ponte Brolla - 5 km au nord - ✆ 091 796 14 75 - www.ristorantedaenzo.ch- fermé 15 janv.-1er mars, jeu. midi et merc. - 62 CHF (midi)/85 CHF.* Spécialités italiennes dans une belle maison tessinoise nichée dans la verdure.

EN SOIRÉE

Sur la promenade face au lac *(Piazza Motta)*, les bars-restaurants s'étalent. Juste en contrebas, sur le bas-port, **Il Pirata** offre une ambiance musicale et plus intime. Pour être à l'écart de la foule, le chic **Delta Beach Lounge**, à côté du Lido.

Teatro del Gatto – *Via Muraccio 21 - ✆ 091 792 21 21.* Musique, danse, marionnettes : un programme plein d'originalité.

ACTIVITÉS

Promenades en vélo – *Locations de deux-roues électriques - 20 CHF/j - renseignements à l'office de tourisme.*

Baignade – *✆ 091 791 71 30 - gratuit.* Le Lido d'Ascona est agréable avec sa plage de sable et son tobbogan aquatique. Parc de jeux pour les enfants et nombreux services (douche, vestiaires).

AGENDA

Voir l'Agenda dans la partie « Organiser son voyage », p. 35.

Bellinzone

Bellinzona

★★★

17 286 habitants – Canton du Tessin

NOS ADRESSES PAGE 391

S'INFORMER

Bellinzona Turismo – *Palazzo Civico - Via Camminata 2 - 6500 Bellinzona - ✆ 091 825 21 31 - www.bellinzonaturismo.ch - avr.-oct. : 9h-18h30 ; reste de l'année : 9h-12h, 13h30-18h30.* Location d'audioguide (7 CHF).

Le **Culturapass** donne accès aux châteaux et musées de la ville pour 14 CHF.

SE REPERER

Carte de région B2 (p. 358) – *Carte Michelin Regional nº 553 S12.*

À 29 km au nord de Lugano, à 22 km à l'est de Locarno, à 116 km au sud-ouest de Coire et à 141 km au sud de Lucerne.

À NE PAS MANQUER.

Castelgrande, Montebello et Sasso Corbaro, les trois châteaux ; le marché du samedi matin.

Le Castello di Montebello.
A. Strauss/Look/Photononstop

ORGANISER SON TEMPS
Une journée complète, audioguide en main, permet de parcourir en tous sens la cité et de monter à pied vers les châteaux perchés.

Bellinzone, c'est d'abord une silhouette : une muraille crénelée et trois châteaux visibles de loin, de jour comme de nuit, sentinelles au milieu de la vallée. Cet exemple exceptionnel d'une place forte de la fin du Moyen Âge est inscrit depuis 2000 au Patrimoine mondial de l'humanité. Mais contrairement aux apparences, la cité lombarde n'a rien d'austère. Pour s'en convaincre, il suffit de flâner un samedi matin, jour de marché, dans le centre historique. Le rendez-vous est animé et authentique ; les charcuteries et les fromages sur les étals sont alléchants. Nulle part ailleurs que dans la capitale administrative du canton, on ne sent aussi bien l'esprit tessinois. Et s'il fallait une preuve de plus, le carnaval le plus vivant de la région se tient au pied des remparts.

4

Se promener

De la Piazza del Sole, au nord de la cité, on franchit l'enceinte du château pour rejoindre l'ascenseur creusé au cœur du rocher et accéder au château.

★★ Castelgrande

✆ 091 825 81 45 - château : janv.-déc. - cour intérieure : lun. 10h-18h, mar.-dim. 9h-22h - Murata : 10h-19h (hiver 17h) - musée : 10h-18h (nov.-mars 17h) - fermé 25 et 31 déc. - 5 CHF, billet combiné avec les châteaux de Montebello et Sasso Corbaro 10 CHF.

C'est le plus ancien des trois châteaux et le centre naturel de la défense de la ville, protégé par des falaises abruptes et dominé par deux tours : Torre Bianca et Torre Nera. À partir de cette dernière, au centre du château, l'enceinte crénelée se divise en trois grandes cours. La restauration entreprise de

1982 à 1992 par le Tessinois Aurelio Galfetti a résolument créé une architecture contemporaine et transformé l'édifice en un parc urbain. Les bâtiments de la cour méridionale abritent un restaurant (on peut y déguster le « vin du château » produit à partir des vignes cultivées au pied du rocher), et le **Musée historique et archéologique** (Museo Storico Archeologico) : diaporama sur l'histoire des châteaux, pièces d'or et d'argent d'un atelier monétaire (16e s.) et très rare collection de tablettes peintes (15e s.) qui ornaient le plafond d'une auberge. Intéressante vue sur la ville du bar Terrazza del Castagno.

À l'ouest du château, une longue muraille fortifiée, la Murata, offre une **vue** intéressante sur la ville et le château. Du temps des Visconti, elle descendait jusqu'aux rives du Tessin, barrant totalement la vallée.

On peut redescendre en ville par de raides ruelles et rejoindre la Piazza della Collegiata, via *la Salita S. Michele.*

★ Collégiale (Collegiata)

Cette église se remarque par son imposante façade Renaissance en pierre de Castione ornée d'une rosace. L'intérieur baroque abrite une belle chaire en stuc et un bénitier sculpté. Parmi les fresques qui décorent les chapelles latérales, celle des Anges musiciens, datée de 1770 (5e à droite), est la plus célèbre.

On peut voir à droite de la collégiale dans la **Via Nosetto** deux maisons intéressantes : une dont la façade est décorée de niches contenant des bustes de personnages célèbres (Galilée, Dante, Pétrarque, Aristote, Volta), et, au n° 1, la « Casa Rossa » ou maison rouge, imitation d'une maison lombarde avec ses ornements en terre cuite.

Piazza Nosetto

Sur cette petite place, typique avec ses arcades et dans les rues voisines, se tient tous les samedis matin, un marché célèbre très animé.

Hôtel de ville (Palazzo Civico) – Inspiré de la Renaissance italienne, l'hôtel de ville possède une élégante cour intérieure à deux rangées d'arcades en anse de panier décorées de dessins de Baldo Carugo représentant des images de la ville dans le passé. Le troisième niveau prend la forme d'une galerie dont les colonnes sont couronnées de chapiteaux. L'escalier en pierre se termine par un beau plafond à caissons.

UNE SITE DÉFENSIF EXCEPTIONNEL

« Bellinzone, verrou des Alpes, porte de l'Italie. » Cette définition dit presque tout de la ville située au débouché méridional des plus grands cols alpins : Lukmanier, St-Gothard, St-Bernard, Nufenen. Un promontoire rocheux occupe le centre de la vallée, ne laissant que deux voies de passage possibles : d'un côté, une encoche étroite contre la montagne où s'est établie la **ville médiévale** ; de l'autre, le lit du fleuve Tessin. Ceux qui avaient à se défendre des invasions venues du Nord et à contrôler les routes commerciales, tenaient là un site stratégique.

Après la domination romaine jusqu'au 5e s., des fortifications sont bâties et renforcées durant tout le Moyen Âge. L'ensemble visible aujourd'hui est dû pour l'essentiel aux travaux des **ducs de Milan (Visconti et Sforza)** au 15e s., en guerre contre les Confédérés. Le dispositif s'appuyait sur trois châteaux, dont deux étaient reliés entre eux (Castelgrande et Castello di Montebello) par des murailles. Réputée imprenable, la ville ne passera sous l'autorité d'Uri, Schwyz et Nidwald (Confédérés) qu'en 1508, après des négociations et des alliances orchestrées par le roi de France, Louis XII.

À droite de l'hôtel de ville, la Via Teatro mène au théâtre.

Teatro Sociale

Le théâtre de Bellinzone, édifié entre 1846 et 1847, est une Scala de Milan en miniature. Il est le seul théâtre néoclassique à l'italienne de Suisse. Son élégante façade ornée à l'étage de quatre pilastres à chapiteaux ioniques est surmontée d'un fronton.

Rejoindre la Via Dogana puis prendre à droite la Via Lugano. Continuer sur 100 m avant de tourner à gauche sur la Via Rompeda, qui mène à la Piazza San Biagio.

Musée Villa dei Cedri

Piazza San Biagio - ✆ 091 821 85 20 - www.villacedri.ch - tlj sf lun. 14h-18h (1er jeu. de chaque mois 20h), w.-end et j. fériés 11h-18h - 8 CHF.

Tout près de l'église San Biagio, la Villa dei Cedri constitue la galerie d'art de la ville. Cette demeure cossue, située dans un parc non moins agréable, consacre l'essentiel de ses collections à l'art figuratif suisse et italien des 19e et 20e s. Les œuvres acquises grâce à de prestigieuses donations portent les signatures de Chiesa, Franzoni, Rossi, Foglia, Guido Tallone parmi tant d'autres.

À voir aussi

★★ Castello di Montebello

Accès en voiture par la route qui part de la Viale Stazione. En 15mn à pied par une montée à droite de la collégiale. ✆ 091 825 13 42 - P - château : de Pâques à fin nov. 8h-20h ; musée : de Pâques à fin nov. 10h-18h - 5 CHF, billet combiné avec les châteaux de Castelgrande et Sasso Corbaro 10 CHF.

Cette citadelle formidable, au plan en losange, est un exemple type de forteresse bâtie suivant les règles de l'architecture militaire lombarde. Construit au 13e s. par la puissante famille Rusca, le château devint la propriété des Visconti à la fin du 14e s. Au 16e s., sous les Confédérés, il prit le nom de Castello di Svitto (château de Schwyz), puis de San Martino au 18e s. Un pont-levis permet de franchir le fossé et d'accéder au noyau central autour duquel se sont élevées les lignes de fortification au cours des 14e et 15e s. Le **Musée archéologique** du Tessin est installé dans le donjon, sur 11 niveaux. Des collections de l'âge du bronze au haut Moyen Âge y sont présentées (textes en italien). Belvédère au sommet de la tour.

Castello di Sasso Corbaro

Du château précédent, accès en voiture par la Via Artore en forte montée, puis la Via Benedetto Ferrini à droite et la Via Sasso Corbaro. Parking. ✆ 091 825 59 06 - de Pâques à fin nov. : 10h-22h (lun. 18h) - 5 CHF, billet combiné avec les châteaux de Castelgrande et Montebello 10 CHF - expositions : de Pâques à fin nov. 10h-18h - tarif variable.

Le dernier château, le plus élevé, se présente comme une forteresse isolée émergeant des châtaigneraies. De plan carré, le château fut édifié au 15e s., en six mois (!), sur ordre du duc de Milan pour renforcer le système de défense de la ville. La tour de guet est aujourd'hui un belvédère touristique. De la terrasse de l'avant-cour, belle **vue★** sur la ville et sur la basse vallée du Tessin jusqu'au lac Majeur. On saisit parfaitement ici la position de verrou de Bellinzone : en amont, les routes vers les cols du St-Gothard et du St-Bernard ; en aval, la plaine de Magadino, autrefois marécageuse. Le belvédère abrite aussi des expositions temporaires.

Ravecchia

À 15mn à pied de Bellinzona ; de la Piazza Indipendenza, par la Via Lugano, on rejoint le paisible faubourg de Ravecchia.

Santa Maria della Grazie – Ancienne église du couvent des frères mineurs (15e s.), l'église N.-D.-des-Grâces renferme d'intéressantes fresques dont une Crucifixion ornant le jubé, entourée de quinze tableaux illustrant la vie du Christ. Cette peinture réalisée fin 15e-début 16e s. est probablement l'œuvre d'un peintre lombard. Dans une chapelle à droite une belle Dormition de la Vierge retient également l'attention.

San Biagio – Cette petite église médiévale au clocher quadrangulaire est également digne d'une visite pour ses fresques. Déjà, sur la façade, on peut admirer un grand saint Christophe et une Vierge à l'Enfant du 14e s. aux tons rosés. Dès la porte franchie, le regard se porte vers le chœur décoré de peintures murales bien mises en valeur par un éclairage indirect. Remarquer aussi les peintures sur les piliers dont celles représentant sainte Agathe et saint Barthélemy.

À proximité Carte de région

★ Monte Carasso B2

▶ *2 km à l'ouest de Bellinzone.*

Ce village de 2 300 habitants, en périphérie de Bellinzone, est un cas d'école en Europe, l'exemple d'un projet d'urbanisme innovant mené par l'architecte tessinois **Luigi Snozzi** depuis 1978. Le plus visible concerne l'espace public, autour de l'**ancien couvent**, devenu école communale. D'autres bâtiments tels que la banque Raiffeisen, le gymnase et le nouveau cimetière ont participé à la transformation du centre du village. Les constructions de maisons individuelles témoignent elles aussi d'une grande liberté de création, dans les formes et les matériaux.

★ Monte Tamaro B2

▶ *14 km au sud-est. Quitter Bellinzona au sud pour prendre l'autoroute en direction de Lugano, sortie Rivera. Gagner Alpe Foppa en téléphérique (20mn) au départ de Rivera. ✆ 091 946 23 03 - avr.-oct. : 8h30-17h (juil.-août 17h30) - 23 CHF.*

Étrange apparition que ce monument en béton et porphyre qui au premier abord fait penser à une fortification. En fait, il s'agit de l'**église Santa Maria degli Angeli** (Ste-Marie-des-Anges), œuvre de Mario Botta construite à la demande du propriétaire du téléphérique en hommage à son épouse défunte. Sur les parois circulaires, deux séries de onze fenêtres – chacune décorée d'une scène de la vie de la Vierge – laissent passer la clarté du jour.

Alpe Foppa *(alt. 1 530 m)* est le point de départ de randonnées. On peut aussi y louer des VTT, faire du parapente et de la luge d'été, ou emprunter un parcours aventure dans les arbres. Du sommet du Monte Tamaro *(alt. 1 960 m)*, belle **vue★** plongeante sur le lac de Lugano, le lac Majeur, le mont Rose et le Matterhorn. Possibilité d'atteindre le Monte Lema en 4h30 de marche *(offre combinée téléphérique + bus retour)*.

NOS ADRESSES À BELLINZONE

HÉBERGEMENT

À Bellinzone

BUDGET MOYEN

Albergo Internazionale – *Piazza Stazione 35 - ✆ 091 825 43 33 - www.hotel-internazionale.ch - 90 ch. - 200 CHF ☕.* Dans un bâtiment historique face à la gare, cet établissement offre des chambres rénovées au confort moderne, la plupart avec balcon.

Unione – *Via Generale Guisan 1 - ✆ 091 825 55 77 - www.hotel-unione.ch - fermé 20 déc.-17 janv. - 41 ch. - 220 CHF ☕.* Bon rapport qualité-prix dans cet hôtel central. Les repas peuvent être pris dans le jardin.

À proximité

BUDGET MOYEN

Hôtel Cereda – *Via Locarno 10 - Sementina - 3 km au sud-ouest - ✆ 091 851 80 80 - www.hotelcereda.ch - 20 ch. - 180 CHF ☕ - rest. 45 CHF.* Un ravissant mélange d'ancien et de moderne. La terrasse avec pergola, bancs et table de pierre typique du Tessin est pleine de charme. Piscine.

RESTAURATION

À Bellinzone

BUDGET MOYEN

Osteria Sasso Corbaro – *Dans le Castello Sasso Corbaro - ✆ 091 825 55 32 - fermé 23 déc.-25 janv., dim. soir et lun. - 45 CHF.* Une petite adresse sympathique dans le château le plus élevé. Cuisine régionale. Terrasse et vue sur la ville.

Osteria Malakoff – *Carrale Bacilieri 10 - ✆ 091 825 49 40 - fermé 1er-10 janv., merc., dim. et j. fériés - 40/80 CHF.* Menu du jour à midi et vaste choix de plats régionaux le soir. Parmi les spécialités de la maison, succulentes pâtes fraîches confectionnées par la propriétaire.

POUR SE FAIRE PLAISIR

Castelgrande – *Salita al Castello (accès par ascenseur) - ✆ 091 826 23 53 - www.castelgrande.ch - fermé lun. - 68 CHF.* Laissez-vous surprendre par ce restaurant moderne et élégant situé dans l'enceinte du château médiéval Castelgrande. Cuisine raffinée et ample choix de vins.

À proximité

BUDGET MOYEN

Fattoria L'Amorosa – *Gudo - 7 km à l'ouest de Bellinzone - ✆ 091 840 29 50 - www.amorosa.ch - avr.-oct. : tlj - 43 CHF - 10 ch. 240 CHF.* Une maison avec terrasse au milieu des vignes. Vin, huile, vinaigre, olive, viande de bœuf produits sur l'exploitation. Chambres originales et romantiques.

AGENDA

Voir l'Agenda dans la partie « Organiser son voyage », p. 35.

4

Le Haut-Tessin

Alto Ticino

★★

NOS ADRESSES PAGE 397

SE REPERER

Cartes de région B1 (p. 358) et du Haut-Tessin (p. 393) – *Carte Michelin Regional nº 553 Q-R 10.*

Au nord de la ligne Locarno-Bellinzone et au sud du massif du St-Gothard.

À NE PAS MANQUER.

Les paysages du col du Lukmanier, l'église San Carlo du Negrentino et autres chapelles romanes isolées.

ORGANISER SON TEMPS

Pour aller du Tessin en Suisse centrale, préférer l'itinéraire par les cols du Lukmanier et de l'Oberalp à celui du St-Gothard.

Si les régions des lacs Majeur et de Lugano bénéficient d'un climat exceptionnellement doux pour leur latitude, c'est aux montagnes du Haut-Tessin qu'elles le doivent. Barrière protectrice à cette extrémité sud de la chaîne des Alpes, elles n'ont cependant jamais été un obstacle à la circulation des hommes : qu'il s'agisse des voyageurs de jadis ou des randonneurs de ce siècle qui trouvent là un parfait terrain d'excursion. La richesse du patrimoine bâti du moindre village, parfois très isolé, est bien la trace de ces anciennes routes de col, voies d'échanges commerciaux et culturels entre Europe du Nord et du Sud.

Circuits conseillés

★★ ROUTE DU COL DU LUKMANIER (Lucomagno)

Itinéraire de 46 km de Biasca au col du Lukmanier – voir le circuit 1 tracé en vert sur la carte du Haut-Tessin (ci-contre) – compter 2h. Le col du Lukmanier est généralement obstrué par la neige de novembre à mai ; parfois fermé au printemps, en après-midi, en cas de risque d'avalanches. ✆ 0848 163 163.

Col emprunté dès l'Antiquité, le Lukmanier fut une importante voie de transit dès le haut Moyen Âge. Il est le plus bas des passages transalpins de Suisse, mais le tracé trop détourné de ses voies d'accès, sur le versant nord des Alpes, lui a fait préférer le St-Gothard pour le grand trafic international. De Biasca, il met en relation le val Blenio (Tessin) au val Medel (Grisons). Sur la ligne de partage des eaux et des langues (italien et romanche), le col sépare, aussi, deux types d'architecture régionale : au sud, les bâtisses en maçonnerie groupées autour d'un campanile élancé, au nord les chalets de bois et les églises coiffées d'un bulbe.

Biasca

i 4 Contrada Cavalier Pellanda - 6710 Biasca - ✆ 091 862 33 27 - www.biascaturismo.ch - mai-oct. : tlj sf dim. 8h30-12h, 14h-18h (sam. 11h30) ; reste de l'année : tlj sf w.-end 8h30-12h, 14h-18h - fermé j. fériés du canton.

Petite ville-carrefour au confluent des vallées du Tessin et du Brenno, elle est dominée par son imposante **église Sts-Pierre-et-Paul** du 12e s., bâtie à même le roc et accessible par de longs escaliers. À l'intérieur, vaste nef à plafond plat décoré, chapelle baroque (à droite), restes d'intéressantes **fresques** polychromes des 14e et 15e s. dans les bas-côtés (à gauche : *Noces de Cana*) et du 17e s. dans l'abside (autre Christ bénissant, dans une mandorle).

Malvaglia

Le **campanile**★ roman de l'église, dont le nombre d'arcatures s'accroît, suivant la mode lombarde, à mesure que l'on se rapproche du couronnement, est le plus élégant du val Blenio.

L'aridité du val Blenio inférieur, aggravée naguère par l'activité dévastatrice des affluents du Brenno, s'atténue en amont de Dongio : un bassin plus verdoyant s'épanouit maintenant, tandis qu'apparaît, en amont, la pyramide hardie du Sosto (2 221 m).

★ Lottigna

Dans ce village, étiré en balcon sur la vallée, l'ancienne maison (15e s.) des baillis, décorée des écussons des premiers cantons suisses, accueille le **musée du Blenio** et ses collections d'ethnographie (outils, ustensiles et costumes régionaux traditionnels) et d'art sacré. *✆ 091 871 19 77 - museodiblenio.vallediblenio.ch - tlj sf lun. (ouvert les lun. fériés) 14h-17h30 - fermé du 2 nov. à 1 sem. av. Pâques - 5 CHF.*

À Acquarossa, bifurquer à gauche vers Prugiasco où l'on prendra à gauche de l'église la rue montante continuée par une route étroite que l'on suit sur 2 km jusqu'au pied de la butte herbeuse portant le sanctuaire du Negrentino.

★ Église San Carlo du Negrentino

✆ 091 872 14 87 - s'adresser au bar central de Leontica, au bar del Ponte à Prugiasco ou auprès de l'office du tourisme du Blenio.

30mn à pied AR (autre accès possible en 10mn du parking de la station de ski de Nara).

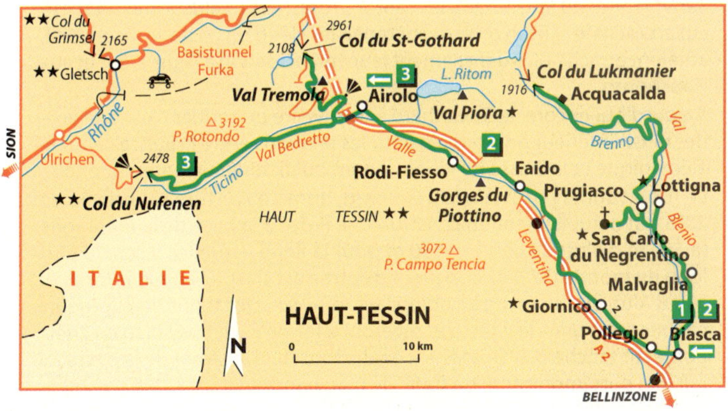

Dans une position aussi dominante que solitaire, cette vénérable petite église romane (11e s.) tourne vers la vallée son chevet à double abside flanqué d'un campanile ajouré de baies géminées. L'intérieur est peint d'une admirable série de **fresques★★** polychromes, dont la réalisation s'est poursuivie du 11e au 16e s.; parmi les plus belles : Nativité, Jésus en croix, en gloire...

Après Castro et Ponto-Valentino, on retrouve à Aquila la route directe du col de Lukmanier.

Acquacalda

Le **centre écologique Uomonatura** est installé à l'emplacement d'un ancien hospice. Un sentier de découverte, baptisé « naturetum » invite à la contemplation de la nature alpine et à l'observation de divers biotopes (guide en français disponible à l'accueil).

Les hêtraies et les sapinières laissent à cette altitude la place à de vastes prairies et zones humides (marais, tourbières) jusqu'au **col du Lukmanier** (1 916 m).

★ ROUTE DU ST-GOTHARD

Itinéraire de 53 km de Biasca au col du St-Gothard – voir le circuit 2 tracé en vert sur la carte du Haut-Tessin (p. 393) – compter 1h. Le col est généralement obstrué par la neige de novembre à juin.

LA ROUTE DU ST-GOTHARD

Château d'eau alimentant les deux fleuves les plus puissants de l'Europe occidentale (le Rhône et le Rhin), le massif du St-Gothard voit converger, vers la croisée d'Andermatt, les deux plus grandes vallées longitudinales (Rhône et Rhin) et les deux plus grandes vallées transversales (Reuss et Tessin) du territoire de la Confédération. Le nom de St-Gothard évoque beaucoup plus une route et une succession de sites encaissés qu'un décor montagneux grandiose : les sommets, culminant à des altitudes étonnamment uniformes – environ 3 000 m – sont ici très lourdement taillés.

En dépit de sa réputation, cet itinéraire n'est pas, tant s'en faut, le plus anciennement pratiqué des Alpes, mais c'est le seul à présenter pour la Suisse un caractère d'artère vitale. Chaque fermeture temporaire – incendie dans le tunnel en octobre 2001, éboulements à Gurtnellen en juin 2006 – pose de lourdes difficultés de circulation.

Sans la route du St-Gothard, les cantons forestiers (Waldstätten), et particulièrement le canton d'Uri qui détenait les clés d'un passage si convoité, auraient arraché plus difficilement leur émancipation à l'Empereur et aux Habsbourg.

Aujourd'hui encore, le St-Gothard – ferroviaire ou routier – est une voie de transit intérieur primordiale pour les relations entre la Suisse centrale alémanique et la Suisse italienne, autant qu'un itinéraire international.

Le futur tunnel ferroviaire du Gothard, dont l'ouverture est prévue en 2015, est actuellement en construction. Percé à la base de la montagne (à 550 m d'altitude contre 1 150 m pour la ligne actuelle), il sera le plus long du monde (57 km). Son point d'entrée est situé à Erstfeld (à 6 km au sud d'Altdorf) ; sa sortie à Bodio, dans le Tessin. Des trains de voyageurs circuleront à grande vitesse et relieront à terme Zurich et Milan en 2h40. L'objectif affiché des Suisses est également de transférer de la route au rail une part importante du trafic de marchandises.

Le col du St-Gothard.
Adpics/F1online/Photononstop

L'itinéraire parcourt la vallée **Leventina**, où les vignes et les palmiers cèdent la place aux mélèzes et aux pins sylvestres, puis aux alpages. Le fond de la vallée, occupée par les voies de circulation (train, route et autoroute) et leurs ouvrages d'art, des usines et les installations du percement du tunnel ferroviaire du St-Gothard n'est pas très bucolique, mais il suffit de gagner les hauteurs pour retrouver un Haut-Tessin plus sauvage.

Le tracé actuel de la route date, dans son ensemble, de 1830, mais de grands travaux de rectification et d'élargissement de la chaussée – particulièrement nécessaires au passage du val Tremola – en ont amélioré les caractéristiques. Le tunnel routier entre Airolo et Göschenen, ouvert depuis fin 1980, est le second plus long au monde avec 16,918 km. À **Pollegio**, à 5 km de Biasca, l'info Centre d'Alp Transit renseigne sur les travaux du tunnel ferroviaire et organise des visites guidées sur réservation. *✆ 091 873 05 50 - www.infocentro.ch - tlj sf lun. 9h-18h.*

4

★ Giornico

Juste à gauche à la sortie du village, on observe du pont qui permet de passer en rive droite du Tessin, les toits de pierre des maisons enfermées dans une île boisée du torrent et les deux antiques ponts en dos d'âne qui donnent accès à celle-ci.

L'**église St-Nicolas★** (San Nicolas), la première en aval, est un édifice roman (12e s.), au charme pur et rude. Les colonnes de son portail reposent, suivant la tradition lombarde, sur des fauves accroupis. À l'intérieur, les deux chœurs superposés présentent la disposition très rare des « confessions », remontant aux origines de l'église (crypte à moitié engagée dans le sol et servant de support au chœur supérieur où étaient déposées les reliques ou « corps saint »). Cette disposition permettait aux fidèles de se mettre littéralement « sous » la protection du saint patron du sanctuaire.

Les chapiteaux de la crypte (ou chœur inférieur, très élégant) et la cuve baptismale se remarquent spécialement pour leur fruste décor sculpté (animaux symboliques, motifs géométriques).

Gorges du Piottino

Passé Faido, la route laisse apercevoir les gorges du Piottino qui furent franchies, au cours des sept derniers siècles, par sept tracés différents. Arrivé à **Rodi-Fiesso**, il faut faire halte devant le bâtiment restauré de la **Grande douane★** (Dazio Grande), transformé en hôtel-restaurant. L'édifice (1561) date de l'ouverture de la route dite « uranaise », la première à passer dans les gorges. *Visites sur rendez-vous.*

1h30 - boucle au départ de Dazio Grande. Le sentier s'élève d'abord pour contourner le défilé, en passant près des ruines de l'ancienne douane, avant de franchir le « pont du milieu » (1820) et de remonter les gorges que l'on imagine, comme sur les gravures anciennes, parcourues par les convois muletiers.

★ Val Piora

Accès par funiculaire (durée 12mn) de la centrale de Ritom : www.ritom.ch - mai-oct. : 8h30-18h - 22 CHF AR.

Ce funiculaire à câble (pente à 87,8 %), véritable ascenseur à flanc de montagne, s'élève à 1 793 m d'altitude vers le barrage du Ritom et une vingtaine de lacs dans un alpage où l'on produit du fromage du Tessin.

Val Tremola

De mi-juin à mi-sept. À la sortie d'Airolo, itinéraire balisé en bleu.

Cette voie d'accès au col du Gothard, en marge de la route principale, s'étend sur 13 km. Il s'agit de la chaussée pavée de 1830, suite de lacets à l'assaut de ce raide couloir au nom inquiétant (« val du tremblement »). Vue d'en bas, avec son accumulation de murs de soutènement apparemment enchevêtrés, elle donne une haute idée de l'audace de ses constructeurs. La chaussée moderne, d'une hardiesse exceptionnelle, évite le passage difficile du val Tremola grâce à un tracé dévié à flanc de montagne comprenant 3 lacets seulement – l'un d'eux est édifié, en partie, sur un viaduc courbe : un autre est aménagé en **belvédère★** – et un tunnel de 700 m.

Col du St-Gothard (Passo del San Gottardo)

Alt. 2 108 m. Dans un cadre morne de roches moutonnées parsemées de lacs, le passage doit son nom à une chapelle érigée vers 1300 en l'honneur de saint Gothard, évêque d'Hildesheim (près de Hanovre). Au sommet du col, au milieu de ce paysage hostile mais grandiose, le **Musée national du St-Gothard★** (Museo Nazionale del San Gottardo) met en valeur l'histoire et l'importance de ce lieu de passage déjà emprunté dès l'époque romaine, véritable trait d'union entre la Suisse et le reste de l'Europe. Chaque thème est illustré au moyen de maquettes, photographies, reconstitutions et panneaux explicatifs en quatre langues. Parmi ces thèmes : la route, le tunnel, l'hospice du St-Gothard où les voyageurs trouvaient gîte et couvert, les liaisons postales, l'importance militaire du col (bataille de la Tremola le 24 septembre 1799 opposant les Français aux troupes russo-autrichiennes), la flore et la faune. *✆ 091 869 15 25 - ouvert avec le col, juin-oct. : 9h-18h - 8 CHF.*

ROUTE DU COL DE NUFENEN

Itinéraire de 27 km d'Airolo au col de Nufenen – voir le circuit 3 *tracé en vert sur la carte du Haut-Tessin (p. 393) – compter 1h. Le col est généralement obstrué par la neige de novembre à mai.*

La route du col du Nufenen, qui relie le Tessin au Valais, offre un parcours spectaculaire dans un paysage le plus souvent minéral. D'**Airolo** (1 142 m), on remonte le val Bedretto et la rivière Tessin vers sa source, d'abord entre des versants couverts de sapins. À partir du hameau d'All'acqua, la végétation se raréfie, la montée s'accentue. On escalade désormais le flanc droit dénudé du val Bedretto, aux parois de roche verdâtre ou d'éboulis striées de rares cascades jusqu'au **col du Nufenen**★★ (2 478 m). La **vue** s'étend du nord-ouest au sud-ouest, sur les massifs du Haut-Valais et de l'Oberland bernois (cime du Finsteraarhorn), avec en premier plan la face noire du Fülhorn toute griffée de rainures verticales.

NOS ADRESSES DANS LE HAUT-TESSIN

HÉBERGEMENT ET RESTAURATION

BUDGET MOYEN

Dazio Grande – *Rodi-Fiesso - ✆ 091 874 60 60 - www.locandadaziogrande.ch - mai-oct. : tlj sf lun. 8h30-21h30 (juil.-août : tlj) ; reste de l'année : tlj sf lun. et mar. - fermé janv.-fév. - visite guidée de la maison : 5 CHF - 6 ch. 140 CHF ☕ - rest. 21 CHF.* Une incroyable demeure historique du 16e s., au bord de la route ; les chambres donnent sur le jardin. Cuisine tessinoise.

Albergo Hotel Forni – *Via Stazione - Airolo - ✆ 091 869 12 70 - www.forni.ch - fermé 21 oct.-5 déc. - 19 ch. - 150/195 CHF ☕ - rest. 50 CHF.* Un petit hôtel familial aux chambres spacieuses. Belle décoration rustique. Cuisine réjouissante et belle carte de vins (vins au verre).

POUR SE FAIRE PLAISIR

La Claustra – *Col du St-Gothard - ✆ 091 880 50 55 - www.claustra.ch - mai-oct. - 17 ch. - 245 CHF ☕ - rest. 70 CHF.* Né de l'imagination d'un sociologue-artiste, Jean Odermatt, cet hôtel hors normes est installé dans un fort souterrain, au cœur de la montagne.

RESTAURATION

BUDGET MOYEN

Alla Stazione – *Lavorgo - ✆ 091 865 14 08 - fermé dim. soir et lun. - 54 CHF.* Adresse sympathique dont la cuisine légère porte le cachet régional avec un accent méditerranéen. Salle à manger de petite taille qui impose de réserver !

ACHATS

Caseifico del Gottardo – *Airolo - ✆ 091 869 11 80 - www.cdga.ch - 6h30-0h (visite jusqu'à 10h30).* Une fromagerie, avec restaurant, et visite de la laiterie. Fromages du Tessin (lait cru et pasteurisé).

Artisanat – *À l'office du tourisme d'Olivone.* Laine, feutre (sacs à main), bois tourné, objets en pierre ollaire, céramique.

Les Grisons 5

Graubünden

Carte Michelin Régional no 553 – Canton des Grisons

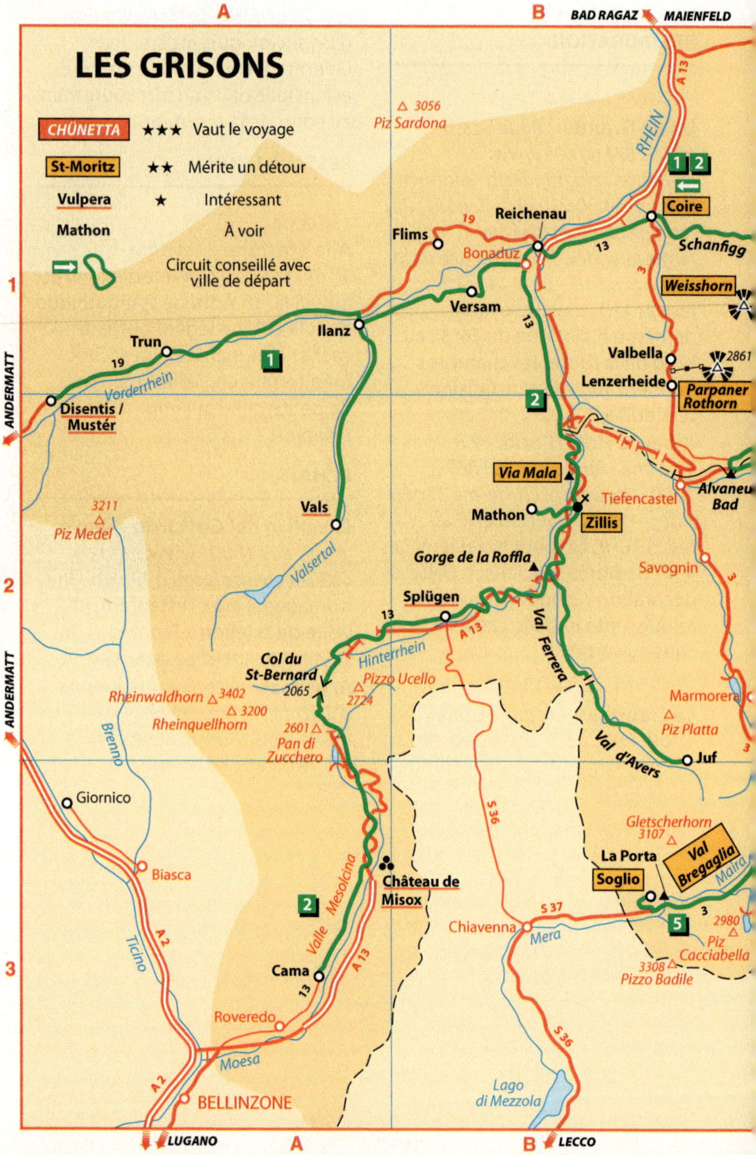

C
D
AUTRICHE
Prättigau
28
Klosters
Weissfluhgipfel
2844
Vereina Tunnel
Massif de la Silvretta
Martina
Sent
LANDECK
27
3
Davos
Jakobshorn
Piz Linard
3411
Scuol/Schuls
7
ENGADINE
Guarda
Ardez
Vulpera
Tarasp
Arosa
Flüelapass
2383
Val Susasca
Susch
BASSE
3105
Piz Lischana
Zügen
Monstein
Vᵃˡ de Dischma
Grialetsch
7 8
Zernez
Piz Sesvenna
3205
Bärentritt
Viaduc de Wiesen
3229
Piz Vadret
Inn
Il Fuorn
Col de l'Ofen
2149
Val dal Spöl
Parc
National
Suisse
Albula
Bergün/Bravuogn
6
8
Val Müstair
Müstair
MERANO
HAUTE ENGADINE
Zuoz
Col de l'Albula
2312
la Punt-Chamues-ch
Lago del Gallo
Samedan
Celerina / Schlarigna
Piz Nair
3057
Muottas Muragl
2568
2501
Col de l'Umbrail
Adda
S 38
5 6 9
St-Moritz
Pontresina
29
Val Bernina
L. da Silvaplana
Silvaplana
Bormio
Parc
Fuorcla Surlej
2083
Piz Lagalb
2959
3302
Piz Paradisin
Maloja
Sils / Segl
CHÜNETTA
2328
Col de la Bernina
3451
national
L. de Sils
1815
Col de Maloja
PIZ CORVATSCH
DIAVOLEZZA
2091
9
ALP GRÜM
du
COAZ
Poschiavo
Stelvio
VALTELLINA
Miralago
N
ITALIE
0
10 km
Tirano
Adda
BERGAME

Coire

Chur

★★

32 957 habitants – Canton des Grisons

NOS ADRESSES PAGE 410

S'INFORMER

Office du tourisme de Coire – *Grabenstr. 5 - 7000 Chur - ✆ 081 252 18 18 - www.churtourismus.ch - lun.-vend. 7h30-20h, w.-end 8h-18h.* Visites guidées de la ville.

SE REPERER

Carte de région B1 (p. 398-399) – *Carte Michelin Regional n° 553 V8.*
À 120 km au sud-est de Zurich, à 116 km au nord-est de Bellinzone, à 93 km à l'est d'Andermatt, à 24 km au sud de Vaduz (Liechtenstein) et à 86 km au nord de St-Moritz.

À NE PAS MANQUER

Les toiles d'Alberto Giacometti au musée grison des Beaux-Arts, le marché paysan du samedi matin entre l'Obertor et l'église St-Martin, les gorges de la Tamina.

ORGANISER SON TEMPS

Compter une journée pour Coire et les alentours, une demi-journée pour la route du col de l'Oberalp et une journée pour celle du col du St-Bernard.

AVEC LES ENFANTS

Le village de Heidi à Maienfeld.

Celle qui s'enorgueillit d'être la plus ancienne ville de Suisse est l'une des plus jeunes par sa population, et aussi des plus ensoleillées. Elle offre de ce fait une vie nocturne inattendue et d'agréables promenades dans les rues du centre ancien. Située dans la vallée du Rhin, mais à l'écart du fleuve, Coire est depuis le 16e s. la capitale historique, administrative et religieuse des Grisons. Dans le premier lacet de la route qui mène à Arosa, sur les hauteurs, la cité montre sa silhouette hérissée de clochers devant le massif du Calanda, âpres chaînons rocailleux longtemps enneigés. Elle cache un riche patrimoine bâti au pied des montagnes.

Se promener

La Vieille Ville

Elle se regroupe autour de l'église St-Martin, au pied de la cathédrale et du palais épiscopal. Des escaliers passant sous une vieille porte (Hoftor) y donnent accès. Les rues étroites aux belles maisons parfois flanquées de tourelles, les jolies places ornées de fontaines fleuries aux armes des Grisons, l'hôtel de ville (Rathaus) du 15e s. forment un ensemble très plaisant, en zone piétonne.

Cathédrale

Édifiée aux 12e et 13e s., la **cathédrale Notre-Dame** présente un mélange de style roman et de style gothique. L'extérieur a été remanié à la suite d'un incendie, en 1811. La tour se termine par un clocher à bulbe. Le porche est orné de voussures peintes.

Le chœur, très surélevé, montre au maître-autel un beau **triptyque★** du 15e s., en bois doré : consacré à Notre-Dame, c'est le plus grand triptyque gothique de Suisse. Quatre statues d'apôtres, du 13e s., encadrent l'autel placé en contrebas du chœur. Durant la restauration du bâtiment, prévue jusqu'en 2007-2008, la visite n'est que partielle et le **Trésor de la cathédrale** (Domschatz) – châsses d'époque carolingienne ou du Moyen Âge et bustes-reliquaires d'une grande valeur – est visible au Musée rhétique. Tout près de la cathédrale s'élèvent les bâtiments de l'**évêché** (Hof), élégant édifice du 18e s.

Musée rhétique (Rätisches Museum)

Hofstr. 1 - ✆ 081 254 16 40 - www.raetischesmuseum.gr.ch - tlj sf lun. 10h-17h - fermé 1er janv., Vend. saint, Pâques, Pentecôte, 25 déc. - 6 CHF (-16 ans gratuit) - notices en allemand, guide en français.

Installé dans la maison Buol, construction de la fin du 17e s., le **Musée rhétique** cantonal renferme d'intéressantes collections préhistoriques, historiques et folkloriques.

★★ Musée grison des Beaux-Arts (Bündner Kunstmuseum)

Postplatz - Bahnhofstr. 35 - ✆ 081 257 28 68 - www.buendner-kunstmuseum.ch - tlj sf lun. 10h-17h - fermé 1er janv., Vend. saint, Pâques, Pentecôte et 25 déc. - possibilité de visite guidée - 12 CHF (-16 ans gratuit).

Installé dans la villa Planta, maison bourgeoise néo-Renaissance, il présente surtout des œuvres de peintres et de sculpteurs grisons d'origine ou d'adoption, du 18e au 20e s. : Barthélemy Menn, Angelika Kauffmann, Giovanni Segantini, Giovanni, Augusto et **Alberto Giacometti**, E.-L. Kirchner.

À proximité Carte de région

Lenzerheide-Valbella B1

20 km au sud par la route n° 3 vers Tiefencastel.

Les stations de **Lenzerheide** et de **Valbella**, disposent leurs immeubles modernes sur le site d'un vaste col, à 1 500 m d'altitude. La présence de deux lacs, des équipements et animations pour enfants (piste de luge, parc d'accrobranche) en font une destination de vacances estivales appréciée. En hiver, la régularité des versants favorise le ski de piste.

★★ Parpaner Rothorn – *Accès par téléphérique au départ de Lenzerheide-Valbella : ✆ 081 385 11 20 - de fin juin à fin oct. : 8h10-17h10 - ttes les 30mn - 38 CHF AR (-16 ans 5 CHF par jour ; -6 ans gratuit).* La montée, au-dessus des sapins jusqu'à Scharmoin *(alt. 1 900 m)*, puis de pentes rases, aboutit au sommet rocheux du Parpaner Rothorn *(alt. 2 861 m)* d'où la **vue★★**, donne à l'ouest sur le bassin de Valbella, à l'est sur les pics neigeux du Weisshorn, du Tschirpen et de l'Aroser Rothorn. Pour bénéficier d'une vue un peu plus dégagée, gagner à pied un sommet proche tel que l'Ostgipfel *(alt. 2 899 m ; 15mn AR).*

Flims B1

20 km à l'ouest par la route n° 19 vers Disentis.

Flims-Dorf – le long de l'axe routier et très urbanisé – et **Flims-Waldhaus** – plus paisible avec ses hôtels bâtis en forêt – constituent cette station au pied

Les Grisons

Trois langues, deux religions, une histoire politique faite d'alliances... Le plus vaste canton suisse – un sixième du territoire –, est un modèle réduit de la Confédération. Cet État montagnard à cheval sur les Alpes est sans doute la région la plus dépaysante, entre jet-set des hôtels de luxe de St-Moritz et paysans fauchant d'inaccessibles prés en pente. Sans compter les routes de cols et les vallées empruntées pour passer de l'Oberland grison à l'Engadine, ou pour rejoindre l'Italie, qui sont parmi les plus spectaculaires du pays.

La Ligue grise

Le nom allemand des Grisons, Graubünden (« Ligue grise ») lui vient de l'appellation d'une des alliances seigneuriales qui, avec la Ligue de la Maison-Dieu et celle des Dix-Juridictions, allait former la République des trois « Ligues ». Cet embryon d'État en formation dès 1450 est à l'origine du canton actuel qui fait partie de la Confédération depuis 1803.

Entre Rhin et Danube

Les Grisons correspondent pour l'essentiel au pays des sources du Rhin et de l'Inn. Ces deux bassins supérieurs sont séparés par la grande chaîne jalonnée par les sommets des Piz Linard, Kesch, d'Err et de la Platta. Le Rhin antérieur, né dans le cirque de l'Oberalp, file, à partir de Disentis/Mustér, au fond du large sillon rectiligne de l'Oberland grison ; le Rhin postérieur descend des glaciers de l'Adula. Ils se rejoignent au pied du château de Reichenau. La vallée supérieure de l'Inn relève par l'Engadine des pays de l'ancienne Rhétie.

L'ancienne Rhétie

Le territoire du canton des Grisons correspond aux régions les plus montagneuses de cette ancienne **Rhétie**, dont les tribus « welches » peuplaient primitivement l'espace compris entre le lac de Constance et la Vénétie. Maintenues à l'écart de la germanisation, les hautes vallées du Rhin et de l'Inn sont restées des terres « romanches », dont la langue, de souche latine, pique la curiosité de l'étranger par ses consonances insolites et ses procédés graphiques.

Une terre de transit

Sous la domination romaine et pendant le Moyen Âge, la Rhétie monopolisait la presque totalité du trafic transalpin intéressant le territoire actuel de la Confédération, avec les passages de la « route Supérieure », par les cols du Julier et surtout du Septimer, et de la « route Inférieure », par le col du Splügen. La rareté des défilés favorisait nettement la « route Supérieure ». Le canevas des routes passant par les Grisons a pris sa forme actuelle avec l'exécution, entre 1818 et 1823, d'un programme dont la Suisse, l'Autriche et le Piémont assumaient en commun les charges : réfection de la route du Splügen ; construction d'une chaussée carrossable entre Splügen et Bellinzone, par le St-Bernard. L'itinéraire millénaire du Septimer étant abandonné.

AU BON AIR DES ALPES

Prenez les meilleurs morceaux d'une cuisse de bœuf, ajouter sel, épices et salpêtre, pressez en bloc rectangulaire et laissez sécher jusqu'à 6 mois... L'air sec et frais des hautes vallées alpines est à l'origine de la viande des Grisons *(Bündnerfleisch)* et de son procédé unique de conservation. 2 000 tonnes sont fabriquées chaque année dans le canton.

des grandes falaises du Flimserstein. La baignade y est une activité appréciée dans les jolis **lacs de Cresta et Cauma★**, dont les eaux claires et tempérées par des sources chaudes souterraines offrent une température agréable en plein été. En hiver, Flims, Laax et Falera forment le domaine skiable Alparena, l'un des plus vastes de Suisse (220 km de pistes). De nombreux itinéraires ont été aménagés pour la randonnée et le VTT, dont certains desservis par télécabine et télésiège : Cassons Grat *(alt. 2 675 m)*, au départ de Flims-Dorf ; Crap Sogn Gion *(alt. 2 228 m)* au départ de Laax.

Bad Ragaz Hors plan, vers B1

26 km au nord par l'A 3 en direction de Zürich, sortie n° 3.

Dans un des beaux sites de la vallée du Rhin alpestre, face aux crêtes vigoureusement découpées du Falknis, la station chic de Bad Ragaz vit au rythme de la cure thermale. La station exploite, depuis le 11e s., les eaux faiblement minéralisées jaillissant à une température de 37° dans les gorges de la Tamina, en contrebas du village de Pfäfers. En plein hiver, Bad Ragaz se présente comme une base de ski, depuis qu'une télécabine et des téléskis relient la ville aux immenses champs de neige de la région du Pizol.

★★ **Gorges de la Tamina** (Taminaschlucht) – *2h à pied AR par le chemin qui longe la Tamina (20mn en bus, chaque heure au départ de la poste) – 081 300 40 20 - juin-sept. : 10h-17h15 ; mai et oct. : 9h-16h15 - possibilité de visite guidée sur demande (1h30) - 5 CHF.* Ces gorges forment une formidable fissure, au fond de laquelle les curistes de l'époque héroïque devaient se faire descendre par des cordes pour prendre les eaux, alors non captées. Les anciens bains de Pfäfers, de style baroque, sont encore visibles à l'intérieur des gorges. Fermés en 1969, ils abritent désormais un intéressant musée retraçant l'histoire du lieu.

Maienfeld Hors plan, vers B1

25 km au nord par l'A 3 en direction de Zürich, sortie n° 3.

Petite cité grisonne entourée de vignobles, d'une distinction déjà méridionale, Maienfeld attire les touristes du monde entier grâce à une célèbre petite fille : Heidi. L'héroïne de Johanna Spyri (1827-1901) a inspiré un « village », **Heididorf**, avec sa maison-musée, son chemin de randonnée bucolique et sa boutique de souvenirs. *25mn à pied de Maienfeld - 081 330 19 12 - www.heididorf.ch - de mi-mars à mi-nov. : 10h-17h - 7 CHF (enf. 3 CHF).*

À 1 km au nord de Maienfeld, une clairière ombragée de chênes abrite la « fontaine d'Heidi » (Heidibrunnen).

Circuits conseillés Carte de région

VALLÉE DU RHIN ANTÉRIEUR

Itinéraire de 105 km de Coire aux gorges de Medel – voir le circuit 1 tracé en vert la carte de région (p. 398-399) – compter une demi-journée.
Quitter Coire à l'ouest par la route n° 13.

Reichenau B1

Avec ses trois ponts en triangle encadrant le confluent du Rhin antérieur (Vorderrhein) et du Rhin postérieur (Hinterrhein), là où le fleuve prend son nom définitif, Reichenau doit son existence à un site éminemment favorable à la perception des péages. Ce village, qui se réduit, en fait, à un château et ses dépendances, reste un important nœud de communications, à la bifurcation des routes du Domleschg (Thusis) et de l'Oberland grison (Disentis/Mustér).

★ Route de Versam B1

21 km de Bonaduz à Ilanz. Route interdite aux remorques et véhicules de plus de 2,3 m de large.

Pour rejoindre Ilanz, on ne peut que recommander cette route pittoresque, plutôt que l'itinéraire *via* Flims en rive gauche du fleuve. Elle offre des échappées sur les gorges du Rhin et sur les crêtes du Bifertenstock (massif du Tödi), à gauche des Vorab.

Tout commence par un beau tracé forestier suivi de passages en tunnels, corniches et viaduc. Après le village de Versam, la **vue★** se porte alors sur quelques sommets caractéristiques du versant opposé : le groupe des Vorab, avec son vaste glacier de plateau, à gauche le Ringelspitz, à droite. Au premier plan s'avance le promontoire du Flimserstein, aux imposantes falaises. La petite route, accrochée en corniche au flanc des ravinements blanchâtres (bizarres phénomènes d'érosion) qu'ont dégagés le Rhin et son affluent la Rabiusa, se fraie un passage dans la masse de matériaux hétéroclites amenés par l'éboulement de Flims.

À la fin de la dernière glaciation, il y a 12 000 ans, un énorme éboulement (15 km^3), descendu dans l'axe du vallon actuel de la Flem, vint former bouchon dans la vallée du Rhin et contraignit le fleuve à reprendre son travail de creusement.

Ilanz A1

Ancienne capitale politique de la « Ligue grise », fondée ici, en 1395 *(voir Les Grisons p. 402)* – Disentis/Mustér ayant plutôt été la capitale religieuse – Ilanz possède encore des demeures seigneuriales du 17e s. à décoration baroque, dont la « Casa Gronda » (volets noir et jaune), avec sa tourelle d'angle, ses grilles de fenêtre, ses encadrements de porte finement ouvragés.

★ Vals A2

20 km d'Ilanz à Vals.

Un détour par une route romantique et sinueuse, dans la vallée du Rhin de Vals, mène à cette station thermale *(alt. 1 248 m)* nichée dans un cirque grandiose de montagnes. Autour de la superbe place de ce village walser *(voir p. 306)*, les maisons traditionnelles montrent leurs façades de bois brûlées par le soleil et leurs toits couverts de lourdes lauzes. L'eau minérale valser, parmi les plus consommées en Suisse, est captée à la source St-Pierre et plus de 100 millions de litres sont embouteillés dans l'usine locale.

Les nouveaux **thermes★★**, inaugurés en 1996, sont classés monument national. L'architecture épurée est l'œuvre de l'architecte suisse Peter Zumthor. Les murs de ce cube massif sont faits de 60 000 dalles de quartzite, extraite dans la vallée. Les équipements sont sophistiqués : piscine intérieure à 32°, bassin en plein air à 36°, saunas, grotte pour le bain froid, grotte « sonore » diffusant une musique « minérale » composée par le musicien suisse Fritz Hauser…

Retourner à Ilanz par la même route et prendre la direction de Disentis/Mustér.

Trun A1

Le vaste bâtiment de la **Cuort Ligia Grischa** (volets blanc et noir), ancienne résidence des abbés de Disentis construite en 1674, était en quelque sorte le parlement et le tribunal de la Ligue. On visite la « chambre de l'abbé », décorée de boiseries (17e s.) et la salle du Tribunal, à l'ornementation baroque. L'érable dans l'enclos contigu à la chapelle Ste-Anne (18e s. – peintures commémoratives modernes) provient d'un rejet du célèbre érable de Trun, arbre sacré à l'ombre duquel avait été solennellement confirmé, en 1424, le pacte de la Ligue grise. *Via Principale - ✆ 081 943 23 09/11 39 - de mi-avr. à fin oct. : lun., merc., sam., 2e et 4e dim. du mois : 14h-17h - possibilité de visite guidée (1h) - 5 CHF (enf. 3 CHF).*

Après Somvix et son élégant clocher à bulbe, en amont du viaduc ferroviaire et du pont routier moderne qui franchissent le ravin du Russeinbach, subsiste l'ancien pont couvert désaffecté.

★ Disentis/Mustér A2

Disentis en allemand, Mustér (pour monastère) en romanche... Dominant tout de sa large terrasse, au confluent du Rhin de Tavetsch – descendu du col de l'Oberalp – et du Rhin de Medel – descendu du col du Lukmanier –, la cité est un centre de la culture romanche (imprimerie) avec près de 4000 locuteurs dans la région. Dans cette petite capitale des hautes vallées de l'Oberland grison colonisées au Moyen Âge par les moines de saint Benoît, on trouvera tout un éventail de promenades (belvédères, chapelles peintes). En hiver, de nombreuses remontées mécaniques conduisent aux pistes neigeuses jusqu'à une altitude de 3000 m.

Abbaye – C'est une des plus anciennes fondations bénédictines en Suisse (8e s.). Les bâtiments, utilisés par les pères comme institut d'éducation, datent, pour une partie, du 17e s., pour le reste des 19e et 20e s. Un musée présente des objets lithurgiques et l'histoire du monastère. *✆ 081 929 69 00 - juin-oct. : mar., jeu. sam. 14h-17h - 6 CHF.*

★★ **Église abbatiale** (Klosterkirche) – Cet imposant sanctuaire baroque (1695-1712), flanqué de deux clochers à bulbe, présente intérieurement un vaisseau très clair dont les tribunes s'ordonnent de façon savante : la double rangée de fenêtres qui diffusent cette lumière reste invisible du bas de la nef, conformément aux règles baroques de l'éclairage indirect. Les stucs et les peintures de la voûte ont été restaurés au début du 20e s., à la suite de l'incendie de l'abbaye par les troupes françaises en 1799. Dans la chapelle de la Vierge, lieu de pèlerinage accessible par un large escalier (porte à gauche, à l'entrée de l'église), insolite collection d'ex-voto des années 1930 à 1960.

Gorges de Medel (Medelserschlucht) – *Au sud de Disentis, par la route du col du Lukmanier.* Les chutes du Rhin de Medel remplissent de vacarme cette faille rocheuse où la route comporte des passages en tunnel.

★★ ROUTE DU ST-BERNARD

Itinéraire de 170 km de Coire à Cama – voir le circuit 2 tracé en vert sur la carte de région (p. 398-399) – compter une journée. Le col du St-Bernard est impraticable de décembre à avril. L'itinéraire décrit emprunte l'ancienne route (panneaux de signalisation bleus). L'autoroute A 13 double ce tracé et passe le col en tunnel.

Le col du St-Bernard livre passage au grand itinéraire transalpin qui relie Coire, la capitale historique des Grisons, à Bellinzone dans la basse vallée ensoleillée du Tessin, aux portes du lac Majeur.

Quitter Coire à l'ouest par la route n° 13.

La route remonte la vallée du Rhin vers Reichenau, puis celle du Rhin postérieur, dont le cours est endigué jusqu'à Thusis, à l'entrée des gorges de la Via Mala.

★★ Via Mala B2

Ce passage fameux, qui a constitué, au cours des siècles, le principal obstacle au développement du trafic sur l'« Untere Strasse » (route Inférieure), se subdivise en deux gorges, séparées par le petit bassin verdoyant de Rongellen. La route évite le fond du défilé aval, dominé par les ruines du château fort de

Hohenrätien, et le passage connu sous le nom de « Verlorenes Loch » (trou perdu), réputé inaccessible jusqu'à l'ouverture en 1822 d'une chaussée carrossable dans les profondeurs.

★★ **Défilé amont** – *✆ 081 651 11 34 - mai-oct. : 8h-19h ; mars-avr. et nov. : 9h-18h - fermé déc.-fév. - 5 CHF (enf. 3 CHF).* La Via Mala proprement dite est encaissée dans de formidables escarpements schisteux entre lesquels quatre ponts sont jetés. Après avoir laissé la voiture à côté du pavillon d'entrée des galeries, se rendre au « deuxième pont » (ouvrage amont) et se placer de préférence sur le vieux pont de 1739, restauré, lancé au-dessus du trait de scie au fond duquel coule, 68 m plus bas, le Rhin. Pour jouir du coup d'œil classique sur le site de ces ponts et pour approcher de plus près le lit du Rhin, on descend aux **galeries★** *(321 marches – 30mn AR).* Le sentier « Via Mala sud », au départ du kiosque (1h), fait un tour en rive droite et gauche. D'autres itinéraires plus longs (3 à 5h), avec retour possible en car postal, permettent de parcourir à pied tout ou partie de la Via Mala.

★★ Zillis B2

Avant d'arriver à Zillis, prendre la route à droite indiquée « zur Kirche » pour se rendre à l'église. Église : ✆ 081 661 10 21 - avr.-oct. : 9h-18h ; nov.-mars : 10h-16h - 4 CHF - livret de description des panneaux (4 CHF). Centre d'information et exposition (diaporama) au centre du village : ✆ 081 661 22 55 - avr.-oct : 8h-18h ; reste de l'année : w.-end 10h-16h.

Le **plafond peint★★** de l'église de Zillis (Kirche St. Martin) est un exemple unique en son genre en Europe de l'Ouest. L'œuvre qui, par sa facture, révèle le « coup de main » de l'enlumineur de manuscrits, remonte à la seconde moitié du 12e s. Les 153 panneaux carrés s'ordonnent en deux cycles. Ceux du périmètre symbolisent l'océan Primitif et la mer de l'Apocalypse aux eaux peuplées de monstres fabuleux, avec, aux quatre angles, les anges du Jugement dernier. Les caissons intérieurs (suivre les scènes de gauche à droite, dos au chœur en avançant) se rapportent à la vie du Christ et à des scènes de la vie de saint Martin.

À la sortie de Zillis, une route pentue et tortueuse (7 km) mène au village de Mathon.

Mathon B2

Ce rude village montagnard *(alt. 1 521 m)* occupe, avec d'autres bourgs agricoles, un **site★** privilégié sur les pentes verdoyantes du Piz Beverin, au-dessus du bassin du Schons et en vue des sommets neigeux du versant est du bassin. En contrebas de l'église, et en surplomb de l'abîme, ruines de l'ancienne église de 1528, avec des éléments remontant au 9e s.

Faire demi-tour jusqu'à la route principale. Après Andeer, on peut quitter cette route pour s'engager dans le val Ferrera, puis dans le val d'Avers jusqu'à Juf (50 km AR).

Val Ferrera et val d'Avers B2

L'Averserrhein, affluent du Rhin postérieur qu'il rejoint dans les gorges de Roffla, creuse une pittoresque vallée, tantôt épanouie, tantôt resserrée en gorge, dans les massifs du Piz Grisch et du Piz Platta. La route suit le torrent parmi les sapins, traverse des tunnels dans son parcours le plus accidenté pour déboucher dans le val d'Avers dont le premier hameau, **Campsut**, occupe un riant bassin aux versants ravinés couverts de sapins et de cascatelles. Après **Avers-Cresta** et sa charmante église blanche coiffée de lauzes, l'herbe rase remplace les sapins ; à droite s'ouvre une vallée glaciaire fermée par les névés du Tscheischhorn. Au bout de l'asphalte, dans un site désolé cerné

Le plafond peint de l'église deZillis.
M. Ripani/Sime/Photononstop

de hautes montagnes et leurs glaciers, se tient le village de **Juf** *(alt. 2 126 m)*. Il est le hameau le plus élevé d'Europe à être habité en permanence, par une trentaine de personnes d'origine walser. C'est un point de départ idéal pour les randonnées, sur l'itinéraire du col du Septimer qui rejoint l'Engadine à Maloja. Un sentier didactique dédié à l'observation des marmottes (3 km) débute à Avers-Juppa.

Revenir à la route n° 13.

Gorge de la Roffla (Rofflaschlucht) B2

081 661 11 97 - mai-oct. : 9h-19h ; fermé le reste de l'année - 3 CHF.

Les galeries, aménagées sur 300 m de longueur, entre 1907 et 1914, dans cette gorge où bouillonne le Rhin, se terminent sous une chute d'eau, que l'observateur voit s'abattre au-dessus de sa tête.

★ Splügen B2

À la sortie des gorges, passé les falaises et les sous-bois d'épicéas le long du torrent, la route débouche de façon inattendue sur le vaste lac de retenue de Sufers et la haute vallée du Rhin postérieur (Rheinwald) autour de Splügen. Le village montre de superbes maisons typiques et les granges alentour semblent posées sur du velours vert. Des abords d'Hinterrhein, la **vue★** s'étend en amont sur le massif des sources du Rhin, remarquable par l'ampleur de ses glaciers : le vaste Zapportgletscher, dominé par le cône écrasé du Rheinquellhorn, retient surtout l'attention.

Col du St-Bernard (Passo del San Bernardino) A2

Alt. 2 065 m. Grâce à une restauration exemplaire dans les années 1990 pour la mettre aux normes de la circulation automobile, la route du col, bâtie entre 1818 et 1826, a gardé son allure du 19e s., lorsqu'elle était empruntée par les diligences. Parvenu au point culminant, le seuil apparaît encombré de roches moutonnées, héritées de l'activité des glaciers quaternaires. Ouvert entre le Zapporthorn et les grands escarpements colorés du Pizzo Uccello, le col marque la ligne de partage des eaux entre la Moesa au sud, tributaire du Tessin, et par là, du Pô, et le Rhin postérieur, au nord.

Passé le col, on longe le joli lac de Moesola où débute la Mesolcina, l'une des quatre vallées de langue italienne du canton des Grisons. La descente se fait palier par palier, avec vue sur les ouvrages d'art de l'autoroute. On passe rapidement de la zone du pin d'arolle à celle de l'épicéa. Viennent ensuite les hêtres et les sapins.

★ Château de Misox (Castello di Misox) A3

☏ 091 822 91 40 - clé disponible la veille sur demande à la cancelleria communale de Mesocco.

Coiffant un piton rocheux, les ruines féodales de Misox, gardiennes du val Mesolcina et du passage du St-Bernard, sont les plus imposantes et les plus évocatrices des Grisons. Le massif ensemble fortifié, dont les lignes verticales d'un élégant campanile rompent la lourdeur, était aux mains des comtes de Sax-Mesocco. Vendu en 1483 aux Trivulce de Milan, le château fut démantelé par les « Ligues » grisonnes en 1526. Une initiative des étudiants suisses l'a sauvé de la destruction complète en 1924-1925.

Santa Maria del Castello (Chapelle Ste-Marie-du-Château) – Au pied du château, ce sanctuaire au campanile roman très ajouré conserve un intéressant ensemble de **fresques★** du 15e s. (mur gauche de la nef). Remarquer, au registre intermédiaire, plusieurs saints protecteurs des Grisons : saint Georges est représenté pourfendant le dragon, sous les traits d'un tout jeune chevalier ; saint Bernardin de Sienne, le patron de la vallée – dont le nom a été donné au passage du St-Bernard –, sous l'habit d'un moine au visage émacié, tenant à la main le monogramme du Christ entouré de rayons. Les allégories des mois de l'année qui se succèdent au registre inférieur mêlent des scènes d'amour courtois et des tableaux de la vie paysanne, conformes à ceux qu'occasionnent les travaux des champs sur le versant italien des Alpes (récolte des châtaignes).

À partir de Soazza, les premiers châtaigniers apparaissent puis les espèces et cultures méditerranéennes : palmiers, platanes, figuiers, vignes.

Cama A3

Les 46 grotti, situés derrière le village, constituent le plus important ensemble de ce type dans les Grisons et un exemple caractéristique d'une architecture traditionnelle en Suisse italienne. Un courant d'air froid venu du sous-sol maintient les caves à une température de 3 à 12 °C toute l'année. Les petites maisons de pierre où les autochtones viennent passer un été au frais voisinent avec des restaurants sur les tables desquels on sert des vins rouges glacés dans de petits bols.

★ ROUTE D'AROSA

Itinéraire de 29 km de Coire à Arosa – voir le circuit 3 tracé en vert sur la carte de région (p. 398-399) – compter 1h.

L'**Arosa Express** dessert Arosa en une heure, au départ de Coire. Le train déambule d'abord comme un tramway dans cette dernière, longeant les murs d'enceinte, la tour de la Poudrière, l'Obertor avant de devenir un vrai chemin de fer de montagne.

Quitter Coire au sud-est en direction d'Arosa.

La route d'Arosa (ou **de la vallée du Schanfigg**) compte, dit-on, 365 virages ! De quoi donner le tournis… En fin de parcours, un panneau indique d'ailleurs : « Plus que 6 virages avant d'arriver à Arosa. » Sinueuse et pittoresque, en corniche élevée sur le Schanfigg, elle traverse des villages-terrasses fleuris aux charmantes églises. Elle coupe en outre, dans le dernier tiers de son parcours, de curieuses arêtes calcaires, convexes et boisées côté nord, concaves et stériles côté sud. Remarquer aussi, des abords du hameau de Langwies, très en contrebas à droite, le viaduc ferroviaire, lui-même jeté au-dessus d'un abîme.

★ Arosa C1

Poststr. - ✆ 081 378 70 20 - www.arosa.ch - juin-oct. : lun.-vend. 8h-18h, sam. 9h-16h, dim. 9h-12h ; déc.-avr. : lun.-vend. 8h-18h, sam. 9h-16h, dim. 16h-17h30 ; fermé le w.-end en nov. et mai. L'Arosa Card est gratuite pour les vacanciers en séjour (13 CHF pour les touristes de passage). Elle donne accès gratuit à toutes les remontées mécaniques, bains, pédalos, bus… En été seulement.

La station naît à partir de 1880 avec l'ouverture de sanatoriums et pensions et l'arrivée des premiers skieurs. Dans les années 1950, elle connaît un boom immobilier avec la construction de nombreux appartements de vacances. 36 hôtels, 5 220 lits touristiques pour 2 681 habitants… Arosa, implantée à 1 800 m, est devenue l'une des grandes stations d'altitude de Suisse, dans la cuvette supérieure du Schanfigg, vallée de la Plessur. Son cadre de versants boisés doucement inclinés où miroitent de petits lacs reste préservé. Et pour sauvegarder un peu plus le calme des alpages, la circulation automobile y est interdite la nuit. Golf pour les uns – sur le parcours le plus haut d'Europe –, pédalo en famille pour les autres : Arosa conjuge détente et activités sportives.

La route de Coire, après avoir desservi **Ausser-Arosa**, le principal centre d'animation (quartier de la gare et des lacs), sort de la forêt et se termine à **Inner-Arosa**, à l'origine du cirque supérieur de la Plessur (Aroser Alp).

Plus isolé, le centre annexe de **Maran**, que les vacanciers d'Arosa prennent comme but de promenade en suivant des sentiers sous bois en pente douce (Eichhörnliweg : « sentier des Écureuils »), se disperse, à découvert, dans les alpages.

En hiver – la grande saison d'Arosa – les remontées mécaniques, dont la pièce maîtresse est le téléphérique de l'Aroser Weisshorn, offrent aux skieurs des parcours faciles, accidentés ou difficiles, dont certains dépassent 1 000 m de dénivellation.

★★ Weisshorn B1

Accès en téléphérique depuis Arosa : ✆ 081 378 84 84 - www.arosabergbahnen.com - de mi-juin à fin oct. : ttes les 20mn 9h-17h ; 21 déc.-15 avr. : 8h30-16h30 (en fonction des lignes) - Pass sports d'hiver 56 CHF AR.

La montée jusqu'à la station intermédiaire, Law-Mittelstation *(alt. 2 015 m)*, procure des vues de plus en plus amples sur Arosa et ses lacs, son bassin verdoyant et son cirque de montagnes. Au sommet *(alt. 2 653 m. - table d'orientation)*, très beau **panorama★★** sur les hauteurs environnantes et les crêtes neigeuses des Alpes grisonnes que barrent au sud le Piz Kesch, le Piz d'Ela, l'Erzhorn… Arosa reste visible, et Coire se découvre au nord-ouest, au pied du Calanda.

NOS ADRESSES À COIRE

TRANSPORTS

Train – ✆ *081 288 61 04 - www.rhb.ch.* Liaisons ttes les h. vers Zurich et St-Gall. Correspondances sur les lignes touristiques des Chemins de fer rhétiques : Bernina Express, Glacier Express et Arosa Express.

HÉBERGEMENT

À Coire

PREMIER PRIX

Hôtel Drei Könige – *Reichgasse 18 - ✆ 081 354 90 90 - www.dreikoenige.ch - 38 ch. - 110/220 CHF* ☕. Au cœur de la Vieille Ville, des chambres simples : les moins chères avec douche et WC sur le palier. Auberge et cuisine traditionnelle.

BUDGET MOYEN

Romantik Hotel Stern – *Reichsgasse 11 - ✆ 081 258 57 57 - www.stern-chur.ch - 65 ch. - 190 CHF* ☕ *- rest. 40 CHF.* Cette calme maison à l'entrée de la Vieille Ville abrite un hôtel depuis trois siècles. Chambres rénovées dans un style confortable mais traditionnel. Taverne avec goûteuses spécialités grisonnes.

À proximité

PREMIER PRIX

Hôtel Aplsu – *Disentis/Mustér - ✆ 081 947 51 17 - www.hotelalpsu.ch - 13 ch. - 120 CHF* ☕. Au centre du village, des chambres à la décoration bois très coquettes. Certaines pour les familles.

BUDGET MOYEN

Hôtel Alte Herberge Weiss Kreuz – *Splügen - ✆ 081 630 91 30 - www.weiss-kreuz.ch - fermé mai et nov. - 4 ch. - 180 CHF* ☕ *- rest. 45 CHF.* Un hôtel hors normes et hors du temps installé dans une auberge du 18e s. où se mêlent l'architecture contemporaine et le bâti ancien. Vue splendide sur le village de la salle de restaurant.

Hôtel Restaurant Fravi – *Veia Granda 1 - Andeer - ✆ 081 660 01 01 - www.fravi-hotel.ch - 46 ch. - 125/145 CHF* ☕ *- rest. 40 CHF (fermé lun.).* Design moderne ou boiseries Art nouveau dans la salle à manger de l'hôtel aux chambres et à l'espace thermal rénové.

RESTAURATION

À proximité

PREMIER PRIX

Restaurant Muntsulej – *Mathon - ✆ 081 661 20 40 - fermé merc. et jeu. - 31 CHF.* Sans doute une des plus belles terrasses des Grisons. Cuisine inventive et produits du terroir des fermes alentour dont le *curtginatsch* (fromage) ou la *röteli* (liqueur de cerise épicée).

BUDGET MOYEN

Süsswinkel – *Süsswinkelgasse 1 - ✆ 081 252 28 56 - fermé dim. et lun. - 45 CHF.* Une cuisine de bistrot appliquée et savoureuse dans une ambiance d'autrefois.

Die Veltliner Stube – *Reichsgasse 11 - ✆ 081 258 57 57 - 38/86 CHF.* Cuisine bourgeoise régionale servie dans une maison historique. Belle terrasse.

Basilic – *Susenbülhstr. 43 (sur la route de Malix/Lenzerheide) - ✆ 081 253 00 22 - fermé dim. et lun. midi - 45 CHF (midi)/80 CHF (carte).* Une table pour gourmet très créative avec vue sur la ville (terrasse en été).

PETITE PAUSE

Restaurant Calanda – *Postplatz - ✆ 081 253 08 80 - www.calanda-chur.ch.* Un sympathique lieu de rencontre : buffet de petit-déjeuner jusqu'à 12h, sandwichs, bretzels…

Gelateria Blu – *Casinoplatz 1 - ✆ 081 252 17 00.* L'Italie n'est pas si loin : 40 parfums en avant-goût.

Bühlers Zuckerbäckerei – *Untere Gasse 32 - ✆ 081 252 72 72.* D'excellents gâteaux aux noix et les œuvres d'art en sucre d'un maître-confiseur artiste.

ACHATS

Würstmacherei Schiesser – *Obere Gasse 22 - ✆ 081 252 35 43.* Spécialités de charcuterie et viande des Grisons chez le meilleur « saucissier » de la ville.

Bäckerei-Konditorei Gwerder – *Obere Gasse 43 - ✆ 081 252 10 65.* Souvenirs sucrés des Grisons : *birnbrot* (pain aux fruits secs) et *nusstorte* (gâteau aux noix).

Membrini Kristall – *Untere Gasse 26 - ✆ 081 252 70 20 - www.membrini.ch.* Tenue par le fils d'un des plus célèbres chercheurs suisses de minéraux – Paul Membrini –, la boutique présente des cristaux de taille et de qualité exceptionnelles.

EN SOIRÉE

Schallundrau – *Welschdörfli 11 - 17h-2h.* Dans l'ancien atelier du maréchal-ferrant, 300 cocktails à la carte et musique live, à deux pas du centre ancien, côté Obertor.

ACTIVITÉS

Thermes de Vals – *✆ 081 926 80 80 - www.therme-vals.ch - juin- mars : 11h-20h (accès dès 7h pour les clients de l'hôtel) - 40 CHF (enf. 26 CHF) - réservation sur Internet conseillée (nombre de places limité).* Massages, bains (aux herbes de montagne, aux aiguilles d'épicéa...), soins thalasso (application de boues, d'algues) et soins esthétiques sont proposés dans cet établissement.

AGENDA

Voir l'Agenda dans la partie « Organiser son voyage », p. 35.

Davos

★★

10 744 habitants – Canton des Grisons

NOS ADRESSES PAGE 417

S'INFORMER

Davos Tourismus – *Promenade 67 - 7270 Davos - ✆ 081 415 21 21 - www.davos.ch - de mi-juin à mi-oct. et déc.-avr. : lun.-vend. 8h30-18h30, sam. 9h-17h, dim. 10h-12h, 15h-17h ; reste de l'année : lun.-vend. 8h30-12h, 14h-18h30.*

Forfait visites – La carte d'hôte « Davos Inclusive », à demander auprès de votre hôte (à partir d'une nuit passée à Davos), donne accès gratuitement à tous les funiculaires de Davos, les bus, la patinoire et diverses visites et activités (certaines bénéficient de réduction au lieu de la gratuité).

SE REPERER

Carte de région C1 (p. 398-399) – *Carte Michelin Regional n° 553 X 8-9.*
À 61 km à l'est de Coire et à 67 km au nord de St-Moritz.

À NE PAS MANQUER.

Les émouvantes toiles du musée Kirchner, la vallée de la Dischma aussi touchante dans le brouillard que sous le soleil.

ORGANISER SON TEMPS

Compter 2 jours pour un séjour de culture et de nature.

Davos séduit par ses contrastes. À 10 minutes d'un centre-ville densément construit, près des casino et hôtels de luxe, la vallée de la Dischma joue avec les clichés de la Suisse montagnarde, entre herbages jardinés et nature sauvage. Il faut dire que la commune est immense, la deuxième du pays : plus de 253 km² ! De quoi offrir de l'espace à l'un des domaines skiables les plus réputés de Suisse. Les vertus de son climat, un air pur et sec auquel on doit la naissance de la station climatique à partir de 1860, sont intactes. L'été, grâce une hôtellerie de qualité et à une large offre gastronomique, Davos devient un camp de base confortable pour partir à la découverte des montagnes grisonnes.

Se promener

Le site

Un village s'est développé, avec l'arrivée de « Walser » au 13e s. *(voir p. 306)*, au fond de cette vallée où coule la Landwasser, qui s'enfonce plus loin dans le défilé des Zügen. Les torrents débouchant du sud-est, en particulier le Flüelabach, le Dischmabach et le Sertigbach, ont largement entaillé les montagnes qui s'élevaient de ce côté, favorisant l'ensoleillement du site.

Au nord-est, au-delà du lac de Davos aménagé pour les sports nautiques, le seuil boisé de Wolfgang fait passer sans difficultés en Prättigau. Le site est notamment dominé par le Flüela Schwarzhorn (3 146 m) et l'Alpihorn (3 006 m).

Davos sous la neige.
F. Coffrini/AFP Creative/Photononstop

La station

D'abord ville de cure, puis de sports d'hiver et d'été, Davos doit une partie de sa réputation à des écrivains qui y séjournèrent pour écrire ou se reposer : Robert Louis Stevenson, Arthur Conan Doyle, Thomas Mann… La station s'étire aujourd'hui entre Davos-Dorf et **Davos-Platz**, plus animée, où se rassemblent les bâtiments publics issus de l'ancien village : église St-Jean et hôtel de ville. L'animation se répartit tout au long de la « Promenade », rue qui joint les deux parties du village. Avec 450 km de **sentiers** et de superbes itinéraires pour le **VTT**, notamment de Weissfluhjoch à Klosters (14 km, pour 1 463 m de dénivelée) l'offre de randonnées estivales est très variée.

★★ Musée Kirchner (Kirchnermuseum)

Kirchner Platz - ✆ 081 413 22 02 - www.kirchnermuseum.ch - ♿ - tlj sf lun. 10h-18h (14h-18h de Pâques au 15 juil. et du 30 sept. à Noël) - 10 CHF.

Peintre majeur de l'expressionnisme allemand, Ernst-Ludwig Kirchner (1880-1938) quitta Berlin en 1917 pour s'installer à Davos. En 1936, son art intense fut considéré comme « dégénéré » par les nazis. Kirchner, très atteint, se suicida deux ans plus tard, à Davos.

Ce musée rassemble la plus importante collection au monde des œuvres de Kirchner : scènes de nu, d'atelier et de cirque et paysages de montagne d'où se dégage la profonde émotion ressentie par l'artiste dans sa rencontre avec la nature alpine à Davos. La visite vaut aussi pour la création architecturale des Zurichois Annette Gigon et Mike Guyer. Le bâtiment aux façades de verre dépoli enveloppe des espaces cubiques d'une grande luminosité.

★ Hohe Promenade

1h à pied AR.

Ce chemin horizontal, en partie sous bois, est parfaitement aménagé (déneigé en hiver). On accède à cette promenade : de Davos-Dorf, par le chemin montant derrière l'hôtel ArabellaSheraton Seehof (station du funiculaire de Parsenn).

CAPITALE DE L'ÉCONOMIE

Depuis 1971, le rendez-vous annuel du **Forum économique mondial** (World Economic Forum) se tient chaque année à Davos, en janvier, réunissant quelque 2 000 chefs d'État, économistes et hommes d'affaires du monde entier. L'origine de cette conférence, au départ simple forum patronal européen, revient à Klaus Schwab, professeur de stratégie d'entreprise à Genève. Contestée par les mouvements altermondialistes qui s'affrontèrent violement aux forces de l'ordre en 2001, l'organisation défend l'idée d'une gestion libérale des économies.

★ Schatzalp

1h AR dont 5mn de funiculaire (Schatzalpbahn) partant simultanément de Davos-Platz et de Schatzalp. Alt. 1 863 m. Funiculaire : ✆ 081 415 21 78 - www.schatzalp.ch - été : 8h-23h ; hiver : 9h-2h - ttes les 20 à 30mn - fermé oct. et avr. - 16 CHF ou Davos Inclusive Card.

De cette terrasse ensoleillée, au-dessus de la ligne de la forêt, on découvre une belle vue sur la vallée principale de Davos et les vallées latérales.

L'**hôtel Schatzalp**, ancien sanatorium de style Art nouveau, servit de cadre au roman de Thomas Mann, *La Montagne magique*. Cette œuvre majeure du prix Nobel, écrite après son séjour de 1912, compte des descriptions des paysages de la région parmi les plus belles de la littérature. *Visite guidée de l'hôtel de fin mai à fin oct. : mar. et jeu. 14h15 dans le hall de l'hôtel (45mn) - 4 CHF ou Davos Inclusive Card.*

Un **jardin alpin** *(Alpinum)* se trouve à proximité *(10mn AR)*. De nombreux sentiers traversent ce vaste jardin botanique qui possède plus de 2 000 espèces de plantes répertoriées provenant des montagnes du monde entier. *www.alpinum.ch - de fin mai à fin oct. : 9h-19h - 5 CHF ou Davos Inclusive Card.*

De là, on peut effectuer une randonnée sur des chemins balisés : Podestatenalp, Lochalp, Grüenialp, Erbalp, Stafelalp, Davos Frauenkirch *(environ 4h)*. À moins de redescendre à pied vers Davos par le sentier facile d'Eichörnli *(45mn)*.

Domaine skiable

Ses 50 remontées mécaniques remontent 300 km de pistes sur 1 600 m de dénivelée, à travers pins et mélèzes jusqu'à la station-village de Klosters. Le domaine se disperse sur 6 massifs, la plupart non reliés skis aux pieds (liaisons en train ou bus). Le secteur principal est le **Parsenn** (120 km de pistes), accessible depuis Davos-Dorf par funiculaire, et auquel la station doit une bonne part de sa célébrité.

À l'est, sur l'autre versant de la vallée, le **Jakobshorn** comporte 45 km de pistes sur 1 000 m de dénivelée.

Les autres massifs sont moins conséquents et plus éloignés : **Pischa** (1 800-2 483 m) sur la route du col de la Flüela, **Rinerhorn** (1 450-2 490 m) à Glaris et **Madrisa** (1 120-2 600 m) à Klosters-Dorf. En hiver, Davos est également réputée pour ses **pistes de luge** géantes, sa plus vaste **patinoire naturelle** d'Europe et ses pistes de ski de fond.

À proximité Carte de région

★★ Randonnée du Weissfluhjoch à Davos C1

Compter 3h30 sans les pauses (1 000 m de dénivelée). De Davos-Dorf par deux funiculaires successifs : de mi-juil. à mi-ooct. : à partir de 8h15 - ttes les 30mn - 32 CHF (enf. 11 CHF) ou Davos Inclusive Card.

Descendre en 45mn environ vers Parsennhütte par un chemin assez raide et caillouteux, en longeant à mi-course le joli lac Totalpsee. Les marcheurs peu endurants peuvent descendre en téléphérique. À l'approche de la gare inférieure (300 m avant), prendre à droite le **Panoramaweg**★★, chemin facile bordé de bancs, évoluant à flanc de montagne sans dénivelée importante et réservant des **vues**★★ magnifiques sur le lac de Davos, la vallée de Dürrboden, Pischa et la Silvretta. Après 1h15 de marche environ, bifurquer à gauche pour descendre à la station intermédiaire du funiculaire. Continuer vers Büschalp 1850, lieu idyllique dans la forêt, puis descendre sur Davos-Dorf ou Davos-Platz *(compter 1h30).*

★★ Jakobshorn C1

De Davos-Platz par deux télécabines : ✆ 081 415 21 21 - de juil. (juin pour la 1re section jusqu'à Jschalp) à mi-oct. : 8h30-16h30 - ttes les 30mn - 13 CHF AR (1re section), 26 CHF AR (sommet) ou Davos Inclusive Card.

Panorama sur les vallées de Davos, Klosters et Sertig. On peut également rejoindre à pied la fromagerie d'alpage de **Clavadeler Alp** (2h au départ de Jschalp, par un sentier à flanc de montagne). *Démonstration de fabrication de fromage juin-août : 10h30-11h45.*

★★ Vallée de Dischma C1-2

12 km au sud-est - compter 20mn. Nombreux chemins piétons et VTT.

Autant la vallée voisine de Sertig est romantique, autant celle-ci est sauvage. Une petite route se fraye un chemin dans un cadre enchanteur jusqu'à Dürrboden : superbes alpages parsemés de forêts, habitations et montagnettes typiques, avec en toile de fond le glacier de Scaletta.

★★ **Randonnée au refuge de Grialetsch** (Grialetschhütte) – *Se garer au terminus de la route à Dürrboden (2 007 m). Alt. 2 542 m.* Montée *(1h45 environ)* régulière face au glacier de Scaletta jusqu'au col **Fuorcla da Grialetsch**★★ puis accès rapide au refuge, agrémenté par de petits lacs. **Cadre**★★ aride de haute montagne, qui tranche avec le caractère éminemment verdoyant du bas de la vallée. Les glaciers de Grialetsch et de Scaletta sont dominés par le Flüela Schwarzhorn et le Piz Vadret. Pour bénéficier d'un **tour d'horizon**★★ plus imposant et circulaire, monter 20mn en direction du glacier. Vue en enfilade sur les lacs et la vallée. Retour par le même itinéraire.

Klosters C1

11 km au nord par la route n° 28.

Klosters *(alt. 1 194 m)* se blottit en creux de vallée, au pied de Davos. Dans le cadre encore campagnard du Prättigau, elle constitue une villégiature d'été et d'hiver très bien équipée : en été, les découpures de la Silvretta incitent les alpinistes à entreprendre de captivantes courses en montagne. En hiver, les téléphériques de Parsenn Klosters et de Madrisa et les navettes ferroviaires Klosters-Davos conduisent aux fameux champs de neige de la Parsenn. Klosters est appréciée par la jet-set, qui en a fait son point de mire depuis les années 1950, de Gene Kelly à Vivien Leigh, d'Audrey Hepburn à Roger Vadim. Le prince Charles d'Angleterre est l'un des hôtes fidèles de la station.

Circuit conseillé Carte de région

★ DÉFILÉ DES « ZÜGEN » ET ROUTE DU COL DE L'ALBULA

85 km de Davos à St-Moritz – voir le circuit 3 tracé en vert sur la carte de région (p. 398-399) – compter 3h.
Quitter Davos au sud-ouest par la route de Tiefencastel. Au départ du hameau de Glaris, prendre à gauche une route en montée.

★ Monstein C1

Ses chalets aux lourds madriers de bois sont typiques de l'architecture Walser de ce village où s'est installée la plus haute **brasserie** d'Europe. *081 420 30 60 - vend. 16h-19h - gratuit.*
Revenir à la route principale.
Depuis le percement d'un tunnel de Landwasser en 1974, la route évite la partie la plus impressionnante de ce défilé – « Zügen » désigne les couloirs d'avalanches voisins –, que l'on prendra le temps de parcourir à pied vers Bärentritt en suivant le cours de la rivière Landwasser.

★★ Bärentritt C2

2h à pied AR par l'ancienne route des Zügen. Se garer à l'entrée est du tunnel, près du musée des Mines, à Schmelzbaden. Une option intéressante consiste à faire le trajet aller à pied (1h30) et le retour en train entre les gares de Monstein et de Wiesen (train ttes les h., trajet 8mn).
L'ancienne route construite en 1872 longe les eaux cristallines de la rivière, enchaîne les tunnels, coupe un viaduc de la voie ferrée. Parvenu au belvédère de Bärentritt, la vue plonge de façon impressionnante, 80 m plus bas, sur le confluent de la Landwasser et du torrent formant, à droite, la cascade du Sägetobel. On poursuit en 20mn jusqu'à la gare de Wiesen; le viaduc se trouve à 5mn à pied de cette dernière.

★ Viaduc de Wiesen C2

Après Wiesen, à la sortie du profond ravin du Tieftobel, on devine en contrebas cet ouvrage d'art construit en 1908-1909 (longueur 210 m, portée centrale 55 m, hauteur 88 m), l'un des plus importants des chemins de fer rhétiques.
Passé Schmitten, la vue plonge sur le confluent de l'Albula et de la Landwasser. Après Alvaneu, au lieu d'aller vers Tiefencastel, tourner à gauche vers Alvaneu Bad et Filisur.

Alvaneu Bad B2

Bains : 081 420 44 00 - www.bad-alvaneu.ch - 9h-22h - fermé nov. - 28 CHF (bains sulfureux et de vapeur, sauna, solarium).
Ces sources sulfureuses, peut-être déjà exploitées au temps des Romains, connurent un certain succès dans la seconde moitié du 19e s. Fermées en 1962, elles renaissent aujourd'hui, en pleine mode du spa, autour d'un golf et d'un agréable bassin en plein air.
Suivre la route du col de l'Albula en direction de Filisur.
Venant de Coire ou de Davos, c'est la plus impressionnante route pour rejoindre St-Moritz et la Haute-Engadine; à préférer au col de Julier. Passé Filisur, la vallée de l'Albula, de plus en plus boisée et déserte, s'encaisse progressivement jusqu'à forcer la route à se tailler un passage dans le roc, au défilé du **Bergüner Stein★**.

Bergün C2

Ce village, dominé par la face triangulaire du Piz Rugnux, possède quelques maisons de style engadinois avec oriels et grilles de fenêtres, plus rustiques que celles que l'on rencontre dans la vallée de l'Inn.

De Bergün à Preda, alors que la chaussée grimpe rudement à travers des prés-bois moussus, les contorsions de la voie ferrée que lui imposent les lacets et tunnels hélicoïdaux pour gagner de l'altitude accaparent l'attention.

L'arrivée au palier de Preda est marquée par la découverte des découpures rocheuses bien nommées d'Igls Dschimels (« les Jumeaux ») et du Piz da las Blais qui ont très grande allure. Entre Preda et le col, les alpages restent accueillants jusqu'au petit lac vert de **Palpuogna**. Plus haut, au-delà de Crap Alv, la route s'élève au travers de bancs de rocailles, tout en contournant le « plan » marécageux où un écheveau de cascatelles signale l'une des sources de l'Albula. On débouche enfin dans l'immense combe gazonnée du col.

★★ **Col de l'Albula** (Albulapass) C2

Le col peut être obstrué par la neige de novembre à juin (train-auto de Tiefencastel à Samedan). Alt. 2312 m.

Le col sépare le bassin de l'Albula au nord, tributaire du Rhin, et le val d'Alvra au sud, tributaire de l'Inn.

Entre le col et La Punt, on voit rapidement apparaître, au fond de la vallée de l'Inn, déjà toute proche, les villages de La Punt et de Chamues-ch, surveillés par les ruines de Guardaval. De La Punt à **Samedan** *(voir Engadine p. 430)*, on suit le fond plat de la vallée de l'Inn, jusqu'au moment où les sommets du massif de la Bernina se découvrent par la trouée de Pontresina. Après le village de **Celerina** *(voir Engadine p. 429)*, on parvient à St-Moritz.

NOS ADRESSES À DAVOS

TRANSPORTS

Train – *Chemin de fer rhétiques - Talstr. 4 - Davos Platz - ✆ 081 288 32 50 - www.rhb.ch.* Liaisons *via* Landquart vers Zurich ttes les h de 8h à 21h. Trains touristiques panoramiques une fois par jour : Glacier Express vers Zermatt, Bernina Express vers Poschiavo et Tirano (Italie). Les trains auto de la Vereina assurent une liaison entre Klosters et la Basse-Engadine ; ceux de l'Albula vers la Haute-Engadine. À emprunter en hiver lorsque les cols de Flüela sont fermés.

HÉBERGEMENT

La haute saison touristique est comprise entre la mi-janvier et la mi-mars.

PREMIER PRIX

Hôtel Alpina – *Richtstattweg 1 - ✆ 081 416 47 67 - www.alpina-davos.ch - fermé nov. et mai - 19 ch. - 110 CHF* ☕. Une sympathique pension, d'un bon rapport qualité-prix, sur les hauteurs de Davos. Accueil en français. Préférez les chambres côté sud avec balcon.

BUDGET MOYEN

Hôtel Bahnhof Terminus – *Talstr. 3 - ✆ 081 414 97 97 - www.bestwestern.ch/bahnhofterminus - 53 ch. - 200/330 CHF* ☕ *- rest. 45 CHF.* L'adresse, en face de la gare, est pratique pour les voyageurs en train. Superbe sauna et trois restaurants (fondues, cuisine italienne, chinois).

RESTAURATION

À Davos

BUDGET MOYEN

Stübli – *Bahnhofstr. 5 - ✆ 081 410 17 17 - www.fluela.ch - fermé de mi-avr. à fin nov. - 45/110 CHF.* Atmosphère très confortable dans le salon lambrissé de bois clair, où l'on sert une cuisine contemporaine sophistiquée.

Alpenhof – *Hofstr. 22 - ✆ 081 415 20 60 - www.alpenhof-davos.ch - fermé de mi-avr. à fin mai. et mar. en été. - 39/74 CHF.* Restaurant bien connu pour son ambiance rustique et conviviale mais aussi pour ses plats de viande des Grisons et sa magnifique terrasse.

À proximité

BUDGET MOYEN

Walserhuus Sertig – *Sertig - 10 km au sud de Davos - ✆ 081 410 60 30 - www.walserhuus.ch - 37 CHF - 10 ch. - 140/250 CHF.* Au bout de la route, dans la vallée de Sertig, vue sublime et assiettes copieuses de spécialités locales.

Lengmatta – *Frauenkirch - 6 km au sud-ouest de Davos - ✆ 081 413 55 79 - www.lengmatta.ch - 50 CHF - 14 ch. - 180/220 CHF.* Dans un immense chalet à la décoration raffinée et avec terrasse, une cuisine moderne et de tradition grisonne.

PETITE PAUSE

Kaffee Klatsch – *Promenade 72 - ✆ 081 413 30 16 - 7h30-19h (18h dim. et lun.).* Ambiance nordique et buffet de rêve : gaufres, brownies, amaretti, jus de fruits frais et 30 variétés de cafés.

ACTIVITÉS

Luge d'été – *✆ 081 415 51 51 - www.schatzalp.ch - 25 mai-22 oct. : 10h-17h - (3,50 CHF, la descente).* Une piste de 550 m au départ de Schatzalp.

Centre aquatique Eau-là-là – *Promenade 90 - ✆ 081 413 64 63 - 10h-22h - 8 CHF (piscine seule)/23 CHF.* Baignade et centre de bien-être (sauna, jacuzzi, massages).

AGENDA

Voir l'Agenda dans la partie « Organiser son voyage », p. 35.

Saint-Moritz

Sankt Moritz

★★

4 013 habitants – Canton des Grisons

NOS ADRESSES PAGE 425

S'INFORMER

Office de tourisme – *Via Maistra 12 - 7500 St-Moritz - 081 837 33 33 - www.engadin.stmoritz.ch - de mi-juin à mi-oct. et de mi-déc. à mi-avr. : lun.-vend. 9h-18h30, sam. 9h-12h30, 13h30-18h, dim. 16h-18h ; reste de l'année : lun.-vend. 9h-12h, 14h-18h, sam. 9h-12h.*

SE REPERER

Carte de région C2 (p. 398-399) – *Carte Michelin Regional n° 553 X10.*

À 87 km au sud de Coire, à 67 km au sud de Davos, à 152 km au nord-est de Bellinzone.

À NE PAS MANQUER.

Le musée Segantini, les forêts dorées des mélèzes en octobre, un panorama depuis un « 3 000 ».

ORGANISER SON TEMPS

St-Moritz n'est qu'un point de passage lors d'une découverte de l'Engadine. Passez au moins une journée dans les alentours, autour des lacs ou sur les sommets.

Cinq hôtels 5-étoiles et trois sommets à plus de 3 000 mètres… St-Moritz, la station « Top of the world », regarde toujours vers le haut. Endroit de rêve pour nouveaux riches, la ville ne semble pas le meilleur lieu de vacances pour qui n'est pas joueur de polo ou fin dégustateur de cigare. Pourtant, des touristes venus du monde entier, Japonais aux avant-postes, débarqués du Glacier Express, viennent visiter une réputation, une marque, une vaste peinture alpine. Heureusement, il reste encore ici des plaisirs gratuits : une randonnée dans une vallée discrète ou un plongeon revigorant dans le lac.

Se promener

Au 19e s., St-Moritz était connu pour ses sources thermales et fréquenté l'été. En 1864, Johannes Badrutt, pionnier de l'hôtellerie locale, lance un pari. Inviter quelques fidèles clients anglais à venir passer un séjour en hiver. Satisfait ou remboursé. Ses hôtes sont conquis. Le tourisme de neige est né et St-Moritz ne cessera plus d'innover : premier tournoi de curling sur le continent (1880), première piste de skeleton (1885) sur laquelle fut organisée la course dénommée Cresta Run, considérée comme le premier sport d'hiver organisé dans les Alpes. Idem pour une compétition en bobsleigh en 1890. Viendront ensuite le ski avec une course en 1893 et la première école consacrée à ce loisir en 1927. Par deux fois, en 1928 et 1948, St-Moritz organise les Jeux olympiques d'hiver.

Aujourd'hui, **St-Moritz-Dorf** se regroupe à mi-pente, au pied du campanile curieusement penché (Schiefer Turm) d'une église disparue, seul témoin monumental remarquable du village primitif. St-Moritz-Dorf présente ses beaux hôtels et ses boutiques de luxe. En revanche, l'architecture urbaine de **St-Moritz-Bad** surprend dans un tel site : sur le fond plat de la vallée de l'Inn se dispersent les vastes aménagements de ce grand quartier thermal, dont les sources ferrugineuses sont appréciées en rhumatologie, neurologie, cardiologie, etc.

★ **Musée engadinois** (Engadiner Museum)

Via del Bagn 39 - ✆ 081 833 43 33 - été : tlj sf sam. 10-12h, 14h-17h - fermé mai, nov., 2 janv., 26 fév., Pâques et 25 déc. - 5 CHF (enf. 2,50 CHF - livret en français (1 CHF).

La visite est incontournable pour qui veut comprendre l'architecture de la région. Avec sa galerie à arcades, ses fenêtres à ébrasements extérieurs, son oriel, ses sgraffites, le bâtiment est une reconstitution conforme au style local, édifié en 1906 pour sauvegarder un patrimoine remarquable : des ensembles mobiliers d'anciennes demeures patriciennes ou paysannes. Un « sulèr » introduit aux différentes salles décorées de somptueuses boiseries de pin arolle et de poêles de céramique.

★★ **Musée Segantini** (Segantini-Museum)

Via Somplatz 30 - ✆ 081 833 44 54 - ♿ - de mi-mai à mi-oct. et de mi-déc. à mi-avr. : tlj sf lun. 10h-12h, 14h-18h - fermé de mi-oct. à mi-déc., de mi-avr. à mi-mai, 1er janv., Pâques, Pentecôte, Ascension et 25 déc. - 10 CHF (enf. 2 CHF) - audioguide en français (3 CHF).

Le musée est consacré à **Giovanni Segantini** (1858-1899), l'un des artistes majeurs du symbolisme de la fin du 19e s. Peintre italien installé dans la région, il fut aussi l'un des rénovateurs de la peinture alpine, et ses toiles nous plongent dans les montagnes de l'Engadine et du val Bregaglia. Sous la coupole de la rotonde, éclairée par une douce lumière naturelle, se tient son œuvre la plus monumentale : le triptyque *La Vie, la Nature, la Mort*, large de plus de 10 m.

Musée Berry (Berry-Museum)

Via Arona 32 - ✆ 081 833 30 18 - www.berrymuseum.com - merc.-lun. 10h-13h, 16h-19h - 15 CHF.

Hébergé dans la séculaire villa Arona, ce musée rassemble des œuvres de **Peter Robert Berry**, médecin local et peintre né en 1864 et mort en 1942. Berry a étudié à Paris et reçut l'influence des plus grands. Et c'est dans un style qu'il doit entre autres à Giacometti qu'il passa des années à peindre les environs de sa ville natale à l'huile ou encore aux pastels.

PALACES ALPINS

C'est à St-Moritz, en 1896, que le mot palace acquiert sa connotation mondaine, après la création par Johannes Bradrutt du « Palace », château néogothique où défilèrent les écrivains anglo-saxons à succès. Nommé de nos jours **Badrutt's Palace Hotel**, il est le lieu glamour de la station où les stars aiment se montrer. Le **Kulm Hotel**, première création de J. Badrutt est le plus ancien des actuels 5-étoiles (1856). Sur les hauteurs, le **Carlton**, construit pour le tsar Nicolas II, est le plus petit avec 60 suites. À St-Moritz Platz, le **Kempinski Grand Hôtel des Bains** a des allures de château de conte de fées, tout comme le **Suvretta House**, à l'écart dans la forêt, sur la route de Champfèr.

Détail d'angle d'une maison de St-Moritz.
G. Bouchet-Cardinale/Photononstop

Chesa Futura

Via Tinus, St-Moritz-Dorf, derrière le départ du funiculaire de Chantarella. Pas de visite.

Cette étonnante maison en forme de bulle est une œuvre de l'architecte Norman Foster. Par son implantation sur pilotis et ses parois recouvertes d'un bardage en pin arolle, elle reprend des traditions de construction dans une création futuriste.

Domaine skiable

St-Moritz constitue l'une des principales stations d'hiver de la Suisse. Son domaine skiable propre, sur le massif du Piz Nair, n'est pas très étendu, mais le forfait « Ski Engadin », permet d'accéder aux installations du Piz Corvatsch, du Diavolezza, du Piz Lagalb et du Muottas Muragl qui totalisent 350 km de pistes.

Randonnées Carte de région

★★ Piz Nair C2

Env. 45mn dont 30mn de funiculaire (de St-Moritz-Dorf à Corviglia), puis de Corviglia à Piz Nair téléphérique, et 15mn à pied AR.

Téléphérique : 081 836 50 50 - de fin juin à mi.-oct. et de déb. déc. à mi-avr. : 8h-16h - dép. ttes les 20mn - 60 CHF AR.

De la terrasse de la station supérieure du téléphérique, la vue plonge sur la Haute-Engadine et ses lacs. Gagner ensuite, à pied, le point culminant pour jouir du **panorama★★** circulaire englobant les sommets de la Bernina.

★★ Val Suvretta da S. Murezzan

De la station supérieure du téléphérique du Piz Nair - 3h30 de marche - 1 200 m de dénivelé en descente.

On commence par une descente soutenue d'environ 50mn, dans un cadre rude dénué de végétation, vers le col de Suvretta (Pass Suvretta). Du col *(alt. 2 615 m)*, **vue**★★ sur le val Suvretta da Samedan dominé par le Piz Bever, et sur le Piz Julier et son glacier au sud. Prendre à gauche et gagner en 10mn le **lac Suvretta**★★, d'où se révèle une vue superbe au sud sur le massif de la Bernina (Piz Roseg, Scerscen et Bernina).
La descente, de plus en plus agréable, se poursuit le long du torrent, à travers des alpages où paissent des bovins. Après 1h de marche, le torrent dévale en cascade. Juste après, bifurquer à gauche pour prendre un sentier en montée. La pente est courte et l'itinéraire évolue ensuite sans dénivelée importante à flanc de montagne, offrant rapidement des **vues**★★ sur le village de Surlej, le Piz Corvatsch et le lac de Silvaplana. Terminer en suivant la direction St-Moritz-Dorf (belles vues d'ensemble sur la station).

★★★ Piz Corvatsch C3

Accès en 16mn par téléphérique au départ de Surlej (à l'est du lac de Silvaplana). Téléphérique : 081 838 73 73 - www.corvatsch.ch - de fin nov. à déb. avr. et de fin juin à mi-oct. : 8h-17h - fermé mai et nov. - dép. ttes les 20mn -40 CHF.
La montée jusqu'à la station de Murtel *(alt. 2 702 m)* fait déjà découvrir en totalité les lacs de Silvaplana et de Sils. La station supérieure *(alt. 3 303 m)* est située en contrebas du superbe tremplin que constitue le sommet du Piz Corvatsch *(alt. 3 451 m)*. Gagner la terrasse panoramique *(alt. 3 057 m)*, d'où se révèle un magnifique **tour d'horizon**★★★. On admirera tout d'abord à l'est l'ensemble glaciaire composé par les Piz Tschierva, Morteratsch, Palü, Bernina, Scerscen et Roseg, tandis que l'on devine en arrière-plan le massif de l'Ortler en Italie. Au nord-ouest, on surplombe l'ensemble de la vallée de l'Engadine et ses lacs, dominés par les Piz Lagrev, Julier, Bever et Ot. En arrière-plan, on découvre le Säntis et plus à l'ouest le Jungfraugruppe et le Sustenhorn.

★★ Fuorcla Surlej C3

De la station intermédiaire (Mittelstation) du téléphérique du Piz Corvatsch : 30mn ; promenade facile et agréable. Alt. 2 755 m.
De ce col, où a été aménagé un refuge, **vue**★★ superbe sur le massif de la Bernina.
Les plus sportifs continueront jusqu'au refuge Coaz (voir plus loin). Il est possible de redescendre à pied à Surlej en 2h30 en passant par le **lac Hahnensee**. La descente, assez rocailleuse, réserve des **points de vue**★★★ sur les lacs de Sils, Silvaplana, Champfer et St-Moritz.

★★★ Refuge Coaz (Coaz Hütte) C3

De Fuorcla Surlej à l'hôtel Roseggletscher : 5h de marche, sans compter les pauses, fatigante surtout dans la descente. Se renseigner à l'avance sur les horaires et les prix des calèches (réservation indispensable au 081 842 60 57), ainsi que ceux des bus pour revenir à Surlej en fin d'après-midi.
L'itinéraire, bien balisé, évolue à flanc de montagne sans dénivelé important. Il révèle rapidement des **vues**★★★ de plus en plus grandioses sur l'immense cirque glaciaire de fond de vallée, sur lequel trône le Piz Roseg. Agrémenté de quelques cascades et traversé de torrents, il parvient en 2h au refuge Coaz, perché dans un **cadre**★★ sévère et isolé de haute montagne *(alt. 2 610 m)*. Les glaciers de Roseg et de Sella dévalent et plongent dans un vaste lac blanc.
Revenir sur ses pas, puis bifurquer au bout de 15mn à droite vers Pontresina (Puntraschigna). Descente (40mn) pénible car raide et très rocailleuse jusqu'au lac de Vadret, que l'on longe. L'imposante langue glaciaire se jetant dans le lac

parsemé d'icebergs forme un **tableau★★★** à couper le souffle. Poursuivre la descente en bordure de torrent, la végétation reprenant peu à peu ses droits (pelouse et flore alpine, pins à crochets et mélèzes). On parvient en 1h30 à l'hôtel Roseggletscher *(alt. 2 000 m)*, terminus de cette randonnée exceptionnelle. Les glaciers tranchant avec la végétation renaissante dans la lumière du soir laissent une image finale éblouissante.
De l'hôtel, descendre en calèche jusqu'à Pontresina *(45mn)* puis utiliser le service de bus pour rejoindre Surlej.

★★ Muottas Muragl C2

Accès en funiculaire de la gare inférieure de Punt Muragl, à 4 km au nord-est de St-Moritz, direction Pontresina. Compter 1h AR env. dont 30mn de funiculaire : ✆ 081 842 83 08 - www.muottas-muragl.ch - de mi-juin à mi-oct. et de mi-déc. à mi-avr. : 8h-23h - ttes les 30mn - 27 CHF AR.
Le belvédère classique de la Haute-Engadine d'où l'on voit parfaitement le chapelet de lacs qui se succèdent de St-Moritz à Maloja encadré par les chaînons du Piz Rosatsch et du Piz Julier. À gauche de cette trouée se déploient le cirque glaciaire de Roseg et les cimes éclatantes du massif de la Bernina : Piz Morteratsch, Piz Bernina, Piz Palü. Insolite : de Noël à avril, on peut dormir dans un hôtel constitué d'**igloos** ou encore boire un verre dans un bar bâti dans la glace *(voir Nos adresses à St-Moritz : Igloo Dorf)*.

Circuit conseillé Carte de région

★★★ ROUTE DE LA BERNINA (Berninastrasse)

Itinéraire de 56 km de St-Moritz à Tirano (Italie) – voir le circuit 9 tracé en vert sur la carte de région (p. 398-399) – compter 2h.
Ne pas entreprendre trop tard dans l'après-midi le parcours du versant engadinois, pour bien repérer le cirque glaciaire de Morteratsch. Le col de la Bernina peut être obstrué par la neige d'octobre jusqu'à mai. La route du col n'est pas déneigée la nuit. Contrôle douanier suisse à Campocologno ; contrôle douanier italien à Piattamala.
Ce magnifique parcours de haute montagne remonte le val Bernina jusqu'au col, au sud, duquel le val Poschiavo plonge sur Tirano. En voiture ou en train, à bord du Bernina Express, l'itinéraire tutoie les glaciers de l'Engadine, en Suisse, avant de rejoindre les palmiers de la Valteline, en Italie.
Quitter St-Moritz au nord puis tourner à droite dans la route n° 29.

Pontresina C2

La station de ski de Pontresina est située dans la région la plus élevée de Haute-Engadine, à l'entrée du val Bernina, en vue du cirque glaciaire de

UN TRAIN DE GÉNIE

La ligne de chemin de fer qui relie Coire, et St-Moritz, à Tirano est une merveille du génie civil du début du 20e s. : ponts en maçonnerie uniques, courbes serrées, viaduc hélicoïdal de Brusio… Sur un des tracés les plus abrupts du monde, les voitures panoramiques du **Bernina Express** franchissent, sans crémaillère, un col à 2 253 m d'altitude. La ligne assure la seule liaison permanente, même en hiver, entre le val Poschiavo et le reste du territoire suisse.

5

Roseg et des ressauts neigeux du Piz Palü *(alt. 3 912 m)*. C'est d'ici que les alpinistes entreprennent de magnifiques courses glaciaires dans le massif de la Bernina. De leur côté, les promeneurs cheminent vers Alp Languard, sur un chemin en corniche, en utilisant le funiculaire du **Muottas Muragl** *(voir p. 423)*.

★★★ Belvédère de Chünetta C3

1h à pied AR. 3 km après Pontresina, bifurquer à droite sur la route du glacier de Morteratsch et laisser la voiture à l'un des parkings (courte ou longue durée). Alt. 2 083 m.

Traverser le pont, puis la voie ferrée, et, à l'extrémité d'un champ de cailloux roulés par le torrent, prendre le sentier de droite qui monte sous les mélèzes. Au bout de 20mn, la 2e bifurcation rencontrée offre une vue dégagée : tourner alors à droite pour grimper en quelques instants au belvédère. De là se découvre le grandiose cirque glaciaire de **Morteratsch** dominé, de gauche à droite, par le Piz Palü, le Piz Bellavista, le Piz Bernina, pyramide à la pointe ébréchée (point culminant du massif – alt. 4 049 m), le Piz Morteratsch et sa lourde calotte de neige, le Piz Boval. Au premier plan meurt la langue terminale du glacier, encadrée d'énormes remblais morainiques.

Revenir sur la route du col de la Bernina.

Après deux lacets suivis d'un passage à niveau, la **vue★★** sur les cimes les plus glorieuses du massif de la Bernina devient splendide. La route débouche ensuite dans la dépression supérieure de la Bernina, encore verdoyante.

★★★ Diavolezza C3

1h AR env. dont 9mn de téléphérique : ✆ 081 830 00 00 - www.engadin.stmoritz.ch - de fin. juin à fin nov. : 8h30-17h - 33 CHF AR. Alt. 2 978 m.

L'ancien refuge de la Diavolezza (aujourd'hui restaurant) a constitué, pour des générations d'alpinistes et de skieurs, le point de départ d'une des courses de glacier les plus fameuses d'Europe. **Vue★★★** splendide sur le Piz Palü, le Piz Bellavista, le Piz Zupó, le Crast Agüzza (reconnaissable à la blancheur de sa pointe), le Piz Bernina, le Piz Morteratsch et le refuge Boval.

★★ Col de la Bernina (Passo del Bernina) C3

Alt. 2 328 m. La route, quittant la dépression occupée par le Lago Bianco (lac Blanc) et suivie de bout en bout par la voie ferrée, s'élève jusqu'à ce passage latéral, offrant des **vues★★★** parfaitement dégagées sur le Piz Cambrena et son glacier.

★★★ Alp Grüm C3

De la gare d'« Ospizio Bernina » (accessible en voiture par un chemin en descente s'amorçant au col de la Bernina), 1h environ AR dont 10mn de chemin de fer jusqu'à la station Alp Grüm. Alt. 2 091 m.

Vue impressionnante sur le glacier du Palü et le val Poschiavo.

Du col de la Bernina au replat de la Rösa, la route, plongeant dans le **val Agone**, encadré par les escarpements chaudement colorés du Piz Campasc et de la

Cima du Cardan, adopte un tracé capricieux. L'arrivée à la Rösa fait face au beau cirque rocheux du Teo. Ensuite la parure forestière des versants s'assombrit en raison de la multiplication des épicéas, avant que n'apparaissent en contrebas les villages de San Carlo et de Poschiavo, dominés par l'épaule glaciaire du Pizzo Scalino.

★ Poschiavo C3

La rue principale du bourg est resserrée entre de hauts bâtiments uniformes aux fenêtres régulières, qui ne doivent plus rien au style architectural de l'Engadine : une ambiance toute transalpine. Fermant la place communale, l'**église St-Victor** (début du 16e s.) témoigne par son architecture de la situation particulière des Grisons, terre de transit pour les hommes et les biens, mais aussi pour les influences artistiques. L'allure générale de l'édifice, avec son toit à faible pente, et surtout son campanile élancé à cinq étages d'arcatures, est bien lombarde. Mais le réseau de voûtes en étoile, particulièrement remarquable dans le chœur, relève d'une mode germanique propre à la dernière période du gothique.

Le **lac de Poschiavo** fait l'agrément du trajet Poschiavo-Miralago. Très haut sur le versant est, escarpé et boisé, pointe le clocher de San Romerio.

Miralago D3

De ce hameau au nom évocateur (« regarde le lac »), la **vue★** se porte vers l'amont et découvre, pour la dernière fois, un horizon de haute montagne.

De Miralago à **Tirano**, la pente redevient rapide. Les vignes et les champs de tabac se multiplient. Remarquer à Brusio la boucle, entièrement à ciel ouvert, que décrit la voie ferrée. L'église de pèlerinage de Madonna di Tirano, de style Renaissance, marque l'arrivée en terre italienne.

NOS ADRESSES À SAINT-MORITZ

TRANSPORTS

Train – *Chemins de fer rhétiques - Bahnhof - St-Moritz-Dorf - ✆ 081 288 56 40 - www.rhb.ch.* Trains touristiques : Glacier Express vers Zermatt (8h, 133 CHF + 33 CHF de réservation), Bernina Express vers Tirano (2h15, 58 CHF, 1 AR/j avec les voitures panoramiques).

Bus – *✆ 081 837 67 60 - www.post.ch - 74 CHF.* Liaison en car postal (Palm Express) vers Lugano (3h50).

HÉBERGEMENT

Certains hôtels de la région proposent des forfaits « Tophit » qui donnent un accès gratuit aux remontées mécaniques (à partir de 241 CHF, 3 nuits en 2-étoiles). Prix haute saison en hiver.

À St-Moritz

BUDGET MOYEN

Hotel Soldanella – *Via Somplatz 17 - ✆ 081 830 85 00 - www.hotel-soldanella.ch - fermé de mi-nov. à mi-déc. et de fin mars à fin mai - 36 ch. - 210/300 CHF ☕.* L'allure d'un petit palace d'autrefois (1905). Les chambres avec vue sur le lac valent le supplément de prix.

POUR SE FAIRE PLAISIR

Hotel Hauser – *Via Traunter Plazzas 7 - ✆ 081 837 50 50 - www.hotelhauser.ch - 51 ch. 260/420 CHF ☕ - rest. 40 CHF.* Au centre-ville, dans un immeuble moderne, des chambres très spacieuses. Brasserie, salon de thé et confiserie au rez-de-chaussée.

À proximité

BUDGET MOYEN

Igloo Dorf – *Muottas Muragl - ✆ 041 612 27 28 - www.iglu-dorf.com - ouvert de Noël à fin avr. - par pers. et en demi-pension : 159/470 CHF.* Une expérience unique : dormir dans un igloo en pleine montagne. Igloos pour deux ou pour six, fondue, randonnée et petit-déjeuner pour tous, sauna et jacuzzi pour les prestations les plus chères.

RESTAURATION

PREMIER PRIX

Grischuna – *Via Maistra 17 - ✆ 081 837 04 04 - www.monopol.ch - fermé avr.-mai et oct.-nov. - 22/29 CHF.* Cet élégant restaurant propose une cuisine italienne avec une touche contemporaine influencée par l'école de cuisine italienne Cucina Casalinga.

Engiadina – *Plazza da Scoula 2 - ✆ 081 833 32 65 - www.restaurant-engiadina.ch - fermé mai et nov., dim. (et sam. en juin et oct.) - 30/42 CHF.* Un restaurant familial et sympathique, loin du luxe des palaces. Spécialités grisonnes.

POUR SE FAIRE PLAISIR

Cascade – *Via Somplaz 6 - ✆ 081 833 33 44 - www.cascade-stmoritz.ch - ouv. le soir seulement - fermé de fin avr. à fin juin et de mi-oct. à fin nov. - 67/113 CHF.* Dans une atmosphère bistrot élégante de style Belle Époque, une cuisine internationale aux influences italiennes.

PETITE PAUSE

Hanselmann Kaffeehaus – *Via Maistra 8 - ✆ 081 833 38 64 - 7h30-19h.* Un paradis de douceurs dans ce salon de thé qui est aussi une bonne adresse pour la pause déjeuner.

ACHATS

Posters – Les célèbres anciennes affiches touristiques de St-Moritz d'avant-guerre (1907-1911) sont en vente à l'office de tourisme.

Librairie Wega – *Via Mulin 4 - ✆ 081 833 31 71.* Grand choix de cartes de randonnées.

EN SOIRÉE

Whiskykeller – *Hotel Waldhaus am See - ✆ 081 836 60 00 - 16h-0h30.* Au bord du lac de St-Moritz, le plus fourni des bars à whisky du monde avec 2 500 bouteilles rares. Salle lounge pour fumeurs.

ACTIVITÉS

Baignade – L'eau des lacs Marsch et Staz (Lej Marsch, lej da Staz) atteint parfois 22° en été. Sites agréables dans la forêt.

Thermes (Heilbad) – *Plazza Paracelsus - ✆ 081 833 30 62 - à partir de 35 CHF.* Bains minéraux, aromatiques, de boues. Soins aux eaux thermales de St-Moritz.

AGENDA

Voir l'Agenda dans la partie « Organiser son voyage », p. 35.

Engadine

Engadin

★★★

NOS ADRESSES PAGE 435

SE REPERER

Carte de région CD1-2 (p. 398-399) – *Carte Michelin Regional n° 553 Y-Z 9-10.*

Longue vallée de 100 km, de Maloja au sud-ouest (à 30 km de Chiavenne, en Italie) jusqu'à la frontière autrichienne (à 100 km d'Innsbrück). Les vallées de Bregaglia, Poschiavo et Müstair ne font pas partie du bassin de l'Inn.

À NE PAS MANQUER.

Les lacs de Haute-Engadine, le village perché de Soglio dans les lumières du soir, les façades décorées des maisons de Guarda et d'Ardez, un bain dans les thermes de Scuol, les paysages agricoles du val Müstair.

ORGANISER SON TEMPS

Compter 2 à 3 jours minimum pour avoir un aperçu de l'Engadine et des vallées voisines.

Dès le premier coup d'œil, la vallée se montre à nul autre pareil. Elle est perchée, presque « andine »... Venant du nord, par les cols du Julier ou de l'Albula, on la voit s'étaler, profonde de quelques centaines de mètres seulement; par l'Italie et le « faux-col » de la Maloja, on débouche, à 1 800 m d'altitude, de plain-pied dans le berceau du Haut Inn. La nappe d'eau calme et majestueuse du lac de Sils marque le début du cours de cette rivière, seul affluent suisse du Danube. D'abord la Haute-Engadine, terre de tourisme depuis 150 ans où la station de St-Moritz flirte avec la jet-set. Ensuite, la Basse-Engadine, si agricole et préservée, restée assez isolée jusqu'en 1999 – date de construction du tunnel de la Vereina – Nietzsche écrivait en 1879 avoir trouvé ici la « Terre promise ». Toujours rien à démentir aujourd'hui...

Circuits conseillés Carte de région

★★ VAL BREGAGLIA

Itinéraire de 39 km de St-Moritz à Soglio – voir le circuit 5 tracé en vert sur la carte de région (p. 398-399) – compter 1h30.

Quitter St-Moritz au sud par la route n° 27, qui rejoint la route n° 3 à partir de Silvaplan.

En sortant de St-Moritz, la route file au pied des versants de la haute vallée de l'Inn en longeant les **lacs★★ de Silvaplana et de Sils** égayés par une presqu'île boisée.

★ Sils C3

Cette villégiature élégante et tranquille de la Haute-Engadine groupe les localités de Sils-Baselgia (Sils-Église) et de **Sils-Maria** que domine le Waldhaus, hôtel-château construit en 1908. Près de l'église de Sils-Maria, le souvenir du philosophe allemand Friedrich Nietzsche, qui séjourna ici chaque été entre 1881 et 1888, revit dans sa maison aménagée en musée. Les lignes adoucies du paysage, tant dans la vallée principale que dans la vallée affluente de Fex, ainsi que les deux lacs, participent à son charme. Entre les lacs, on bénéficie vers le sud d'une échappée sur le cirque glaciaire très évasé qui marque l'origine du val Fex, au pied du massif de la Bernina.

Maloja C3

Le monumental Hotel-Kursaal (1884), appelé autrefois le « Monte-Carlo des Alpes » et transformé en centre de vacances, annonce l'arrivée à Maloja.

Tour du Belvédère (Turm Belvedere) – *De Maloja-village, 30mn à pied AR par un chemin s'amorçant à hauteur de l'hôtel Schweizerhaus.* Du sommet de la tour – vestige d'une grandiose entreprise du siècle dernier, restée inachevée –, le **panorama★** s'étend au sud sur les montagnes du Bergell et, du côté de l'Engadine, au-delà du lac de Sils, sur le chaînon Rosatsch-Corvatsch.

L'ancien parc du château présente quelques belles marmites d'érosion glaciaire, visibles en contrebas de la tour, près des palissades de protection qui entourent ces cavités.

Col de Maloja (Passo del Maloja) C3

Alt. 1 815 m. Il met en communication les vallées de l'Inn (Engadine) et de la Mera (val Bregaglia ou Bergell). Ce col, le moins élevé entre la Suisse et l'Italie, marque la limite de l'Engadine proprement dite. S'il est à peine perçu du côté engadinois, il l'est bien davantage du côté opposé où le torrent de la Mera a creusé profondément sa vallée. Face à l'hôtel Maloja Kulm, **belvédère** et **vue** plongeante sur le val Bregaglia.

★★ Val Bregaglia B3

Cette vallée prolonge la percée alpine de l'Inn. Une série de lacets permet de gagner Casaccia, point de jonction avec l'antique chemin du Septimer qui rejoignait Bivio, en contrebas du col du Julier. En avant du Piz Cacciabella, repérable à son petit névé arrondi, se creuse la vallée « suspendue » typique d'Albigna, coupée par un grand barrage.

En aval de Löbbia s'offre une **vue** dégagée, en contrebas, sur le palier de Stampa Vicosoprano bordé, du côté nord, de magnifiques sapinières et de massifs de mélèzes. Les villages entre Vicosoprano et Promontogno – et parmi eux Stampa, où est né le peintre et sculpteur Alberto Giacometti, Borgonovo où il est enterré près de l'autre artiste de la famille, Augusto – manifestent la régression de l'influence engadinoise : hautes maisons dégingandées, étroites rues pavées, groupes de petites granges alignant leurs pignons à claire-voie se font moins prédominants. La végétation alpestre laisse peu à peu sa place aux châtaigneraies, à la vigne et aux arbres fruitiers.

Après Stampa, ne pas emprunter le tunnel, mais suivre « Promontagne » pour franchir le verrou de la Porta par l'ancienne route.

La Porta B3

Cet « étroit » de la vallée, fortifié dès l'époque romaine, marque la frontière naturelle entre le val Bregaglia alpestre et le val Bregaglia méridional. Le donjon de Castelmur apparaît sur un éperon, en contre-haut du campanile roman de Nossa Donna. La chaussée ancienne, surélevée et encore bien visible,

Le lac de Sils.
M. Ripani/Sime-4Corners Images/sime/Photononstop

coupait plus directement le promontoire en traversant la muraille d'enceinte, aux vestiges encore importants. Castelmur était la position clé de « l'Obere Strasse » (la « route Supérieure ») sur le versant italien.

★★ Soglio B3

Accès par un chemin étroit en très forte montée. Ce village, dont le **site★★** réunit les aspects les plus pittoresques du Bergell, s'élève vis-à-vis du cirque rocheux qui ferme le val Bondasca. La paroi lisse du Pizzo Badile compte parmi les plus étonnantes des Alpes. Tranchant parmi les maisons qui se serrent auprès du campanile de l'église, les nobles façades de plusieurs « palais Salis » évoquent ici le souvenir d'une des familles grisonnes les plus connues en dehors de la Confédération, nombre de ses représentants ayant fait carrière dans la diplomatie.

★★★ HAUTE-ENGADINE

Itinéraire de 34 km de St-Moritz à Zernez – voir le circuit 6 tracé en vert sur la carte de région (p. 398-399) – compter 1h30.

Quitter St-Moritz au nord par la route n° 3, puis prendre à gauche la route n° 27.

Après le versant boisé séparant St-Moritz de Celerina, l'itinéraire se déroule sur le palier inférieur de la Haute-Engadine que l'Inn inonda régulièrement. La rivière fut canalisée entre Samedan et Zuoz à la fin du 19e s.

5

Celerina C2

7505 Celerina - 081 830 00 11 - www.engadin.stmoritz.ch - de mi-juin à mi-oct. et de mi-déc. à mi-avr. : lun.-vend. 8h30-18h30, sam. 9h-12h, 14h-18h, dim. 16h-18h ; reste de l'année : lun.-vend. 8h30-12h, 14h-18h - fermé w.-end.

Au pied du ressaut boisé de mélèzes qui sépare le bassin de Samedan du gradin supérieur des lacs de la Haute-Engadine, Celerina (en romanche « Scharigna ») joue un peu le rôle d'une annexe de St-Moritz, surtout dans le domaine de l'équipement sportif. C'est d'ailleurs ici – plus précisément au quartier de

Cresta, où se concentrent les grands hôtels de la station – que se terminent les fameuses pistes de bob et de skeleton de Cresta.

Près de l'Inn (*En*, en romanche), le vieux Celerina conserve un bel ensemble de **maisons engadinoises**.

Église St-Jean (San Gian) – *Isolée sur une butte, à 500 m à l'est du village - ✆ 081 830 00 11 - visite guidée de mi-juin à mi-oct. : lun. 14h-16h, merc. 16h-17h30, vend. 10h30-12h ; de mi-déc. à mi-avr. : lun.-merc. 14h-16h, vend. 10h30-12h - dép. 30mn apr. l'ouverture de l'église.* Ce sanctuaire roman surmonté d'une tour découronnée est une des silhouettes monumentales familières de la vallée de l'Inn. À l'intérieur, beau plafond peint de 1478 et vestiges de fresques de la même époque.

Samedan C2

À l'entrée d'une petite plaine intérieure triangulaire où les grandes stations de la Haute-Engadine ont pu trouver les espaces nécessaires à l'aménagement d'un golf, d'un terrain d'aviation et de vol à voile, Samedan a pour horizon les hauts sommets du massif de la Bernina, visibles au sud : Piz Morteratsch, cône glaciaire bien détaché – et Piz Palü – arête neigeuse accidentée de trois ressauts.

Le bourg constitue une villégiature plaisante pour les touristes épris de couleur locale. Ses **maisons engadinoises** offrent l'ensemble le plus typique des environs immédiats de St-Moritz. On remarquera ainsi, au cœur du village, face à la Maison communale, l'imposant bloc formé par la double « maison Planta » (chesa Planta – du nom d'une des plus anciennes familles des Grisons), où est installée la Bibliothèque romanche, institution très liée au maintien de la langue et des traditions du pays. *Visite guidée de mi-juin à déb. oct. : mar.-jeu. à 16h30.*

★★ Zuoz C2

Via Maistra - 7524 Zuoz - ✆ 081 854 15 10 - www.engadin.stmoritz.ch - de fin juin à mi-oct. et de mi-déc. à mi-mars : tlj sf dim. 8h15-12h30, 14h-17h30 ; reste de l'année : tlj sf w.-end 8h15-12h, 14h-17h30.

Zuoz, village bien équipé pour les séjours d'été, réserve à l'amateur d'architecture la découverte d'un ensemble de **demeures engadinoises★★** construites, pour la plupart, par des membres de la famille Planta, célèbre dans les annales des Grisons.

★★ **Place centrale** (Hauptplatz) – Sa fontaine est surmontée de l'ours héraldique des Planta (le blason de la famille porte plus exactement une patte d'ours coupée, la plante – *planta* – tournée vers le haut). La place est bornée au nord par la « maison Planta », composée de deux habitations distinctes abritées sous le même toit. Cet ensemble reste soumis aux canons du style engadinois *(voir p. 98)*, mais ses dimensions inaccoutumées, son escalier extérieur à rampe de style rococo lui donnent un cachet seigneurial.

Le long de la rue principale, l'auberge Crusch Alva (1570) est décorée, au pignon, d'une série de blasons. On reconnaît, à droite de saint Luzius, l'évangélisateur de la Haute-Rhétie, les armes des trois « Ligues » *(voir p. 402)*, des « XIII cantons » helvétiques de l'époque, enfin celles des trois familles Salis (un saule – *salix* en latin), Planta et Juvalta.

Faire le tour de la maison Planta pour passer sous les arcades qui relient ce bâtiment à la « Tuor » (tour Planta, du 13e s.) et descendre à l'église.

Église (Dorfkirche) – Dominée par un clocher grêle, l'église conserve un vaisseau couvert de voûtes en étoile. Le motif de la patte d'ours revient souvent dans sa décoration intérieure. Trois fenêtres sont pourvues de vitraux

LE PARC NATIONAL SUISSE

Le Parc national suisse, fondé en 1914, s'étend sur 172 km² et s'étage de 1 400 à 3 200 m d'altitude, entre le val Müstair, la vallée de l'Inn et le col de l'Ofen (Ofenpass). C'est la plus grande réserve naturelle de Suisse et le seul parc national du pays. Cet espace est soumis à une réglementation de protection de la nature très contraignante : l'homme ne doit être ici qu'un simple observateur. On y admire des paysages grandioses, notamment de juin à août, quand fondent les dernières neiges et que la floraison est la plus intense : edelweiss, gentianes… Avec un peu de chance et de la patience, on pourra surprendre marmottes, cerfs (à la période du brame de mi-septembre à début octobre), chamois, bouquetins et gypaètes barbus, rapaces réintroduits en 1991.

modernes : ceux de l'abside (l'Espérance et la Charité), dus au talent vigoureux d'Augusto Giacometti, et celui des « Trois Rois » par Gian Casty.

La vallée se resserre et se vide d'habitations entre Punt-Ota, frontière traditionnelle entre la Haute et la Basse-Engadine, et Zernez.

Zernez D2

Ce bourg se situe au confluent du Spöl et de l'Inn, aux portes du Parc national suisse. On pourra choisir de poursuivre sa route vers Scuol et la Basse-Engadine, prendre la direction du val Müstair ou profiter des possibilités de découverte d'une nature préservée.

★★ **Centre du Parc national suisse** (Nationalparkhaus) – *✆ 081 856 13 78 - www.nationalpark.ch - janv., de mi-mars à mi-mai et nov.-Noël : tlj sf w.-end 9h-12h, 14h-17h ; de mi-mai à fin oct. : 8h30-18h ; de déb. fév. à mi-mars : lun.-sam. 9h-17h, dim. 14h-17h - fermé 26 déc.-2 janv. - 7 CHF (enf. 3 CHF).* La visite de ce centre d'information récemment refondu est un préalable à toute excursion sur le terrain. Dans le grand bâtiment monolithique, l'exposition permanente présente le parc au moyen de nouveaux dispositifs vidéo et informatiques : survol virtuel en 3D du territoire, carte en relief avec pointage laser, DVD multilingue… Les enfants auront plaisir à manipuler ces outils et à pénétrer dans la reconstitution d'un terrier de marmottes.

On obtiendra ici tous les renseignements utiles sur les 80 km de sentiers, la **réglementation** (randonnées uniquement sur les itinéraires balisées ; VTT, camping, cueillette et animaux de compagnie interdits) et les transports. Pour le respect de l'environnement, on est obligé de laisser sa voiture à l'un des parkings identifiés, et si on le souhaite, on est invité à se rendre au départ des balades en utilisant les cars postaux.

Parmi les **sorties** proposées chaque semaine en été : observation des gypaètes barbus sur le site du Margunet, le mardi ; balade naturaliste dans le val Trupchun intéressant pour sa riche faune sauvage, le jeudi. *Réservation obligatoire à la maison du Parc - durée 6h - 25 CHF (enfants 10 CHF).*

★★★ LA BASSE-ENGADINE

Itinéraire de 44 km de Zernez à Martina – voir le circuit 7 tracé en vert sur la carte de région (p. 398-399) – compter 3h.

Quitter Zerner au nord par la route nos 27-28.

De Zernez à Susch, la route, côtoyant l'Inn, s'enfonce dans le défilé boisé de la « Clüs ». Le Piz Linard laisse peu à peu apercevoir, dans l'axe de ce paysage, ses faces rocheuses toujours veinées de neige. Au-delà de Susch, l'épanouissement

5

de la vallée, que surveille de sa terrasse le village de Guarda, fait place à un nouvel « étroit » où la route domine par endroits d'environ 150 m les eaux troubles du torrent.

Quitter la route principale de fond de vallée pour monter à Guarda (2,5 km). Pour profiter au mieux de la lumière du soleil sur les sommets, on a intérêt à faire cet itinéraire dans le sens Guarda-Scuol, l'après-midi ou Scuol-Guarda, le matin.

★★ Guarda D1

Avec ses maisons décorées de sgraffiti et, au-dessus des portes, de blasons, ses rues pavées, tortueuses et escarpées, ses fontaines, Guarda est considérée comme le village typique de la Basse-Engadine et l'un des mieux conservés de toute la région.

★ Ardez D1

Toits groupés au pied de la **tour de Steinsberg**, ce village mérite un arrêt pour ses maisons peintes à charmants oriels fleuris. Le sujet de la faute originelle a permis au décorateur de la « maison d'Adam et d'Ève » de brosser un luxuriant décor végétal.

À Ardez, on pourra reprendre la voie principale quittée à Guarda ou emprunter une petite route non asphaltée, mais très praticable, pour se rendre à Scuol, via *Ftan (itinéraire décrit ci-dessous).*

La petite route supérieure qui s'engage dans le val Tasna déploie de magnifiques **belvédères**★★ au-dessus du bassin de Scuol, du fier château de Tarasp et leur cadre de montagnes. Au loin se succèdent les plans montagneux des Dolomites de la Basse-Engadine (groupes du Piz Lischana et du Piz St-Chalambert) jusqu'aux crêtes marquant la frontière entre la Suisse, l'Italie et l'Autriche.

★ Scuol/Schuls D1

Sur le versant cultivé de la vallée, ce village paysan s'est transformé en un centre touristique et commerçant, animé par le trafic qui emprunte l'itinéraire international Engadine-Autriche.

Au pied de sommets dolomitiques couleur mastic, enveloppés dans un manteau vert sombre de forêt, Scuol dévoile un paysage grandiose quand l'ensemble se découpe sur fond d'azur, dans les lumières douces du matin ou du soir. Ce centre de cure, pour la santé ou le seul bien-être, est un bastion de la langue romanche, où une loi impose une double inscription sur les boutiques. On ira donc boire un verre dans un « cuafför » ou manger un morceau dans un « restorant ».

ALLEGRA E BAINVGNIEU...

Bonjour et bienvenu, en romanche. L'Engadine est tiraillée entre deux langues, l'italien et l'allemand, et tente d'en maintenir une troisième : le **romanche**, reconnu quatrième langue nationale de la Confédération en 1938. Cousin éloigné de l'italien et du français, de la famille rhéto-romane, il est parlé par environ 40 000 Grisons. Ici, le pain se dit pan, et l'enfant est uffant. Le romanche est l'héritage de la conquête de la Rhétie, voici 2 500 ans, par les légions romaines de Tibère et Drusus : le latin s'y mêla aux langues locales, donnant naissance aux romanches actuels. En effet, cette langue se décline en cinq idiomes liés chacun à une région grisonne : sursilvan, puter, vallader, surmiran, sutsilvan. Une version standardisée, le « rumantsch grischun » a été introduite en 1982.

En contrebas de la route de traversée du village – sur l'itinéraire Engadine-Autriche (St-Moritz-Landeck) – le noyau ancien de la localité s'ordonne toujours autour de deux places pavées qui offrent des ensembles de constructions au cachet purement engadinois. La « **Chagronda** » (Chasa Gronda), reconnaissable à ses deux galeries superposées, est le bâtiment le plus imposant. Il date des 16e et 18e s. et abrite actuellement le musée de la Basse-Engadine. *✆ 081 864 19 63 - www.scuol.ch - juil.-sept. : mar., merc. et vend. 15h-18h ; juin et oct. : mar. et vend. 16h-18h - visite guidée le jeu. à 16h - 5 CHF (enf. 2 CHF).*

De Scuol, rejoindre en voiture le Kurhaus Tarasp (à 2 km sur la route vers Susch). On peut s'y rendre à pied par des chemins qui relient Scuol, Tarasp et Vulpera. De Scuol : Kurhaus Tarasp par les bords de l'Inn (35mn), Vulpera (30mn), Tarasp Fontana (1h15).

Tarasp D1

Au fond de la vallée de l'Inn, l'ancien centre balnéaire de Tarasp (Kurhaus) se réduit aux vastes installations hôtelières et thermales du Scuol Palace. La buvette, longue bâtisse du 19e s. (trinkhalle), et un bar moderne (accès par une passerelle) permettent de goûter aux diverses eaux, plus ou moins minéralisées et goûteuses.

★★ **Kreuzberg** – *Du Kurhaus Tarasp, suivre la montée de Vulpera et aussitôt après l'hôtel Schweizerhof, tourner à droite. Se garer à Tarasp-Fontana. Emprunter le chemin grimpant à Tarasp-Sparsels, au pied du château. À l'extrémité de Sparsels, prendre à droite le chemin débouchant dans les prés, en vue de la croix qui surmonte le tertre gazonné du Kreuzberg. Alt. 1 474 m.* De ce belvédère, on peut apprécier le **site** du château et un **panorama** englobant toute la Basse-Engadine avec ses « Dolomites » (Piz Lischana et Piz Pisoc) et ses villages-balcons (Ftan, Sent).

★ **Château de Tarasp** (Schloss Tarasp) – *✆ 081 864 93 68 - www.schloss-tarasp.ch - visite guidée (45mn) de déb. juin à mi-juil. à 14h30 ; de mi-juil. à mi-août à 11h, 14h30, 15h30 et 16h30 ; de mi-août à mi-oct. à 14h30 et 15h30 ; de Noël à Pâques : mar. et jeu. à 16h30 - 10 CHF (enf. 5 CHF).* Le château resta une enclave autrichienne en terre grisonne jusqu'en 1803. Après maintes vicissitudes préjudiciables à ses aménagements intérieurs, aujourd'hui disparates, la forteresse a été restaurée (1907-1916) et est habitée, en saison, par la famille de Hesse-Darmstadt.

★ Vulpera D1

Hôtels anciens et modernes, jardin public avec ses parterres fleuris et son kiosque à musique, terrains de tennis... Construite sur une terrasse du versant boisé de la vallée, la station, toute à son ambiance paisible de lieu de cure, regarde le domaine skiable de Scuol sous les Piz Clünas et Champatsch.

Sent D1

C'est un beau village aux maisons impeccablement entretenues par des émigrés grisons revenant en villégiature dans leur petite patrie ; remarquer en particulier des pignons baroques dits « de Sent » curieusement festonnés.

En aval de Scuol, la vallée se resserre entre les crêtes marquant la frontière italienne à droite et les versants striés de torrents descendus du massif de la Silvretta à gauche. À **Martina**, elle se creuse dans un défilé de direction nord en contrebas du village autrichien de Nauders et du Reschenpass où s'ouvre un itinéraire vers les Dolomites.

★★ ROUTE DU COL DE L'OFEN

Val Müstair : itinéraire de 38 km de Zernez à Müstair – voir le circuit 8 *tracé en vert sur la carte de région (p. 398-399) – compter 2h.*

La route n° 28 du col de l'Ofen (Pass del Fuorn) relie l'Engadine au val Venosta en Italie. Elle serpente d'abord dans le val dal Spöl puis entre dans le parc national au lieu-dit Ova Spin. Le stationnement n'est autorisé que sur l'un des dix parkings signalés.

Sentier didactique D2

Parking n° 6, lieu-dit Il Fuorn, face à l'hôtel - 3h30.

Cet itinéraire pédestre en boucle, ponctué de panneaux d'informations sur la nature, traverse le val da Stabelchod jusqu'au col de Margunet *(alt. 2 328 m)* et rejoint le val dal Botsch. Livret d'accompagnement en vente à la maison du Parc.

Col de l'Ofen (Ofenpass) D2

Alt. 2 149 m. Il sépare le val dal Spöl au nord du val Müstair au sud dont le torrent, le Rom, est tributaire de l'Adige. Sur la route ou sur les sentiers, on est surpris par ses immenses solitudes boisées et ses vallons sauvages dont le manteau forestier – notamment des pins de montagne (pin mugo) –, volontairement abandonné à lui-même, n'est interrompu que par le lit des torrents. Ses arbres morts, laissés sur place, offrent un spectacle étonnant dans un pays d'habitude si « jardiné ».

Du col à Tschierv, plusieurs passages en corniche offrent de jolies échappées vers l'aval et surtout sur la coupole neigeuse de l'Ortles. Après Tschierv, les herbages, les bois de mélèzes et les clochers à bulbe des églises de Fuldera et de Valchava offrent un certain cachet tyrolien à la vallée. À Santa Maria débute la route du **col de l'Umbrail** (16 km) qui mène à Bormio (Italie).

★★ Müstair D2

Le chef-lieu du **val Müstair** est la seule portion du territoire helvétique faisant partie du bassin de l'Adige. À l'extrémité du village, du côté de la frontière italienne, l'église est enclavée dans l'enceinte du monastère St-Jean qui accueille des moniales bénédictines. Fondé vers 780 par l'évêque de Coire, sur ordre de Charlemagne, c'est l'un des monuments les plus archaïques du territoire helvétique.

★ **Église** – Les **fresques**★★ décorant les parois sont classées au Patrimoine mondial de l'Unesco et forment le plus imposant ensemble de peintures murales de la Confédération ; certaines séries ont été transférées au Musée national suisse de Zurich. Cette décoration peinte, qui remonte à la période carolingienne (1re moitié du 9e s.), est en partie recouverte de fresques romanes bien conservées (1150-1170). Parmi les autres œuvres d'art, on remarque une statue de Charlemagne (12e s.) et un bas-relief (le Baptême du Christ) du 11e s.

★ **Musée du cloître, « Plantaturm »** – *081 858 62 28 - www.muestair.ch - mai-oct. : tlj (sf dim. apr.-midi) 9h-12h, 13h30-17h (cloître 9h-18h) ; nov.-avr. : tlj (sf dim. mat.) 10h-12h, 13h30-16h30 - 12 CHF.* De l'église, une petite porte conduit au cloître et à des parties du couvent récemment ouvertes au public. Dans la tour, dite Planta, résidence et refuge de l'évêque bâti en 960, on découvre la vie monastique passée (dortoir, réfectoire, cellule et chambre d'une abbesse) et l'histoire archéologique du site.

NOS ADRESSES DANS L'ENGADINE

HÉBERGEMENT

BUDGET MOYEN

Hotel Il Fuorn – *Entre Zernez et le col de l'Ofen - ✆ 081 856 12 26 - www.ilfuorn.ch - 22 ch. - 150 CHF ☕ - rest. 40 CHF.* Le seul hôtel du Parc national, au bord de la route, mais fréquenté par la faune sauvage, matin et soir.

Hotel Piz Buin – *Guarda - ✆ 081 861 30 00 - www.pizbuin.ch - fermé 10-20 janv., 15 mars-15 juin, du 30 oct. à fin déc. - 22 ch. - 150/210 CHF ☕ - rest. 45 CHF.* Un « Relais du Silence » au bout du village. Chambres confortables et vue à couper le souffle, côté sud.

Hotel Liun – *Müstair - ✆ 081 858 51 54 - www.hotel-liun.ch - 20 ch. - 170/240 CHF ☕ - rest. 40 CHF.* Sur la route, hors du bourg, des chambres avec vue sur la vallée et un vaste centre spa.

POUR SE FAIRE PLAISIR

Chasa Belvair – *Scuol - ✆ 081 861 25 00 - www.belvair.ch - 33 ch. - 260/360 CHF ☕ - rest. 38/78 CHF.* Chambres modernes avec accès direct aux thermes de Scuol (bains, remontées mécaniques et bus inclus). Terrasse.

RESTAURATION

PREMIER PRIX

Crusch Alba – *Scuol - ✆ 081 864 11 55 - www.crusch-alba.ch - 20 CHF (midi)/34 CHF.* Spécialités d'Engadine dans un cadre rustique.

BUDGET MOYEN

Mürtaröl – *Plaun da Lej, près de Maloja - ✆ 081 826 53 50 - fermé lun. et mar. - 54/130 CHF.* Spécialités de poissons ; ombre et truite du lac selon arrivage.

Stüa Granda – *Soglio - ✆ 081 822 19 88 - www.stua-granda.ch - fermé janv.-mars, 15 nov.-20 déc., lun.-mar. en avr. et nov. - 35/65 CHF - 10 ch. 170/190 CHF.* Une cuisine locale aux saveurs du Sud (tagliatelles de châtaignes). Des chambres avec panorama sublime sur le Pizzo Badile.

ACHATS

Boulangerie Giacometti – *Zernez - ✆ 081 856 14 13.* Pains aux céréales et à l'anis à déguster avec du fromage ; « Fuatsch grassa », pâte brisée au beurre, ancêtre de la tourte aux noix engadinoise.

Tessanda – *Santa Maria en Val Mustaïr - ✆ 081 858 51 26 - www.tessanda.ch - juin-oct. : lun.-vend. 8h-18h, sam. 9h-12h, 14h-16h ; nov.-mai : tlj sf w.-end 9h-12h, 14h-18h.* Dernier atelier traditionnel des Grisons de tissage à la main (lin, laine et coton) : linge de toilette et de cuisine, tapis, rideaux.

Hatecke – *Magasins à Zernez, St-Moritz, Scuol, Zuoz - ✆ 081 864 11 35 - www.hatecke.ch.* L'artiste-charcutier des Grisons. Viandes séchées et saucisses (triangulaires !) de cerf, chevreuil, bœuf, porc. Emballages cadeau très design.

ACTIVITÉS

Bains (Bogn Engiadina Scuol) – *Scuol - ✆ 081 861 20 00 - 8h-21h45 - 25 CHF.* Une multitude de bains dans une installation ultramoderne et un très agréable bassin extérieur face aux montagnes.

AGENDA

Voir l'Agenda dans la partie « Organiser son voyage », p. 35.

5

La Suisse centrale 6

Carte Michelin Régional nº 551
Cantons de Lucerne, Obwald, Zoug, Schwyz, Glaris

Forêt enneigée dans le canton de Glaris.
J. Heintz/hemis.fr

LA SUISSE CENTRALE

WINTERTHOUR
C
D
LA SUISSE CENTRALE
0
10 km
N
1
2
3
A 53
A 52
Lac de Zurich
17
3
A 3
8
Rapperswil
Thur
SAINT-GALL
ottes d'Enfer
ZOUG
Ägerisee
Lac de Sihl
Einsiedeln
Linthkanal
Lac de Walenstadt
BAD RAGAZ
COIRE
Näfels
A 3
Wägitalersee
SCHWYZ
ac de Lauerz
Klöntal
Glaris
Schwyz
1406
Brunnen
Col de l'Ibergeregg
Lac de Klöntal
Vée de la Muota
1922
Stoos
Fronalpstock
Grotte de Hölloch
Sernf
Linth
GLARIS
Tell
Linthal
Urner Boden
Altdorf
Bürglen
1948
Col du Klausen
Cascade du Staübi
2637
Reuss
A 2
Limmernsee
Flims
COIRE
ST-MORITZ
19
Llanz
GRISONS
Pfaffensprung
Disentis/ Mustér
Vorderrhein
Oberalppass
2044
Lai da Nalps
2961
Lai da Curnera
Gemsstock
Lai da Sontga Maria
LUCERNE
★★★
Vaut le voyage
Zoug
★★
Mérite un détour
Schwyz
★
Intéressant
Andermatt
À voir
Circuit conseillé avec ville de départ

Lucerne

Luzern

★★★

59 241 habitants – Canton de Lucerne

NOS ADRESSES PAGE 455

S'INFORMER

Office du tourisme de Lucerne – *Gare - Zentralstr. 5 - ✆ 041 227 17 17 - www.luzern.com - mai-oct. : lun.-vend. 8h30-19h, w.-end 9h-19h ; reste de l'année : lun.-vend. 8h30-17h30, sam. 9h-17h, dim. 9h-13h.* Visites guidées toute l'année (départ à 9h45 ; durée : 2h ; 18 CHF).

Lucerne Card – 50 % de réduction dans une douzaine de musées, entre autres avantages (19 CHF/24h, 27 CHF/48h, 33 CHF/72h).

Visite commentée de la ville en petit train – *✆ 041 220 11 00 - www.citytrain.ch - avr.-oct. - 12 CHF.*

SE REPERER

Carte de région B2 (p. 438-439) et plans de ville (p. 442 et p. 446) – *Carte Michelin Regional n° 551 O7.*

Lucerne est à 57 km au sud de Zürich, à 113 km à l'est de Bern et à 97 km au sud-est de Bâle.

SE GARER

Si l'hôtel ne dispose pas de parking privé, il peut fournir des cartes (10 CHF) permettant de rester garé 24h en zone bleue (1h max. avec disque).

À NE PAS MANQUER

Les Picasso de la collection Rosengart, un verre dans l'un des palaces des quais avec vue sur les montagnes, le panorama Bourbaki, le sublime décor du sommet du Pilate après une ascension en funiculaire.

ORGANISER SON TEMPS

La Vieille Ville, peu étendue, se laisse admirer en une demi-journée ; en restant 2 jours, on aura le temps de faire une excursion en bateau, de monter au Pilate et d'arpenter un musée de son choix.

AVEC LES ENFANTS

Le musée suisse des Transports pour ses animations interactives et sa salle de cinéma IMAX, la verrerie Glasi à Hergiswil, le parc d'aventure Seilpark au sommet du Pilate.

Lucerne est une ville d'eaux et de lumière : levers et couchers de soleil sur le lac et sur un panorama alpin unique, ponts en bois couverts franchissant la Reuss illuminés chaque nuit, façade éclatante de l'église des Jésuites à la tombée du jour… Cette cité de places, de tours et de clochers, blottie à l'extrémité nord-ouest du lac des Quatre-Cantons, séduit au premier coup d'œil. Les touristes ne s'y trompent pas : Lucerne compte parmi les dix villes les plus visitées au monde. Sa renommée est entretenue par un festival de musique qui se tient depuis l'an 2000 dans le centre culturel bâti par Jean Nouvel, nouveau signe architectural au bord du lac.

Le pont couvert Kapellbrücke.
I. Pompe/hemis.fr

Se promener Plan de ville

La **Vieille Ville★★** (Altstadt) s'étend sur la rive nord de la Reuss, exutoire du lac des Quatre-Cantons. L'accès à la cité était protégé par des ponts de bois qui franchissaient la rivière. La ville est adossée au flanc d'une colline où se profilent sept grosses tours carrées, reliées entre elles par des murailles, vestiges des anciennes fortifications.

Un premier itinéraire, au départ de la rive nord, traverse la Vieille Ville et franchit la Reuss par les ponts couverts (durée : 1h30). Un second, partant des quais, emprunte l'ancien chemin de ronde du mur d'enceinte (durée : 1h30).

★★ LA VIEILLE VILLE ET LES RIVES DE LA REUSS

Partir de la Schwanenplatz (« place du Cygne »), au début du Schweizerhofquai, et gagner la Kapellplatz.

Kapellplatz Plan II D

La **chapelle St-Pierre** (St. Peter) a remplacé au 18e s. une église du 12e s. Au centre de la place se dresse la **fontaine du Fritschi** (Fritschibrunnen) représentant le carnaval, le printemps et la joie : Fritschi est un personnage de légende qui fait l'objet d'un carnaval, chaque année depuis le 15e s. La Kapellgasse, rue commerçante et animée, conduit au **Kornmarkt**, ou marché aux grains, une place bâtie au début du 16e s. Le marché de Lucerne s'y tient toujours, le mardi et le samedi matin.

★ Ancien hôtel de ville (Altes Rathaus) Plan II D

Construit de 1602 à 1606 par Anton Isenmann, ce bel édifice flanqué d'une tour carrée est de style Renaissance mais son toit évoque celui des fermes bernoises. Dominant le Kornmarkt, il servait jadis de grenier à grains. À droite de l'hôtel de ville, la **Gasthaus zu Pfistern** présente une jolie façade peinte. À gauche s'élève la **maison Am Rhyn** (Am Rhyn-Haus), qui accueillait le musée Picasso et dont les œuvres ont été transférés au musée Rosengart *(voir p. 443)*.

Poursuivre tout droit par la Kornmarktgasse, puis prendre à droite une ruelle menant à la petite Hirschenplatz.

Hirschenplatz Plan II D

Elle est entourée de jolies maisons restaurées dont les façades peintes sont ornées d'enseignes en fer forgé. Goethe séjourna au Goldener Adler en 1779.

★ Marché aux Vins (Weinmarkt) Plan II C

Ses maisons anciennes, peintes et décorées de nombreuses enseignes et de drapeaux, abritaient les corporations. Remarquez la pharmacie du Marché aux Vins (Weinmarktapotheke), construite en 1530 et, au début de la rue Metzgerrainle, l'hôtel des Balances. La fontaine gothique représente des guerriers et saint Maurice, patron des soldats ; il s'agit d'une copie : l'original se trouve au palais du Gouvernement.

Par la Kramgasse, on arrive à la **Mühlenplatz** (place du Moulin), du 16e s. Jolie vue sur le Spreuerbrücke, les maisons anciennes sur l'autre rive de la Reuss et, plus loin, sur la colline du Gütsch où se dresse un château kitsch (19e s.), façon « conte de fées », qui fut l'un des hôtels mythiques de la ville.

Spreuerbrücke Plan II C

Ce pont couvert, ancien élément protecteur de la ville, franchit un bras de la Reuss. Il a été construit en 1408 et restauré au 19e s. En allemand, *Spreu* signifie « ivraie » : le pont était en effet le seul endroit d'où l'on pouvait jeter l'ivraie et les feuilles mortes dans la rivière. Au milieu s'élève une petite chapelle édifiée

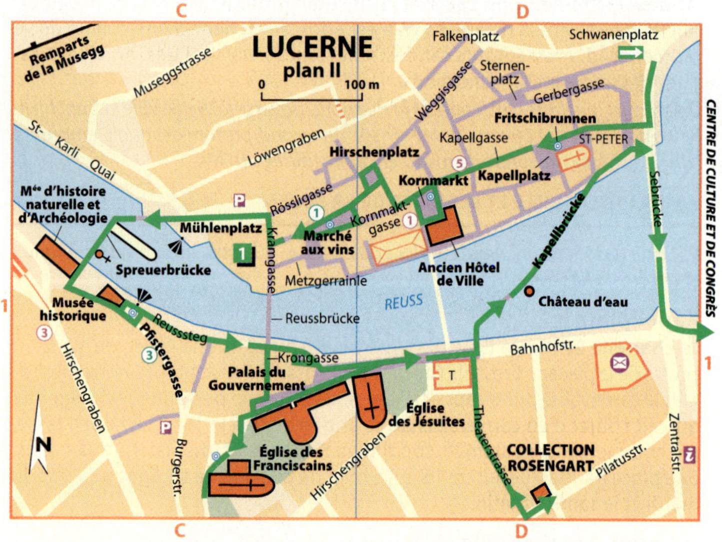

SE LOGER		SE RESTAURER	
Krone	1	Bodu (Café)	1
Rösli	3	Galliker	3
		Goldener Löwen	5

en 1568. Le pont est décoré de 67 panneaux de bois peints, réalisés au 17e s. par Caspar Meglinger et représentant une danse macabre. Jolie vue sur les quais de la Vieille Ville et l'église des Jésuites.

Musée d'Histoire naturelle (Natur Museum) Plan II C

Kasernenplatz 6 - ✆ 041 228 54 11 - www.naturmuseum.ch - tlj sf lun. 10h-17h - fermé 1er janv. et 25 déc. - 6 CHF (enf. 2 CHF).

Ce musée dédié à la géologie, la minéralogie (cristaux et fossiles) et à l'écologie (textes en allemand) mérite une visite pour la mise en scène très originale de sa fabuleuse collection d'insectes de plus de 250 000 spécimens. À l'intérieur d'une fausse chambre blindée, papillons multicolores, sauterelles et scarabées géants sont comme autant de tableaux et de bijoux précieux gardés dans des coffres-forts.

Emprunter la Pfistergasse.

Musée historique (Historisches Museum) Plan II C

Plistergasse 24 - ✆ 041 228 54 24 - www.hmluzern.ch - ♿ - tlj sf lun. 10h-17h - fermé 1er janv. et 25 déc. - 10 CHF (enf. gratuit).

Présentés comme dans les réserves d'un musée, des milliers d'objets en tout genre témoignent de la vie quotidienne passée des Lucernois. Un lecteur de code-barres donne accès aux commentaires de chaque pièce (textes en anglais et allemand) et des acteurs emmènent les visiteurs dans le dépôt pour des sketches qui mêlent humour et histoire (en allemand uniquement).

Longer le quai Reuss-Steg (vue sur les tours des anciennes fortifications), puis prendre à droite la Krongasse jusqu'au palais du Gouvernement. L'église des Franciscains se trouve à droite ; celle des Jésuites à gauche.

★ **Église des Franciscains** (Franziskanerkirche) Plan II C

Édifiée au 13e s. et maintes fois remaniée, la plus ancienne église de la ville possède de belles stalles et une chaire en bois ouvragé du 17e s. Ses drapeaux butins, bannières peintes dans la nef, symbolisent les victoires de Lucerne au cours des siècles. Au fond à gauche, une chapelle baroque est ornée de stucs à l'italienne : les anges y sont innombrables…

Palais du Gouvernement (Regierungsgebäude) Plan II C

Typique de la Renaissance florentine avec ses bossages, cet édifice construit de 1557 à 1564 pour le bailli Ritter est, depuis 1804, le siège du gouvernement cantonal. La cour intérieure abrite l'original de la fontaine du Marché aux Vins *(voir ci-avant)*, datant de 1481.

★ **Église des Jésuites** (Jesuitenkirche) Plan II D

Achevée en 1666 par Pater Christoph Vogler, ce fut la première église de « style jésuite » construite en Suisse. La façade, d'une grande sobriété, est encadrée par deux hautes tours surmontées d'un clocher à bulbe.

L'**intérieur**★ est de nobles proportions. Le maître-autel est décoré d'un gigantesque retable de stuc et de marbre rose. Les stucs de la nef principale sont d'inspiration rococo. Ils datent de 1750, de même que les peintures du plafond représentant l'apothéose de saint François Xavier, patron de l'église. Sur ces peintures, les chameaux et éléphants rappellent que ce saint fut missionnaire en Inde et en Asie.

Poursuivre sur le quai (Bahnhofstrasse) puis prendre à droite dans la Theaterstrasse et à gauche dans la Pilatusstrasse.

★★ **Collection Rosengart** (Sammlung Rosengart) Plan II D

Pilatusstr. 10 - ✆ 041 220 16 60 - www.rosengart.ch - avr.-oct. : 10h-16h ; nov.-mars : 11h-17h - 15 CHF.

Ce musée a ouvert au début des années 2000 à l'initiative d'Angela Rosengart, fille du marchand d'art Siegfried Rosengart. Ce duo de collectionneurs avait fait don à Lucerne de plusieurs œuvres de Picasso, dont ils étaient proches. Comme son père, Angela Rosengart a prouvé son attachement à la ville en rendant publique l'une des plus belles collections privées d'Europe : plus de 300 œuvres modernes des 19e et 20e s. où Picasso est au premier plan, avec Klee. La fondation est installée dans un bâtiment de style néoclassique (1924), ex-succursale de la banque nationale suisse, restructurée par l'agence d'architecture bâloise, Diener & Diener.

Paul Klee figure avec plus de **125 œuvres**★★ : il s'agit, pour la plupart, d'aquarelles d'inspiration orientaliste (*St-Germain près Tunis*, 1914) et de dessins à la plume (*Rue animée*, 1910), quand Klee n'associe pas les deux techniques (*Image de mode*, 1922). Parmi maintes toiles « graphiques », on remarque *Tableau au coq et au grenadier* (1919) et *Village de montagne* (1934).

L'éblouissante **collection Picasso**★★★ (32 tableaux et une centaine de dessins, aquarelles, lithographies, gravures, céramiques, etc.) est unique pour la série d'œuvres de la dernière période du peintre (1967-1969). Elle compte aussi des toiles cubistes comme *Violon au café* (1913). Les portraits de Nusch Éluard, Dora Maar et Marie-Thérèse Walter, des années 1930 et 1940, précèdent *Femme et chien jouant* (1953), toile inspirée par Françoise Gilot. *L'Atelier* (1954) est celui de la villa Californie, à Cannes, où apparaissent bientôt le *Profil de Jacqueline* (1957) puis *Les Femmes au chapeau* – toiles ou sculptures – dont les profils opposés s'emboîtent (1961, 1963). Dans le *Déjeuner sur l'herbe* (1961), version très libre du tableau de Manet, on reconnaît Picasso, assis à droite. D'autres toiles sont nourries par la référence aux maîtres : *Portrait d'un peintre d'après El Greco* (1950) ou *Personnage rembranesque et Amour* (1969). La section Picasso comporte aussi une collection de 200 photos, réalisées de 1956 à la mort de du peintre, en 1973, par l'Américain David Douglas Duncan. Saisi sur la pellicule à plus de 70 ans, Picasso apparaît avec sa dernière muse, Jacqueline Roque, en pleine joie de vivre.

À côté des ces deux artistes, des œuvres cubistes majeures de Léger (*Contraste de formes*, 1913) et Braque, ainsi qu'une toile envoûtante de Miró (*Danseuse*, 1925) sont à ne pas manquer. Les impressionnistes (Monet, Pissarro, Renoir…) annoncent Bonnard et Cézanne (*L'Estaque, le village et la mer*, 1882). Matisse (*Citrons et saxifrages*, 1943) est bien représenté ainsi que Chagall avec 13 œuvres, du *Soir à la fenêtre* (1950) au *Soleil rouge* (1983). À voir aussi : Seurat, Vuillard, Utrillo et Dufy, Rouault, Marino Marini, Kandinsky…

Revenir sur vos pas jusqu'au quai.

★ Kapellbrücke Plan II D

Ce pont couvert en bois, le plus vieux d'Europe, a été bâti au 14e s. Long de plus de 200 m, l'ouvrage protégeait la ville du côté du lac. Il a été reconstruit à l'identique, en un temps record, après l'incendie survenu dans la nuit du 17 au 18 août 1993. Le pont était décoré d'une centaine de peintures sur bois, qui s'inscrivaient dans les triangles formés par les poutres de la toiture. Ces tableaux, exécutés au début du 17e s. par Hans Heinrich Wägmann, évoquaient l'histoire de Lucerne, de la Suisse, de saint Léger et saint Maurice, patrons de la ville. Des vers en allemand commentaient chacune des œuvres. Détruits par l'incendie, ils ont été remplacés par des copies, hélas peu convaincantes.

Le pont est flanqué d'une grosse tour octogonale, la **Wasserturm** (tour d'eau). Bâtie vers 1300, elle faisait partie des défenses de la ville et servait aussi de salle d'archivage, de prison et de chambre de torture.

Retraverser la Reuss par le pont routier (Seebrücke) jusqu'à la gare.

★★ Centre de Culture et de Congrès

(Kultur- und Kongresszentrum Luzern, KKL) Plan I B2

Achevé en l'an 2000 par l'architecte français Jean Nouvel, ce bâtiment donne la réplique à la nouvelle gare, construite en 1991 par l'Espagnol Santiago Calatrava. Son architecture de verre – matériau privilégié de Nouvel – joue avec les reflets et la transparence. D'une présence solide et pure, le bâtiment profile vers le lac son toit de 12 000 m^2 et s'inscrit avec naturel dans le paysage de montagnes.

À l'intérieur se découpent de superbes **vues★** sur le site, comme autant de cartes postales offertes à la contemplation parmi les poutrelles d'acier. Le centre abrite le musée des Beaux-Arts ainsi qu'une salle polyvalente et une salle de concerts (1 840 places) où se déroule le festival de Lucerne. Au rez-de-chaussée, un joli café aux couleurs vives fournit encore un point de vue sur les rives.

★ Musée des Beaux-Arts (Kunstmuseum) Plan I B2

Europaplatz 1 (centre de Culture et de Congrès) - ✆ 041 226 78 00 - www.kunstmuseumluzern.ch - mai-nov. : mar.-merc. 10h-20h, jeu.-dim. 10h-18h ; pdt le festival de Lucerne : mar.-vend. 10h-20h, w.-end 10h-18h ; déc.-avr. : mar.-merc. 10h-20h, jeu.-dim. 10h-17h ; 24, 25 et 31 déc. 10h-16h - 16 CHF (-16 ans 7 CHF, enf. gratuit).

Ce musée occupe le 4e étage du centre de Culture et de Congrès conçu par Jean Nouvel, sur 2 100 m^2, sous le toit du bâtiment. Son décor d'une extrême neutralité confine à l'abstraction : sol sombre de béton poli, murs blancs, lumière artificielle… Il accueille des expositions temporaires vouées à l'art contemporain mais où s'intègrent, par roulement, des œuvres issues du fonds, notamment des peintres suisses du 18e au 20e s. : le romantique Johann Heinrich Füssli, adepte du fantastique et des effets théâtraux, les paysagistes de l'école de

L'HISTOIRE DE LUCERNE

Au Moyen Âge – Simple village de pêcheurs, Lucerne est alors considérée comme un « petit nid de cigognes en bois ». Elle acquiert un certain renom avec la fondation (8e s.) d'un petit couvent de bénédictins qui dépend de l'abbaye alsacienne de Murbach. Avec l'ouverture de la route du Gothard, vers 1220, elle devient une étape importante entre les Flandres et l'Italie. Lucerne est située à proximité des « Waldstätten » (cantons forestiers – les trois premiers membres de la Confédération) et noue avec eux de fructueuses relations commerciales. Un traité d'alliance politique est même conclu en 1332. Grâce à l'argent adressé par les mercenaires suisses au service des nations étrangères, les caisses de Lucerne sont bien remplies.

Une cité très catholique – Après l'offensive de la Réforme, la ville prend la tête de la résistance papiste. Les jésuites y ouvrent, en 1574, leur premier collège de Suisse alémanique. On leur doit notamment l'église des Jésuites, premier édifice baroque de Suisse. Mais Lucerne reste une petite ville : 4 300 habitants à la fin du 18e s.

Le temps des palaces – Après 1830, l'apparition du tourisme transforme Lucerne. On construit l'esplanade des Jésuites et le quai National, tandis que surgissent de beaux hôtels et que les premiers bateaux à vapeur traversent le lac. En 1868, la reine Victoria y réserve ses vacances sous un pseudonyme… Après 1945, les militaires américains prennent le relais. Aujourd'hui, Lucerne accueille chaque année 5 millions de touristes. Les Suisses eux-mêmes représentent un quart de ces visiteurs de passage.

Genève comme François Diday et Alexandre Calame, le symboliste Ferdinand Hodler et le nabi Félix Vallotton. On y retrouve aussi Vlaminck, Soutine, l'expressionniste Max Pechstein et, parmi les artistes contemporains, Joseph Beuys, Paul Thek, Franz Gertsch, Jeff Wall…

SE LOGER

- Cascada 1
- Goldener Stern 3
- Hofgarten 5
- The Bed + Breakfast 6
- Waldstätterhof 7

SE RESTAURER

- Jasper 1
- Reussbad « Las Torres » 3
- SchiffRestaurant Wilhelm Tell 5

★★ DES QUAIS AUX REMPARTS PAR LA LÖWENPLATZ

Partir de la Schwanenplatz (plan I B1) et longer le Schweizerhofquai.

★★ Les quais Plan I

Le **Schweizerhofquai** (B1) a remplacé au 19e s. le troisième pont couvert de Lucerne. Planté d'arbres et bordé de palais – tel l'hôtel Schweizerhof (1844) –, il offre, tout comme le **Nationalquai**, des **vues** (B1) admirables sur la ville, le lac des Quatre-Cantons et la chaîne des Alpes qui se développe du Rigi au Pilate (tables d'orientation). En continuant la promenade le long du lac, on atteint le **Carl-Spittelerquai** à l'extrémité duquel s'étendent d'agréables espaces verts ainsi que la plage du Lido, surpeuplée en été.

Au début du Nationalquai, prendre à gauche la Stiftstrasse pour rejoindre la collégiale.

★ Collégiale St-Léger (Hofkirche) Plan I B1

041 418 20 20 - tlj sf dim. 10h30-17h30 (sam. 16h30), dim. 13h-16h30.

Fondée en 735, cette église est consacrée à Leodegar ou saint Léger, patron de la ville. Elle fut détruite (sauf les tours gothiques) par un incendie en 1633 et rebâtie dans le style Renaissance. Un cloître à l'italienne l'agrémente.

Un escalier monumental donne accès à un vaste **intérieur★** de style Renaissance tardive. Le chœur, fermé par une grille en fer forgé, est orné de jolies stalles. Des retables dorés, peuplés de nombreux personnages, décorent les autels des bas-côtés (Pietà dans le bas-côté droit, Mort de la Vierge dans le bas-côté gauche). Les orgues (1650) comptent parmi les meilleures de Suisse.

Par la Löwenstrasse, remonter jusqu'à la Löwenplatz.

★ Panorama Bourbaki Plan I B1

Löwenplatz 11 - 041 412 30 30 - www.panorama-luzern.ch - avr.-oct. : lun. 13h-18h, mar.-dim. 9h-18h ; nov.-mars. : lun. 13h-17h, mar.-dim. 10h-17h - 8 CHF (6-16 ans 5 CHF).

La gigantesque **toile circulaire** (110 m de circonférence sur 10 m de haut), peinte par le Genevois Édouard Castres en 1881, est l'un des plus spectaculaires exemples de panoramas du 19e s., fameuses attractions d'avant l'ère du cinéma. Elle illustre un épisode de la guerre franco-allemande de 1870-1871, quand l'armée française du général Bourbaki battit en retraite vers la Suisse : 87 000 soldats passèrent la frontière du 1er au 3 février 1871, dans un état pitoyable. Au premier plan, des personnages de résine semblent surgir de cette scène, perçue avec un émouvant réalisme. Un accompagnement sonore fait entendre le hennissement des chevaux et le grondement des canons et nous conte ce drame marqué par le premier engagement d'envergure de la Croix-Rouge (en français sur demande).

Le **musée Bourbaki** évoque la guerre de 1870-1871 : projection audiovisuelle, « boîtes à images » où l'on retrouve les protagonistes du conflit, journaux de propagande, uniformes militaires (commentaires en français).

L'ancienne rotonde bâtie pour accueillir la toile est entourée aujourd'hui d'une armature de verre et abrite un cinéma, la bibliothèque municipale et des boutiques.

Prendre ensuite la Denkmalstrasse.

Monument du Lion (Löwendenkmal) Plan I B1

Sculpté en 1821 dans un rocher de grès, ce lion commémore le combat des gardes suisses chargés de protéger la résidence royale de Louis XVI lors de la Révolution française, à Paris : quelque 850 mercenaires trouvèrent la mort dans la prise des Tuileries, le 10 août 1792, ou furent guillotinés les 2 et 3 septembre.

★ Jardin des Glaciers (Gletschergarten) Plan I B1

Denkmalstr. 4 - www.gletschergarten.ch - audiovisuel (12mn) - ✆ 041 410 43 40 - avr.-oct. : 9h-18h ; nov.-mars : 10h-17h - possibilité de visite guidée (1h) - 12 CHF.

En 1872, J.-W. Amrein-Troller, un employé de banque, acheta une prairie hors de la ville pour y aménager une cave. Durant les travaux, on mit au jour 32 cavités, creusées dans le grès par le glacier de la Reuss il y a 20 000 ans, à l'époque où il recouvrait toute la plaine jusqu'au Jura.

Pour mettre en valeur ces merveilles naturelles, J.-W. Amrein-Troller fit aménager un **parc romantique** autour du site géologique.

Sur la vaste surface de grès dégagée, des raies profondes indiquent le sens d'écoulement du glacier qui se mit à fondre entre 20 000 et 15 000 ans avant notre ère, à la fin de la glaciation de Würm. À sa base, le puissant débit des eaux chargées de pierres et de sable – dix fois supérieur à celui de la Reuss actuelle – créa les fameuses marmites glaciaires dont l'une atteint plus de 9,5 m de profondeur et 8 m de diamètre. Les blocs les plus lourds, arrondis sous l'effet des tourbillons, sont restés au fond des marmites.

Au rez-de-chaussée du **musée**, l'univers des glaciers est mis à la portée de tous. On peut toucher la glace « froide » (celle des glaciers polaires) et la glace plus « tempérée » (celle des glaciers alpins). Un spectacle audiovisuel (en français sur demande) explique l'histoire géologique de la région, encore subtropicale il y a 20 millions d'années comme en témoignent des fossiles : traces d'oiseaux, empreintes de palmes...

Au sous-sol est exposée la plus ancienne maquette de la Suisse centrale, achevée en 1786 par Ludwig Pfyffer von Wyher. Le 1er étage accueille des miniatures de maisons traditionnelles et une reconstitution d'une chambre paysanne. Le 2e étage est consacré au vieux Lucerne : lithographies, maquettes, reconstitutions d'intérieurs.

Le beau parc, planté de fleurs alpines, abrite une **tour panoramique** (vue sur Lucerne et le mont Pilate) et un **labyrinthe aux miroirs de style mauresque**, construit en 1896 pour l'exposition nationale de Genève.

Redescendre par la Löwenplatz jusqu'à l'Alpenstrasse puis prendre la Museggstrasse.

Sur Hertensteinstrasse, la rue juste en contrebas, se dresse le **centre commercial Migros** (1995-2000), œuvre de l'agence bâloise Diener & Diener, dont la structure s'inspire d'une halle, habillée de verre et de cuivre oxydé.

Remparts de la Musegg (Museggmauer) Plan I A1

8h-19h du Vend. saint au 1er Nov. - gratuit.

Long de 800 m, ce mur d'enceinte doté de neuf tours entourait jadis toute la ville. À l'exception d'une tour, il n'a subi aucune modification depuis sa construction vers 1400. L'accès au chemin de ronde se fait par la **Schirmerturm**, reconstruite après l'incendie du printemps 1994. On peut aussi grimper dans la **Zytturm** qui possède la plus vieille horloge de la ville (1535) et la **Männliturm**. Superbe **vue★** sur Lucerne, dont se détachent les flèches de la collégiale St-Léger, et sur le lac dans son cadre de montagnes.

Sortir à l'arrière des remparts pour rejoindre la dernière tour, Nölliturm, et regagner le centre-ville par les quais St-Karli, puis après la traversée de la Mühlenplatz, Unter der Egg et Rathausquai.

À voir aussi Plan de ville

HORS DU CENTRE

★★★ Musée suisse des Transports

(Verkehrshaus der Schweiz) Hors plan I, vers B1

Lidostr. 5 (près du lac) par Haldenstr. - bus 6 ou 8, arrêt Verkehrshaus - ✆ 0848 85 20 20 - www.verkehrshaus.ch - ♿ - été : 10h-18h ; hiver : 10h-17h - 27 CHF (6-16 ans 14 CHF), billet combiné avec IMAX 37 CHF (6-16 ans 24 CHF).

Créé en 1959, ce musée, le plus visité de Suisse, est une institution nationale et presque une « ville dans la ville » dans laquelle on est invité à se déplacer à l'aide de trottinettes en libre-service… Tout ce qui roule, flotte, vole est installé dans une douzaine de bâtiments que séparent des aires de jeux, de restauration ou de verdure. Les expositions, pédagogiques et ludiques à la fois, illustrent le développement des transports en Suisse et la place de la communication dans notre société. De nombreuses animations ont lieu à heure fixe, à une ou plusieurs reprises durant la journée. On veillera donc à organiser sa visite pour ne pas manquer une représentation. L'accès à la salle de cinéma IMAX peut se faire de façon indépendante.

Transport ferroviaire – Sur une surface de 8 000 m² et sur 1 000 m de rails est exposée la collection de véhicules ferroviaires la plus importante de Suisse. On remarque la locomotive de la ligne Vitznau-Rigi qui, en 1871, inaugura en Europe l'ère du chemin de fer à crémaillère. Non loin de là, on admire la C5/6, la plus grande locomotive à vapeur de Suisse ainsi que la célèbre Be 6/8, plus connue sous le nom de « Crocodile ». La collection de véhicules électriques rappelle le rôle pionnier de la Suisse, au tournant du 19e s., dans le domaine de la traction électrique. Des locomotives et des automotrices célèbres de la deuxième génération comme la Flèche Rouge des CFF, la Flèche Bleue des BLS et la Landi-Lok Ae 8/14 y trouvent une place de choix. La sécurité ferroviaire est illustrée au moyen de vidéos, de matériel et de liaisons en direct avec le poste d'aiguillage de Lucerne. Un spectacle fait revivre la fabuleuse construction du tunnel du St-Gothard que l'on découvre à bord d'un chariot menant au cœur du plus grand chantier du 19e s., bruits de perforatrices et odeurs d'explosifs à la clé.

Transport routier – La halle du transport routier rassemble plus de 30 automobiles. La plus belle pièce est sans doute la voiture de course (1905) des constructeurs genevois Charles et Frédéric Dufaux, à côté d'autres voitures de sport (Weber, Turicum, Pic-Pic et Martini). Le traîneau de la poste du Simplon et la diligence du Grimsel évoquent la période antérieure à la motorisation. De la draisienne au scooter, les deux-roues sont représentés par une cinquantaine de cycles.

Halles Com 1 + 2 – Radio, télévision, vidéoconférences… Des installations interactives permettent aux visiteurs d'expérimenter ces moyens de communication, par exemple en prenant la place d'un présentateur du journal télévisé.

Aviation – On découvre le premier biplan suisse avec lequel Armand Dufaux traversa le lac Léman en 1910 mais aussi des ballons et des aéronefs, le DC 3 de Swissair et le CV 990 Coronado, avion de ligne subsonique… On peut également se mettre aux commandes d'un simulateur de vol et s'initier aux phénomènes de l'aérodynamique grâce à des expériences interactives.

Navigation spatiale – Un voyage virtuel dans l'espace et une exposition sur l'histoire de la conquête spatiale montrent l'influence de cette technologie de pointe sur l'évolution du monde, mais aussi le rôle joué par la Suisse dans ce domaine. Le **Cosmorama**, avec son spectacle *Crystal Moon Express*, entraîne à grand renfort d'effets spéciaux dans le monde des astéroïdes.

Planétarium – Sous une immense coupole, on découvre le firmament et une initation captivante à l'étude des phénomènes cosmiques.

Navigation, téléphériques, tourisme – Au rez-de-chaussée, machinerie du vapeur *Pilatus* (1895), l'un des fameux bateaux qui sillonnaient le lac des Quatre-Cantons.

La section Navigation *(1er étage)* expose une intéressante collection de modèles réduits et d'instruments de bord traduisant les progrès de la marine au cours des siècles. Le **Nautirama** (spectacle multimédia) explique l'évolution de la navigation sur le lac des Quatre-Cantons. La section Téléphériques *(2e étage)* montre une cabine du tout premier téléphérique suisse (1908) qui transportait des passagers au Wetterhorn. La partie Tourisme présente un « flipper » qui revisite avec humour tous les clichés helvètes, tandis que la **Swissarena** met le pays à vos pieds : un voyage unique, en pantoufles, sur la plus grande photo aérienne de Suisse (plus de 200 m^2 !).

Cinémathéâtre IMAX – Les films y sont projetés sur un écran géant (25 x 19 m) et accompagnés d'une sonorisation de 22 000 watts.

Musée Hans-Erni (Hans Erni Museum) – Exposition de plus de 300 œuvres (tableaux, dessins, sculptures) du peintre lucernois contemporain Hans Erni. Sur la grande fresque *Panta Rhei* de l'auditorium, sont représentés les principaux savants ou penseurs de l'Occident, de l'Antiquité à nos jours.

Musée Richard-Wagner (Richard-Wagner Museum) Hors plan I, vers B2

Accès en bateau depuis l'embarcadère situé face à la gare. En voiture, depuis la Bundesplatz, prendre la Tribschenstrasse et suivre la signalisation vers Tribschen. Bus 6, 7 ou 8, arrêt Wartegg. Richard Wagner Weg 27 - ✆ 041 360 23 70 - www.richard-wagner-museum.ch - de mi-mars à fin nov. : tlj sf lun. 10h-12h, 14h-17h - visite guidée sur demande -8 CHF.

La demeure où vécut Richard Wagner de 1866 à 1872, et dans laquelle il reçut Nietzsche, est agréablement située sur un promontoire, au milieu d'un parc descendant en pente douce vers le lac. C'est ici que le compositeur créa quelques-unes de ses œuvres maîtresses – *Les Maîtres chanteurs, Siegfried, Le Crépuscule des dieux* – et qu'il épousa Cosima, la fille de Franz Liszt. Au rez-de-chaussée sont rassemblés des partitions originales et divers souvenirs dont le **piano Érard** qui accompagna le compositeur à Venise et à Vienne (notices en français).

À proximité Carte de région

★★ Dietschiberg B2

De la gare, prendre le bus n° 14 et descendre à l'arrêt Konservatorium. De là, 20mn à pied, en suivant la signalisation Utenberg jusqu'à Golfplatz.

Tout près du centre-ville, Lucerne dévoile ici ses banlieues chic, de paisibles coins de nature et un magnifique **panorama★★** *(alt. 629 m)* sur le lac des Quatre-Cantons : à droite Lucerne et le Pilate, à gauche le Rigi.

★ Verrerie Glasi à Hergiswil B2

8 km au sud de Lucerne. Accès possible en bateau ou en train.
Seestr. 12 - ✆ 041 632 32 32 - tlj sf dim. 9h-18h (sam. 16h) - gratuit.

La plus ancienne verrerie du pays, en activité depuis 1817, ouvre ses portes pour laisser admirer, en permanence et librement, le travail de ses artisans.

Le musée suisse des Transports à Lucerne.
Verkehrshaus der Schweiz

Postés sur une plate-forme, les visiteurs dominent les fours et pourront même souffler une boule de verre et l'emporter en souvenir *(15 CHF)*. Un musée (collection de pièces des 18e et 19e s., archives de l'entreprise), un magasin de vente directe, des jeux pour enfants et un café au bord du lac complètent agréablement la visite.

★★★ Pilate (Pilatus) B2

D'Alpnachstad (10 km au sud ou accès en bateau), 2h AR env. dont 1h de chemin de fer à crémaillère : mai-oct. - 64 CHF AR. On peut aussi atteindre le Pilatus-Kulm en téléphérique au départ de Kriens (fonctionne toute l'année), dans la banlieue de Lucerne (3 km à l'ouest par la route n° 2a). Le « Golden Tour » (91,80 CHF) combine le bateau entre Lucerne et Alpnachstadt, le train à crémaillère et le téléphérique pour un circuit complet. Le bus 1 relie Luzerne (gare) à Kriens en 15mn.

Dominant de ses arêtes bien découpées le lac des Quatre-Cantons, le Pilate (2 129 m au Tomlishorn) est à la fois l'une des attractions touristiques majeures des Alpes suisses et la montagne des Lucernois, facilement accessible par téléphérique. Plusieurs milliers d'entre eux n'hésitent pas à s'offrir un coûteux ticket annuel pour y monter quand bon leur semble. Son nom originel, Frakmünt (« montagne cassée »), traduit bien l'allure de ses gigantesques plis calcaires disloqués. L'appellation de Pilate fait, elle, référence à une légende selon laquelle l'âme du gouverneur de Judée aurait trouvé ici le repos. Ce sommet, habité dit-on par des dragons bienfaisants, a longtemps inspiré une terreur superstitieuse. De nos jours, il est, en Suisse centrale, un repère permanent pour le voyageur et un agréable terrain de randonnées proche de la ville.

Montée au Pilate – Inaugurée en 1889, la ligne de chemin de fer à crémaillère du Pilate reste la plus raide du monde pour ce mode de traction (rampe maximale de 48 %). D'abord jugée irréalisable, elle fut rendue possible grâce à l'invention, par l'ingénieur Edouard Locher, d'un système à deux roues à crémaillères horizontales. La voie ferrée, taillée dans le rocher, est très impressionnante dans la traversée des escarpements de l'Esel.

De la station supérieure, Pilatus-Kulm, dotée de deux hôtels de montagne, on grimpe à pied en 10mn au sommet de l'Esel *(alt. 2 121 m)*, belvédère sur la chaîne des Alpes, où le regard plonge sur le plan d'eau tortueux du lac des Quatre-Cantons, rétréci en son milieu par les promontoires du Rigi et du Bürgenstock. Le parcours de la galerie ajourée, taillée en pleine paroi rocheuse de l'Oberhaupt, est également recommandé. Le point culminant, Tomlishorn, est accessible en 35mn.

Seilpark – *À Fräkmüntegg, station intermédiaire du téléphérique Kriens-Pilate - www.pilatus.ch - de mi-avr. à mi-oct. : 10h-17h (juil.-août 17h30, oct. 16h) - 27 CHF (enf. 20 CHF).* Ce parc d'aventures, le plus grand de Suisse centrale, propose sept parcours dans les arbres qui enchaînent ponts de singe, tyroliennes… Non loin, piste de luge d'été.

Circuits conseillés Carte de région

AUTOUR DU LAC DE SEMPACH

Itinéraire de 68 km au départ de Lucerne – voir le circuit tracé en vert sur la carte de région (p. 438-439) – compter 2h30.
Quitter Lucerne au nord-ouest par la route n° 2, direction Emmen, puis Bâle et Sursee. Bifurquer ensuite à droite vers Sempach.

Sempach A1

Bâtie près du lac auquel elle a donné son nom, Sempach fut fondée par les Habsbourg pour contrôler la route du Gothard (Bâle-Lucerne-Milan). La rue principale possède un cachet ancien avec ses deux portes d'entrée dans la cité (Luzerntor au sud, Ochsentor au nord), son hôtel de ville (Rathaus) dont la façade est égayée d'un clayonnage blanc et rouge, sa fontaine fleurie et ses maisons aux larges toits de tuiles brunes. Face à l'église, un monument – un lion au sommet d'une colonne – commémore un épisode fondateur de l'histoire de la Suisse. Le 9 juillet 1386, près de Sempach, les Confédérés remportèrent une bataille contre les troupes autrichiennes commandées par le duc Léopold.
Prendre la petite route qui longe le lac.

Sursee A1

Storchengasse 2 - 041 921 19 77 - www.sursee-tourismus.ch - lun.-vend. 9h-17h. Visites guidées.
Bâtie près du lac de Sempach, la petite ville ancienne de Sursee a gardé une partie de son aspect médiéval, en dépit des incendies qui la ravagèrent entre le 14e et le 17e s. L'**hôtel de ville**★ (Rathaus) est un bel édifice de la dernière période gothique (milieu du 16e s.), doté de deux tours. La façade, au pignon en escalier, est percée de nombreuses fenêtres à meneaux. En face, la **Haus Beck**, maison bâtie en 1631 dans le style Renaissance, présente une façade à trois étages; les encadrements de ses fenêtres à meneaux sont richement décorés. La porte de Bâle (Baseltor ou Untertor), vestige des anciens remparts, est flanquée d'une maison à colombages à la façade blanche striée de poutres rouges.
Prendre à l'est la route n° 23.

Beromünster A1

Ce petit bourg tire son nom du couvent (« Münster ») fondé en 980 par le comte Bero de Lenzbourg et transformé au 13e s. en prieuré de chanoines séculiers. Coutume religieuse née au 15e s., la célébration de l'Auffahrtsumritt, à l'Ascension, réunit une centaine de cavaliers pour une longue chevauchée à travers champs lors de laquelle le curé porte le saint sacrement, escorté de soldats. En début d'après-midi, le cortège fait son entrée solennelle dans la ville aux sons des cloches.

Église collégiale (Stiftskirche) – *✆ 041 930 21 30 - www.stiftberomuenster.ch - tlj sf w.-end 10h-16h30 - fermé fêtes religieuses - visite guidée (1h) sur demande 3-4 sem. av. - 5 CHF (visite longue), 3 CHF (visite courte).* Construite aux 11e et 12e s., elle fut profondément remaniée à la mode baroque. Le porche est décoré de nombreux écussons figurant les armoiries des anciens chanoines. Le chœur, surélevé, est clos par une très belle grille de fer forgé et orné de **stalles★** remarquables, exécutées en 1609, dont les panneaux sculptés représentent divers épisodes de la vie du Christ. Le trésor conserve le reliquaire de Warnebert (7e s.).

Musée du Château (Schloss-Museum) – *✆ 041 930 36 17/14 82 - visite guidée (1h) mai-oct. : tlj sf dim. 14h-17h - 4 CHF (enf. 2 CHF).* Situé dans la tour médiévale du château, il présente une sélection de meubles, tableaux, vêtements folkloriques, outils et objets anciens de Beromünster et de ses environs. Il offre en outre la reconstitution de l'imprimerie Helyas Helye, où a été imprimé, en 1470, le premier livre de Suisse.

Revenir à Lucerne par le sud.

LA RÉGION DE L'ENTLEBUCH ET LAC DE SARNEN

Itinéraire de 105 km au départ de Lucerne – voir le circuit tracé en vert sur la carte de région (p. 438-439) – compter une demi-journée.

Quitter Lucerne à l'ouest par la route n° 10 en direction de Wolhusen (19 km), puis Schüpfheim et Sörenberg (55 km).

La région de l'Entlebuch, au sud-ouest de Lucerne, a été classée Réserve de biosphère en 2001 par l'Unesco. La qualité des paysages et des milieux naturels, alliée à un projet de développement respectueux de l'environnement, ont valu à ce territoire cette distinction. Autour de la vallée de la Petite Emme, une zone exceptionnelle de haut marais et de tourbières protégées, de gorges sauvages et de vastes lapiaz font de ces montagnes karstiques une passionnante région pour la randonnée. La station de **Sörenberg**, avec ses nombreux sentiers balisés, est un point de départ idéal.

De Sörenberg, on peut poursuivre vers le **col de Glaubenbüelen** où l'on découvre la cuvette du Brienzer Rothorn, puis redescendre vers Giswil par une route en lacets qui procure de belles vues sur le lac de Sarnen et la dépression où il s'étire.

Sachseln B2

Sachseln est à la fois le centre géographique de la Suisse et la terre de Nicolas de Flüe, saint dont l'histoire retient le rôle dans la formation de la Confédération. En venant prier ici, les catholiques suisses témoignent de leur foi et de leur patriotisme. L'**église** présente un grand vaisseau baroque soutenu par des colonnes en marbre noir du Melchtal. Elle conserve, sur un autel à l'entrée du chœur, les reliques de saint Nicolas de Flüe. Les restes de « frère Nicolas » sont enfermés dans un grand gisant en argent repoussé qui constitue un beau travail d'orfèvrerie moderne (1934).

Derrière l'édifice, au pied du clocher isolé, de structure romane, se dresse la chapelle funéraire où les fidèles viennent se recueillir devant la pierre tombale sculptée à l'effigie du bienheureux en 1518. Au-dessous de celle-ci, la dalle de la première sépulture a été usée par les pèlerins.

Quitter Sachseln à l'est par la route de Flüeli (route en montée derrière l'église). Laisser la voiture au parking aménagé sur l'esplanade centrale du village.

Flüeli B2

À l'entrée de la vallée de la Melchaa, devant de hautes falaises calcaires, les toits en flèche d'un hôtel de style Art nouveau, le Paxmontana (1896), et une chapelle bâtie sur une butte, dominent le hameau de Flüeli. La chapelle (1618) est dédiée à saint Charles Borromée ; elle est accessible par des escaliers et son esplanade offre d'agréables perspectives, d'un côté sur la vallée de Sarnen, son lac, le Pilate, de l'autre sur l'entrée encaissée du Melchtal. Outre ce sanctuaire, les pèlerins visitent la maison natale (Geburtshaus) – qui serait la plus ancienne, en bois, de Suisse (14e s.) – et la maison familiale (Wohnhaus) de Nicolas de Flüe, beaux chalets soigneusement entretenus et fleuris.

PROTECTEUR DE LA PATRIE

L'ermite **Nicolas de Flüe** (1417-1487) est né dans le village de Flüeli. D'abord paysan et conseiller municipal, ce père de dix enfants décide, à cinquante ans, de se séparer des siens pour mener une vie d'ascète. « Frère Nicolas » (Bruder Klaus) passera les vingt dernières années de sa vie dans la prière et le jeûne, à Ranft. Ce mystique fut aussi un homme de paix dont on réclama la médiation dans de nombreux conflits ecclésiastiques et politiques. Alors que les cantons fédérés sont au bord de la guerre civile et que les « Villes », gouvernées par des oligarchies bourgeoises, s'opposent aux « Pays » (Länder), son intervention conciliatrice aboutira au traité de Stans (1481). Canonisé en 1947, l'unique saint de la Suisse a sans nul doute marqué le tempérament patriotique du pays.

★ Ranft B2

1h30 de marche et de visite ; accès signalé au départ de Flüeli.

Par une rapide descente (rampe ou escaliers) en direction du fond de la vallée de la Melchaa, on parvient à la chapelle-ermitage du 17e s., décorée de panneaux peints *(suivre la numérotation)* évoquant la vie de Nicolas de Flüe. Remarquez surtout le beau **Christ★** gothique, provenant de l'ancienne église de Sachseln. La cellule attenante – où l'ermite ne pouvait se tenir que courbé – fut construite en 1468 par ses concitoyens d'Obwald. En contrebas, une autre chapelle a été édifiée, au 16e s., à l'emplacement où la Vierge serait apparue à Nicolas.

De retour à Flüeli, on peut regagner Lucerne par Kerns (route à droite à la sortie de Flüeli) : on franchit alors la Melchaa sur le **Hohe Brücke★**. Ce pont couvert, conçu en 1943 pour franchir le torrent à 100 m de haut, est l'œuvre des troupes suisses du Génie.

De Kerns, rejoindre Sarnen pour prendre l'A 8 jusqu'à Lucerne.

NOS ADRESSES À LUCERNE

INFORMATIONS UTILES

Consulat de France – *Kehlhofhalde 16 - 6043 Adligenswil - ✆ 041 370 40 44.*
Poste – *Face à la gare - ✆ 0848 888 888 - lun.-vend. 7h30-18h30, sam. 8h-16h, fermé dim.*
Internet – *À l'office de tourisme.*
Pharmacie d'urgence – *✆ 041 211 33 33.*

TRANSPORTS

Gare ferroviaire – *Bahnhofplatz - ✆ 0900 300 300 (1,19 CHF/mn) - trains ttes les h. vers Zurich (aéroport), Berne, Genève (aéroport), Interlaken Ost.*
Bateaux – *Vier Walderstättersee - compagnie de navigation du lac des Quatre-Cantons - sur le quai face à la gare - ✆ 041 367 67 67 - www.lakelucerne.ch.*
Le **Tell Pass** permet de voyager dans toute la Suisse centrale avec un seul ticket (train, bus, bateau, téléphérique, funiculaire). *Pass 15 j. 227 CHF (5 j. gratuits, le reste du temps 50 %) ; Pass 7 j. 165 CHF (2 j. gratuits).*
Locations de voiture – *Miecar AG - Neuweg 8 (près de la Bundespatz) - ✆ 041 210 00 44 - www.miecar.ch.*
Vélos – *Location à la gare : 8h-19h - ✆ 051 227 32 61.*

HÉBERGEMENT

À Lucerne

PREMIER PRIX

The Bed + Breakfast – Hors plan I vers A2 - *Taubenhausstr. 34 - ✆ 041 310 15 14 - www.thebandb.ch - 8 ch. - 120 CHF ☕.* Un peu à l'écart du centre (15mn à pied), une maison bourgeoise au calme, avec jardin. Bains et WC sont à l'étage sauf pour la suite junior.

BUDGET MOYEN

Rösli – Plan II C1 - *Pfistergasse 12 - ✆ 041 249 22 77 - www.roesli.ch - 6 ch. - 150 CHF - ☕ 18 CHF.* Une pension au mobilier vieillot, mais très bien située dans une rue calme avec des prix imbattables pour Lucerne. La réception se trouve à l'hôtel Baslertor (qui propose des chambres un peu plus chères), dans la même rue, en face.
Goldener Stern – Plan I A2 - *Burgerstr. 35 - ✆ 041 227 50 60 - www.goldener-sren.ch - 13 ch. 110/170 CHF ☕.* À 10mn à pied de la gare, tout près de l'église des Franciscains, un petit hôtel familial au confort simple : des chambres bien tenues, à prix doux pour la Suisse… et pour Lucerne.

POUR SE FAIRE PLAISIR

Waldstätterhof – Plan I B2 - *Zentralstr. 4 - ✆ 041 227 12 71 - www.hotel-waldstaetterhof.ch - 79 ch. - 260/280 CHF ☕.* Idéalement situé en face de la gare, l'hôtel a rénové une partie des chambres (design actuel, écran plat), qui s'avèrent les plus chères. La proximité de bars rend parfois l'endroit bruyant le week-end.
Krone – Plan II C1 - *Weinmarkt 12 - ✆ 041 419 44 00 - www.krone-luzern.ch - 25 ch.- 230/320 CHF ☕.* Au cœur de la Vieille Ville, un hôtel aux chambres spacieuses, décorées avec goût dans le style contemporain. On prend le petit-déjeuner en contemplant la Weinmarkt, belle place piétonne au charme médiéval.
Cascada – Plan I B2 - *Bundesplatz 18 - ✆ 041 226 80 88 - www.cascada.ch - 63 ch. -*

264/354 CHF ☕. Des chambres très confortables et un parking… à 400 m de la gare. Le restaurant, le Boléro, propose des spécialités espagnoles.

Hofgarten – Plan I B1 - *Stadthofstr. 14 - ✆ 041 410 88 88 - www.hofgarten.ch - 18 ch. - 245/320 CHF* ☕ *- rest. 45 CHF.* À deux pas de la Hofkirche, cette maison à pans de bois du 15e s. est entourée d'un jardin secret. Les chambres calmes, toutes différentes, marient modernité et patrimoine (anciens poêles en céramique). Le restaurant avec sa cuisine végétarienne est un havre de paix.

À proximité

En réservant à l'avance, on peut dormir dans l'un des deux hôtels perchés au sommet du Pilate et admirer le coucher et le lever de soleil à 2 120 m d'altitude. Les deux établissements ont une réception commune, à l'hôtel Bellevue.

PREMIER PRIX

Pilatus Kulm – *Au Pilate - ✆ 041 329 12 12 - www.pilatus.ch - 29 ch. - 124 CHF* ☕. Un hôtel romantique bâti en 1890 et classé monument historique. Douches et WC à l'étage. Toutes les chambres ont une vue panoramique.

BUDGET MOYEN

Seeburg – *Seeburgstr. 61 - 3 km à l'ouest (rive nord du lac, après le Lido) dir. Küssnacht - ✆ 041 375 55 55 - www.hotelseeburg.ch - 41 ch. - 190/290 CHF.* Les meilleures chambres, plus chères, donnent sur le lac et le mont Pilate. La salle de restaurant au cachet ancien possède une décoration début du 20e s. Jardin en bordure du lac avec un admirable petit abri pour bateaux.

RESTAURATION

À Lucerne

PREMIER PRIX

Goldener Löwen – Plan II D1 - *Eisengasse 1 - ✆ 041 410 11 33 - fondue 24,50 CHF.* Ambiance de taverne pour savourer l'une des innombrables fondues suisses. Même la fondue au chocolat est à la carte !

BUDGET MOYEN

Galliker – Plan II C1 - *Schützenstr. 1 (proche de la Kasernenplatz) - ✆ 041 240 10 02 - fermé de mi-juil. à mi-août, dim. et lun. - 40 CHF.* Les abords sont peu attrayants, mais l'accueil est sympathique. Petit établissement tout simple où l'on se sent à l'aise.

SchiffRestaurant Wilhelm Tell – Plan I B1 - *Schweizerhofquai - ✆ 041 410 23 30 - www.schiffrestaurant.ch - fermé de mi-janv. à fin fév. et lun. - 50 CHF.* Grand bateau à vapeur typique du lac des Quatre-Cantons, à quai. Depuis le bar, on peut observer les anciennes machines qui actionnent les roues à aubes. La salle à manger, de style 1900, est très élégante.

Café Bodu – Plan II D1 - *Kornmarkt 5 - ✆ 041 410 01 77 - www.brasseriebodu.ch - 44/94 CHF.* Une cuisine française aux accents méditerranéens. Ambiance de brasserie parisienne à l'intérieur et terrasse romantique en soirée sur la place. Carte en français et service attentionné.

Reussbad « Las Torres » – Plan I A1 - *Brüggligasse 19 - ✆ 041 240 54 23 - www.reussbad.ch - fermé 1er-11 janv., lun. (et dim. soir de nov. à mars) - 43/85 CHF.* Sise dans une des tours d'une porte fortifiée de la vieille ville, cet établissement propose une bonne cuisine où se côtoient spécialités traditionnelles et espagnoles.

POUR SE FAIRE PLAISIR

Jasper – Hors plan I vers B1 - *Haldenstr. 10 - ✆ 041 416 16 16 - www.palace-luzern.ch - fermé 11-23 fév. et mar. - 85/135 CHF.* Dans un endroit magnifique au bord du lac et un peu à l'écart de l'agitation de la ville, ce restaurant design sert des plats méditerranéens aux touches contemporaines.

À proximité

BUDGET MOYEN

Schwendelberg – *Horw - 5 km au sud-ouest de Lucerne, dir. Hergiswill - ✆ 041 340 35 40 - www.schwendelberg.com - 35/80 CHF.* L'endroit est paisible, la vue étendue sur les Alpes suisses et le lac. Une « Gasthaus » traditionnelle.

POUR SE FAIRE PLAISIR

Schlössli Utenberg – *Utenbergstr. 643 - 4 km au nord-est de la ville en dir. de Dietschiberg - ✆ 041 420 00 22 - www.schloessli-utenberg.ch - fermé 2 sem. en fév., lun. et mar. - 70/120 CHF.* Une demeure du 18e s. de style baroque. Il faut monter au premier étage pour admirer le beau poêle en faïence de 1758. De la terrasse, vue sur Lucerne et le lac : l'idéal pour un déjeuner (plat du jour 16 CHF).

PETITE PAUSE

Bellini – *Murbacherstr. 4 - ✆ 041 228 90 50 - 8h-0h.* Un restaurant-bar à fréquenter pour sa terrasse et ses banquettes façon jardin, à deux pas de la gare, loin du bruit.

Hug – *Mühlenplatz 6 - lun.-sam. 7h-22h, dim. 10h-17h. - ✆ 041 410 10 92.* Acheter une brioche ou un sandwich à la pâtisserie et le manger sur les bancs publics au bord de la Reuss.

ACHATS

Peu de boutiques originales. Les bijouteries, prises d'assaut par les cars de touristes, sont en nombre et présentent tout l'éventail des montres et des coucous suisses.

Marché artisanal, le premier sam. du mois, d'avr. à déc., sur la Weimarktplatz.

Pour les chocolats, (Lözarner Rägetröpfli, gouttes de chocolat à la cerise), se rendre chez **Heini**, sur la Flakenplatz.

Les deux principaux grands magasins de la ville sont **Manor** *(Weggisgasse 5)* et **Globus** *(Pilatusstr. 4)*.

BOIRE UN VERRE

Louis Bar – *Art Déco Hôtel Montana - Adligenswilerstr. 22 - ✆ 041 419 00 00.* Une vue sublime sur le lac et une impressionnante carte de whiskies. Son nom, clin d'œil à Louis Armstrong, annonce les soirées jazz. Accès étonnant par un funiculaire privé ; départ à l'angle de Gesegnetmattstrasse et Haldenstrasse.

EN SOIRÉE

Sur les bords du lac, les **hôtels National** et **Palace** *(Haldenstr. 4 et 10)* ont aussi un piano-bar, tout comme le **Casino**, qui dispose aussi d'une grande salle où sont organisés des spectacles en fin de semaine. Pour la musique live, rejoindre **Jazzkantine**, sympathique bar de l'école de musique de Lucerne *(Grabenstr. 8)*.

Penthouse – *Pilatusstr. 29 - 8h30-22h - ✆ 041 226 88 88 - www.astoria-luzern.ch.* Ambiance jeune et branchée dans ce bar de nuit situé sur le toit-terrasse de l'hôtel Astoria.

The Hotel – *Sempacherstr. 14 - 8h30-0h - ✆ 041 226 86 86 - www.the-hotel.ch.* Le bar lounge de The

Hotel, tout en jeux de miroirs et lumières réfractées, permet de jeter un coup d'œil à la seconde création de Jean Nouvel à Lucerne, un hôtel avec 25 chambres aux décors de cinéma.

World Café – *KKL Luzern - Europaplatz 1 - 8h30-22h - ✆ 041 226 71 00 - www.kkl-luzern.ch.* Sandwichs à emporter, tapas ou cuisine du monde. Concerts en été en début de soirée sous l'immense toiture du KKL (Centre de culture et de congrès).

Stadtkeller – *Sternenplatz 3 - ✆ 041 410 47 33 - www.stadtkeller.ch - tlj mars-oct. - show à 12h15 et 20h, 15 CHF - rest. 50 CHF.* Ambiance de taverne et show « à l'américaine » présentant le folklore suisse : cor des Alpes, sonnailles, lanceur de drapeaux, danses, yodles… À apprécier au second degré !

ACTIVITÉS

La baignade dans le lac est très agréable.

Lido – *www.lido-luzern.ch - de déb. juin à fin août : 9h-20h (21h vend.-sam.) ; mai et de fin août à mi-sept : 10h-19h - 6 CHF (enf. 3 CHF) - bus 6,80 CHF.* Plage surveillée, piscine, jeux pour enfants.

Autre site surveillé au sud de la ville, à Tribschen *(accès : voir musée Wagner).*

Seebadi – *Nationalquai 6A - ✆ 041 410 18 12 - www.seebad-luzern.ch - juin-août : lun.-vend. 10h-20h, w.-end 9h-20h ; mai et sept. : lun.-vend. 10h-19h, w.-end 9h-19h - 5 CHF (enf. 3 CHF).* Cette étonnante piscine lacustre en bois avec bar est un lieu de rendez-vous des Lucernois.

AGENDA

Voir l'Agenda dans la partie « Organiser son voyage », p. 35.

Lac des Quatre-Cantons

Vierwaldstätter See

★★★

NOS ADRESSES PAGE 470

SE REPERER

Cartes de région B2 (p. 438-439) et du lac des Quatre-Cantons (p. 462) – *Carte Michelin Regional n° 551 O-P7.*

À 52 km au sud de Zurich. Les principales villes proches du lac sont Lucerne (au nord), Schwyz (à l'est) et Altdorf (au sud).

À NE PAS MANQUER

Une croisière sur le lac, de préférence en début ou en fin de journée pour bénéficier d'une belle luminosité; la route de Lucerne à Brunnen au coucher du soleil.

ORGANISER SON TEMPS

Comptez une journée pour une croisière suivie d'une ascension en téléphérique ou train de montagne et d'une randonnée; prévoyez un vêtement chaud si vous quittez les rives du lac pour l'un des sommets voisins.

AVEC LES ENFANTS

Une promenade en bateau à vapeur.

Ici, les paysages tiennent du théâtre. Pour peu qu'un orage vienne à masquer les montagnes boisées qui plongent dans le lac, alors le romantisme des quais- promenades se mêle à un drame joué en fond de scène. Impossible de ne pas songer aux aquarelles de Turner, de passage sur ces rives entre 1842 et 1844. Que l'on voyage en voiture ou en bateau, le tracé capricieux du lac offre des points de vue sans cesse renouvelés. C'est d'ailleurs presque trois lacs différents qui s'étirent entre Lucerne et Altdorf; des bassins qui, d'ouest en est, prennent les noms de Vitznau, de Gersau-Beckenried et d'Uri. D'une superficie de 114 km², il est, par sa taille, le deuxième lac – après celui de Neuchâtel – entièrement situé en territoire suisse. Pour le contempler d'en haut, une foule de belvédères ont été aménagés notamment sur le Rigi-Kulm, la reine des montagnes pour les citoyens Helvètes.

Découvrir

6

Promenades en bateau

Avant d'être destinée aux seules croisières touristiques, la navigation sur le lac servait au transport de marchandises et de passagers. Dès le 13e s., puis à partir de 1830 après l'ouverture de la route du St-Gothard, des bateaux sillonnent l'immense étendue d'eau. Le premier exemplaire à vapeur est mis en service en 1837.

Aujourd'hui, cinq bâtiments rénovés, à roue à aubes et cheminée fumante, naviguent régulièrement. La Compagnie de navigation sur le lac des Quatre-Cantons (SGV) possède **la plus grande flotte mondiale de bateaux à vapeur**

historiques ainsi que des bateaux-salons confortables. Le salon de première classe du *Schiller* (1906) est considéré comme le plus élégant, avec son rare style Jugenstil (Art nouveau) géométrique : incrustations de nacre, de citronnier et d'ébène, panneaux ornés de sirènes. La flotte relie toute l'année Lucerne aux célèbres lieux de villégiature bordant le lac et offre des croisières commentées sur les sites chargés d'histoire (chapelle de Guillaume Tell, Schillerstein), des croisières au coucher du soleil, des croisières nocturnes avec musique l'été, des croisières gourmandes (brunch ou goûter) et des correspondances ou combinaisons avec tous les téléphériques et funiculaires de la région (Bürgenstock, Klewenalp, Seelisberg, Rigi-Kulm...). Certains sites côtiers – et en premier lieu la prairie historique du Rütli – ne sont d'ailleurs accessibles, de façon pratique, que par voie d'eau. Au départ de Lucerne, le tour complet du lac demande 6h environ. En saison, les bateaux de Lucerne à Flüelen (au sud du lac) et de Lucerne à Alpnachstad (accès au Pilate, à l'ouest) partent environ toutes les heures. Au départ de Brunnen, des tours de la seule partie du lac d'Uri sont proposés. Il est également possible de rejoindre Locarno ou Lugano (Tessin) en combinant la traversée du lac en bateau à vapeur (première classe et repas) et un trajet en train à bord de voitures panoramiques de première classe sur la ligne du St-Gothard. Cette liaison, dénommé « **Guillaume Tell Express** », fonctionne quotidiennement de mai à octobre, uniquement dans le sens nord-sud.

Circuits conseillés

★★★ LES RIVES NORD Carte du lac des Quatre-Cantons

Itinéraire de 54 km de Lucerne à Altdorf – voir le circuit tracé en vert sur la carte du lac des Quatre-Cantons (p. 462) – compter 2h30.
Quitter Lucerne à l'est par la route n° 2.
Entre Lucerne, Küssnacht et Weggis, la route, tracée dans une opulente campagne plantée de noyers et d'arbres fruitiers, contourne les ramifications du « lac de Lucerne » et du « lac de Küssnacht », se rapprochant des croupes accidentées du Rigi, aux affleurements rocheux rougeâtres. Au sud, les arrière-plans montagneux du Nidwald (région de Stans-Engelberg) se distinguent assez mal, contrairement au Pilate, reconnaissable à ses arêtes découpées.
Dans le village de **Merlischachen**, de belles maisons de bois, à quatre ou cinq niveaux et toits à forte pente, offrent quelques excellents exemples du type de construction de la Suisse centrale. Une avancée de toiture abrite la rangée de fenêtres de chaque étage. Avant d'entrer dans Küssnacht, la route longe la **chapelle de la reine Astrid** (Astridkapelle). Ce petit sanctuaire rappelle le tragique accident de voiture lors duquel la reine Astrid de Belgique, mère de l'actuel roi Albert II, perdit la vie, le 29 août 1935. Les Belges fréquentent toujours ce lieu de mémoire dédié à une femme devenue un mythe dans leur pays.

Hohle Gasse

De Küssnacht, 3 km AR par la route d'Arth (n° 2), plus 15mn à pied AR.
Laisser la voiture à l'hôtel Hohle Gasse et prendre le chemin creux (en allemand « Hohle Gasse »), en montée et irrégulièrement pavé, où, suivant la tradition, Guillaume Tell aurait abattu Gessler, le bailli des Habsbourg. Le chemin en sous-bois aboutit à la chapelle commémorative qui représente pour tous les Suisses un pèlerinage patriotique indispensable. Ce chemin

Vue sur le lac des Quatre-Cantons.
Luzern Tourismus AG - Tourist Information Vitznau

était à l'origine un tronçon de la route nord-sud, Zurich-Gothard, *via* les lacs de Zug et des Quatre-Cantons. En 1937, il fut restauré et la circulation déviée pour conserver intact ce lieu mythique de la Confédération.

★★ Weggis

Seestr. 5 - 6353 Weggis - ✆ 041 227 18 00 - www.the-best-of-lake-lucerne.ch - mai-sept. : lun.-vend. 8h-18h, w.-end 9h-16h ; oct.-avr. : lun.-vend. 8h30-12h, 13h-17h30, w.-end 9h30-13h30.

Sur la Riviera du lac des Quatre-Cantons, Weggis s'allonge en vue du Pilate et des montagnes d'Unterwald, le long d'un quai-promenade menant au promontoire d'Hertenstein : l'agglomération touristique se trouve ainsi à l'abri du trafic automobile qui suit la côte de Küssnacht à Brunnen.

Les plaisirs de l'eau, les promenades sur les dernières pentes du Rigi plantées de vergers et même de palmiers et d'espèces méridionales – l'influence du fœhn allant de pair avec une exposition plein sud –, invitent à la flânerie, dans une atmosphère de villégiature pour riches retraités. À partir de Weggis, le parcours des rives du lac révèle des paysages sans cesse renouvelés.

★ Vitznau

Les touristes peuvent abandonner leur voiture quelques heures dans cette élégante station, située entre le Rigi et le lac, pour monter au Rigi-Kulm en chemin de fer à crémaillère, le premier chemin de fer de montagne construit en Europe (1871).

★★★ Le Rigi-Kulm

Env. 3h AR dont 1h à 1h30 de chemin de fer à crémaillère au départ de Vitznau ou d'Arth-Goldau. Par téléphérique de Weggis jusqu'au Rigi Kaltbad, puis correspondance avec le train à crémaillère vers le Rigi-Kulm - ✆ 041 399 87 87 - www.rigi.ch - chemin de fer de montagne : dép. ttes les h. tte l'année ; téléphérique : dép. ttes les 30mn tte l'année sf de fin mars à déb. avr. et 2 sem. en nov. - 54 CHF AR (juin-oct. : enf. gratuit). Trajet en train à vapeur les w.-end, juil.-sept.

Isolé de tous côtés par la dépression que noient, dans sa plus grande partie, les eaux des lacs des Quatre-Cantons, de Zoug et de Lauerz, le Rigi dresse à 1 797 m d'altitude ses bosses boisées et accidentées, coupées d'escarpements rougeâtres. Ce type de relief est désigné sous le nom de « montagne-île » par les géographes allemands.

Un grand spectacle – Le Rigi-Kulm, point culminant du massif du Rigi, est célèbre pour ses levers de soleil sur les Alpes. Une tradition du 19e s. en a fait l'apothéose d'un voyage en Suisse : on y passait la nuit pour attendre ce spectacle, dont la splendeur faisait oublier l'austérité des préliminaires… Les yeux lourds de sommeil, on découvrait alors les premiers rayons illuminant cet « horizon invraisemblable », ce « chaos d'exagérations absurdes et d'amoindrissements effrayants » (Victor Hugo). De nos jours, un dimanche par mois, un train part de Goldau avant le lever du soleil.

Le massif continue à attirer une foule de randonneurs. Les amateurs de balades faciles, à travers les alpages et les bois, le long de crêtes panoramiques, se retrouvent dans l'un des restaurants ou hôtels d'altitude : **Rigi-Kaltbad** est l'un des lieux de séjour les mieux situés.

★★★ **Panorama** – *De la station terminale, 15mn à pied AR jusqu'au point culminant. Alt. 1 797 m.* Le regard erre d'un bord à l'autre de la prodigieuse toile de fond des Alpes, déployée entre le Säntis et les Alpes bernoises (Jungfrau) en passant par les Alpes de Glaris, d'Uri et le massif du Titlis. Moins éblouissante, mais plus attachante, apparaît la moitié opposée du tour d'horizon : au-delà des lacs de Lauerz, de Zoug et des Quatre-Cantons moutonnent les collines du pays zurichois, jusqu'à la ligne floue du Jura, des Vosges et de la Forêt-Noire.

Le berceau de la Confédération

LES TRACES DE L'HISTOIRE

Le moindre coin de terre a ici son héros, son champ de bataille, sa chapelle commémorative, ses ruines féodales dont les pans de murs croulants rappellent quelque brutale flambée de fureur émancipatrice. C'est ici que la démocratie helvétique a trouvé son berceau.

Bien avant les débuts de la Confédération, les **Waldstätten** (cantons forestiers) riverains du lac menaient déjà, à l'exemple des populations de maintes vallées isolées des Alpes, une vie toute remplie d'obligations communautaires. L'exploitation des forêts, la mise en valeur des alpages, la répartition du « fruit » du troupeau ne cessaient d'exiger des réunions, des discussions et des élections. Rompus à de tels usages, les Waldstätten s'accommodaient sans trop de peine d'une allégeance symbolique à l'empereur, toute l'Helvétie relevant alors du Saint Empire romain germanique. Le pays d'Uri, auquel sa situation sur l'itinéraire du St-Gothard valait des ménagements particuliers, s'était même vu garantir, dès 1231, son rattachement direct à l'Empire.

Cette relative autonomie apparaît menacée lorsque la maison de Habsbourg-Autriche, soucieuse d'administrer efficacement son patrimoine dans la région, met en place, sans tenir compte des susceptibilités locales, un corps de fonctionnaires intéressés au revenu de leur charge. Ces baillis se font vite détester : se voir imposer, du dehors, un juge qui ne soit ni un concitoyen ni un pair, est la suprême offense pour un homme de condition libre.

La situation devient critique lorsque les Habsbourg accèdent au trône impérial (1273). Aussi, à la mort de Rodolphe, qui laisse présager une élection très controversée et une situation politique difficile, les représentants de Schwyz, Uri et Unterwald se réunissent-ils pour conclure une alliance perpétuelle. Ce pacte d'entraide qui, sans préconiser la désobéissance vis-à-vis des seigneurs, rejette tout système administratif et judiciaire imposé de l'extérieur, est considéré par les Suisses comme l'acte de naissance de la Confédération. Ses textes originaux sont conservés à Schwyz et son anniversaire (1er août 1291) est célébré comme fête nationale.

La victoire de Morgarten (1315), remportée sur les troupes de Léopold d'Autriche, marqua l'affranchissement définitif des trois cantons « primitifs ».

L'AURORE DE LA LIBERTÉ

Une telle évolution, surprenante dans la société féodale de l'époque, doit son retentissement à l'interprétation légendaire qu'on en fit dès le 15e s. et au drame de **Guillaume Tell** que Schiller (1804) a versé au trésor de la littérature germanique. Il ne s'agit plus d'une lutte tenace faisant alterner les négociations avec les coups de main, mais d'une conjuration organisée par les trois communautés de Schwyz, Uri et Unterwald, présentées comme victimes du despotisme qu'incarne le bailli Gessler, et solennellement nouée sur la prairie du Rütli, en face de Brunnen, par 33 représentants de ces communautés. Après avoir été condamné par Gessler à la fameuse épreuve de la pomme, l'archer Guillaume Tell devient le bras justicier de la conspiration : il exécute Gessler dans le chemin creux de Küssnacht, ouvrant la voie à une ère de liberté. Depuis lors, l'épisode du Rütli n'a pas cessé d'être la source vive de la tradition nationale suisse.

★★★ **Promenade de Rigi-Kaltbad à Hinterbergen** – Cette belle balade, facile et bien aménagée, permet un retour à pied appréciable vers Vitznau après la montée au Rigi *(compter 3h)*. Descendre du train à la station Kaltbad *(alt. 1 438 m)*. Prendre le chemin jusqu'à First, bordé de panneaux explicatifs sur la géologie. La **vue**★★ prend vite de l'ampleur sur le lac des Quatre-Cantons. L'itinéraire continue vers Unterstetten, en présentant des à-pics impressionnants. En vue de l'hôtel, bifurquer à gauche en montant sur la pelouse pendant 200 m, puis prendre à droite en direction de Gletti (montée raide mais courte, suivie d'une descente). De Gletti, **tour d'horizon**★★★ sur toute la région. Pour terminer, descendre à Hinterbergen, soit par l'itinéraire direct et pentu à droite, soit par un chemin plus facile à gauche. Au cœur du hameau, une maison blanche, avec six petites fenêtres, abrite la gare d'arrivée d'une télécabine permettant de gagner Vitznau en 6mn.
De Vitznau, poursuivre sur la route qui longe le lac vers Brunnen.

★ Obere Nase

Le coude très prononcé que décrit la chaussée au passage de ce cap est aménagé en **belvédère**★. Ce « nez », projeté par un contrefort du Rigi, et l'Untere Nase, extrême avancée du Bürgenstock qui lui fait face, délimitent un détroit large de 825 m seulement, mettant en communication deux bassins d'allure bien différente : en quelques centaines de mètres, on passe d'un « lac de Vitznau », borné au sud par l'éperon boisé du Bürgenstock, à un « lac de Gersau-Beckenried » étalé dans un cadre beaucoup plus ouvert et distrayant. Le Pilate reste le seul repère familier.

★ Gersau

Dans l'un des **sites**★★ les plus ouverts des rivages alpestres du lac, Gersau est une station familiale, connue des gourmets pour ses spécialités de poisson. De 1390 à 1817, le bourg avait le statut de république, désormais rattachée au canton de Schwyz.
Aux approches de Brunnen se dessine peu à peu le bassin bocager de Schwyz, dominé par les pitons jumeaux des Mythen. Plus à droite, sous les falaises arquées du Fronalpstock, s'allonge la terrasse de Morschach. Le moment est alors venu de contourner la baie de Brunnen, à laquelle répond le saillant de Seelisberg.

★★ Brunnen

Bahnhofstr. 15 - 6440 Brunnen - ✆ 041 825 00 40 - www.brunnentourismus.ch - juil.-août : lun.-vend. 8h30-18h, w.-end 9h-15h ; oct.-mai : tlj sf w.-end 8h30-12h, 13h30-17h30 ; juin et sept. : lun.-vend. 8h30-18h, sam. 9h-13h.
Jusqu'à l'ouverture de l'Axenstrasse, Brunnen fut un port essentiel pour les relations entre les cantons de Schwyz et d'Uri et une place de transit de première

LA VOIE SUISSE

Pour célébrer le 700e anniversaire de la Confédération, en 1991, un chemin pédestre d'environ 35 km a été créé à partir du Rütli autour du lac d'Uri. Dénommé la Voie suisse, ce parcours se divise en autant de tronçons que de cantons et demi-cantons existants, soit un total de 26. La longueur de chaque tronçon a été établie en fonction du nombre d'habitants du canton qu'il représente. La Voie suisse s'achève à Brunnen sur la place des Suisses-de-l'Étranger, au bord du lac. Tout au long du chemin, se succèdent lieux commémoratifs et sites naturels d'une très grande beauté.

importance sur l'itinéraire du Gothard. Elle doit aujourd'hui son animation intense à la rencontre des courants de circulation de cette grande voie transalpine (route n° 2, par Arth) et de la route côtière de Vitznau.
Par sa **situation**★★ à l'entrée du sauvage lac d'Uri, Brunnen impose au moins une halte pour contempler ce fjord aux eaux d'un bleu profond. Cœur de la Suisse pittoresque et historique, les rives du lac d'Uri sont aussi jalonnées de pèlerinages patriotiques évoquant la naissance de la Confédération (Rütli, chapelle de Tell). Des croisières au départ de Brunnen permettent d'approcher ces lieux historiques.
★★ **Les quais** – Du quai ombragé, que prolonge à l'est, en contrebas de l'Axenstrasse, la nouvelle promenade de l'Axenquai, le flâneur découvre toute la **perspective**★★ du lac d'Uri, enfoncé comme un fjord entre de farouches éperons montagneux. La silhouette maîtresse du panorama est l'Uri-Rotstock, présentant ses deux dents émoussées au-dessus d'un petit glacier.
Au premier plan, sur la rive opposée, la prairie historique du **Rütli** (**Grütli** pour les Suisses français) tranche en vert tendre sur les abrupts boisés du saillant de Seelisberg ; à l'extrême pointe de ce promontoire, on distingue l'obélisque naturel que les cantons primitifs ont dédié à la mémoire de Schiller, « chantre de Tell », sous le nom de **pierre de Schiller** (Schillerstein).
Au-delà de Brunnen, la route vers Altdorf a perdu de son intérêt paysager. Cette section, l'une des plus fameuses de l'itinéraire du St-Gothard, a été ouverte au 19e s. dans les falaises qui plongent dans le lac d'Uri. Auparavant, le recours au bateau était indispensable pour le trajet de Brunnen à Flüelen. Un tunnel unique remplace maintenant l'ancienne galerie ajourée (interdite aux voitures), partie la plus spectaculaire de l'ancien tracé.

Chapelle de Tell (Tellskapelle)

De l'hôtel Tellsplatte, sur la route n° 2, après Sisikon ; 30mn à pied AR par un sentier en forte descente. Sur le sentier d'accès, se trouve le plus grand carillon suisse, construction contemporaine et automatisée.
Édifiée dans un **site**★ solitaire, au bord du lac d'Uri, cette chapelle commémore l'un des épisodes les plus dramatiques de l'histoire de Guillaume Tell : prisonnier de Gessler à l'issue de l'épreuve de la pomme, le vaillant arbalétrier est jeté dans une barque, qu'une subite tempête assaille ; le bailli et ses sbires doivent faire appel au concours de leur captif. Celui-ci en profite pour diriger l'esquif vers le rivage, il bondit sur une plate-forme rocheuse et repousse aussitôt d'un violent coup de pied l'embarcation dans les flots déchaînés.
En poursuivant sur l'Axenstrasse, on atteint Flüelen et Altdorf (7 km).

SUR LA RIVE SUD DU LAC Carte du lac des Quatre-Cantons

Compter une journée.
La route de la rive sud est moins pittoresque que celle qui lui fait face. On conseillera de longer ces rives **en bateau** et de débarquer pour emprunter téléphériques ou funiculaires qui donnent accès à de superbes panoramas.

★★ Bürgenstock

On monte au Bürgenstock en voiture depuis Stansstad (à 11 km au sud de Lucerne par une petite route étroite et escarpée) ou en funiculaire depuis le débarcadère de Kehrsiten-Bürgenstock (correspondances avec les bateaux), en 7mn. De Lucerne : 50 CHF AR (bateau et funiculaire).
Le nom de Bürgenstock, désignant une lourde échine rocheuse et forestière, s'applique aussi à un ensemble d'hôtels perchés à 500 m au-dessus

de la croisée centrale du lac. La promenade classique est le parcours du **Felsenweg★★** *(30mn env.)*, sentier en corniche formant un circuit panoramique autour de l'éperon de la Hammetschwand, dont un ascenseur, encagé dans une tour métallique, permet d'atteindre le point culminant (1 128 m).

Stans

Stans constitue une bonne base d'excursions – en particulier pour la montée au magnifique belvédère du Stanserhorn – ou une possibilité d'hébergement en période de très forte affluence dans les hôtels de la région de Lucerne. L'histoire suisse a retenu le nom de cette cité pour l'intervention conciliatrice de Nicolas de Flüe *(voir encadré p. 454)* qui sauva l'édifice encore fragile de la jeune Confédération lors de la Diète de Stans (1481). Le centre-ville, incendié en 1713, a été reconstruit.

L'**église** dresse au-dessus de la place centrale son imposant **clocher★** roman à quatre étages d'arcatures (la flèche a été ajoutée au 16e s.). L'ample vaisseau, de la première période baroque, laisse une forte impression monumentale ; les statues qui le décorent sont éclatantes de blancheur. Le chœur et les bas-côtés sont dotés de retables taillés dans le marbre noir du pays.

À proximité, la chapelle de l'Ossuaire, de style gothique tardif, abrite des fresques du 16e s. (Déposition de croix, Mise au tombeau) et un ossuaire dans la crypte. Au-dessus de l'église, on remarque le célèbre monument du 19e s. commémorant le sacrifice d'Arnold de Winkelried à la bataille de Sempach.

★★ Stanserhorn

Funiculaire et téléphérique : ✆ 041 618 80 40 - www.stanserhorn.ch - de déb. avr. à mi-nov. : 8h15-16h45 - dép. ttes les 30mn (10mn en période d'affluence) - 64 CHF AR, gratuit pour les mamans à la fête des Mères. Alt. 1 898 m.

Une agréable montée en funiculaire *(10mn)*, puis en téléphérique *(12mn)* aboutit à la terrasse de la station supérieure, où sont visibles les grandes roues crantées du treuil qui hissait le funiculaire primitif. Là, se révèle une partie du ravissant **panorama★★** (table d'orientation) que l'on découvre pleinement au sommet *(accessible en 20mn AR)* : le lac des Quatre-Cantons au nord dans son écrin de montagnes, les sommets des Alpes suisses au sud (dont le tremplin glacé du Titlis) et les sommets des Alpes bernoises (dont le massif de la Jungfrau), au sud-ouest.

Klewenalp

En téléphérique (durée 10mn), au départ de Beckenried (également accessible en bateau) : ✆ 041 624 66 00 - www.klewenalp.ch - de fin mai à déb. nov. : 7h25-18h05 (vend.-dim. 20h05, de mi-juin à sept. 18h25) - dép. ttes les 20mn - 35 CHF AR - location de VTT sur place (30 CHF/j.).

À 1 593 m d'altitude, Klewenalp offre un point de départ intéressant pour des randonnées à pied et des descentes en VTT. On trouve aussi de jolies plages de gazon à Beckenried, en particulier Freibad (gratuit) avec cabines, bar et piscine pour enfants.

Seelisberg

En funiculaire, du débarcadère de Treib (correspondances avec les bateaux du lac des Quatre-Cantons) : durée 8mn - ✆ 041 820 15 63 - www.seelisberg.com -de fin mai à déb. sept. : lun.-vend. 6h30-19h30, w.-end 8h10-19h30 ; nov.-mars : 6h30-17h45, w.-end 8h10-18h30 - dép. ttes les 20mn - fermé avr., mai et oct. - 16 CHF AR.

Bahnhofplatz 1 - 6377 Seelisberg - ✆ 041 820 15 63 - www.seelisberg.com - avr.-oct. : 8h15-17h45 ; nov.-mars : tlj sf w.-end 8h30-12h, 13h30-17h45.

Isolée au bout de la route *(22 km de Stans)*, Seelisberg est étagée sur une croupe boisée plongeant dans le lac des Quatre-Cantons, en vue de la baie de Brunnen et du bassin de Schwyz que surveillent les deux pitons des Mythen.
De nombreux Suisses s'y rendent pour marcher jusqu'à la prairie du Rütli ou Grütli *(de Seelisberg ou de Trieb, accès à pied en 50mn)*. Ce site qui domine le lac d'Uri, et sur lequel flotte le drapeau suisse, symbolise la fondation de la Confédération helvétique. C'est en effet sur cette terre que les représentants des trois vallées d'Uri, de Schwyz et d'Unterwald – selon la tradition en présence de Guillaume Tell – y scellèrent le, 1er août 1291, le pacte d'alliance qu'ils avaient conclu auparavant. C'est le célèbre **serment du Rütli**, mis en avant par l'imagerie populaire et les manuels scolaires du 19e s. pour les besoins d'une identité nationale en quête d'affirmation *(voir p. 71)*. Ce haut lieu de pèlerinage pour les patriotes servit aussi de place de rassemblement pour les chefs militaires. Ainsi, en juillet 1940 devant la menace allemande, le général Guisan, commandant en chef de l'armée suisse, y réunit plusieurs centaines d'officiers.

★ Bauen

Également accessible en bateau au départ de Flüelen (20mn).
Ravissant village blotti dans la verdure et les fleurs au pied des montagnes, sur la rive ouest du lac d'Uri, Bauen a l'aspect d'une minuscule Riviera : élégante petite église (1812; intérieur néobaroque), restaurants et chalets fleuris, végétation témoignant d'un microclimat privilégié (pins, araucarias, palmiers, bananiers…).

★★ ALTDORF ET LA ROUTE DU COL DE KLAUSEN Carte de région

Itinéraire de 48 km d'Altdorf à Linthal – voir le circuit tracé en vert sur la carte de région (p. 438-439) – compter 2h. La route du Klausen est interdite aux véhicules tirant une remorque; le col, généralement obstrué par la neige de novembre à mai, est souvent l'un des derniers à ouvrir dans la région.

Altdorf C2

Placé en retrait du lac des Quatre-Cantons, clé du passage du St-Gothard sur le versant nord des Alpes, Altdorf regarde les défilés de la haute vallée de la Reuss.
Sur la place centrale du bourg d'Altdorf trône le **monument de Tell** (Telldenkmal). La statue du célèbre arbalétrier, placée devant une tour à dôme peinturluré, est intéressante surtout par le fait qu'elle a créé l'archétype physique de Tell. Cette effigie (de 1895) est bien à sa place dans le canton qui, le premier, s'émancipa de la tutelle étrangère.
Quitter Altdorf à l'est par la route n° 17.
Mettant en communication les vallées de la Reuss (canton d'Uri) et de la Linth (canton de Glaris), la route du Klausen, très aérienne par endroits, fait toujours le bonheur des pilotes. De 1922 à 1934, les 21,5 km (136 virages, 1 237 m de dénivelé) qui séparent Linthal du col furent le théâtre d'une des plus fameuses courses automobiles de montagne. Le record de vitesse auto de 1934 s'établit à 15mn22; 16mn41 pour les motos! Les automobilistes sont invités à la plus grande prudence, pour eux-mêmes et les bolides qui circulent ici. L'itinéraire résume également tous les aspects physiques et économiques de la Suisse montagnarde. En moins de 50 km, une haute combe alpestre (Urner Boden) fait place à une vallée comptant parmi les plus industrielles de la chaîne (vallée de la Linth).

Bürglen C2

Guillaume Tell serait né dans ce village où un **musée** lui est consacré. Il réunit chroniques, sculptures, tableaux et objets divers créés sur le thème du héros national en six siècles. *Postplatz 1 - ✆ 041 870 41 55 - www.tellmuseum.ch - juil.-août : 10h-17h ; mai-juin et sept.-oct. : 10h-11h30, 13h30-17h - 5,50 CHF.*

À partir d'Unterschächen, la route prend tout son intérêt. Aménagés face au débouché du Brunnital, vallon affluent se terminant en cirque au pied des parois du Ruchen et des Windgällen, deux grands lacets font gagner Urigen, point de départ d'un magnifique **parcours en corniche★★** : désormais, la vue plonge sur le sauvage cul-de-sac du Haut-Schächental fermé par les falaises gigantesques du Chammliberg. Après le franchissement d'un tunnel, quelques points d'arrêt, en belvédère, permettent de contempler la **cascade du Stäubi** (Stäubifall) et le hameau d'Aesch, à 400 m en contrebas. Les corniches neigeuses rebondies des Clarides se détachent derrière le Chammliberg.

★ Col du Klausen (Klausenpass) C2

Alt. 1 948 m. En contrebas du col, face à l'hôtel Klausenpasshöhe, le panorama est le plus complet : de gauche à droite, les crêtes neigeuses des Clarides (Clariden), les falaises du Chammliberg, le double sommet du Schärhorn, les cornes rocheuses des Windgällen et enfin, dans l'axe de la trouée du Schächen, le massif de l'Uri-Rotstock, à l'horizon. Après avoir enchaîné une série de lacets en descente et dépassé les masures de Vorfrütt, on admire la face nord des Clarides et la Chlus, cirque rayé de deux cascades.

★ Urner Boden C2

Le passage au fond de cette « gouttière », d'une régularité de trait schématique, se traduit, pour l'automobiliste, par un long palier, inattendu à pareille altitude (1 300 à 1 400 m). Les lacets se multiplient à nouveau jusqu'à Linthal : c'est la vallée de la Linth, mi-agreste, mi-usinière, qui se creuse en contrebas, butant en amont contre les murailles du Selbsanft (massif du Tödi).

ROUTE DES SCHÖLLENEN Carte de région

Itinéraire de 60 km d'Altdorf à Andermatt – voir le circuit 4 tracé en vert sur la carte de région (p. 438-439) – compter 1h30.

La vallée de la Reuss, qu'emprunte l'itinéraire et dont la curiosité la plus remarquable est le défilé des Schöllenen, constitue une commode voie de pénétration au cœur du massif du St-Gothard, depuis la région des Quatre-Cantons.

D'**Altdorf** *(voir p. 467)* à Amsteg, tandis que la vallée se resserre, le majestueux sommet conique du Bristen, s'élevant d'un seul jet à 3 072 m d'altitude, retient le regard. L'agglomération d'Erstfeld marque, pour la voie ferrée, le début de la rampe qui mène le rail 600 m plus haut à l'entrée nord du tunnel du St-Gothard. Entre Amsteg et Wassen, le fond du sillon de la Reuss, où la route inaugure son parcours montagnard, garde de jolis recoins de fraîcheur. Les sinuosités du tracé – et surtout celles qui précèdent l'arrivée à Wassen, dont l'église est visible dès la sortie de Gurtnellen – permettent de découvrir, en aval, la pyramide bien dessinée des Kleine Windgällen.

Pfaffensprung C3

Du parking aménagé immédiatement en aval du pont sur la Reuss, gagner, en traversant la route, le belvédère protégé par des grilles. Le trop-plein du barrage construit dans ce « pas » crée parfois une cataracte spectaculaire qui se brise en écumant sur de gros rochers.

Wassen B3

Wassen a connu la célébrité lorsque les constructeurs du chemin de fer du St-Gothard ont fait décrire à la voie deux boucles successives, en partie souterraines, de part et d'autre de la localité. L'étonnement du voyageur non initié, découvrant successivement, sous trois aspects différents, une église que son voisin de compartiment, imperturbable, lui affirme être celle de Wassen, n'a cessé, depuis, de constituer un sujet de plaisanterie.
De Wassen à Göschenen, les éboulis, parmi lesquels on remarque un énorme bloc dit « pierre du Diable » (Teufelsstein), envahissent le fond du couloir.

Göschenen B3

Située à la tête nord des tunnels ferroviaire et routier du St-Gothard, ouverts respectivement en 1882 et 1980, Göschenen fournit l'occasion d'une halte agréable, aux abords du petit pont central d'où l'on admire le paysage glaciaire de la haute région du Dammastock se dévoilant par la trouée du Göschenertal.

★★ **Lac de Göscheneralp** (Göscheneralpsee) B3

L'accès à ce lac-réservoir permet de contempler de près les glaciers du Dammastock qui l'alimentent – au revers est du glacier du Rhône. La route remonte l'étroite et farouche vallée de Göschenen, avec, en fin de parcours, des passages en corniche au flanc de superbes parois rocheuses.
Laisser la voiture au parking voisin du restaurant *(alt. 1 783 m)* et gagner le milieu de la crête gazonnée, toute proche, du barrage. Ce dernier, du type barrage-poids, retient une masse d'eau pouvant atteindre 75 millions de m^3. Devant lui, magnifique **paysage**★★ composé par la retenue, les cascades qui s'y déversent à droite et à gauche et, séparés par un cône rocheux, les glaciers étincelant sous les crêtes acérées du Winterberg. Se retourner pour admirer aussi, à l'opposé, le cirque rocheux, ponctué de sapins, d'où l'on est venu. On peut effectuer le tour du lac à pied *(3h30)*.

★★ **Les Schöllenen** B3

Entre Göschenen et Andermatt, la vallée de la Reuss resserre en étau ses abrupts granitiques d'une continuité et d'un poli impressionnants. C'est le légendaire défilé des Schöllenen, principal obstacle au développement du trafic sur l'itinéraire du St-Gothard jusqu'aux environs du 13e s., époque où un chemin fut audacieusement établi dans ses profondeurs. L'aménagement routier de ce secteur a détruit l'aspect sauvage du passage, mais le parcours à pied de l'ancienne chaussée permettra aux amateurs de sensations fortes d'apprécier le caractère « infernal » du défilé.
Pont du Diable (Teufelsbrücke) – Ce pont aujourd'hui désaffecté avait remplacé, en 1830, l'ouvrage construit, selon la légende, grâce à l'intervention du diable, payé en monnaie de… bouc par les malicieux Uranais, alors que le marché exigeait en tribut l'âme du premier passant. L'ouvrage constitue un belvédère tout indiqué pour admirer les **chutes** écumantes de la **Reuss** *(mises en valeur par le soleil, vers midi)*.
Légèrement en aval, une croix monumentale, taillée à même la paroi de la rive droite et accompagnée d'une inscription en caractères cyrilliques, commémore l'équipée hasardeuse du corps russe du général Souvorov qui, ayant forcé le passage, le 25 septembre 1799, à la poursuite de l'armée française, arriva trop tard pour empêcher Masséna de battre les coalisés à Zurich.

Andermatt B3

Verkehrsverein - Gotthardstr. 2 - 041 888 71 00 - www.andermatt.ch - lun.-vend. 9h-17h, w.-end et j. fériés 10h-16h. Alt. 1 436 m.

Au fond de la conque harmonieuse et austère du val d'Urseren, cœur du massif du St-Gothard, Andermatt se trouve à la jonction des routes du Gothard, de la Furka et de l'Oberalp : c'est, par excellence, le carrefour des Alpes suisses. La ville connaît un important développement au 19e s. avant de marquer un déclin à l'ouverture du tunnel en 1882. La longue et étroite rue de traversée, avec son « binario » typiquement italien (chemin de roulement en dalles de granit), bordé d'auberges pour voyageurs a gardé toute son ambiance d'autrefois. En été, voitures et motos remplacent les diligences. En hiver, alors que la neige ensevelit les versants voisins tout striés d'ouvrages de protection contre les avalanches, Andermatt reçoit de nombreux skieurs attirés par ses commodités d'accès. Les principaux centres d'activité sportive sont la région de Nätschen (en direction du col de l'Oberalp), desservie régulièrement par des navettes ferroviaires et par télésiège, ainsi que les pentes du Gemsstock, équipées d'une télécabine.

C'est au pied de l'antique tour de garde d'Hospental que débute, sur le versant d'Andermatt, la dernière rampe du St-Gothard ; la route s'élève au-dessus du val d'Urseren que ferme, à droite du col de la Furka, le cimier neigeux du Galenstock, puis elle s'engage dans l'ingrat vallon de Gams.

★★ Gemsstock BC3

Départ du bourg d'Andermatt - 1h AR minimum dont 40mn de téléphérique en 2 tronçons : ✆ 041 887 14 45 - de mi-juil. à mi-oct. 9h-16h30, fermé lun.-mar. - 18,50/37 CHF (enf. 7,40/14,80 CHF).

Accéder à la terrasse supérieure, dotée de tables d'orientation. **Panorama★★**, sans premier plan spectaculaire, mais très étendu avec plus de 600 sommets visibles. Le Finsteraarhorn trône sur l'Oberland bernois à l'ouest. Plus proche, la vallée de Göschen est dominée par le Dammastock. Au sud, remarquer le mont Rose et les Alpes italiennes. Restaurant et sentiers de randonnée à la station intermédiaire *(1h50)*.

NOS ADRESSES AU LAC DES QUATRE-CANTONS

TRANSPORTS

Bacs – *Entre Gersau et Beckenried, un bac assure un service ttes les h. (25 mars-22 oct. : 8h30-19h) - 17 CHF par véhicule.*

Croisières – *Compagnie SGV - ✆ 041 367 67 67/66 66 - www.lakelucerne.ch - tour du lac d'Uri (ticket funiculaire du Seelisberg inclus, 27 CHF).*

HÉBERGEMENT

PREMIER PRIX

Rigi – *Au centre du village - Vitznau - ✆ 041 397 21 21 - www.rigi-vitznau.ch - fermé nov.-mars - 21 ch. - 120/200 CHF* ☕. Un excellent rapport qualité-prix, à deux pas du débarcadère et de la gare pour le Rigi. Les chambres situées dans un bâtiment moderne, en retrait de la route, sont plus chères.

BUDGET MOYEN

Badus – *Gotthardstr. 25 - Andermatt - ✆ 041 887 12 86 - www.hotelbadus.ch - 23 ch. 140/160 CHF* ☕. Hôtel moderne et confortable près de la gare. Convient pour une nuit.

Drei Könige & Post – *Gotthardstr. 69 - Andermatt - ✆ 041 887 00 01 - fermé de mi-oct. à mi-déc. et de mi-avr. à fin mai - 160/280 CHF - rest. 35 CHF.* Grandes chambres cosy, certaines donnant sur la rivière. Centre fitness, sauna, hammam.

Schmid und Alfa – *Axenstr. 5/7 (devant la promenade, au bord du lac) - Brunnen - ✆ 041 820 18 18 - www.schmidalfa.ch - fermé de fin nov. à fin fév. - 27 ch. - 150/220 CHF ☕.* Toutes les chambres de ces deux hôtels donnent sur le lac (sauf catégorie budget), et l'on peut deviner, sur la rive opposée, le Rütli et la pierre de Schiller. Mais c'est dans l'hôtel Schmid (fin 19e s.), rénové avec soin, que les chambres « Supérior » sont les plus spacieuses.

Bergsonne – *Au Rigi - ✆ 041 399 88 10 - www.bergsonne.ch - fermé de fin oct. à mi-déc. et mars-avr. - 15 ch. - 180/220 CHF ☕.* Bien situé au-dessus du village, cet hôtel tranquille offre une vue imprenable sur les Alpes et le lac des Quatre-Cantons. Chambres décorées de mobilier régional.

RESTAURATION

BUDGET MOYEN

Renggli's Seerestaurant – *Seestr. 21 - Weggis - ✆ 041 390 01 70 - 10h-0h - 55 CHF.* Une belle carte de poissons (sandre, féra, perche) ou pour les petits creux de l'après-midi. Terrasse au bord du lac.

Gasthaus Tübli – *Dorfstr. 12 - Gersau - ✆ 041 828 12 34 - www.gasthaus-tuebli-gersau.ch - fermé 7 fév.-7 mars, 2-10 oct. et lun.-mar. de nov. à avr. - 44/73 CHF.* Belle auberge à façade de bois célèbre depuis deux bons siècles. Ambiance rustique et familiale Une spécialité unique : la viande de poulain mais aussi une bonne cuisine traditionnelle de saison.

Rigiblick – *Seestr. 9 - Lauerz - ✆ 041 811 54 66 - www.rigiblick-lauerz.ch - fermé 25 janv.-5 mars et lun. - 40/115 CHF.* Restaurant établi sur les berges du lac d'où l'on jouit d'une vue magnifique depuis la terrasse. Bonne carte de spécialités classiques.

Du Lac Seehof – *Seeplatz 6 - Küssnacht am Rigi - ✆ 041 850 10 12 - www.du-lac-seehof.ch - fermé mar. et merc. de déb. déc. à mi-mai - 39/43 CHF - 12 ch. 190/240 CHF.* Le restaurant de cet hôtel agréablement situé sur le débarcadère possède une vue imprenale sur le lac.

Wirtschaft zur Rosenburg – *Alter Postplatz 3 - Stans - ✆ 041 610 24 61 - www.rosenburg-stans.ch - fermé 12 janv.-22 fév., 20 juil.-8 août, lun. et mar. - 43/70 CHF.* Un jolie maison seigneuriale moyenâgeuse qui dispose de salles rustiques et agréables, dans lesquelles on pourra savourer une bonne cuisine actuelle.

Zur Linde - Gourmetstuben – *Dorfplatz - Stans - ✆ 041 619 09 30 - www.hotel-linde.ch - fermé 24 déc.-11 janv., 14-22 fév., 28 juin-22 août, dim. et lun. - 55/105 CHF.* Perché au 1er étage d'une bâtisse joliment restaurée datant de 1714, ce restaurant possède un superbe plafond en boiseries.

ACTIVITÉS

Pêche – Un permis n'est pas requis si vous utilisez un équipement de base (hameçon, flotteur, appât naturel). Sinon, délivrance d'un permis auprès de la police municipale.

Canoë – Le canoë se prête bien à la découverte des baies cachées et des rives sauvages du lac. Possibilité de tours guidés ou de location. S'adresser à l'office du tourisme de Brunnen.

Via ferrata – *Dans les Schölennen - location matériel et guide - Alpina Sport - ✆ 041 887 17 88.*

AGENDA

Voir l'Agenda dans la partie « Organiser son voyage », p. 35.

Engelberg

★

3 721 habitants – Canton d'Obwald

NOS ADRESSES PAGE 474

S'INFORMER

Office du tourisme d'Engelberg – *Klosterstr. 3 - ✆ 041 639 77 77 - www.engelberg.ch - juil.-août et de mi-déc. à mi-avr. : lun.-sam. 8h-18h30, dim. 9h-12h (hiver 18h) ; de déb. sept. à mi-oct. : lun.-sam. 8h-18h30, dim. 9h30-12h30 ; de mi-avr. à mi-juin et de mi-oct. à mi-déc. : lun.-vend. 8h-18h30, sam. 8h-17h.*

SE REPERER

Carte de région B2 (p. 438-439) – *Carte Michelin Regional n° 551 O8.*
À 34 km au sud-est de Lucerne.

À NE PAS MANQUER

La fromagerie du monastère et le Titlis.

ORGANISER SON TEMPS

Compter une journée pour la montée au Titlis suivie d'une randonnée.

Engelberg (alt. 1 002 m) vit paisiblement au pied du plus haut sommet de Suisse centrale : le Titlis (3 239 m) et son impressionnante face nord glaciaire. Station de sports d'hiver et de vacances d'été, elle n'a pas sacrifié sa vallée lumineuse à l'immobilier de montagne. La vaste abbaye bénédictine du 18e s. reste l'édifice majeur aux côtés de grands hôtels, dont un bel exemple d'architecture Art nouveau. La zone piétonne maintient une ambiance de village et le randonneur n'aura que l'embarras du choix : faire l'expérience de l'altitude et de la marche glaciaire au Titlis ou gagner des sommets et des lacs proches, avec ou sans l'aide des remontées mécaniques.

Se promener

Monastère

✆ 041 639 61 19 - visite guidée en allemand, texte en français (1h) - été : merc.-sam. 10h-16h ; hiver : merc.-jeu. 10h, vend.-sam. 16h - 6 CHF (8 CHF avec la salle d'exposition).

Le couvent, fondé au 12e s., régenta toute la vallée jusqu'à l'invasion française de 1798. Même si les moines bénédictins ne sont plus que dix, le monastère reste le premier employeur du village par le collège religieux qu'il abrite, ses propriétés forestières, sa production de meubles et sa **fromagerie** où 25 éleveurs livrent le lait de leurs troupeaux. On peut assister chaque jour à la fabrication du fromage (*✆ 041 638 08 88 - www.schaukaeserei-engelberg.ch - 11h-16h*). Une salle expose une intéressante collection d'objets liturgiques du 11e au 20e s.

L'**église** présente l'ordonnance et la décoration propres aux édifices baroques du 18e s. Le grand orgue est un des plus importants de Suisse.

À proximité Carte de région

Trois téléphériques (Titlis, Fürenalp, Brunni) donnent accès aux sommets.

★★★ Titlis B3

Les télécabines conduisent au Trübsee (1 796 m), puis à Stand (2 450 m) : 041 639 50 50 - www.titlis.ch - de fin nov. à mi-mai : 8h30-16h50 ; de mi-mai à fin oct. : 8h30-17 - fermé nov. - 82 CHF.

L'histoire de l'alpinisme et du tourisme à Engelberg est ancienne. Le Titlis fut l'un des premiers sommets neigeux des Alpes à avoir été gravi (1774).

Du sommet, **vues★★** superbes sur Engelberg et les alpages, le Trübsee et le glacier de Titlis. Sur la section supérieure, entre Stand et Titlis, on survole le glacier grâce au remarquable *Rotair,* téléphérique aux cabines circulaires, panoramiques et tournantes. De la terrasse aménagée (3 020 m), **panorama★★★** exceptionnel sur le Sustenhorn, dominant un ensemble montagnard mouvementé : les rochers escarpés des Wendenstöcke et de Reissend Nollend, plus à l'ouest les Alpes valaisannes (Dom), l'Oberland bernois (Jungfrau)… À voir aussi : la grotte de Glace, la fenêtre panoramique dans la paroi sud, 45 m sous la glace. Il est recommandé de monter *(10mn)* au belvédère aménagé sur le glacier. Pour les enfants, un télésiège survole les crevasses et dessert un parc glaciaire doté de divers engins de glisse et d'une piste de luge praticable avec des pneus.

Les bons marcheurs poursuivront jusqu'au sommet *(40mn)*, en respectant les consignes de sécurité, pour bénéficier d'un **tour d'horizon★★★** encore plus élargi.

De Stand, possibilité de descendre en 1h15 au Trübsee par un chemin panoramique réservant de belles **vues★★** sur la vallée et doté d'explications sur la géologie.

★★ Trübsee B3

Accès en 5mn depuis le 2e tronçon de la télécabine de Titlis. Alt. 1 764 m.

Au pied de montagnes escarpées et du glacier de Titlis, c'est l'un des plus beaux lacs d'altitude en Europe. En passant par la droite, faire le **tour du lac★★** *(compter 1h10 env.)*, magnifique promenade agrémentée de nombreux rhododendrons et épicéas.

★★ Fürenalp B3

Accès par le téléphérique de Fürenalp (3,5 km à l'est d'Engelberg) : www.fuerenalp.ch - 9h-17h - 16 CHF. Alt. 1 850 m.

Le trajet vers ce promontoire rocheux haut perché réserve des **vues★★** spectaculaires sur le cirque terminal de la vallée, sauvage avec ses cascades, ses pics et ses glaciers.

★★ **Stäfeli** – *1h45 de descente à pied et 5mn de télécabine.* De Fürenalp, prendre à droite un sentier en pente douce. Aller tout droit jusqu'à voir le hameau d'Abnet : y descendre en bifurquant à droite. Prendre une petite télécabine, descendant 300 m de dénivelé dans un à-pic impressionnant jusqu'à Stäfeli. On rejoint le point de départ par un chemin en bordure de torrent.

★ Brunnihütte B2

Accès en téléphérique depuis Engelberg, puis en télésiège. Compter 1h AR. Alt. 1 860 m.

Un drôle de sentier invite à faire le tour, pieds nus, d'un petit lac en expérimentant sensations et matériaux divers.

★★ **Refuge de Rugghubel** (Rugghubelhütte) – *alt. 2 294 m.* Le sentier est à flanc de montagne puis monte tout droit vers le refuge. Au début de l'ascension, **vues★★** impressionnantes sur le Titlis, le Grosser Spannort et la forteresse rocheuse du Hahnen. À l'arrivée, vue sur le Gemsispil, les Reissend Nollen et les Alpes bernoises en arrière-plan et, 100 m après le refuge, **tour d'horizon★★** plus complet (glacier de Griessenfirn, Wissigstock). Revenir sur ses pas puis descendre à la station de téléphérique de Ristis (2h) par un chemin très agréable.

NOS ADRESSES À ENGELBERG

TRANSPORTS

Train – Le LSE (Lucerne-Stans-Engelberg) dessert chaque heure la station. Trajet pittoresque lors de la montée dans la vallée.

RESTAURATION

POUR SE FAIRE PLAISIR

Schweizerhaus – *Schweizerhaus-str. 41 - ✆ 041 637 12 80 - www.schweizerhaus.ch - fermé de fin juin à mi-juil., jeu. - 65/85 CHF.* Une excellente cuisine mêlant tradition suisse et invention, servie dans une belle maison ancienne, hors du bourg.

PETITE PAUSE

Fromagerie du monastère – *✆ 041 638 08 88 - 9h-18h, dim. 9h-17h.* Le bistrot est parfait pour une petite pause et la dégustation d'une assiette de fromages *(9,80 CHF).*

Zoug

Zug

★★

25 778 habitants – Canton de Zoug

NOS ADRESSES PAGE 478

S'INFORMER

Zug Tourismus – *Bahnhofplatz - 6304 Zug - ✆ 041 723 68 00 - www.zug-tourismus.ch - lun.-vend. 9h-19h, sam. 9h-16h, dim. 9h-15h (nov.-mars 12h).* Visites guidées le samedi matin en été.

SE REPERER

Carte de région B1 (p. 438-439) – *Carte Michelin Regional nº 551 P6.* À 31 km au nord-est de Lucerne et à 36 km au sud de Zurich.

À NE PAS MANQUER

La ville ancienne et la gare ferroviaire de nuit.

ORGANISER SON TEMPS

Compter une journée pour flâner dans la ville et sur les quais.

Zoug a deux visages : d'un côté, c'est une ville d'affaires dynamique qui s'étend vers la gare du 21e s., son nouvel emblème architectural ; de l'autre, une cité médiévale bâtie au bord du lac. Et partout ce mariage réussi entre patrimoine ancien et art contemporain, qu'il s'agisse d'une galerie d'art installée dans une maison à pans de bois ou d'œuvres rencontrées au détour d'une ruelle. L'ambiance est cosmopolite, du fait des sociétés multinationales installées dans cette cité qui a su se ménager une qualité de vie rarissime. Zoug ne porte pas d'étiquette touristique. Tant mieux ! On vient juste goûter à quelques instants de calme et de modernité, loin des clichés de la Suisse centrale.

Se promener

★ Vieille Ville

On pénètre dans la partie la plus ancienne de la ville en passant sous la **tour de l'Horloge** (Zytturm), au toit de tuiles peintes aux couleurs de Zoug (blanc et bleu), coiffé d'un clocheton effilé. Sous le cadran du mécanisme astronomique sont figurés les blasons des huit premiers cantons de la Confédération – Zoug étant le 7e canton entré dans l'alliance. Le quartier est traversé par deux rues principales : **l'Unter-Altstadt** et **l'Ober-Altstadt**. L'ensemble, avec ses vieilles demeures à pignons à redan, dévoile un cachet médiéval plein de saveur.

Sur la place du **marché aux Poissons** (Fischmarkt) se dressent des maisons à auvents peints et balcons en avancée et l'ancien hôtel de ville (Rathaus), de style gothique tardif. Au bout de l'Ober-Altstadt, une fontaine soutient la statue du personnage clé du carnaval de Zoug : Greth Schel. Lors d'une procession, cette femme porte son mari ivre mort dans une hotte et distribue des friandises aux enfants. La **Kolinplatz**, face à la tour de l'Horloge, est entourée de maisons anciennes dont la maison de Ville (Stadthaus), édifice du 16e s. On y voit l'une des nombreuses belles fontaines de la ville, vestiges d'avant l'eau courante. Cette fontaine porte la statue du banneret **Wolfgang Kolin**, représentant d'une famille locale qui s'illustra particulièrement à la bataille d'Arbedo – où les forces confédérées défendant la Léventine furent écrasées par les troupes du duc de Milan (1422) ; un membre de cette famille se fit tuer pour sauver sa bannière, tandis que son fils, à qui il l'avait tendue, succombait à son tour.

Église St-Oswald (St. Oswaldkirche)

✆ 041 725 47 60 - été : 7h-18h30 ; hiver : 7h-17h30 - fermé pdt le service religieux : mar.-sam. 8h30-10h et dim. 9h-13h.

De style gothique tardif, l'église St-Oswald a été bâtie aux 15e et 16e s. L'intérieur, voûté d'ogives, est assombri par des piliers massifs. La nef est séparée du chœur par une cloison ornée de fresques. Les stalles du chœur sont les seuls objets datant de la construction, fin 15e s. À noter le surprenant maître-autel de facture contemporaine (1935) dont les figures peuvent être changées selon la période liturgique.

Château fort et Musée historique (Burg Zug)

Kirchenstr.11 - ✆ 041 728 32 97 - www.burgzug.ch - tlj sf lun. 14h-17h, dim. 10h-17h - 10 CHF.

Cette haute bâtisse, flanquée d'un bâtiment à colombages et entourée d'un mur d'enceinte à créneaux, apparaît dans sa configuration de 1775. Fondé au 11e s., propriété de familles zougoises jusqu'en 1945, le château abrite aujourd'hui le musée d'Histoire de la ville et du canton de Zoug. Outre pour les objets exposés (joaillerie, orfèvrerie, costumes, mobilier), la visite vaut également pour découvrir son aménagement intérieur, notamment celui de la salle octogonale de la tour, appelée cabinet Landwing, et ses boiseries peintes (1755).

Musée des Beaux-Arts (Kunsthaus)

Dorfstr. 17 - ✆ 041 725 33 44 - www.kunsthauszug.ch - tlj sf lun. 10h-18h (w.-end 17h) - 15 CHF.

Le musée dispose d'une importante collection de peintures de la Sécession viennoise (Klimt, Schiele, Kokoschka), dont seulement un dixième est accroché

UNE CITÉ NÉE DU LAC

Les premières implantations humaines sur le site de Zoug datent du néolithique et de l'âge du bronze. Au Moyen Âge, la ville appartient successivement aux familles de Lenzbourg, de Kybourg et de Habsbourg, avant d'entrer dans la Confédération en 1352. Sur un plan de Zoug, on distingue facilement la ville du 12e s. bâtie sur les rives du lac, en deçà de l'actuelle Grabenstrasse et de la tour de l'Horloge. Au-delà, se trouve la ville agrandie au 16e s., fermée par une seconde muraille dont il reste encore quatre tours, dont celles de la Poudre (Pulverturm) et des Capucins (Kapuzinerturm) aux extrémités. Située au bord du lac, sur la route du Gothard qui jadis traversait le plan d'eau, Zoug était un centre de transbordement des marchandises, entre voie de terre et voie d'eau. Son nom viendrait de la pêche locale et du mot allemand « Fischzug » qui signifie « coup de filet ».

(une trentaine d'œuvres), ainsi que des tableaux de peintres surréalistes suisses. D'intéressantes installations d'artistes contemporains sont exposées chaque année.

Quais

Une promenade sur les rives du lac de Zoug est des plus agréables. Du théâtre et du casino, au sud, un chemin *(15mn)* parmi les terrasses de restaurants et les jardins publics rejoint l'Alpenquai et l'embarcadère des bateaux de croisière. Près du port et au-delà, des plages sont aménagées pour la baignade.

★ Gare

Inauguré en 2003, le bâtiment de l'architecte Klaus Hornberger forme comme une grande porte d'accès à la ville. En son centre, une immense halle très lumineuse, ceinte de coursives, dessert quais, bureaux et commerces. Le soir, la remarquable mise en lumière de l'artiste américain James Turell métamorphose la construction en un temple baigné d'un jeu de couleurs chaudes.

À proximité Carte de région

★ Zugerberg B1

3 km au sud-est de Zoug ; accès facile par bus n° 11 (gare de Zoug, arrêt Bahnhof Metalli), jusqu'à Schönegg, point de départ du funiculaire : ✆ 041 728 58 30 - www.zbb.ch - 6h30-0h - dép. ttes les 30mn - 9,60 CHF AR.

Du sommet *(alt. 988 m)*, on découvre une **vue★** presque circulaire sur Zoug et le lac, le Pilate et les Alpes d'Uri. Nombreux sentiers balisés pour des promenades.

Grottes d'Enfer (Höll Grotten) B1

À Baar, 6 km au nord-est de Zoug ; accès possible en 25mn à pied depuis l'arrêt Lorzentobelbrücke (bus n° 2 Zouq-Menzinqen).

✆ 041 761 83 70 - www.hoellgrotten.ch - avr.-oct. : 9h-17h30 - visite libre (45mn) - 10 CHF.

Ces cavités et concrétions calcaires découvertes au 19e s. sont joliment mises en lumière. Restaurant dans la forêt et aire de pique-nique au bord de la rivière Lorze.

★ Ancienne abbaye de Kappel B1

8 km au nord par la route de Zurich en passant par Baar.

Écrasant de sa masse le village blotti contre elle et près duquel fut tué le réformateur Zwingli, la grande église abbatiale se signale de loin par sa haute silhouette à contreforts, toits aigus et fin clocher. Bâtie aux 13e (chœur) et 14e s. (nef), elle illustre l'art gothique à ses débuts par des lignes pures et la simplicité toute cistercienne de façades seulement ornées d'élégantes baies à lancettes.

À l'intérieur s'offrent maints sujets d'intérêt : la vaste nef à voûtes ogivales et clefs peintes, le chevet plat (à verrière moderne), le chœur fermé par d'amusantes boiseries reliées aux **stalles** (14e s.) sculptées de têtes humaines ou animales… Remarquer surtout les admirables **vitraux★** (14e s.) haut placés sur six fenêtres du mur de droite de la nef et retraçant des scènes de la vie de Jésus. Deux des anciens bâtiments conventuels subsistent derrière l'abbatiale.

NOS ADRESSES À ZOUG

TRANSPORTS

Vélos – *Location gratuite à la gare - mai-oct. 9h-21h - 041 728 34 90.*

HÉBERGEMENT

Les hôtels, presque exclusivement des 3 ou 4-étoiles destinés à une clientèle d'affaires, accordent des réductions le week-end.

POUR SE FAIRE PLAISIR

City Hotel Ochsen – *Kolinplatz - 041 729 32 32 - www.ochsen-zug.ch - 48 ch. - 235/295 CHF.* Dans un bâtiment historique du centre ancien, des chambres spacieuses, dont une japonaise pour les amateurs de futon et de tatamis.

Hôtel Löwen – *Landsgemeindeplatz 1 - 041 725 22 22 - www.loewen-zug.ch - fermé de mi-déc. à déb. janv. - 48 ch. - 290/320 CHF.* Situé sur les quais, l'établissement propose des chambres récemment rénovées, certaines avec vue sur le lac.

RESTAURATION

BUDGET MOYEN

Aklin – *Kolinplatz 10 - 041 711 18 66 - www.restaurantaklin.ch - fermé 4 juil.-8 août, sam. midi, dim. et j. fériés - 54/120 CHF.* Dans la jolie maison de la vieille ville datant de 1787. Restaurant de style bistrot moderne à l'ambiance historique de bon goût.

Rathauskeller – *Ober-Altstadt 1 - 041 711 00 58 - www.rathauskeller.ch - fermé de fin déc. à déb. janv., de mi-avr. à déb. mai, de déb. juil. à mi-août, dim. et lun. - 48 CHF.* Des poissons du lac selon arrivage, des cuissons parfaites et une cuisine très goûteuse, au cœur de la Vieille Ville.

Liguria – *Fischmarkt 2 - 041 710 24 24 - www.liguria-zg.ch - 60 CHF.* La vue sur le lac dans la salle du 1er étage est splendide. Poissons et pâtes savoureuses.

PETITE PAUSE

Kunsthaus Bar – *Dorfstr. 27 - 041 725 33 45 - fermé lun.* Petite restauration et sandwichs dans le calme de la cour du musée des Beaux-Arts.

Confiserie Speck – *Am Bahnof - 041 711 38 88 - lun.-sam. 7h-19h, sam. 7h30-17h.* Un salon de thé devant la gare pour goûter à la fameuse Zuger Kirschtorte (gâteau au kirsch).

ACHATS

Galerie d'art Carla Renggli – *Ober-Altstadt 8 - 041 711 95 68 - www.galerie-carlarenggli.ch - mar.-vend. 14h-18h, sam. 10h-16h.* Art contemporain (peintures et photographies d'artistes suisses) et plus de 5 000 cartes postales classées par thème.

ACTIVITÉS

Croisières : Zugersee Schifffahrt – *041 728 58 58 - www.zugersee-schifffahrt.ch - mai-sept. : lun.-sam. ; avr.-oct. : dim., j. fériés - liaisons AR vers Arth (17,40 CHF) ou Buonas (16,20 CHF) et croisières à thèmes sur le lac de Zoug.*

Bateau à moteur et pédalos : Marcello's Bootsvermietung – *Landsgemeindeplatz - 041 711 34 88 - d'avr. à mi-oct. : 10h-22h - pédalo 30 CHF/h, bateau à moteur 65 CHF.*

Schwyz

★

14 183 habitants – Canton de Schwyz

NOS ADRESSES PAGE 483

S'INFORMER

Office du tourisme de Schwyz – *Bahnhofstr. 4 - ☎ 041 810 19 91 - www.schwyz-tourismus.ch - lun.-vend. 6h30-18h30, sam. 7h30-12h.* Visite guidée sur demande.

SE REPERER

Carte de région C2 (p. 438-439) – *Carte Michelin Regional n° 551* Q7.
À 46 km à l'est de Lucerne, à 70 km au sud de Zurich.

À NE PAS MANQUER

Le forum de l'Histoire suisse, la forêt de Bödmeren dans la vallée de la Muota, l'abbaye d'Einsiedeln et son église baroque, les gourmandises du musée du Pain d'épice.

ORGANISER SON TEMPS

Compter une demi-journée de pèlerinage à Einsiedeln à compléter par une escapade vers les lacs ou les sommets dominant Schwyz.

AVEC LES ENFANTS

Le parc animalier de Goldau.

Cette petite ville paisible occupe un site majestueux au pied des Mythen, deux pitons jumeaux presque aussi photogéniques que le Cervin. Située en vue du lac des Quatre-Cantons, Schwyz regarde d'un côté vers une campagne riante ponctuée de cerisiers destinés à la fabrication du kirsch, de l'autre vers une vallée sauvage nommée Muotathal où les eaux fraîches du torrent attirent les amateurs de pique-niques. La cité s'honore d'avoir donné à la Confédération helvétique son nom et son drapeau. Elle peut aussi être fière que le fameux couteau rouge à croix blanche, l'objet suisse mythique par excellence, soit toujours fabriqué ici.

Se promener

★ Forum de l'Histoire suisse (Forum der Schweizer Geschichte)

Hofmat - ☎ 041 819 60 11 - www.musee-suisse.ch - tlj sf lun. 10h-17h - 10 CHF - audioguides et textes en français.

Ouvert à l'occasion de la commémoration des 700 ans de la Confédération (1991), ce musée national résolument moderne traite de l'histoire culturelle et de la vie quotidienne des Suisses du 14e au 19e s. Une sélection pertinente de plus de 800 objets – certains rares comme le Christ des Rameaux (vers 1200), Jésus juché sur un âne pour les processions – apporte du sens et de la réalité au discours historique. Cette visite didactique aide à mieux comprendre le peuple suisse et ses mythes fondateurs.

UNE PÉPINIÈRE DE SOLDATS

Lorsque, à partir du 16e s., les princes étrangers recrutent des mercenaires, de nombreux habitants de Schwyz s'engagent dans leurs armées, en particulier dans les régiments français. Leur bravoure, leurs qualités militaires permettent à beaucoup d'entre eux de rentrer au pays fortune faite, chargés d'honneurs et de gloire. Ils construisent alors de somptueuses demeures, visibles dans la Vieille Ville.

Musée des Chartes fédérales (Bundesbriefmuseum)

Bahnhofstr. 20 - ✆ 041 819 20 64 - www.bundesbrief.ch - mar.-vend. 9h-11h30, 13h30-17h, w.-end 9h-17h (nov.-avr. 13h30-17h) - fermé 24, 25 et 31 déc. - 4 CHF.

L'édifice a été bâti de 1934 à 1936 pour abriter les documents originaux les plus précieux de la Confédération, dont le pacte de 1291 ou *Bundesbrief* *(voir p. 70)*, et d'autres chartes de franchise et pactes d'alliance. Ce « panthéon des grands textes » est difficile d'accès pour qui n'est ni Suisse ni germanophone. Une borne interactive (en français) invite à s'interroger sur ce que représentaient ces documents lors de leur signature, puis dans l'État nation des 19e et 20e s. Les peintures murales de la première moitié du 20e s. illustrent une vision héroïque et guerrière de la naissance du pays.

Place principale (Hauptplatz)

Reconstruits après l'incendie de la ville en 1642 sur les plans d'un architecte vénitien, les bâtiments délimitent une belle place au cachet baroque où débouchent cinq rues. Sur les façades de l'**hôtel de ville**, des peintures murales (1891) rappellent divers épisodes de l'histoire suisse *(✆ 041 810 19 91 - visite guidée sur demande - fermé j. fériés)*. L'**église St-Martin** offre, à l'intérieur, une luxueuse décoration baroque du 18e s., très ouvragée : nef ornée de stucs et de fresques, autels, **chaire★** en marbre (sur atlantes et ornée d'une frise sculptée en haut relief), baptistère. Le transept abrite les châsses de saint Polycarpe (à gauche) et de saint Lazare (à droite).

Maison Ital Reding (Ital Reding Haus)

Rickenbachstr. 24 - ✆ 041 811 45 05 - www.irh.ch - mai-oct. : tlj sf lun. 14h-17h, w.-end 10h-12h, 14h-17h - 5 CHF.

Cette propriété, l'une des plus imposantes du bourg, est un exemple merveilleusement conservé d'une maison de maître du 17e s. Elle a appartenu à l'une des familles les plus renommées du mercenariat de Schwyz. À l'intérieur, plafonds et lambris marquetés, fourneaux à catelles (carreaux de faïence vernissée) et mobilier sont d'une grande richesse d'ornementation.

À proximité Carte de région

Lac de Lauerz (Lauerzer See) C2

▶ 5 km au nord-ouest ; quitter Schwyz par la route de Zurich et, à Seewen, prendre à gauche la route n° 2 vers Lucerne.

Les rives, bordées de roseaux à l'ouest, ménagent par endroits de petites criques pour la baignade ou la sieste. Une minuscule île abrite une chapelle et un restaurant *(voir « Nos adresses à Schwyz »)*.

Parc animalier de Goldau (Tierpark Goldau) B2

▶ 11 km au nord-ouest ; quitter Schwyz par la route de Zurich et, à Seewen, prendre à gauche la route n° 2 vers Lucerne.

L'abbaye d'Einsiedeln.
imagebroker/hemis.fr

041 859 06 06 - www.tierpark.ch - avr.-oct. : lun.-vend. 9h-18h (w.-end 19h) ; nov.-mars : 9h-17h - 18 CHF (enf. 10 CHF).
Des animaux des zones tempérées vivent en liberté dans une forêt née sur la zone d'éboulement qui ensevelit en 1806 la région en faisant 500 victimes. La trace de la catastrophe est bien visible sur les flancs du Rossberg.

Vallée de la Muota (Muotatal) C2

Au sud-est de Schwyz.
Cette vallée, qui prend le nom de Bissistal en amont du village de **Muotathal**, s'inscrit dans une vaste zone karstique. En surface, de vastes lapiaz s'étendent sous les sommets que l'on peut atteindre par des randonnées (téléphérique de Glattalp, au bout de la vallée). L'un des ces lapiaz, sur la route du col de Pragel, est couvert par la **forêt primitive** la plus étendue d'Europe, 600 ha d'épicéas à peine touchés par l'homme.

★ Stoos et Fronalpstock C2

Au sud de la vallée de la Muota.
La petite station de Stoos, installée sur une terrasse ensoleillée et libre de toute voiture, est un paradis pour les randonneurs. La plus impressionnante façon d'y grimper est d'emprunter le funiculaire au départ de Schlattli (à 3 km sur la route vers Muotathal), l'un des plus pentus au monde avec un passage à 78 % ! Des remontées mènent ensuite au **Fronalpstock** *(alt. 1 922 m)*, magnifique belvédère sur le lac des Quatre-Cantons.

★ Grotte du Hölloch (Höllochgrotte) C2

15 km au sud-est de Schwyz, en direction de Muotathal, puis fléchage après l'entrée du village.
041 390 40 40 - visite accompagnée (1h30) - juil.-août. : merc.-dim. à 10h, 13h et 15h30 (juin et sept. w.-end seulement) - expédition possible (3h ou une demi-journée) tte l'année sur réservation - 20 CHF (enf. 10 CHF). Prévoir des vêtements chauds (température à 6°) et de bonnes chaussures.

Par l'étendue de ses galeries (191 km cartographiés), la grotte du Hölloch est la plus vaste d'Europe. Découverte en 1875, elle est ouverte au public sur un parcours de 1 km. Larges tunnels, marmites d'érosion en activité, gigantesques parois lisses des gouffres, concrétions délicates en forme de roses, de chandeliers, de coquillages…

Circuit conseillé Carte de région

★ ROUTE DE L'IBERGEREGG

Itinéraire de 32 km de Schwyz à Einsiedeln – voir le circuit tracé en vert sur la carte de région (p. 438-439) – compter 1h30.
Quitter Schwyz à l'est par la Rickenbachstrasse.
C'est sans conteste le plus bel itinéraire pour rejoindre Einsiedeln depuis Schwyz. Dès le départ, il offre de belles vues sur le lac des Quatre-Cantons. La route, étroite et sinueuse, domine la profonde vallée de la Muota. Après les sous-bois, elle traverse un alpage où les vaches prennent possession de la chaussée (prudence!). Dans la rude montée qui suit, on aperçoit, à droite, les sommets neigeux des Alpes glaronnaises et, sur la gauche, la pointe rougeâtre du Grand Mythen. Au **col de l'Ibergeregg** *(alt. 1 406 m)*, remarquables **vues★** sur les vallées adjacentes.

★★ Einsiedeln C1

Hauptstr. 85 - 055 418 44 88 - www.einsiedeln.ch - lun.-sam. 9h-12h, 13h-17h (sam. 16h), dim. 9h-12h (déc.-mars), 10h-13h (avr.-nov.).

Cette agréable villégiature, été comme hiver, a pour cadre des collines et des bois de pins coupés de torrents, qui rappelle le Jura français et les Vosges.

Einsiedeln est le lieu de pèlerinage le plus célèbre de Suisse; son rayonnement se fait sentir jusqu'en Alsace et en Allemagne méridionale. C'est à l'emplacement d'un couvent fondé en 934 par Othon Ier et la duchesse Reglinde de Souabe, et incendié plusieurs fois par la suite, que furent édifiés au 18e s. l'église et les bâtiments conventuels qui forment le fastueux ensemble. La Grand-Rue débouche à l'est sur la vaste place de l'église abbatiale. Au centre du parvis, bordé d'arcades, se dresse la fontaine de la Vierge, dominée par la façade de l'abbaye bénédictine qui s'étend sur 140 m de long.

★★ **Église abbatiale** (Klosterkirche) – *Visite guidée de l'abbaye (1h) tlj sf dim. et j. fériés - RV 14h à l'office de tourisme - 15 CHF (enf. 6 CHF).* Elle a été construite de 1719 à 1735 dans le style baroque dit « du Vorarlberg », très répandu dans les régions proches du lac de Constance. C'est le plus remarquable édifice de ce style en Suisse. Deux hautes tours encadrent la façade légèrement bombée et d'une grande élégance.

L'intérieur étonne par son ampleur et par l'extraordinaire richesse de sa décoration : les voûtes de l'immense vaisseau ainsi que les bas-côtés et le chœur sont couverts de fresques et ornés de stucs. Cette décoration est due en grande partie aux frères Asam, originaires de Bavière; les statues des autels sont l'œuvre des frères Carlone de Sciara (nord de l'Italie) et d'artistes milanais.

Construit de 1674 à 1680, le chœur a été transformé et orné de fresques par Kraus d'Augsbourg. Ses grilles, en fer forgé, sont remarquables.

La Ste-Chapelle, édifiée à l'entrée de la nef, à l'emplacement de la cellule où vécut saint Meinrad, martyrisé en 861, renferme la statue de N.-D.-des-Ermites qui fait l'objet d'une vénération toute spéciale de la part des pèlerins. Cette Vierge noire à l'Enfant, revêtue d'un habit de cour espagnol, date du milieu du 15e s.

Grande Salle (Grosser Saal) – *055 418 61 11/240 - 13h30-18h - visite guidée sur demande auprès de l'office de tourisme - 3 CHF.* Elle est située au 2e étage des bâtiments conventuels. On y accède en contournant l'église par la droite. Construite au début du 18e s., elle est ornée de stucs et de fresques dus à Marsiglio Roncati, de Lugano, et à Jean Brandenberg, de Zoug. Expositions temporaires d'objets provenant des collections d'art du monastère. La visite guidée permet d'accéder à sa fabuleuse bibliothèque, riche de 230 000 volumes du 16e au 20e s., 1 200 manuscrits et 1 100 incunables.

NOS ADRESSES À SCHWYZ

HÉBERGEMENT

Il y a peu d'hôtels à Schwyz ; la majorité des hébergements sont au bord du lac des Quatre-Cantons et à Stoos.

BUDGET MOYEN

Wysses Rössli – *Hauptplatz 2 - 041 811 19 22 - www.wrsz.ch - 27 ch. - 220/280 CHF.* Un hôtel sur la place centrale, avec des chambres rénovées et confortables, mais un peu impersonnelles.

RESTAURATION

À Schwyz

BUDGET MOYEN

Schywzer-Stubli – *Riedstr. 3 - 041 811 10 66 - www.schwyzer-stubli.ch - fermé janv., sam. midi et dim. ainsi que lun. en hiver - 54/89 CHF.* Une cuisine créative servie dans la salle ancienne ou sur une calme terrasse. Bar lounge pour l'apéritif.

À proximité

BUDGET MOYEN

Inseln Restaurant Schwanau – *Sur l'île du lac de Lauerz - 041 811 17 57 - fermé de déb. oct. à Pâques et mar. - 46 CHF.* Sonner la cloche et le passeur vient vous chercher en barque pour aller dîner au pied de la chapelle…

BUDGET MOYEN

Adler – *Kappellmatt 1 - Ried-Muotathal - 10 km au sud-est - 041 830 11 37 - www.adler-muotathal.ch - fermé 18 juil.-16 août, 21-31 déc., dim. et lun. - 58/72 CHF.* Auberge rurale dotée de trois salles lambrissées et décorées avec goût, nichée au creux d'une vallée. Plats simples, à base de produits de saison.

ACHATS

Victorinox – *Schmiedgasse 57 - 041 818 12 11 - lun.-vend. 7h30-12h, 13h15-18h, sam. 8h-15h.* Toute la gamme des célèbres couteaux suisses (300 modèles) en vente au magasin d'usine (10 à 20 % de réduction).

Distillerie Z'Graggen – *Seestr. 56 - Lauerz - 041 811 55 22 - lun.-vend. 8h-11h45, 13h30-18h, sam. 17h.* Alcools de fruits : kirsch, questsches, pommes récoltées dans la région.

Goldapfel, musée du Pain d'épices – *Kronenstr. 1 - Einsiedeln - 055 412 23 30 - 13h30-18h (de déb. janv. à Pâques 16h30).* Cette boutique du 19e s. et ses spécialités semblent sortir d'un conte de fées.

ACTIVITÉS

Erlebniswelt – *Muotathal - 041 830 28 45 - www.erlebniswelt.ch.* Découverte naturaliste de la forêt de Bödmeren, randonnées avec des huskies, rafting, spéléo…

Glaris

Glarus

5 892 habitants – Canton de Glaris

NOS ADRESSES PAGE 485

SE REPERER

Carte de région D2 (p. 438-439) – *Carte Michelin Regional n° 551 S7.*

À 70 km au sud-est de Zurich, à 71 km au nord-ouest de Coire, à 94 km à l'est de Lucerne, à 98 km au sud-ouest d'Appenzell.

À NE PAS MANQUER

Le lac de Klöntal, le lac de Walenstadt, la Landsgemeinde à Glaris (en mai). Goûtez également au **Schabzieger**, fromage de couleur verte, sans croûte ni trous, spécialité du canton de Glaris : de forme conique, il est fait de lait maigre et d'herbes pulvérisées; son goût épicé lui est conféré par une plante, le « Ziegerklee » ou trèfle des chevriers.

ORGANISER SON TEMPS

Une journée suffit à voir les centres d'intérêt du canton de Glaris.

AVEC LES ENFANTS

Luge d'été à Filzbach *(voir Nos adresses à Glaris).*

Au pied des falaises du Vorder Glärnisch, Glaris occupe un site★ encaissé. Elle se présente, depuis l'incendie de ses quartiers anciens, en 1861, comme une cité active, bâtie sur un plan régulier. La vaste Zaunplatz paraît pourtant bien déserte lorsque la Landsgemeinde *(voir p. 45)* **ne vient pas l'animer. Depuis 1387, cette consultation populaire – une véritable institution – se déroule tous les ans, le premier dimanche de mai.**

Découvrir Carte de région

★ Klöntal D2

13 km à l'ouest. Quitter Glaris au nord par la route de Zurich (n° 17), puis gagner Riedern à gauche.

Dans ce village, prendre à gauche la route du Klöntal remontant la vallée de la Löntsch, bientôt étroite et solitaire. Au sommet d'une montée rapide sous les hêtres, on débouche en vue du beau **lac du Klöntal** *(alt. 848 m).*

Un barrage a agrandi ce plan d'eau, dans lequel plongent, d'une hauteur de 2 000 m, les escarpements déchiquetés du Glärnisch, aux ravins inaccessibles. Longer le lac et s'arrêter, 300 m après le 2e lacet, près d'un banc, face à la majestueuse **perspective★★** du Klöntal.

Näfels D1-2

8 km au nord par la route n° 17.

Touristinfo Glanerland - Raststätte A3 - 8867 Niederurnen - ✆ 055 610 21 25 - www.glarusnet.ch - juil.-août : lun.-vend. 8h15-18h, sam. 8h-17h30, dim. 8h-13h; sept. : 8h15-12h, 13h30-18h, sam. 8h-18h, dim. 8h-15h; oct.-juin : 8h15-12h, 13h30-17h30, sam. 8h-17h30, dim. 8h-13h.

LA BATAILLE DE NÄFELS

Le jeudi 9 avril 1388, les Glaronnais, auxquels s'était jointe une petite troupe de Schwizois, remportèrent sur l'armée autrichienne une bataille déterminante restée célèbre dans l'histoire du pays. Chaque année, le premier jeudi d'avril, cette victoire est commémorée par une marche patriotique de Glaris à Näfels et un office religieux.

Näfels, seconde ville du canton, est située dans la plaine alluviale qui sépare les lacs de Zurich et de Walenstadt.

★ **Palais Freuler** (Freulerpalast) – *✆ 055 612 13 78 - www.freulerpalast.ch - avr.-nov. : tlj sf lun. 10h-12h, 14h-17h30 - fermé Vend. saint, dim. de Pâques et de Pentecôte et 1er Nov. - 6 CHF.* L'architecture de ce monument et les souvenirs qu'il conserve ramènent à l'époque où le service militaire dans les cours européennes représentait, pour les fils de certaines grandes familles suisses, la plus naturelle des vocations. Construit de 1642 à 1647 à l'initiative de Kaspar Freuler, un officier-mercenaire qui servit dans l'armée française, il se rattache, par sa décoration, à la Renaissance finissante (portail d'entrée, grand escalier, boiseries). Remarquer, au rez-de-chaussée, une salle dallée de marbre, aux voûtes décorées de stucs suivant le goût italien, et surtout, au premier étage, les **chambres d'apparat★★**, où s'accumulent, du parquet au plafond à caissons, les chefs-d'œuvre de marqueterie. Les étages abritent les collections du musée régional du pays de Glaris : la section de l'impression sur étoffes retient l'attention.

Lac de Walenstadt (Walensee) D1

▶ *12 km au nord par la route n° 17 jusqu'à Näfels, puis vers Weesen.*

Célébré par Liszt, le Walensee, ou lac de Walenstadt, allonge son miroir terni au pied des gigantesques bastions rocheux des Churfirsten.

Entre Näfels et Murg, le nouveau tracé de la route longeant le lac, parallèlement à la voie ferrée, a nécessité d'importants travaux de génie civil, en particulier 6 tunnels et 9 galeries taillés dans les contreforts à pic de la montagne. Il reste possible d'emprunter l'ancienne voie accidentée qui offre, par la terrasse boisée du Kerenzerberg, des **vues plongeantes★★** multiples, à l'ouest, sur la vallée glaronnaise de la Linth et la basse plaine alluviale dans laquelle débouche ce torrent, à l'est, sur le lac et les Churfirsten.

Des bateaux de croisière sillonnent le lac entre Walenstadt, Weesen et les chutes de Seerenbach, à Betlis.

NOS ADRESSES À GLARIS

RESTAURATION

POUR SE FAIRE PLAISIR

Sonnegg – *Asylstr. 32 - ✆ 055 640 11 92 - fermé 13 juil.-4 août, mar. et merc. - 60/85 CHF.* Minuscule salle à manger de trois tables et arrière-salle sympathique prolongée par une terrasse. Plats classiques de saison.

ACTIVITÉS

Luge d'été à Filzbach (9 km au nord-est de Näfels), au pied du Kerenzerberg. 1 300 m de descente et une bonne dose de frisson ! Également une piste de descente en trottinette de 4 km. Accès en télésiège de mai à fin octobre.

Le nord 7

Carte Michelin Régional n° 551

Cantons de Zurich, Bâle, Argovie, Schaffhouse, Saint-Gall et Appenzell.

Vue sur le mont Hoher Kasten.

imagebroker/hemis.fr

LE NORD

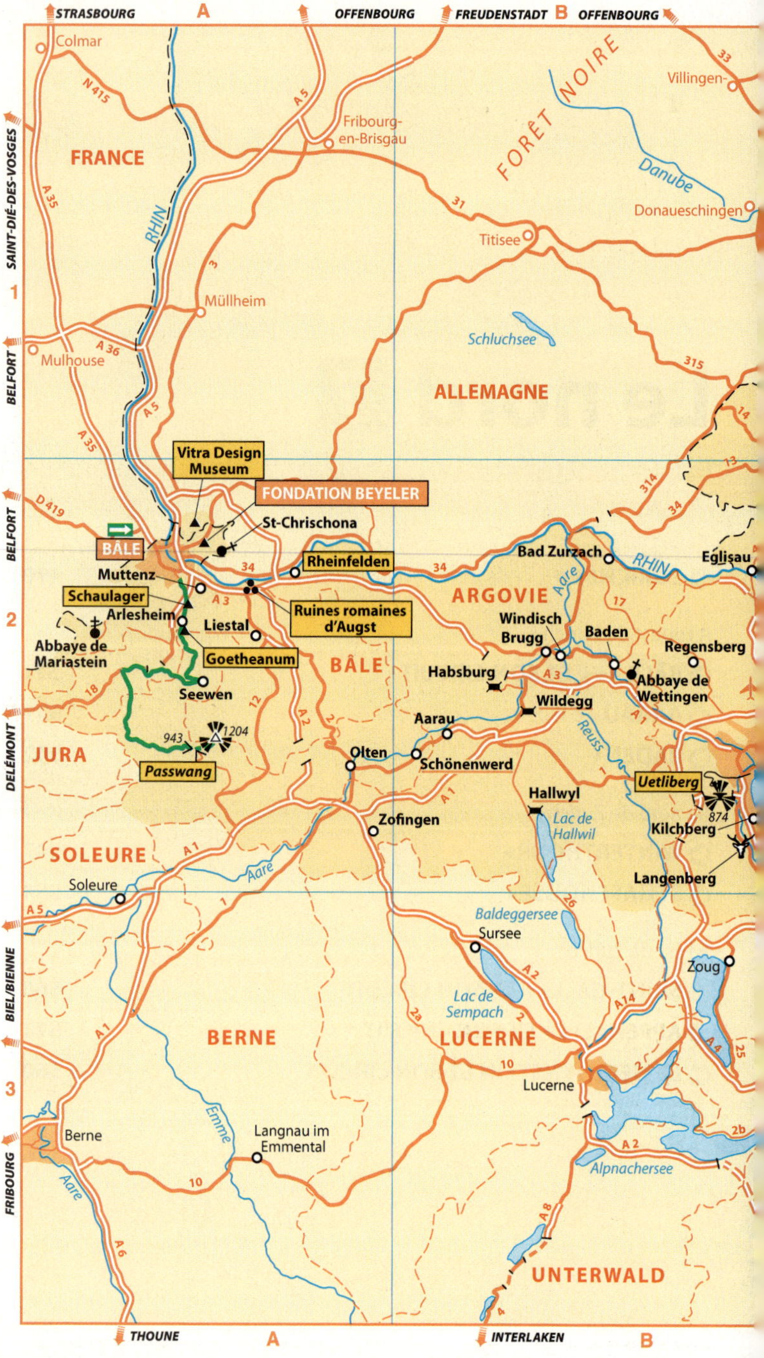
STRASBOURG
A
OFFENBOURG
FREUDENSTADT
B
OFFENBOURG
Colmar
N 415
A 5
Fribourg-en-Brisgau
FORÊT NOIRE
Villingen
33
Danube
Donaueschingen
FRANCE
SAINT-DIÉ-DES-VOSGES
A 35
RHIN
31
Titisee
1
3
Müllheim
Schluchsee
A 36
Mulhouse
BELFORT
315
ALLEMAGNE
A 5
A 35
14
13
314
34
Vitra Design Museum
FONDATION BEYELER
D 419
BELFORT
St-Chrischona
BÂLE
Muttenz
34
Rheinfelden
34
Bad Zurzach
RHIN
Eglisau
Schaulager
A 3
Ruines romaines d'Augst
ARGOVIE
Aare
7
2
Arlesheim
Liestal
17
Windisch
Brugg
Baden
Regensberg
Abbaye de Mariastein
Goetheanum
BÂLE
Habsburg
A 3
Abbaye de Wettingen
18
Seewen
12
Wildegg
A 1
DELÉMONT
A 2
2
Aarau
Reuss
943
1204
JURA
Passwang
Olten
Schönenwerd
1
Uetliberg
A 1
Hallwyl
874
Zofingen
Lac de Hallwil
Kilchberg
SOLEURE
A 1
Aare
Langenberg
Soleure
1
A 5
26
Baldeggersee
Sursee
BIEL/BIENNE
A 2
Zoug
Lac de Sempach
A 14
2a
2
A 1
BERNE
LUCERNE
A 4
25
10
2
3
Lucerne
Emme
Berne
Langnau im Emmental
2b
FRIBOURG
A 2
Alpnachersee
10
Aare
A 8
A 6
UNTERWALD
4
THOUNE
A
INTERLAKEN
B

LE NORD
0
10 km
N
ZURICH ★★★ Vaut le voyage
Saint-Gall ★★ Mérite un détour
Liestal ★ Intéressant
Vaduz À voir
Circuit conseillé avec ville de départ
STUTTGART
C
D
1
2
3
Schwenningen
SCHAFFHOUSE
Schaffhouse
Stein am Rhein
Chutes du Rhin
Rheinau
Arenenberg
Gottlieben
Kreuzlingen
Constance
Überlingen
Ravensburg
Friedrichshafen
Lindau
LAC DE CONSTANCE
Chartreuse d'Ittingen
Thur
THURGOVIE
Winterthour
Kybourg
Wil
ZURICH
Greifensee
Zürichsee
Commanderie de Bubikon
Rapperswil
Rorschach
Saint-Gall
SAINT-GALL
Trogen
Stein
APPENZELL
Gais
Altstätten
Urnäsch
Appenzell
Ebenalp
1640
1795
Hoher Kasten
Seealp
SÄNTIS
2502
Wildhaus
Werdenberg
AUTRICHE
Vaduz
Triesenberg
Malbun Tal
Malbun
2000
Sareiser Joch
LIECHTENSTEIN
Lac de Walenstadt
Linthkanal
Sihl
ZOUG
Lac de Sihl
Wägitalersee
Schwyz
Brunnen
SCHWYZ
Glaris
GLARIS
Linth
Bad Ragaz
Tamina
Altdorf
Reuss
URI
GRISONS
RHIN
Coire
WANGEN
BREGENZ
SANKT ANTON
DAVOS
TUNNEL DU SAINT-GOTHARD
ANDERMATT
BELLINZONE
SAINT-MORITZ

Zurich

Zürich

★★★

365 132 habitants – Canton de Zurich

NOS ADRESSES PAGE 504

S'INFORMER

Zürich Tourismus – *Bahnhofbrücke 1 - Gare - 8023 Zürich - 044 215 40 00 - www.zuerich.com - mai-oct. : lun.-sam. 8h-20h30, dim. 8h30-18h30 ; reste de l'année : lun.-sam. 8h30-19h, dim. 9h-18h.* Visites guidées à pied ou en bus.

La **Zürich Card** permet d'entrer librement dans 46 musées de la ville, et d'utiliser les transports en commun de façon illimitée (tramway, bus, train, funiculaire). Également des réductions sur les visites guidées de la ville. 19 CHF/24h, 38 CHF/72h ; en vente à la gare, à l'aéroport, à l'office de tourisme et dans certains hôtels.

SE REPERER

Carte de région BC2 (p. 488-489) et plan de ville (p. 493) – *Carte Michelin Regional n° 551 P5.*

À 64 km au nord de Lucerne, à 85 km à l'est de Bâle, à 125 km au nord-est de Berne et à 86 km à l'ouest de St-Gall.

SE GARER

Il est conseillé de laisser sa voiture dans un parking (cher) pour visiter le centre-ville et les proches environs. Le réseau de tramways et de bus est excellent. Procurez-vous un plan à l'office de tourisme ou à votre hôtel.

À NE PAS MANQUER

Le vieux Zurich le jour, le quartier « tendance » de Zurich West le soir, le musée des Beaux-Arts, la fondation Bührle, les bains publics de la Limmat et du lac, le panorama depuis l'Uetliberg, la Street Parade en été.

ORGANISER SON TEMPS

Un week-end peut suffire pour flâner en ville, visiter quelques musées et profiter de la vie nocturne zurichoise. Compter 3 à 5 jours pour s'approprier davantage la ville et découvrir les environs. On consacre généralement une demi-journée pour voir Eglisau, les chutes du Rhin et Schaffhouse.

AVEC LES ENFANTS

À Zurich : le Mühlerama, le zoo, une promenade en bateau sur le lac, un bain dans la Limmat *(voir Nos adresses à Zurich)* ; à proximité : le parc animalier de Langenberg, le zoo des Enfants à Rapperswil.

Zurich fait figure de bon élève, voire de premier de la classe : ce centre financier, industriel et commercial réussit, en effet, à attirer les touristes, les amateurs d'art et les fêtards autant que les hommes d'affaires. La ville la plus peuplée de Suisse – près d'un million d'habitants pour toute l'agglomération – caracole même en tête des villes offrant la meilleure qualité de vie dans le monde. Zurich jouit, il est vrai, d'un site agréable,

Zurich, sur la rive gauche de la Limmat.
L. Maisant/hemis.fr

au pied des versants boisés de l'Uetliberg et du Zürichberg, et au bord du beau lac qui porte son nom. La Limmat, qui traverse la ville, est bordée de bains publics qui font le bonheur des habitants en été. Zurich, c'est aussi la capitale « branchée » du design suisse, une destination shopping unique et un lieu de fête très animé, grâce à ses nombreux restaurants, cinémas, discothèques, salles de concerts...

Se promener Plan de ville

LA RIVE GAUCHE DE LA LIMMAT

Itinéraire 1 *tracé en vert sur le plan de ville (p. 493).*

★★ **Musée national suisse** (Schweizerisches Landesmuseum) A1

Derrière la gare centrale – Museumstr. 2 - ☏ 044 218 65 11 - www.landesmuseum.ch - tlj sf lun. 10h-17h (jeu. 19h) - 10 CHF (-16 ans gratuit et le dernier dim. du mois) - panneaux explicatifs traduits en français.

Ce bâtiment aux allures de château néogothique (1898) recèle des collections d'une richesse considérable, qui touchent à tous les aspects de la culture et de l'art de vivre en Suisse, depuis l'âge de pierre jusqu'à nos jours. D'importants travaux de rénovation sont en cours pour moderniser la muséographie.

Commence la visite par le 1er étage.

Histoire de la Suisse – Après une galerie de portrait honorant les Suisses célèbres, une salle évoque rapidement la **Préhistoire** de la Confédération. Voyez, dans une pièce à l'écart, la minutieuse **maquette de la bataille de Morat**, remportée par les Confédérés contre Charles le Téméraire (1476).

Les espaces de l'aile sud du bâtiment évoquent les croyances qui ont modelé la civilisation et les mentalités helvétiques à travers tableaux, objets et documents : implantation du catholicisme, monarchisme, Réforme, contre-Réforme.

La grande salle suivante illustre la construction de la Suisse moderne et son chemin vers l'unité fédérale. Les différentes étapes sont déroulées le long d'une rampe de bois, où l'on découvre l'importance de la notion de ville comme entité politique, le rôle de la Diète, la naissance de la République helvétique en 1798, la constitution fédérale de 1848 et le droit de vote accordé aux femmes en 1971. Un panorama des **mythes suisses** rassemble Guillaume Tell, la charte de la Confédération ou encore Heidi et la traditionnelle alphorn. À côté de ces marques de la fierté suisse ne sont pas oubliés quelques épisodes peu glorieux, ici parfaitement assumés : persécutions et obscurantisme médiévaux, accords avec l'Allemagne nazie. La dernière partie de l'exposition relate la montée de la **puissance économique suisse** : horlogerie, électricité, industrie chimique, secret bancaire.

Musée des meubles et intérieurs suisses – Il occupe les deux niveaux de l'aile ouest. Côté intérieurs, on notera plus particulièrement au rez-de-chaussée la **salle du conseil de Mellingen** (1467) et les trois **chambres de l'abbaye du Fraumünster** : du sol au plafond, le bois est omniprésent, orné de frises et de riches ferrures. On admirera au 1er étage de superbes reconstitutions d'**intérieurs vers 1600**, notamment la salle d'apparat de la **Casa Pestalozzi** et la salle baroque de la maison « Zum langen Stadelhof », avec sa galerie d'hommes illustres. Elles témoignent toutes deux de la prospérité des militaires suisses engagés au service d'armées étrangères. Côté contemporain, les reconstitutions de salles de séjour des années 1895,1927, 1958, 1970 et 2010 permettent de comprendre l'évolution des notions de confort et de design.

Tour des armes – Accessibles par deux escaliers partant du musée des meubles. Riche collection d'armes et d'uniformes.

Galerie des collections – Elle occupe le rez-de-chaussée de l'aile sud. On entre par une salle rassemblant une riche collection de chaussures, de vêtements et de textiles contemporains, qui s'ouvre sur une vaste galerie, où instruments scientifiques de la Renaissance, peintures sous verres des 17e et 18e s., broderies et vitraux des 15e et 16e s. côtoient les plus beaux exemples de l'art médiéval. De l'époque romane subsistent surtout des objets d'art religieux, comme l'étonnant **Christ des Rameaux** sur un âne à roulettes. Le style gothique est tardif, marquant l'art du vitrail, la peinture sur panneaux (remarquables retables à volets) et les sculptures polychromes. Durant la Réforme, c'est plutôt dans le domaine privé que la Renaissance se manifeste : mobilier sculpté, broderie sur lin typiquement locale (1561). À voir encore : la céramique de Winterthour, première cité faïencière du pays. Une dernière salle expose quelques portraits (17-20e s.) et, surtout, des traîneaux d'apparat aux somptueuses décorations.

Bahnhofplatz A1

Sur la place se dresse la statue *d'Alfred Escher*. Cet homme d'État du milieu 19e s. fut à la fois banquier (il fonda le Crédit suisse), industriel, pionnier du chemin de fer (on lui doit le tunnel du Gothard) et fondateur de l'École polytechnique de Zurich. C'est enfin à lui que revint la décision de tracer la Bahnhofstrasse. À l'intérieur de la gare, le **hall** est devenu lieu d'exposition. On peut y voir l'*Ange protecteur*, une sculpture offerte par Niki de Saint-Phalle pour le 150e anniversaire des Chemins de fer fédéraux suisses. De la voûte pend *Nova*, une création lumineuse de l'École polytechnique fédérale, tandis qu'un mur est orné d'une fresque : l'œuf philosophique de Mario Merz, une interprétation artistique de la suite mathématique de Fibonacci.

Contourner la gare par le Bahnhofquai.

SE LOGER

Adler 1
Auberge de jeunesse 7
City Backpacker 10
Hirschen 15
Landhus 19
Leoneck 22
Rex 25
Rössli 28
Splendid 31
stattHotel 34
Zürichberg 37

SE RESTAURER

Alpenrose 1
Bierhalle Kropf 4
Bodega Española 10
Haus Zum Rüden 13
Hiltl 16
Johanniter (Brasserie) 17
Kronenhalle 19
Oepfelchammer 22
Reithalle 23
Salle (La) 25
Sternen Grill 26
Zeughauskeller 28
Zunfthaus zur Schmiden 31
Zunfthaus zur Zimmerleuten 34

★ Bahnhofstrasse A1

Cette belle avenue plantée de tilleuls (1,4 km) est la plus animée de la ville. Elle a été construite sur l'emplacement du « Fröschengraben » (fossé aux grenouilles) et conduit de la gare centrale (Hauptbahnhof) aux rives du lac. Avec ses banques et ses compagnies d'assurances, c'est le nerf des affaires pour la Confédération helvétique. Tout le long se succèdent les grands magasins (Globus, Manor, Jelmoli) et les boutiques de luxe.

Prendre à gauche Werdmühlestrasse.

Sur la droite se détache l'**observatoire Jules Verne**, qui offre une belle vue sur le centre-ville. Il est ouvert aux visiteurs le soir par beau temps, du mardi au samedi.

Traverser la Werdmühleplatz et longer la Limmat par la passerelle qui s'ouvre juste après le pont Rudolf-Brun.

★ Schipfe A1

Avec ses ruelles médiévales qui convergent vers la Limmat, cette zone est le cœur de la Vieille Ville. Certaines maisons, dont les plus charmantes remontent au 16e s., voire aux 13e et 14e s., possèdent des jardins en terrasse.

Le quartier invite à la flânerie mais l'on pourra suivre cet **itinéraire** : devant le bâtiment à la façade de bois, prendre à droite dans la rue ZumBanhof. On plonge sous les arcades typiques du Zurich du Moyen Âge. Sur la petite place, prendre à droite dans la Rollengasse puis remonter la Wohllebgasse. Prendre à droite, la Pfalzgasse jusqu'à la terrasse.

★ Lindenhof A1

Cette esplanade, plantée de 90 tilleuls et ornée d'une fontaine, coiffe la colline : un site stratégique, surplombant la Limmat, où furent créés des établissements celtes et romains autour desquels se développa la ville. Les amateurs d'échecs y disposent d'un échiquier géant.

De la terrasse, on découvre la ville ancienne, étagée sur la rive droite : en face se dresse, à gauche, l'École polytechnique fédérale (long bâtiment en grès vert) et, à droite la cathédrale (Grossmünster).

Redescendre Pfalzgasse jusqu'à l'église St-Pierre, dont on aperçoit l'énorme cadran depuis la rue.

Église St-Pierre (St-Peterkirche) A2

Cette église est la plus ancienne de la ville : ses origines remontent au 7e s. Son clocher (13e s.) comporte le plus grand cadran d'Europe, créé en 1534, qui atteint 8,70 m de diamètre. La sobriété extérieure de l'église tranche avec le style baroque zurichois de l'intérieur (stucs dans la nef et le vaisseau, stalles anciennes).

Reprendre la Schlüsselgasse puis à droite la Thermengasse, où des fouilles ont mis au jour des vestiges de thermes romains.

Weinplatz A2

Au sud de cette place, que décore une jolie fontaine surmontée d'un vigneron portant sa hotte, on découvre, sur la rive opposée, quelques belles maisons anciennes avec leurs toits « à la flamande », l'hôtel de ville (Rathaus) (F2) – édifice néogothique de 1900 – et la Wasserkirche, chapelle du 15e s. La cathédrale (Grossmünster) domine l'ensemble de ses deux hautes tours.

La Storchengasse rejoint le Münsterhof.

Maison de la corporation « Zur Meisen »

(Zunfthaus « Zur Meisen ») A2

Münsterhof 20 - ✆ 044 221 28 07 - www.musee-suisse.ch - tlj sf lun. 10h30-17h - fermé 1er janv. et pdt la Street Parade - 3 CHF (gratuit -16 ans et le dernier dim. du mois).

L'histoire mouvementée de Zurich

ZWINGLI ET LA RÉFORME

Nommé curé de Glaris en 1506, à l'âge de 22 ans, Zwingli n'hésite pas à dénoncer, en chaire, le service mercenaire à l'étranger, qui affaiblit les forces vives de la nation, et la vénalité des magistrats. Il passe deux ans à Einsiedeln, puis se voit confier la cure de la cathédrale de Zurich. C'est alors qu'il cherche à réaliser ses projets religieux : il s'élève violemment contre le trafic des indulgences et proclame que la Bible est la seule autorité en matière de foi.

En janvier 1523, lors d'une « dispute » publique ayant opposé au Rathaus de Zurich les partisans et les adversaires de Zwingli, ce dernier triomphe, le Conseil s'étant déclaré favorable aux idées nouvelles. En trois ans, la Réforme s'implante complètement à Zurich. Zwingli obtient la suppression des pèlerinages, des processions et de certains sacrements. Il se montre favorable au mariage des prêtres – donnant lui-même l'exemple en 1524 – et fait fermer les couvents dans le canton de Zurich, devenu la terre d'élection de la Réforme en Suisse alémanique. L'autorité de Zwingli inquiète les cantons catholiques. Lucerne, Uri, Schwyz, Unterwald et Zoug s'entendent contre Zurich et l'écartent de la direction des affaires fédérales.

En 1528, une nouvelle grande « dispute » religieuse a lieu à Berne : Zwingli en sort encore à son avantage mais, en 1531, la guerre ne peut être évitée : le 11 octobre, Zwingli trouve la mort à Kappel, au cours d'un violent engagement qui voit la déroute des siens. Mais sa disparition ne marque pas la faillite de ses thèses religieuses, qui se propagent peu à peu à travers toute la Suisse alémanique.

UN PRODIGIEUX ESSOR

Zurich compte 17 000 habitants en 1800. En 1848, elle doit abandonner à Berne le rang de ville fédérale, mais elle devient, six ans plus tard, le siège de l'École polytechnique fédérale – le fameux « Polytechnicum ». La constitution démocratique qu'elle se donne en 1869 sert de modèle à d'autres constitutions cantonales et inspire même la Constitution fédérale de 1874. Au début du 19e s., la ville croît hors de ses fortifications, vers la campagne environnante. Les banlieues industrielles se développent le long des voies de communication.

VERS L'APAISEMENT

Depuis le 18e s., Zürich a acquis une réputation de ville ouverte, tolérante et avant-gardiste attirant artistes et intellectuels atypiques. James Joyce, qui y est enterré, s'y installe en 1915 ; Hermann Hesse, Thomas Mann et bien d'autres y séjournent, profitant d'une atmosphère propice à la création. Et c'est ici, en 1916, au Cabaret Voltaire que naît le mouvement Dada. Après une période agitée ces trente dernières années, une politique vigoureuse a permis à Zurich de se débarrasser des problèmes de drogue qui nuisaient à son image. Aujourd'hui apaisée, la cité s'affiche comme la capitale économique de la Confédération.

Orné d'un beau balcon en fer forgé, cet hôtel de corporation (1757) présente les collections de porcelaine du 18e s. appartenant au Musée national suisse : elles sont exposées dans deux salles rococo, au 1er étage. La faïence d'importation – Strasbourg, Lunéville... – précéda la création de manufactures, notamment à Zurich et Nyon. Les « chinoiseries » abondent, mais on remarque aussi des scènes de chasse au sanglier et, sur un service d'apparat au grand complet, une inflation d'angelots dodus (1775).

Fraumünster A2

Münsterhof 8001 - ✆ 044 211 41 00 - avr.-oct. : lun.-sam. 10h-18h, dim. 11h15-18h ; nov.-mars : lun.-sam. 10h-16h, dim. 11h15-16h (à partir de 12h15 pdt les offices).

Un couvent fut fondé ici en 853 par Louis le Germanique et ses deux filles, Hildegard et Bertha, qui en furent les premières abbesses. Il abritait surtout des femmes de la haute noblesse d'Allemagne du sud.

L'église actuelle, plus imposante, a été bâtie à partir de 1250, mais sa façade a été rénovée en 1911 dans le style néogothique. Le chœur est roman, la nef voûtée d'ogives.

L'église est célèbre pour sa rosace et ses cinq **vitraux★** du chœur (1970) et du transept sud (1980), signés Marc Chagall. Le vitrail nord du transept est d'Augusto Giacometti, dont le cousin était le père du célèbre Alberto Giacometti. Au côté sud de l'église, les vestiges du **cloître★** (Kreuzgang) roman sont ornés de fresques de Paul Bodmer (1921-1941) qui évoquent la légende de la fondation de l'abbaye.

Sur la Münsterhof, l'ancienne maison de corporation des marchands de vins, la plus riche de Zurich, est reconnaissable à sa cour d'honneur à la française (1757). Elle abrite désormais un musée de la porcelaine suisse (Zunfthaus « Zur Meisen », *voir à ce nom*).

Rejoindre Paradeplatz, la principale place de la rive gauche et prendre à droite dans le Bleicherweg.

Schanzengraben A2

Un détour par le Bleicherweg permet de rejoindre cet ancien fossé, qui s'étire de la gare centrale jusqu'au lac. Ponctué de panneaux explicatifs, c'est l'un des derniers vestiges des fortifications qui enserraient jadis la cité.

LA RIVE DROITE DE LA LIMMAT

Itinéraire 2 tracé en vert sur le plan de ville (p. 493).

En partant de l'**hôtel de ville** (Rathaus), édifice néogothique de 1900, on rejoint la Marktgasse. En prenant à gauche, on rejoint la Hirschenplatz.

Niederdorfstrasse B1-2

Cette rue traverse le quartier de Niederdorf, en partie piéton, et reste très animée le soir avec ses innombrables restaurants, cafés et clubs érotiques. De belles maisons anciennes rappellent l'opulence passée des corporations.

Arrivé sur Hirschenplatz, prendre à droite la Brunngasse, puis la Froschaugasse, charmante ruelle ancienne. Prendre enfin à gauche la Rindemarkt.

Neumarkt B2

Cette placette abrite, au n° 5, une jolie façade baroque du 18e s., siège de l'ancienne corporation des cordonniers. Le bâtiment accueille désormais un théâtre municipal. Au n° 4, juste à côté du restaurant Kanterei, poussez la porte de la maison « Zum Rech », pour admirer la maquette représentant Zurich en 1800 (notez la présence de vignes). *Entrée libre.*

NAISSANCE DU MOUVEMENT DADA

Le 5 février 1916 est inauguré le **Cabaret Voltaire** (1, Spiegelgasse, plaque commémorative) par Hugo Ball, poète et metteur en scène, avec sa femme Emmy Hennings, auxquels se sont joints des amis et artistes de tous horizons : Tristan Tzara, Marcel Janco, Jean Arp, Richard Huelsenbeck, Sophie Taeuber. Tous sont animés par le désir de créer un art d'avant-garde, en réaction à l'art existant. Bousculant l'ordre établi, ils donnent des spectacles de danse, récitent des poèmes, exposent des peintures…

C'est en cherchant un nom pour la chanteuse du cabaret qu'Hugo Ball et Richard Huelsenbeck adoptent le mot « dada », en référence au sens enfantin du terme pour exprimer « le primitif, la table rase, le renouveau radical de l'art ». En 1916, le mot apparaît dans le premier numéro du « Cabaret Voltaire ». Il reflète le premier sursaut d'une révolte morale et intellectuelle envers une société trop sûre d'elle-même. Six mois après son ouverture, le Cabaret Voltaire ferme ses portes, mais la revue dada lui survivra.

Prendre la Spiegelgasse.

Spiegelgasse B2

Une petite ruelle verdoyante qui est chargée d'histoire ! Au n° 14, Lénine prépara la Révolution russe de 1916 à 1917. Émigrés politiques, réfugiés de guerre, communistes et artistes occupaient le quartier au début du 20e s. Au n° 1 de la rue, le Cabaret Voltaire fut le berceau du dadaïsme *(voir encadré)*. C'est aujourd'hui un café branché, qui perpétue le mouvement de Tristan Tzara en programmant des expositions, des lectures et diverses manifestations artistiques.

Prendre la Münstergasse qui rejoint la cathédrale

★ **Cathédrale** (Grossmünster) B2

✆ 044 252 59 49 - cathédrale : de mi-mars à fin oct. lun.-sam. 9h-18h, dim. apr. la messe ; de déb. nov. à mi-mars lun.-sam. 10h-17h, dim. apr. la messe - montée à la tour : lun.-sam. 10h-17h, dim. 13h-17h - cloître : lun.-vend. 9h-18h (de déb. nov. à mi-mars 10h-17h) - visite guidée 1er sam. de chaque mois à 10h30.

Cet édifice imposant, bâti aux 11e et 13e s., a remplacé une collégiale fondée, dit-on, par Charlemagne. La cathédrale est le symbole de la Réforme en Suisse alémanique. Le réformateur Zwingli y prêcha de 1519 à sa mort.

Sa façade est encadrée de hautes tours à trois étages, surmontées de deux dômes de bois revêtus de plaques de métal. La tour sud est ornée d'une gigantesque statue (l'original est dans la crypte romane) représentant Charlemagne assis tenant un glaive sur les genoux. Belle vue sur la ville du haut de la tour. Les portes de bronze ont été sculptées par Otto Münch en 1935 et 1950. La nef est voûtée d'ogives. Le chœur, surélevé, se termine par un chevet plat, tandis qu'une galerie court au-dessus des collatéraux. On découvre quelques vestiges de fresques dans le chœur et dans la crypte, vaste halle à trois nefs. Les vitraux modernes sont d'Augusto Giacometti (1932).

Le **cloître** roman, voûté d'arêtes, s'ouvre sur la cour par des groupes de trois arcades dont les arcs en plein cintre reposent sur des chapiteaux finement sculptés.

Oberdorf B2

Au sud de la cathédrale se déploie cet adorable petit quartier. Au-dessus d'Oberdorfstrasse, une poignée de rues pentues et pavées recèlent de belles demeures anciennes et quelques bonnes galeries d'art. Dans cette oasis de calme et de romantisme, l'agitation de la ville semble bien loin…
Remonter la Rämistrasse à gauche pour rejoindre le musée des Beaux-Arts.

★★★ Musée des Beaux-Arts (Kunsthaus) B2

Heimplatz 1 - ✆ 044 253 84 84 - www.kunsthaus.ch - ♿ - tlj sf lun. 10h-20h (mar. et w.-end 18h) - fermé 11 sept. et 25 déc. - possibilité de visite guidée (1h) - 10 CHF, gratuit merc. - audioguide gratuit.

Ce musée spacieux et lumineux, où sont organisées de grandes expositions temporaires, réserve une place prééminente à la **peinture moderne**. Mais les sculptures du haut Moyen Âge, les primitifs suisses et allemands du 15e s., et les peintres du baroque néerlandais et italien ne déméritent pas.

Au 1er étage, on peut admirer des toiles de Rembrandt, Ruysdael, Fra Angelico, Rubens et, plus près de nous, de grands peintres suisses, comme Ferdinand Hodler, Giovanni Segantini et Johann Heinrich Füssli. L'art contemporain est représenté par les maîtres du Pop Art (Warhol, Lichtenstein), Dubuffet et, plus récents, Rothko, Baselitz, Jasper Johns et Pollock.

Le 2e étage rassemble des œuvres de Bonnard, Gauguin, Chagall, Kirchner, van Gogh (*Portrait à l'oreille coupée*), mais aussi des expressionnistes (Kokoschka, Beckmann, Corinth), des cubistes (Picasso, Braque, Brancusi, Delaunay) et des surréalistes (Miro, Dalí, Magritte, Max Ernst). Citons encore Kandinsky, Mondrian, Modigliani et Klee. Le musée possède enfin la plus importante collection – hors de Scandinavie – d'œuvres du peintre norvégien **Edvard Munch** (1863-1944), ainsi qu'une collection unique d'œuvres de **Giacometti**.

★★ BALADES AU BORD DU LAC

La flânerie débute sur les rives de la Limmat, aux abords du Quaibrücke qui relie Bürkiplatz et Bellevueplatz : ce pont marque l'entrée du lac de Zurich (Zürichsee). La promenade se poursuit sur les quais agrémentés de bouquets d'arbres d'essences variées et de parterres fleuris.

Rive ouest depuis Bürkiplatz A2

De nombreux voiliers et canots à moteur se pressent près de l'embarcadère, comme une invite à l'évasion *(voir « Promenades en bateau » dans Nos adresses à Zurich)*. Poursuivre sur le General-Guisan-Quai où l'Arboretum abrite des essences exotiques. Dans le prolongement du **Mythenquai**, on découvre une **vue**★ de plus en plus étendue sur le lac de Zurich et les Alpes (au loin, l'Oberland).

Rendez-vous des étudiants et des alternatifs, la **Rote Fabrik**, cette ancienne usine de brique rouge abrite des ateliers d'artistes, la galerie Shedhalle, et une vaste salle de spectacles *(Seestr. 395,* hors plan, vers A2, *voir Nos adresses à Zurich)*.

Rive est depuis Bellevueplatz

Emprunter l'Utoquai puis le Seefeldquai. Tram 2 ou 4, Fröhlisstrasse.

Jardins du Zürichhorn (hors plan, vers B2) – On y découvre une œuvre du sculpteur suisse Jean Tinguely, *Heureka* (1964). Belle **perspective**★ sur la ville.
Accès en bateau ou par bus.

Le musée des Beaux-Arts de Zurich.
Anita Affentranger/Kunsthaus Zürich

Maison de Le Corbusier (Le Corbusier Haus - hors plan, vers B2) – *Au-delà de Höschgasse.* Immédiatement identifiable avec ses grands panneaux blancs ou de couleurs vives, c'est la dernière œuvre de l'architecte, également appelée **maison Heidi Weber**. On peut y découvrir l'œuvre graphique de son concepteur.
Jardin chinois – *Mars-oct. : 11h-19h.* Cadeau de la ville de Kunming, jumelée à Zurich, ce parc a ouvert en 1993 : derrière sa lourde porte rouge – une couleur qui symbolisait l'Empereur, en Chine centrale – se cache un jardin méticuleux, où le thème « Trois amis en hiver » est illustré par le pin sylvestre, le bambou et le cerisier d'hiver. Parsemé de gingkos et de bambous, ce jardin où surgissent des pavillons est sillonné de canaux, enjambés de ponts miniatures.

Mühlerama Hors plan, vers B2

Accès par Kreuzbühlstr. – tram 2 et 4 Tiefenbrunnen - Seefeldstr. 231 - ☏ 044 422 76 60 - www.muehlerama.ch - mar.-sam. 14h-17h, dim. 10h-17h - visite guidée 1er dim. du mois à 14h - 9 CHF (enf. 5 CHF).

Cette minoterie, créée en 1913 sur les bases d'une ancienne brasserie, a fonctionné jusqu'en 1983. Son bâtiment Belle Époque abrite un musée dont les machines fonctionnent, permettant de mieux comprendre la transformation du grain en farine. Une exposition présente l'évolution des techniques de la minoterie – de l'écrasement du grain avec les pieds en passant par les moulins à eau… – ainsi que le meunier dans l'histoire, le pain dans la culture populaire, etc. La rampe qui permettait de faire descendre les sacs de farine, sert aujourd'hui de toboggan pour le plaisir des enfants. On peut acheter la farine du Mühlerama, qui en produit 60 tonnes par an.
Le même bâtiment abrite un restaurant, un théâtre, une galerie, des ateliers et des boutiques.

★★ Zoo de Zurich Hors plan, vers B1

Accès par la Gloriastrasse, à l'est du plan - tram 6 et bus 751 - Zurichbergstr. 221 - ☏ 044 254 25 05 - www.zoo.ch - ♿ - mars-oct. : 9h-18h ; nov.-fév. : 9h-17h - 22 CHF (6-16 ans 11 CHF).

Bien aménagé au Zürichberg dans un très joli cadre de verdure, ce zoo compte parmi les plus beaux d'Europe. La liste des espèces représentées laisse rêveur : éléphants, rhinocéros, loups, tigres, gorilles, crocodiles, flamants roses, manchots, singes, tortues géantes, reptiles… Parmi les animations à ne pas manquer : le bain des éléphants (vers 10h), le nourrissage des phoques, manchots et chimpanzés (matin et après-midi) et, en hiver (-10 °C requis), la parade des manchots à travers le zoo.

En 2003, le zoo s'est agrandi d'une immense serre en verre, Masoala, qui abrite une forêt tropicale sur une superficie plus grande qu'un terrain de football. Dans cet écosystème subtilement reconstitué d'après la forêt tropicale de Masoala, à Madagascar, près de 60 espèces animales différentes évoluent en liberté. Le visiteur doit donc aiguiser ses sens et parfois s'armer de patience pour surprendre les animaux.

Jardin botanique (Botanischer Garten) Hors plan, vers B2

Accès par Kreuzbühlstrasse.

Équipé de trois gigantesques coupoles de Plexiglas, il reconstitue la forêt tropicale ainsi que la végétation méditerranéenne et celle des Alpes.

À voir aussi Plan de ville

RIVE GAUCHE DE LA LIMMAT

Musée d'Arts appliqués (Museum für Gestaltung) Hors plan, vers A1

Accès par le Sihlquai - ✆ 044 446 67 67 - www.museum-gestaltung.ch - ♿ - tlj sf lun. 10h-17h (merc. 20h) - fermé 1er janv., Pentecôte, 1er août et 25 déc. - 9 CHF.

D'intéressantes expositions temporaires sur les arts appliqués depuis 1900 confrontent la Suisse à la création internationale : architecture, objets d'utilisation quotidienne, art graphique, esthétique industrielle… Collection de graphismes et d'affiches.

★★ **Musée Rietberg** (Museum Rietberg) Hors plan, vers A2

Accès par Bleicherweg - tram 7 - Gablerstr. 15 - ✆ 044 206 31 31 - www.rietberg.ch - ♿ - tlj sf lun. 10h-17h (merc. et jeu. 20h) - fermé 24 et 31 déc. - 16 CHF - audioguide (5 CHF).

Les villas Wesendonck et Rieter sont nichées au milieu d'un parc, en vue du lac. Elles renferment de précieuses collections réunies par le baron von der Heydt, et complétées par des dons de Berti Aschmann : sculptures des Indes, du Cambodge, de Java ; océaniennes. Des œuvres d'art du Proche-Orient, du Tibet et de l'Amérique précolombienne, des peintures d'Extrême-Orient, des masques suisses complètent cette exposition.

Depuis 2007, un pavillon de verre baptisé « Verrière d'Emeraude », œuvre de l'architecte Grazioli Krischanitz, constitue l'entrée d'un nouvel espace en sous-sol. On y admire des sculptures africaines, et surtout les collections chinoises (impressionnants cloisonnés et œuvres de la culture Dian) et japonaises comprenant, entre autres, des estampes et masques de théâtre nô. Une salle de réserve aménagée pour la visite permet de se rendre compte de la quantité impressionnante d'œuvres dont le musée dispose en réserve.

RIVE DROITE DE LA LIMMAT

★★ Fondation-collection E.G. Bührle

(Sammlung E.G. Bührle) Hors plan, vers B2

Accès par la Zeltweg - tram 2 et 4 jusqu'à Wildbachstrasse – Zollikerstr. 172 - ✆ 044 422 00 86 - www.buehrle.ch - 1er dim. du mois sur RV - 25 CHF (-12 ans gratuit).

Cette villa, située dans la belle banlieue sud-est, abrite l'un des plus importants musées d'art privés de Suisse : les tableaux et sculptures ont été collectionnés entre 1937 et 1956 par l'industriel allemand E.G. Bührle, qui vint habiter Zurich en 1924. Grand admirateur des impressionnistes, il constitua, en vingt ans à peine, une collection superbe primitivement centrée sur la peinture française du 19e s.

Depuis le vol, en 2008, du *Garçon au gilet rouge* de Cézanne, œuvre phare de la collection, et d'un portrait de Degas, les horaires de visite sont considérablement réduits. On pourra néanmoins y voir des œuvres des 16e au 19e s. : des portraits signés Ingres, Greuze, Degas, Renoir, Hals et Fantin-Latour, des Rembrandt, Ruysdael et Teniers. Canaletto (deux représentations du Grand Canal appartenant à une série de six vues), Goya, le Greco et Tiepolo, ornent le salon vénitien.

Les chefs-d'œuvre de la collection : *La Route de Versailles à Louveciennes* de Pissarro, *Un coin de jardin à Bellevue* de Manet et le ravissant portrait de la *Petite Irène*, de Renoir, réalisé peu avant que le peintre ne se détache de l'impressionnisme. *Messaline* de Toulouse-Lautrec a influencé les fauves par ses lumineuses plages de couleur. Une belle série de trois portraits de Cézanne attire le regard. Enfin, un tableau de Van Gogh, *Branches de marronniers en fleur*, dénote l'influence de l'art japonais sur cet artiste.

Le jardin d'hiver présente quelques pièces antiques, dont un buste en marbre de César.

Parmi d'autres merveilles, des tableaux de Delacroix *(Le Christ sur le lac de Genezareth)*, des toiles de Courbet et de Puvis de Chavanne, des tableaux de Chagall, Picasso, Rouault et un *Nu couché* de Modigliani.

Des œuvres du 20e s. avec des œuvres cubistes de Braque, Picasso et Gris et plusieurs toiles de l'école de Paris (Modigliani, Chagall, Rouault). La salle du 19e s. réunit des tableaux réalistes de Cézanne, Daumier (*Spectacle gratuit)*, Courbet (*Hiver*) et Manet (*La Sultane*, à l'érotisme subtil). Une salle adjacente est consacrée aux impressionnistes (Monet, Sisley et Pissarro.

Ne pas manquer *Les Modistes* de Paul Signac ainsi que l'un des vingt-deux bronzes originaux de la *Danseuse* de Degas. Trois salles sont consacrées à Van Gogh *(Autoportrait* et *Le Semeur)*, Cézanne et Gauguin (*L'Offrande* peint aux îles Marquises peu avant son décès). Parmi les fauves, Derain, Matisse et Vlaminck. Les Nabis (Bonnard et son *Portrait d'Ambroise Vollard* où l'on distingue un hommage à Cézanne, Vuillard et son *Salon Natanson*) closent la visite.

★ Musée Migros d'art contemporain et Kunsthalle

(Migros Museum für Gegenwartskunst et Kunsthalle) Hors plan, vers A1

Limmatstr. 270 - fermé pour travaux jusqu'en 2012 - pendant cette période, le musée Migros est transféré Albisriederstr. 199A Hors plan, vers A1 - *✆ 044 277 20 50 - www.migrosmuseum.ch. La Kunsthalle sera transférée à un emplacement encore non déterminé - www.kunsthallezurich.ch.*

Ces deux musées d'art contemporain, qui raviront les adeptes du genre, occupent l'ancienne brasserie Löwenbräu. Ils accueillent tout au long de l'année des expositions temporaires, le plus souvent consacrées à de jeunes artistes prometteurs. Les installations avant-gardistes et les œuvres audacieuses trouvent un écho particulier dans les vastes salles d'un blanc immaculé. Le bâtiment en briques abrite, par ailleurs, plusieurs galeries d'art et une bonne librairie spécialisée au rez-de-chaussée.

À proximité Carte de région

★★ Uetliberg et Felsenegg B2

Accès en train (Zürich Card) : 20mn par la ligne S10 depuis la gare de Zurich, quai 2 (sous-sol) - dép. ttes les 30mn. Une carte de l'excursion est disponible à l'office de tourisme.

L'**Uetliberg** *(alt. 871 m)* est l'excursion favorite des Zurichois : le trajet s'effectue en grande partie à travers les bois. À l'arrivée, pas de voitures, et une belle vue sur les sommets neigeux. Par un sentier en forte montée, on gagne la terrasse proche de l'hôtel Uto Kulm (table d'orientation). En grimpant 167 marches jusqu'au sommet de la tour-belvédère, on découvre un immense **panorama**★★ : l'agglomération zurichoise, la vallée de la Limmat, le lac de Zurich et la chaîne des Alpes – du Säntis, à l'est, à la Jungfrau et aux Diablerets, au sud-ouest –, tandis qu'à l'ouest et au nord-ouest s'estompent les croupes du Jura et des Vosges.

On peut ensuite longer la crête jusqu'à **Felsenegg** *(alt. 804 m, environ 1h45 à pied)*. Un « chemin planétaire » (Planetenweg) y reproduit le système solaire à l'échelle d'un milliardième.

À **Adliswil**, un téléphérique grimpe à Felsenegg *(rejoindre Zurich en train, ligne 4)*.

Kilchberg B2

7 km au sud. Quitter Zurich par General-Guisan-Quai.

La route n° 3 longe la rive ouest du lac, bordée de somptueuses propriétés particulières jusqu'à Kilchberg, le faubourg résidentiel de Zurich. Le poète et romancier suisse Conrad Ferdinand Meyer (1825-1898) et l'écrivain allemand Thomas Mann (1875-1955) y ont fini leurs jours et reposent dans le petit cimetière. En bordure du lac s'élevait l'ancienne manufacture de porcelaine de Zurich, connue pour la finesse de ses décors paysagers.

Parc animalier de Langenberg (Wildnispark Zürich) B2

12 km au sud. Quitter Zurich par la Gessnerallee, puis prendre la route n° 4 jusqu'à Langnau am Albis.

Wildparkstr. 21 - 044 722 55 22 - www.wildnispark.ch - de fin mars à fin oct. : mar.-sam. 12h-17h30, dim. et j. fériés 9h-17h30 - 6 CHF (enf. 3 CHF).

Ce parc d'animaux sauvages (européens) s'étend de part et d'autre de la route (principalement à gauche), au nord de Langnau am Albis, sur 80 ha de forêt et de monticules rocheux : cerfs, ours, lynx, loups, chats sauvages, chamois, sangliers, marmottes… s'y ébattent dans de grands enclos. Ils ne sont donc pas toujours visibles.

★ Rapperswil C3

29 km au sud-est par la route n° 17.

Fischermarktplatz 1 - 0848 811 500 - www.zuerichsee.ch.

La petite ville de Rapperswil occupe un joli site sur une courte presqu'île de la rive nord du lac de Zurich. La ville haute a conservé un caractère médiéval, que souligne encore la masse imposante de son château.

LE CIRQUE NATIONAL KNIE

En 1803, Friedrich Knie, fils du médecin particulier de l'impératrice Marie-Thérèse d'Autriche, est étudiant en médecine à Innsbruck. Il y fait la connaissance d'une écuyère, membre d'une troupe d'artistes. C'en est fini de la médecine, il rejoint l'équipe puis il fonde sa propre troupe, et épouse en 1807 Antonia Stauffer, fille d'un barbier. À travers l'Allemagne, l'Autriche, la Suisse et la France, Friedrich, talentueux funambule, connaît vite le succès. Ses enfants et petits-enfants perpétuent la tradition, se produisant sur les places publiques. En 1900, les Knie deviennent citoyens suisses. En 1919, à Berne, un rêve se réalise. Le premier chapiteau voit le jour : le cirque Knie est né. Bien que cirque national, l'entreprise est toujours dans les mains de la famille (6e génération). De mi-mars à fin novembre, la longue caravane, accompagnée de son zoo, parcourt les routes et les voies ferrées, donnant 375 spectacles dans quelque 60 villes sous un chapiteau pouvant accueillir 3 000 personnes. C'est à Rapperswil que le cirque a établi ses quartiers d'hiver.

Le « front de lac » de Rapperswil est très animé en été. De nombreuses excursions en bateau sont possibles vers les petites îles voisines. À la belle saison, on peut rejoindre Rapperswil depuis Zurich en 2h30.

Château – *✆ 055 210 18 62 - www.muzeum-polskie.org - avr.-oct. : 13h-17h ; mars et nov.-déc. : w.-end 10h-17h - fermé janv.-fév., dim. de Pâques, 24-26 déc. - possibilité de visite guidée (1h) - 5 CHF.* Élevé au 13e s. par les comtes de l'endroit, c'est une massive construction flanquée de trois tours d'aspect sévère mais aussi de parterres de roses. De la terrasse extérieure surplombant la ville, on découvre une belle **vue** sur ses maisons, le lac de Zurich et, au-delà, sur les Alpes de Glaris et de St-Gall. Du côté opposé, en contre-haut des anciens remparts et dominant le lac, parc aux daims. Le château renferme un **Musée polonais**, fondé par des immigrés polonais. On y trouvera notamment des informations sur Chopin et la 2e division polonaise qui combattit en France en 1940.

Zoo des Enfants (Knies Kinderzoo) – *Derrière la gare - accès par la Schönbodenstr. puis, à droite, l'Obersee Str. ✆ 055 220 67 60 - ♿ - de mi-mars au 31 oct. : 9h-18h (dim. et j. fériés 19h) - fermé 1er Nov.-14 mars - 10 CHF (enf. 5 CHF).* Dépendance du cirque Knie, il présente au milieu d'attractions amusantes (« Arche de Noé » et baleine-aquarium en ciment, petit train…) un échantillonnage d'animaux exotiques : otaries, girafes, zèbres, chameaux, zébus, rhinocéros, kangourous, lamas… Mais son attrait principal est constitué par un delphinarium où évoluent quatre cétacés adultes.

Commanderie de Bubikon (Ritterhaus Bubikon) C2

28 km au sud-est par l'A 52, puis l'A 53 vers Coire ; prendre la sortie 11 (Rüti) puis suivre le panneau Bubikon ; 300 m avant Bubikon, emprunter à droite le chemin signalé « Ritterhaus ».

✆ 055 243 12 60 - www.ritterhaus.ch - avr.-oct. : tlj sf lun. 13h-17h, w.-end et j. fériés 10h-17h - 8 CHF (enf. 5 CHF).

Fondée en 1192, reconstruite aux 15e et 16e s., cette maison des moines-chevaliers de l'ordre de St-Jean de Jérusalem, retrace l'histoire de l'ordre, des origines à nos jours, à l'aide de documents, armes, armures, tableaux, costumes, photos… Le cadre est évocateur, particulièrement l'ossuaire, la chapelle (vestiges de fresques), la belle cuisine du 16e s., la bibliothèque et les grandes salles communes avec leurs plafonds et boiseries en trompe l'œil, leurs cheminées, poêles et meubles de style gothico-Renaissance.

NOS ADRESSES À ZURICH

INFORMATIONS UTILES

Consulat de France – *Signaustr. 1 (tram 11) - ✆ 044 268 85 85 - www.consulatfrance-zurich.org - lun.-vend. 8h30-13h (téléphoner av. RV au ✆ 044 268 85 17).*
Service d'urgence – *✆ 144.*
Pompiers – *✆ 118.*
Police – *✆ 117.*
Poste principale – *Sihlpost - Kasernenstr. 95/97 - ✆ 044 88 88 88 - lun.-vend. 6h30-22h30, sam. 6h30-20h, dim. 10h-22h30.*
Pharmacie 24h/24 – *Apotheke Bellevue - Theaterstr. 14 (sur Bellevueplatz) - ✆ 044 266 62 22.*
Internet – *Urania - Uraniastr. 3 - ✆ 044 210 33 11.*

TRANSPORTS

Aéroport de Zurich – *11 km au nord du centre-ville - Klote - ✆ 043 816 22 11 - www.flughafen-zuerich.ch.* Trains plusieurs fois par heure de et vers le centre-ville (10mn). Le tram n° 10 relie l'aéroport à la gare de 5h à 0h. Nombreuses liaisons en bus.
Gare ferroviaire (Hauptbahnhof) – *Bahnhofplatz - ✆ 0900 300 300 (1,19 CHF/mn).*
Transports publics – Zurich dispose d'un excellent réseau qui s'étend à toute l'agglomération : tramway, bus, train urbain (S-Bahn), bateau… Des forfaits illimités à la journée sont proposés à l'office de tourisme, dans la gare et dans les automates, comme la Zurich Card (19 CHF/24h, 38 CHF/72h - www.zuerich.com), qui combine déplacements avec visite de musées, excursions, etc.
Voiture – Dans le centre-ville, les places de parking sont rares et chères (40 CHF/8h). La voiture ne vous sera d'aucune aide pour visiter la ville. Déplacez-vous de préférence à pied, avec parfois l'aide du tramway et du bus pour les longs trajets.
Züritaxi – *✆ 044 222 22 22.*
Alpha Taxi – *✆ 044 777 77 77.*
Vélo – Des pistes sont aménagées dans toute la ville. De mai à octobre, on peut emprunter gratuitement une bicyclette contre le dépôt d'une caution et d'une pièce d'identité : Velogate Hauptbahnhof (à la gare, toute l'année), Globus City, Oerlikon (Swissôtel), Opernhaus (Opéra).

HÉBERGEMENT Plan de ville

La « little big city » ne passe pas pour une ville bon marché. L'**office de tourisme** assure un service de réservation au 044 215 40 40 (accueil très sympathique – en français – et grand choix d'hébergement). Certains hôtels offrent trois nuits pour le prix de deux : renseignements à l'office de tourisme.

PREMIER PRIX

City Backpacker – B2 - *Niederdorfstr. 5 - ✆ 044 251 90 15 - www.city-backpacker.ch - 65 lits - 110 CHF.* Une adresse pour « sacs à dos » qui prouve que Zürich n'est pas réservée qu'aux touristes aisés ! Les chambres et dortoirs offrent un confort relatif, mais on ne trouvera pas moins cher ni plus central : en plein quartier de Niederdorf. Sanitaires sur le palier. Sympathique ambiance internationale, et jolie terrasse sur le toit pour admirer Zurich en croquant un sandwich.
Splendid – B2 - *Rosengasse 5 - ✆ 044 252 58 50 - www.hotelsplendid.ch - 24 ch. 120 CHF* ☕. Rien de splendide dans cet hôtel 1-étoile très simple et assez daté. Sa situation, à

deux pas de la Limmat, et ses prix relativement bon marché pour le centre de Zurich en font cependant une solution de dépannage pour les budgets serrés. WC et douches sur le palier.

BUDGET MOYEN

Auberge de jeunesse (Youth Hostel) – Hors plan vers A2 - *Mutschellenstr. 114 - ✆ 043 399 78 00 - www.youthhostel.ch - 76 ch. - 136 CHF ☕.* Les globe-trotters soucieux d'économiser poseront leurs valises dans ce bâtiment propre, confortable et bien équipé. L'auberge est, hélas, un peu excentrée : le lac n'est qu'à 10mn à pied, mais la gare est à 4 km et il faut prendre le tram pour rejoindre le centre-ville. Service de réception 24h/24, restaurant self-service, bar, machines à laver.

Landhus – Hors plan vers B1 - *Katzenbachstr. 10 - ✆ 044 308 34 00 - www.landhus-zuerich.ch - 28 ch. - 135/155 CHF ☕.* Un hôtel au design anglais, rénové en 1996. Le confort y est agréable et les prix doux, mais sa situation, très excentrée au nord de Zurich (à Zurich-Seebach), découragera les clients non motorisés. Un restaurant méditerranéen et une piste de bowling retiennent la clientèle le soir.

Hirschen – B1 - *Niederdorfstr. 13 - ✆ 043 268 33 33 - www.hirschen-zuerich.ch - 27 ch. - 190/225 CHF ☕.* Idéalement situé dans le quartier piéton, cet hôtel familial est probablement l'un des plus anciens de la ville. Et certainement pas le moins confortable !

Leoneck – B1 - *Leonhardstr. 1 - ✆ 044 254 22 22 - www.leoneck.ch - 80 ch. - 150/220 CHF - ☕ 17 CHF.* Un hôtel à la décoration originale : elle s'adresse aux amoureux des vaches ! Le mobilier, les fresques... évoquent le monde des bovidés. Situé à 5mn de la Vieille Ville.

Rex – Hors plan vers B1 - *Weinbergstr. 92 - ✆ 044 360 25 25 - zuerich-hotels.ch - P - 41 ch. - 205/290 CHF ☕.* Hôtel moderne, légèrement excentré mais proche de la gare principale, avec un parking à disposition. Chambres simples mais soignées, accueil cordial. En somme, un petit 3-étoiles intéressant d'un point de vue prix et confort.

StattHotel – B2 - *Schneggengasse 8 - ✆ 043 268 59 30 - www.statthotel.ch - 12 ch. - 140/350 CHF ☕.* Dans une ruelle calme du centre-ville, ce très bel hôtel propose quelques chambres à la déco rétro dont deux équipées de kitchenettes et une superbe suite sous les charpentes de bois des toits.

POUR SE FAIRE PLAISIR

Adler – B1 - *Rosengasse 10, am Hirschplatz - ✆ 044 266 96 96 - www.hotel-adler.ch - 52 ch. - 250/350 CHF ☕.* Situé dans un quartier animé de la Vieille Ville, ce vieil hôtel séduit par son petit côté artistique. On remarque les œuvres du Bâlois Heintz Hum et les fresques représentant des monuments de la ville. L'hôtel a été récemment rénové, l'insonorisation est satisfaisante, la cuisine est traditionnelle (fondues, raclettes...).

Rössli – B2 - *Rössligasse 7 - ✆ 044 256 70 50 - www.hotelroessli.ch - 27 ch. - 320/380 CHF ☕.* Coup de cœur pour cet hôtel très central, niché dans une ruelle du quartier d'Oberdorf. Il occupe un immeuble historique parfaitement réaménagé. La décoration sobre et élégante des chambres, le confort irréprochable et le service professionnel incitent à faire du Rössli son pied-à-terre à Zurich. Les prix restent, bien entendu, élevés, mais on ne trouvera pas facilement mieux dans cette catégorie en centre-ville. Prévoir en revanche un budget parking, car l'hôtel n'a pas de garage (parking voisin proche mais cher). Accès Internet gratuit.

UNE FOLIE

Zürichberg – Hors plan vers B1 - *Orellistr. 21 - ☎ 044 268 35 35 - www.zuerichberg.ch - P - 66 ch. - 350/590 CHF ☕.* En pleine forêt et proche du lac, à quelques minutes en tramway de Zurich, cet hôtel a été ouvert en 1900, classé monument historique en 1990 et augmenté d'une extension signés des talentueux architectes Burkhalter & Sumi. Les chambres réservent une vue exceptionnelle sur la ville et la décoration parvient à faire côtoyer les styles traditionnels et contemporains. Tarifs « week-end » sur demande. Essayez l'un des deux restaurants de l'hôtel, notamment le Kiebitz pour sa cuisine raffinée d'influence française.

RESTAURATION Plan de ville

PREMIER PRIX

Sternen Grill – B2 - *Theaterstr. 22 - ☎ 044 251 49 49 - www.rosalys.ch - dim.-jeu. 10h30-0h, vend.-sam. 10h30-1h - 6,50 CHF.* Hommes d'affaires, groupes d'amis, étudiants, flâneurs : tout le monde vient croquer une « Bratwurst » (saucisse grillée) debout sur le trottoir, un quignon de pain et une bière à la main, dans ce grill, qui fait figure d'institution de la restauration rapide à Zurich.

Brasserie Johanniter – B1 - *Niederdorfstr. 70 - ☎ 044 253 62 00 - www.johanniter.com - 25/40 CHF.* Dans la rue principale du quartier piéton, un restaurant bon marché à la cuisine soignée, qui évite les pièges classiques des établissements touristiques.

Bodega Española – B2 - *Münstergasse 15 - ☎ 044 251 23 10 - fermé 25 et 26 déc. - 30/45 CHF.* Depuis plus de 100 ans, cette authentique bodega espagnole sert d'excellentes paellas et tapas dans un décor en bois sombre de vieux café zurichois. Ambiance ibérique garantie parmi les jambons suspendus, les guirlandes d'aïl et les échanges des serveurs en espagnol. De quoi faire patienter, car l'attente peut s'avérer longuette.

Reithalle – A1 - *Gessner-Allee 8 - ☎ 044 212 07 66 - www.restaurant-reithalle.ch - 20/25 CHF.* Ce surprenant restaurant occupe les bâtiments des anciennes écuries de la cavalerie zurichoise. Poutres, boiseries et terrasse pavée. Dans l'assiette, des menus traditionnels qui changent tous les jours.

Hiltl – A1 - *Sihlstr. 28 - ☎ 044 227 70 00 - www.hiltl.ch - 30/40 CHF.* Fondé en 1898, le plus vieux restaurant végétarien de Zurich sert d'excellentes assiettes venant des quatre coins du monde : currys, paellas, tagines, etc. Un choix très varié qui, allié à un cadre cosy et chic, séduit les Zurichois. Plats à la carte ou, plus économique, formule buffet (on paie au poids). Brunch du dimanche fort copieux (48 CHF).

BUDGET MOYEN

Zunfthaus zur Schmiden – B2 - *Marktgasse 20 - ☎ 044 250 58 48 - www.schmiden.ch - fermé dim. - 50 CHF.* Un dîner romantique dans un cadre bourgeois et un lieu chargé d'histoire vous tentent ? Cette belle maison corporative de forgerons, située dans la Vieille Ville, devrait vous satisfaire. On y admire la salle gothique du 15e s. et le plafond à caissons, tout en savourant une cuisine traditonnelle, fine et variée.

Zunfthaus zur Zimmerleuten – B2 - *Limmatquai 40 (1er étage) - ✆ 044 250 53 63 - www.zimmerleuten.ch - tlj - 50/70 CHF.* On y trouve deux salles à manger aux styles très différents : une salle rustique plutôt cossue avec des poutres (Küferstube), une autre salle charmante, claire et intime, qui offre la possibilité de souper avec vue sur la Limmat. Dans les deux cas, la cuisine ne déçoit pas et le personnel est attentionné.

Zeughauskeller – A2 - *Bahnhofstr. 28 A - ✆ 044 211 26 90 - www.zeughauskeller.ch - 40/50 CHF.* Cet ancien dépôt d'armes du 15e s. est devenu l'une des adresses incontournables de Zurich. Les touristes ne s'y trompent pas, qui viennent en masse ripailler dans un décor et une atmosphère propres aux grandes brasseries allemandes. À l'image de « l'épée de Hans Waldmann », la spécialité maison (viande enroulée autour d'un sabre), les plats locaux, copieusement servis, calent les estomacs les plus exigeants. En été, jolie terrasse arborée.

Alpenrose – Hors plan vers A1 - *Fabrikstr. 12 - ✆ 044 271 39 19 - www.restaurant-alpenrose.ch - tlj sf lun. (soir seulement : w.-end et mar.) - fermé de mi-juil. à mi-août et de Noël au Nouvel An - 44/69 CHF.* Une clientèle d'habitués – comme on les comprend ! – vient se régaler sous le haut plafond et les lambris clairs de ce restaurant aussi chaleureux et coquet qu'un chalet de montagne. Les plats mitonnés dans la pure tradition suisse parviennent à surprendre grâce à quelques touches de fantaisie toujours bien choisies. Goûter de préférence au « Bündner Pizokel », une spécialité d'Engadine, et aux poissons du lac de Zurich. Service souriant et attentionné. Une bonne adresse d'un excellent rapport qualité-prix.

Bierhalle Kropf – A2 - *In Gassen 16 - ✆ 044 221 18 05 - fermé dim. et j. fériés - 40/70 CHF.* À deux pas de la Fraumünster, cette vaste taverne créée en 1888 comporte trois salles Jugendstil vouées à la célébration de la bière, sous des plafonds ornés de fresques. Un cachet indéniable qui fait la renommée du lieu. La cuisine du terroir reste classique, et les assiettes sont copieuses, quoique assez onéreuses au vu du résultat (émincé de veau à la zurichoise, choucroute garnie, etc.).

POUR SE FAIRE PLAISIR

La Salle – Hors plan vers A1 - *Schiffbaustr. 4 (tram 4/13 Escher-Wyss-Platz) - ✆ 044 258 70 71 - www.lasalle-restaurant.ch - tlj sf dim. - 60/80 CHF.* Installée dans l'ancienne usine rénovée du Schiffbau, à Zurich West, cette table sophistiquée offre un décor design très tendance, où se côtoient béton brut, métal, verre (notez le lustre de Murano). Cuisine variée et audacieuse au restaurant – menu réduit au bar mitoyen. On conseille de finir la soirée au bar du 3e étage pour admirer les lumières de la ville.

Oepfelchammer – B2 - *Rindermarkt 12 - ✆ 044 251 23 36 - www.oepfelchammer.ch - fermé 24 déc.-4 janv., 19 juil.-16 août, 2-5 avr., lun., dim. et j. fériés - 62/83 CHF.* La plus ancienne taverne de Zurich, remontant au 13e s. Dans ce cadre rustique, avec ses poutres médiévales et son mobilier traditionnel, on apprécie notamment la carte des vins et les spécialités maison, à commencer par l'incontournable émincé de veau à la zurichoise.

Kronenhalle – B2 - *Rämistr. 4 - ✆ 044 262 99 00 - www.kronenhalle.com - fermé 24 déc. - 77/133 CHF.* Déguster un « Wiener

Schnitzel » sous des tableaux signés Picasso, Chagall ou Miró, voici ce que propose ce restaurant aux allures de brasserie chic. Le Tout-Zurich vient s'y montrer et y déguster les spécialités zurichoises, accompagnées de vin et de bière. On peut s'attarder au bar pour profiter de l'atmosphère chic et un rien surannée du lieu.

Haus zum Rüden – B2 - *Limmatquai 42 (1er étage) - ✆ 044 261 95 66 - www.hauszumrueden.ch - tlj sf w.-end - 63/138 CHF.* Cette ancienne maison corporative du 14e s. est célèbre pour son exceptionnelle salle voûtée en berceau, qui lui donne un caractère chaleureux. On s'attendrait presque à voir surgir les gentilshommes qui se réunissaient dans la « salle gothique » au Moyen Âge. Carte classique et cuisine de très bonne tenue.

ACHATS

La **Bahnhofstrasse**, bordée d'élégantes boutiques, est la rue commerçante par excellence. On y trouve les grands magasins Globus, Manor, Jelmoli. La **Vieille Ville (**rive gauche dans les ruelles qui avoisinent la Weinplatz, et rive droite le long de la Niederdorfstrasse et dans les rues avoisinantes) comporte des boutiques originales : design, jouets en bois, confiseries…

Sprüngli – *Bahnhofstr. 21, sur Paradeplatz - ✆ 044 224 47 39 - www.spruengli.ch - lun.-vend. 7h30-18h30, sam. 8h-16h.* Cette célèbre confiserie est une institution zurichoise. Elle propose toutes sortes de truffes et de chocolats dont une spécialité locale, les Luxemburgerli.

Schweizer Heimatwerk – *Rudolf Brun-Brücke - ✆ 044 217 83 17 - www.heimatwerk.ch - tlj sf dim. 9h-20h (sam. 18h).* Cette boutique fait partie de la chaîne de magasins consacrés aux produits « made in Switzerland » : design, jouets, vêtements d'enfants inspirés des costumes traditionnels…

Freitag - *Geroldstr. 17 (bus 33) - ✆ 041 43 366 95 20 - tlj sf dim. 11h-19h30 (sam. 17h).* Un détour s'impose pour aller voir ce magasin spécialisé dans les besaces, sacs et portefeuilles en bâches de camion recyclées : il est, en effet, installé dans un petit immeuble entièrement composé de containers de bateau ! Insolite.

Marché aux puces – Sur la **Bürkiplatz**, de mai à octobre, le samedi de 6h à 15h30.

À l'intérieur de la **gare de trains** se tient un marché alimentaire tous les mercredis (produits locaux). En hiver, c'est le plus grand marché couvert d'Europe.

BOIRE UN VERRE

La Vieille Ville, rive droite, offre d'innombrables cafés et restaurants. L'été, les terrasses ne désemplissent pas…

À l'ouest du centre-ville, la **Langstrasse**, jalonnée de bars et gargotes, passe pour être le Pigalle zurichois. On peut y flâner pour découvrir un monde populaire et métissé, bien loin des boutiques et restaurants chic des bords de la Limmat.

Plus loin, au nord-ouest, l'ancien quartier industriel de **Zurich West** concentre les restaurants, bars, boîtes de nuit et théâtres les plus en vogue de la ville. Les anciennes usines en brique ont été brillamment reconverties en établissements modernes et d'avant-garde, à l'instar du Schiffbau. Cette ancienne usine de fabrication de moteurs de bateaux est la plus représentative du quartier branché de Zurich West. On y trouve un bar-restaurant au design contemporain (LaSalle), un théâtre, un cinéma, un club et un bar panoramique.

Nietturm Bar – *Schiffbaustr. 4 (tram 4/13 Escher-Wyss-Platz) - ✆ 044 258 70 71 - www.nietturm.ch - mar.-sam. dès 17h - fermé juil.-août.* Au 3e étage du Schiffbau, ce joli bar domine tout le quartier de Zurich West. Jeunesse dorée et oiseaux de nuit aiment y siroter un Campari en refaisant le monde sur fond de musique électronique.

Jules Verne – *Uraniastr. 9 - ✆ 043 888 66 66 - lun.-vend. 11h-0h, sam. 11h30-0h, dim. 16h-23h.* Savourez des cocktails en profitant d'une vue panoramique sur la ville dans ce bar panoramique, installé dans la brasserie Lipp.

Kronenhalle – *Rämistr. 4 - ✆ 044 262 99 11 - www.kronenhalle.com - 12h-0h (juil.-août 17h).* Le bar du célèbre restaurant *(voir à ce nom)*. On se cale dans un profond fauteuil, devant des toiles de Chagall, Giacometti, Picasso, Kandinsky, Klee et Miró : chic et cher.

Café Odéon – *Limmatquai 2 - ✆ 044 251 16 50 - lun.-jeu. 7h-2h, vend.-sam. 7h-4h, dim. 9h-2h* Ce café bien connu au décor Art nouveau fut jadis fréquenté par Thomas Mann et Lénine. Un classique !

EN SOIRÉE

Clubs

Moods im Schiffbau – *Schiffbaustr. 6 - ✆ 044 276 80 00 - www.moods.ch - bar : mar.-sam. dès 19h30, dim. dès 18h - concerts à 20h30 (dim. à 19h).* Jazz, world, blues… Toutes les musiques du monde se côtoient dans ce club bien connu, situé dans l'enceinte du Schiffbau.

Rote Fabrik – *Seestr. 395 (bus 161 ou 165 depuis Bürkiplatz) - ✆ 044 485 58 58 - www.rotefabrik.ch - tlj sf lun. (horaires variables).* Cette ancienne usine, rendez-vous prisé de la jeunesse alternative zurichoise, abrite notamment le bistrot **Ziegel oh Lac** et une immense salle de spectacles. Concerts plusieurs soirs par semaine, discothèque. L'endroit reçoit souvent des artistes internationaux reconnus.

Kaufleuten Club – *Pelikanstr. 18 - ✆ 044 225 33 22 - www.kaufleuten.com - dim.-jeu. 23h-2h, vend.-sam. 23h-4h.* Madonna et Prince auraient honoré de leur présence cette vénérable institution de la nuit zurichoise. On veut bien le croire : autour de la piste de danse, les élégantes boiseries forment un décor follement original. Musique « house » et clientèle chic. Le Kaufleuten abrite aussi un restaurant, un bar, une terrasse…

Opéra et théâtre

Opernhaus – *Falkenstr. 1 - ✆ 044 268 66 66 - www.opernhaus.ch.* Un opéra néobaroque (1891) où Richard Wagner eut l'occasion de tenir la baguette.

Schauspielhaus – *Rämistr. 34 et Schiffbaustr. 4 (tram 4/13 EscherWyss-Platz) - ✆ 044 258 70 70 - www.schauspielhaus.ch.* Ce théâtre fondé à la fin du 19e s. est célèbre pour avoir programmé des pièces anti-fascistes durant la Seconde Guerre mondiale. Des pièces de Bertold Brecht et Friedrich Dürrenmatt ont eu leur première représentation ici. Depuis peu, l'institution gère aussi deux salles modernes au Schiffbau, à Zurich West.

ACTIVITÉS

Promenades en bateau

Renseignements à l'office de tourisme ou sur l'embarcadère principal situé sur la Bürkliplatz, près de Bellevue (A2). Croisières d'avril à octobre (moins nombreuses en hiver), tous les jours de 10h à 18h/21h.

Une mini-croisière *(1h30)* s'impose sur la Limmat, depuis le Musée national suisse jusqu'au Zürichhorn. En outre, de grands bateaux sillonnent le lac, depuis le « petit tour » de 1h30 (limité à Erlenbach et Thalwil, 8 CHF) jusqu'au « grand tour » d'une demi-journée en bateau à vapeur (23 CHF) : cette croisière permet de visiter Rapperswil *(voir ce nom)* et Schmerikon, à l'autre extrémité du lac.

Ausflüge mit dem Schiff – *✆ 044 487 13 33 - www.zsg.ch - promenade en bateau (1h à 5h) - avr.-oct. : possibilité de se restaurer à bord.*

Bains dans la Limmat

Aux beaux jours, c'est une tradition séculaire à Zurich, où des bains au charme rétro ont été aménagés sur les quais. La plupart sont libres d'accès. Le soir, peu après 19h, ils se transforment en bars « lounge » ; la jeunesse vient y écluser des bières et écouter de la musique les pieds dans l'eau.

Stadthausquai (A2) – *✆ 044 211 95 92 - mai-sept. : lun.-vend. 7h30-19h30, w.-end 8h30-19h30.* Au pied de la mairie, ils sont réservés aux femmes et comportent un solarium. Le soir, les hommes peuvent y faire irruption : concerts, soirées DJ au Barfussbar. Signe particulier : il faut se déchausser !

Schanzengraben (hors plan) – *✆ 044 211 95 94 - juin-août : dim.-vend. 11h30-19h.* Également au centre-ville, près du Selnaubrücke et de la nouvelle Bourse, ils sont réservés aux hommes. Ambiance méditerranéenne le soir au bar Rimini.

Oberer Letten (hors plan) – *Pier West, Lettensteg 10 - ✆ 044 362 92 00 - mai-sept. : 9h-20h.* Derrière la gare, emprunter la Limmatstrasse et tourner à droite vers le quai Sihl. Les plus anciens bains de la ville, dans le quartier de Letten : accès mixte, enfants compris. Bar « trendy » en diable le soir.

Strandbad Tiefenbrunnen (hors plan) – *Bellerivestr. 200 (tram 2/4) - ✆ 044 422 32 00 - mai-sept. : 9h-20h.* Derrière le Zürichhorn, un bain moderne, spacieux et mixte. Toboggan pour les enfants.

AGENDA

Voir l'Agenda dans la partie « Organiser son voyage », p. 35.

Bâle

Basel

★★★

164 937 habitants – Canton de Bâle

NOS ADRESSES PAGE 533

S'INFORMER

Basel Tourismus – *Stadtcasino am Barfüsserplatz - 4010 Basel - ✆ 061 268 68 68 - www.basel.com - lun.-vend. 9h-18h, sam. 9h-17h, dim. et j. fériés 10h-15h.* Visite guidée de la ville à pied (2h) ou à bord d'un ancien tram Belle Époque (20 CHF, sam. de nov. à avr.). Un petit guide, très bien fait, recense cinq parcours (de 45mn à 1h30) dans la Vieille Ville. Ils sont matérialisés par des panneaux de couleur et partent de Marktplatz et disponibles également sous format audio (15 CHF/4h, 22 CHF/j.).

La **BaselCard** est valable 1, 2 ou 3 jours (20 CHF/24h, 27 CHF/48h et 35 CHF/72h). Elle offre l'entrée gratuite dans 25 musées (expositions permanentes), au zoo de Bâle, des tours de ville gratuits, des traversées en bac gratuites et des réductions dans certains restaurants, salles de concerts, etc. En vente à l'office de tourisme, à l'aéroport et dans certains hôtels et musées.

Le **Passeport des musées du Rhin Supérieur** permet d'entrer gratuitement pendant un an dans les musées de Bâle et des environs. Il s'achète aux caisses des musées et à l'office de tourisme.

SE REPERER

Carte de région A2 (p. 488-489) et plan de ville (p. 516-517) – *Carte Michelin Regional n° 551 K3-4.*

À 36 km au sud-est de Mulhouse, à 85 km à l'ouest de Zurich, à 98 km au nord de Berne et à 97 km au nord-ouest de Lucerne.

SE GARER

Le centre-ville se visite de préférence à pied et en tramway. Le Rhin sépare la ville en deux : sur la rive occidentale, le Grand Bâle avec la majorité des musées, restaurants et points d'intérêt ; sur la rive orientale, le Petit Bâle plus ramassé.

À NE PAS MANQUER

La Vieille Ville, le musée des Beaux-Arts, la fondation Beyeler, le Vitra Design Museum, le Carnaval, les Läckerli (gâteaux bâlois).

ORGANISER SON TEMPS

Compter au moins 2 jours pour faire le tour des principales curiosités de Bâle, et 3 à 4 jours pour visiter ses environs.

AVEC LES ENFANTS

À Bâle : le musée des Maisons de poupées, le musée du Papier, le jardin zoologique et le musée Tinguely ; le musée du Jouet à Riehen.

Troisième ville de Suisse par sa population, Bâle est une cité en pleine ébullition culturelle. Ses quelque 40 musées, son université, la plus ancienne de Suisse, et son goût affiché pour le design et l'art contemporain en font une ville branchée, dynamique, mais aussi consciente de

la richesse de son patrimoine et soucieuse de son standing. Bâle a, en effet, su asseoir sa prospérité sur son port, ses banques et ses puissantes firmes chimiques et pharmaceutiques. Quelque 30 000 frontaliers viennent travailler chaque jour à Bâle, dont environ un tiers d'Allemands, et deux tiers de Français, essentiellement originaires d'Alsace.

Se promener Plan de ville

★★★ LA VIEILLE VILLE

Itinéraire 1 tracé en vert sur le plan de ville (p. 516-517).

Place du Marché (Marktplatz) B2
Entourée de maisons à encorbellement, elle est animée, du lundi au samedi, par le marché qui se tient devant les arcades de l'hôtel de ville, près de la maison de la corporation des tonneliers (1578).

★ Hôtel de ville (Rathaus) B2 H
Visite accompagnée à 18h le jeudi, gratuit. Cette visite peut se faire en français : s'adresser à l'office de tourisme au 061 268 68 68.
Sa longue façade ocre rouge tranche avec les autres bâtiments de la place du Marché. Construit entre 1508 et 1514 dans un style gothique tardif, il a été agrandi et restauré de 1898 à 1902. La façade, décorée de fresques, est flanquée d'un beffroi moderne orné de clochetons dorés. La cour intérieure est aussi richement décorée avec la fresque de Hans Bock (1610) sur le thème de la justice et la statue du fondateur présumé de la ville : Munatius Plancus. La salle du Conseil d'État a gardé ses boiseries somptueusement ornées et ses vitraux héraldiques du 16e s.
Prendre l'Eisengasse puis à droite le Rheinsprung.
En remontant le **Rheinsprung**, ruelle pavée bordée de maisons du 15e s. au 18e s., jetez un œil sur la droite à l'église St-Martin (14e s., accès par l'Archivgässlein) où sont donnés de nombreux concerts – son plafond bas favorise une bonne acoustique.
Continuer tout droit par le Rheinsprung qui offre une jolie **vue** sur le Rhin, le Petit Bâle et le Mittlere Rheinbrücke avec sa chapelle aux tuiles vernissées. À hauteur de la terrasse, admirer deux maisons achevées en 1770 : la **Blaues Haus** (« maison bleue », n° 16) et la **Weisses Haus** (« maison blanche », n° 18).

★★ Musée des Civilisations (Museum der Kulturen) B2
Augustinergasse 8 - ✆ 061 266 56 00 - www.mkb.ch - tlj sf lun. 10h-17h - fermé 1er janv., 1er août, 24, 25 et 31 déc. - 7 CHF (enf. 5 CHF), gratuit 1er dim. du mois.
Ce musée abrite, avec plus de 300 000 pièces, la plus grande collection d'ethnographie en Suisse et l'une des plus grandes collections européennes sur les cultures d'Europe et des autres continents. Ses collections sur l'Océanie, l'Amérique précolombienne, le Tibet et Bali, ainsi que sa galerie des textiles, ont une renommée mondiale.
La maison cérémonielle Abelam – imposante par sa taille, ses gigantesques peintures et ses impressionnantes effigies d'esprits – sert à la fois d'emblème et de pivot au musée. La plus importante collection de culture balinaise en dehors du territoire indonésien met en lumière une mosaïque de traditions religieuses datant de plusieurs siècles et fournit un aperçu fascinant de la société de cette île tropicale. L'exposition « Tibet. Bouddhas,

La façade de l'hôtel de ville de Bâle.
A. Pistolesi/Tips/Photononstop

Dieux, Saints » illustre la richesse spirituelle et les traditions secrètes de cette culture religieuse aux multiples facettes. Il s'agit de la plus importante collection d'art tibétain en Europe. Les objets noués, tressés, tissés ou brodés de l'exposition « Textiles - technique, dessin et fonction » donnent un aperçu de la riche palette des techniques textiles. Une nouvelle exposition permanente guide le visiteur à travers le carnaval bâlois mis en scène dans des salles historiques pleines d'atmosphère (personnages, masques, documents historiques, bistrot de carnaval). En raison des travaux d'agrandissement et de rénovation confiés aux architectes Herzog et de Meuron, les expositions permanentes « Afrique » et « Amérique » devraient rouvrir en 2011.

★★ **Cathédrale** (Münster) C2

✆ 061 272 91 57 - www.muensterbasel.ch - de Pâques à mi-oct. : lun.-sam. 10h-17h, dim. et j. fériés 11h30-17h ; reste de l'année : lun.-sam. 11h-16h (sam. 17h), dim. et j. fériés 11h30-16h - montée de la tour en binôme - fermé Vend. saint, carnaval, 1er Mai, 1er août, 24 et 25 déc. - gratuit, montée de la tour 4 CHF.

Ce vaste édifice en grès rouge des Vosges (12e s.) fut reconstruit partiellement aux 14e et 15e s. et restauré au 19e s. Il est surmonté par deux tours gothiques : au sommet, belle vue sur la ville, la Forêt-Noire et les Vosges. Entre les tours s'élève un porche du milieu du 13e s. Les voussures du portail principal sont délicatement ornées de figurines de prophètes et d'anges, et de cordons de feuillages et de fleurs. À droite, statues du Tentateur et d'une Vierge folle.

En contournant l'édifice par la gauche, on atteint le **portail de St-Gall** (12e s.) : au tympan, le Christ juge, les Vierges sages et les Vierges folles au linteau, et une Résurrection des morts au-dessus de l'archivolte ; une « roue de fortune » surmonte l'ensemble.

Le chevet, en partie roman, est décoré d'une frise et d'amusants modillons. Il donne sur la terrasse du « Pfalz » (nom de l'ancien « palais » épiscopal) d'où l'on découvre une jolie **vue★** sur le Rhin et le Petit Bâle.

Par un passage étroit et sombre, on accède à un **cloître** gothique du 15e s. que prolonge un autre cloître de la même époque, contenant des épitaphes.
Pénétrer dans la cathédrale par le portail de la façade.
L'intérieur compte cinq vaisseaux. La nef centrale possède des chapiteaux et un triforium romans. À l'extrémité du bas-côté gauche se trouve un bas-relief en grès rouge (11e s.) représentant le martyre de saint Vincent. On peut voir, sur le pilier voisin, la pierre tombale **d'Érasme**, qui fit de Bâle un foyer d'humanisme chrétien, et y mourut en 1536. Dans le chœur, le **sarcophage de la reine Anne** de Hohenheim, épouse du roi Rodolphe de Habsbourg, qui régna sur Bâle au 13e s., est l'unique tombeau royal de Suisse.
La **crypte** abrite les tombeaux des évêques de Bâle du 10e au 13e s. Ses voûtes d'arêtes reposent sur de puissants piliers et ses chapiteaux présentent des scènes de chasse et de fables.
Descendre la Münsterberg et prendre à gauche la Freiestrasse. Tourner ensuite à droite dans la Steinberger.

Musée suisse d'Architecture (Schweizerisches Architekturmuseum) B2
Steinberger 7 - ✆ 061 261 14 13 - tlj sf lun. 11h-18h (jeu. 20h30, w.-end 17h (variable à Noël, Pâques, Pentecôte) - fermé pdt carnaval - 10 CHF (-12 ans gratuit).
Il accueille des expositions temporaires consacrées à l'architecture moderne internationale et suisse : construction dans les Alpes, maisons et vergers, architecture et art… L'accent est régulièrement mis sur les architectes suisses (Le Corbusier, Baur, Bernoulli, Meyer, Wittwer), dont l'apport à la nouvelle architecture reste fondamental. Le musée popose, par ailleurs, des visites guidées des monuments les plus remarquables de la ville (4h, en allemand, anglais, italien et français). Visites individuelles sur demande.
Les amateurs d'art contemporain jetteront un œil attentif aux œuvres novatrices exposées dans la Kunsthalle voisine (l'entrée se fait par la même porte).

Fontaine de Carnaval (Fastnachtsbrunnen) B2
Les jeux d'eaux de Jean Tinguely (1925-1991) animent l'esplanade du théâtre municipal. L'artiste étudia la peinture à l'École des beaux-arts de Bâle, avant de s'établir à Paris comme sculpteur. Dans un vaste bassin, neuf créations métalliques articulées, par leurs seuls mouvements cocasses et répétitifs, évoquent avec humour et fantaisie l'agitation inutile de l'homme.

Musée des Maisons de poupées (Puppenhausmuseum) B2 M3
Steinenvorstadt 1 - ✆ 061 225 95 95 - www.puppenhausmuseum.ch - ♿ - 10h-18h - fermé 25 déc. et pdt le carnaval - 7 CHF (gratuit enf. -16 ans accompagné).
Le plus grand musée de poupées d'Europe rassemble sur quatre étages plus de 6 000 ours en peluche (la plus grande collection au monde) et poupées, qui forment d'adorables scènes présentées sous vitrine. Les maisons de poupées, rassemblées par une collectionneuse insatiable, Mme Oeri, rivalisent de coquetterie. Quant aux amoureux des Teddy Bears, ils n'auront pas assez de leurs deux yeux pour tout voir : ours jaunes, verts, bleus, mécaniques, à musique… Au total, on dénombre plus de 2 500 nounours ! La plus vieille peluche, exposée au 4e étage, date de 1904. On regrettera toutefois que les vitrines soient si chargées : un peu plus de sobriété permettrait d'y voir plus clair…

Barfüsserplatz B2
Constamment traversée par le va-et-vient des tramways, la place la plus animée de Bâle est joliment dominée par le clocher de l'église St-Leonard. Remarquez au n° 10 la belle façade peinte du restaurant-brasserie Zum Braunnen Mutz.

★★ Musée historique de Bâle (Historisches Museum Basel) B2 M[1]

Barfüsserplatz - ✆ 061 205 86 00 - www.hmb.ch - 10h-17h - fermé 1er janv., Vend. saint, 1er Mai, 24 et 31 déc. - 7 CHF (13-17 ans 5 CHF), gratuit 1er dim. du mois.

Les cordeliers de l'ordre des Franciscains ont occupé de 1231 jusqu'à la Réforme, en 1529, cette ancienne église à trois nefs. Son cadre superbe abrite désormais le plus important musée d'histoire de la civilisation du Rhin supérieur.

Au **sous-sol**, plusieurs chambres historiques présentent de très beaux meubles d'époque. On y voit aussi le cabinet numismatique ainsi que les cabinets de curiosités Amerbach et Faesch.

Au **rez-de-chaussée**, la sacristie sud présente les fragments de la *Danse macabre* de Konrad Witz (15e s.), célèbre fresque réalisée à l'époque du concile de Bâle.

Le chœur renferme de nombreuses sculptures religieuses, entre autres un grand retable à volets de l'église de Santa Maria in Calanca (Grisons), œuvre en bois polychrome, sortie de l'atelier d'Ivo Strigel en 1512. Sur le jubé est présenté le trésor de la cathédrale (buste-reliquaire de sainte Ursule en argent et cuivre repoussés, 14e s. ; ostensoir des Innocents ou des Apôtres en argent doré, 1335-1340). La galerie ouest est consacrée aux corporations bâloises, qui animaient la vie de la cité au 18e s. Dans la nef, stalles des magistrats de la cathédrale de Bâle et colonnes de fontaines du 14e au 17e s.

Traverser la Barfüsserplatz pour rejoindre l'angle nord-ouest d'où part la Lohnhofgässlein.

Musée de la Musique (Musikmuseum) B2

Im Lohnhof 9 - ✆ 061 205 86 00 - www.hmb.ch - ♿ - merc.-sam. 14h-18h, dim. 11h-17h - fermé 1er janv., Vend. saint, lun. de Pâques, Pentecôte, 1er août, 24 et 31 déc. - 7 CHF, gratuit 1er dim. du mois.

La plus grande collection d'instruments de musique de Suisse est exposée dans le Lohnhof, ancien couvent dont la partie la plus ancienne remonte au 11e s. Il servit longtemps de prison, et a été réaménagé en 2000 pour accueillir quelque 650 instruments de musique présentés dans 24 anciennes cellules. La section « Musique à Bâle » replace les instruments dans leur contexte social. Une autre section, « Concert, chorale et danse » les expose en tant que genre musical. Une troisième, « Parade, fête et signaux », évoque les événements où l'on joue de ces instruments. Le public peut écouter 200 extraits musicaux et recueillir des informations – y compris en français – sur écran électronique.

Revenir en arrière et prendre à gauche la Gerbergasse, principale rue de la Vieille Ville. On atteint la Marktplatz, que prolonge la Marktgasse (rue du Marché) jusqu'à la Fischmarktplatz.

Place du Marché-aux-Poissons (Fischmarktplatz) B1

Zone bruyante du quartier commercial de Bâle, elle est décorée par la **fontaine** du Marché aux Poissons, l'une des plus belles fontaines gothiques de Suisse : son tronc de 11 m de haut est surmonté d'une Vierge et de deux saints dont l'original (1390), dû à Jacob Sarbach, est exposé au Musée historique.

Prendre au sud la Stadthausgasse, puis tourner à droite dans la Totengässlein.

Musée historique de la Pharmacie
(Pharmazie-Historisches Museum) B2

Totengässlein 3 - ✆ 061 264 91 11 - www.pharmaziemuseum.ch - mar.-vend. 10h-18h (sam. 17h) - fermé j. fériés - 5 CHF (-12 ans gratuit).

Doté d'une des plus riches collections sur l'histoire de la pharmacie, le musée renferme d'anciens instruments et médicaments utilisés autrefois.

LE NORD

A 35, MULHOUSE
A
MULHOUSE
B
PORT
0 200 m
Kannenfeldpl.
Mittlere
Metzerstr.
Johanns-
Ring
Spitalstrasse
St-Johanns Vorstadt
Johanniterbrücke
Feldbergstr.
Klybeckstr.
St-Antoine
St-
FRAUENSPITAL
Schanzenstr.
Klingelbergstr.
St-Johanns-Rheinweg
Kannenfeldstrasse
Spitalstrasse
KANTONSSPITAL
Burgfelderplatz
Str.
Blumenrain
Café Spitz
Musée des Moulages
Marktgasse
Mittlere Rheinbrücke
Jardin Botanique
St-Pierre
Fontaine du marché aux poissons
Peterspl.
Rhein
Fischmarktplatz
Missionsstr.
Spalengraben
Mée historique de la Pharmacie
Sprung
Nonnenweg
Birmannsgrasse
Porte de Spalen
Andreaspl
Marktplatz
Mée des civilisations
Spalenvorstadt
Fontaine de Holbein
Spalenberg
Unterer Heuberg
Münsterp
Ahornstr.
Spalenring
Socinstr.
Schützen-graben
Gemsberg
Freie Str.
Musée juif de la Suisse
Heuberg
Falknerstr.
Allschwilerstr.
Socinstr.
Eulerstr.
Kolhenberg
Barfüsserpl
Austr.
Schützenmatt-
Holbeinstr.
Steinengraben
Musée de la Musique
Fontaine de Carnaval
Theaterst
Weiherweg
Austr.
Kohlenberggasse
SCHÜTZENMATT-PARK
Bundesstr.
Leimenstr.
Auberg
Steinenvorstadt
Brennerstr.
Steinenring
Holbeinstr.
Klosterberg
Arnold Böcklin-Str.
Bundespl.
Birsigstr.
Birsigstr.
Elisabethenstr.
BELFORT
Rütimeyer-str.
Marschalkenstrasse
Viaduktstr.
Centralbahnstr.
Centralbahnpl.
Bachlettenstr.
VIVARIUM
Erdbeergraben
Binningerstr.
Oberwiler-str.
Bernerring
JARDIN ZOOLOGIQUE
Margarethenstr.
Centralbahnstr.
Güterstr.
Dornacherstr.
OBERWIL
A
BELFORT
B
1
2
3
N

BÂLE

SE LOGER

- Auberge de Jeunesse...... 1
- Easy Hotel...... 3
- Krafft...... 5
- Rochat...... 9
- St. Gotthard...... 11
- Stadthof...... 13
- Teufelhof Basel (Der)...... 15
- Trois Rois (Les)...... 17
- Violon (Au)...... 19

SE RESTAURER

- Bodega Zum Strauss...... 1
- Chez Donati...... 3
- Gundeldingerhof...... 4
- Kunsthalle...... 5
- Lily's...... 7
- Noohn...... 9
- Rosario's...... 11
- Safran Zunft...... 13
- St.-Alban-Stübli...... 15
- Torstübli...... 17
- Zum Alten Warteck...... 18
- Zum Goldenen Sternen...... 19
- Zur Harmonie...... 21

Musée Historique...... M[1]

Musée historique de calèche et de traîneaux... M[2]

Musée des Maisons de Poupées...... M[3]

Un laboratoire d'alchimie et une pharmacie (boiseries des 18e et 19e s.) sont reconstitués. Remarquer la curieuse pharmacie portative japonaise du 18e s., sorte de valise en bois munie de petits tiroirs, ainsi que la vitrine sur l'Afrique et ses remèdes.

★ Rues anciennes B2

Revenir à la Stadthausgasse et suivre la Schneidergasse. À droite se blottit la charmante **Andreasplatz**, avec sa fontaine ornée d'un singe mangeant du raisin. On aboutit au **Spalenberg**, pittoresque ruelle pavée en montée où abondent galeries d'art, bijouteries et antiquaires. Arrivé à la belle façade noir, gris et or du n° 22, tourner à gauche dans le **Gemsberg** (ou Gämsberg), jolie ruelle qui mène à une place entourée de maisons des 13e et 14e s., aux façades claires et colorées. La fontaine du Chamois ajoute au charme de la place. À gauche de la fontaine, prendre la ruelle **Unterer Heuberg**, avec ses adorables maisons couvertes de vigne vierge et de glycine, puis tourner à droite dans le **Heuberg**. On remarque d'intéressantes demeures (13e et 14e s.) dont certaines sont équipées, au dernier étage, d'un système de poulie qui servait à monter les marchandises au grenier (nos 34, 24, 20, 6).

Continuer sur la Spalenberg, puis tourner à gauche dans la Kornhausgasse.

Musée juif de la Suisse (Jüdisches Museum der Schweiz) B2

Kornhausgasse 8 - ✆ 061 261 95 14 - www.juedisches-museum.ch - ♿ - lun. et merc. 14h-17h, dim. 11h-17h - gratuit.

Ce petit musée est le seul musée juif de Suisse. À l'appel de Theodor Herzl, les Juifs d'Europe et d'Amérique se rassemblèrent à Bâle pour le premier congrès sioniste du 29 au 31 août 1897 dans la salle de concerts du casino. Cet événement important est évoqué dans l'histoire de la communauté juive bâloise. D'autres thèmes comme la doctrine, l'année juive et ses fêtes, la vie quotidienne et ses traditions sont illustrés au moyen d'une succession d'objets incluant les textes de la loi, ou Torah.

Revenir à la Spalenberg qui se prolonge par la Spalenvorstadt.

Fontaine de Holbein (Holbeinbrunnen) B2

Cette fontaine Renaissance (16e s.) représente un joueur de cornemuse, inspiré d'une gravure de Dürer, et une danse de paysans d'après un célèbre tableau de Holbein le Jeune.

Porte de Spalen (Spalentor) A2

Cette belle porte monumentale (1398) a été restaurée à la fin du 19e s. Deux tours rondes crénelées encadrent le corps de logis surmonté d'un haut toit pointu aux tuiles vernissées. Le sommet de la façade ouest, au-dessus de la lourde herse en chêne, est orné de statues en grès rose et des armoiries de Bâle.

Prendre la Mittlerestrasse.

Musée des Moulages (Skulpturhalle) A1

Mittlerestr. 17 - ✆ 061 261 52 45 - www.skulpturhalle.ch -mar.-vend. 10h-17h, w.-end 11h-17h - fermé 1er dim. du mois - possibilité de visite guidée (1h) - 5 CHF (enf. 3 CHF).

Partie intégrante du musée d'Art antique, il expose de nombreux moulages de sculptures romaines et grecques – dont une importante collection de sculptures du Parthénon.

Revenir sur ses pas. Offrez-vous une bouffée d'oxygène et de chlorophyle au **jardin botanique** de l'Université de Bâle *(mars-nov. : 8h-17h ; avr.-oct. :*

8h-18h). L'étonnante serre tropicale plonge le visiteur en pleine jungle, dans une profusion de lianes et de fougères arborescentes.
Traverser le jardin botanique jusqu'à la Petersplatz, ombragée de beaux arbres et bordée par l'Université.

Église St-Pierre (Peterskirche) B1

061 261 87 24 - www.erk-bs.ch - tlj sf lun. 9h-17h - fermé 28 oct.-12 nov. et carnaval - possibilité de visite guidée, s'adresser à l'office de tourisme.
Cet édifice en grès rose date de la fin du gothique. À l'intérieur, des fresques (14e-15e s.) sont visibles dans le bas-côté droit et dans la chapelle à gauche du chœur.
À gauche du chevet de l'église, prendre la **Petersgasse**, au charme tout médiéval. Remarquer notamment les maisons aux nos 50, 42, 40, 23 et 17.
À la hauteur du n° 17, descendre l'escalier jusqu'au Spiegelgasse puis au Blumenrain, qui conduit au Mittlere Rheinbrücke. Ce pont permet de gagner le Petit Bâle, sur la rive droite du Rhin.

LE PETIT BÂLE ET LE QUARTIER ST-ALBAN (ST. ALBAN-TAL)

Itinéraire 2 tracé en vert sur le plan de ville (p. 516-517). Prendre le Mittlere Rheinbrücke pour rejoindre la rive opposée.
À l'extrémité du pont, sur la droite, se tient le célèbre **Café Spitz**. C'est ici que s'installa, en 1833, la maison corporative des trois confréries du Petit Bâle, que symbolisent le sauvage, le lion et le griffon. La terrasse de ce restaurant de poissons réputé offre une vue spectaculaire sur le Rhin.
Descendre quelques marches à droite.

Oberer Rheinweg C2

Cette promenade tracée le long du Rhin offre une **vue★** – notamment depuis le pont **Wettsteinbrücke** C2, à l'est – sur les vieux quartiers de Bâle, les tours et le chevet de la cathédrale, l'église St-Martin, les palais et les étroites maisons d'artisans au bord de l'eau.
Des passages relient le quai à la Rheingasse, agréable rue bordée de maisons au cachet médiéval. Celle-ci débouche sur l'**église St-Théodore** C2 dont la tour fut élevée en 1277 (beaux vitraux de la fin du 14e s.).
En laissant l'ancienne chartreuse sur la droite, traverser le Wettsteinbrücke et revenir à la Münsterplatz.

Quartier St-Alban (St. Alban-Tal) D2

Ce quartier doit son nom au couvent le plus ancien de la ville, fondé par l'évêque de Bâle en 1083. De l'édifice clunisien initial ne subsiste qu'une aile de cloître romane, intégrée dans une maison d'habitation : on peut l'apercevoir depuis l'ancien cimetière de l'église St-Alban (chœur et tour gothiques, nef du 19e s.). C'est dans cette demeure que le peintre **Arnold Böcklin** a passé son enfance.
Juste après le pont, longer le Rhin à gauche sur la St. Alban-Rheinweg.

DES BACS SUR LE RHIN

Quatre lignes de bacs à fond plat assurent la traversée du fleuve, une tradition qui remonte à 1854. Ils portent les noms des confréries du Petit Bâle. Dépourvus de moteur, ils ne sont mus que par la force du courant, et guidés par un câble tendu entre les deux rives *(voir Nos adresses à Bâle)*. Rapportez une histoire invraisemblable à un Bâlois. Il vous répondra peut-être : « Raconte ça au *Fäärimaa* » (le pilote du bac).

Musée d'Art contemporain (Museum für Gegenwartskunst) D2

St. Alban-Rheinweg 60 - ✆ 061 206 62 62 - www.kunstmuseumbasel.ch - ♿ - tlj sf lun. 11h-18h - fermé carnaval (3 jours), Vend. saint, 1er Mai, Ascension, 24, 26 et 31 déc. - possibilité de visite guidée - 15 CHF (enf. gratuit), gratuit 1er dim. du mois.

Un bâtiment moderne et lumineux, accolé à une ancienne usine du 19e s., abrite cette dépendance du musée des Beaux-Arts. Les expositions temporaires illustrent les tendances de l'art contemporain depuis 1960 : art minimal, art conceptuel, arte povera, figuration libre, installations vidéo. Des noms comme Frank Stella, Bruce Nauman, Joseph Beuys, Cindy Sherman y sont associés. Les vastes salles aux murs blancs mettent en valeur des œuvres souvent monumentales, extraites du fonds permanent.

Continuer sur la St. Alban-Rheinweg et tourner à droite dans la St. Alban-Tal.

Quelques moulins témoignent d'une ancienne spécialisation du quartier, liée à la création d'un canal par les moines au 12e s. : beau point de vue sur le bief et plusieurs moulins au début de la rue St. Alban-Tal.

★ **Musée du Papier** (Basler Papiermühle) D2

St. Alban-Tal 37 - ✆ 061 272 90 90 - www.papiermuseum.ch - ♿ - tlj sf lun. 14h-17h - fermé 1er Mai et 1er août - possibilité de visite guidée - 12 CHF.

Ce musée très complet a été créé en 1980 dans l'ancien moulin à blé du couvent de Klingental, devenu moulin à papier à partir de 1453. Il présente de façon vivante et ludique, sur quatre niveaux, l'histoire du papier et des activités qui s'y rapportent. Comme autrefois, la majestueuse roue à aubes continue d'entraîner le pilon.

Chaque étage correspond à un thème qui fait l'objet de démonstrations. On peut y participer pour créer son « œuvre » : fabrication du papier, fonte de caractères, typographie, calligraphie. Une visite vivante et interactive, qui enchantera les enfants.

Mühlegraben D2

Juste à côté du musée du Papier, ce chemin de ronde en bois, qui a été rénové, est l'un des vestiges du mur d'enceinte de Bâle, construit au 14e s. Les fortifications médiévales de la ville furent détruites, pour la plupart, à partir de 1860, période d'accroissement démographique liée à l'industrialisation du 19e s.

Depuis le musée du Papier, suivre la St. Alban-Tal.

St. Alban-Berg D2

En traversant le canal, on pourra suivre le tracé de l'ancienne fortification, aux restes arasés : il suffit d'emprunter le sentier qui grimpe sur la colline de St-Alban. Un jardin couvre l'éminence où se dresse la porte et sa herse (St. Alban-Tor) dont l'origine remonte au 13e s.

De St. Alban-Tor, prendre la St. Alban-Vorstadt.

Musée de la Caricature et de la Bande dessinée
(Cartoonmuseum) C2

St. Alban-Vorstadt 28 - ✆ 061 226 33 60 - cartoonmuseum.ch - mar.-sam. 14h-17h, dim. 10h-17h - fermé Vend. saint - visite guidée dim. à 15h (5 CHF) - 9 CHF.

Dans une vieille maison gothique très bien rénovée par les architectes Herzog & de Meuron, ce petit musée présente sur trois niveaux divers originaux signés de grands dessinateurs humoristiques, principalement de langue germanique (Tomi Ungerer, E. K. Waechter, Haderer). Par le passé, Sempé et Claire Bretécher ont aussi eu les honneurs du musée. Les enfants peuvent exercer leur talent de dessinateur dans une salle à leur disposition.

Au bout de la rue, tourner à gauche dans St. Alban-Graben.

★★★ **Musée des Beaux-Arts** (Kunstmuseum) C2
St. Alban-Graben 16 - ✆ 061 206 62 62 - ♿ - www.kunstmuseumbasel.ch - tlj sf lun. 10h-18h - fermé 1er janv., Vend. saint, 24 et 25 déc. - 15 CHF (-13 ans gratuit), gratuit 1er dim. du mois.

Ce musée, qui rassemble d'innombrables chefs-d'œuvre, met l'accent sur les peintures et dessins des artistes du Rhin supérieur et des Pays-Bas du 15e au 17e s. On y trouve notamment la plus grande collection au monde des œuvres de la famille **Holbein**. La plupart des œuvres anciennes proviennent du fonds d'un collectionneur de la Renaissance, le Bâlois Basilius Amerbach, dont le père était l'ami d'Érasme et de Holbein. Acquises par la ville en 1661, elles sont à l'origine de la création du musée, dont l'autre point fort est l'art des 19e et 20e s. Bien souvent, les expositions temporaires valent à elles seules le déplacement.

Cour d'entrée – Sculptures de Rodin (*Les Bourgeois de Calais*), d'Alexandre Calder *(Die Grosse Spinne : la Grande Araignée)* et d'Eduardo Chillida (*Autour du vide IV)*. Des compositions mythologiques et symbolistes du Bâlois Arnold Böcklin ornent la galerie qui entoure la cour d'entrée.

Rez-de-chaussée – À l'entresol, le cabinet des estampes expose par roulement de riches collections de dessins et de gravures. À gauche, plusieurs salles sont réservées à des expositions temporaires.

1er étage – L'**art pictural du Haut-Rhin** (15e-17e s.) y est admirablement représenté, notamment par la série de panneaux du retable *Miroir de la Sainte-Salvation* du Bâlois Konrad Witz et par les œuvres du Bernois Niklaus Manuel Deutsch, dont *Le Jugement de Pâris* ou *Pyrame et Thisbé* illustrent le goût de l'étrange et du narratif. Considéré comme l'un des artistes européens les plus éminents de la première moitié du 16e s., Hans **Holbein le Jeune** marque l'apogée de la Renaissance. Une vingtaine de tableaux résument son œuvre. Son art, analytique et pessimiste, exprime le réel avec simplicité. Remarquer le réalisme saisissant du *Christ mort* aux membres raidis, l'admirable *Portrait de la femme de l'artiste et ses enfants,* exprimant une tristesse indicible, et le *Portrait du vieil Érasme,* au regard perspicace.

La **peinture néerlandaise** du 17e s. met à l'honneur Rembrandt, Rubens, Ruysdael ou encore Brouwer. Parmi les **peintres du 19e s.**, on s'attardera devant les romantiques (Delacroix, Géricault, Daumier), les réalistes (Courbet, Manet) et les impressionnistes et post-impressionnistes (Monet, Pissarro, Sisley, Degas, Renoir, Cézanne), mais aussi Odilon Redon, Van Gogh et Gauguin.

2e étage – La remarquable **collection du 20e s.** provient en partie de donations de grands collectionneurs. On y admire les cubistes (Braque, Picasso, Juan Gris, Fernand Léger), les expressionnistes allemands (Marc, Nolde, Kokoschka, Corinth), les surréalistes (Chirico, Dalí, Miró, Max Ernst et Yves Tanguy). Quelques salles évoquent l'art abstrait avec Arp, Mondrian, Kandinsky et Schwitters. Matisse, Le Douanier Rousseau, Chagall et Paul Klee sont également présents.

L'art américain depuis 1945 occupe une place de choix avec l'Action Painting (Kline, Still), le Color Field (Newman, Rothko), le Minimal Art (Stella). Mentionnons enfin le Body Art (Francis, Cy Twombly, Nauman) et le Pop Art (Jasper Johns, Warhol, Lichtenstein).

★★ **Musée des Antiquités de Bâle et Collection Ludwig**
(Antikenmuseum Basel und Sammlung Ludwig) C2
St. Alban-Graben 5 - ✆ 061 201 12 12 - www.antikenmuseumbasel.ch - tlj sf lun. 10h-17h - possibilité de visite guidée (1h) - 7 CHF, gratuit 1er dim. du mois.

Histoire et traditions de Bâle

HISTOIRE

Les premiers temps

À l'époque celtique, une ville fortifiée se dresse déjà sur la colline : des vestiges (environ 100 ans av. J.-C.) ont été exhumés dans le quartier de St. Johann. La colonie romaine d'Augusta Raurica est fondée en 44 av. J.-C. Elle fait partie de l'Empire germanique dès 1032, mais passe sous la domination d'un prince-évêque, vassal de l'empereur – ce que rappellent les armes de Bâle, où figure une crosse épiscopale.

Du concile à la Réforme

De 1431 à 1448, le concile de Bâle s'attache à réformer le clergé et à ramener les hérétiques dans l'Église. De graves discordes entre le pape et les évêques troublent cette assemblée, si bien qu'Eugène IV tente de réunir un autre concile à Ferrare. Le concile offre alors la tiare à Amédée VIII, duc de Savoie, qui accepte et prend le nom de Félix V ; c'est l'époque du Grand Schisme qui prendra fin avec la renonciation d'Amédée à la papauté, en 1449.

Bâle n'entre que tardivement dans la Confédération, en 1501. Accueillante à la Réforme, elle adopte très vite (en 1529) la nouvelle confession.

NAISSANCE DE L'INDUSTRIE

Sa situation géographique et son ouverture intellectuelle valent à Bâle d'accueillir, après la révocation de l'édit de Nantes, des huguenots français qui introduisent le tissage de la soie. Ainsi démarre la production de rubans dont Bâle se fait une spécialité, fournissant toute l'Europe pour les chapeaux et crinolines… L'industrie de la teinture prend son essor, marquant les débuts de l'industrie chimique avec la création, en 1785, de l'entreprise Geigy.

L'âge d'or du 18e s. fait surgir de nombreux palais aristocratiques, empreints de rigueur huguenote. Mais les bourgeois de Berne ont, vis-à-vis de la campagne environnante, une attitude dominatrice. Après un conflit sanglant, deux demi-cantons sont créés en 1883 : Bâle-Ville (crosse noire) et Bâle-Campagne (crosse rouge).

TRADITIONS

Truculent carnaval

Enraciné en terre alémanique, le carnaval de Bâle tire son origine du Moyen Âge catholique. Ce fut le seul à subsister en pays protestant après la Réforme. Parenthèse ouverte dans la vie quotidienne, il marque le début du Carême.

LE DIALECTE BÂLOIS

Comparé à d'autres dialectes alémaniques, celui de Bâle paraît plus doux, car les voyelles sont étouffées. Point de rencontres de trois frontières, Bâle emprunte des mots au français, comme *Baareblyy* (parapluie) ou *Boorpmenee* (porte-monnaie). Ici, on dit *Exgyysi* pour « Excusez-moi » et *Aadie* pour bonjour… et non adieu.

Carnaval de Bâle.
D. Thierry/Photononstop

Trois jours durant, cortèges et mascarades déambulent dans les vieilles ruelles, régis par des rites précisément codés. Le *Morgenstraich* (mot à mot : le « coup du matin » rappelant le réveil des armées) marque l'ouverture des festivités, le premier lundi de Carême à 4h du matin. La ville est plongée dans le noir… Les participants, masqués et costumés, se rangent en « cliques » de 20 à 200 personnes derrière un lampion coloré pouvant atteindre 3 m de haut, la « laterne ». Ils s'ébranlent au son des fifres et des tambours. D'impertinentes banderoles *(Schnitzelbangg)* égratignent la vie politique bâloise. La manifestation s'achève vers 6h dans les restaurants, par la traditionnelle soupe à la farine *(Määlsuppe)* et la tarte à l'oignon *(Zibelewäie)*. Les masques, défilant en ordre ou déambulant individuellement, selon les moments, animent la ville jusqu'au mercredi.

Douceurs sucrées

Les Läckerli, fabriqués depuis le Moyen Âge, sont des biscuits de taille modeste… mais très riches puisqu'ils sont à base de miel, farine, amandes, noix, concentré d'orange et de citron, épices et eau-de-vie ! On les trouve dans toutes les pâtisseries de la ville, et à la Läckerlihaus qui leur est dédiée, au n° 57 de la Gerberstrasse. Durant le carnaval, on déguste le Fastenachtskiechli, un gâteau frit et saupoudré de sucre et la Fastenwähe, brioche au beurre piquée de cumin.

Seul musée de Suisse exclusivement consacré à l'art antique de la Méditerranée, il couvre cinq millénaires, de 4000 av. J.-C. jusqu'au 7e s. apr. J.-C. Le musée aborde Rome, la Grèce mais aussi l'Égypte et les civilisations du Moyen et du Proche-Orient, en mettant l'accent sur la sculpture et la céramique.

Quelque 350 œuvres du département **Orient★★** illustrent les relations très riches qu'entretenaient l'île de Chypre et les civilisations orientales – Iran, Mésopotamie, Syrie, Anatolie – avec la mer Égée. Avant même l'apparition de l'écriture, le haut plateau iranien produisait des céramiques et des objets de bronze raffinés, tel ce superbe **vase à libation★** en forme de cervidé (1300-700 av. J.-C.).

Avec plus de 600 objets réunis, des sarcophages aux imposantes statues-cubes et aux bijoux, le musée accueille la plus importante **collection égyptienne★★** de Suisse. On y voit notamment une étonnante tête en jaspe rouge, et une rare statue de faïence, celle de Ramsès II en faucon, datant de l'ère ramesside.

De nombreuses œuvres hellénistiques et romaines sont également exposées (belle collection de vases grecs et attiques).

À voir aussi Plan de ville

Les sites sont décrits du nord au sud et d'ouest en est.

Le port (Hafen) Hors plan, vers B1

Accès par Klybeckstr., sur la rive est du Rhin.

La ville participait depuis le Moyen Âge à l'échange de marchandises entre la mer du Nord et la Méditerranée, entre la Souabe et la Bourgogne. La navigation fluviale disparut avec la construction des grandes routes alpines et des voies ferrées, et il fallut attendre 1906 pour que le trafic reprenne jusqu'à Anvers et Rotterdam. Hydrocarbures, houille, céréales, produits métallurgiques et matières premières de l'industrie alimentent aujourd'hui la majeure partie du trafic, essentiellement d'importation.

Les touristes ont coutume de se rendre au bout de la Westquaistrasse, au Petit-Huningue (Kleinhüningen), où un obélisque flanqué de trois drapeaux marque la jonction des frontières française, allemande et suisse.

Exposition De Bâle à la haute mer Hors plan, vers C1

(Ausstellung Verkehrsdrehscheibe Schweiz und unser Weg zum Meer)

Westquaistr. 2. Prendre la direction Rheinhafen, puis Kleinhüningen par la Gärtnerstr. Tourner à gauche après le pont. De la Hochbergerplatz, continuer tout droit. Tramway : terminus de la ligne 14 - ☎ 061 631 42 6 - www.verkehrsdrehscheibe.ch - ♿ - mars-nov. : tlj sf lun.10h-17h ; déc.-fév. : mar. et w.-end 10h-17h - 6 CHF (enf. 4 CHF).

Cette exposition évoque les différents aspects de la navigation suisse sur le Rhin et illustre le rôle du fleuve pour le commerce extérieur de la Confédération. Nombreuses maquettes de bateaux et de péniches.

Église St-Antoine (St-Antonius-Kirche) A1

Kannenfeldstr.

Les amateurs d'architecture contemporaine peuvent admirer cette église en béton armé, qui fut exécutée à partir de 1925, d'après les plans de l'architecte Moser, et terminée en 1931. La nef en berceau est voûtée en caissons. Les bas-côtés sont couverts de plafonds à caissons. Des vitraux multicolores de Hans Stocker et Otto Staiger éclairent l'immense vaisseau.

★★★ **Jardin zoologique** (Zoologischer Garten) A3

Binningerstr. 40 - tram 10 ou 17 arrêt Basel Zoo - ✆ 061 295 35 35 - www.zoobasel.ch - ♿ - mai-août : 8h-18h30 - janv.-fév. et nov.-déc. : 8h-17h30 ; mars-avr. et sept.-oct. : 8h-18h - 18 CHF (-12 ans 7 CHF).

Fondé en 1874, le « Zolli », comme l'appellent affectueusement les Bâlois, se classe parmi les plus importants zoos d'Europe. Il rassemble, sur 11 hectares, plus de 6 000 animaux de 600 espèces différentes et de tous les continents : éléphants, félins, autruches, singes, poissons, reptiles, pingouins, etc. La maison Etoscha, une des grandes attractions du zoo, présente de façon spectaculaire la vie de la savane namibienne. Le zoo se spécialise dans la reproduction et l'élevage des espèces menacées de disparition : rhinocéros d'Asie, gorilles, ours à lunettes…

Son parc, émaillé de pièces d'eau où s'ébattent cygnes, canards, flamants et autres oiseaux exotiques, est pourvu de restaurants, aires de pique-nique, jeux d'enfants, etc. Un « zoo des enfants » leur permet d'approcher certains animaux, jeunes ou nouveau-nés, et de se promener à dos de poney ou d'éléphant. Les repas des fauves et des otaries, la présentation des éléphants, sont très appréciés du public.

★ **Musée du Kirschgarten** (Haus zum Kirschgarten) B2

Elisabethenstr. 27/29 - ✆ 061 205 86 78 - tlj sf lun. 10h-17h (sam. 13h) - fermé 1er janv., Vend. saint, 1er Mai, 1er août, 24 et 31 déc. - possibilité de visite guidée sur demande - 7 CHF (-17 ans 5 CHF), gratuit 1er dim. du mois et 1h av. fermeture.

Ce somptueux hôtel particulier construit entre 1775 et 1780 pour un fabricant de soie bâlois est consacré à l'art de vivre en Suisse. Les pièces historiques, qui courent sur deux étages, permettent d'admirer de belles collections de montres et pendules (16e-19e s.), de poêles de faïence et de figurines de porcelaine. Les salons sont ornés de tapisseries d'Aubusson, de tableaux, de meubles français et de costumes des 18e et 19e s. Le cabinet de physique et la salle à manger, la cuisine aux cuivres magnifiques agrémentent la visite. Curieuse collection de jouets anciens au 3e étage.

★ **Château d'eau de Bruderholz**

(Wasserturm Bruderholz) Hors plan, vers D3

3,5 km au sud du centre-ville - Industrielle Werke Basel - t 079 636 48 35 - avr.-oct. : 8h-20h ; nov.-mars : 8h-17h - possibilité de visite guidée - 1 CHF.

Le château d'eau se dresse sur la vaste esplanade de la Batterie, ainsi nommée en souvenir des redoutes élevées par les Confédérés en 1815, lors de la dernière campagne des Alliés contre Napoléon Ier. Du sommet de la tour (164 marches), on découvre un **panorama★** circulaire sur Bâle, la vallée de la Birse, le Jura et la Forêt-Noire.

Musée historique de Calèches et de Traîneaux

(Kutschenmuseum) Hors plan, vers D3 M2

À Brüglingen/St. Jakob - Tram 10 arrêt Neuewelt, ou 14 arrêt St. Jakob - ✆ 061 205 86 00 - ♿ - merc. et w.-end 14h-17h - fermé 1er janv., 1er août, 25, 26 et 31 déc. - gratuit.

Situé dans un ancien domaine, à Brüglingen, il accueille des calèches et traîneaux des 19e et 20e s. ayant appartenu à de grandes familles bâloises. Breaks de chasse, phaétons, coupés et landaus témoignent de l'habileté des carrossiers locaux. On découvre aussi des malles-poste, des voitures-incendie artisanales, des traîneaux et calèches pour les enfants.

★ **Musée Tinguely** (Museum Tinguely) Hors plan, vers D1
Paul Sacher-Anlage 1 - bus 31/36/38 arrêt Tinguely Museum - ♿ - tlj sf lun. 11h-19h - fermé 1er janv., Vend. saint et 25 déc. - visite guidée dim. à 11h30 (gratuit) - 15 CHF (-16 ans gratuit) - audioguide (3 CHF).
Ce musée a été conçu par Mario Botta, architecte mondialement connu, originaire du Tessin. Situé au bord du Rhin, dans le parc de la Solitude, il comporte une longue rampe vitrée, accolée à une structure en grès rose. Cette *barca* permet d'accéder de l'intérieur aux salles d'exposition, tout en suivant du regard le fleuve qui coule à quelques pas. Le musée est dédié au grand sculpteur sur métal Jean Tinguely (1925-1991), père des « drôles de machines » et figure marquante de l'après-guerre *(voir encadré p. 94)*. Les visiteurs, jeunes et moins jeunes, peuvent actionner par un bouton les machines rouillées, calcinées, tordues, et les voir s'animer dans un fracas grinçant à la fois drôlatique et inquiétant. La série des *Méta Harmonia* figure parmi les pièces maîtresses du musée, ainsi que l'impressionnante *Méta Maxi-Maxi Utopia* (1987) dont Tinguely avait dit : « Je veux faire quelque chose de gai, quelque chose pour les enfants, qui grimpent, qui sautent, j'aimerais que cela devienne bien, impressionnant, joyeux, fou, style fête foraine aussi… » Son vœu a été exhaussé même si certaines œuvres plus graves, comme *Danse macabre Mengele* (1986), traduisent l'obsession de Tinguely pour la mort. Au gré des expositions temporaires, les salles accueillent les œuvres de l'artiste par roulement.

À proximité Carte de région

Riehen A2

Au nord-est. Accès en voiture par le Wettsteinbrücke et la Riehenstr. Pour éviter tout problème de circulation et de stationnement, il est plutôt conseillé d'utiliser le tram n° 6 depuis la Marktplatz.

★★★ **Fondation Beyeler** – *Baselstr. 101 - tram n° 6, arrêt « Fondation-Beyeler » - ✆ 061 645 97 00 - ♿ - www.fondationbeyeler.ch - 10h-18h (merc. 20h) - 25 CHF.*
Pendant cinquante ans, Hildy et Ernst Beyeler, un couple de galeristes et collectionneurs bâlois, ont réuni des œuvres d'art du 20e s. Pour mettre en valeur ces toiles et sculptures, ils ont sollicité l'architecte génois **Renzo Piano**. Le bâtiment (2 700 m^2) est d'une sobriété exemplaire : créé en 1997, il donne sur le parc à l'anglaise du Berower, agrémenté d'une sculpture de Calder (*The Tree*, 1966) et d'un parterre d'eau – allusion au *Bassin aux nymphéas* de Monet, gigantesque triptyque de 9 m exposé dans la fondation. « Posée » sur les murs en porphyre rouge, la toiture de verre assure un éclairage optimal.
La fondation mérite d'être visitée autant pour ses expositions temporaires annuelles que pour sa collection permanente. Parmi les quelque 200 tableaux et sculptures qui résument l'art moderne, de l'impressionnisme au cubisme, les *Nymphéas* de Monet et les sculptures de Giacometti sont constamment présentes. Cézanne, Van Gogh, Braque, Le Douanier Rousseau, Matisse et Picasso sont régulièrement exposés. Kandinsky, Miró, Mondrian, Klee, les expressionnistes américains (Rothko, Newman) et, plus près de nous, Baselitz et Tápies, sont également bien représentés. Quelque 25 objets d'art tribal (Alaska, Océanie, Afrique) ponctuent le parcours, en affinité avec les œuvres. Agréable restaurant donnant sur le parc.
★ **Musée du Jouet** (Spielzeugmuseum) – *Baselstr. 34 - tram n° 6, arrêt Riehen Dorf - ✆ 061 641 28 29 - www.spielzeugmuseumriehen.ch - tlj sf mar. 11h-17h - 7 CHF (enf. 5 CHF).* Ce joli musée occupe un ancien manoir, magnifiquement

La fondation d'art Beyeler.
A. Pistolesi/Tips/Photononstop © Renzo Piano

restauré (plafonds peints d'origine), qui appartenait à Johann Rudolf Wettstein, bourgmestre de Bâle de 1645 à 1666. Jouets en tôle ou en bois, figurines en étain ou en plomb, jeux de société, petits théâtres, marionnettes, « lanternes magiques », ravissantes maisons de poupées et jeux de construction, rappellent à chacun une part de son enfance. Les différentes pièces, sorties pour la plupart de fabriques européennes, expriment l'évolution des techniques, les goûts et les modes des différentes époques.
Le manoir abrite également des expositions temporaires, ainsi que le **Dorfmuseum**, consacré à la vie quotidienne à Riehen, et le **Rebbaumuseum**, voué à la vigne et au vin.

St. Chrischona-Kapelle A2

8 km au nord-est. Quitter Bâle par la route de Riehen. À la hauteur de la poste de Riehen, prendre à droite en direction de Bettingen.
La route traverse les quartiers résidentiels de Bâle, puis Bettingen, et s'élève jusqu'à la chapelle St-Chrischona. De la terrasse voisine, le **panorama**★ se dévoile du Säntis à l'est aux chaînons du Jura à l'ouest ; on aperçoit Bâle dans la plaine du Rhin.

★★ Vitra Design Museum A2

À Weil am Rhein en Allemagne, 5 km au nord-est par la Riehenstr. et le Riehenring, direction Freiburg - Bus n° 55 depuis Claraplatz puis arrêt Vitra. Charles-Eames Str. 1 - ✆ (0049) 7621 702 32 00 - www.design-museum.de - 10h-18h (merc. 20h) - fermé 24, 25 et 31 déc. - 8 € (-12 ans gratuit).
Un petit détour en Allemagne s'impose pour visiter ce complexe qui comprend l'un des plus importants musées de design de meubles et d'architecture industrielle au monde. L'**édifice du musée**★, éclatant de blancheur, est l'œuvre de l'architecte californien Frank O. Gehry, (Guggenheim de Bilbao, Cinémathèque française). Le bâtiment ne présente que des expositions temporaires, dédiées au design et à l'architecture ; il est donc recommandé de s'informer du programme en cours avant de se déplacer.

Il sera toujours possible d'admirer l'ensemble des bâtiments à l'architecture innovante qui sont répartis dans le parc, derrière le musée, comprenant une station-service de Jean Prouvé, une caserne de pompiers, un dôme, etc. Un parcours tout à fait recommandable qui permet de mieux saisir l'esprit qui caractérise chaque bâtiment dans son unité et l'ensemble dans lequel il s'insère.

Enfin, la **Vitra Haus** *(à côté du parking)* se présente comme une accumulation de douze maisons stylisées. Cet empilement constitue un gigantesque showroom où mobilier, accessoires et objets sont mis en scène et destinés à la vente. À l'exception de la collection de **65 chaises★★** signées des plus grands designers : Thonet, Ritveld, Breuer, Charles et Ray Eames, Saarinen, Jacobson, Starck, etc. Une carte magnétique vous est remise à l'entrée et garde la trace de votre passage ici.

★★ Ruines romaines d'Augst A2

16 km à l'est par la route n° 3-7.

Giebenacherstr. 17 - ✆ 061 816 22 22 - www.augusta-raurica.ch - ♿ - musée : mars-oct. 10h-17h (lun. 13h-17h), nov.-fév. 11h-17h (lun. 13h-17h) - site en plein air : 10h-17h (gratuit) - fermé 1er janv., 24, 25 et 31 déc. - possibilité de visite guidée (2h) - 7 CHF (enf. 5 CHF).

C'est à un ami de Jules César, le général romain Munatius Plancus, que la Suisse doit la présence de vestiges de la plus ancienne colonie romaine établie sur le Rhin, la *colonia raurica*, fondée en 44-43 av. J.-C. L'implantation de la colonie sur le site d'Augst lui-même semble remonter à l'an 10 av. J.-C.

Vestiges antiques – *Visite : 30mn à une journée, selon le circuit choisi. Dépliant en français et plan des parcours proposés au musée. Balisage des ruines en français et allemand. Des plans aident à comprendre comment tous ces vestiges prenaient place dans la cité romaine.* Une vingtaine de monuments ont pu être restaurés, dont le **théâtre**, la plus importante ruine romaine de Suisse (il pouvait recevoir 8 000 spectateurs). Le centre administratif, politique et religieux de la ville était le **forum** avec basilique, curie (dans la cave : exposition de mosaïques) et temple de Jupiter. C'est au forum que se tenaient les marchés, mais aussi certaines festivités officielles. L'**égout**, ou cloaque, permettait d'évacuer les eaux des thermes centraux au vallon du Violental. On peut pénétrer dans ce boyau

UNE VILLE ANTIQUE IMPORTANTE

Au 2e s. apr. J.-C., la ville, qui s'est considérablement étoffée, compte 20 000 habitants, possède une activité commerciale florissante et un artisanat prospère. Bien située sur la frontière nord de l'Empire romain, la cité est aussi un foyer de culture antique, auréolé de riches bâtiments publics.

Il semble établi qu'Augst ait été détruite par les Alamans vers 260, lors de la chute du *limes,* le système de fortification romain qui marquait la frontière entre l'Empire romain et le monde barbare. L'armée, pour tenir le très important passage sur le Rhin, construit dans les premières années du 4e s., légèrement au nord d'Augst, le puissant castrum de **Kaiseraugst**, qui sert de protection aux populations locales durant tout le haut Moyen Âge.

Les fouilles – Engagées dès le 16e s., période de rayonnement des grands humanistes bâlois, elles furent reprises en 1839 par la Société historique et archéologique de Bâle puis approfondies à partir de 1878. Elles continuent à l'heure actuelle. Il est possible d'y assister de près les jours ouvrables d'avril à septembre.

de 70 cm de largeur dont les murs sont constitués de moellons de calcaire et le sol de dalles de grès. L'**amphithéâtre** où se déroulaient les jeux, courses et combats de gladiateurs, était construit quelque peu à l'écart de la cité afin de favoriser l'évacuation rapide des spectateurs, environ 6000 personnes.

★ **Musée romain** (Römermuseum) – Attenant à la maison romaine, il présente une sélection représentative de près d'un million d'objets glanés au cours des fouilles de la cité antique. Le **trésor d'argenterie**★★ (Silberschatz), découvert en 1961 au pied des anciennes murailles de Kaiseraugst, recèle notamment 68 pièces d'un service de table fastueux : plats décorés de scènes mythologiques, gobelets, écuelles, cuillers, candélabre… Au total, 58 kg d'argent pur ! L'ensemble du trésor pourrait bien avoir été enterré par des officiers romains lors des assauts des Alamans. Une maquette montre l'étendue du site au temps de sa gloire tandis qu'une vidéo en illustre l'évolution.

★ **Maison romaine** (Römerhaus) – Reconstitution fidèle du type de demeure que l'on construisait à Augst à l'époque romaine. Le sol de l'étuve montre en coupe l'astucieux système romain de chauffage par le sol, ou hypocauste.

À deux pas du Musée romain, le **parc aux animaux** accueille des animaux domestiques qui, d'après les fouilles, vivaient déjà à l'époque romaine : porcs de pâture laineux, vaches naines, chèvres Nera Verzasca, moutons grisons, paons, pintades, etc.

★★ Rheinfelden A2

▶ *18 km à l'est par l'A 3.*

Située sur la rive gauche du Rhin, en face de son homonyme allemande, Rheinfelden est une charmante petite ville où il fait bon flâner dans les ruelles de son vieux quartier ou bien dans le parc thermal ombragé qui borde le fleuve. La cité passe pour être la plus ancienne du canton d'Argovie. Fondée en 1130 par les Zähringen, elle fut donnée en gage aux Habsbourg en 1330 par le duc Louis Ier de Bavière et resta en leur possession jusqu'en 1802. Elle est aujourd'hui la station terminale des **croisières sur le Rhin**.

La **Marktgasse**, qui s'amorce à quelques pas du poste de douane suisse tout près du pont, est la rue principale. Elle est bordée de maisons intéressantes aux belles façades peintes et aux belles enseignes en fer forgé, parmi lesquelles les nos 10, 16 et, au 36, **l'hôtel de ville** (1767), reconnaissable à sa tour médiévale. Pénétrer dans la cour de ce dernier pour admirer les peintures murales.

Au no 12 le **Fricktaler Museum** est consacré à l'histoire locale et à la confrérie Saint-Sébastien, composée de douze membres, tous vêtus de noir (longs manteaux et hauts-de-forme), qui traditionnellement, les 24 et 31 décembre, vont chanter des cantiques de fontaine en fontaine, rappelant l'épidémie de peste de 1541 qui décima une grande partie de la population. *Marktgasse 12 - ✆ 061 831 14 50 - www.fricktaler-museum.ch - mar. et w.-end 14h-17h - fermé janv.-mars.*

L'**Albrechtsplatz** voisine est agréablement décorée de la fontaine du Banneret. Un peu plus haut à gauche, la Johannmittergasse mène à la chapelle St-Johann, ancienne chapelle de l'ordre de Malte (jolies fresques). À gauche de la chapelle, un petit chemin mène à une terrasse donnant sur le Rhin.

La Marktgasse se prolonge par la Kupfergasse jusqu'à la Storchennestturm et une partie des remparts. Sur la Kirchplatz, l'**église St-Martin**★, de style gothique, a subi, comme en témoigne l'intérieur, d'importantes transformations à la fin du 18e s. dans le plus pur goût baroque.

De la Storchennestturm, continuer tout droit jusqu'au parc thermal.

L'entrée du **parc thermal** (Kurzentrum) est gardée par la flèche d'un petit bâtiment en bois, ancienne **tour de forage** de la saline de Riburg – transformée en petit musée. L'exploitation de gisements salins découverts en 1844 a permis à la ville de se développer comme centre de cures thermales.

Brauerei Feldschlösschen – *Theophil-Roniger-Str. - ✆ 0848 125 000 - www.feldschloesschen.ch - visite guidée (2h) sur réservation : lun.-vend. ; aussi le 3e sam. du mois (mat.) - 12 CHF.* La plus grande **brasserie** suisse, fondée en 1876, a une allure de château médiéval en briques rouges et jaunes avec des tours et des remparts. Sa visite ne manque pas d'intérêt et permet de découvrir les différentes étapes de la fabrication de la bière, depuis la matière première jusqu'au plaisir de la dégustation. Le clou de la visite est sans doute la **salle de brassage** avec ses immenses alambics en cuivre et son architecture Art déco.

★ Liestal A2

16 km au sud-est par la route n° 2-12.

Cette jolie petite ville, sur un promontoire entre l'Ergolz et l'Orisbach, est le chef-lieu du demi-canton de Bâle-Campagne. On flâne dans sa rue principale **(Rathausstrasse)** aux maisons peintes du siècle dernier, entre la porte médiévale, ornée d'une peinture représentant le serment du Rütli, et l'hôtel de ville, construit en 1586 et agrandi en 1938 : ses fresques d'époque Renaissance ont été restaurées en 1900. Si on a le temps et la passion des rubans, on peut jeter un œil au **musée cantonal Museum.BL**, situé Zeughaus-Platz. Il contient une section intéressante sur la rubanerie, une activité importante introduite en 1550 par des réfugiés huguenots venus de France, des Pays-Bas et d'Italie, et exercée dans la région pendant près de quatre siècles. Les différentes étapes de sa fabrication depuis l'ébauche jusqu'à la commercialisation sont bien illustrées (vitrines, machines) mais les explications sont en allemand. *✆ 061 925 50 08 - www.museum.bl.ch - tlj sf lun. 10h-17h - 7 CHF.*

Sur les hauteurs du Schleifenberg, belvédère de l'Aussichtsturm : **vue** sur le Rhin et par temps clair, jusqu'aux Alpes. Nombreuses possibilités de promenades dans les forêts environnantes.

Le week-end, durant la saison touristique, un **petit train à vapeur** (Waldenburger Dampfzug) relie Liestal à Waldenburg, à 14 km au sud.

Muttenz A2

5 km au sud-est par la route n° 2-12.

Dans le centre-ville s'élève une église fortifiée, la **Pfarrkirche**, romane à l'origine puis transformée aux 15e et 16e s. Elle est entourée d'une enceinte circulaire crénelée. Dans la petite nef unique, au plafond de bois sculpté, beaux fragments restaurés de fresques religieuses du début de la Renaissance.

Abbaye de Mariastein (Kloster Mariastein) A2

17 km au sud-ouest.

✆ 061 735 11 11 - www.kloster-mariastein.ch - accès libre.

Sise au bord d'un escarpement, l'abbaye de Mariastein doit sa renommée à une légende : la Vierge aurait intercepté la chute d'un enfant dans le précipice et l'aurait ensuite déposé dans une grotte de la falaise. Le sanctuaire qui marque l'endroit reçoit à chaque fête mariale une foule de pèlerins. L'abbatiale, qui succéda au 17e s. à un édifice plus ancien, surprend par son ornementation intérieure baroque chargée. On accède à la **grotte** par un étroit couloir tapissé d'ex-voto où se tient un émouvant Christ à la colonne de la flagellation, lui aussi baroque. Au bout, la chapelle souterraine abrite la statue de pierre de la Vierge à l'enfant, peut-être inspirée d'un original plus ancien, revêtue de manteaux ornés. En remontant, ne manquez pas la chapelle des Septs Douleurs.

★★ Schaulager A2

À Münchenstein, 3 km au sud - Ruchfeldstr. 19 - Tram 11 arrêt Schaulager. 061 335 32 32 - www.schaulager.org - ♿ - juil.-sept. : mar., merc. et vend. 12h-18h, jeu. 12h-19h, w.-end 11h-17h (seulement pdt des expositions) - visite guidée jeu. à 17h30 et dim. à 11h - 14 CHF (enf. 8 CHF).

Cet immense cube perdu dans la banlieue de Bâle mérite assurément une visite, ne serait-ce que pour son architecture futuriste, signée Herzog & de Meuron. Ni musée ni entrepôt, le Schaulager abrite des œuvres de la fondation Emmanuel Hoffmann. Cet espace inédit n'ouvre ses portes qu'à l'occasion d'expositions temporaires ; il est donc conseillé de se renseigner avant de se rendre sur place. Les installations avant-gardistes prennent toute leur ampleur dans les immenses salles immaculées du rez-de-chaussée et du sous-sol, tandis que les étages supérieurs, éclairés aux néons dans un effet de symétrie vertigineux, restent fermés au public. On clôt la visite à la librairie et au bar, qui semblent sortir tout droit du Moloko Bar d'*Orange mécanique*.

Circuit conseillé Carte de région

★ ROUTE DU PASSWANG

Itinéraire de 56 km de Bâle au Passwang – voir le circuit tracé en vert sur la carte de région (p. 488-489).
En sortant de Bâle, suivre la direction Münchenstein (route n° 18).

★★ Schaulager *(voir ci-dessus)*

Arlesheim A2

Nichée en haut de cette charmante bourgade, l'**église collégiale**★★ (Domkirche) est l'une des plus belles réussites de l'art baroque en Suisse. L'édifice, construit en 1680 pour le chapitre de la principauté épiscopale de Bâle, fut transformé dans le goût rococo (1769-1771). Il se dresse sur une calme placette bordée par les anciennes maisons des chanoines. À l'intérieur, le vaisseau, dont aucun détail décoratif discordant ne vient rompre l'harmonie, s'orne de stucs discrètement rehaussés de rose ou de jaune pâle, tandis que les voûtes surbaissées présentent de vastes compositions picturales vaporeuses, aux tons lavés, œuvres de Joseph Appiani (1760). Chaire en marbre polychrome, plafond peint et moulures en volutes, complètent le tableau. Sublime…
Rejoindre Dornach, ville mitoyenne d'Arlesheim.

★★ Goetheanum A2

Rüttiweg 45, Dornach - 061 706 42 69 - www.goetheanum.ch - 8h-21h45 - visite guidée en allemand (1h30) à 14h (en français sur réservation) - 15 CHF (-14 ans gratuit).

Érigée sur les pentes qui dominent Dornach et Arlesheim, la construction du Goetheanum produit un effet déconcertant tant par son immensité que par son architecture. Cette gigantesque cathédrale de béton, d'où l'angle droit est banni, est le siège international de la « Société anthroposophique universelle ». Ce mouvement philosophique et spirituel, fondé en 1912 par **Rudolf Steiner** (1861-1925), est à l'origine des « écoles libres », qui prônent un enseignement adapté aux facultés de l'enfant.

Édifié en 1928 pour remplacer un premier édifice détruit par un incendie en 1922, le Goetheanum fut le premier bâtiment de taille monumentale à être construit en béton. Il se visite librement, à l'exception de la grande salle (*vend.-*

dim. 14h-14h30 - gratuit). Couloirs et escaliers aux couleurs dégradées, vitraux rouge vif, portes massives et tarabiscotées, escaliers biscornus… Cette architecture audacieuse et libre de toutes conventions répond à la philosophie de Rudolf Steiner, qui, influencé par les idées de Goethe, créa son œuvre selon le principe de la métamorphose.

Le Goetheanum abrite aussi une « Université libre de science spirituelle », au sein de laquelle sont organisées notamment des représentations publiques de pièces d'auteurs classiques et modernes, notamment le *Faust* intégral de Goethe et les quatre drames-mystères de Rudolf Steiner. Autour du bâtiment, une dizaine de dépendances, même les plus utilitaires, sont construites dans le même style organique. Ne manquez pas l'incroyable **chaufferie★★** en forme d'épi (1914), ni la maison Duldeck (1915), qui fait face au Goetheanum.

Après l'église de Dornach, prendre la direction de Hochwald et Seewen.

Seewen A2

À l'écart de ce joli village groupé dans une cuvette boisée au pied de sa blanche église se visite un intéressant **musée des Automates à musique** (Musikautomaten-Museum) dont les salles abritent environ 800 modèles, du 18e s. au début du 20e s., de pianos mécaniques, orgues de foire, de Barbarie, orchestrions (orgues imitant des instruments d'orchestre), boîtes à musique, et d'amusants automates (musiciens, oiseaux, peintre, magicien…) présentés en fonctionnement. *Bollhübel 1 - ✆ 061 915 98 80 - www.bundesmuseen.ch - tlj sf lun. 11h-18h - fermé 1er janv., Vend. saint et 25 déc. - visite guidée (1h) pour l'exposition permanente à 12h, 13h20, 14h40 et 16h, visite guidée pour l'exposition thématique à 15h - 10 CHF (enf. 5 CHF).*

Rejoindre à l'ouest la route n° 18 en direction de Laufen, puis tourner à la hauteur de Zwingen (c'est ensuite indiqué). Entre Büsserach et Erschwil se postent, en sentinelle, les ruines de Thierstein, tour massive flanquée d'une tourelle.

★★ Sommet du Passwang A2

Juste avant le tunnel du Passwang, 2 km par un chemin étroit, coupé de raidillons (refermer les barrières derrière soi), plus 45mn à pied AR. Alt. 943 m.

Laisser la voiture au café-restaurant « Bergwirtschaft Ober-Passwang » et continuer de suivre le chemin en montée. À la sortie d'un bois, après avoir passé une barrière, quitter ce chemin pour atteindre, sur la droite, le point culminant de la crête. De là, **panorama★★** très varié, s'étendant au nord sur les dernières ondulations du Jura bâlois, la plaine d'Alsace (remarquer le double ruban du Rhin et du bief de Kembs appartenant au grand canal d'Alsace) encadrée par les Vosges et la Forêt-Noire, et au sud sur le Jura soleurois et une partie des Alpes bernoises.

NOS ADRESSES À BÂLE

TRANSPORTS

Avion

Aéroport de Bâle-Mulhouse-Freiburg en Brisgau *(10mn du centre-ville) – ✆ 061 325 31 11 - www.euroairport.com.*

Bus n° 50 jusqu'au centre-ville (20mn) (gare CFF) : dép. toutes les 15mn.

Airport Taxi – *✆ 061 325 27 00.*

Train

Bâle possède trois gares desservies plusieurs fois par heure par les trains suisses et étrangers.

Gare ferroviaire suisse (SBB) – *Bahnhof SBB - Centralbahnstr. 20 - ✆ 0900 300 300 - www.cff.ch.* Trains pour Zurich, Berne, Lucerne, Lausanne, Genève, Coire, Lugano, Francfort, Cologne, Hambourg, Berlin, Vienne, Amsterdam, Milan, Rome, etc.

Gare ferroviaire allemande (DB) – *Badischer Bahnhof DB - ✆ 061 690 12 15 - www.bahn.de.* Trains pour Francfort, Hanovre, Hambourg, Cologne, Berlin, Dresde, Fribourg en Brsg, Karlsruhe.

Gare ferroviaire française (SNCF) – *Elsässer Bahnhof SNCF - Centralbahnstr. 20 - ✆ 061 157 10 56 - www.voyages-sncf.fr.* Trains pour St-Louis, Mulhouse, Strasbourg, Paris, Metz, Nancy, Luxembourg, Bruxelles.

Transports publics

La ville et ses environs sont parfaitement desservis par les tramways et bus. Les tickets de transport s'achètent aux automates. Un forfait, valable un ou plusieurs jours, est en vente à l'office de tourisme. Toute personne qui séjourne au moins une nuit à l'hôtel reçoit un **Mobility ticket** : usage gratuit du réseau public pendant 24h.

Voiture

À Bâle, tout est fait pour limiter la circulation automobile : nombreux sens uniques, interdictions de circuler... Dès 13h, le centre-ville est réservé aux piétons, taxis et vélos. Il est donc vivement conseillé de se déplacer à pied, en bus ou tram.

Bacs

Quatre lignes de *Fähri* traversent le Rhin (5mn). Les bacs circulent tous les jours en été de 9h à 19h. En hiver, les bacs circulent par beau temps de 11h à 17h.

Vélo

Location à la gare.

HÉBERGEMENT

Le prix des chambres est très élevé, mais des réductions avantageuses sont consenties le week-end dans de nombreux hôtels de la ville.

B+B Agency Basel – *✆ 061 702 21 51 (Mme Provoost-Meier) - fax 061 703 96 76 - www.bbbasel.ch - 102/183 CHF.* Ce centre de réservation regroupe des studios, appartements et bed & breakfasts de qualité à travers toute la ville.

À Bâle Plan de ville

PREMIER PRIX

Auberge de Jeunesse – D2 - *St. Alban-Kirchrain 10 - ✆ 061 272 05 72 - www.youthhostel.ch/basel - fermé 24 déc.-2 janv. - 66 ch. (234 lits) - 128 CHF.* Un parfum de campagne flotte dans cette agréable auberge de jeunesse du quartier St. Alban. On dort, bercé par le clapotis de l'eau du canal, dans des chambres et des petits dortoirs fort bien tenus. Le Museum für Gegenwartskunst est juste à côté et le centre-ville, à 10mn à pied. Ambiance décontractée comme il se doit. Mobility ticket offert.

Easy Hotel – C1 - *Riehenring 109 - ✆ 900 327 927 (1,50 CHF/mn) - www.easyhotel.com - 24 ch. 65/120 CHF - 12 CHF* ☕. Un peu excentré du côté de la Messeplatz, cet immeuble ancien a été reconverti en hôtel pour petits et moyens budgets. Riche idée ! Design « minimaliste » à la mode et propreté irréprochable dans les chambres. Attention, les moins chères (à partir de 30 CHF) ne sont pas plus grandes que des mouchoirs de poche.

BUDGET MOYEN

Hotel Stadthof – B2 - *Gerbergasse 84 - ✆ 061 261 87 11 - www.stadthof.ch - 9 ch. - 130/200 CHF*. Sur la Barfüsserplatz, l'un des hôtels les moins chers de Bâle. Les chambres, carrelées et blanches, sont monacales mais bien entretenues. Sanitaires communs sur le palier. Pour se restaurer, il suffit de descendre quelques marches : restaurant et pizzeria au premier étage, bon snack (Brötli Bar) au rez-de-chaussée.

Rochat – B1 - *Petersgraben 23 - ✆ 061 261 81 40 - www.hotelrochat.ch - P - 50 ch. - 190/220 CHF* ☕. À proximité du vieux centre, ce bâtiment de 1899, que l'on repère à sa façade rouge vif, est classé monument historique. Les chambres, claires, calmes et rénovées régulièrement, sont accessibles aux budgets moyens. Mention spéciale à la n° 504, mansardée, qui offre une belle vue sur les toits et l'église St-Pierre. Restaurant sans alcool.

Hôtel brasserie Au Violon – B2 - *Im Lohnhof 4 - ✆ 061 269 87 11 - www.au-violon.com - 20 ch. - 140/202 CHF - ☕ 15 CHF*. Difficile de croire qu'en 1995 cet élégant hôtel perché sur les hauteurs de la Vieille Ville abritait une… prison ! Les cellules ont été agrandies et aménagées avec goût et sobriété. Le calme olympien qui y règne fait oublier l'animation du centre-ville. Pour plus de confort, optez pour les chambres avec vue sur la Bärfusserplatz et la cathédrale. Excellente cuisine française à la brasserie du rez-de-chaussée (mention spéciale pour le tartare de saumon et l'entrecôte).

POUR SE FAIRE PLAISIR

Krafft – C1 - *Rheingasse 12 - ✆ 061 690 91 30 - www.hotelkrafft.ch - P - 56 ch. - 270/320 CHF* ☕. Coup de cœur pour cet hôtel du Petit Bâle, entièrement rénové en 2005. Les chambres, spacieuses et lumineuses, sont décorées dans un style minimaliste très élégant et contemporain. Le mobilier est signé de designers suisses. Certaines chambres offrent une vue splendide sur le Rhin et le Grand Bâle. On prolongera le plaisir au restaurant, qui sert une cuisine méditerranéenne raffinée, avec vue sur le Rhin (30/65 CHF).

St. Gotthard – B3 - *Centralbahnstr. 13 - ✆ 061 225 13 13 - www.st-gotthard.ch - P - 95 ch. 260/680 CHF* ☕. Idéalement situé face à la gare centrale, ce 4-étoiles de style international offre à ses clients tout le confort : chambres spacieuses, salles de bains élégantes, personnel attentif et petit-déjeuner-buffet plantureux… Un sans faute, mais les prix restent ceux d'un grand hôtel.

Der Teufelhof Basel – B2 - *Leonhardsgraben 47-49 - ✆ 061 261 10 10 - www.teufelhof.com - P - 33 ch. - 255/365 CHF* ☕. La terminologie d'« hôtel d'art » devrait être inventée pour ce petit ensemble qui abrite, dans quatre bâtisses de la vieille ville, deux hôtels, un restaurant, un café, une cave à vin et un théâtre.

L'art contemporain s'invente dans la décoration très réussie du Kunsthotel, tandis que les chambres du Galeriehotel lorgnent vers un design plus sobre. Dans les deux cas, l'opération séduction marche ! Les gourmets s'attableront au restaurant Bel Étage (cuisine créative) ou au Weinstube, plus simple. Excellent accueil.

UNE FOLIE

Les Trois Rois – B1 - *Blumenrain 8 - ✆ 061 260 50 50 - www.lestroisrois.com - 95 ch. - 590/750 CHF - ☕ 40 CHF.* Le palace le plus huppé de Bâle a fait peau neuve mais a conservé son allure majestueuse en bordure du Rhin et son décor de 1844. À l'intérieur, ambiance « vieille Europe ». L'établissement a reçu têtes couronnées et célébrités de tous les pays : Voltaire, Napoléon, Metternich, Pierre Ier de Serbie, des peintres comme Picasso, des musiciens comme Duke Ellington, Igor Stravinski et… les Rolling Stones. Trois restaurants, une brasserie et une salle de bal « Belle Époque ».

À proximité

PREMIER PRIX

Gästehaus Friedwart – *Lärchenweg 11 - Dornach - ✆ 061 706 42 82 - www.friedwart.ch - P - 15 ch. - 110/180 CHF ☕.* À Dornach, cette maison d'hôte présente l'originalité d'avoir été bâtie en même temps que le Goetheanum, situé à deux pas. Son architecture s'inspire des idées de Rudolf Steiner en matière de construction : portes travaillées, vitraux rappelant l'Art nouveau et surtout, pas un seul angle droit ! De quoi ravir les architectes non conformistes. Confort simple dans les chambres (WC et douche en commun) mais calme garanti. La clientèle est majoritairement constituée d'adeptes de l'anthroposophie.

RESTAURATION

Plan de ville

PREMIER PRIX

Rosario's – B2 - *Spalenberg 53 - ✆ 061 261 03 76 - fermé dim. - 25 CHF.* Joli décor Art nouveau dans ce bistrot à vins du vieux Bâle. Le patron sicilien veille à ce que la cuisine de son pays soit bien représentée : vins italiens et bons petits plats méditerranéens. À partir de 16h, la salle se remplit de Bâlois qui viennent se mettre à l'heure italienne après le travail.

Lily's – C1 - *Rebgasse 1 - ✆ 061 683 11 11 - www.lilys.ch - 20/25 CHF.* Les amateurs de cuisine au wok, de curry et de nouilles épicées, trouveront leur bonheur dans cette élégante petite adresse asiatique du « Petit Bâle ». Le chef opère en salle, à la vue des clients, les prix restent abordables, et le service, simple et souriant. Ajoutons un design épuré et le tableau est complet.

Zum Alten Warteck – D1 - *Clarastr. 59 - ✆ 061 681 40 10 - www.alteswarteck.ch - fermé 2 sem. en juil. - 19/65 CHF.* Charmant restaurant réputé pour sa cuisine fraîche. Le marché n'est pas loin et les herbes du jardin contribuent à la finesse des plats. Belle terrasse.

Bodega Zum Strauss – B2 - *Barfüsserplatz 16 - ✆ 061 261 22 72 - tlj sf dim. midi - 30 CHF.* Les VIP de Bâle se sentent comme à la maison dans cette chaleureuse petite brasserie. La savoureuse cuisine, à majorité italienne (goûtez l'osso-buco), les œuvres d'art originales accrochées aux murs et la prestance des serveurs y sont pour beaucoup. De quoi donner envie de devenir, à son tour, un habitué. Le jeudi, essayez le traditionnel Hackbracht (pain de viande).

BUDGET MOYEN

Gundeldingerhof – C3 - *Hochstr. 56 - ✆ 061 361 69 09 - www.gundeldingerhof.ch - fermé 23 déc.-4 janv., 4-19 juil., sam. midi, dim. et lun. - 36/79 CHF.* Délicieuse cuisine de saison dans une maison d'angle tout près de la gare. L'été, on apprécie la terrasse à l'ombre des châtaigniers.

Noohn – C2 - *Henric-Petri Str. 12 - ✆ 061 281 14 14 - www.noohn.ch - tlj sf dim. et j. fériés - 20/75 CHF.* Béton brut, design épuré, salle spacieuse, ambiance zen : le cadre très moderne de cette adresse asiatique fait mouche. Le Noohn s'est spécialisé dans une cuisine fusion fort créative, où la qualité est au rendez-vous.

Torstübli – C1 - *Riehentorstr. 27 - ✆ 061 692 01 10 - www.torstuebli.ch - ferme w.-end - 25/65 CHF.* On passerait presque sans s'arrêter devant cette maison bourgeoise du Petit Bâle. La cuisine qu'on y sert est pourtant fort réputée pour la qualité de ses produits. Plats abordables le midi pour les petites faims.

Restaurant Kunsthalle – B2 - *Steinenberg 7 - ✆ 061 272 42 33 - fermé dim. en hiver - 50/100 CHF (rest.), 35/50 CHF (bistrot).* Bien située près de la fontaine Tinguely, cette table bien connue abrite à la fois un restaurant chic avec nappes blanches et déco design, et une salle de bistrot avec vieilles boiseries et fresques peintes de 1878. Bonne nouvelle : la cuisine est à la hauteur du cadre (l'addition aussi, sauf au bistrot). Bonne carte de vins.

Restauration Zur Harmonie – B2 - *Petersgraben 71 - ✆ 061 261 07 18 - www.harmonie-basel.ch - 8h-0h (dim. 10h-23h) - 40/65 CHF.* Régalez-vous de rösti, de saucisses, de potages et de salades dans cette winstub chaleureuse au beau décor lambrissé, sur la colline du Spalenberg. Les Bâlois, qui plébiscitent cette bonne adresse le midi comme le soir, ne s'y trompent pas. Variété de plats froids et chauds au choix, selon l'humeur. Ne dédaignez pas les plats du jour. On peut aussi se contenter d'un verre de vin.

St. Alban-Stübli – D2 - *St. Alban-Vorstadt 74 - ✆ 061 272 54 15 - www.st-alban-stuebli.ch - fermé 24 déc.-10 janv., 23 juil.-8 août, sam. (sf le soir sept.-juin), dim. - 51/88 CHF.* Dans une rue pittoresque du quartier St-Alban, cette maison se reconnaît à son enseigne. Repas à prix raisonnables servis dans la salle lambrissée ou dans la cour fleurie, éclairée le soir aux bougies.

POUR SE FAIRE PLAISIR

Zum Goldenen Sternen – D2 - *St. Alban-Rheinweg 70 - ✆ 061 272 16 66 - www.sternen-basel.ch - 69/98 CHF.* Situé au bord du Rhin, sous les châtaigniers, c'est le plus vieux restaurant de Bâle, créé en 1412. Un bac accoste à quelques mètres de la terrasse. Dans la salle à manger dotée d'un beau plafond à caissons, spécialités de poissons et menu saisonnier.

Chez Donati – B1 - *St. Johanns-Vorstadt 48 - ✆ 061 322 09 19 - fermé de mi-juil. à mi-août, 21 fév.-1er mars et dim. - 65/118 CHF.* Un restaurant à la mode, avec une cuisine piémontaise haut de gamme et de splendides lustres en verres de Murano. La carte est très appréciée par les amateurs de gastronomie et de vins italiens. Accueil chaleureux du patron.

Safran Zunft – B2 - *Gerbergasse 11 - ✆ 061 269 94 94 - www.safran-zunft.ch - fermé w.-end - 60/75 CHF.* La table préférée de la bourgeoisie bâloise occupe une ancienne maison de corporation au décor de bois sombre. La cuisine, qui s'appuie sur des produits de saison, est hexagonale (le chef est français), mais elle s'offre une échappée exotique avec quelques plats d'Afrique du Sud.

PETITE PAUSE

Confiserie Bachmann – *Gerbergstr. 51 - ✆ 061 261 35 83 - www.confiserie-bachmann.ch - lun.-merc. 7h-18h30, jeu.-vend. 7h-20h, sam. 7h-18h.* Cette boulangerie réputée de la Gerbergstrasse sert le midi des sandwiches sur canapés, en plus des bretzels sucrés, chocolats et pâtisseries habituelles.

Brötli Bar – *Gerberggasse 84 - ✆ 061 261 87 11 - www.broetlibar.ch.* Un petit creux à midi ? Rendez-vous au rez-de-chaussée de l'hôtel Stadthof, sur la Barfüsserplatz. Cochez sur une fiche les garnitures de votre choix, puis patientez jusqu'à ce que les brötlis (canapés en triangle) arrivent avec leurs garnitures. Simple, rapide et économique. Et ça fonctionne depuis 1906 !

ACHATS

Les abords de la **Marktplatz** sont dévolus au shopping. Le grand magasin **Globus** et de nombreuses boutiques se succèdent dans la **Freiestrasse** ou la **Gebergasse** jusqu'à la **Barfüsserplatz**. Le grand magasin **Manor** s'ouvre sur la **Greifengasse**, dans le quartier St-Alban.

Marchés

Produits divers – *Sur Barfüsserplatz - de déb. janv. à mi-oct. : jeu. 7h-18h30.*

Marché alimentaire, fleurs et produits « bio » – *Markplatz - tlj l'apr.-midi et jusqu'à 19h lun., merc. et vend.* Attention, les prix sont souvent indiqués à la livre (1/2 kg).

Marché aux puces – Peterplatz, le samedi.

Marché de Noël – *✆ 061 268 68 68 - www.baslerweihnacht.ch - de fin nov. à fin déc.* Le plus grand marché de Noël de Suisse se tient sur la Barfüsserplatz.

PRENDRE UN VERRE

Le bar de l'**hôtel des Trois Rois** (Mittlere Rheinbrücke) est très agréable en été, avec sa terrasse qui domine le Rhin. La couverture de la carte comporte les signatures et commentaires de personnalités ayant fréquenté l'établissement. Non loin, sur la Marktplatz le café tea-room **Schiesser** propose, depuis 1870, ses succulentes confiseries.

Campari Bar – *Steinenberg 7 - ✆ 061 272 83 83 - www.restaurant-kunsthalle.ch - 8h-0h (1h vend.-sam.).* Les drôles de machines de la fontaine Tinguely et le feuillage des arbres cacheraient presque cet élégant bar, qui marie murs patinés, moulures à l'ancienne et déco arty. Idéal pour boire un verre parmi une clientèle d'artistes après la visite de la Kunsthalle, située juste au-dessus.

Bar Café des Arts – *Barfüsserplatz 6 - ✆ 061 273 57 37 - lun. 11h-0h, mar.-merc. 11h-1h, jeu. 11h-2h, vend.-sam. 11h-3h, dim. 17h-0h.* Une clientèle éclectique peuple les deux niveaux de ce bar bien connu de la Barfüsserplatz. Murs nicotinés, vieilles affiches et beau zinc donnent une ambiance presque parisienne. Piano-bar et animations musicales ponctuelles.

Bar Rouge – *Messeturm (31e étage), Messeplatz 10 - ✆ 061 361 30 31 - www.barrouge.ch - dim.-mar. 17h-1h, merc. 17h-2h, jeu. 17h-3h, vend.-*

sam. 17h-4h. Vue hypnotisante sur Bâle depuis ce bar panoramique perché au dernier étage de la plus haute tour de Suisse, sur la Messeplatz. Déco rouge, musique électronique (lounge, house, etc.), clientèle jeune et chic : on vient autant pour boire que pour voir (et être vu). Soirées musicales.

Fischerstube – *Rheingasse 45 - ✆ 061 692 92 00 - 10h-0h.* Cette taverne est connue pour brasser sa propre bière, la ueli, depuis 1974. On peut d'ailleurs voir sa fabrication par la vitre au fond de la salle. En période de carnaval, les cliques se retrouvent ici dans une joyeuse ambiance.

Unternehmen Mitte – *Gerbergasse 30 (entrée par le café Fumare non Fumare, à l'entresol)- ✆ 061 263 36 63 - www.mitte.ch - lun.-vend. 8h-0h, sam. 9h-0h, dim. 10h-4h.* Imitez la clientèle jeune et branchée, et venez siroter un verre sous la verrière de ce beau bar spacieux, à la déco tendance très réussie. Néons roses, patio à colonnades, tables design. Difficile de croire qu'une banque occupait jadis les lieux !

EN SOIRÉE

Vous trouverez les programmes dans la brochure bimensuelle *Basel live*, distribuée à l'office de tourisme et dans les hôtels.

The Bird's Eye Jazz Club – *Kohlenberg 20 - ✆ 061 263 33 41 - www.birdseye.ch - mar.-sam. 20h30-0h (sept.-mai), merc.-sam. 20h30-0h (juin-août) - musique live 21h-23h30.* Des pointures internationales du jazz côtoient des étudiants de l'Académie de musique voisine sur la scène de cet excellent petit club situé à deux pas de la Barfüsserplatz.

Atlantis – *Klosterberg 13 - ✆ 061 228 96 96 - www.atlan-tis.ch - mar.-jeu. 11h30-14h, 17h-0h, vend. 11h30-14h, 17h-23h, sam. 18h-23h.* Restaurant-concert bien connu du centre-ville. Concerts de jazz, soul et pop (sauf en été) que l'on écoute autour de la scène du haut de la mezzanine. Dance music du jeudi au samedi soir.

ACTIVITÉS

Bains publics dans le Rhin

Aux beaux jours, les Bâlois se jettent à l'eau depuis les gradins qui bordent le Rhin, dont l'eau est suffisamment propre pour la baignade. En août, la traditionnelle Rheinschwimmen attire même jusqu'à 3 000 nageurs !

Rheinbad Breite – *St. Alban-Rheinweg 195 - ✆ 061 311 25 75 - www.rhybadhysli.ch.* Vue sur la cathédrale.

Rheinbad St. Johann – *St. Johanns-Rheinweg - ✆ 061 322 04 42 - rhybadhysli-santihans.ch.*

Croisières sur le Rhin

La compagnie bâloise de navigation (Basler Personenschiffhart) propose différentes croisières sur le Rhin et la visite du port.

Basel Personenschiffahrt, *Schifflände, à côté de l'office de tourisme. Embarcadère - ✆ 061 639 95 00 - www.baslerpersonenschifffahrt.ch.* Diverses prestations de la simple excursion au dîner spectacle.

AGENDA

Voir l'Agenda dans la partie « Organiser son voyage », p. 35.

Aarau

15 753 habitants – Canton d'Argovie

NOS ADRESSES PAGE 541

S'INFORMER

Office de tourisme d'Aarau – *Schlossplatz 1 - ✆ 062 834 10 34 - www.aarauinfo.ch - lun. 13h30-18h, mar.-vend. 9h-18h, sam. 9h-12h, 13h-17h.*

SE REPERER

Carte de région B2 (p. 488-489) – *Carte Michelin Regional n° 551 M-N5.*
À 47 km au sud-est de Bâle (A 3) et à 15 km au sud-ouest de Baden (A 1). La vieille ville, de forme circulaire, est traversée par la Rathausgasse.

À NE PAS MANQUER

La Vieille Ville.

ORGANISER SON TEMPS

Une petite heure suffit à visiter la Vieille Ville, mais compter plus de temps pour voir les environs.

Capitale du canton d'Argovie, Aarau occupe un site agréable au pied du Jura. La ville ancienne, étagée en terrasses au-dessus de la rivière et truffée de belles demeures décorées, vaut le coup d'œil, même si la région, assez industrielle, peine à séduire. Du pont sur l'Aare se découvre la meilleure vue d'ensemble sur le vieux Aarau, dominé par les tours du beffroi, de l'église et du vieux château.

Se promener

La ville ancienne

Au hasard des rues étroites, le touriste découvre de belles maisons, parfois ornées d'oriels, d'enseignes de fer forgé, rappelant par leur style la longue domination bernoise : façades couvertes de fresques, toits bruns aux pignons en escalier ou aux avant-toits décorés de motifs floraux, notamment sur la Rathausgasse. Depuis l'Oberturm, tour carrée décorée d'une danse macabre de style cubiste de Félix Hoffmann, on peut rejoindre l'**église paroissiale** par la Solattenmattgasse, jolie rue pavée bordée de petites maisons colorées. Perchée sur l'extrême bord d'un éperon s'avançant vers l'ouest, l'église est surmontée d'un clocher de la fin du 17e s. Sur une petite place attenante, belle fontaine de la Justice de 1643 et vue agréable sur la campagne. Aarau abrite un **musée des Beaux-Arts** (Aargauer Kunsthaus), dont l'extension avant-gardiste a été réalisé par les architectes bâlois Herzog & de Meuron, associés à l'artiste conceptuel Rémy Zaugg. *Aargauerplatz - ✆ 062 835 23 30 - www.aargauerkunsthaus.ch - tlj sf lun. 10h-17h (jeu. 20h) - 15 CHF (-16 ans gratuit).*

À proximité Carte de région

★ Château Hallwyl (Schloss Hallwyl) B2

18 km au sud-est par la route de Suhr. De Teufenthal, gagner Hallwil et Boniswil, puis la route de Seengen.

✆ 062 767 60 11 - www.schlosshallwyl.ch - avr.-oct. : tlj sf lun. 10h-17h - 12 CHF (enf. 6 CHF).

Il s'agit d'un double et ravissant château, à tours rondes pointues et enceinte crénelée, élevé et agrandi du 11e au 16e s. (puis restauré) sur deux îlots d'une rivière tributaire du Hallwiler See. Son entrée se fait par un pont-levis et une cour d'honneur par où l'on gagne la deuxième île pour visiter le corps de logis aménagé en musée d'art et de traditions populaires. Dans la tour du corps de logis de la première île, on voit au 1er étage un appartement seigneurial meublé du 17e s. et, au 2e étage, un appartement bourgeois du 19e s.

★ Schönenwerd B2

4,5 km au sud-ouest par la route d'Olten.

À l'écart du bourg ancien, que domine une église collégiale remontant au 12e s., s'est développé un quartier moderne qui doit son existence aux usines Bally. Un **musée de la chaussure Bally★★** (Schuhmuseum) a naturellement trouvé sa place dans la maison du « Felsgarten », que le fondateur de la firme habita et où il aménagea ses bureaux et ses premiers ateliers. Le musée renferme des collections d'une valeur exceptionnelle, provenant de toutes les époques, suivant l'histoire de la chaussure au cours des siècles chez les peuples les plus différents. *Oltnerstr. 6 - ✆ 062 858 28 00 - de mi-janv. à fin juil. et de mi-août à mi-déc. : dernier vend. et sam. du mois à 14h.*

Au centre du bourg, le **musée Paul-Gugelmann** (Paul Gugelmann Museum) est consacré aux « machines poétiques » de ce graphiste, né à Schönenwerd en 1929, et qui fit carrière dans l'entreprise Bally. Ses drôles de mobiles sont composés de pièces mécaniques agencées avec précision les unes dans les autres. *Schmiedgasse 37 - ✆ 062 849 65 40 - www.gugelmann-museum.ch - merc., w.-end 14h-17h - fermé 1-2 janv., Vend.Saint, Pâques, Pentecôte, de mi-juil. à mi-août, Toussaint, 24-26 déc. - 5 CHF (gratuit -16 ans).*

Olten A2

14 km au sud-ouest par la route n° 5.

Frohburgstr. 1 - 4603 Olten - ✆ 062 213 16 16 - www.oltentourismus.ch - lun. 14h-18h, mar.-vend. 9h-12h, 13h-18h, sam. 9h-12h.

Agréablement disposée au bord de l'Aare, Olten a préservé sa ville ancienne, à laquelle on accède par un pont de bois couvert, réservé aux piétons. Une grande activité industrielle – savonneries, cimenteries, ateliers des Chemins de fer fédéraux, agroalimentaire – a modifié depuis le début du siècle l'aspect de la ville qui s'étend désormais de part et d'autre de l'Aare. Olten possède un **musée des Beaux-Arts** (Kunstmuseum), qui abrite une intéressante collection de peintures et sculptures des 19e et 20e s. ; parmi elles se distinguent les caricatures, études et dessins de Martin Disteli (1802-1844). *Kirchgasse 8 - ✆ 062 212 86 76 - www.kunstmuseumolten.ch - tlj sf lun. 14h-17h (merc. 19h), w.-end 10h-17h - fermé j. fériés et certaines périodes, se renseigner - 7 CHF.*

Zofingen A2

9 km au sud-est d'Olten par la route n° 2.

Cette charmante bourgade offre aux touristes un décor pittoresque de maisons des 17e et 18e s. aux avant-toits décorés. Les demeures s'alignent le long des rues pavées qui remplacent les remparts médiévaux. Sur la Grand'Place (Niklaus Thut-Platz), noter la fontaine à banneret et la jolie mairie baroque. L'**église St-Maurice**, rénovée, a gardé son clocher du 17e s. (d'allure Renaissance). Du passé romain de Zofingue subsistent deux grandes mosaïques provenant d'une ancienne villa conservées sous abris et visibles à la sortie sud de la ville *(derrière l'hôtel Römerbad).*

Château des Habsbourg (Schloss Habsburg) B2

15 km au nord-est par la route de Brugg, puis à Schinznach Bad suivre la signalisation.

Une petite route à travers la campagne mène au château bâti sur une hauteur. Aujourd'hui transformé en restaurant, il fut le berceau de la célèbre dynastie des **Habsbourg** dont plusieurs membres s'illustrèrent dans l'histoire de l'Europe pendant des siècles. Arbre généalogique et carte montrant les possessions des Habsbourg en Europe.

Le donjon abrite une exposition sur l'architecture de l'édifice et sa restauration. On monte un escalier de bois et, au dernier étage, la **vue** embrasse la campagne environnante dans laquelle coule l'Aare.

★ **Château de Wildegg** (Schloss Wildegg) B2

12 km au nord-est par la route de Brugg.

Schlossdomäne Wildegg - ✆ 062 887 08 30 - avr.-oct. : tlj sf lun. 10h-17h - fermé Vend. saint - possibilité de visite guidée (1h45) - 10 CHF (-16 ans 2 CHF).

Le **château** de Wildegg dresse sa masse imposante au-dessus de la vallée de l'Aare. Construit au 12e s. par un comte de Habsbourg, il a été agrandi et transformé à plusieurs reprises, en particulier par la famille Effinger qui en fut propriétaire durant quatre siècles. Le château renferme un bel **ameublement**★ du 17e au 19e s. Le cabinet Bleu, la salle des Armures, la bibliothèque, retiennent particulièrement l'attention par la beauté de leur plafond et de leur mobilier. Des étages supérieurs, la vue embrasse un paysage doucement vallonné de prairies et de forêts.

NOS ADRESSES À AARAU

HÉBERGEMENT

À proximité

BUDGET MOYEN

Bären – *Bernstr. West 56 - Suhr - 4 km au sud-est - ✆ 062 855 25 25 - www.baeren-suhr.ch - 29 ch. - 190 CHF* ☕. Hôtel moderne et convivial idéalement situé entre le centre-ville et la campagne. La façade affiche la rusticité des hôtels traditionnels, et les chambres possèdent tout le confort que l'on peut souhaiter.

RESTAURATION

POUR SE FAIRE PLAISIR

Mürset – *Schachen 18 - ✆ 062 822 13 72 - www.muerset.ch - fermé lun. - 59/96 CHF.* Belle maison ancienne où le bois domine. Salle à manger rustique fort agréable et cuisine française classique à la carte.

Einstein – *Bahnhofstr. 43 - ✆ 062 834 40 34 - www.restauranteinstein.ch - fermé dim. soir - 65/90 CHF.* Restaurant simple et moderne avec un bar lounge. Salle design et cuisine créative. Plats style bistrot plus abordables en terrasse.

Baden

★

17 446 habitants – Canton d'Argovie

NOS ADRESSES PAGE 546

S'INFORMER
Office du tourisme de Baden – *Oberer Bahnhofplatz 1 - 056 210 91 91 - www.baden.ch - lun. 12h-19h, mar.-vend. 9h30-19h, sam. 9h30-16h.*

SE REPERER
Carte de région B2 (p. 488-489) – *Carte Michelin Regional n° 551 O4.*
À 15 km au nord-est d'Aarau (A 1), à 25 km au nord-ouest de Zurich (25mn par l'A 1) et à 65 km à l'est de Bâle (par l'A 3).

À NE PAS MANQUER
Le musée historique de Baden, le musée Langmatt (fondation Sidney et Jenny Brown), les bains thermaux (Thermalbaden).

ORGANISER SON TEMPS
Les pressés consacreront une demi-journée à la Vieille Ville et à l'un des musées de Baden. Les autres peuvent aisément y passer la journée.

AVEC LES ENFANTS
Le musée de l'Enfant.

Baden doit son nom à ses fameux bains (« Baden » en allemand). Elle occupe un site pittoresque dans les derniers contreforts du Jura, sur les rives de la Limmat. La ville thermale et les quartiers industriels s'étendent au pied de l'éperon rocheux sur lequel se serre la pittoresque vieille ville et les ruines du château de Stein, imposante forteresse du 14e s. Centre industriel mondialement connu pour ses fabrications de matériel électromécanique, Baden est aujourd'hui une ville dynamique.

Se promener

Les bains publics (Thermalbad) se trouvent sur la Kurplatz. La Limmat-Promenade, tracée au bord de la rivière entre le quartier des bains et le pont couvert, est agréable à parcourir à pied.

★ Vieille Ville

Du pont-route moderne, on découvre une belle **vue★** sur la ville ancienne. Ses maisons aux pignons en escalier, aux beaux toits bruns percés de nombreuses lucarnes descendent jusqu'à la Limmat que franchit un vieux pont de bois couvert (Holzbrücke).
L'**église paroissiale** (Stadtkirche) et la tour de ville (Stadtturm) ornée d'un clocheton, de tourelles d'angle et couverte d'un toit de tuiles vernissées, dominent l'ensemble.

Ruines de Stein

Cette imposante forteresse qui domine la Vieille Ville servit d'arsenal et de refuge aux Autrichiens lors des campagnes qui s'étaient soldées pour eux

Baden, une ville thermale.
M. Moos/Photononstop

par les défaites de Morgarten et de Sempach. En 1415, les Confédérés s'en emparent et la brûlent. Reconstruite au 17e s. par les habitants de Baden que soutenaient les cantons catholiques, elle fut de nouveau détruite en 1712 par les Bernois et les Zurichois.

★ **Musée historique de Baden** (Historiches Museum Baden)
056 222 75 74 - www.museum.baden.ch - tlj sf lun. 13h-17h, w.-end 10h-17h - fermé 1er-2 janv., Pâques, Pentecôte, 25 et 31 déc. - 7 CHF (enf. gratuit).
Le musée se dresse près du pont couvert (Holzbrücke), sur la rive droite de la Limmat. Il occupe le donjon du château des baillis et, depuis 1992, un bâtiment à l'architecture très harmonieuse, signé Wilfrid et Katharina Steib. Cet espace moderne présente une exposition sur l'histoire industrielle de la ville et l'histoire des thermes (de 1790 à 1960), illustrée par une scénographie inventive et élégante. Il accueille également des expositions temporaires. La baie vitrée offre une belle perspective sur le pont couvert et la ville ancienne avec ses pignons à redents et ses toits à lucarnes.

UNE VILLE BALNÉAIRE

Réputée pour ses 19 sources chaudes (47 ° à la source), – sulfureuses, chlorurées, sodiques – les plus minéralisées du pays, Baden est spécialisée dans le traitement des rhumatismes articulaires, des troubles circulatoires et du stress. Les Romains fréquentaient déjà cette petite ville baptisée « Aquae Helveticae » et, vers la fin du Moyen Âge, c'était l'une des plus importantes stations balnéaires de toute la Suisse. Plus tard, elle vit défiler des curistes célèbres tels les écrivains Goethe, Thomas Mann, Hermann Hesse ou encore le chef d'orchestre Karl Böhm. Témoins de cet âge d'or, les hôtels cossus qui bordent la Limmat continuent d'accueillir une clientèle assez huppée, venue se prélasser dans les eaux thermales à 36 °C. Au programme : piscine en plein air, sauna, massages, solarium, etc.

Le donjon renferme une collection plus classique d'armes, de mobilier ancien, de peintures et sculptures, de poteries, bronzes et monnaies d'origine romaine découverts dans la région et des costumes du canton d'Argovie. Un intérieur des années 1930 a été reconstitué au dernier étage.

★ Musée Langmatt (fondation Sidney und Jenny Brown)

Römerstr. 30 - ✆ 056 200 86 70 - www.langmatt.ch - mar.-vend. 14h-17h, w.-end 11h-17h (parc et café : mar.-vend. 12h-17h, w.-end 10h-17h) - fermé Vend. saint, 1er août, 19 sept. et déc.-fév. - 12 CHF (18-25 ans 8 CHF, -18 ans gratuit).

L'industriel **Sidney Brown** (1865-1941), dont le nom est perpétué par la firme ABB (Asea Brown Boveri), fut un collectionneur de toiles impressionnistes, aujourd'hui exposées dans sa maison – une villa bâtie par l'architecte suisse Karl Moser en 1901.

Il s'agit, pour l'essentiel, de tableaux de petit format. Outre deux séries majeures signées Renoir et Cézanne, on découvre quelques toiles réalisées par d'autres artistes de renom : *Étude de nu* de Degas, *Rentrée des bateaux de pêche à Trouville* de Boudin, *Châtaigniers à Louveciennes* de Pissarro, *La Débâcle de la Seine* de Monet, trois dessins à l'encre de Chine dus à Matisse et une marine d'Odilon Redon. Des toiles de Corot, Courbet, Fantin-Latour, Gauguin, Sisley et une œuvre attribuée à Van Gogh, ainsi qu'un petit salon présentant des œuvres françaises du 18e s. (Fragonard, Greuze et Watteau) et des paysages du Zurichois S. Gessner complètent la visite. Une exposition temporaire est organisée chaque année au premier étage.

★ Musée de l'Enfant (Schweizer Kindermuseum)

Ländliweg 7 - ✆ 056 222 14 44 - www.kindermuseum.ch - mar.-sam. 14h-17h, dim. 10h-17h - fermé 1er janv., Vend. saint et Noël - 10 CHF (enf. 3 CHF).

Un musée sur les enfants et pour les enfants… Installé dans une élégante villa du 19e s., à deux pas du vieux Baden, il retrace, avec une bonne dose de pédagogie et d'interactivité, l'histoire de l'éducation des enfants. L'évolution des jouets à travers le temps passionnera petits et grands, à l'image des maisons de poupées dont on peut voir les transformations progressives depuis 1850 jusqu'à nos jours. Non loin de là, on notera avec amusement l'écart qui sépare les antiques pantins de bois des poupées Teletubbies. Des jouets du monde entier nous apprennent comment s'amusent les petits sur les cinq continents. Pour animer la visite, de nombreux ateliers ont été installés à destination des enfants et même de leurs parents : jeux d'éveil, théâtre de marionnettes, etc. Ne manquez pas les deux sous-sols, truffés de jeux.

Exposition temporaire au deuxième étage. Seul regret : les explications ne sont dispensées qu'en allemand. Une cafétéria et un jardin pour prendre l'air.

Musée bizarre

Oederlin-Areal, Landstr. 1, Rieden (bus 6 depuis la gare) - ✆ 056 282 46 04 - www.musee-bizarre.ch - sam. 13h-17h, dim. 11h-17h - 10 CHF (enf. 6 CHF).

Étrange lieu que ce musée situé dans un entrepôt guère avenant, peu avant la sortie de la ville, en direction de Koblenz-Ennetbaden. Des saynètes peuplées de mannequins retracent les expériences fantaisistes du professeur Pilzbarthz. Né de l'imagination d'un authentique psychiatre, Jürg Wili, ce professeur Tournesol s'est mis en tête de transformer l'homme en animal afin de le faire passer au stade supérieur de son évolution. Hommes à têtes de chien, femmes à becs d'oiseaux… Au travers de tableaux surréalistes, c'est la génétique et le pouvoir omniscient des sciences qui est dénoncé. Un musée des « horreurs » à la fois cocasse et inquiétant. Les aventures d'Otto la souris, tout aussi bizarres mais plus légères, terminent la visite.

À proximité Carte de région

Abbaye de Wettingen (Ehema Zisterzienserkloster Wettingen) B2
3 km au sud-est, entre la voie ferrée et la Limmat.
056 437 24 10 - www.kanti-wettingen.ch - mars.-oct. : lun.-sam. 10h-17h, dim. et j. fériés 12h-17h - 5 CHF.
Cette ancienne abbaye cistercienne, fondée au 13e s. à la suite d'un vœu formulé par le comte Henri de Rapperswil, abrite actuellement une école cantonale.
Le **cloître** de style gothique montre des arcades cloisonnées et ornées de vitraux du 13e au 17e s. Tout autour des galeries ont été placées des statues de moines et d'abbés.
L'**église conventuelle** a été reconstruite à partir de 1517 à la suite d'un incendie. L'**intérieur★**, malgré une décoration baroque souvent surchargée, ne manque pas d'homogénéité : fresques, tableaux, statues, stucs et marbres, boiseries **(stalles★★)** sont distribués à profusion.
L'ancienne **maison des femmes**, destinée à isoler les femmes en visite au monastère des membres masculins de la communauté religieuse, est aujourd'hui un restaurant *(voir Nos adresses à Baden).*

Regensberg B2
15 km au nord-ouest par la route n° 17. Alt. 617 m.
Ce petit village de vignerons, admirablement préservé avec ses vieilles maisons à colombage serrées autour de sa place unique, est un charmant but de promenade. De la tour de garde romane, la vue s'étend sur les vignobles et la campagne alentour.

Bad Zurzach B2
20 km au nord. Quitter Baden au nord-est pour rejoindre la route n° 17.
Bad Zurzach est l'ancienne Tenedo romaine et une petite ville thermale (on y soigne les rhumatismes) près du Rhin, avec quelques monuments ou maisons des 17e et 18e s. dans sa rue principale et, au bord du fleuve, un château élevé au 19e s.
Musée August-Deusser (August-DeusserMuseum) – *056 249 20 50 - www.deusser.ch - musée : tlj sf vend. 13h-18h ; parc : 9h-20h - 10 CHF.* Le château abrite ce musée constitué par les collections personnelles et des œuvres du peintre allemand August Deusser (1870-1942). Au 1er étage, on remarque, entre autres, le mobilier (en partie Louis XVI), plusieurs tableaux, un bas-relief chinois du 18e s. et un lit sculpté, à dorures et angelots, fabriqué pour le roi Louis II de Bavière. Le 2e étage abrite des toiles léguées par Deusser : bon nombre d'entre elles évoquent la guerre de 1870, et le style de certaines s'apparente à celui des impressionnistes.
Dans le parc du château, agrémenté de beaux arbres et d'un étang artificiel, nombreuses sculptures modernes de Johann Ulrich Steiger.

Brugg B2
10 km à l'ouest par la route n° 3.
Fondée par les Habsbourg tôt dans le 12e s., la « ville des ponts », établie au confluent de l'Aare et de la Reuss, conserve de nombreux édifices de son passé. Ce carrefour routier et ferroviaire est aussi un actif centre industriel.
Vieille Ville (Altstadt) – *Laisser sa voiture dans un des parkings payants situés en dehors de ce quartier.* Vestiges des fortifications : tour des Archives (Archivturm),

7

tour des Cigognes (Storchenturm) et imposante **tour Noire** (Schwarzer Turm) des 12e et 16e s. commandant le pont sur l'Aare. De là, vue intéressante sur les rives boisées où s'accrochent de vieilles maisons. Ancien hôtel de ville (16e s.), église protestante (gothique tardif, intérieur 18e s.). Sur la jolie place pavée Hofstatt décorée d'une fontaine blanche, voir l'ancien arsenal (17e s.) et l'ancien cellier (18e s.).

Vindonissa-Museum – *✆ 056 441 21 84 - www.vindonissa.ch - mar.-sam. 13h-17h, dim. 10h-17h - fermé 1er janv., 1er Mai, Vend. saint, dim. de Pâques, 24, 25 et 31 déc. - 5 CHF (enf. 2 CHF).* Il rassemble le produit des fouilles effectuées dans la Vindonissa romaine *(voir ci-dessous)* : bijoux, armes, monnaies, poteries, verreries, statuettes, objets en cuir et en bois… À noter : dans son sarcophage, le squelette d'une Romaine du 4e s. ; la maquette du camp militaire de Vindonissa ; à l'extérieur, le musée lapidaire.

Windisch B2

1 km à l'est de Brugg par la route de Zurich.

Kloster Königsfelden – Cette abbaye franciscaine a été fondée en 1308 par la reine Élisabeth et la famille des Habsbourg à l'endroit où le roi Albert Ier a été assassiné par le duc Jean de Souabe. Les bâtiments conventuels servent actuellement d'asile psychiatrique.

Église (Klosterkirche) – *Juste à côté de l'abbaye de Königsfelden - avr.-oct. : tlj sf lun. 10h-17h ; nov.-mars : tlj sf lun. 13h-17h - 5 CHF.* Au cœur d'un joli parc, ce sanctuaire désaffecté, de style gothique, a dû être restauré. La nef, éclairée par des fenêtres hautes, est couverte d'un plafond plat, en bois. Les bas-côtés sont décorés de panneaux de bois peints. Dans la nef, un monument funéraire rappelle que Königsfelden fut le St-Denis des Habsbourg.

Le **chœur★**, profond, est éclairé par onze fenêtres dont les **vitraux★**, exécutés de 1325 à 1330, forment un ensemble intéressant. On reconnaît l'Enfance du Christ, la Passion, des scènes de la vie des saints, la Mort de la Vierge. Les tons, où domine le jaune d'argent, sont chatoyants, et le dessin, à la grisaille, d'une grande finesse d'exécution.

Amphithéâtre romain de Vindonissa – *À Windisch, prendre à droite de l'église de Königsfelden, la Hauserstrasse.* Relique la plus importante de Vindonissa – camp militaire qui fut au 1er s. le quartier général romain pour toute l'Helvétie et occupait l'emplacement de l'actuelle ville de Windisch –, cet amphithéâtre (de 112 m sur 98 m), d'une capacité d'au moins 10 000 spectateurs, a gardé sa double enceinte concentrique en bel appareil de moellons.

NOS ADRESSES À BADEN

HÉBERGEMENT

POUR SE FAIRE PLAISIR

Blue City – *Haselstr. 17 - ✆ 056 200 18 18 - www.bluecityhotel.ch - 25 ch. - 290 CHF ☕.* Un hôtel central proche de la gare et doté de chambres modernes aux couleurs chaudes.

Limmathof – *Limmat-promenade 2 - ✆ 056 200 17 17 - www.limmathof.ch - 11 ch. - 290/350 CHF ☕ - rest. 44/73 CHF (dîner seulement ; fermé 23 déc.-10 janv., 25 juil.-8 août, dim. et lun.).* Dans un bâtiment du 19e s., cet hôtel propose des chambres au design branché et un spa. Deux suites junior sont situées sous le toit. Cuisine internationale dans le cadre chaleureux du restaurant.

RESTAURATION

À Baden

BUDGET MOYEN

Sonne – *Badstr. 3 - ✆ 056 221 24 24 - fermé 19 juil.-9 août, sam. midi et lun. soir - 47 CHF.* Entre son bar et son restaurant traditionnel, cette maison familiale possède un ravissant jardin d'hiver. La terrasse avec vue sur la Limmat est particulièrement agréable.

À proximité

BUDGET MOYEN

Hertenstein – *Hertensteinstr. 80 - Ennetbaden - 1 km au nord - ✆ 056 221 10 20 - www.hertenstein.ch - fermé 31 janv.-15 fév., dim. et lun. - 48 CHF.* Avec ses fenêtres panoramiques et sa décoration changeante au fil des saisons, ce restaurant offre un cadre particulièrement accueillant et lumineux. Terrasse offrant une jolie vue sur les environs.

Kloster Taverne – *Klosterstr. 9 - Wettingen - 2 km au sud - ✆ 056 427 14 61 - www.sternen-kloster-wettingen.ch - fermé 24-30 déc. et sam. midi - 48 CHF.* La Kloster Taverne est aménagée dans l'ancienne maison des femmes de l'abbaye de Wettingen.

Winterthour

★

98 238 habitants – Canton de Zurich

NOS ADRESSES PAGE 553

S'INFORMER

Winterthour Tourismus – *Im Hauptbahnhof (gare) - 8401 Winterthur - ✆ 052 267 67 00 - www.winterthur-tourismus.ch - lun.-sam. 8h30-18h30 (sam. 16h).*

Le **Passeport Musées** (Museumspass) permet d'accéder aux musées de Winterthour (excepté le Technorama) pendant une journée ou deux (20 et 30 CHF) et d'utiliser le bus qui mène à la fondation Reinhart Römerholz (départ devant l'office de tourisme toutes les heures). Il est en vente à l'office de tourisme et dans les musées.

SE REPERER

Carte de région C2 (p. 488-489) – *Carte Michelin Regional n° 551 Q-R4.*

À 26 km au nord-est de Zurich par l'A 1. Les principaux musées sont situés en dehors de la Vieille Ville, blottie autour de son église.

À NE PAS MANQUER

La collection Oskar Reinhart « Am Römerholz », le musée des Beaux-Arts, le musée de la Photo.

ORGANISER SON TEMPS

24h suffisent pour admirer les principaux musées de Winterthour et, en fin de journée, flâner dans la Vieille Ville.

AVEC LES ENFANTS

Le Technorama.

Cette agréable bourgade, qui respire l'aisance et la propreté, a su s'imposer comme une étape majeure sur les circuits touristiques de Suisse. Son atout : les musées d'art. Au 20e s., des mécènes au goût très sûr ont, en effet, constitué de remarquables collections de peintures, de sorte que la ville offre aujourd'hui une véritable rétrospective de la peinture européenne au 19e s. Winterthour, c'est aussi un centre piétonnier agréable, où il fait bon flâner à l'ombre des demeures aux façades pastel, et de nombreux espaces verts. Par ailleurs, la ville attire de plus en plus la jeunesse zurichoise grâce à ses distractions nocturnes.

Se promener

Collection Oskar Reinhart

Ce mécène, décédé en 1965, légua sa célèbre collection privée, l'une des plus importantes du 20e s., à la Confédération suisse, à la condition qu'elle reste dans sa ville natale. La collection compte près de 200 œuvres d'art européen, du gothique tardif aux prémisses de l'avant-garde moderne, avec une large prédominance pour la peinture française du 19e s. Elle est répartie dans deux musées distincts.

★★★ **Collection Oskar Reinhart « Am Römerholz »** – *Haldenstr. 95 - ✆ 052 269 27 40 - ♿ - tlj sf lun. 10h-17h (merc. 20h) - fermé 1er janv., Vend. saint, 25 déc. - 10 CHF.* La maison du collectionneur est située dans un vaste parc semé de sculptures de Renoir et Bourdelle, dans les hauteurs de Winterthour. Elle abrite un fort bel ensemble représentant cinq siècles de peinture. Figurent côte à côte : l'Allemand Cranach dit l'Ancien, l'école flamande avec Bruegel, un tableau du Greco, des dessins de Rembrandt, des œuvres françaises de la fin du 17e au 19e s. avec Poussin, Le Lorrain, Watteau, Chardin, Fragonard et quelques dessins de Daumier; pour le 19e s., des maîtres dont les œuvres reflètent les tendances principales de l'époque en matière d'art pictural, tels que Corot, Delacroix, Courbet, Manet, Renoir et Cézanne auxquels se rattachent le Néerlandais Van Gogh et, plus près de nous, Picasso, avec des dessins de la période bleue.

★ **Museum Oskar Reinhart am Stadtgarten** – *Stadthausstr. 6 - ✆ 052 267 51 72 - www.museumoskarreinhart.ch - ♿ - tlj sf lun. 10h-17h (mar. 20h) - fermé 1er et 2 juil. - 15 CHF.* Il rassemble près de 600 œuvres d'artistes suisses, allemands et autrichiens, des 18e, 19e et 20e s. Les excellents dessins de Rudolf Wasmann, les portraits d'enfants d'Anker, des œuvres de Böcklin et de Koller, des tableaux de romantiques allemands et de peintres de l'école de Munich, ainsi que les études d'animaux de Jacques Laurent Agasse retiennent particulièrement l'attention. De nombreuses toiles de Ferdinand Hodler attestent l'importance accordée à celui qui fut le chef de file de la peinture suisse avant 1914.

★★ Musée des Beaux-Arts (Kunstmuseum)

Museumstr. 52 - ✆ 052 267 51 62 - www.kmw.ch - tlj sf lun. 10h-17h (mar. 20h) - fermé 1er janv., Vend. saint, w.-end de la St-Alban et 25 déc. - 8 CHF.

Œuvres classiques et contemporaines se côtoient avec bonheur dans les vastes salles du musée de la ville, qui possède l'une des plus belles collections d'art moderne du pays. La partie ancienne du bâtiment, qui date de 1915, accueille une majorité de peintres français des 19e et 20e s. : Delacroix, Odilon Redon, Monet, Cézanne, Corot, Gauguin. Les cubistes Gris, Léger, Braque, mais aussi Delaunay, Klee et Mondrian sont représentés au milieu de sculptures

ART ET INDUSTRIE
Une bourgade, sous le nom de Vitudurum, existait déjà ici à l'époque romaine. Dès la fin du Moyen Âge, Winterthour fabriquait ces poêles de faïence monumentaux que l'on peut encore admirer dans certains intérieurs suisses. L'essor industriel de la cité, lié de nos jours au développement de l'industrie textile et de la construction mécanique (matériel ferroviaire, moteurs Diesel), n'a nullement entravé son rayonnement artistique.

de Maillol, Giacometti et d'installations de Calder. La récente annexe, signée des architectes Gigon & Guyer (1995), reçoit les œuvres d'art contemporain, présentées par roulement.

★ Villa Flora

Tösstalstr. 446 - ✆ 052 212 99 66 - www.villaflora.ch - mar.-sam. 14h-17h, dim. 11h-15h - fermé 1er janv., Vend. saint et 25 déc. - 12,50 CHF. Accrochage renouvelé chaque année.

La collection d'œuvres postimpressionnistes qu'Arthur et Hedy Hahnloser-Bühler ont rassemblée ici entre 1907 et 1930 a pour originalité d'avoir été constituée grâce aux contacts personnels qu'ils entretenaient avec les artistes. On reste étonné par la cohérence et le caractère prophétique de leurs acquisitions, que le visiteur a la chance d'admirer dans la maison même de ces amateurs d'art éclairés. Le noyau de la collection est formé par le groupe des Nabis, génération de peintres nés entre 1860 et 1870 et en réaction contre les conventions académiques : Vallotton, Vuillard, Roussel et Bonnard. Le fauvisme est représenté par Manguin, grand ami des Hahnloser-Bühler et de Matisse, Marquet et Matisse lui-même. La collection possède également quelques œuvres de Cézanne, Van Gogh et Redon. Hélas, le fonds de la collection tourne beaucoup, de sorte que les œuvres majeures ne sont pas toujours exposées.

Le jardin de la villa abrite deux bronzes de Maillol. Des expositions temporaires sont également organisées de façon régulière.

★★ Musée de la Photo (Fotomuseum Winerthur)

Grüzenstr. 44-45 (2mn à pied de la Villa Flora) - ✆ 052 234 10 60 - www.fotomuseum.ch - ♿ - tlj sf lun. 11h-18h (merc. 20h) - fermé Nouvel An, Vend. saint et Noël - musée 9 CHF, exposition 8 CHF.

Cette ancienne usine désaffectée, toute en briques jaunes, abrite un large espace contemporain dédié à la photographie. On y visite principalement la galerie d'art, tournée vers les œuvres de photographes contemporains, et le musée qui expose des maîtres des 19e et 20e s. Nombreuses expositions temporaires. Le musée de la Photo gère, avec la Fondation suisse pour la photographie (Fotostiftung Schweiz), un centre de la photographie avec café, bibliothèque, salles de séminaires, boutique, etc.

★★ Technorama

Quitter l'autoroute à la sortie Oberwinterthour. Bus 5 depuis la gare de Winterthour. Technoramastr. 1 - ✆ 052 244 08 44 - www.technorama.ch - ♿ - tlj sf lun. 10h-17h - fermé 25 déc. - 24 CHF (enf. 13 CHF).

Mettre la science à portée de tous, tel est le pari tenté, et réussi, par ce musée ludique, vivant et attrayant. L'exposition permanente passe en revue les grands principes de la physique, des mathématiques, de la mécanique et du magnétisme à travers plus de 500 ateliers interactifs et pédagogiques.

Pas de quoi s'ennuyer ! Le visiteur est invité à manipuler les appareils et à étudier les grands phénomènes naturels reproduits en miniature. Les panneaux explicatifs de chaque activité sont traduits en plusieurs langues, notamment en français. Des moniteurs effectuent des démonstrations en public tout au long de la journée (en français sur demande). Au rez-de-chaussée, le « laboratoire » (Jugendlabor) permet d'approfondir ses connaissances scientifiques tout en se divertissant. Belle collection de trains miniatures au sous-sol, et jeux dans le parc du site.

À proximité Carte de région

Château de Kybourg (Schloss Kyburg) C2

6 km au sud par la route de Seen. À Sennhof, prendre à droite une petite route le long de la Töss ; à 1 km, tourner à gauche.

052 232 46 64 - www.schlosskyburg.ch - avr.-oct. : tlj sf lun. 10h30-17h30 (nov.-mars 16h30) - fermé déc.-janv. - 8 CHF (enf. 6 CHF).

Érigé aux 10e et 11e s., ce château féodal est le plus connu du canton de Zurich. Il passa, par héritages successifs, de la lignée des comtes de Kybourg à celle des Habsbourg, pour devenir baillage de la ville de Zurich en 1424, jusqu'en 1798. Il appartient depuis 1917 au canton de Zurich et à la ville de Winterthour. Il contient de remarquables collections de meubles et d'armes, et offre une belle vue sur la campagne environnante.

★ **Chartreuse d'Ittingen** (Kartause Ittingen) C2

20 km au nord-est. Prendre la direction de St-Gall/Kreuzlingen (A 1 et A 7) ; à Frauenfeld, prendre la direction de Stein am Rhein et suivre la signalisation. L'ancienne chartreuse se trouve dans la petite localité de Warth.

052 748 41 20 - www.kartause.ch - ♿ - mai-sept. : 11h-18h ; oct.-avr. : lun.-vend. 14h-17h, w.-end 11h-17h - fermé de mi-déc. à déb. janv. - possibilité de visite guidée (30mn) et de visite thématique - 10 CHF billet comprenant la visite de l'église et des deux musées. Les jardins sont libres d'accès.

Sur une colline dominant la vallée de la Thur, au pied d'un vignoble, cette ancienne chartreuse fut fondée en 1152 comme prieuré d'augustins consacré à saint Laurent. Cédée en 1461 à l'ordre des Chartreux, elle fut presque entièrement reconstruite du 16e au 18e s. et ne compte plus de moines depuis 1848.

Depuis 1977, une fondation (Stiftung Kartause Ittingen) a été créée dans l'ancien couvent, qui connaît une vie nouvelle : méticuleusement restauré, avec ses galeries et ses caves, il abrite deux musées, un hôtel, un marché *(voir Nos adresses p. 553)*, un restaurant, des salles de séminaire, un centre d'accueil et de travail pour personnes handicapées…

Tout autour, s'étend le domaine agricole de l'ancienne chartreuse, dont 8 ha de vignes : un site agréable, en retrait du monde, où l'on profite d'un panorama ondulant jusqu'aux Alpes. Des itinéraires de balade sont proposés par la fondation, qui gère une réserve naturelle (14 ha) dans la forêt d'Ittingen : demander un plan à l'accueil.

Musée historique d'Ittingen (Ittinger Museum) – Une galerie du petit cloître entoure le jardin où les moines étaient inhumés. Dans l'ancien cellier est évoquée l'histoire de la chartreuse, des pillages du 15e s. à la prospérité du 18e s. Au siècle suivant, les monastères furent abolis en Thurgovie, et leurs biens confisqués par l'État. Le monastère devint la propriété de la famille Fehr dont subsiste le salon du 19e s. : un portrait de l'empereur Guillaume II rappelle sa

La chartreuse d'Ittingen.
Winterthur Tourismus

courte visite. Les collections du musée – tableaux, maquettes, mobilier… – et les deux cellules monacales évoquent la vie particulièrement austère des chartreux, pour qui le renoncement n'était pas un vain mot. Dans le réfectoire où ils se retrouvaient pour les repas uniquement le dimanche, sans jamais rompre le silence, la décoration se voulait édifiante, jusqu'aux scènes bibliques du poêle de faïence. Dans la salle capitulaire, voir les **stalles** sculptées vers 1700 et dans la sacristie, des objets d'art religieux provenant d'Ittingen.

Au 1er étage, dans la chapelle de Ste-Victoire, une vitrine baroque montre des reliques. Les chambres d'hôte conservent des plafonds peints, des lits à baldaquin (18e s.) et des **poêles de faïence** ornés d'emblèmes et de paysages.

Chef-d'œuvre de la chartreuse, l'**église baroque★★** étonne par l'exubérance de son décor : les murs et plafonds débordent de stucs vert et blanc veinés de rouge, de statues et d'angelots, et de fresques sur la vie de saint Bruno. Dans la partie reculée prenaient place les garçons de ferme. La tribune était réservée aux invités. Les superbes **stalles★** du chœur, qui représentent les douze Apôtres, ont été sculptées au 18e s. Le maître-autel est paré d'une ornementation rococo. Dans cette église, pas d'orgue : le chant choral des chartreux se faisait *a cappella*.

★ **Musée d'Art de Thurgovie** (Kunstmuseum des Kantons Thurgau) – *www.kunstmuseum.tg.ch*. Il présente des toiles de peintres suisses du 20e s., la plupart régionaux : Carl Roesch, Ernst Kreidolf, Hans Brühlmann mais aussi les naïfs Adolf Dietrich, inspiré par les paysages de Thurgovie, et Hans Krüsi, qui peignait sur des serviettes de restaurant… À voir, notamment : l'*Autoportrait* d'Helen Dahm. Mis en valeur par une brillante scénographie, au design léché, le sous-sol accueille d'intéressantes expositions temporaires d'art contemporain : installations vidéo, etc.

Jardin baroque – Dans ce lieu paisible dominant la campagne, croissent les herbes aromatiques et les rosiers. Un « labyrinthe » végétal, symbole de la destinée humaine, y a été dessiné d'après un plan du 9e s. Noter les vignes qui enserrent la chartreuse.

AU BORD DU LAC DE CONSTANCE

Voici trois excursions à faire du côté de Kreuzlingen en face de Constance, en Allemagne.

Kreuzlingen D2

44 km au nord-est de Winterthour par l'A 7.

Kreuzlingen ne forme avec la ville allemande de Constance qu'une seule agglomération que divise la frontière. La ville doit son nom à une relique de la Vraie Croix (Kreuz) rapportée de Terre sainte au 10e s. et conservée dans la basilique. Une agréable promenade parmi les roselières a été aménagée sur le port (Hafen).

Ancienne église du couvent des augustins, la **basilique St-Ulrich** fut construite au 17e s. dans sa forme actuelle, et décorée au 18e s. dans le style baroque. Ravagée par un incendie en 1963, elle fut restaurée en 1967.

La **chapelle du Mont-des-Oliviers★** renferme un extraordinaire groupe de 250 figurines en bois, disposées dans une curieuse rocaille et représentant les scènes de la Passion. Ces figurines, de 30 cm de haut environ, ont été exécutées au début du 18e s. par un sculpteur tyrolien ; elles ne lui demandèrent pas moins de dix-huit années de travail. Le chœur est fermé par une belle grille de fer forgé.

Gottlieben D2

4 km à l'ouest de Kreuzlingen par la route n° 13.

À l'extrémité orientale de l'Untersee (lac Inférieur), Gottlieben possède un château du 13e s., transformé au 19e s. L'édifice servit de prison, au 15e s., au pape déchu Jean III et au réformateur Jean Hus. Le prince Louis Napoléon Bonaparte, futur Napoléon III, y résida en 1837 et 1838. Près du château, maintes maisons à colombages forment un ensemble pittoresque.

Château d'Arenenberg (Arenenberg Schloss) C2

À Salenstein, peu après Ermatingen (10 km à l'ouest de Kreuzlingen).

Le petit château d'Arenenberg, entouré de jardins et d'un beau parc, se dresse sur une terrasse dominant le bassin occidental du lac de Constance (Untersee).

Construit au 16e s. par un riche bourgeois de Constance, le château devint en 1817 la propriété de la reine Hortense, fille de Joséphine de Beauharnais et épouse de l'ancien roi de Hollande, Louis Bonaparte. Hortense et son fils Louis Napoléon, le futur empereur Napoléon III, passèrent tous les étés à Arenenberg de 1820 à 1837. Après la chute du Second Empire, l'impératrice Eugénie et le prince impérial y séjournèrent fréquemment.

En 1906, Eugénie fit don du château d'Arenenberg au canton de Thurgovie, qui le transforma en musée.

★ **Musée napoléonien** (Napoleonmuseum) – *✆ 071 663 32 60 - www.napoleonmuseum.tg.ch - de mi-avr. à mi-oct. : lun. 11h-17h, mar.-dim. 10h-17h ; de mi-oct. à mi-avr. : tlj sf lun. 10h-17h - 12 CHF (enf. 5 CHF).* Le château a conservé les objets d'art et le mobilier rassemblés par ses anciens propriétaires. On y voit le salon de la reine Hortense, magnifiquement meublé dans le style de l'époque, la bibliothèque, les chambres et les boudoirs qui renferment des souvenirs de la famille impériale. De la chambre de la reine Hortense, **vue** sur le lac de Constance et l'île de Reichenau.

Une petite chapelle abrite une belle statue en marbre de la reine Hortense. Un agréable café-bistrot permet désormais de se désaltérer face au château.

NOS ADRESSES À WINTERTHOUR

HÉBERGEMENT

À Winterthour

BUDGET MOYEN

Loge – *Oberer Graben 6 - ✆ 052 268 12 00 - www.hotelloge.ch - P -17 ch. - 170/250 CHF ☕.* L'élégante façade néogothique de cette ancienne loge maçonnique abrite désormais un hôtel, un restaurant, un bar et un cinéma ! Les chambres sont modernes quoique d'un confort assez simple. Elles offrent plus de calme sur l'arrière. L'addition reste tout de même assez salée… Personnel jeune.

À proximité

POUR SE FAIRE PLAISIR

Kartause Ittingen – *Chartreuse d'Ittingen - Warth - ✆ 052 748 44 11 - www.kartause.ch - P - 67 ch. - 254 CHF ☕.* La fondation de la chartreuse d'Ittingen a aménagé deux hôtels au sein de l'ancien couvent : l'un traditionnel (49 chambres où règne le bois) et l'autre, ultramoderne : ses 18 chambres, tout en épure design, rappellent les cellules monacales de la chartreuse, le confort et l'élégance en plus… Les salles de bains, placées au centre des chambres, sont un modèle d'ergonomie, et l'architecture contemporaine de l'ensemble est très réussie. On peut prendre ses repas au restaurant Zur Mühle, dans la cour de la chartreuse.

RESTAURATION

À Winterthour

PREMIER PRIX

La Couronne – *Marktgasse 49 - ✆ 052 208 18 18 - www.kronewinterthur.ch - fermé 23 déc.-3 janv. et dim. - 21 CHF - 41 ch. 250/270 ☕.* Dans le style bistrot, le restaurant de l'hôtel Krone propose une cuisine traditionnelle créative, élaborée à partir de produits du marché.

BUDGET MOYEN

Zur Sonne – *Marktgasse 13/15 - ✆ 052 213 00 50 - www.zur-sonne.ch - 11h-23h - fermé dernière sem. de juin - 40/50 CHF.* Pas moins de 16 variétés de röstis différents sont préparées dans cette demeure historique du centre-ville. Des assiettes roboratives à accompagner de salade verte et à déguster en terrasse aux beaux jours.

Trübli – *Bosshardengässchen 2 - ✆ 052 212 55 36 - www.truebli-winterthur.ch - fermé 1er-4 janv., 17 avr.-3 mai, 26-31 juil., lun., dim. et j. fériés - 52 CHF (midi)/92 CHF.* En bordure de la Vieille Ville, ce restaurant sert une cuisine traditionnelle dans sa salle claire et aménagée dans un style rustique et convivial.

ACHATS

Klosterladen – *Chartreuse d'Ittingen - Warth - lun.-vend. 9h30-12h15 (sf lun.), 13h30-18h, w.-end 10h-12h15, 13h30-18h (10h-18h le w.-end d'avr. à oct.).* On y vend du fromage, de la charcuterie, du pain aux poires, des légumes, du miel et du vin, produits dans le domaine agricole de la chartreuse d'Ittingen, ou provenant d'autres monastères.

AGENDA

Voir l'Agenda dans la partie « Organiser son voyage », p. 35.

Schaffhouse

Schaffhausen

★

34 076 habitants – Canton de Schaffhouse

NOS ADRESSES PAGE 559

S'INFORMER

Office du tourisme de Schaffhouse – *Herrenacker 15 - 8201 Schaffhausen - ✆ 052 632 40 20 - www.schaffhausen-tourismus.ch - mai-sept. : lun.-vend. 9h30-18h, sam. 9h30-16h, dim. 9h30-14h ; reste de l'année : lun.-vend. 9h30-18h, sam. 9h30-16h, dim. 9h30-14h.* Dégustation de vins de Schaffhouse sur réservation. Visite guidée de la Vieille Ville.

SE REPERER

Carte de région C2 (p. 488-489) et plan de ville (p. 555) – *Carte Michelin Regional n° 551 Q3.*

À 51 km au nord de Zurich. La ville est située en amont des chutes du Rhin. Elle se concentre principalement sur la rive nord du fleuve. La Hauptgasse est le principal axe du vieux Schaffhouse.

À NE PAS MANQUER

La Vieille Ville, les chutes du Rhin, Stein am Rhein, une croisière sur le Rhin, la fête des vendanges de Hallau.

ORGANISER SON TEMPS

Compter une journée pour visiter la ville et les chutes du Rhin. Compter au minimum une demi-journée pour une excursion en bateau sur le Rhin.

Étagée sur la rive droite du Rhin, au pied du donjon du Munot, la vieille cité de Schaffhouse est l'une des plus attachantes de Suisse grâce au cachet Renaissance ou classique de ses édifices. C'est surtout le point de départ de la promenade autour des spectaculaires chutes du Rhin (Rheinfall), attraction traditionnelle de l'Helvétie romantique.

Se promener Plan de ville

★ La Vieille Ville

Elle est dominée par les restes de remparts que couronne le **Munot** (B), lourd donjon du 16e s., qui constitue un belvédère de choix sur la ville et la vallée du Rhin. Les vignes qui descendent en pente douce jusqu'aux premières maisons rappellent la vocation viticole de la région schaffhousoise *(par des escaliers et une passerelle jetée sur les fossés, aménagés en parc aux daims, on accède à la plate-forme de l'ouvrage - ✆ 052 625 51 41 - mai-sept. : 8h-20h ; oct.-avr. : 9h-17h - gratuit).*

La ville basse renferme de belles maisons à façades peintes, souvent ornées d'oriels.

Depuis la Fronwagplatz, la place centrale, reconnaissable à ses deux fontaines, descendre la **Vordergasse**★ (B). Dans cette rue s'alignent de belles maisons

SE LOGER	SE RESTAURER	
Sorell Hotel & Zunfthaus Rüden ......(1)	Vinopium ......(1)	Wirtschaft zum Frieden ......(3)

baroques décorées de stucs et de sculptures, couronnées de toits bruns percés de nombreuses lucarnes. Au n° 65, la **maison « zum Ritter »** (A) mérite une mention toute particulière : les peintures qui ornent sa façade ont été refaites en 1938 et 1939 par Carl Roesch, dans le même esprit que les célèbres fresques dues au maître schaffhousois Tobias Stimmer. Ces fresques réalisées vers 1570 sont en partie visibles au musée de Tous-les-Saints. Les sujets choisis ont été empruntés à la mythologie et à l'histoire de Rome. Plus bas dans la rue, la fontaine représentant Guillaume Tell et son arbalète fait face à une maison aux porches jumeaux de style rococo.

Revenir à la Fronwagplatz pour admirer les façades de la **Vorstadt** (A), notamment celle, rouge sang, de la maison Zum Goldenen Ochsen (au n° 17), qui arbore de remarquables porches et oriels ouvragés. Superbe fresque historique sur la façade du n° 43. Sur la Krummgasse, notez la façade Renaissance en trompe l'œil du Stadthaus.

Il faut voir aussi le **palais du Gouvernement** (Regierungsgebäude) (A), édifice du 17e s. à la belle façade sculptée et au pignon en escalier.

★★ Musée de Tous-les-Saints (Museum zu Allerheiligen) B

052 633 07 77 - www.allerheiligen.ch - tlj sf lun. 11h-17h - fermé 1er janv., Vend. saint, 25 déc. - 9 CHF (-16 ans gratuit) - gratuit 1er sam. du mois.

Installé dans les bâtiments de l'ancienne abbaye de Tous-les-Saints, il renferme une collection aussi passionnante qu'hétéroclite, allant des pièces préhistoriques provenant des fouilles effectuées dans la région à des manuscrits anciens, des statuettes mayas à des tableaux de peintres suisses contemporains.

L'ensemble a pour cadre un ancien couvent bénédictin, qui a conservé quelques belles salles anciennes : chapelle médiévale, salons Empire et baroques dans la partie historique du premier étage. L'onyx (début 13e s.), monté sur or et incrusté de pierres précieuses, est l'une des pièces les plus remarquables du musée. Au 2e étage, ne manquez surtout pas la remarquable collection Von Totem Meer zum Stillen Ozean. Rassemblée par l'industriel et mécène Marcel Ebnötter, elle met en parallèle l'art des civilisations gréco-romaines et sud-américaines (Incas, Mayas, Aztèques, Nazcas). Pas moins de 6 000 objets sont ainsi rassemblés par thèmes : statuettes, poteries, masques et parures. Des sections plus classiques apportent un éclairage sur l'histoire de la ville et de ses industries.

Église de Tous-les-Saints (Münster Allerheiligen) B

L'intérieur de cette abbatiale romane du 11e s., construite encore selon l'antique plan basilical et bâtie en belle pierre ocre, a subi une importante restauration. De hautes colonnes soutiennent un plafond de bois. Le chœur se termine par un chevet plat.

Adossé au bas-côté droit de l'église, le cloître, dont l'une des galeries est à baies gothiques, renferme de nombreuses pierres tombales.

Dans une petite cour voisine est conservée une cloche dite « cloche de Schiller », qui inspira au poète sa célèbre ballade. À proximité, le jardin des simples offre une grande variété d'herbes et d'épices.

★ **Halles d'Art contemporain** (Hallen für neue Kunst) B

Baumgartenstr. 23 - ✆ 052 625 25 15 - ♿ - w.-end 15h-17h, mar.-vend. sur RV (48h avant) - fermé lun. - 14 CHF (enf. 8 CHF).

En bordure du Rhin, une ancienne usine textile du début du siècle abrite sur 5 500 m² des œuvres représentatives de l'art conceptuel et minimaliste des décennies 1960 à 1980.

Ce véritable temple de l'art contemporain, vaste et lumineux, s'étage sur quatre niveaux, dont le premier est réservé aux expositions temporaires. Les œuvres présentées en permanence sont signées Mario Merz, Dan Flavin, Joseph Beuys *(Das Kapital 1970-1977)*, Richard Long, Lawrence Weiner, Bruce Nauman, Jannis Kounellis, qui illustre l'arte povera, Carl Andre, Sol LeWitt et Robert Ryman.

UN IMPORTANT ENTREPÔT

Les chutes du Rhin contraignant les bateliers à décharger leur cargaison en cet endroit, des marchands s'y établirent et créèrent là un entrepôt qui ne tarda pas à prendre une grande importance. Dès la fin du 12e s., Schaffhouse était devenue une ville impériale libre. Elle entrait, en 1501, dans la Confédération helvétique.

De nos jours, Schaffhouse tire parti, surtout, de son rôle de carrefour et de tête de pont. Elle est devenue un centre industriel tirant son énergie électrique du fleuve même. Des usines de construction mécanique, d'appareils électriques, des filatures, des aciéries se sont installées, en dehors de la cité ancienne qui a ainsi conservé intact son aspect médiéval.

À proximité Carte de région

★★ Chutes du Rhin (Rheinfall) C2

Depuis Schaffhouse, deux sentiers longent le fleuve jusqu'aux chutes. Accès direct par le bus n° 1. L'accès aux chutes se fait tous les jours, 24h/24. Le site compte deux entrées, l'une sur la rive gauche du fleuve (Schloss Laufen, 1 CHF, parking gratuit), l'autre sur la rive droite (au port de Schlössli Wörth, à Neuhausen, entrée libre, parking 5 CHF).

Les chutes les plus puissantes d'Europe demeurent l'attraction principale de la région de Schaffhouse. Le fleuve, large de 150 m en cet endroit, s'abat d'une hauteur de 23 m dans un fracas ahurissant. Seul le rocher solitaire, qui fend en deux les eaux écumantes, résiste vaillamment au fleuve en furie. Le débit du Rhin peut atteindre 1 070 m^3 par seconde (débit moyen : 700 000 litres d'eau à la seconde).

Le spectacle, qui mérite d'être vu surtout en juillet à l'époque des hautes eaux, inspirait déjà Lamartine au 19e s. :

« De rochers en rochers et d'abîme en abîme
Il tombe, il rebondit, il retombe, il s'abîme ;
Les débris mugissants roulent de toutes parts ;
Le Rhin sur tous ses bords sème ses flots épars ;
De leur choc redoublé le roc gémit et fume ;
Le flot pulvérisé roule en flocons d'écume. » [...]

Belvédères (rive gauche) – *052 632 40 20 - mai-sept. : 8h-20h ; oct.-avr. : 9h-17h - possibilité de visite guidée en été (1h, 10 CHF).* Pénétrer dans la cour du château de Laufen. Par un escalier, on descend jusqu'à hauteur des chutes. Dès l'amorce de l'escalier, on découvre, depuis un petit kiosque aux vitres de couleur, l'énorme masse d'eau que l'on domine. Plus bas, différentes plates-formes et passerelles s'avancent de plus en plus près des chutes. L'eau déferle alors avec une violence stupéfiante. Sensations fortes garanties !

Promenades en bateau – *052 672 48 11 - www.muendli.ch - au départ de Schlössli Wörth, à Neuhausen, jusqu'au rocher des chutes du Rhin : juin-août 9h30-18h30 ; avr. et oct. 11h-17h ; mai et sept. 10h-18h - 8 CHF AR (enf. 4 CHF).* On peut également faire la traversée d'une rive à l'autre. *Compter 2 CHF AR pour passer sur l'autre rive. Également diverses formules pour approcher le pied des chutes en bateau - 6 CHF.*

Rheinau C2

9 km au sud.

Cette localité, joliment située dans un méandre du Rhin, en aval des célèbres chutes, fut le siège d'une abbaye bénédictine (aujourd'hui transformée en clinique psychiatrique), installée sur une île du fleuve. Son église abbatiale constitue une incontestable réussite de l'art baroque.

En 1956 fut achevée la construction, en amont de la petite ville, d'un important barrage hydroélectrique dont la retenue s'allonge sur 6,5 km, jusqu'aux chutes du Rhin.

Église abbatiale (Ehemalige Klosterkirche) – *052 319 31 00 - ♿ - juin-sept. : mar.-sam. 10h-12h, 13h-17h, dim. et j. fériés 10h30-12h, 13h-18h ; avr.-mai et oct. : mar.-sam. 14h-16h, dim. et j. fériés 13h30-17h - 3 CHF.* L'édifice, reconstruit au début du 18e s., à l'exception de la tour sud (16e s.), présente une façade assez sévère. L'**intérieur**★★ n'en frappe que davantage par la richesse de sa décoration, du plus pur baroque. La nef, dont la voûte est couverte de fresques, est

flanquée, de chaque côté, de quatre chapelles orientées, ornées comme le maître-autel d'une profusion de marbres et de dorures, tandis qu'une balustrade court sous les fenêtres hautes.
Le chœur, fermé par une grille très ouvragée, renferme de jolies stalles. L'orgue date de 1715. Dans la petite salle située à gauche du chœur et abritant le trésor, très beaux meubles en marqueterie.

Eglisau B2

20 km au sud-ouest par la route n° 4.
Ce vieux bourg pimpant, proche de la frontière allemande, occupe un **site★** charmant sur la rive nord du Rhin où il s'étage, au milieu d'arbres et de vignes.
En contre-haut de l'église au clocher à bulbe (transformée au 18e s.), une terrasse-belvédère ombragée, et ornée de la statue en bronze d'une jeune femme contemplant le Rhin, offre un joli coup d'œil sur le fleuve, en amont des deux ponts qui l'enjambent.

★★ Stein am Rhein C2

19 km à l'est par la route n° 13.
Oberstadt 3 - 8260 Stein am Rhein - 052 742 20 90 - www.steinamrhein.ch - lun.-vend. 9h30-12h, 13h30-17h, w.-end (de mai à sept.) 9h30-12h, 13h30-16h.
Bâtie sur la rive droite du Rhin, tout près du déversoir de l'Untersee – bassin occidental du lac de Constance –, cette charmante petite ville a conservé intact son aspect médiéval et demeure l'une des localités les plus pittoresques de la Suisse. On peut la rejoindre en bateau depuis Schaffhouse, pour profiter de l'un des plus beaux parcours fluviaux d'Europe *(voir Nos adresses à Schaffhouse).*
★★ La ville ancienne – *Laisser la voiture à l'extérieur du centre, entièrement piétonnier.* Son caractère apparaît dès qu'on aborde le pont sur le Rhin. Sur la rive droite se présentent de belles maisons à colombages dont les soubassements baignent dans le fleuve. Mais la place de l'Hôtel-de-Ville et la rue principale constituent un ensemble hors pair avec leurs fontaines fleuries et leurs maisons à oriels, dont les façades entièrement peintes développent le motif choisi pour enseigne : maison du Pélican, auberge du Soleil, maison du Bœuf rouge, maison de l'Aigle blanc.
★ Musée Lindwurm (Museum Lindwurm) – *Understadt 18 - 052 741 25 12 - www.museum-lindwurm.ch - tlj sf mar. 10h-17h - fermé nov.-fév. - 5 CHF (famille 10 CHF, enf. 3 CHF).* Derrière l'unique façade de style Empire du bourg se cache un charmant petit musée, dans lequel le décor d'une maison bourgeoise du 19e s. a été reconstitué. La maison elle-même remonte, dans ses parties les plus anciennes, au 13e s. Chaque pièce a été aménagée avec minutie, de la cave à vin au grenier à céréales en passant par le salon Empire, la cuisine et les dépendances des domestiques. Informations en français.
Couvent de St-Georges (Kloster St. Georgen) – *052 741 21 42 - tlj sf lun. 10h-17h - fermé nov.-avr. - 4 CHF.* Cet ancien couvent de bénédictins, installé à Stein au 11e s. par l'empereur d'Allemagne Henri II, a conservé son caractère médiéval, mais a été transformé en **musée★** (histoire, art populaire). Les diverses salles sont ornées de plafonds sculptés, de boiseries, de meubles en marqueterie et parfois décorées de grisailles du 16e s. On visite les cellules des religieux, au beau pavement carrelé, la salle du bailli, le cloître, la salle du chapitre. À deux pas de là, l'église romane (Stadtkirche), basilique à plafond plat, sans transept, du 12e s., se reconnaît à ses gargouilles en forme de dragon, l'emblème de la ville.

★ **Burg Hohenklingen** – *2,5 km au nord de Stein am Rhein.* Accès par la route ou à pied par un chemin en forte montée, au milieu des vignes ou en sous-bois. Le château, perché au sommet de la colline qui domine Stein am Rhein, est fermé pour rénovation jusqu'en septembre 2007. Du sommet de la tour, on découvre un **panorama★** semi-circulaire sur Stein et son site, le Rhin, les collines environnantes et, au-delà, sur la chaîne des Alpes d'où émerge le Säntis.

NOS ADRESSES À SCHAFFHOUSE

HÉBERGEMENT Plan de ville

BUDGET MOYEN

Sorell Hotel & Zunfthaus Rüden – A - *Oberstadt 20 - ☎ 052 632 36 36 - www.rueden.ch - fermé 20 déc.-4 janv. - 30 ch. - 220/290 CHF* ☕. La décoration contemporaine se marie parfaitement avec les vieilles pierres et les poutres en bois de cette maison historique, où siégeaient jadis les corporations de la ville. On aurait tort de laisser aux seuls hommes d'affaires, qui constituent l'essentiel de la clientèle, le privilège de cet hôtel très central (au cœur de la Vieille Ville). Petit-déjeuner plantureux et réduction de 25 CHF/pers. le week-end.

RESTAURATION Plan de ville

BUDGET MOYEN

Wirtschaft zum Frieden – A - *Herrenacker 11 - ☎ 052 625 47 67 - www.wirtschaft-frieden.ch - fermé 4-12 avr., 3-18 oct., dim. et lun. - 55/79 CHF.* Si cette auberge du 15e s. tient son nom d'une ancienne dispute de voisinage (« Wirtschaft zum Streit » veut dire « la taverne du conflit »), on y sert aujourd'hui une cuisine traditionnelle dans une atmosphère tout à fait pacifique.

Vinopium – B - *Rheinquai 8 - ☎ 052 632 05 05 - www.fischerzunft.ch - fermé 8-23 fév., lun. et mar. - 54/62 CHF.* Le restaurant, situé sous le salon-vinothèque et le bistrot, propose une cuisine contemporaine. Dans l'air du temps, les plats sont parfois d'inspiration eurasienne.

ACTIVITÉS

Croisière sur le Rhin : Schweizerische Schiffahrtgesellschaft Untersee und Rhein – *☎ 052 634 08 88 - www.urh.ch - de fin avr. à déb. oct.* Départs quotidiens de Schaffhouse (embarcadère Schifflände) ou de Stein am Rhein vers Constance (et inversement). On peut se contenter de la portion Schaffhouse/Stein am Rhein, qui traverse de magnifiques paysages verdoyants et reste la plus spectaculaire. Possibilité de rejoindre Schaffhouse en train. Le River Ticket à 37 CHF permet de prendre tous les bateaux pendant une journée (3h AR).

Rhy Badi – *Rheinuferstr. - ☎ 052 625 19 90.* Cette piscine naturelle, la plus vieille de Suisse utilisant l'eau du Rhin, est située près du pont et ouvre ses portes tous les jours de mai à septembre (2,50 CHF).

AGENDA

Voir l'Agenda dans la partie « Organiser son voyage », p. 35.

Saint-Gall

Sankt Gallen

★★

72 040 habitants – Canton de St-Gall

NOS ADRESSES PAGE 567

S'INFORMER

Office du tourisme de St-Gall – *1a Bahnhofplatz - 9001 Sankt Gallen - ✆ 071 227 37 37 - www.st.gallen-bodensee.ch - mai-oct. : lun.-vend. 9h-18h, sam. 10h-15h (nov.-avr. 10h-13h).* Plan de la ville, guide des musées et adresses utiles. Service de réservation d'hôtels. Possibilité de visites guidées en français de la Vieille Ville.

SE REPERER

Carte de région D2 (p. 488-489) et plan de ville (p. 562) – *Carte Michelin Regional n° 551 U5.*

À 86 km à l'est de Zurich (A 1), à 103 km au nord de Coire (A 13 et A 1).

À NE PAS MANQUER

La Vieille Ville, l'ensemble abbatial, les concerts en plein air du St. Galler Festspiele, les Musées historique et ethnographique.

ORGANISER SON TEMPS

Consacrez au moins une journée à St-Gall, et ne faites surtout pas l'impasse sur l'Appenzell et le lac de Constance. Un séjour de plusieurs jours s'impose pour découvrir les curiosités de ces régions.

Petite ville prospère et dynamique, St-Gall est blottie dans l'étroite vallée de la Steinach, au sud-est du lac de Constance (Bodensee). Elle doit sa fortune à une abbaye, fondée à l'endroit où le moine irlandais Gallus mourut en 650. Sa cathédrale baroque et son admirable bibliothèque abbatiale sont classées au Patrimoine culturel de l'Unesco, et cernées par un quartier historique où abondent les maisons à encorbellements, ou oriels. Tournée vers le tertiaire, la ville possède des centres universitaires réputés, comme l'École des hautes études économiques et sociales (Hochschule für Wirtschafts-und Sozialwissenschaften), qui passe pour être l'école de gestion la plus reconnue d'Europe. L'été, les jeunes venus de toute l'Europe se retrouvent pour faire la fête lors du festival de rock Open Air St. Gallen.

Se promener Plan de ville

★★ LA VIEILLE VILLE

Lorsqu'en l'an 612 le moine irlandais Gallus parvient dans la vallée, il trébuche, dit-on, et tombe dans un buisson d'épines puis fait face à un ours. Gallus voit dans ces embûches un signe de Dieu : il décide de fonder là un ermitage. À l'emplacement de la cellule de Gallus, saint Otmar fait construire un monastère en 719. Le rayonnement intellectuel de ce cloître bénédictin s'étend bientôt à l'Europe occidentale. Dès le 9e s., ses bâtiments deviennent trop exigus et la construction d'un monastère plus important s'impose.

L'abbaye est en grande partie détruite sous la Réforme, introduite en 1524 par Joachim von Watt – connu sous le nom savant de Vadian –, médecin et bourgmestre de St-Gall. Il faut attendre le milieu du 18e s. pour qu'elle reprenne son essor, avec la création de l'abbatiale et de la bibliothèque. En 1805 s'effectue la sécularisation de l'abbaye, qui devient en 1846 le siège d'un évêché.

Le Klosterhof (ou « Klosterplatz », cour du couvent) offre une vue d'ensemble sur les bâtiments de l'ancienne abbaye bénédictine. Attenants à la cathédrale, ces derniers abritent l'évêché, la bibliothèque abbatiale, le gouvernement cantonal et une école. Avec Einsiedeln *(voir ce nom)*, c'est le plus important ensemble monumental baroque de toute la Suisse.

★★ **Cathédrale** (Kathedral) B2

Bâtie de 1755 à 1767 à l'emplacement d'une église gothique, elle dresse ses deux élégantes tours à bulbe jusqu'à 68 m. La façade est porte au fronton un relief représentant le Couronnement de la Vierge, reproduction en 1933 d'une œuvre de J. A. Feuchtmayer.

L'extérieur, d'une grande sobriété, forme un contraste étonnant avec l'intérieur, foisonnant chef-d'œuvre dû à Peter Thumb, de l'école du Vorarlberg : un baroque tardif dont on retrouve d'autres témoignages dans la région du lac de Constance.

Au centre de l'immense vaisseau, la **coupole**★★ est d'une décoration somptueuse mais équilibrée : les peintures à la caséine sur fond bleu, sur le thème des huit béatitudes, sont dues au peintre Josef Wannenmacher. D'autres peintures murales décorent la nef et le chœur. C'est à Christian Wenzinger que l'on doit les beaux stucs verts.

Le **chœur**★★★, fermé par d'admirables grilles, est orné d'un maître-autel exécuté en 1810 dans le style Empire. Les grandes stalles composent, avec les seize confessionnaux de Josef Anton Feuchtmayer, un ensemble en bois sculpté d'une élégance rare.

Lapidaire (Lapidarium) – *3 CHF, combiné avec la bibliothèque abbatiale : 7 CHF.* Il abrite des fragments de l'ancien cloître mis au jour à la fin des années 1970, et qui datent du 8e au 17e s.

★★★ **Bibliothèque abbatiale** (Stiftsbibliothek) B2

Unterer Rheinweg 26 - ✆ 071 227 34 16 - www.stibi.ch - lun.-sam. 10h-17h, dim. 10h-16h - fermé 3 sem. en nov., 1er janv., Vend. saint et dim. de Pâques, 24 et 25 déc. - consulter Internet pour les horaires de visites spéciales et les visites guidées - 10 CHF (-16 ans gratuit). Pour la visite, prendre une paire de chaussons à l'entrée.

Ses collections sont exposées dans une pièce considérée comme la plus belle salle rococo profane de Suisse. Construite de 1758 à 1767, en même temps que la cathédrale, c'est l'œuvre des mêmes artistes. Son entrée est gardée par un porche où l'on peut lire en grec « Pharmacie de l'âme ». On admire le parquet à la marqueterie étoilée où alternent bois clair et foncé, les boiseries de noyer et de cerisier ornées de colonnes aux chapiteaux dorés, les grisailles placées au-dessus des huit étagères de la galerie, les stucs délicats des frères Gigl. Les fresques évoquent, entre autres, le concile œcuménique de l'Église aux 4e et 5e s.

La bibliothèque abrite une extraordinaire collection : quelque 160 000 volumes, dont plus de 2 000 parchemins du 8e au 12e s. et 1 650 incunables datant des origines de l'imprimerie, ainsi que de nombreux manuscrits calligraphiés et enluminés de la Renaissance. Les étagères abritent à elles seules 30 000 volumes. Certains exemplaires sont exposés dans les vitrines au gré des expositions annuelles. L'*Evangilium Longum* à la couverture d'ivoire (900) et une copie du plan du cloître carolingien – le premier plan architectural du nord des Alpes (830) – sont exposés en permanence. Une momie de Haute-Égypte (650-610 av. J.-C.), offerte en 1824 par un particulier, repose au fond de la bibliothèque dans un double sarcophage en sycomore.

Gallusplatz A2

Autour de la cathédrale s'étend un quartier charmant dont la forme arrondie correspond au tracé de la ville ancienne, jadis entourée de remparts. Ici et là, les maisons des 16e et 18e s. présentent des façades peintes, des enseignes

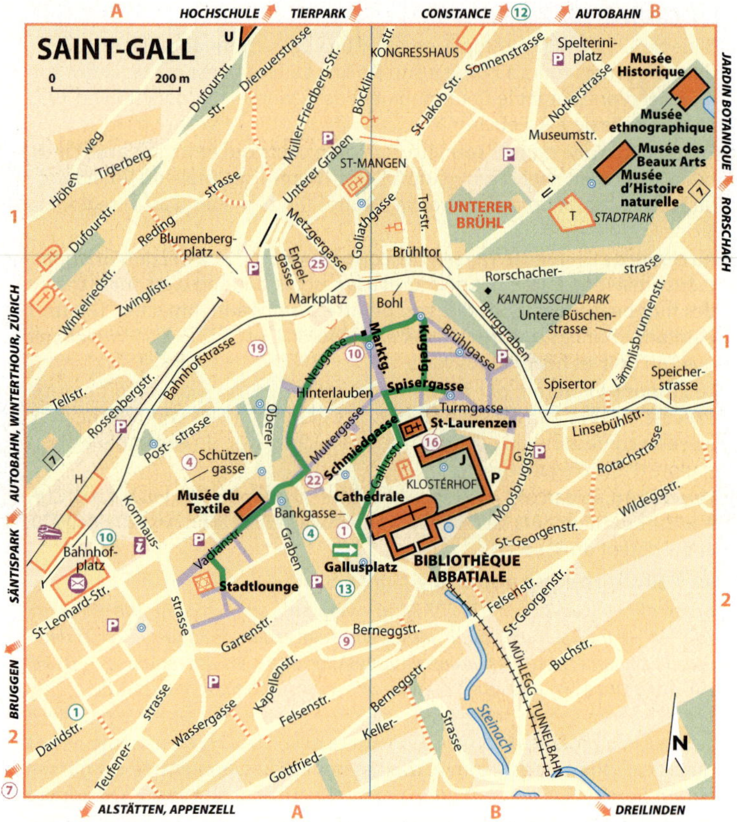

SE LOGER
- City Weissenstein ... 1
- Dom ... 4
- Metropol ... 10
- Radisson Blu ... 12
- Vadian ... 13

SE RESTAURER
- Am Gallusplatz ... 1
- Atrium ... 4
- David 38 ... 7
- Einstein ... 9
- Marktplatz ... 10
- Schlössli ... 16
- Seeger ... 19
- Zum Goldenen Leuen ... 22
- Zum Goldenen Schäfli ... 25

LES ORIELS DU LAC DE CONSTANCE
Jusqu'au milieu du 17e s., ces encorbellements furent construits en bois, qui céda ensuite la place à la pierre. Conçus pour apporter une plus grande luminosité à l'habitation, ils manifestaient aussi l'opulence des marchands. Leur décor, souvent sculpté et peint, allie l'humour populaire à l'influence de la Renaissance allemande et italienne. St-Gall compte 111 oriels, dont les plus connus se concentrent dans quelques rues.

de fer forgé et surtout, de beaux **oriels★** typiques de la région du lac de Constance *(voir l'encadré ci-dessus)*.
Sur la Gallusplatz, place principale et berceau de la ville, une maison aux colombages bleus (1606) possède une tourelle qu'un personnage sculpté – noble au riche costume – « soutient » de ses bras *(Gallustr. 24)*. Juste à côté, on remarque l'oriel de la maison **Zum Greif** (« Au griffon », seconde moitié du 17e s.) qui présente, du côté sud, la lutte de Jacob avec l'ange.
Longer la Gallusstrasse jusqu'à l'église néogothique **St-Laurenzen** (B2). On peut monter en haut de la tour, d'où s'offre une très belle vue sur toute la ville.
✆ 071 222 67 92 - tlj sf dim. 9h30-11h30, 14h-16h - 5 CHF.
Prendre à gauche la **Schmiedgasse** (AB2) jusqu'au n° 20 : le superbe oriel de **Zum Pelikan** (1707) est orné de symboles des quatre continents – l'Australie n'était pas encore découverte – et de figures grimaçantes qui témoignent sans doute de discordes avec un voisin…
Revenir jusqu'à la Marktgasse, puis rejoindre la Spisergasse à droite. La **Spisergasse** (B1) regorge d'oriels bâtis par les riches commerçants à l'époque où le commerce du lin faisait la fortune de la cité. Admirer les nos 3, 5 et 9, maison **Zur Nachtigall**, « Au rossignol » ; les nos 11 et 13 (**Zum Bären**, « À l'ours ») et le n° 19 avec ses grappes de fruits. Le n° 22 (**Zum Kamel**, « Au chameau », vers 1720) comporte un riche décor sculpté. À voir encore : les nos 24 et 25.
Remonter la Spisergasse jusqu'à la **Kugelgasse** (B1), qui abrite au n° 10 la maison **Schwanen** (« Au cygne », vers 1690), reconnaissable à son décor aquatique inspiré de l'Antiquité. Juste à côté, la maison **Kugel** (« Le globe », vers 1690) associe un pèlerin à la Terre.
Rejoindre la Spitalgasse jusqu'à atteindre la Marktgasse.
Une statue dédiée à Joachim von Watt ou Vadian (1484-1551), qui répandit la Réforme à St-Gall, s'élève au carrefour.
Traverser la Marktgasse et emprunter en face la Neugasse, puis à droite la Multergasse et enfin la Vadianstrasse.

★ Musée du Textile (Textilmuseum) A2

✆ 071 222 17 44 - www.textilmuseum.ch - 10h-17h - fermé 1er janv., 24, 25 et 31 déc. - 10 CHF.
Ce beau bâtiment baroquisant (1886) accueille un musée dédié au secteur artisanal, puis industriel, qui fit la gloire de St-Gall et de la Suisse orientale durant plus de sept siècles. Aux tissus en lin (15e-17e s.) succédèrent la dentelle et la broderie (18e s.) puis l'essor des filatures : autant de spécialités qui employèrent essentiellement des femmes. Les pièces rassemblées par deux collectionneurs, Léopold Iklé puis John Jacoby, constituent le cœur des collections – dentelles, broderies, dessins de modèle du 14e au 20e s. – que complètent des expositions temporaires. Au rez-de-chaussée, ne manquez pas la démonstration de broderie sur la grande machine à tisser manuelle, qui a lieu le mercredi après-midi et le jeudi matin.

TISSAGE ET BRODERIES
Parallèlement au prestige culturel de son abbaye, St-Gall devient un très important centre textile. Du Moyen Âge au 16e s., les ateliers travaillent le lin, « l'or blanc » de St-Gall. Ces toiles réputées passent les frontières d'Espagne et de Pologne. Avec l'arrivée des huguenots au 18e s., le coton remplace le lin. Au 19e s., les broderies fabriquées dans le canton assurent la prospérité de la cité. De 1880 à 1920, 50 % de la production mondiale de textile proviennent de St-Gall. Le boom des filatures suscite une fièvre de constructions Jugendstil : opulentes villas comme celles de la St. Leonhard Strasse ou de la Multergasse, gare, poste… Le 20e s. amorce le déclin du secteur.

Stadtlounge A2

Depuis novembre 2005, une moquette synthétique rouge vif recouvre toute la Schreinerstrasse, bancs publics et voitures compris. Cette étonnante installation, baptisée « Stadtlounge », a été réalisée par l'artiste suisse Pipilotti Rist et l'architecte Carlos Martinez afin de redonner un peu de chaleur à ce quartier bancaire. Le soir, les bulles géantes suspendues à des filins d'acier éclairent la rue, renforçant son aspect surréaliste. Notez au passage la belle façade mauresque de la synagogue (1880).

À voir aussi Plan de ville

La majorité des musées sont situés dans le parc municipal (Stadtpark). Le **billet combiné** qui permet d'entrer au musée des Beaux-Arts, au musée d'Histoire naturelle et aux Musées historique et ethnographique, est valable une seule journée.

★ Musée des Beaux-Arts (Kunstmuseum) B1

Museumstr. 32 - ✆ 071 242 06 71 - www.kunstmuseumsg.ch - tlj sf lun. 10h-17h (merc. 20h) - fermé 1er janv., Vend. saint, 1er août, Toussaint, 31 déc. - 10 CHF billet combiné (-16 ans gratuit).

En bordure du parc, ce musée est logé dans un bâtiment classique. Le fonds est présenté par roulement, faute de place. Y figurent des maîtres allemands, autrichiens et suisses (15e-18e s.). Aux côtés de ces peintures académiques, les toiles (19e et 20e s.) sur la vie paysanne au Toggenbourg et en Appenzell surprennent et séduisent par leur fraîcheur et leur naïveté. La peinture hollandaise du 17e s. est un point fort du musée, ainsi que les œuvres allemandes et françaises du 19e s. Suivant les expositions, on découvre l'*Odalisque* de Corot, l'*Adoration de la Vierge* de Delacroix, le *Jardin* de Sisley, le *Lac de Genève* de Courbet, L'*Hermitage* de Pissarro, le *Palazzo Contarini* de Monet, l'*Atelier de l'artiste* de Max Liebermann… Ces œuvres côtoient avec audace des installations contemporaines, selon les thèmes d'exposition.

L'art moderne et contemporain est présent avec des œuvres de Sophie Taeuber-Arp, Klee, Picasso et, au premier étage, des installations de Richard Serra et Nam June Paik. Le musée accueille aussi des expositions temporaires.

Musée d'Histoire naturelle (Naturmuseum) B1

Museumstr. 32 - ✆ 071 242 06 70 - www.naturmuseumsg.ch - mar.-vend. 10h-17h (20h merc.) - fermé 1er janv., Vend. saint, 1er août, Toussaint, 24-25 et 31 déc. - 10 CHF billet combiné.

Situé dans le même bâtiment que le musée des Beaux-Arts, cet établissement présente des collections thématiques : mammifères et oiseaux de la région, l'écosystème de l'Ussurie (une région sauvage d'Extrême-Orient située au même degré de latitude que la Suisse), les organismes microscopiques… L'objet exposé le plus ancien est un crocodile du Nil monté en 1623. À voir aussi : les squelettes d'un *plateosaurus*, d'un *pterosaurus* et d'un *anatosaurus* (env. 80 millions d'années).

★★ Musée historique et Musée ethnographique

(Historiches Museum und Völkerkundmuseum) B1

Museumstr. 50 - ✆ 071 242 06 42 - www.hmsg.ch - tlj sf lun. 10h-17h - fermé 1er janv., Vend. saint, 1er août, Toussaint, 24-25 et 31 déc. - 10 CHF billet combiné (enf. 4 CHF).

Situés derrière le musée des Beaux-Arts, ces deux musées se partagent le même bâtiment, et le circuit de visite passe alternativement de l'un à l'autre. Une façon originale d'admirer les objets du Musée historique, qui évoquent le passé de la région depuis la préhistoire jusqu'au 18e s. : maquette de St-Gall au 17e s., belle collection de verrerie peinte, art populaire de l'Appenzell et du Toggenbourg…

La collection du Musée ethnographique présente, quant à elle, de remarquables masques et sculptures d'Afrique et d'Amazonie, de l'artisanat de bronze de l'ancien royaume du Bénin, des objets de culte du Pacifique, des céramiques chinoises, des masques Nô du Japon, des objets inuits… Une section antique présente des sculptures étrusques et grecques. Pour couronner le tout, le bâtiment possède quelques belles salles historiques, qui servent d'écrin aux collections.

Jardin botanique (Botanicher Garten) Hors plan, vers B1

Au faubourg de Neudorf, par la Rorschacherstrasse, puis la Stephanshornstrasse à gauche - ✆ 071 288 15 30 - 8h-17h - serres : 9h30-12h, 14h-17h - fermé 1er janv. et 25 déc. - gratuit.

Distribué sur 1,5 ha autour d'un bâtiment principal, le jardin accueille 8 000 espèces de tous les continents, telle la rhubarbe du Chili, aux feuilles démesurées. Une pergola se dresse devant une pièce d'eau où croissent joncs et roseaux. Deux serres tropicales sont peuplées de cactées, palmiers, euphorbes, orchidées, nénuphars géants…

Art moderne à l'université Hors plan, vers A1

Dufourstr. 50. Pour rejoindre l'École des hautes études économiques et sociales (Hochschule für Wirtschafts-und Sozialwissenschaften), prendre le bus n° 5 à la gare, direction Rotmonten. Accès libre à la plupart des œuvres.

Dans les bâtiments et le parc sont disséminées 29 œuvres créées par une pléiade d'artistes : Alberto Giacometti, Jean Arp, Joan Miró, Georges Braque, Alexandre Calder, Antoni Tàpies…

★ Colline de Dreilinden Hors plan, vers B2

Par le Mühleggbahn, le plus petit chemin de fer (1893) de Suisse, entièrement automatique : la station du Mühleggbahn est située dans la Moosbruggstrasse. À la sortie, prendre à pied le petit chemin à droite. Alt. 738 m.

Sur la colline, dans la verdure, s'étendent trois bassins d'eau **(Weiher)**. Longs de 200 m, ils furent jadis créés par le monastère pour alimenter les canaux de la ville, les moulins et les ateliers de textile. Accessoirement, les moines les utilisaient pour la pêche. Au tournant du 20e s., des installations y furent créées pour la **baignade** : en été, on vient y piquer gratuitement une tête

dans l'eau et profiter de ce site idyllique où se dresse, au niveau du bassin central, une charmante maisonnette baroque (1677).
Le sentier **(Höhenweg)** s'étire sur la crête de Dreilinden, entre prairies et pins. Balisé par des panneaux indicateurs, il se prolonge jusqu'au point culminant de **Freudenberg★** *(alt. 884 m)*. Une **vue★** superbe s'y déploie sur St-Gall et son lacis de ruelles; au loin, l'horizon bleuté du lac.

À proximité Carte de région

Vers le lac de Constance D2

12 km au nord-est jusqu'à Rorschach par la route n° 7.
En cheminant vers le lac, le paysage change : à l'ouest s'étendent les prairies de Thurgovie, à l'est défilent les massifs du Fünfländerblick, de Buechberg et les collines préalpines. Les Alpes du Voralberg, avec le mont Pfänder derrière Bregenz, ferment ce magnifique **panorama★**.
Sur la rive suisse du lac, **Rorschach★** fut au Moyen Âge le port principal du lac, un débouché pour la région saint-galloise. Dans la rue principale, **Hauptstrasse**, quelques maisons à oriels peints et sculptés rappellent cette prospérité, tout comme l'ancien grenier à blé ou **Kornhaus** (18e s.) situé près du lac. Aujourd'hui, le port abrite des bateaux de plaisance. En saison, des navettes relient régulièrement plusieurs ports suisses et allemands. Agréable promenade au bord du lac jusqu'au Badhütte, bains publics en bois sur pilotis.

Trogen D2

10 km à l'est.
Bâtie sur une colline du pittoresque pays d'Appenzell, en vue du lac de Constance, Trogen possède de nombreuses maisons bourgeoises dont certaines sont de véritables palais, construits autrefois par de riches commerçants comme la famille Zellweger (17e-19e s.). La **Landsgemeindeplatz** voyait jadis se dérouler la traditionnelle réunion *(voir p. 45)* des citoyens du demi-canton d'Appenzell Rhodes-Extérieures. Parmi les belles maisons qui l'entourent, on remarque l'auberge « Zur Krone », au toit en avancée, aux deux auvents superposés et à la façade percée d'une multitude de fenêtres. Voir aussi l'**hôtel de ville** (Rathaus), à l'aspect sévère.
À 1 km au sud de Trogen (route de Bühler) est installé le **village d'enfants de Pestalozzi** (Pestalozzidorf). Ce célèbre Zurichois (1746-1827) est honoré dans toute la Suisse pour son rôle d'éducateur et ses méthodes d'enseignement laissant une large part de responsabilité aux enfants. Son « village » regroupe des maisons d'enfants affectées à des orphelins de guerre de différentes nations.

Wil C2

31 km au nord-ouest par l'A 1.
Ancienne résidence des princes-abbés de St-Gall, Wil est bâtie sur un mamelon à l'entrée de la vallée du Toggenbourg. La ville ancienne forme un ensemble pittoresque avec sa Hofplatz et sa Marktgasse. Dans cette rue, les maisons à toits débordants et à arcades sont ornées d'encorbellements. De la terrasse de l'église St-Nicolas (Stadtkirche), belle **vue★** sur le massif de l'Alpstein (Säntis) et la chaîne des Churfisten. Au faîte de la colline, le **« Hof »** (Hof zu Wil), l'ancien château de la ville (15e s.), servit de résidence aux princes-abbés st-gallois pendant plus de 500 ans. Il abrite désormais un petit musée, avec une maquette de la ville et divers documents retraçant le passé de Wil. *Marktgasse 88 - ✆ 071 913 53 72 - www.hofzuwil.ch - w.-end 14h-17h.*

Circuit conseillé Carte du pays d'Appenzell

★ VALLÉE DE LA SITTER

Itinéraire de 21 km de St-Gall à Appenzell – voir le circuit 1 tracé en vert sur la carte du pays d'Appenzell (p. 576) – compter 1h.
Quitter St-Gall au sud en direction d'Altstätten. Après 6 km, tourner à droite vers Hundwil.

Au départ de St-Gall, l'itinéraire recommandé offre d'agréables coups d'œil tout le long de la vallée de la Sitter. D'abord profond ravin, celle-ci se transforme en une molle dépression mamelonnée où se disséminent des fermes du plus pur style appenzellois : le groupe situé à 1 km au sud-est de la bifurcation de Hundwil en constitue l'exemple le plus typique.

Stein

La traversée de ce village, posé sur un plateau dont l'altitude (823 m) dépasse celle de ses voisins, procure des vues étendues sur le pays environnant.

Installé dans un bâtiment moderne fort bien conçu, au centre du village, le **musée d'Art populaire du pays d'Appenzell★** (Appenzeller Volkskunde Museum) possède la première collection de peintures paysannes de Suisse. Exposées au 1er étage, ces peintures naïves de la vie paysanne appenzelloise côtoient de remarquables armoires peintes du 19e s., ainsi que trois parois en bois (16e s.), aux dessins délicieusement naïfs, provenant de la proche localité de Gais. Au rez-de-chaussée, une fromagerie alpestre, entourée d'objets traditionnels a été reconstituée *(démonstration merc. et dim. à 13h30)* Au sous-sol, une personne fait la démonstration d'un métier à tisser et d'un tambour à broder (très beaux tissus jacquard). *✆ 071 368 50 56 - www.appenzeller-museum-stein.ch - été : tlj sf lun. 9h-18h ; hiver : tlj sf lun. 9h-17h - fermé 25 déc. - 7 CHF.*

NOS ADRESSES À SAINT-GALL

INFORMATIONS UTILES

Poste – *Bahnhofplatz 5 - ✆ 071 499 73 04 - lun.-vend. 7h30-19h30, sam. 8h-16h, dim. 15h-18h.*

Hôpital – *Bürgerspital - Rorschacher Str. 94 - ✆ 071 243 81 11.*

Internet – *Medialounge - Katharinengasse 10 - ✆ 071 244 30 90 - 10h-18h30.*

TRANSPORTS

Aéroport – *Airport Altenrhein - Flughafenstr. 11 - Altenrhein - ✆ 071 585 51 65 - www.airport-stgallen.com.* Accès par l'A 1 (15mn en voiture). En taxi, compter 65 CHF la course jusqu'au centre-ville.

Gare ferroviaire – *Bahnhofplatz - ✆ 0900 300 300 (1,19 CHF/mn).*

Transports publics – St-Gall est dotée d'un réseau de trolleybus (VBSG). Des tickets journaliers sont vendus à l'intérieur des trolleys et à certains arrêts de bus.

Le chemin de fer de Trogen (TB), qui relie St-Gall à Trogen, offre de belles vues sur St-Gall, le lac de Constance et le massif de l'Alpstein.

Voiture – Le vieux St-Gall se visite aisément à pied. Il est donc conseillé de laisser sa voiture dans un parking (cher, hélas).

Taxis – Taxi Zentrale - *✆ 071 222 21 11.*

Location de vélos – À la gare.

HÉBERGEMENT Plan de ville

BUDGET MOYEN

Vadian – A2 - *Gallusstr. 36 - ✆ 071 228 18 78 - www.hotel-vadian.com* - P - *20 ch. - 160/200 CHF* ☕. Situé dans la Vieille Ville, cet hôtel, qui appartient à une chaîne d'établissements « chrétiens », offre des chambres claires et impeccables, à prix doux, surtout si l'on choisit celles sans salle de bains. L'accueil est charmant, ce qui ne gâte rien. Au petit-déjeuner, confitures maison.

Dom – A2 - *Webergasse 22 - ✆ 071 227 71 71 - www.hoteldom.ch - fermé Noël-Nouvel An* - P - *31 ch. 175 CHF* ☕ *- rest. 30 CHF (midi seulement).* Idéalement situé à côté de la cathédrale, ce 3-étoiles propose des chambres arrangées dans un design contemporain tendance et dépouillé. La réception et le restaurant affichent la même volonté de sobriété chic. Un choix payant. Saluons enfin la démarche de l'hôtel, qui emploie des pers. à handicap léger. Accueil sympathique.

City Weissenstein – A2 - *Davidstr. 22 - ✆ 071 228 06 28 - www.cityweissenstein.ch - fermé de Noël à Nouvel An, 2-5 avr. et 24-26 mai* - P - *27 ch. 210/280 CHF* ☕. Situé dans un quartier tranquille, un peu à l'écart de la Vieille Ville mais proche de la gare, ce 3-étoiles a fait peau neuve. Les chambres, classiques et tout confort, ne déçoivent pas, et une touche moderne a même été apportée aux appartements et suites, situés dans l'annexe (avec cuisine, hi-fi, minibar, wifi). Les appartements conviendront plus aux familles, tandis que l'amusante suite Shéhérazade, avec son ambiance orientale, séduira les couples en lune de miel. Réductions le week-end en été. Français parlé à la réception.

Radisson Blu – Hors plan vers B1 - *St. Jakob-Str. 55 - ✆ 071 242 12 12 - www.radissonblu.com/hotel-stgallen - 123 ch. - 220 CHF -* ☕ *27 CHF - rest. 46/91 CHF.* Chambres confortables, modernes et techniquement bien équipées. Un casino complète l'établissement. Ambiance trendy et, au restaurant, cuisine méditerranéenne et traditionnelle.

POUR SE FAIRE PLAISIR

Metropol – A2 - *Bahnhofplatz 3 - ✆ 071 228 32 32 - www.hotel-metropol.ch* - P - *31 ch. 240/290 CHF* ☕. La façade terne de l'immeuble ne rend pas justice à cet hôtel, situé juste en face de la gare. Le confort des chambres, toutes silencieuses, et la qualité du service méritent bien leurs trois étoiles. Excellent restaurant, fort bien noté par les guides gastronomiques. Le centre-ville est à deux pas.

RESTAURATION Plan de ville

Essayez à tout prix les *Erststockbeizen*, ces **restaurants typiquement st-gallois**, situés au premier étage des maisons, une vieille tradition liée à l'humidité du sol. Ils offrent un décor chaleureux – boiseries, parquet qui craque – tout trouvé pour déguster la *Olmat Bratwurst*, une saucisse de veau locale.

PREMIER PRIX

Marktplatz – A1 - *Neugasse 2 - ✆ 071 222 36 41 - www.restaurant-marktplatz.ch - 20/40 CHF.* Pas besoin de se ruiner pour bien manger ! Cette brasserie moderne, avec ses murs clairs, ses briques et ses écrans de télé, sert une cuisine variée à prix modérés : flammeküeche, burgers, salades, röstis, spätzles… Chaque plat est proposé en petite portion pour les petites faims. Dernier atout : le restaurant est ouvert le dimanche, ce qui est assez rare à St-Gall pour être signalé.

Atrium – A2 - *Schützengasse 8 - ✆ 071 223 37 17 - www.atrium-ristorante.ch - tlj sf dim. et j. fériés - 30/60 CHF.* Murs crème, tableaux d'artistes, lustres Art déco… pour un élégant restaurant italien. Le chef excelle dans la préparation de manicotti et risotto. Grande variété de pâtes, dont on choisit soi-même la garniture, et intéressante sélection de vins méditerranéens. On peut se contenter d'un verre en salle pour profiter de l'atmosphère. Service souriant et prix raisonnables. Un sans-faute !

BUDGET MOYEN

Zum Goldenen Leuen – A2 - *Schmiedgasse 30 - ✆ 071 222 02 62 - tlj sf dim. (fermé sam. après 18h) - 45/75 CHF.* Il fait bon se réfugier dans le décor chaleureux de cette brasserie historique (17e s.). Le midi, les St-Gallois y prennent une soupe, une salade ou une tarte au fromage, en lisant les journaux mis à disposition. Le restaurant brasse sa propre bière. Une adresse populaire et cosy, tenue de main de maître par Walter Tobler.

Einstein – A2 - *Berneggstr. 2 - ✆ 071 227 55 55 - www.einstein.ch - fermé 24 juil.-9 août et dim. - 45 CHF (midi)/106 CHF.* Restaurant authentique avec combles en pente et poutres apparentes.

Zum Goldenen Schäfli – A1 - *Metzgergasse 5 - ✆ 071 223 37 37 - www.zumgoldenenschaefli.ch - fermé dim. d'oct. à nov. - 45/90 CHF.* C'est le plus original des *Erststockbeizen*. Dans la plus ancienne maison de corporations (17e s.), ce restaurant traditionnel situé au 1er étage a une particularité : son sol et son plafond sont penchés, une attraction du lieu ! Accueil sympathique, solides spécialités locales : soupe à l'oignon, röstis…

Seeger – A1 - *Oberer Graben 2 - ✆ 071 222 97 90 - www.seeger-restaurants.ch - 40/65 CHF.* Hommes d'affaires entre deux rendez-vous, voyageurs de passage et habitués aiment à se retrouver dans cet agréable restaurant. Plats du jour abordables et, le soir, whisky à siroter au fond de confortables canapés. À deux pas de la gare et du vieux centre.

Schlössli – B2 - *Zeughausgasse 17 - ✆ 071 222 12 56 - www.schloessli-sg.ch - fermé w.-end - 50/100 CHF.* Installé dans un véritable petit château du 16e s., le Schlössli propose une cuisine sophistiquée et maintes fois primée, qui fait la part belle aux produits de saison. En salle, le regard se porte sur les fresques, le mobilier et les salons voûtés. Menus abordables à midi.

David 38 – Hors plan vers A2 - *Davidstr. 38 - ✆ 071 230 28 38 - www.david38.ch - tlj sf sam. apr.-midi et dim. - 50 CHF(midi)/132 CHF.* Cette élégante table gastronomique attire les fins gourmets de la région grâce à sa cuisine inventive, qui prend un malin plaisir à mélanger les genres et les saveurs : l'Italie côtoie l'Asie dans les assiettes. La soupe au curry et à la noix de coco ou l'escalope de veau au citron méritent le détour. La décoration de la salle, dans les tons noir et champagne, ajoute une touche de subtilité à l'ensemble. À 10mn à pied du centre-ville.

POUR SE FAIRE PLAISIR

Am Gallusplatz – A2 - *Gallustr. 24 - ✆ 071 223 33 30 - www.gallusplatz.ch - tlj sf sam.*

midi et lun. - 70/100 CHF. Situé dans le quartier médiéval qui cerne la cathédrale (maisons à colombage). Grand choix de vins et bonne cuisine traditionnelle : spécialité de rôtisserie. Terrasse en été.

PRENDRE UN VERRE

The Room – *Brühlgasse 19 - ☏ 071 222 04 77 - lun.-jeu. 11h-0h, vend.-sam. 11h-1h, sam. 14h-17h*. Avec sa déco rétro tout droit sortie des années 1960 et 1970, ce bar attire une clientèle chic et à la mode, sur fond de jazz et de funk.

Birreria – *Brühlgasse 45 - ☏ 071 223 25 33 - www.birreria.ch - lun.-sam. 12h-0h, dim. 17h-0h*. Plus de 200 bières du monde sont réunies dans ce magasin, qui fait aussi bar. Le prix des boissons est revu à la baisse chaque mercredi soir.

Colony Cafe Bar – *Neugasse 46, 1er étage - ☏ 071 222 20 12 - www.psg-gastro.ch*. Un bar décoré sur le thème des journaux. Au 2e étage, le Colony Bar offre une ambiance musicale avec DJ.

La Vigna Enoteca – *Engelgasse 12 - ☏ 071 245 00 38 - www.lavigna.ch - lun.-vend. 11h-14h, 17h-0h, sam. 11h-0h*. Grand choix de vins (plus de 200), de tapas et de plats italiens dans cette trattoria située à deux pas du centre.

Commercio Bar – *Vadianstr. 24 - ☏ 071 222 08 80 - www.commerciobar.ch - fermé dim*. Une clientèle assez variée apprécie les profonds chesterfields de cet agréable café du quartier de la gare, éclairé le soir à la bougie. Petite restauration proposée pour ceux qui ne veulent pas ressortir.

Savannah – *Spisergasse 41 - ☏ 071 244 18 18 - www.savannah-food.ch - tlj sf dim. 10h30-0h (sam. 1h)*. Une adresse branchée en pleine Vieille Ville. On y sirote un Campari ou on grignote des tapas dans un décor contemporain : lumières colorées, bar lumineux, musique lounge…

EN SOIRÉE

Seeger Bar – *Oberer Graben 2 - ☏ 071 222 97 90 - www.seeger-restaurants.ch - jeu. 22h-2h, vend.-sam. 22h-3h*. Jeunesse dorée et VIPs ont fait du Seeger leur QG nocturne. Le « lounge » exotique, les soirées DJ et les belles plantes qui hantent la piste de danse n'ont rien à envier aux clubs de Zurich.

Stadttheater – *Museumstr. 24 - ☏ 071 242 05 05/06 06*. Opéras et comédies musicales de qualité.

Tonhalle – *Museumstr. 25 - ☏ 071 242 05 05/06 06*. Concerts symphoniques dans un bâtiment 1900, témoin de l'ancienne prospérité liée au textile.

ACHATS

Les rues piétonnes de la Vieille Ville se prêtent à la flânerie et aux achats. Citons les rues suivantes : **Multergasse**, **Spisergasse**, **Neugasse**, **Marktgasse**.

Le jeudi, les magasins ouvrent jusqu'à 21h.

Maestrani – *Toggenburgerstr. 41 - Flawil - 25 km à l'ouest de St-Gall - ☏ 071 228 38 11 - www.maestrani.ch - tlj sf sam. apr.-midi et dim. 9h-12h, 14h-18h - fermé 19-31 juil., 2 et 5 avr., 13 et 24 mai, et 1er nov*. Le magasin d'usine de ces chocolats de la célèbre marque suisse, à déguster en confiserie ou en boissons chaudes.

AGENDA

Voir l'Agenda dans la partie « Organiser son voyage », p. 35.

Des traditions très vivaces : ici, la St-Sylvestre d'Urnäsch.
Lancelot/Photononstop

Appenzell

★

7 000 habitants – Canton d'Appenzell

NOS ADRESSES PAGE 478

S'INFORMER

Appenzellerland Tourismus – *Hauptgasse 4 - 9050 Appenzell - ☏ 071 788 96 41 - www.appenzell.ch - avr.-oct. : lun.-vend. 9h-12h, 13h30-18h, w.-end 10h-12h, 14h-17h ; reste de l'année : lun.-vend. 9h-12h, 14h-17h, w.-end 14h-17h.*

SE REPERER

Carte de région D2 (p. 488-489) et carte du pays (p. 576) – *Carte Michelin Regional n° 551 U5.*

Les deux demi-cantons d'Appenzell (Rhodes-Intérieures et Rhodes-Extérieures) sont enclavés dans le canton de St-Gall.

Appenzell, capitale des Rhodes-Intérieures et vitrine touristique des deux cantons, est à 17 km au sud de St-Gall.

À NE PAS MANQUER

Appenzell et ses musées, la Fête-Dieu d'Appenzell, le Hoher Kasten, Ebenalp, la St-Sylvestre d'Urnäsch, le panorama depuis le Säntis, le village de Werdenberg.

ORGANISER SON TEMPS

Consacrez au moins 2 à 3 jours à la région, le temps de voir Appenzell, le Säntis et quelques villages typiques. Les randonneurs doivent se donner plus de temps pour parcourir les vertes collines de la région.

AVEC LES ENFANTS

Luge d'été sur le Kronberg *(voir Nos adresses à Appenzell)*.

Au cœur d'un doux paysage de collines uniformément verdoyantes, toutes piquetées de fermes, Appenzell est la capitale d'une région à l'image idyllique d'une Suisse de carte postale. Les jolies maisons de cette bourgade d'altitude bordent des ruelles piétonnes où il fait bon flâner. Comme le rappellent les nombreux musées de la région, ici les traditions sont encore très vivaces : de la Fête-Dieu d'Appenzell à la St-Sylvestre d'Urnäsch, de la Landsgemeinde à la fabrication du fromage local, l'appenzell. L'Histoire se souviendra que les Rhodes-Intérieures, le plus petit canton de Suisse, fut le dernier à accorder le droit de vote et d'éligibilité locale aux femmes – le 28 avril 1991. Le pays d'Appenzell, associé à la grande combe alpestre du Toggenbourg, est aujourd'hui le paradis des randonneurs.

Se promener

Au pied des contreforts verdoyants de l'Alpstein, dans un décor de pastorale, Appenzell est resté l'un des centres traditionnels de la « Suisse primitive de l'Est ». Ni ville ni village, Appenzell est un **« Flecken »** – ce terme désigne dans les pays germaniques une catégorie d'agglomérations, de caractère à la fois rustique et bourgeois. Le nom même d'Appenzell (*Abbatis cella* : « cellule de l'abbé ») est un héritage de la colonisation primitive du pays par les moines de St-Gall.

On parcourra à pied, avec agrément… et non sans quelques motifs de tentation (magasins de broderies, étalages de gâteaux fourrés d'Appenzell décorés du vacher à culotte jaune et gilet écarlate), la **Hauptgasse★** (rue principale), entre l'église, au décor baroque exubérant, et la maison de la Löwendrogerie. L'élégant pignon en accolade de cette demeure abrite une série de peintures consacrées aux plantes médicinales, accompagnées de ce commentaire désabusé : « Beaucoup de plantes contre la maladie, aucune contre la mort. »

★ **Musée d'Appenzell** (Appenzel Museum)

Hauptgasse 4 - ✆ 071 787 12 84 - avr.-oct. : 10h-12h, 14h-17h ; nov.-mars : tlj sf lun. 14h-17h - 7 CHF.

LA VIE EN APPENZELL

Les bourgs du pays d'Appenzell, aux coquettes maisons à pignons en accolade, voyaient jadis se réunir les traditionnelles « Landsgemeinden » *(voir p. 45)*. Ces assemblées de paysans portant l'épée – attribut de leur dignité de citoyens actifs – ont encore lieu à Appenzell pour le demi-canton des Rhodes-Intérieures (catholique), mais elles ont disparu dans le demi-canton des Rhodes-Extérieures (protestant).

La survivance de l'élégant costume féminin de cérémonie, caractérisé par une coiffe aux immenses ailes de tulle, le maintien de spécialités gastronomiques telles que le fromage gras d'Appenzell, l'un des plus forts de la gamme helvétique, la petite saucisse sèche de montagne dite « Alpenklübler », et la persistance de la belle industrie traditionnelle de la broderie, confirment une originalité bien digne d'attirer l'étranger.

Aménagé dans l'hôtel de ville et dans la maison mitoyenne, construits en 1560, ce musée plonge le visiteur dans la culture du canton. Commencer la visite par le 6e étage, puis descendre jusqu'au rez-de-chaussée. Au grenier, observer à la loupe les monnaies que les Rhodes-Intérieures n'ont pu frapper que durant cinq ans (1737-1742). Aux étages inférieurs, on remarque des costumes appenzellois (dont la coiffe en tulle noir est particulièrement raffinée), des broderies anciennes, un triptyque dû à Jacob Girtanner (16e s.) et d'étranges planches de morts. La tradition voulait que l'on cloue ces planches sous l'avant-toit des maisons pour en éloigner les démons. Le musée s'enorgueillit en outre de posséder un sarcophage égyptien (vers 1000 av. J.-C.) provenant d'un temple thébain.

Im Blauen Haus

Weissbadstr. 33 - ✆ 071 787 12 84 - www.imblauenhaus.ch - lun.-vend. 9h-18h, sam. 9h-16h. Sonner au magasin d'antiquités d'en face si la porte est fermée. Participation libre.

Ce délicieux petit musée de folklore et d'artisanat local rassemble la collection de feu M. Fässler, qui a conservé tout ce qui concerne sa chère localité. Ses fils, sculpteurs sur bois comme lui, tiennent désormais la maison, qui regorge de trésors appenzellois : ferronneries, cloches de vache, meubles en bois peint, broderies, collection d'images rupestres. N'oubliez pas de jeter un œil au bel atelier d'ébéniste familial, que l'un des fils se fera un plaisir de faire revivre (sur demande).

★ Musée Liner Appenzell (Museum Liner Appenzell)

Unterrainstr. 5 - ✆ 071 788 18 00 - www.museumliner.ch - avr.-oct. : mar.-vend. 10h-12h, 14h-17h, w.-end 11h-17h ; nov.-mars : mar.-sam. 14h-17h, dim. 11h-17h - 9 CHF, billet combiné avec la galerie d'art Ziegelhütte 15 CHF.

Dans un superbe bâtiment postmoderne créé en 1998 par les architectes Annette Gigon et Mike Guyer, des expositions temporaires apportent un éclairage sur l'œuvre d'artistes locaux tels le portraitiste et paysagiste Carl-August Liner (1871-1946) et son fils Carl-Walter Liner (1914-1997), un précurseur de la peinture abstraite. Le musée présente aussi des toiles de Hans Arp. Kirchner et Tàpies complètent parfois l'exposition.

★ Galerie d'art Ziegelhütte (Kunsthalle Ziegelhütte)

Ziegeleistr. 14 - ✆ 071 788 18 60 - www.kunsthalleziegelhuette.ch - avr.-oct. : mar.-vend. 10h-12h, 14h-17h, w.-end 11h-17h ; nov.-mars : mar.-sam. 14h-17h, dim. 11h-17h - 9 CHF, billet combiné avec le musée Liner Appenzell 15 CHF.

Brillamment réhabilitée en 2003 par Robert Bamert, l'ancienne tuilerie d'Appenzell (16e s.) accueille une halle d'exposition doublée d'un centre culturel. Le bâtiment, qui allie avec subtilité briques, verre, bois et béton, est une vraie réussite architecturale. Le four de la tuilerie donne un cachet unique au lieu, qui présente d'intéressantes expositions contemporaines. Des œuvres de Carl Liner père et fils y sont exposées par intermittence. Chaque premier dimanche du mois, des concerts de musique classique et contemporaine animent les lieux.

À proximité Carte de région

★★ Hoher Kasten D2

7 km au sud-est par la route de Weissbad, puis celle de Brülisau. Téléphérique au départ de Brülisau (alt. 924 m) : ✆ 071 799 13 22 - www.hoherkasten.ch -

se renseigner sur les périodes d'ouverture - dép. de Brülisau ttes les 30mn - 22 CHF aller. Alt. 1 795 m.

La montée *(8mn)* au-dessus des sapins et des pâturages, où l'on distingue des cabanes de bergers, procure de belles vues : à droite sur le défilé boisé au fond duquel dort la nappe bleue du Säntisersee, en avant sur le gros éperon calcaire du Hoher Kasten. Le sommet-belvédère est rapidement accessible en contre-haut du restaurant de la station supérieure, où l'on découvre un jardin alpin et un **panorama**★★ splendide sur l'Appenzell, le vaste sillon du Rheinthal, le lac de Constance, les monts du Liechtenstein avec à l'arrière-plan le moutonnement des Alpes autrichiennes, et le massif de l'Alpstein où domine le Säntis.

Un sentier balisé mène à Staubern puis aux lacs de Fälensee et de Sämtisersee, avant de rejoindre Brülisau : sur le parcours, des panneaux d'orientation évoquent la géologie du massif.

★★ Ebenalp D2

7 km au sud. Env. 1h30 en suivant la route de Weissbad-Wasserauen jusqu'à son terminus, puis 8mn de téléphérique. Téléphérique : 071 799 12 12 - www.ebenalp.ch - juil.-août : 7h30-19h ; 24-31 mai et oct. : 7h30-17h30 ; juin et sept. : 7h30-18h ; déc. et de janv. à Pâques : 8h30-17h - dép. ttes les 10mn - 27 CHF AR. Alt. 1 640 m.

Le promontoire d'alpages d'Ebenalp, ceinturé de falaises, s'avance au-dessus du pays d'Appenzell, dont les ondulations apparaissent toutes mouchetées de fermes.

De l'Ebenalp, on peut redescendre à pied, sur Wasserauen, par la **grotte-tunnel de Wildkirchli**, longue de 80 m : des fouilles y ont mis au jour les vestiges de l'établissement préhistorique le plus ancien de Suisse. À l'issue du tunnel, pour une descente facile vers Wasserauen, prenez la direction de Bommenalp et Blättliweg. Pour une descente plus sportive, suivez la route qui passe par le **lac de Seealp**★, dont la nappe sombre s'étale au pied de l'éperon du Rossmad, détaché du Säntis. Ne manquez pas de marquer un arrêt devant le restaurant de montagne d'Äscher, construit dans un escarpement spectaculaire, au pied d'un rocher de 100 m de haut. Pour les deux parcours, compter 1h45 environ.

Circuits conseillés Carte du pays d'Appenzell

★ VALLÉE DE LA SITTER ET ROUTE DE STOSS

Itinéraire de 16 km d'Appenzell à Altstätten – voir le circuit 2 tracé en vert sur la carte du pays d'Appenzell (p. 576) – compter 1h.
Quitter Appenzell à l'ouest.

Gais

Ce bourg attirait encore au siècle dernier les adeptes des cures de petit-lait. Sur la place centrale, une rangée de maisons à pignons en accolade constitue un bel exemple d'architecture baroque, avec ses boisages bien entretenus. Un chemin météorologique, le Meteo Wanderweg, relie en environ 3h le village à Trogen, en passant par le Schwäbrig et Gäbris (1 251 m). Des panneaux d'informations sur la météo jalonnent le sentier.

Entre Gais et Altstätten, à hauteur de Stoss, la route offre un **panorama**★ remarquable sur la vallée du Rhin.

Altstätten

Cette pittoresque bourgade est située au cœur du Rheinthal, une vallée alpestre du Rhin, coincée entre les Grisons et le lac de Constance. Altstätten présente un fort cachet médiéval, surtout dans la pittoresque Marktgasse, bordée de maisons aux pignons aigus, bâties sur un soubassement à piliers formant des galeries, où le passant peut flâner à couvert. L'Engelplatz, avec sa fontaine fleurie et ses maisons dégingandées, offre un autre ensemble plaisant.

LE TOGGENBOURG

Itinéraire de 62 km d'Appenzell à Werdenberg – voir le circuit 3 *tracé en vert sur la carte du pays d'Appenzell (p. 576) – compter 2h30.*
Quitter Appenzell à l'ouest.

Urnäsch

Le village est connu pour sa St-Sylvestre, célébrée depuis plus de deux siècles *(voir encadré).* Au centre du village, on peut jeter un œil au petit **musée des Arts et Traditions du pays d'Appenzell** (Appenzeller Brauchtumsmuseum) installé dans un chalet en bois du 19e s. Son intérieur amuse par ses pièces exiguës au plafond bas et au plancher de guingois… On y admirera de somptueux costumes et chapeaux portés par les Chläuse lors de la St-Sylvestre, ainsi que divers objets artisanaux, des peintures paysannes et des broderies, d'anciennes charrettes à foin, un intérieur appenzellois et une salle de musique, etc. Depuis 2000, un nouveau bâtiment relié à l'ancienne bâtisse accueille des expositions temporaires. *✆ 071 364 23 22 - www.museum-urnaesch.ch - avr.-oct. : 9h-11h30, 13h30-17h ; nov.-mars : lun.-sam. 9h-11h30, dim. 13h30-17h - 6 CHF (enf. 3 CHF).*

Entre Urnäsch et Schwägalp, la route quitte le fond du vallon, semé de frênes et de sapins, pour déboucher au pied des imposantes falaises nord du Säntis.

★★★ Le Säntis

Point culminant du massif de l'Alpstein *(alt. 2 502 m)*, entre le Toggenbourg, la vallée du Rhin et le lac de Constance, le Säntis constitue le belvédère par excellence de la Suisse orientale. Le sommet lui-même est l'un des mieux dessinés de toute la chaîne.

LA SAINT-SYLVESTRE D'URNÄSCH

Chaque année, c'est le même rituel : de l'aube au crépuscule, les Chläuse (ou Kläuse), personnages fantasques, se promènent dans les maisons et fermes du village en faisant tinter leurs cloches de vaches et en chantant un « Zäuerli », yodle typique de l'Appenzell. La population les remercie en leur donnant un peu d'argent… et un peu à boire. On distingue trois groupes de Chläuse : les beaux (Schöne) aux coiffes spectaculaires, les beaux-affreux (Schö-Wüeschte) aux costumes confectionnés à partir de débris naturels (branches de pin, houx, mousse, etc.) et les affreux (Wüeschte) aux effrayants masques de dents, de cornes et d'os d'animaux. L'origine du Silvesterchläuse se perd dans la nuit des temps, mais la cérémonie est répétée le 13 janvier, selon une vieille coutume, née du refus de certains cantons réformés d'adopter le calendrier grégorien en lieu et place du calendrier julien.

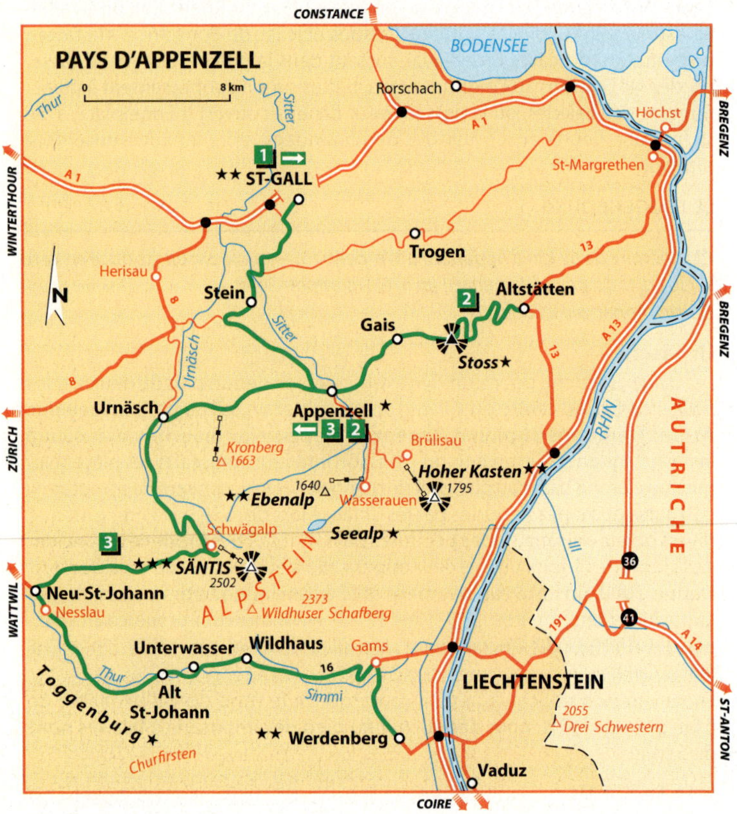

Montée au Säntis – *De Schwägalp, terminus des routes venues d'Urnäsch ou de Neu-St-Johann, 1h AR environ dont 10mn de téléphérique : ✆ 071 365 66 66 - juin-oct. : lun.-jeu. et dim. 7h30-18h, vend.-sam. 7h30-18h30 - de fin oct. à mi-janv. : 8h30-17h ; fév.-mai : lun.-vend. 8h30-17h, w.-end 8h-17h - dép. de Schwägalp ttes les 30mn - fermé la 2e quinz. de janv. - 41 CHF AR (enf. 20,50 CHF).* De la station supérieure, on gagne facilement le sommet, coiffé depuis 1956 d'une station de télécommunications. Outre les deux restaurants d'altitude, les terrasses panoramiques ont été récemment réaménagées, offrant une **vue**★★★ d'une indicible majesté sur les montagnes du Vorarlberg, les Alpes grisonnes, glaronnaises et bernoises, les lacs de Zurich et de Constance. Cependant, l'immensité du panorama est souvent difficile à apprécier en plein été – et surtout au milieu de la journée –, lorsque la brume de beau temps estompe les horizons lointains.

Pour bénéficier de vues plongeantes plus rapprochées, descendre, par des escaliers, à l'auberge du Säntis, bâtie au-dessus du sauvage vallon du lac de Seealp *(voir Appenzell).*

De Schwägalp, rejoindre la vallée du Toggenbourg à Neu-St-Johann par le « col » à peine sensible de Kräzeren (alt. 1 300 m).

Entre Nesslau et Wildhaus s'ouvre harmonieusement la dépression du Haut-Toggenbourg ; celle-ci est parsemée d'habitations dont on remarquera les murs protégés des intempéries par un revêtement d'écailles de bois.
La route qui s'élève entre Unterwasser et Wildhaus permet d'admirer les surprenantes dentelures des Churfirsten. Les deux stations exploitent en hiver avec Alt St-Johann un immense champ de neige.

Wildhaus

Cette agréable station est située sur un seuil séparant le Toggenbourg du Rheinthal, en vue du Wildhuser-Schafberg, des Churfirsten et des Drei Schwestern.
Wildhaus est la patrie du grand réformateur **Zwingli** dont la modeste **maison** familiale se visite à la belle saison. *De déb. juin à mi-nov. et de déb. janv. à mi-avr. : tlj sf lun. et dim. 14h-16h.*
L'office de tourisme du village fournit des cartes de randonnées à pied et en VTT dans la vallée. De juin à octobre, une télécabine au départ d'Unterwasser mène au sommet du **Chäserugg** (2 262 m), d'où s'offre une belle vue sur la région et le lac de Walensee *(30 CHF AR)*. Les gorges de la Thur, situées à 15mn à pied d'Unterwasser (entrée libre), sont une autre curiosité de la région.

★★ Werdenberg

Encadré de verdures profondes et d'eaux dormantes, le vieux village de Werdenberg compose un petit **tableau★** particulièrement bienvenu dans le large couloir du Rheinthal. Laisser la voiture juste avant la promenade longeant l'étang.
On pénètre dans le bourg minuscule par une ruelle que borde une série de maisons de bois sur arcades, remarquablement restaurées. Le flâneur y retrouve l'atmosphère des petites cités de la vallée du Rhin aux 17e et 18e s. grâce aux inscriptions, millésimes et motifs décoratifs polychromes. Un passage (entre les nos 8 et 9) mène à une promenade autour de l'étang. On se retrouve alors face aux maisons de Werdenberg étroitement emboîtées, au pied du château de ses comtes. Remarquer sur la gauche la belle façade peinte de la maison « Schlange » (le serpent, voir sous la toiture), qui abrite un petit **musée** consacré à l'histoire de Werdenberg. *Avr.-oct. : tlj sf lun. 13h30-17h - 5 CHF.*
Revenu à la ruelle, on s'engage dans la rampe du château auquel on accède par un long escalier.
Château – *✆ 081 599 19 35 - www.schloss-werdenberg.ch - avr.-oct. : mar.-vend. 11h30-18h, w.-end. 10h-18h - 6 CHF (enf. 4 CHF).* Construit et modifié du 13e au 18e s., le **château** a été aménagé au 19e s. en appartement de maître, comme en témoignent les salons meublés en style Biedermeier par le dernier propriétaire. Jolie reconstitution d'une pharmacie du 19e s. Sous les combles, une section est consacrée à la vallée du Rhin (belle maquette de la région). Du sommet de la tour, on bénéficie d'une très belle **vue** sur le Rheinthal. Avant de sortir, ne pas manquer la collection d'armes (sabres, fusils, revolvers, coiffures).

NOS ADRESSES À APPENZELL

HÉBERGEMENT

Trois nuits dans le même hôtel en Appenzell suffisent pour obtenir une **Carte de vacances** (Appenzell card), qui donne un accès gratuit aux cars postaux, téléphériques, chemins de fer de l'Appenzell, à certains musées, etc. Rens. à l'office de tourisme.

À Appenzell

BUDGET MOYEN

Adler – *Adlerplatz - ✆ 071 787 13 89 - www.adlerhotel.ch - fermé fév. et 2 sem. en nov. -* P *-170/260 CHF* ☕. Le beau fronton de cette vieille demeure appenzelloise, bâtie voilà plus de 400 ans, abrite des chambres convenables, confortables et même coquettes pour certaines. Les chambres les plus anciennes ont du cachet, à l'image de l'Appenzeller Suite (n° 33), avec son poêle en fonte et son armoire peinte à la mode du pays. Au salon de thé du rez-de-chaussée, goûtez au Biber, spécialité sucrée d'Appenzell.

Appenzell – *Hauptgasse 37, sur Landsgemeineplatz - ✆ 071 788 15 15 - www.hotel-appenzell.ch - fermé nov. -* P *- 16 ch. 200/240 CHF* ☕. Au cœur du bourg d'Appenzell même, cette confortable et accueillante maison sera votre refuge après vos excursions. La décoration « kitsch » des chambres peut déplaire ou séduire, mais la qualité de l'accueil et la vue sur la Landsgemeineplatz et les collines des environs, depuis certaines chambres, font pencher la balance du bon côté.

POUR SE FAIRE PLAISIR

Romantik Hotel Säntis – *Landsgemeindeplatz - ✆ 071 788 11 11 - www.saentis-appenzell.ch - fermé fév. ou mars -* P *- 37 ch. 230/310 CHF* ☕. Romantique et chaleureux avec sa façade en bois, typique d'Appenzell, cet hôtel 4-étoiles offre un confort irréprochable, même si la décoration des chambres est un peu datée. Demandez celles avec balcon sur la Landsgemeindeplatz pour jouir d'une vue dégagée sur la grand' place d'Appenzell. Restauration à la carte et belle cave au restaurant de l'hôtel. Sauna, douches à jets, solarium.

À proximité

BUDGET MOYEN

Kaubad – *Appenzell Kau - ✆ 071 787 48 44 - www.kaubad.ch - fermé déc. -* P *- 15 ch. - 150 CHF* ☕. Oubliez le stress dans ce chalet niché en pleine nature, à 4 km d'Appenzell. Les chambres disposent d'une bonne literie, mais la décoration mériterait d'être rafraîchie. Piscine chauffée et couverte, sauna, jeux pour enfants. Vous savourerez les spécialités typiquement suisses du restaurant, dont le prix est raisonnable. Le sympathique chef, francophone, fournit des idées de balades à pied dans la région. L'hôtel reçoit de nombreux séminaires de février à juin et de l'automne à la mi-décembre.

Berghotel Schwägalp – *Säntis, Schwägalp - ✆ 071 365 66 00 - www.saentisbahn.ch - fermé en sem. de nov. à avr. -* P *- 28 ch. 160 CHF* ☕. Situé au pied du Säntis, dans un imposant décor montagneux, ce grand chalet de bois fait un bon pied-à-terre pour explorer les environs. Le téléphérique qui mène au Säntis est à deux pas. Les chambres sont assez banales, mais certaines réservent une vue splendide sur la montagne. Calme garanti. Restaurant au rez-de-chaussée.

RESTAURATION

À Appenzell

PREMIER PRIX

Restaurant Traube – *Marktgasse 7 - ✆ 071 787 14 07 - www.hotel-traube.ch - fermé de mi-janv. à déb. fév., 1 sem. en mars, 10-18 juil. et lun. - 30/60 CHF.* Au centre du bourg, cette table traditionnelle fait l'unanimité, et pas seulement grâce aux boiseries multiséculaires qui ornent la salle. Ici, les assiettes font honneur aux produits du terroir : bœuf fumé, croûte au fromage d'Appenzell, saucisse de bœuf… En été, une agréable terrasse ombragée permet de profiter de l'animation du village.

Freudenberg – *Riedstr. 57 - ✆ 071 787 12 40 - www.hotel-freudenberg.ch - fermé nov. et merc. - P - 30/50 CHF - 12 ch. 150/170 CHF* ☕. Il faut grimper dans les hauteurs d'Appenzell pour découvrir, depuis cet hôtel-restaurant familial, un beau panorama sur le bourg, la campagne et ses prairies parsemées de chalets. De bonnes spécialités du terroir défilent sur les tables du restaurant, à l'instar des cornettes au fromage, servies avec la saucisse appenzelloise et sa purée de pommes de terre. Une cuisine simple et robuste. Les chambres sont toutes spacieuses et joliment décorées de meubles peints à l'ancienne, dans les tons bleus. Certaines offrent une vue sur la campagne appenzelloise et sur le Hoher Kasten.

À proximité

BUDGET MOYEN

Hotel restaurant Bären – *Hauptstr. - Gonten - 6 km d'Appenzell - ✆ 071 795 40 10 - www.hotel-baeren-gonten.ch - P - fermé dim. soir et lun. - 40/90 CHF.* Le restaurant est réputé pour ses plats typiques d'Appenzell, notamment le cabri rôti au four. Une bonne étape gastronomique sur la route du Säntis.

POUR SE FAIRE PLAISIR

Gasthaus Sonne – *Schwägalpstr. - Urnäsch - ✆ 071 364 11 05 - www.sonne-urnaesch.ch - fermé fév., 2 sem. en juil., lun. et mar. - 65/115 CHF.* Une auberge rustique pour goûter à la gastronomie régionale. Les plats, consistants et particulièrement soignés, sont appréciés des gens du cru : un signe qui ne trompe pas. Mention spéciale aux röstis, excellents, et à la qualité des viandes. Des plats roboratifs idéaux pour prendre des forces avant de grimper sur le Säntis ! Menu abordable le midi, mais à la carte, les prix s'envolent.

ACTIVITÉS

Luge d'été (Bobbahn) – Sur le Kronberg (accès en téléphérique depuis Jakobsbad, à 7 km d'Appenzell, de fin avril à mi-novembre). Autres activités possibles : parapente, randonnées et « mountainboards ».

Randonnées – avec plus de 1 200 km de sentiers pédestres balisés, le pays d'Appenzell dispose du plus dense réseau de chemins de randonnées de Suisse. De nombreuses cartes de randonnées pédestres, mais aussi cyclistes, sont disponibles aux offices du tourisme d'Appenzell et de Heiden.

AGENDA

Voir l'Agenda dans la partie « Organiser son voyage », p. 35.

Le Liechtenstein

NOS ADRESSES PAGE 582

NOS ADRESSES PAGE 582

S'INFORMER

Office du tourisme de Vaduz – *Städtle 37 - 9490 Vaduz - ℘ (423) 239 63 00 - www.tourismus.li - 9h-17h.* On peut y faire tamponner son passeport.

SE REPERER

Carte de région D3 (p. 488-489) – *Carte Michelin Regional nº 551 S-T5.*
À 108 km à l'est de Zurich, à 68 km au sud-est de St-Gall et à 68 km au nord-ouest de Davos.

À NE PAS MANQUER

Le musée des Beaux-Arts de Vaduz, la vallée de Malbun.

ORGANISER SON TEMPS

Compter une demi-journée pour visiter Vaduz, musée compris, et la vallée de Malbun.

Fragment de l'ancienne Confédération germanique, la principauté du Liechtenstein s'étend sur un territoire lilliputien (160 km²), coincé entre l'Autriche et la Suisse, entre le Rhin et les monts du Vorarlberg. De nombreux curieux viennent y faire un saut, le temps de faire tamponner leur passeport et d'envoyer une carte postale estampillée du timbre de la principauté. Dans une approche plus intéressée, une pléthore d'entreprises se sont installées dans la principauté afin de bénéficier de conditions fiscales avantageuses. Passé la première impression d'exotisme frontalier, le visiteur trouvera quelque agrément aux musées de Vaduz, la capitale, et du charme aux montagnes et aux quelques-unes des 11 communes de la principauté.

Se promener à Vaduz

L'imposant **château** sert de résidence à la famille princière *(ne se visite pas).* À son pied, le bourg-capitale où siège le gouvernement du Liechtenstein est devenu un attrayant foyer d'animation touristique à caractère international.

★ Musée des Beaux-Arts (Kunstmuseum Liechtenstein)

Städtle 32 - ℘ (423) 235 03 00 - ♿ - www.kunstmuseum.li - tlj sf lun. 10h-17h (jeu. 20h) - fermé 1er janv., 24, 25 et 31 déc. - 12 CHF (-16 ans gratuit), gratuit le 15 août.

Impossible de manquer la silhouette monolithique de cet immense cube noir qui se dresse au centre de Vaduz. Le bâtiment, dessiné par Morger, Degelo & Kerez, attire les étudiants en architecture venus étudier son esthétique et l'agencement de ses espaces. Le musée des Beaux-Arts profite de ce superbe écrin pour présenter des expositions temporaires d'art moderne (tous les trois mois). Une partie du musée est également réservée aux collections plus classiques du prince du Liechtenstein (par roulement).

Le château de Vaduz.
McPHOTO/Vario Creative/Photononstop

★ **Musée national** (Liechtensteinisches Landesmuseum)
Städtle 43 - ✆ (423) 239 68 20 - www.landesmuseum.li - mar.-dim. : 10h-17h (merc. 20h) - fermé lun. - 8 CHF (enf. 5 CHF).
Installé dans trois bâtiments – deux demeures historiques et un bâtiment flambant neuf, ce musée présente, sur 2 000 m², une collection hétéroclite organisée par thème, qui donne un bon aperçu de l'histoire culturelle du Liechtenstein. Au rez-de-chaussée : collections préhistoriques et de l'âge du bronze, objets et monnaies de l'époque romaine et bijoux alémaniques. Au 1er étage, un arrêt s'impose devant la belle tapisserie *Fastentuch von Bendern* (1612), qui représente l'Ancien et le Nouveau Testament. Admirez également les belles figures votives celtiques de 400 à 100 av. J.-C., ainsi que la belle collection d'objets de culte. Au 2e étage, attardez-vous devant la galerie de portraits des princes du Liechtenstein. Armures médiévales, objets d'art populaire anciens (plus une chambre paysanne), et objets témoins de l'agriculture et de l'industrie du Liechtenstein complètent la collection. La partie moderne accueille une jolie galerie d'animaux empaillés de la région (bouquetin, lynx, marmotte).

Bureau de poste (Postwertzeichenstelle)
Lun.-vend. 9h-18h, sam. 9h-12h (jusqu'à 17h en sem. de nov. à mars).
Il offre aux philatélistes l'occasion unique du droit d'émission dont bénéficie ce petit État, et n'attire pas moins de curieux que le Musée postal *(voir ci-dessous)*.

Musée postal (Briefmarkenmuseum)
✆ (423) 236 61 05 - 10h-12h, 13h30-17h30 (nov.-mars 17h) - fermé 1er janv. et 25 déc. - gratuit.
Occupant le premier étage de l'office de tourisme, il met fort bien en valeur l'art philatélique et l'histoire de la poste du Liechtenstein : collections de timbres, épreuves, documents, objets et outils. Les timbres-postes les plus rares

du Liechtenstein y sont exposés. Des expositions temporaires sont organisées périodiquement.

Circuit conseillé Carte de région

VALLÉE DE MALBUN (Malbun Tal) D3

Itinéraire de 10 km de Vaduz à Malbun – voir le circuit tracé en vert sur la carte de région (p. 488-489).
Prendre la direction du château princier (Schloss Vaduz).
La route grimpe jusqu'à **Triesenberg**, village regroupé autour de son église au clocher campanulé. Beau **panorama**★ sur les flancs montagneux de la petite principauté, la vallée du Rhin et les montagnes suisses.
Continuer vers Steinort et Malbun.
Au cœur du pays, on monte vers le cirque terminal du **Sareiser Joch** *(alt. 2 000 m)*, accessible à pied ou en télésiège depuis Malbun. Il relève des premiers contreforts du Vorarlberg.

NOS ADRESSES AU LIECHTENSTEIN

TRANSPORTS

Accès en **bus** depuis les gares ferroviaires et routières de Sargans, Buchs et Feldkirch.
La **carte journalière** (Tageskarte) permet de se déplacer dans toute la principauté pendant 24h pour 7 CHF.

HÉBERGEMENT

BUDGET MOYEN

Schatzmann – *Landstr.e 80 - Triesen - ✆ (423) 399 12 12 - www.schatzmann.li - fermé 24 déc - 7 janv., 3 sem. entre juil. et août - 29 ch. - 170/220 CHF* ☕. Cet hôtel familial propose des chambres simples et rustiques dans le bâtiment principal ainsi que des chambres spacieuses et modernes dans l'annexe. Au restaurant, délicieux plats de saison.

Kulm – *Jonaboda 2 - Triesenberg - ✆ (423) 237 79 79 - www.hotelkulm.com - fermé 17-31 janv. - 20 ch. - 137/180 CHF ☕ - rest. 45/87 CHF.* Belles chambres au confort simple où les meublent en bois brut apportent une touche chaleureuse. Demandez-en une côté vallée avec vue magnifique sur les montagnes et la vallée du Rhin. Une partie du restaurant occupe le jardin d'hiver éclairé de vastes baies vitrées.

RESTAURATION

BUDGET MOYEN

Residence – *Städtle 23 - Vaduz - ✆ (423) 239 87 87 - www.restaurant-residence.li - 28 CHF (midi)/111 CHF.* Un restaurant moderne doté d'un bar et d'une belle terrasse dominant la rue animée. La cuisine est de saison et la carte parfaitement adaptée aux déjeuners.

POUR SE FAIRE PLAISIR

Leonardo – *Höfle 2 - Balzers - ✆ (423) 384 14 33 - www.leonardo-balzers.li - fermé 1 sem. déb. janv., 18-25 avr., 25 juil.-15 août, lun. et mar. - 61/95 CHF.* Ce restaurant de style moderne propose une sélection de vins italiens de qualité. Belle terrasse ombragée appréciable les jours d'été.

Le statut du Liechtenstein

HIER

Érigé en principauté souveraine par l'empereur Charles VI en 1719 en faveur du prince Jean Adam de Liechtenstein, ce petit État blotti entre la Suisse et l'Autriche accède véritablement à l'indépendance en 1806. Il doit, pour une grande part, le maintien de son statut à la sage politique menée par le prince Jean II « le Bon », dont le long règne (1858-1929) n'a guère été dépassé que par celui de Louis XIV. De 1939 à 1989, il a été gouverné par Franz-Joseph II ; son fils, le prince Hans-Adam II, a pris sa succession.
La frontière sud marque nettement la séparation entre les civilisations germanique et rhétique : les grands villages disposés en désordre parmi les vergers, au pied de quelques « burg » ou autour d'églises à la flèche aiguë, contrastent avec les cités grisonnes étroitement agglomérées au milieu de leurs vignobles.

ET AUJOURD'HUI

Le Liechtenstein a desserré, depuis 1919, ses derniers liens avec l'Autriche et conclu avec la Confédération helvétique des conventions monétaires, postales, douanières et diplomatiques : il fait aujourd'hui pratiquement partie de l'alliance économique suisse.
Sur le plan économique, c'est l'un des pays les plus riches au monde, membre des Nations unies depuis 1990 et de l'Espace économique européen depuis 1995. Un régime d'impôts favorable attire les sociétés étrangères. On en compte plus que d'habitants ! Mais ce statut de paradis fiscal s'est fissuré depuis la crise amorcée en 2008. Devant la pression internationale des pays cherchant à lutter contre l'évasion fiscale, le Liechtenstein a accepté de se plier aux règles de l'Organisation de coopération et de développement économiques (OCDE) et d'appliquer plus de transparence, remettant ainsi en cause le secret bancaire.

QUELQUES CHIFFRES

Superficie : 160 km²
Nombre d'habitants : 34 000
Altitude : de 430 m à 2 559 m au Grauspitz
Abréviation officielle : FL (utilisée pour l'immatriculation des véhicules)
Langue officielle : allemand
Majorité confessionnelle : catholique
C'est une monarchie constitutionnelle. Le parlement, ou Diète, composé de 25 membres, est élu par le peuple pour 4 ans. Le gouvernement, mandaté pour 4 ans, se compose de 5 membres : le chef du gouvernement, son suppléant et trois conseillers.
Le passage de Suisse au Liechtenstein n'est soumis à aucune formalité.

Notes

Notes

Notes

Notes

Notes

INDEX GÉNÉRAL

Lausanne : villes, curiosités et régions touristiques.
Calvin, Jean : noms historiques ou termes faisant l'objet d'une explication.
Les sites isolés (châteaux, abbayes, grottes…) sont répertoriés à leur propre nom.
Les villes dont le nom diffère en français figurent dans les deux langues.

A

B

H

Q - R

S

CARTES ET PLANS

CARTE GÉNÉRALE

CARTES DES RÉGIONS

PLANS DE VILLE

CARTES THÉMATIQUES

CARTES DES CIRCUITS

Manufacture française des pneumatiques Michelin
Société en commandite par actions au capital de 504 000 004 EUR
Place des Carmes-Déchaux - 63000 Clermont-Ferrand (France)
R.C.S. Clermont-Fd B 855 200 507

Dépôt légal : décembre 2010 – ISSN 0293-9436
Compograveur : Michelin, Paris
Imprimeur : La Tipografica Varese, Italie
Imprimé en Italie : 06/2011

Dans la collection Le Guide Vert

Nos guides Europe et Monde

- Allemagne
- Andalousie
- Angleterre Pays de Galles
- Autriche
- Barcelone et la Catalogne
- Belgique Luxembourg
- Brésil [N]
- Bulgarie
- Canada
- Chine Hong-Kong
- Colombie [N]
- Corée [N]
- Crète [N]
- Croatie
- Écosse
- Égypte
- Espagne Atlantique
- Espagne du Centre Madrid Castille
- Espagne Méditerranéenne Baléares
- Grèce continentale [N]
- Guadeloupe [N]
- Iles grecques [N]
- Indonésie [N]
- Irlande
- Italie du Nord
- Italie du Sud
- Japon
- La Réunion [N]
- Londres
- Maroc
- Martinique [N]
- Maurice Rodrigues [N]
- Mexique
- Moscou St-Pétersbourg
- New York [N]
- Nouvelle Angleterre
- Pays Baltes
- Pays-Bas
- Pérou [N]
- Pologne
- Portugal
- Québec
- Rajasthan [N]
- Rio de Janeiro
- Rome
- Roumanie
- Sardaigne
- Scandinavie
- Sicile
- Sud-Ouest américain
- Suisse
- Syrie Jordanie [N]
- Taïwan [N]
- Thaïlande
- Toscane Ombrie Marches
- Tunisie [N]
- Turquie [N]
- Vietnam [N]

Nos guides week-end en France et à l'étranger

- Week-end Amsterdam
- Week-end Athènes [N]
- Week-end Barcelone
- Week-end Berlin
- Week-end Bordeaux
- Week-end Bruxelles
- Week-end Budapest
- Week-end Cracovie
- Week-end Dublin [N]
- Week-end Edimbourg
- Week-end Florence
- Week-end Grenade Malaga [N]
- Week-end Istanbul
- Week-end Lisbonne
- Week-end Londres
- Week-end Lyon
- Week-end Madrid [N]
- Week-end Malte [N]
- Week-end Marrakech Essaouira
- Week-end Marseille
- Week-end Montpellier
- Week-end Nantes
- Week-end New York
- Week-end Prague
- Week-end Rome
- Week-end Séville [N]
- Week-end Stockholm
- Week-end Strasbourg [N]
- Week-end Tallinn [N]
- Week-end Tunis
- Week-end Venise
- Week-end Vienne

Nos guides sur la France

- Alpes du Nord
- Alpes du Sud
- Alsace Lorraine
- Aquitaine
- Auvergne
- Bourgogne
- Bretagne
- Champagne Ardenne
- Châteaux de la Loire
- Corse
- Côte d'Azur
- Franche-Comté Jura
- Île-de-France
- Languedoc Roussillon
- Limousin Berry
- Lyon Drôme Ardèche
- Midi Toulousain
- Nord Pas-de-Calais Picardie
- Normandie Cotentin
- Normandie Vallée de la Seine
- Paris
- Pays Basque et Navarre
- Périgord Quercy
- Poitou Charentes Vendée
- Provence

- Essonne
- France
- France Sauvage
- Haut-Rhin
- Idées de promenades à Paris
- Loiret
- Meuse
- Puy-de-Dôme
- Savoie Mont Blanc
- Tarn
- Touraine côté Sud
- A75 La Méridienne
- Les sites français du Patrimoine mondial de l'Unesco

[N] : Nouveau